Mayer, Carl Ritter von

Heraldisches ABC Buch

Mayer, Carl Ritter von

Heraldisches ABC Buch

Inktank publishing, 2018

www.inktank-publishing.com

ISBN/EAN: 9783747764091

Heraldisches A.B.C. Buch.

Das ist:

Wesen und Begriff der wissenschaftlichen Heraldik, ihre Geschichte, Literatur, Theorie und Praxis,

von

Dr. Carl Ritter von Mayer.

Mit 66 zumeist in Farbendruck ausgeführten Tafeln, und 100 in den Text gedruckten Holzschnitten.

München. 1857.

Druck der Buchdruckerei und lith. Kunstanstalt von Dr. C. Wolf und Sohn.

In Commission bei J. A. Finsterlin.

Vorwort.

Specialia zu schreiben findet selten Anerkennung, und um so geringer wird diese sein, wenn der Stoff dazu irgend einer Hilfswissenschaft entnommen wurde. — Ich bezeichne dieß geradezu als Unrecht, da jedes Ganze aus Theilen gebildet ist, und das große Gebäude des Gesammtwissens nur durch die einzelnen Steine der speziellen Kenntnisse aufgebaut wird. — Ueberdieß bestimmen, meiner Ansicht nach, nicht Seitenzahl und Umfang, sondern nur der „wissenschaftliche" Gehalt den wahren Werth einer Abhandlung. — Wenn ich mich nun hiedurch einerseits nicht abschrecken ließ, so geschah es anderseits auch im Vertrauen auf die Einsicht der gelehrten Leser, denen die Wichtigkeit der Heraldik als historische Hilfs-Wissenschaft unmöglich entgangen sein kann. — Trotzdem wird aber das rechte Verständniß der echten Heraldik von Tag zu Tag mehr verloren. — In Anbetracht dieses letzterwähnten Punktes nun und insbesondere erwägend die gegenwärtigen Zustände der genannten Wissenschaft habe ich mich veranlaßt gefühlt diese Zeilen niederzuschreiben, um damit weniger eine heraldische Streitfrage zu erörtern, als vielmehr hervorzuheben: wie die Heraldik eine nur vom christlich-mittelalterlichen Elemente begründete und ausschließend in diesem fußende Wissenschaft sei, also noch heutzutage nur von diesem Standpunkte aus betrachtet und nach den entsprechenden Prinzipien gelehrt und betrieben werden müsse, wenn anders sie auch fernerhin als eine historische Hilfswissenschaft Bedeutung haben soll. — Ich bin daher vom festen Grundsatze ausgegangen, bei allen meinen Beispielen viel lieber auf Originalien oder auf Werke, die von solchen handeln, hinzuweisen, als nur theoretisch gebildete Heraldiker zu zitiren. — Uebrigens betrachtete ich die Heraldik nicht blos als eine historische Hilfswissenschaft allein, sondern auch vorzugsweise als einen direkten Ausfluß und keineswegs unwichtigen Theil des allgemeinen christlich-mittelalterlichen Kunstlebens, — ja, es dürfte die Mißkennung oder Nichtbeachtung gerade dieses Umstandes wesentlich dazu beigetragen haben, daß die Heraldiker des gegenwärtigen, sowie namentlich die des verflossenen Jahrhunderts auf so entschieden falschen Prinzipien ihre Systeme begründeten. — Bisher bietet uns gewiß kein heraldisches Werk eine übersichtliche Darstellung der geschichtlichen Entwicklung der Heraldik, ihrer Literatur und der Herolden-Aemter, sowie einer nationalen Charakteristik der Heroldskunst, — noch viel weniger aber werden die Mittel zur Verbesserung dieser Wissenschaft und der heraldischen Zustände überhaupt in irgend einem solchen angedeutet. — Von der technischen Verfertigungsweise heraldischer Originalschilde, der wirklichen Originalhelme, der Kleinodien, Decken und anderer heraldischer Attribute, — von künstlicher, sogenannter „Stückung" der Originalschilde, — von der so interessanten „heroldsfigürlichen Symbolik", — von dem höchst merkwürdigen innigen Zusammenhange endlich der gesammten Heroldskunst, ihres Ursprunges und Wesens, ihrer weiteren Entwicklung und Fortbildung mit der sogenannten „Kunst-Technik" des christlichen Mittelalters, sowie noch von vielen andern, speziell hier nicht aufgeführten Dingen, — die man doch Alle mehr oder minder weitläufig im vorliegenden Werke finden kann, — dürfte wohl schwerlich irgendwo so Ausführliches zu lesen sein. — Namentlich werden aber auch die beigefügten, über 1000 einzelne Figurenbilder enthaltenden Tafeln und Holzschnitte — (da sie als besonders reichhaltige Vorlagen durchschnittlich nur nach den gediegensten Originalien entworfen sind) — sogar allen kunsttreibenden Gewerken viel Stoff zu guten Mustern bilden können; — eine geeignete Rücksichtnahme, die hauptsächlich von praktischem Nutzen ist und daher den Werth des ganzen Buches sicherlich nicht schmälern wird. — Der Theorie, wie der Praxis einer wissenschaftlichen Heroldskunst wurde also gleichheitlich Rechnung getragen, indem eine mitunter mehr gemeinnützliche Behandlung des an und für sich ziemlich trockenen Stoffes, sowie passende, in den fortlaufenden theoretisch-wissenschaftlichen Faden hie und da eingeflochtene: allgemein-geschichtliche, kunsthistorische oder auch wohl technisch-praktische Notizen — selbst Künstlern, Technikern oder Laien im Fache einiges Interesse bieten dürften. — Heraldische Wissenschaft (Wappenkunde) und Herolds-Kunst, welche beide Begriffe auch die Franzosen schon von jeher durch **science heraldique** und durch **blason** oder **l'art heraldique** wesentlich von einander ausschieden, (obwohl sie eigentlich nur vereinigt ein großes Ganze bilden,) habe ich daher, — einzeln sowohl und jedes für sich, — als auch in ihrer innig verbundenen Gesammtheit, überall im Auge behalten. —

Anbelangend endlich die Rangordnung der Abschnitte, welche mit dem Schilde zwar beginnt, dann aber den Helm vor den Figuren, mithin allen bisherigen heraldischen Lehrbüchern und Werken zuwiderlaufend behandelt, — so wurde eine solche von mir blos deßhalb gewählt, weil auch die Figuren ursprünglich nur zur Ausschmückung von Schild und Helm benützt wurden, folglich die ganze Heraldik eigentlich nur jener ritterlichen Waffenstücke wegen entstanden ist, keineswegs aber umgekehrt diese letzteren jener zu Diensten waren! —

Von mir wissentlichen Fehlern verdient vor Allem die aus Versehen gemachte falsche Angabe bezüglich des ältesten Briefadels in Bayern eine kleine Berichtigung. — Solchen besitzen nemlich nicht die Grafen Joner, wie dort irrigerweise zu lesen steht, sondern die jetzigen Freiherren von Ott auf Katz und Bettendorf erhielten denselben vom Kaiser Siglsmund d. d. Ulm schon am 8. August des Jahres 1412. — Noch ferners muß ich bemerken, daß von den namentlich aufgeführten Geschlechtern des noch jetzt blühenden spezifisch bayerischen Ur- und Turnieradels, nunmehr auch die Stinglheim und Closen ausfallen, da die Letzten, welche diese berühmten

Namen trugen, während dem Drucke des gegenwärtigen Werkes, sohin erst in jüngster Zeit mit Tod abgingen. — Dafür sind aber die alten Ecker oder Eckher von Käpfing noch mitleinzurechnen, weil nach meinen neueren Ermittlungen nur deren Mannsstamm erloschen ist. —

Im Texte allenfalls aus Versehen ausgelassene oder auch etwa erst späterhin in Erfahrung gebrachte Bemerkungen u. dgl. wurden von mir in der dem ganzen Werke angehängten „übersichtlichen Erklärung der Tafeln“ noch nachträglich beigesetzt, so daß selbst manche während dem Druck erst mir zu Handen gekommene heraldische nova als kürzere Anmerkungen dortselbst noch zweckdienlichste Verwendung fanden. —

Keineswegs „Autor von Profession“ werde ich mir auch meine Rezensionen nicht selbst schreiben, (wie es wohl heutzutage hie und da so bequeme Mode geworden ist,) sondern ich will vielmehr jede wohlbegründete Berichtigung vielleicht noch anderer eingeschlichener Irrthümer sehr gerne hinnehmen, — habe aber dafür auch meinerseits keinen Anstand genommen, ohne allen Rückhalt, ausschließend im Interesse der Wissenschaft und nur im steten Hinblicke auf diese, — vom völlig partheilosen Standpunkte mich auszusprechen. — Läßt man überdieß das **Errare humanum est** einigermaßen zur Geltung kommen, so wird selbst eine etwas derbe Kritik, — insoferne sie nemlich wohlbegründet erscheint und vorausgesetzt immer, daß sie leidenschaftslos gehalten ist, — stets nur zu Nutz und Frommen der Sache sein. —

Den Titel: **„Heraldisches A B C Buch“** wählte ich für mein hier vorliegendes Werk blos aus dem Grunde, weil es für Heroldskunst und Wappenwissenschaft das werden sollte, was für die sogenannte „gothische Architektur“ seiner Zeit des genialen, leider nur zu frühe verlebten Friedrich Hoffstadt's „Gothisches A B C Buch“ war, — d. h. weil ich es ebenso normangebend für die Grundzüge und Prinzipien der christlich-mittelalterlichen, der allein reinen und unverfälschten Urheraldik zu machen suchte, wie seiner Zeit jenes letztere Werk maßgebend für die Grundsätze des allein richtigen gothischen Baustyles wurde. —

Schlüßlich noch meinen verbindlichsten Dank allen Denen, die so freundlich waren, selbst während meiner Arbeit noch, mir so manches interessante Material zu Handen zu stellen, namentlich aber auch die wohlverdiente Anerkennung der echtkünstlerischen, in den Geist der mittelalterlichen Vorbilder eingedrungenen Ausführung meiner Zeichnungen durch den Buch- und Steindruckereibesitzer Herrn Friedrich Wolf dahier, zu dessen eigenen, nach meiner blos oberflächlichen Angabe entworfenen Compositionen: die beiden Titel, die Tafeln **XXXIII**, a. und b., sowie einige von den Holzschnitten gehören. — Die Ausführung sämmtlicher Holzschnitte oblag theilweise der xylographischen Anstalt der Herren Caspar Braun und Friedrich Schneider, größtentheils aber dem Xylographen Herrn Alois Triller dahier, während dagegen die Ausführung der Steinzeichnungen dem Lithographen Herrn Carl Groß übertragen war. — Auch bezüglich der hier Zuletztgenannten muß ich unverholen das Lob aussprechen: daß sie durch ihre technischen Leistungen bei Anfertigung der Illustrationen meines hier vorliegenden Werkes jederzeit auf das thatkräftigste, und nicht minder zu meiner vollen Zufriedenheit mich unterstützten. —

Mit gutem Rechte aber glaube ich nunmehr auch die Ueberzeugung kundgeben zu dürfen, daß diese, in möglichste Kürze zusammengefaßte Abhandlung über „Wesen und Begriff der wissenschaftlichen Heraldik“:

1) eine neue, originale Anschauungsweise der gesammten Wappen-Wissenschaft veranlassen,

2) in Folge dessen deren wissenschaftlichen Werth bedeutend erhöhen, ja für alle Zukunft wirklich sichern,

3) ein rein sachgemäßes System und rechtes Verständniß der Wappenkunde neu begründen, und

4) folgerecht auch die Vorliebe zum Studium dieser Wissenschaft, sowie zur eifrigen Forschung auf dem Gebiete der Heraldik allseitig wieder beleben werde. — Endlich

5) würde nur eine nach meinen im vorliegenden Werke dargelegten Ansichten aufgefaßte und betriebene Heroldskunst zugleich die christlich-mittelalterliche Cultur- und Kunstgeschichte um einen sehr bedeutungsvollen Zweig bereichern können, — so daß selbst den künstlerischen Studien damit ein ganz neues, nicht unwesentliches Feld zur Bearbeitung eröffnet wäre. —

Verwirklichen sich jedoch, wie ich allerdings zu vermuthen einigen Grund habe, die hier bezeichneten Erfolge, so mag dieß und das Bewußtsein: eine gründliche Purifikation der edlen, alten Heroldskunst von den nichtigen Anhängseln späterer Jahrhunderte, als der Erste energisch angeregt zu haben, der schönste Lohn meiner Bemühungen sein. —

München im Monate Oktober
des Jahres 1856.

Der Verfasser.

Inhalts-Verzeichniß.

Literatur.

1) Abregé nouveau et methodique du Blason. A Lyon 1722. —

2) Abelösirte wolanständige, das ist, Neue Anleitung zu der sogenannten Herolds- oder Wappenkunst, Ulm 1694. —

3) Amann Jost, Wappenbuch mit dem Titel: Insignia sacrae Caesareae Maiestatis, principum electorum, ac aliquot illustrissimarum, illustrium, nobilium et aliarum familiarum, formis artificiosissimis expressa: Addito cuiq.; peculiari Symbolo, et Carmine octasticho, quibus cum ipsum Insigne, tum Symbolum, ingeniosè, ac sine ulla arrogantia vel mordacitate, liberaliter explicantur. —

His adjecta sunt totidem vacua (uti appellant) Scuta, ut alii quoque, quibus hoc institutum placebit, suae etiam gentis Imagines penicillo adjicere possint. —

Omnia in gratiam Studiosorum, magno labore, et sumptu non exiguo, collecta atque edita. — Cum Gratia et Privilegio. — Francofurti ad Moenum. — MDLXXIX. —

Sigismundus Feyerabendt. Philippus Lonicerus. —

4) Aretin, C. M. Freiherr von, königl. bayer. Kämmerer und Geheimer Rath, Alterthümer und Kunst-Denkmale des bayerischen Herrscher-Hauses, München 1853 et sequ. —

5) Bagmihl, J. G. Pommerisches Wappenbuch, Stettin 1843. —

6) Beaumont, Adalb. M. de, Recherches sur l'origine du Blason et en particulier sur la fleur de Lis. Paris 1853. —

7) Bernd, Chr. Sam. Theodor, Allgemeine Schriften-Kunde der gesammten Wappenwissenschaft, Bonn 1830 und 1835. —

8) Bossewell, John Gentleman, Workes of Armorie, devided into three Bookes, entituled, the Concordes of Armorie, the Armorie of Honor, and of Coles and Creastes; London 1597. —

9) Catalogue illustré d'armes anciennes, Européennes et Orientales etc. etc., Bruxelles 1854. —

10) Chezy, Wilhelm von, Der Ehrenherold, eine Uebersicht des Wissenswerthesten aus der Wappenkunst. — Stuttgart, 1848. —

11) Cibrario, Cavaliere Luigi, Sigilli de' principi di Savoia. — Torino 1834. —

12) Colombiere, Marc de Vulson sieur de la; La science heroique, traitant de la noblesse, de l'origine des armes, etc. etc. avec la Genealogie succincte de la Maison de Rosmadec en Bretagne. — A Paris 1644. —

13) Concilium-Buch, Das sogenannte, von Constanz d. a. 1483. —

14) Coronelli, Blasone Veneto, o gentilizie insegne delle famiglie patrizie, d. a. 1706. —

15) Correspondenz-Blatt des Gesammtvereines der deutschen Geschichts- und Alterthums-Vereine. — Im Auftrage des Verwaltungs-Ausschußes des Gesammtvereines herausgegeben vom Archivsekretär Dr. C. L. Grotefend. —

16) Deduktion von dem Reichs-Pannerer-Amt. —

17) Döderlein, M. Joh. Alexander, Historische Nachrichten der Häuser der Marschälle von Calatin und Pappenheim. — Schwabach 1739. —

18) Dorst, J. G. L., Allgemeines Wappenbuch. Görlitz 1843, 1846. —

19) — — Des Ritters Conrad von Grünenberg Burgers zu Costenz Wappenbuch. — In Farben gedruckt m. d. c c c x. l. —

20) — — Würtembergisches Wappenbuch. — Halle an der Saale 1846. —

21) Düsseldorfer-Costümbuch, Das sogenannte. —

22) Ebert, Friedrich Adolf, Allgemeines, bibliographisches Lexikon v. d. Jahren 1820 bis 1830. (4.) Leipzig. —

23) Einzinger von Einzing, Johann, Martin, Maximilian, Bayerische Adelshistorie. — München 1768 —

24) — — Historische Wappengallerie über den Ursprung und das Alter der deutschen Geschlechts- und Länder-Wappen, insonderheit des eigentlichen Geschlechtswappen der durchleuchtigsten Pfalzgrafen von Wittelsbach-Scheyern. — Regensburg 1788. —

25) Eye, Dr. A von, Kunst und Leben der Vorzeit. — Nürnberg 1855. —

26) Fahne, A., Geschichte der Cölnischen, Jülichischen und Bergischen Geschlechter. —

27) Fincke, Gustav, Abbildung und Beschreibung von alten Waffen und Rüstungen, welche in der Sammlung von Llewelyn Meyrick zu Goodrich-Court in Herefordshire aufgestellt sind. — Berlin 1836. —

28) Freiberg, M. Freiherr von, Sammlung historischer Schriften und Urkunden. — Stuttgart und Tübingen 1830 —

29) Fugger, Johann Jakob, Herr zu Kirchberg und Weissenhorn, Spiegel der Ehren des höchstlöblichsten Kayser- und Königlichen Erzhauses Oesterreich. — Nürnberg 1668. —

30) Gatterer, Johann Christ., Abriß der Heraldik. —

31) Ginanni, Conte Marc Antonio, L'Arte del blasone dichiarata per alfabeto; in Venezia 1756. —

32) Grote, Dr. H., Geschlechts- und Wappenbuch des Königreiches Hannover und des Herzogthums Braunschweig. — Hannover 1852. —

33) Grünenberg, Conrad Ritters von, vnd Burgers zu Costenz Wappenbuch. — Volbracht am nünden tag des Abrellen, do man zalt Tusend vierhundert drü vnd achtzig jar. —

34) Harsdörfer, Georg Philipp, Von der Herolds-Kunst vnd den Wapen. In Frauenzimmer-Gespräch-Spiele, so bey Ehr vnd Tugendliebenden Gesellschaften mit nützlicher Ergetzlichkeit beliebet vnd geübet werden mögen. — Durch einen Mitgenossen der fruchtbringenden Gesellschaft; 1—8. Theil, Nürnberg v. d. J. 1641—1649, quer 8. mit Kupfern. —

35) Hefner-Alteneck, Professor Jakob Heinrich von, Trachten des christlichen Mittelalters. — Nach gleichzeitigen Kunstdenkmalen. — Frankfurt am Main und Darmstadt, 1840—1854. —

36) — — Die Burg Tannenberg und ihre Ausgrabungen. — Frankfurt am Main 1850. —

37) Hefner, Dr. Otto Titan von, Siebmachers großes und allgemeines Wappenbuch Nürnberg 1854 et sequ. —

38) — — Originalbilder aus der Vorzeit Münchens —

39) — — Die Siegel und Wappen der Münchner-Geschlechter. — München 1849. —

40) Heideloff, C., die kunst des mittelalters in Schwaben. — Stuttgart. — Ebner und Seubert. —

41) — — Die Ornamentik des Mittelalters. — Nürnberg. —

42) Hellbach, Joh. Chr. von, Allgemeines Adelslexikon, Ilmenau 1825. —

43) Hewitt J., Guide de la Tour de Londres, contenant un résumé de l'histoire de ce monument; avec une description particulière de la salle des armures, de la salle d'armes de la reine Elizabéth, de la salle des joyaux de la couronne etc. etc.; Compilé des titres et documents tirés des Archives de la Tour. —

44) Hochadeliche und gottselige Versammlung vom Sternkreuz genannt, welche von Ihro kaiserl. Majestät Eleonora, verwittweten römischen Kaiserin im Jahre 1668 errichtet worden ist. — Beschrieben und herausgegeben auf Ihro k. k. apostol. Majestät allergnädigste Verordnung. — Wien 1805. —

45) Hoffstadt, Friedrich, Gothisches A. B. C. Buch; Frankfurt am Main 1840. —

46) Hoheneck, Joh. G. A. Freiherr von, Die Stände des Herzogthums ob der Enns. — Passau 1732. —

47) Horneck, Ottokar von, Oesterreichische Reim-Chronik. —

48) Hund, Dr. Wiguleus, Bayrisch Stammen-Buch; Ingolstadt, 1585. —

49) Imhof, J. G., Recherches historiques et genealogiques des Grands d'Espagne. — Amsterdam 1707. —

50) Kallenbach, G. G., Album mittelalterlicher Kunst. — München 1846—1847. —

51) Klemm, Dr. Gustav, kgl. sächsischer Hofrath und Oberbibliothekar in Dresden, Allgemeine Culturwissenschaft; Leipzig 1854, 55 et sequ. —

52) Kneschke, Professor Dr. Ernst Heinrich, Deutsche Grafenhäuser der Gegenwart. — Leipzig, 1852—1854. —

53) Knight's, Fredk., Crests of the Nobility et Gentry of the United Kingdom of Great Britain and Ireland. — London; ohne Jahreszahl. —

54) — — Heraldic Illustrations of Supporters, Shields, Ornaments, Brackets, Cyphers etc. Designed for the use of Herald Painters, and Engravers. — London; ohne Jahreszahl. —

55) Köhlers Münz-Belustigungen. —

56) Kremers Baierische Landtags-Handlungen in den Jahren 1429 bis 1513. XV. Band, München; 1805. —

57) Kull, Jakob, Wappen der löblichen Bürgerschaft in Basel. — 1841. —

58) — — Wappen der löblichen Bürgerschaft in Zürich. — 1844. —

59) Lang, Carl Heinrich Ritter von, Baierisches Adelsbuch. München 1815. —

60) Les pas des armes de Sandricourt. (Fol.) circa 1493. —

61) Lipowsky, Felix Joseph, Grund-Linien der theoretisch und praktischen Heraldik. — München 1816. —

62) — — Nationalgarde-Calender. —

63) Lodge's Peerage of the British Empire. — (Corrected by the Nobility) London 1849. —

64) Meding, Christian, Friedrich, August von, Nachrichten von adelichen Wappen. — (Zum Besten des Freyhell-Naumburgischen Waisenhauses). — I. Band: Hamburg 1786, II. Band: Weißenfels und Leipzig 1788, III. Band: Weißenfels und Leipzig 1791. —

65) Menestrier, P. C. F., La nouvelle methode Raisonée du Blason. — Lyon 1754 —

66) Michelsen, A. L. J., Ueber die Ehrenstücke und den Rautenkranz als historische Probleme der Heraldik. — Jena 1854 —

67) Möllinger, Karl, Elemente des Rundbogenstyles. —

68) — — Elemente des Spitzbogenstyles. — München 1846 et sequ. —

69) Montagu, Ad guide to the study of heraldry. — London 1840. —

70) Montfaucon, Monuments de la monarchie française. —

71) Monumenta boica. — München 1763 et sequ. —

72) New-Müntz Buech rc. rc. — Getruckt zu München, bey Adam Berg. — Cum licentia superiorum. — 1597. —

73) Oetter, Samuel Wilhelm, Wöchentliche Wappenbelustigungen; Augsburg 1761 et sequ. —

74) Petra Sancta, Tesserae gentilitiae; Romae 1638. —

75) Phelps's, Travellers' guide through the United States. — New-York 1849. —

76) Playne A. E. P., L'art heraldique, contenant la manière d'apprendre facilement le blason; a Paris, 1717. —

77) Popp, David, Seyfried Schweppermann und das Geschlecht der Schweppermanne; Sulzbach 1822. —

78) Reinhard, Johann Paul, Vollständige Wappenkunst. — Nürnberg 1778. —

79) Robens, A., Elementar-Werkchen der Wappenkunde; Düsseldorf und Aachen 1790 —

80) Rouck, Thomas de, Nederlandtischen Herauld; Amsterdam 1645. —

81) Rudolphi, J. A., Heraldica curiosa; Nürnberg 1698. —

82) Russischen Kaiserreiches, Wappenbuch des; Petersburg. —

83) Schachzabelbuch, Das sogenannte, ein altes Manuskript mit kolorirten Federzeichnungen und Reimsprüchen von Conrad von Ammenhusen; (auf der kgl. Bibliothek zu Stuttgart aufbewahrt und aus dem XV. Jahrhunderte stammend). —

84) Schlehen, Johann Georg, von Rottweyl, Hystorische Relation oder eygendtliche Beschreibung der Landtschafft underhalb St. Lucis Stayg vnd den Schallberg beyderseits Rheins biß an den Bodensee, so under die Rhetiam gezählt, vnnd die vnder Rhetia mag genennt werden; rc. rc. — Getruckt in dem Gräfflichen Marckt Embs, bei Bartholome Schnell. Anno 1616. —

85) Schmeizel, Martin, Einleitung zur Wappenlehre; Jena 1723. —

86) Schrott, Martin, von Augspurg, Wappenbuch des hohen geistlichen vnd weltlichen Stands der Christenheit in Europa, des Apostolischen Stuels zu Rom, der Patriarchen, Cardinäle, Ertz- vnd gemeine Bistumben, der Gefürsten, Prelaten, Abbteyen, auch der Vniversiteten vnd hohen Schulen Namen vnd Wappen. Desgleichen auch des Röm. Reichs vnd Kayserthumbs, der christlichen Königreichen, Chur- vnd Fürstenthumb, Graff- vnd Herrschaften, sambt den freyen Reichs-Stätten. — München 1551, 1576 u. 1581. (fol.) —

87) Siebenkees, D. J. C., Erläuterungen der Heraldik rc. rc. — Nürnberg 1789. —

88) Siebmacher, Johann, Großes allgemeines Wappenbuch; Nürnberg 1772. (fol.) 6 Theile mit 12 Supplementen. —

89) Simon, H., Armorial général de l'Empire français; Paris 1812. —

90) Spener, Dr. Philipp Jacob, Operis Heraldici pars Generalis et Specialis. — Francofurti ad Moenum, Anno MDCCXVII. —

91) Stillfried-Rattonitz, Rudolph Maria Bernhard Freiherr von, Der Schwanen-Orden, sein Ursprung und Zweck, seine Geschichte und seine Alterthümer; Halle 1845. — Stammbuch der löblichen Rittergesellschaft vom Schwanen. —

92) Taschenbuch, Neuestes, von Augsburg. — Augsburg, 1830. —

93) The lynage of Coat Armuris; et how gentillmen shall be knowyn from ungentylmen etc. The blasyng of all maner armys in Latyn, French et English. The bokys of hawking et huntyng with other plesuris dyverse etc. translatyt and compylt togedyr at Seynt Albons. — (folio) the yere 1486. —

94) Tiedemann, J. G., Mecklenburgisches Wappenbuch, mit einem Vorworte von G. M. C. Masch. — Rostock 1837. —

95) Trier, Dr. Johann Wolfgang, Einleitung zu der Wappen-Kunst. — Leipzig 1729. —

96) Turnierbuch, Das, des Herzogs Wilhelm IV. von Bayern. —

97) Tyroff, J. A., Wappenbuch des gesammten Adels des Königreichs Baiern. — Aus der Adelsmatrikel gezogen. — Nürnberg, 1818 et seq. —

98) — — Wappenbuch der österreichischen Monarchie. — Nürnberg 1840. —

99) — — Wappenbuch der preußischen Monarchie. — Nürnberg. —

100) — — Adeliches Wappenwerk. — Nürnberg 1798. —

101) Vigne, Felix de, Costumes du moyen âge. —

102) Vredii, Olivari, Sigilla comitum Flandriae. —

103) Wagner, H., Trachtenbuch des Mittelalters; München. —

104) Walther, Philipp, und Lochner, Das Nürnberger-Gesellenstechen vom Jahre 1446; Nürnberg 1845. —

105) Wapen, des heyligen Römischen Reichs Teutscher nation, der Churfürsten, Fürsten, Grauen, Freihen, Rittern, Auch der merer theil Stett so zu dem Reich (in Teutschem land gelegen) gehören vnd gehört haben. — Auch wie, wo, vnd durch Wen, die erwölung vnd krönung eynes Römischen Künigs vnd Keysers geschehen soll. — Mit einer erclerung, zu ende dieses buchs wie ein jedes wapen gefärbt oder gemalt werden sol. — Mit Keyserlicher freiheit nit nach zu Trucken. — Am Ende steht: Zu Franckfurth am Main, Truckts Cyriacus Jacob. — Anno. Domini 1545. —

NB. Nach des obengenannten Druckers Cyriacus Jacob Vorbericht haben wir im Texte dieses ebenso interessanten, als seltenen Werkes: „den kurtzen auszug des wolgelerten Jacob Köbels weylandt Statschreibers zu Oppenheym" vor uns, nebst noch einem eigenen Vorberichte auch dieses Letzteren selbst. —

106) Wappenbuch gesammter Burgerschaft der Stadt Bern auf das Jahr 1836. —

107) Wappenbuch-Mannskript, Altes, aus dem Ende des XV. oder Anfange des XVI. Jahrhunderts, mit Index aber ohne Jahreszahl und Seitenbezeichnung. —

108) Wappenrolle, Uralte Züricher-. —

109) Wappenrolle der ehemaligen Geschlechtergesellschaft „zur Katze" in Konstanz, mit der Jahreszahl 1547. —

110) Wappensammlung, Bayerische, Manuskript des historischen Vereines von und für Oberbayern in München —

111) Weber, Beda, Handbuch für Reisende in Tirol. In einem Bande. Nach dem größeren Werke: „Das Land Tirol", vielfach verbessert und berichtiget. — Zweite Auflage. — Innsbruck 1853. —

112) Welt, der durchlauchtigen, Vollständiges Wappenbuch. — Nürnberg 1771, 1772 et seq. —

113) Welt-Gemälde-Gallerie oder Geschichte und Beschreibung aller Länder und Völker, ihrer Religionen, Sitten, Gebräuche u. s. w. Aus dem Französischen von Dr. C. A. Mebold. — Europa. Erster Band, Griechenland von Pouqueville, Mitglied des Instituts, Generalkonsul in der Levante. Stuttgart 1836. —

114) Wölckern auf Kalchreuth, Martin Carl Wilhelm von, Beschreibungen aller Wappen aller fürstlichen, gräflichen, freiherrlichen und adeligen jetztlebenden Familien im Königreiche Baiern; Nürnberg 1821 et seq. —

115) Wolf, Dr. Joseph Helmrich, Ortsgeschichte von München; München 1838. —

116) — — Urkundliche Chronik und geschichtlich-statistisches Sachen- und Personen-Adreßbuch von München und aller umliegenden Orte. Von der ältesten bis zur neuesten Zeit. — I. Band, München 1852; II. Band, München 1854. —

117) Biedenfeld, Ferdinand Freiherr von, Die Heraldik oder populäres Lehrbuch der Wappenkunde für Diplomaten, Genealogen, Archivbeamte und Edelleute, aber auch mit besonderer Rücksicht auf die Bedürfnisse der Maler, Zeichner, Kupferstecher, Lithographen, Bildhauer, Bildschnitzer, Stein-, Metall- und Holzschneider, Lackirer, Tapeten-, Teppich- und Kutschenfabrikanten, Sticker, Conditoren ꝛc. als Anhang zu desselben Verfassers Ritterordenswerk. — Mit 530 lithographirten Figuren und 1 illuminirten Bildertafel. — Weimar 1846. —

118) Curiositäten der physisch-literarisch-artistisch-historischen Vor- und Mitwelt ꝛc. ꝛc. — Weimar 1815. — (Vierter Band). —

119) Gebetbuch, Das sogenannte, des Kaisers Maximilian, mit seinen Randzeichnungen vom Meister Albrecht Dürer, und mit der Jahreszahl 1515. —

120) Hormayr-Hortenburg, Joseph Freiherr von, Die goldene Chronik von Hohenschwangau, der Burg der Welfen, der Hohenstauffen und der Scheyren; München 1842. —

121) Le tournois du roi René d'après le manuscrit et les dessins originaux de la bibliothèque royale. Publiés par M. M. Champollion-Figeac, pour le texte; — L. J. J. Dubois, pour les dessins; — Ch. Motte, éditeur de l'ouvrage. Paris 1826. (fol. maj.) —

Wesen und Begriff

der

wissenschaftlichen Heraldik.

I.

Einleitung. Literatur, Autorschaft und Heroldenämter der ältern Periode. Ihre Zeitverhältnisse und Wirksamkeit.

Leider gibt es heutzutage weitaus mehr Wappensammler, Heraldik-Liebhaber und Heroldenämter als *wirkliche*, *wissenschaftliche* Heraldiker, die auch den *wahren inneren* Gehalt, den eigentlichen *Kern* der Sache genau prüfen und kennen lernen wollen; — denn Niemanden ist wohl unbekannt, wie gerade in der neueren Zeit die edle ars heraldica, die ehrwürdige, alte Heroldskunst so nach und nach aus der Reihe der Wissenschaften beinahe verdrängt und ich möchte fast sagen zur Spielerei herabgewürdigt wurde. —

Wie es aber in Folge der Zeiten so kam, ist leicht zu ergründen, wenn man

1) die ältere und neue heraldische Literatur und Autorschaft, mit besonderer Berücksichtigung der jeweiligen Zeitverhältnisse einer scharfen Kritik unterwirft, —
2) die Wirksamkeit der ältern und neuern Heroldenämter unter Bezugnahme ihrer Zeitumstände beobachtet, —
3) wenn man die Geschichte der Heraldik selbst in allen ihren Hauptbestandtheilen, als Statistik der Entstehung, Fortbildung und Anwendung in kurzen Umrissen sich vor Augen führt d. h. ihr *Wesen* untersucht, und endlich
4) wenn man hiebei ebenfalls die National-Charakteristik der Wappenkunde reiflich in Erwägung zieht. —

Wenn ich hier vor Allem einige Bemerkungen über die alte und neue Autorschaft der gesammten Wappenwissenschaft vorbringe, so geschieht dieß durchaus nicht um als Kritiker von Persönlichkeiten aufzutreten, sondern weil die Beobachtung der Literaturgeschichte einer Wissenschaft nicht selten allein schon hinreichend ist über deren Mißstände genügend Aufschluß zu bekommen und deren Schicksale ins rechte Licht zu stellen. —

Bei der Heraldik nun ist ein wichtiger Punkt besonders bemerkenswerth und maßgebend für alle daraus folgenden weitern Consequenzen. — Es ist nemlich bei dieser Wissenschaft allerdings eigenthümlich, daß ihre Literatur erst da beginnt, wo sie selbst bereits im Verfalle begriffen und die sachgemäße Kenntniß und Ausübung, die wahrheitsgetreue Auffassung der wirklichen, echten Heraldik und das richtige Verständniß ihrer alten, originalen Technik längst verloren gegangen war. — Setzt man nemlich die Haupt-Blüthezeit der Wappenkunst, aus Gründen, die ich weiter unten erörtern werde, zwischen die Mitte des XIII. und die Mitte des XV. Jahrhunderts, so ist uns wenigstens noch kein eigentliches Werk über Heraldik innerhalb dieses Zeitraumes bekannt und Bernd in seiner „Schriftenkunde der gesammten Wappen-Wissenschaft", welche mit wahrhaft unermüdlichem Fleiße gesammelt ist, führt als ältestes Werk der Wappenkunde überhaupt folgendes an [1]):

„The lynage of Coat Armuris; et how gentillmen shall be knowyn from ungentylmen etc. The blasyng of all maner armys in Latyn, French et English. The bokys of hawking et huntyng with other plesuris dyverse etc. translatyt and compylt togedyr at Seynt Albons. — Am Ende steht unter Anderm: the yere 1486. folio. —

Spätere Ausgaben dieses Werkes fanden statt:

Westminster 1496 fol. —
London 1586. 4. —
London 1595. 4. —
London 1810 fol. —

Bernd sagt davon: „Dieses höchst seltene und merkwürdige Buch, welches Abhandlungen über Wappen und Wappenkunst und über Jagd, Falknerey und Fischfang mit Holzschnitten enthält, ist als die erste gedruckte Lehrschrift der Wappenwissenschaft zu betrachten." — Weiter unten lesen wir von der außerordentlichen Seltenheit dieses Werkes, besonders in der ersten Auflage, wovon es nur zwei vollständige Drucke in England selbst geben soll, nemlich in den Büchersammlungen

1) Bernd allgemeine Schriftenkunde I. Band pag 291 Nr. 1859.

von Spencer und Pembroke und von welcher sogar ein unvollständiger, mit der Feder ergänzter Abdruck in der Roxburg-Versteigerung 147 Pfund Sterling kostete [1]).

Auch Friedr. Adolph Ebert in seinem „Allgemeinen bibliographischen Lexicon“ bestätiget die Behauptung, daß in England selbst nur die obengenannten zwei vollständigen Exemplare vorhanden seien [2]). —

Als erstes französisches Werk über Heraldik sehen wir im nämlichen Bande von Bernds Schriftenkunde rc.:

„Les pas des armes de Sandricourt. fol.“ Ungefähr 1493 gedruckt [3]).

Viel später hingegen finde ich daselbst die erste deutsche Wappenlehre nemlich [4]):

„Von der Herolds-Kunst vnd den Wapen. In Frauenzimmer-Gespräch-Spiele, so bey Ehr- vnd Tugendliebenden Gesellschaften mit nützlicher Ergetzlichkeit beliebet vnd geübet werden mögen. — Durch einen Mitgenossen der fruchtbringenden Gesellschaft, Georg Phil. Harsdörfer.“ 1—8 Theil. Nürnberg 1641—1649 quer 8. mit Kupfern.

Bernd setzt unten ausdrücklich bei: „die erste deutsche Lehrschrift und überhaupt die erste eines Deutschen; dagegen die ältesten Wappenbücher deutsche sind.“ —

In der That treffen wir bei weiterem Nachsuchen an gleichem Orte als ältestes Wappenbuch:

„Das Concilium-Buch geschehen zu Costenez.“ — rc.

An dessen Ende steht unter Anderm: „Gedruckt und volendt in der kaiserlichen stat Augspurg von Anthony Sorg am Afftermontag nach Egidy. — do man zelt nach Christi gepurt MCCCC und in dem LXXXIII jare. — folio [5]).

Als spätere Ausgaben dieses Werkes mit theilweise verändertem Titel sind zu erwähnen: eine solche vom Jahre 1536 und 1575. —

Bernd bemerkt darüber: „dieses vorzüglich in der ersten Ausgabe von 1483, sehr seltene Werk ist als das erste allgemeine, gedruckte Wappenbuch zu betrachten und ist sehr merkwürdig.“ —

1) Ibid. pag 293.

2) Fr. Ad. Ebert. Allg. bibl. Lex. I. und II. Band. Leipzig 1820—1830.

3) Bernd Schriftenkunde. I. Band pag 294 Nr. 1880.

4) Ibid. pag. 301 Nro. 1883.

5) Ibid. II. Band pag 389 Nr. 2283.

Als zunächst Ältestes jedoch weiſt uns Bernd wieder ein deutsches und zwar:[1]) „Wappenbuch des hohen, geistlichen vnd weltlichen Stands der Christenheit in Europa, des Apostolischen Stuels zu Rom, der Patriarchen, Cardinäle, Ertz- vnd gemeine Bisthumben, der Gefürsten, Prelaten, Abbteyen, auch der Vniversiteten und hohen Schulen Namen vnd Wappen. Desgleichen auch des Röm. Reichs vnd Kayserthumbs, der christl. Königreichen, Chur- vnd Fürstenthumb, Graff- vnd Herrschaften sambt den freyen Reichs-Stätten. — Durch Martin Schrot von Augspurg zusammengetragen. München 1551 (Erste Ausgabe) fol. Es werden noch zwei spätere Ausgaben dieses Werkes von den Jahren 1576 und 1581 daselbst angeführt. Zuweilen wurde auch der Verfasser fehlerhaft Schröter genannt. —

Auch die nächstfolgenden drei bei Bernd näher bezeichneten Wappenbücher sind deutschen Ursprungs und zu Nürnberg 1555; zu München 1571, u. s. w. erschienene Druckwerke [2]).

Aus Alledem aber geht hervor, daß Engländer und Franzosen zwar die ersten Wappenlehren oder Lehrbücher über Heraldik geliefert, die Deutschen jedoch dagegen die ersten Wappenbücher oder Wappensammlungen verfaßten; — und allerdings läßt sich hierauf auch mit ziemlicher Wahrscheinlichkeit die Annahme begründen: daß Franzosen und Engländer als die Ersten die Heraldik in bestimmten Regeln geordnet und dieselbe zuerst kunstgerecht und wissenschaftlich betrieben und ausgeübt haben. —

Uebrigens kann ich in Betreff des erstgenannten englischen Werkes über Falknerey, Jagd und Fischfang, sowie auch in Betreff des Concilien-Buchs von Konstanz doch nicht ganz Bernd's Ansicht theilen und solche für rein heraldische Werke erklären, da in beiden die Heraldik und beziehungsweise die Wappenabbildungen nur eine untergeordnete Rolle spielen d. h. eigentlich als Nebensachen betrachtet mehr zur Illustration und Ausschmückung dienen. —

Sollte ich hier länger, als vielleicht nöthig scheint, verweilt haben, so geschah es hauptsächlich zur Bestätigung meines ursprünglichen Satzes: daß nemlich die Literatur der Heraldik nicht bis in die erste Hälfte des XV. Jahrhunderts hinaufreicht einestheils, — anderntheils aber auch, weil ich wenigstens die ältesten bekannten Druck-Werke über diese Wissenschaft hier zu erwähnen für nöthig hielt. —

Bei weiterer Forschung in Bernds Werk wird sich sogleich als offenbare Thatsache herausstellen, daß ganz besonders die letzten zwei Jahrhunderte fruchtbar an

1) Ibid. pag. 370 Nr. 2284.

2) Ibid. pag. 371 Nr. 2285 — 2287.

heraldischer Literatur waren und der bei weitem größere Theil von Werken über Wappenkunde und Heroldskunst in den genannten Zeitraum fällt. —

Will aber aus diesem Umstande ein näherer Schluß gezogen werden, so dürfte die Folgerung eben nicht zu Gunsten unserer Wissenschaft ausfallen, — weil es namentlich in den damaligen allgemeinen Zeitverhältnissen lag, daß die gesammte ältere Autorschaft der Heraldik nicht nur zu deren Erhaltung und wahrem Verständniß Nichts beitragen und leisten konnte, sondern sogar im Gegentheile durch eigene falsche Auffassung heraldischer Attribute, — durch Einzwängung von früher Willkührlichem in engherzige Formen und Regeln, — durch Erfinden von Dingen, die niemals bestanden und Verwerfen historischer Thatsachen, — durch Wichtigmachen von Unbedeutendheiten und Unberührtlassen der Sachen von Wichtigkeit — durch schlechte Blasonirung, — kurz durch zahllose andere Mängel und Mißverständnisse — auch das Traditionelle der alten Heroldskunst fast ganz verwischt hat. —

Dennoch wäre es höchst ungerecht diesen Männern bisweilen Gelehrsamkeit, systematische Ordnung und Ausführlichkeit, besonders aber den großen Fleiß abzusprechen, wodurch sich ihre Arbeiten auszeichnen. Hiebei erinnere ich vorzüglich an die gelehrten Jesuiten Petra Sankta und Claude Menestrier, sowie an Spener, Gatterer und viele Andere. — Ja, manche kleinere Werkchen über Heraldik weisen uns sogar eine gewisse praktische Seite, wie z. B. Dr. Joh. Wolfg. Triers Einleitung zur Wappenkunst Leipzig 1729, Schmeizels, Reinhart's kleine Wappenlehren &c. — und sind daher auch heutzutage noch wenigstens theilweise annehmbare Handbücher und nicht ohne Verdienst. — Es ist deßhalb auch durchaus nicht Alles als unbrauchbar zu verwerfen, was uns diese Elaborate bieten und man wäre sehr im Irrthume bei vorschnellem Aburtheilen über jene Persönlichkeiten. — Vorzüglich rühmenswerth aber ist der wahrhaft eiserne Fleiß, den sie auf ihre Werke verwendeten und jetzt noch erregen die Folianten und Quartanten, die sie hinterließen, unser gerechtes Staunen, — und wir können dabei eigentlich nur bedauern, daß in wissenschaftlicher Beziehung die Qualität zumeist der Quantität so weit nachsteht. — Hätten diese guten Leute, statt die Bücher Moses, die griechischen und römischen Classiker u. dgl. zu ihren absurden Citationen nachzuschlagen, um die Heraldik mit Vater Adam begründen, durch Hebräer, Egypter, Griechen und Römer fortsetzen zu lassen, — statt mit albernen Beispielen aus vorchristlicher Zeit den drei ersten Heiden, den Königen David und Josua, Alexander dem Großen, dem Julius Cäsar, dem Judas Makkabäus u. v. A. förmliche Wappen zu ertroyren, — viel lieber ihre Zeit darauf verwendet, sich besser in den geschichtlichen Denkmälern und Reliquien ihres eigenen Vaterlandes umzusehen, die ihnen über dieß damals gewiß noch eine ungleich größere Ausbeute liefern konnten, als heutzutage uns, — hätten sie mehr an den Architektur-Formen und in dem Charakter der Ornamentik des christlichen Mittelalters ihre Anhaltspunkte gesucht, die Religions- und Sittengeschichte ihres eigenen Volkes studirt, statt Alles von jenen vorchristlichen Schatten herleiten zu wollen und mit darauf basirten Hypothesen und Consequenzen herumzufaseln, — dann würden sie gewiß auch um so viel leichter den Schlüßel zu diesen oder jenen noch ungelösten Problemen gefunden haben und jedenfalls dem Wesen der Sache näher gekommen sein, als jetzt uns, nach der Vernichtung so vieler werthvoller Originalien, überhaupt noch möglich werden dürfte, — kurz, es würden wahrhaft wissenschaftliche Resultate erzielt worden sein, Resultate, die vielleicht in wenigen Zeilen manches Dunkel mehr erhellen könnten, als jene umfangreichen Bände je im Stande sind! —

Wohl der triftigste Grund aber, warum man der Autorschaft des vorigen Jahrhunderts persönlich nicht zu nahe treten kann, ist vorzugsweise der, weil eben ihre Werke sämmtlich unter den Eindrücken und Einflüßen der Mißbildung und verdorbenen Geschmacksrichtung ihres Zeitalters geschrieben sind, nach dem ganz richtigen Grundsatze: daß man alle Vorurtheile und Schwächen jener Zeit theilt, in und mit der man lebt. —

Mußte man aber nicht auch zu ihrer Zeit, um für gelehrt zu gelten, den schlichten deutschen Namen, wenn nicht ganz latinisiren, so doch wenigstens mit der Endsylbe us ausschmücken? —

Waren es nicht jene Zeiten, in denen der gesammte höhere Adel Deutschlands eifrig bemüht war seine Stammbäume in Rom wurzeln zu lassen und bekanntlich die Chronisten, der Mode huldigend, theils aus Speichelleckerei, theils aus eigner Unwissenheit, für nöthig erachteten dieser Thorheit reichlichen Weihrauch zu streuen? — zu jener „guten, alten“ Zeit, da man einem großen Herrn oder einer Dame von Stand nicht besser schmeicheln konnte als durch poetische Vergleiche mit Apollo, Mars, Diana und Venus? — War es aber auch nicht die trübe Zeit der Mißachtung vaterländischer Kunstschätze, in der vaterländische Alterthumskunde ein brachliegendes Feld bildete? — jene Zeit, in der man noch umgeben von vaterländisch-geschichtlichen Monumenten, diese untergehen und verderben ließ, ja sogar mit Füßen trat, um dafür fremdländische, abgeschmackte Formen, Sitten und Gebräuche zu adoptiren und eifrigst nachzuäffen. — Man lese nur z. B. die Urtheile der Schriftsteller jener Periode über den gothischen Baustyl und kann daraus leicht ersehen, wie verächtlich damals selbst Gebildete und Gelehrte in unwissender Verblendung über die lebendigen Zeugen und Denkmäler des religiösen und sittlichen Zustandes unserer mittelalterlichen Vorfahren, über die sprechendsten Beweise der nationalen Größe und Bildung unseres Volkes, — ihre einfältigen Bemerkungen machten, und wie sie, ohne den wahren Geist und das tiefe Gemüth derselben nur im entferntesten erfaßen, viel weniger aber begreifen zu können, alles Mittelalterliche unbeachtet liegen ließen, ja, meistens absichtlich zu Grunde richteten, — während man dagegen Alles, was griechischen oder römischen Ursprung aufweisen konnte, griechische oder römische Kunst betraf, bis in den Himmel erhob und sogar die eignen Sitten, Gebräuche, Wohn- und Gotteshäuser vom unbedeutendsten Hausrath an, bis zum riesigsten Baudenkmal jenen antiken Vorbildern anzupaßen und möglichst ähnlich zu machen suchte. —

So finden wir denn dieses Streben durchweg, wie bei allen Dingen jener Zeit, so auch insbesondere bei der Pflege und in Ausübung von Kunst und Wissenschaft, — und man kann sich also leicht denken von welch schädlichem Einfluß dieß namentlich auf die Heraldik, eine *nur* im christlich-mittelalterlichen Elemente begründete und ausgebildete Wissenschaft gewesen sei! —

Während man damals die kleinsten Scherben römischer Töpfe und Thränen-Phiolen mit großer Aengstlichkeit sammelte und in Museen unter Glas-Schränken sorgfältig aufspeicherte, — zerschmetterte man die mittelalterlichen Kunstschätze des Vaterlandes mit ruchloser Hand, um dann die Trümmer theils in die Münzen, theils auf die Eisenhämmer oder auch wohl gar als Brennmaterial in die Oefen wandern zu lassen, — und es ist hinlänglich bekannt, daß die wichtigsten und interessantesten Urkunden, die jetzt vielleicht mit Gold aufgewogen würden, Manuskripte und Miniaturen auf Pergament; deren Werth jetzt unschätzbar wäre, — *zentnerweise* an Juden und Goldschläger veräußert wurden: sowie man Gegenstände von historischem oder großem Kunstwerth um ein Spottgeld an Trödler verschleuderte, die jetzt als die kostbarsten Exemplare die ersten Sammlungen der Welt zieren könnten! — Die Uebertünchung der Originalbemalung alter Epitaphien und Fresken war damals an der Tagesordnung, — sie stammt aus dieser glücklichen Zeit und selten wird ein Ort sich finden, der nicht traurige Spuren davon in Kirchen, öffentlichen oder Privat-Gebäuden rc. aufzuweisen hätte, — so daß man fast glauben möchte, jene Leute habe nichts seliger gemacht, als die Besserung mittelalterlicher Skulpturen und Kunstwerke. —

Während Tulpenzwiebeln, chinesische Pagodenmännlein und dickbauchige Fratzen von Porzellan, zur so beliebten Verzierung der Kamingesimse, mit schwerem Gold bezahlt wurden — führte man Wägen voll kannelirter Rüstungen auf die Hämmer, heizte mit gothischen Meubeln und Altären und pflasterte mit kunstreichen Grabsteinen! —

Würde uns aus solchen Dingen nicht oft mit Leichtigkeit Aufschluß werden über so Manches, wegen dessen heutzutage sich die gelehrtesten Männer den Kopf zerbrechen, vergebens die reichhaltigsten Museen ausgesucht, die größten Bibliotheken durchstöbert werden? —

Die Verstümmelung der grossartigsten Baudenkmale des christlichen Mittelalters fällt überdieß auch in jene Zeitperiode. —

Im weitern Verlaufe folgte in einigen Ländern etwas später der Barbarei des „Zopfes" die Barbarei der sogenannten „Aufklärung," — und was von jener zufällig oder absichtlich verschont geblieben war, wurde dafür von dieser vollkommen vertilgt. Ich meine damit jenen großen Raub an Kunst und Wissenschaft in den ersten Dezennien dieses Jahrhunderts: die Säkularisation der Klöster, in deren Mauern, was von der frühern, allgemeinen Verfolgung noch übrig gelassen oder vergessen wurde, getreuen Schutz und Pflege gefunden hatte.

Jahrhunderte hindurch waren die Klöster allein und ausschließend die Pflanzschulen von Wissenschaft und Kunst und jetzt noch, was jeder wahrheitsliebende, unpartheiische Geschichtsforscher gerne zugestehen wird und muß, zeichnen sich die Manuskripte der Mönche, ihre Miniaturen und sonstigen Werke gewöhnlich als die ausführlichsten und fleissigsten in den Bibliotheken vor Allen aus. —

Wenn daher also mit Fleiß, Liebe, Mühe und tiefer Kenntniß zusammengetragene und durch Jahrhunderte einsichtsvoll gesammelte wissenschaftliche Schätze in einigen Wochen förmlich weggefegt werden, so liegt gewiß darin auch zugleich das ganze Urtheil über die betreffende Zeit, ihre Generation und deren sittlichen und religiösen Zustand! — Abgesehen hier von den übrigen noch sehr zweifelhaften Rechtsgründen, welche zunächst jene Katastrophe veranlaßten, abgesehen von jeder vorgeblichen Nothwendigkeit, wodurch sie etwa geboten war und endlich weit entfernt einzelne Persönlichkeiten hiefür anklagen zu wollen, kann ich, rein nur von meinem Standpunkte als Geschichts- und Alterthumsforscher, als warmer Freund von Kunst und Wissenschaft, mein innigstes Bedauern, ja meinen tiefsten Abscheu über jenes unglückselige Ereigniß ausdrücken und bin zugleich in der festen Ueberzeugung, daß viele gelehrte Männer in ihrer Kunstliebe mir gewiß ebenso entschieden beistimmen und energischen Tadel kundgeben werden! — Den politischen und finanziellen Nutzen dieser Maßregel aber, halte zu bestreiten ich wohl nicht am Platze, da es mich zu weit führen würde; allein einer einzigen Thatsache sei hier gedacht. In Bayern nemlich wurden z. B. bei der allgemeinen Säkularisation große Kloster-Realitäten um solchen Preis verschleudert, daß, horribile dictu, die Dachrinnen der Gebäulichkeiten im alten Kupfer mehr ausgewogen hätten! —

Wie klug also damals die ganze Sache in die Hand genommen wurde, mag sich aus diesem kleinem Faktum Jeder selbst leicht herausfinden. —

Wie viel Hunderte aber mittelalterlicher, prachtvoller Kirchen-Paramente, Meßgewänder, Ornate, Original-Meubel, Geräthschaften und Kunstwerke rc. jene Zeit verschlang, wissen wir nicht. — Am Ende wäre damit auch wenig geholfen; denn dieß Alles ist für uns unwiederbringlich verloren; — allein unsere Aufgabe soll es nun sein: wenigstens das, was noch da ist, möglichst zu erhalten und zu bewahren. Suchen wir dadurch den Schaden theilweise wieder gut zu machen, damit nicht ähnliche Austritte heutzutage sich wiederholen. — Uns bleibt keine Ausrede; denn wir haben historische Vereine, Vereine für vaterländische Alterthumskunde, für Kunst und Wissenschaft, wir haben germanische Museen und viele andere gelehrte Anstalten und Sammlungen, welche uns jederzeit und aller Orten zur Rettung von dem, was noch zu retten ist, die passendste Gelegenheit darbieten; — unsere Aufgabe wird und muß es daher auch sein alle im christlich-mittelalterlichen Elemente begründeten beinahe bis auf die neueste Zeit so sehr vernachlässigten und hintangesetzten Künste und Wissenschaften wieder zu heben, neu zur Geltung zu bringen und frisch zu beleben, d. h. auf den ursprünglichen Zustand ihrer Vollkommenheit, durch rechte Auffassung und wahres Verständniß zurückzuführen, sowie vom allenfalls noch anhängendem „Zopf" durchgreifend zu reinigen, wenn wir nur einigermaßen die verlorne Zeit wieder hereinbringen und der Kunst und Wissenschaft gehörig Genüge leisten und gerecht werden wollen. —

Wie wir dieses können, ist eine weitere Frage zu deren Lösung ich am Schlusse meiner Abhandlung Gelegenheit nehmen werde einige Worte zu sprechen.

Jene aber, welche vielleicht der Meinung sind, ich sei hier zu weitläufig geworden, mögen es einerseits meinem Eifer für die Sache zu gut halten, anderseits diene ihnen zur Nachricht, daß ich dieß insonderheit aus dem Grunde mit solcher Ausführlichkeit gethan habe, weil gerade durch eine getreue Schilderung jener allgemeinen Zeitverhältnisse das Hauptmotiv zum spätern Verfall der Heraldik klar vor Augen gestellt wurde, einer Wissenschaft, deren Geburt, Wachsthum und kraftvolle Blüthe nur in die Zeit des Mittelalters fällt, also auch nur nach den Grundsätzen und Prinzipien dieser Periode beurtheilt, verstanden und ausgeübt werden darf, wenn ihre Lebensfähigkeit für die Zukunft, wenigstens in wissenschaftlicher Beziehung, nicht ernstlich gefährdet, die Sache selbst jedoch völlig bedeutungslos werden soll.

Wer aber glauben sollte, ich hätte etwa mit zu grellen Farben aufgetragen, der möge einzelne Züge und Episoden aus oft besagter Zerstörungsperiode in C. Heideloffs Ornamentik des Mittelalters, in Hoffstadts gothischem A B C, in Dr. J.

H. v. Hefner-Altenecks Trachten- und Geräthschaftenwerk und an unzähligen andern Orten selbst nachlesen.

Was von der Autorschaft dieses Zeitraums, gilt auch gleich im Allgemeinen von den Herolden-Aemtern, heraldischen Collegien rc. und deren Wirksamkeit.

Auch hier begegnen wir zwar überall dem besten Willen, allein dennoch gelang es diesen Corporationen niemals den Zopf abzustreifen oder der Vorurtheile und Schwächen ihres Zeitgeistes sich zu entledigen, — sondern im Gegentheil verdanken wir ihnen so manche heraldische Mißgeburt und weil damals Niemand solche Fehler rügte, noch weniger aber eigenes Gefühl für die Sache sie verbessern ließ, so blieb eben nach wie vor Alles „beim Alten."

Ein einziger, allgemein günstiger Umstand war jedoch in dieser Periode für die Heraldik vorhanden, dessen Gewicht allerdings bedeutend in die Wagschale fällt. Es verdient nemlich besonders hervorgehoben zu werden, daß die Verhältnisse des Adels damals noch ganz andere waren, wie in der Gegenwart, — und wir können durchweg die Beobachtung machen, daß die Geschichte der Heraldik mit der Geschichte des Adels so ziemlich gleichen Schritt hält. — Wie daher beim Auftauchen der ersten heraldischen Literatur die Wirklichkeit, die eigentlich praktische Technik dieser Wissenschaft, so zu sagen, aufhört, d. h. nur mehr bildlich-theoretische Heraldik in Sculptur, Malerei auf Siegeln u. s. w. fortlebt, — also können wir auch bemerken, daß um ohngefähr die nämliche Zeit mehr und mehr der sogenannte Briefadel über den eigentlichen Uradel ein numerisches Uebergewicht gewinnt. — Vom ganzen bayerischen Adel haben z. B. die Grafen Joner den ältesten Briefadel[1]). — Dieser wurde ertheilt vom Kaiser Sigismund zu Feldkirchen am St. Gallentag im Jahre 1420. — Die nächsten daran sind aber die Fugger[2]) und zwar erst vom Jahre 1473; — dann die Ohlhafen von Schöllenbach[3]) 1489; die Rumpler[4]) 1490 u. s. f. Vom Jahre 1600 — 1800 aber sind mehr denn 400 kaiserliche Adelsbriefe in Langs Adelsbuch (1820) aufgeführt; außerdem noch von Pfalzgrafen 37; vom Churfürst Max Emanuel 5; vom Churfürst Max Joseph III. 37; von Carl Theodor 151; vom Churfürsten von der Pfalz 2; vom Fürst Primas von Aschaffenburg 3; vom König Max Joseph 178; vom König Ludwig 72; vom König Max II. bis Neujahr 1855 aber 3. —

1) Carl H. R. v. Langs bayer. Adelsb. pag 36 et 38.

2) Ibid. pag. 4 et 5.

3) Ibid. pag 160.

4) Ibid pag. 312

Vom spezifisch bayerischen Turnieradel, d. h. von jenem bayerischen Uradel, der die Zeiten der Schyren sah und die Reichs-Turniere besuchte, leben gegenwärtig nur mehr 16 Geschlechter. — Ihre Namen sind: Fraunberg, Closen, Gumppenberg, Leubling, Fraunhofen, Rothhaft, Preising, Sandizell, Törring, Leuprechting, Satzenhofen, Taufkirchen, Etingsheim, Aham, Weichs und Seiboltsdorf. — Einige davon nur mehr im weiblichen Stamm.

Auch in Betreff der Begüterung des Adels ist es heutzutage viel schlechter als vor 50 Jahren, so daß, wenn früher das Verhältniß der Geschlechter zu dem der Güter wie 1 zu 5 sich herausstellte, es jetzt beinahe umgekehrt wie 4 zu 1 sich ergibt, d. h. daß heutzutage auf 4 adeliche Geschlechter 1 Edelsitz trifft, während noch vor 50 Jahren auf 1 Geschlecht 5 Edelsitze trafen. — So beispielsweise in Bayern. Aehnliche oder ganz gleiche Verhältnisse des Adels aber wird man bei genauer Prüfung in allen andern deutschen Staaten finden. — Und wenn angenommen werden kann, daß der Adel drei Hauptstöße erlitten und durch den ersten, nämlich: Einführung der stehenden Heere, Reformation und Bauernkriege, seine Macht; — durch den zweiten: das allgemeine System der Güterzertrümmerung, Aufhebung der adelichen Stifte rc. seinen Reichthum und materielles Uebergewicht; — durch den dritten endlich: Verlust aller noch übrigen Reste adelicher Vorrechte theils durch eignen Verzicht, theils im Jahre 1848, auch Ansehen und politische Bedeutung verloren habe, — so ist die Rückwirkung jedesmal auch auf die Heraldik um so fühlbarer gewesen, weil eben die Schicksale dieses mit den Schicksalen besagten Standes enge verflochten sind. — Sowie aus jener oberflächlichen Zusammenstellung, ebenso wird auch aus dem weitern Verlaufe dieser Abhandlung sattsam erhellen, daß meine erste Behauptung: die Geschichte des Adels und der Wappenwissenschaft stehen in einer gewissen gegenseitigen Wechselverbindung, — vollkommene Richtigkeit hat.

Dieser Satz findet ohnehin bei aufmerksamen Zusammenhalte und Vergleichung der Zustände des Adels und der Heraldik in der Gegenwart die nachdrücklichste Bestätigung. — Allein der Adel jener Zeit, von dem ich hier spreche, hatte noch die wichtigsten und meisten seiner Privilegien und Vorrechte und wir können daher auch damals das wissenschaftliche, ja, ich möchte fast sagen populäre Ansehen der Heraldik noch überall anerkannt und gewürdiget finden. —

Auf den meisten Universitäten wurde sie gelehrt, — ein Herold mußte damals noch Heraldik verstehen, um seiner Stelle gewachsen zu sein und wenn man diese auch nach zopfigen Principien auffaßte und betrieb, so wurde sie doch faktisch allerwärts noch in praxi angewendet und ausgeübt. —

Damals besaßen die Herolden-Aemter wenigstens noch die Fähigkeit in ihrer

Art etwaige Zweifel zu lösen, Wappen-Streitigkeiten zu schlichten oder über heraldische Dinge Aufschluß zu geben. — Ueberdieß bestanden eigene „heraldische Collegien“ zur Entscheidung heraldischer Streitfragen und zur Pflege dieser Wissenschaft. So hat z. B. Dr. Joh. Wolfg. Trier ein solches im Jahre 1712 auf der Universität Leipzig begründet und lauten dessen eigene Worte im Vorbericht seiner „Einleitung zur Wappenkunst“ wie folgt [1]):

„Um dieser Ursachen willen, und weil ich mehr ermeldte Wissenschaft auf der Universität öffentlich zu lehren habe, bin ich biß anhero mit aller möglichen Application, den Liebhabern zu Dienst, dieselbe zu erläutern und zu erleichtern bemühet gewesen. — Zu solchem Ende habe ich im Jahre 1712 mit einigen guten Freunden auf hiesiger Universität ein Collegium der Herolds-Wissenschaft aufgerichtet, darinnen wir mit zusammengesetztem Fleiß dieselbe excoliren, wie aus dem damals edirten und zu Ende dieses Vorberichts angefügten Programmate mit mehrern zu ersehen. — Es hat auch dieses Vorhaben weit mehrern Success und Gunst gefunden, als man anfangs vermuthet, immassen viele vornehme und gelehrte Gönner und Freunde, nicht allein in Leipzig, sondern auch an entlegenen Orten allerhand rare Bücher und Memoiren darzu einzuschicken sich freywillig erboten, welches wir auch mit geziemenden Dank acceptirt, und soviel möglich, davon profitirt haben, daß also mit Göttlicher Hülffe hinführo nicht wenig Nutzen von dem Fleiß dieser Gesellschaft zu erwarten stehet.“

Daselbst sind auch die Statuten dieses „heraldischen Collegiums“ ausführlich zu lesen, unter der Aufschrift: „Einrichtung des Collegii der Heroldswissenschaft, welches unter der Direktion Dr. Johann Wolfgang Triers Heraldices Prof. Publ. Ord., von einigen guten Feunden aufgerichtet worden“ [2]). —

In solchen gelehrten Anstalten für wissenschaftliche Wappenkunde wurden junge Heraldiker herangebildet und die ältern in Uebung erhalten, sphragistische und numismatische Sammlungen nebenbei angelegt und heraldische Abhandlungen vorgetragen. — Ueberhaupt ist eine gewisse Vorliebe für diese Wissenschaft bei allen Geschichtsforschern jener Zeit nicht zu bestreiten, welche, wie es den Anschein hat, die Wichtigkeit derselben als historische Hilfswissenschaft, für Genealogie, Sphragistik, Numismatik und namentlich Spezial-Geschichte besser kannten und würdigten, als unsere kurzsichtigen Historiker der Neuzeit. — Ich verweise hier auch nur auf Oetters „Wöchentliche Wappenbelustigungen“, welche, ein Seitenstück zu Köhlers „Münzbe-

1) J. W. Triers Wappenk. pag. 10 et 11.

2) Ibid. pag. 12 — 18.

luftigungen" bildend, im vorigen Jahrhundert zu Augsburg erschienen. — Dieser Umstand kann auch nicht geläugnet werden, wenn man die große Fruchtbarkeit der heraldischen Literatur in den verflossenen letzten zwei Jahrhunderten in Erwägung zieht und bedenkt, daß diese Leute gewiß nicht so viel Papier umsonst verschrieben haben würden, wenn sie mit ihrem Stoff nicht Anklang gefunden hätten. — Wir sehen also, daß es im abgehandelten Zeitraume am guten Willen zwar durchaus niemals fehlte, allein die Hauptmängel größtentheils in den allgemeinen Zeitverhältnissen selbst lagen. Wir dürfen uns daher auch nicht wundern, wenn nicht immer, was man wollte, erreicht wurde, d. h. wenn trotz allen angewendeten, wohlgemeinten Mitteln, der Erfolg diesen wenig und selten entsprach.

Zu den hervorragendsten Mängeln aber dieser heraldischen Periode gehören vorzüglich:

1) Unrichtige und sachwidrige Auffassung der ganzen Wappenwissenschaft in allen ihren Theilen.
2) Mißverständnisse aller Art in Bezug auf einzelne heraldische Figuren oder Wappenbilder.
3) Eine ungemein schwulstige, umständliche und dennoch überaus undeutliche Beschreibung der Wappen (Blasonirung) und endlich
4) eine wahre Manie zur Supposition von historischen Fabeln und Mährchen in Bezug auf Entstehung, Bedeutung und Anwendung der ganzen Heraldik sowohl, als einzelner heraldischer Attribute, Wappenfiguren und der heraldischen Tinkturen.

Ad 1. Die unrichtige Auffassung und sachwidrige Anschauungsweise der ganzen Heraldik in allen ihren Theilen wurde bereits durch meine weitläufige Schilderung der damaligen Zeitverhältnisse genügend motivirt und es bleibt mir also nach Erschöpfung dieses Themas höchstens zu erwähnen übrig, daß die obenbezeichneten drei weitern Schattenseiten der „verzopften" Heraldik hauptsächlich in der unrichtigen Auffassung und sachwidrigen Anschauungsweise beruhen, weßwegen auch die große Seltenheit oder vielmehr der gänzliche Mangel „rein germanistischer" Gelehrten, als vorzügliche Ursache des schlechten Verständnisses der Wappenkunde zu jener Zeit angesehen werden kann.

Damals waren „Germanisten" eine unbekannte Größe, und wenn je ein solcher existirt hätte so würde er von aller Welt für einen Sonderling gehalten und ausgelacht worden sein. — Gewiß ist aber, daß es für die Heraldik besser von Nutzen gewesen, wenn sie nie in die Hände der „Romanisten" gefallen wäre; denn so wenig heutzutage „germanistische" Historiker es unternehmen werden gelehrte Abhandlungen über Römerstraßen, Limes imperii, Meilensteine u. dgl. zu schreiben, ebensowenig hätten auch die Romanisten der Haarbeutelzeit sich „in heraldicis“ versuchen sollen.

Einen weitern Grund dürfte diese falsche Anschauungsweise und sachwidrige Auffassung in dem unrichtigen Standpunkte haben, den sich die ältern Heraldiker zur Basis für die Aufstellung ihrer Systeme gewählt; wobei wohl der hauptsächlichste Fehler der war, daß sie niemals den Grundsatz festhielten: die Heraldik an und für sich rein nur als einen Ausfluß christlich- mittelalterlicher Kunst zu betrachten.

Das Nichteingehen auf diese feststehende Thatsache mußte nothwendig auch alle weitern Consequenzen verrücken oder ganz unhaltbar machen.

Ad 2. Als natürliche Folge und Wirkung der vorgenannten falschen Auffassung finden wir: die Mißverständnisse aller Art in Bezug auf einzelne heraldische Figuren und Wappenbilder. — Schlägt man heraldische Werke aus jener Epoche nach, welche man will, so wird keines existiren, das nicht die absurdesten Beispiele hiezu in natura und figura zahlreich aufweisen könnte! —

Sollten alle einzeln aufgezählt werden, so würde man in Ewigkeit damit nicht fertig. — Des Beweises halber jedoch will ich einige anführen, die namentlich durch die Unkenntniß mittelalterlicher Formen, Trachten, Waffen und Geräthe entstanden sind, da man um Originale sich damals nie bekümmerte, viel weniger aber das Studium solcher für nöthig hielt. — Ein paar Beispiele mögen hier folgen:

Döderlein in seinen „historischen Nachrichten über die Marschälle von Calatin und die Grafen von Pappenheim“ erkennt nicht einmal den Tapetenhintergrund am Siegel des Friderici de Pappenheim vom J. 1368, wie solche nach dem damaligen ornamentalen Geschmack auf fast allen Siegeln des 14. Jahrhunderts angebracht wurden, und spricht von einem „geweckten Feld in dessen jedem Weck ein Punkt“, worin das Brustbild einer „gekrönten Jungfer“ als „rechtssehendes Profil“ sich befindet. — Er hält also (man sollte es kaum glauben) in vollem Ernste das Pappenheimische Kleinod, welches hier wie damals oft vorkommt, im Siegel allein geführt wird, — für eine Schildesfigur, den tapetenartigen Hintergrund aber für „ein gewecktes Feld!“ [1])

Auch von Wölkern theilt, wie es scheint, diese denkwürdige Ansicht [2]). —

So wurde auch der dichte Busch von schwarzen Hahnenfedern, den wir als

1) Döderlein histor. Nachr. Cap. II. §. 12, pag. 74 u. 75. Anmerk. m.

2) v. Wölkern I. Abthlg. pag. 172. Anmerk. e.

Kronebergisches Helmkleinod auf dem Grabsteine des Hartmann von Kroneberg († 1372) in der alten Schloßkapelle von Kroneberg am Taunusgebirg deutlich erkennen, durch spätern Unverstand in eine schwarze Fohren- oder Zirbel-Nuß umgewandelt [1]. —

Aus demselben Grunde sind wohl auch durch Mißverständniß aus dem Braunschweigischen hohen Hut zwischen zwei Hörnern — eine Säule zwischen zwei Sicheln; aus den Anhaltischen Pfauwedel-Stielen — zwei Arme; — aus dem vorstehenden Untermaul des Mecklenburgischen Ur — ein improvisirter Nasenring geworden. — Daher kommt ebenfalls zweifelsohne die Ungewißheit, ob das Kleinod der Grafen von Castel: ein hoher Hut, ein Kastell oder eine Säule sei. —

Auf ähnliche Weise machte sogar das Kronebergische Diplom von Kaiser Ferdinand II. d.d. 13. Januar 1623 aus den Kronebergischen Eisenhüten, wie sie ebenfalls auf dem Lendner des Hartmann v. K. angebracht sind: „blaue Berge"; und lautet die betreffende Stelle wörtlich also: „vier blaue parweiß nebeneinander in Glockengestalt gesetzte Berg [2])." — Oetter, der über Wappenkunde schrieb, kennt diese uralten heraldischen Figuren gar nicht, weiß sie nicht zu benennen und heißt sie deßhalb kurzweg „blaue Figuren [3])." — Solche Leute galten für Heraldiker und lieferten „wöchentliche Wappenbelustigungen;" — das ist allerdings lustig! —

Gänzliche Sachunkenntniß des vorigen Jahrhunderts machte ebenso aus den drei Landshuter Eisenhüten, die dort gewissermaßen sogar ein redendes Wappen formiren: drei förmliche Turnierhelme der spätern Zeit. — Ueberhaupt mußten sich die Eisenhütlein von den ältern Heraldikern sehr viel gefallen lassen und je nach Umständen oder persönlicher Ansicht als: Verschiedenes Pelzwerk, Wehwamblen, Glocken, Schellen, Gläser ohne Fuß, ja horribile dictu sogar, als kleine Keulen, Schilderhäuschen (aediculae in quibus excubiae aguntur) und Zuckerhüte figuriren [4])! — Wiguläus Hund schon nennt sie irgendwo „blawe zinnen." —

Im Freiherrn-Diplom der Familie Pechmann vom Kaiser Leopold I. d.d. 27. Juni 1698 wird aus dem „Pechkranz" an der Gabel des schwarzen Mannes

1) v. Hefner-Alteneck Trachtenwerk. II, 85. Wagner Trachtenw. II, 2. Spener P. spec. Lib. I, Cap. 19, pag. 102. Siebmacher I, 124, VI, 11.

2) Spener Pars spec. Lib. I. Cap. 19 §. III, pag. 103.

3) Oetter. Wöchentl. Wappenbelust. Kroneberg. Wappen.

4) Spener Pars generalis. Robens Wappenkunde, pag. 22. Durchlaucht. Welt III, 286. A Fahne pag. 70. Cronberg.

im Stamm- und Namenwappen, wahrscheinlich der vermeintlich noblern Ansicht wegen, ein „Lorbeerkranz" gemacht [1]).

Im Baronats-Diplom vom Kaiser Leopold d.d. 9. Februar 1670 der Pöllnitz-Aspach werden die gewöhnlichen heraldischen Schindeln (billettes) gar: „Feuer-Vögel" genannt [2]). — Wahrscheinlich wurden auch zu dieser Zeit aus den fünf Quasten der Familie v. Quast in Preußen 5 Leuchter gemacht. —

Der bekannte hölzerne Schimpfkolben, wie er bei Kolbenturnieren im Gebrauch war, wird sowohl im Gräfl. v. Egdorfischen Freiherren-Diplom d.d. Wien 23. Juli 1682, als auch beim Freiherrl. v. Dörnbergischen Helmkleinod mit dem Namen: „Pfahleisen" beehrt. — Einige Andere bezeichnen ihn ebenso unrichtig als: „Streitkolben" oder „Streitkolbenknopf" [3]). —

So entsinne ich mich irgendwo die naive Ansicht gelesen zu haben am alten Grabsteine des bekannten „frumben" Ritters Seyfried Schweppermann in der Klosterkirche zu Kastel sei als Helmkleinod eine „Schüßel mit zwei Eiern," als Anspielung auf jene historische Begebenheit nach der Schlacht bei Ampfing; da doch in der That nur der „ritterliche aufgestülpte Hut mit dem runden Federballen" das gewöhnliche Helmkleinod der Schweppermann dort zu sehen ist. —

Die Diplome und Werke dieser Zeit strotzen von den Bezeichnungen „hoher, heidnischer Hut", „altfränkischer Huet" und „ungarische Mützen" u. dgl. für die bekannten hohen und niedern ritterlichen Hüte des XIII., XIV. und XV. Jahrhunderts. — Lauter Dinge, die nur dem gänzlichen Mangel der Kenntniß von Originalien mittelalterlicher Waffen, Trachten und Geräthe ihre Entstehung verdanken. —

Ueberhaupt wollten die „Herren des Zopfes" wie heutzutage noch unsere „modernen Wappenkünstler", denen auch eine Pistole mit Perkussion schöner als ein Bogen, ein modern gesattelter und aufgezäumter Engländer edler als ein schlichter Esel in den Wappen erscheint, — ebenso Alles nobler, besser und weniger ordinär aussehend machen. — Durch dieses unselige Streben finden wir daher in dieser Periode allerwärts schon in den Diplomen und an andern Orten die Tendenz z. B. aus einer Rübe mit Blättern — ein Füllhorn mit Blumen (Reubeck); aus Rohrkolben — Heerkolben (Limburg); aus einer Doppelhaste — zwei Pfeilbögen (Dürkheim); aus Pfriemen — Turnierlanzen oder Zeltnägel (Sauzapf); aus Ballen

1) Thereß bayr. Wappenbuch III, 74.

2) v. Wölkern III. Abth. Nro. 180, pag. 218, Anmerk. b.

3) v. Wölkern I. Abth. Nro. 35, pag. 81. — Ibid. II. Abth. Nro. 114, pag. 180. Anmerkg. e.

— Turnierkolbenknöpfe (Eizinger); aus Lilien — Lanzenspitzen; aus zwei Büffelshörnern — eine Lyra; aus den ritterlichen Hüten — Sturmhüte u. dgl. zu machen. — Besonders beliebt war, wie man hier sieht, die Umwandlung heraldischer Figuren in irgend ein Kriegsinstrument oder in eine Turnierwaffe und man ging dabei so weit, aus dem heraldischen Schachthurme (Roc) eine abgebrochne Lanzenspitze herauszufinden[1]).

Man konnte damals das schlichte Verfahren des Mittelalters: Ochsen, Esel, Schweine oder die alltäglichsten Geräthschaften des Hauses und der Wirthschaft in die Wappenschilde zu setzen, durchaus nicht mehr billigen. — Noch weniger aber wollte man begreifen, daß diese heraldischen Bilder eben so „gut“ und „edel“ sein sollten, wie jene oktroyirten Trophäen.

Was nun die heraldischen Mißverständnisse einzelner Figuren oder Wappen-Attribute anbelangt, so könnte ich sie zahlreich hier zum Besten geben, wenn ich zuletzt nicht fürchten müßte, ermüdend zu werden; — daß aber dazumal, wie heutzutage auch, schlechte Wappenmaler, Siegelstecher und dergleichen Afterkünstler getreulich mithalfen, die Begriffe noch mehr zu verwirren, ist jedenfalls außer Zweifel; denn es wird aus den Monumentis boicis ersichtlich, wie sehr diese Leute das Ihrige beitrugen, mit Heroldén und Gelehrten in die Wette, Siegel und Wappen zu verstümmeln, d. h. ohne Sinn und Verstand hingeschmiert wiederzugeben. —

Dort finden wir z. B. statt der altdeutschen Gugel (Kapuze) im Schild der Neuckinger eine „Römische Lorica“; — statt der drei Judenhütlein“ der Judmänner von Korenfels — „drei kleine Rauten“; — statt dem Bassinet (Kesselhaube) des Grafen Gebhard von Sulzbach d.a. 1165 eine Bischofsmütze; — statt dem Helm am Siegel des Grafen Alberti de Hals — einen Thurmknopf; — statt den schönen Stechhelmformen des XIII. und XIV. Jahrhunderts aber zumeist: Fingerhüte, Todtenköpfe, Fratzen, Affengesichter u. s. w. — Es darf daher Niemanden wundern, wenn Lipowsky den Flug (Helmkleinod) am Siegel des Gabriel Riedler für eine „ausgestreckte Hand“, — und Oetter das Wappenbild (Roc) der Sulzer für „ein Stück Sulz“ anschaut[2])!

Und dennoch erklärt der „große“ Gatterer Diplome und Wappenbriefe, welche doch größtentheils in die hier besprochene Zeitperiode fallen, ausdrücklich für heraldische Quellen erster Klasse, da er hingegen (gerade verkehrt) Siegel, Grabsteine u. dgl. zu den Quellen letzter Reihe zählt![3]) —

---

1) Gatterer Abriß der Heraldik.

2) Oetter Wöchentliche Wappenbel. Famil. Sulzer.

3) Gatterer Abriß der Heraldik, §. 5. pag. 211. —

Ad 3. Ich will nun meine Behauptung begründen, daß die Beschreibung der Wappen (Blasonirung) schwulstig und weitläufig, trotzdem aber ganz undeutlich gewesen sei. —

Für Jemanden, der viele Urkunden aus jener Zeit gelesen hat oder den damaligen Kanzleistyl kennt, dürfte ein solcher Beweis vollkommen überflüssig sein, noch mehr aber für diejenigen, so mit den reizenden und flüssigen Stylübungen der Wappen- und Adelsbriefe dieser Glanzperiode der deutschen Sprache vertraut wurden. —

Damit aber Niemanden ein solches Vergnügen vorenthalten oder entzogen werde, mag hier ein kleines Pröbchen stehen, das füglich für eines der schönsten und hervorragendsten Muster gelten kann. — Der Wortlaut ist aus dem Original-Fürsten-Brief der Fürsten von Schwarzburg vom Jahre 1697 genommen, und heißt: „Mit Rahmen einen Schild mit blau, gelb vnd schwartzfarbigen Creutz in vier Theil zertheilt, dessen hinder unter vnd obere Theil linker Seits mehrmalen nach der Länge herab also abgetheilet, daß der hinder untere vnd vorder obere ein roth und weißer Schacht vorder unter vnd hinder obere roth darinnen vier gelbe oder vergüldete Balken liegen, auf deren jedem oberen ein güldener Löw zum Streit gericht mit aufgehobenen doppeltem Schwantz vnd aufgerissenen Rachen abzunehmen, rechter Seiths ebenermassen unter vnd obere Schildstheil nach der Läng herab also zertheilt, daß deren hinder unter vnd vorder obere gelb oder goldfärbig, in welchem ein schwartzer einfacher Adler mit aussprenzenden Füßen, aufgehobenen Flügeln, aufsperrendem Schnabel vnd roth vorschlagender Zungen, vorder unter vnd hinder obere weiß oder silberfarbig in denen zwey rothe Hirschgeweihe zu ersehen, auf Mitte des Creutzes ist ein gelber Hertz-Schild, darinnen ein schwartzer doppelter Adler mit aufgehobenen Flügeln vnd in den lincken Klauen den Kayserlichen Reichs-Apffel, in den rechten aber den Reichs-Scepter haltend, auf der Brust habend ein gar kleines, gelbes Hertz-Schildel, darinnen ein rother Hertzog-Huet vnd über des Adlers zwey Köpffen eine Kayserliche Cron zu ersehen, auf beeden Seithen seynd noch zwey andere Hertz-Schildel, in deren hinderen weißen ein schwartzer Hirsch zum fortgehen gerichtet, vnd vorderen blauen ein gelber grimmiger gekrönter Löw, zum Streit gestellt, mit aufgehobenen doppeltem Schwantz, aufgerissenem Rachen vnd roth vorschlagender Zungen zu ersehen, vnd unter dem großen quartirten Schild im gelben Feld ein rother Harcke oder Räche vnd über diesem nach der Länge liegend ein rothe Harck- oder Rächen-Gabel, über besagten quartirten Schild stehen sechs frey offene Adelige Turniers-Helmb, geziert mit ihren Cleinodien, vnd die drey ersteren oder lincken mit roth, weiß vnd schwartz vermengt abhangenden Helmdecken, in welchen eine eingeflochtene Waldfrauen-Gestalt mit abfliegenden Haaren, vmb das Haupt vnd unterm

Leib einen grünen dickbauschichten Cranz habend, mit der innern Hand den Schilt ergreiffend vnd in der äußern ein Copy mit roth vnd weiß einwerts fliegenden Fähnlein haltend, die andere dero Helmb mit schwartz, weiß vnd rothen vermengten abhangenden Helmbdecken in denen ebnermassen eine eingeflochtene Walt-Manns-Gestalt in langen zotigen Haar und Baart mit gleichen grünen Cräntzen vnd Fähnlein mit der innern Hand auf gleiche Arth den Schild haltend zu ersehen vnd seynd besagte solche Helmb alle mit güldenen Helmb-Cronen gezieret vnd aus deren ersterer zwischen zwey rothen Hirschgeweihen ein Pfauen-Schwantz in seiner Farb, über der anderer auf rothem Polster ein Hertzog-Huet mit dem Reichs-Apffel über sich, über der dritten der besagte doppelte Adler ohne dessen Brust-Schildel, über der vierdten ein gelber Löw sitzend mit ausstreckenden vordern Fuessen vnd gekrönt mit einer gelben Cron, aus welcher mehrmahlen ein Pfauenschwantz abzunehmen, über der fünfften auch zwischen zwey rothen Hirsch-Geweihen der beschriebene schwartze, einfache Adler einwerts gestellt vnd über der sechsten als letzten ein geharnischter Mann mit denen beeden Händen ein blankes Schwerdt haltend, vnd auf der Böckelhauben ein güldene Cron habend, zu ersehen. — Als dann solch von neuem gegönnet, vermehrtes fürstliches Wappen auf erster Seithen des siebenden Blaths dieses unsers Kayserlichen Brieffs mit Farben eigentlicher entworffen vnd vorgestellt ist.“ —

Wenn nun der Leser gehörig frischen Athem geschöpft hat, so frage ich: ob nicht bei solchen Wappenbeschreibungen eine dauerhafte Gesundheit und eine besonders feste Brust für einen Heraldiker jener Zeit erfordert wurde.

Daß aber damals mehr oder minder alle Blasonirungen genau auf diese Art gegeben wurden bestätigt und tadelt auch Herr v. Wölkern in der Vorrede seiner „Beschreibungen aller Wappen des baierischen Adels,“ [1]) — macht es jedoch selbst mit wenigen Modifikationen um kein Haar besser. —

Ueberdieß möchte ich den kennen, der im Stande wäre nach dreierlei verwirrtem Chaos und salbungsreichen Wortschwall das Wappen wirklich richtig zu malen, — eine unbedingte Erforderniß, wenn die Blasonirung dem Zweck entsprechen soll.

Bei der „Blasonirung“ werde ich auf dieses Thema ohnedieß zurückkommen und auf die Vorzüge einer guten, und Mängel einer schlechten Blasonirung näher eingehen. —

---

1) v. Wölkern Vorrede pag. VI.

Ad 4. Was endlich die zuletztgenannte schwache Seite der früheren Heraldik betrifft, nemlich: die Erfindung fabelhafter Wappen, — die Erzählungen vom angeblichen Ursprung mancher Wappen oder das Auftischen von grundlosen Mährchen über Entstehung und Bedeutung dieser oder jener heraldischen Figur, — so suchten hierin die Heraldiker es den Chronisten jener Epoche möglichst gleich zu thun und die überreiche Phantasie der damaligen Genealogen fand auch stets hinreichenden Stoff diesen edlen Wetteifer rege zu erhalten. — Wir können daher in den meisten heraldischen Werken genug derartige Histörchen lesen, — ja es ist dieß ein Umstand, der jeden wahren Geschichtsfreund oder gelehrten Forscher oft bis zum Eckel anwidern muß, sogar den Laien in der Sache lächerlich vorkommt und der gewiß ebenfalls viel dazu beitrug, die ganze Heroldskunst in Mißkredit zu setzen. —

Schon gleich beim Anfange der heraldischen Literatur, d. h. in den ältesten Werken über Wappenkunde finden wir Wappen für vorchristliche Personalitäten und Notabilitäten oder für Asiatische und Afrikanische Fürsten, — so z. B. in dem obengenannten Conzilbuch von Constanz vom Jahre 1483, in einer alten englischen Heraldik mit dem Titel: Workes of Armorie by John Bossewell etc. London 1597; in der älteren Ausgabe von Siebmachers allgemeinem Wappenbuch u. s. w. — Ein ähnlicher Fall ist es mit jenen albernen Sagen von der Ursache und Entstehung dieser oder jener einzelnen heraldischen Figur, wie z. B. des Kissen am Kleinod der Rehm in Augsburg; — der Eselohren am Helm der Fugger; — der Rose im Wappen der Aufseß; — des Schach im Schild der Faust von Stromberg; — des Ballen des Hauses Habsburg; — des Lindenzweig der Seckendorf; — der gewagten Deduktion der bayerischen Wecken bei Lipowsky, der dadurch überdieß eine gänzliche Unwissenheit in mittelalterlicher Costümlehre beurkundet, und vieles andern dergleichen Unsinn. — Es sind das lauter Gegenstücke zu den damals so beliebten „Römischen Abstammungen“, wie z. B. der Ruffini vom Römischen Consul und Diktator P. C. Rufinus,[1]) dessen Büste nebst Umschrift das Geschlecht sogar als Helmkleinod führt, oder der Freiberg von den Römischen Curiis[2]) u. s. f. — Ich würde Anstand nehmen derlei tolles Zeug in einer wissenschaftlichen Abhandlung ausführlicher wieder aufzuwärmen und Köhler in seinen „Münzbelustigungen“ hat vollkommen Recht, wenn er solch gehaltlose Dinge einen „unschmackhaften Salat“ nennt.[3]) —

---

1) Gizinger v. Gizing bayer. Adelshistorie I. B. C. H. R. v. Lang bayer. Adelsbuch

2) v. Wölkern II. Abthlg. Nr. 144 pag 230 et seq

3) Köhler Münzbelustg. IV. Th. 15 Stk. v. Wölkern II. Nr. 144 pag. 232.

Gerade so ist es auch mit jenen weithergeholten heidnischen Abstammungen wie z. B. der Esterhazy, welche laut Reichsfürsten-Diplomes d. d. 7. Dezember 1687 in gerader Linie vom König Attila herstammen sollen. — Auch nennt das genannte Diplom alle Esterhazyschen Ahnherren bis zum Thurmbau von Babel, den Hanoc, und bis zur Zeit vor der Sündfluth! [1]) — oder der Herren von Groß vom heidnischen Wenden Günther Groß u. s. w, welche Angaben, selbst wenn sie auch „diplomatisch" bestätigt werden, gewiß jeden historischen Grundes entbehren müssen. [2]) —

Aller Wahrscheinlichkeit nach aber sind die „Ehrenholde" jener Zeit die Fabrikanten solcher Producte und haben ursprünglich durch derlei aus der Luft gegriffene Schmeicheleien, erfundene Abstammungen und entsprechende Anspielungen darauf in den Wappen zumeist selbst die Heroldskunst verdorben, wie z. B. Rixners Turnierbuch, auf das sich viele Autoren dieser Epoche so gerne berufen, bekanntlich, wenigstens in den ersten drei Jahrhunderten, eine reine Erfindung ist und ähnliche Werke massenhaft existiren. — Vor Allem läge es daher hauptsächlich im Interesse der Wissenschaft: Heraldik und Genealogie von den aus jener Periode stammenden nichtigen Anhängseln zu befreien und in historischer Wahrheit wieder herzustellen! —

Nicht leicht jedoch kann man allen nur möglichen Unsinn, auf den die gelehrte Generation dieser Periode durch ihre gänzliche Originalunkenntniß verfiel, in so zusammen gedrängter Kürze lesen, wie in der: „historischen Wappengallerie über den Ursprung und das Alter der deutschen Geschlechts- und Länderwappen ꝛc. von Joh. Mart. Max. Einzinger von Einzing. Regensburg 1788. —

Dieser Mann nemlich, ein sonst äußerst fleißiger und eifriger Historiker, Genealog und Schriftsteller, ist durch die Schwächen seiner Zeit so befangen, daß jenes Werkchen von den krassesten Thorheiten und lächerlichsten Trugschlüssen förmlich strozt. — Wir finden darin z. B. die vollständigen Geschlechtswappen schon zu Tacitus Zeiten, [3]) — ausgebildete Turniere schon zur Zeit der Gothen und Longobarden, folglich schon im V. Jahrhundert, [4]) — Diplome und Wappenbriefe von Carl dem Großen ertheilt. [5]) — Die förmlichen Geschlechtswap-

1) Siehe C. H. R. v. Lang bayer. Adelsbuch pag. 3.

2) v. Wölkern III. Abthlg. Nr. 22 pag. 30 u. 31.

3) Einzingers v. Einzing: Historische Wappengallerie II. Abschnitt §. 11 22.

4) Ibid. §. 20 pag. 74 u. 75.

5) Ibid. §. 31 pag. 127.

pen dieses Letztern, sowie eines Herzog Theodo, eines Tassilo u. dgl. sind bei ihm ebenfalls eine feststehende, ausgemachte Sache![1]) —

Nicht minder die Ableitung des Wortes „Panner oder Panier“ vom heidnischen Waldgotte: „Pan“!![2]) —

Er sagt sogar irgendwo: „Es müßte einer den Staar im Auge haben, der diese Dinge nicht genugsam einsähe.“[3]) —

So z. B. beginnt der §. 22 des dritten Abschnittes mit dem Satze:

„Daß die Geschlechtswappen schon lang vor dem fünften Jahrhundert ihre Existenz im Deutschlande gehabt haben, ist eine Wahrheit, die bisher so erwiesen worden ist, daß es keiner näheren Beleuchtung bedarf.“[4]) —

Das heißt einmal „bestimmt“ und „sicher“ gesprochen! —

Im §. 34 erwähnt der Herr Verfasser „Grafenhütlein,“ die er auf den alten Reitersiegeln der Grafen von Bogen gesehen haben will.[5]) — Es wird aber schwerlich der geschickteste Forscher je herausbringen, was „Grafenhütlein“ sind! —

Ferners phantasirt er von den französischen „Kriegslilien“ und erfindet zur Durchfechtung dieser seiner Idee eigens ein also geformtes „Stilet.“ — Er tadelt nebenbei P. Schollner und jene Heraldiker auf das Empfindlichste, die der Lilien-Blumen-Theorie huldigen, weil sie jenes alte „Stilet“ nicht kennen wollen.[6]) —

Er entwickelt seitenlange genealogische Beweise und zieht die verwegensten Schlüsse daraus, daß ein heraldischer Löwe gekrönt erscheint oder nicht,[7]) — wohl zu bemerken: im XII., XIII. und XIV. Jahrhundert! —

Um der Sache einen würdigen Schluß zu geben, wird zuletzt gar noch der alte Gräflich Scheyerische „Bundschuh“ in einen „geweihten Filzschuh“ (Calceus Villiatus) verwandelt[8])!! —

Der verrückten Ansichten, die über Schild, Helm und andere wesentliche, heraldische Attribute in diesem Schriftchen dargelegt werden, gar nicht zu gedenken. —

Kurz, was nur immer Tolles und Unsinniges in heraldischer und genealogischer Beziehung erdacht werden kann, ist da sicher zu finden. —

---

1) Ibid. §. 27 pag. 103, §. 31 pag. 125, §. 14 pag. 53.
2) Ibid. §. 24 pag. 91 u. 92.
3) Ibid. §. 14 pag. 53.
4) Ibid. III. Abschnitt §. 22 pag. 83.
5) Ibid. §. 34 pag. 139.
6) Ibid. §. 9 pag. 37 et seq.
7) Ibid. III. Abschnitt pag. 103 - 110, §. 47 pag. 189.
8) Ibid. §. 54 pag. 203.

Und derlei Elaborate konkurrirten damals als „akademische Preisschriften.“ Ja, es ward solchen Abhandlungen sogar als Anerkennung das Accessit und ein Geldgeschenk zu Theil!! — Sapienti sat.[1]) —

Um aber bei Kritik derartiger Produkte jener Periode auf alle Einzelnheiten einzugehen oder dieselben alle genau aufzuführen, würde das Papier der Welt kaum ausreichen! —

Eine weitere Calamität für die Wappenwissenschaft dieses Zeitraumes war wohl auch die Unmasse Ertheilungen von Wappen- und Adels-Briefen. — Der Kaiser, die Churfürsten, kaiserliche Pfalz- und Hofgrafen in Menge kreirten im letzterwähnten Zeitabschnitt die Edelleute schock- und rudelweise, — sie überboten sich gegenseitig an Freigebigkeit mit solchen Gunstbezeugungen. — Weil sie aber von wahrer, echter Heraldik keinen Begriff hatten, wurden auch die Wappen beliebig dazu hervorgesucht und „je mehr darinnen war, desto besser,“ d. h. eine je größere Gunst sie Diesem oder Jenem damit erzeigen wollten, mit um so mehr Feldern, Figuren und Helmen beglückten sie. —

Recht überladene Wappen waren damals „die guten“, welche auf Ansehen, Reichthum und namentlich höchste fürstliche Gnade deuteten. — Dabei spielten natürlich die entsprechenden „Prädikate“ dazu eine Hauptrolle, wenn es auch gleich blos völlig erfundene leere Namen waren, so sah es doch „gut und nobel“ aus! — Diplome und Adels-Register wimmeln heutzutage noch (besonders in Oesterreich, wo diese lobenswerthe, schöne Sitte jetzt noch gang und gäbe ist) von den wohlklingendsten und volltönendsten derselben, als: „Ehrenheim,“ „Adlerhorst,“ „Felsenstein,“ „Liebeneck,“ „Fürstentreu,“ „Löwenschild“ u. s. w., wobei die Endsylben burg, berg, eck, helm, stein, horst u. dgl. sehr zu statten kommen. — Und wenn Einer vor der Adelserhebung z. B. Meyer, Schmied, oder Huber hieß, so mußte er nachher einen Ritter von Unkenfels, einen Freiherrn von Wildenthal oder einen Grafen von Waffenberg abgeben. — Diese Stammschlösser und Edelsitze aber müßte man höchstens am Mond suchen; denn auf Erden würde man sie nicht finden. —

Namentlich brachten die Zeiten der Reichs-Vikariate für die jeweiligen Reichs-Verweser (Churpfalz und Chursachsen) eine wahrhafte Ueberschwemmung von Adels-Erhebungs- und Erhöhungs-Gesuchen, die einerseits eifrig verlangt wurden, weil sie den Reichsadelsstand mit sich brachten, anderseits aber gerne bewilligt wurden, weil

---

1) Ibid. I. Abschnitt §. 1 pag. 13.

sie während der kurzen Zeit des Vikariats eine reichliche Quelle für den Säckel des Vikars eröffneten. —

Wie sehr Standes-Erhöhungen und beziehungsweise summarisches Verfahren bei solchen überhandgenommen, kann man sich um so leichter erklären, wenn man die wahre Anzahl regierender, reichsunmittelbarer, geistlicher und weltlicher Herren bedenkt, die alle theils in ihrem eignen, theils in des Kaisers Namen das Recht hatten: Wappen-Briefe zu ertheilen oder jährlich so und so viel Edelleute zu ernennen. —

Nicht minder freigebig zeigten sich der Kaiser selbst oder die Reichsverweser mit Ertheilung des Reichs- oder Reichs-Vikariats-Adlers, und es wurde diese Ehre so allgemein, daß wir die damit begnadigten Wappenschilde noch jetzt nach „Dutzenden“ zählen können. — Schließlich sei hier noch einer lobenswerthen Errungenschaft dieser Epoche für unsere Wissenschaft gedacht. Es ist dieß die förmliche Manie, welche die hohen und höchsten Ertheiler von Adels-Erhebungs-, Erhöhungs- und Bestätigungs-Briefen erfaßt hatte ihre eigenen Namenszüge, Chiffern und Zahlen in die Wappen ihrer Günstlinge zu setzen, d. h. dieselben durch diesen heraldischen Mißbrauch oft auf höchst störende Weise zu verunstalten. — Diese Eigenliebe der Großen, jedesmal zugleich sich selbst zu verewigen, hat mitunter auch die schönsten Wappen verdorben. — Uebrigens ein Gebrauch, der mit der Zeichnung der Remonten-Pferde viele Aehnlichkeit hat! —

Wenn ich hier abbreche, so geschieht es, weil mir die Abrechnung mit der älteren Zeit, beziehungsweise der heraldischen Literatur, Autorschaft, Herolde u. s. w. nunmehr genügend erscheint, obgleich sich noch unendlich Vieles hierüber sagen und schreiben ließe. Ist daher auch dieser Gegenstand durchaus nicht erschöpft, so will ich doch lieber davon Umgang nehmen, des Sprüchleins: „de mortuis nil nisi bene“ wohl eingedenk, und dieß umsomehr, weil das: „mea culpa, mea maxima culpa“ unserer eigenen Zeit, gegenüber der besprochenen, zu sehr in's Gewicht fällt; — für letztere auch überdieß mehr Entschuldigungsgründe in Betracht zu ziehen sind. —

Ich gehe daher jetzt zum eigentlichen „Augiasstall“ der Heraldik über, dessen vollkommne Räumung wahrhaft enorme Riesenkräfte erforderte, nemlich zur „modernen Heraldik.“ —

II.

Literatur, Autorschaft und Heroldenämter der neuern und neuesten Zeit. Allgemeine Zeitverhältnisse.

Die Geschichte der Heraldik in neuer und neuester Zeit ist eigentlich nur die Fortsetzung der Geschichte ihrer Leiden und ihres Martyrthums, ein zweites Stadium ihres fortwährenden Kränkelns seit den Mißhandlungen der Herren von „Perrücke“ und „Zopf.“ —

Ja, es ist wirklich was Schönes um „moderne Heraldik,“ „moderne heraldische Literatur“ und etwas ganz besonders Schönes „um moderne Heroldenämter!“

Auch bei diesem Abschnitte dürfte vor Allem nöthig sein die Zeitverhältnisse klar ins Auge zu fassen und dieß kann um so leichter geschehen, weil es die gegenwärtigen sind. —

Materialismus und *Egoismus* sind heutzutage die zwei großen Haupt-Triebfedern, welche die Welt in Bewegung erhalten; „Geld verdienen“ Losung und Motto. — Mit den paar Worten ist das ganze Bild der neuern und neuesten Zeit sammt der modernen Richtung vor uns entrollt. — Was sich nicht mit einem jener beiden Faktoren theilen läßt, wird von vorneherein als nutzlos verworfen oder mit scheelen Blicken betrachtet. — Für das größere Publikum haben selbst Wissenschaft und Kunst nur dann Interesse, wenn sie „viel eintragen“ und „fabrikmäßig“ betrieben werden!

Gewerb und Kunst gehen nicht mehr wie im Mittelalter, Hand in Hand; der Handwerker arbeitet nur um Brod, nicht mehr mit hervorragendem Ehrgeiz; denn der würde heute auch nicht mehr bezahlt, daher selten kunstreiche Meister sich finden, denen ebenso ein *schaffender* Geist innewohnt, wie ihren Händen *mechanische* und *technische* Fertigkeit zu eigen ist. —

Alles jagt dies nach Gewinn, und „wenn's nur gut bezahlt wird,“ so kalkuliren jetzt die Leute. — Wer am Meisten hat, ist am Meisten werth; alles Andere gilt nicht viel!

Dagegen finden bei Reichen und Großen „süßliche Sentimentalitäten“ stets Anklang, wobei man moderne Affektion heucheln kann. — Wahre saft- und kraftvolle Wissenschaft und Kunst stehen in gegenwärtiger Zeit in *zweiter* Reihe, so sehr man das Gegentheil glauben machen will. Sie sprechen wenigstens bei den sogenannten, scheinbar Gebildeten selten an, von einer eigentlichen, allgemeinen Volksthümlichkeit, wie im Mittelalter, von einem Eindringen derselben ins bürgerliche

Leben, wie damals, gar nicht zu reden. — Jetzt werden gemäß des „guten Tones" Komödianten und Tänzerinnen ebenso mit dem Namen: „Künstler" beehrt, wie vordem die größten Meister der Malerei und Plastik. Die fadeste, französische Romanschmiererei ergötzt heutzutage die sogenannten, hochgebildeten Stände viel mehr als vernünftige, gesunde Lektüre und man erschöpft sich im Lob der überspanntesten, krankhaften Produkte unserer gewissen „modernen" Dichter, weil es eben auch zum „guten Ton" gehört. — Nichtssagende Tagesneuigkeiten, Theater, läppische Kannegießereien über Politik der Gegenwart und die neuesten Cours-Berichte bieten der blasirten Neuzeit eine weitaus interessantere Unterhaltung als die wichtigsten Streitfragen über Kunst und Wissenschaft. — Von einem kräftigen, korporativen Gemeingeist, von jener poesiereichen, religiösen Einfalt, die im christlichen Mittelalter jene Bauwerke und hehren Dome schuf, denen die „kleine" Gegenwart sammt all' ihrem aufgeblasenen Eigendünkel denn doch ihre höchste Bewunderung nicht versagen kann, — ist heutzutage keine Spur mehr vorhanden. — Es war damals freilich noch nicht Mode zuvor einen „Kostenüberschlag" zu machen: ob man sich verewigen soll oder nicht! — Was brauchen wir heutzutage das patriarchalische, beschauliche Haus- und Familienleben, das gemüthlich-heitere Volkstreiben des Mittelalters, die Geschlechter-Tänze und Ritterspiele mit ihren bunten und luxuriösen Aufzügen, die abentheuerlichen Mummenschanze u. dgl. zu zitiren, beut sich uns nicht viel Erhabeneres, viel Edleres und Schöneres. —

Haben wir nicht: Theater, glänzende Paraden, Concerte, Feuerwerke, Pferderennen, Dejeuners, Soireen, ästhetische und Thee dansant und dazu noch obendrein „gewählte Cirkel" mit Vorlesungen, lauter Dinge, die wenigstens viel vernünftiger, angenehmer und gewiß auch viel lustiger sind!

Warum sollen wir die „plumpen" alten Recken mit ihren Vasallen und reisigen Mannen in ihrer Grabesruhe stören und sie wieder heraufbeschwören, haben wir heutzutage nicht viel, viel mehr und weit glänzendere Soldaten, wenn so Einer wie der Andere gedrechselt und wie an einer Schnur angefaßt dastehen und dann erst die schmucken Lieutenants dazu mit gewichsten Schnurrbärten und Wespentaillen. Wenn's auch etwas mehr kostet, als jener altmodische Heerbann, so hat man aber auch was recht Nützliches dafür! O, das ist Alles weit schöner und viel besser geworden! —

Lassen wir also darum das „rohe", „finstere" Mittelalter, jene Zeit des Faustrechts, und freuen wir uns in einer Zeit zu leben, in der jeder Stand Schutz des Eigenthums und seiner Rechte hat, in der man verbriefte Verträge und beschworne Eide *niemals* bricht! — Ja gewiß, wir sind glücklich in der Gegenwart; denn wir haben keine Zwingburgen, keine Raubschlösser, keine Klöster mehr, dafür aber haben wir: Kasernen, Fabriken, Börsen und überdieß Geld von Papier in Hülle und Fülle! —

Auch den Adel jener Zeiten brauchen wir nicht; denn der jetzige ist doch viel weiter voraus an geistiger und physischer Bildung, viel weiter gediehen in Bezug auf moralische Kraft, politische Bedeutung und korporatives Wesen. —

Dieß wahre Gemälde der Neuzeit soll jedoch in keine Strafpredigt ausarten; denn ich wollte ja über Heraldik schreiben und wie gehört das Alles dann hieher? —

Darauf erwiedere ich wie oben und was jeder *denkende* Forscher bei genauer Beobachtung bemerken kann: daß nemlich auch die Heraldik, wie gewissermassen alle Wissenschaften und Künste, vom Zeitgeiste abhängig ist, d. h. mit den socialen Kulturzuständen eines Volkes und mit der Sittengeschichte der betreffenden Zeit in inniger Weise zusammenhängt, so daß man sogar mit ziemlicher Sicherheit vom allgemeinen Haupt-Charakter eines Wappens, vorausgesetzt, daß man Heraldik von Grund aus durchstudirt hat und versteht, auch auf dessen nationalen Ursprung schließen und überdieß die *Zeit* dieses Ursprungs annäherungsweise bestimmen kann. —

So trägt denn auch die „moderne Heraldik" vollkommen den Stempel der „modernen Zeit" an sich, d. h. sie ist süßlich und fad, wie diese; — und viele neu komponirte und zusammenkonstruirte Wappen weisen uns entweder jenen unverkennbaren Charakter einer Conditor-Waare oder eines rebusartigen Machwerkes. —

Deßhalb glaube ich um so weniger, daß die von mir entworfene Schilderung der Gegenwart überflüssig gewesen sei, weil dadurch auch auf alle weiter hieraus folgenden Consequenzen einen Blick zu werfen gestattet wurde. — Kein Wunder daher, wenn die prosaische Zeit, welche aus Kirchen — Güterhallen und Heumagazine, aus Burgen und Schlößern — Fabriken und Irrenanstalten, aus den Klöstern — Kasernen und Correktionshäuser machte, konsequentermassen auch die ehrwürdigen Attribute des alten Ritterthums: *Schild* und *Helm*, als theatralisches Spielzeug in gehaltloses Gerümpel verwandelte! —

Ebenso wird von Seite des Adels heutzutage der Heraldik wahrlich wenig Vorschub geleistet; denn das heraldische Wissen dieses Standes beschränkt sich größtentheils auf „Englisiren" und „Modernisiren" ihrer ererbten Schilde und Kleinode, wodurch der ohnedieß schwache Halt ihrer heraldischen Wissenschaft in „heraldisches *Unwesen*" ausartet. —

Selbst wenn sich auch der Adel, statt im vornehmen, aber geisttödtenden Müsßiggange hinzuvegetiren, in seinen Mußestunden auf ein wirkliches Studium der echtadeligen Wissenschaften, als: Heraldik, Genealogie u. dgl. mit Eifer verlegen würde, — so stünde dennoch sehr in Frage, ob die Heraldik je wieder ihre mittelalterliche Popularität erlangen könnte. — Dagegen sei es aber jetzt für die „gelehrte Welt“, für Alterthums- und Geschichtsforscher eine heilige Pflicht, dieses verwaisten Kindes sich thatkräftigst anzunehmen, für die eigenen Zwecke dasselbe zu adoptiren und getreuer Wart und Pflege theilhaft zu machen. — Gewiß, nicht Undank würde man davon ärndten, sondern so mancher Aufschluß über dieß oder jenes ungelöste historische Problem, die Beleuchtung so mancher zweifelhafter Stellen der Spezial-Geschichte stünde zu erwarten, wenn in Zukunft die echt wissenschaftliche Heraldik ernstlich auch bleibendes Eigenthum echt wissenschaftlicher Anstalten würde; — denn die alte, ehrwürdige Heroldskunst ist die Hieroglyphenschrift des christlichen Mittelalters, sie ist ein dunkler Schacht aus dem der *kundige* Bergmann das lautere Gold zu Tage fördert!

Wenn nun zwar die allgemeinen Zeitverhältnisse sowohl als auch insbesondere die Zustände des Adels gegenwärtig nicht mehr der Art sind, daß von dieser Seite eine Purifikation oder Regeneration der Heraldik zu erwarten wäre, so ist dafür in der Neuzeit — namentlich in den letzten Dezennien — ein ganz anderer Geist bei den Männern der gelehrten und der Kunst-Welt rege geworden. — Man huldigt nemlich heutzutage nicht mehr ausschließend jenen antiken oder fremdländischen Götzen und die Meinung, daß es außer ihnen nichts Schönes, nichts Edles, nichts Erhabenes auf Erden mehr geben könne, hat längst ihre Geltung verloren. — Man bedient sich ihrer im Gegentheile oft nur um vaterländische und christlich-mittelalterliche Kunstwerke besser kennen und verstehen zu lernen, — da allerdings ein gründliches Vorstudium des klassischen Alterthums hiezu unbedingt erforderlich ist. —

Die Vorliebe für christlich-mittelalterliche Kunst und Wissenschaft dagegen gewinnt von Tag zu Tag mehr Boden und überall hat das Studium und der Betrieb dieser bereits die Oberhand. — Künstler, wie Gelehrte bilden sich heutzutage nicht mehr einseitig nach antiken Mustern, sondern man hat endlich eingesehen, daß der heimathliche Boden und das christliche Mittelalter ebensoviel Wärme besitzen und nicht minder poesiereich seien, ja, oft weitaus mehr interessanten Stoff in sich bergen, als jene stolzen, kalten Trümmer gefallener Größe. — Dieser neuern Ansicht verdanken wir bekanntlich die sogenannte „germanistische“ Richtung bei Ausübung und Betrieb von Wissenschaft und Kunst.

Männer wie: Hoffstadt und v. Hefner-Alteneck haben den unbestreitbaren Ruhm als die *Ersten* mit Ausdauer und Entschiedenheit hierin die Bahn gebrochen zu haben. Ihnen gebührt die Ehre als die Ersten bezeichnet zu werden, die es wagten der alten „Zopfschlange“ den Kopf zu zertreten. — Sie fanden, so zu sagen, den Schlüssel wieder zum reichhaltigen Schatzkästlein des christlichen Mittelalters, der noch vor wenigen Jahrzehnten für immer verloren schien, und erschlossen uns damit eine poesiereiche nichtgeahnte Feenwelt! — Ihre Werke sind der *reine, unverfälschte* Abklatsch des christlich mittelalterlichen Haus-Familien und Kunstlebens. — Man betrachte nur mit Aufmerksamkeit alle Produkte der Malerei, Plastik und Architektur, selbst von anerkannten Größen *vor* dem Erscheinen obengenannter Werke und man wird die gröbsten Costümfehler, Anachronismen, schlechtes Verständniß und unrichtige Auffassung in Menge dort finden; — während jetzt diese Werke die verläßligsten Anhaltspunkte, den sichersten Leitfaden für Künstler, Gelehrte und Techniker bilden! — Nicht minder dankenswerth jedoch erscheinen gewiß auch die neuesten Früchte der besagten Richtung. — Ich meine nemlich Anstalten, wie z. B. das Germanische Museum in Nürnberg, und jene Männer, die sich durch keinerlei Widerwärtigkeiten abschrecken oder beirren ließen, diese ins Leben zu rufen! — Hier nenne ich besonders den wackern Freiherrn Hanns von und zu Aufseß. — Alle Achtung vor solchen Cavalieren! — Dank aber endlich sei auch den echt deutschen Fürsten, die durch ihre hochherzigen Gesinnungen mit edler Munificenz derartige Unternehmen möglichst unterstützen und nach Kräften fördern helfen! —

Mit der Liebe zum Studium des Mittelalters aber ist auch die Liebe zu jenen Dingen wiedergekehrt, welche dort ihre Basis haben, und es ist nur zu bedauern, daß sich bis jetzt so wenig eigentliche, entschiedene Germanisten mit demselben Eifer womit sie das Studium der Waffen, Trachten, Geräthschaften, Bau- und Kunstwerke des Mittelalters betreiben, auch auf ein ebenso gründliches Studium der *gesammten Wappenwissenschaft* verlegt haben, welche doch gewiß nicht minder zum mittelalterlichen Kunstleben, zur mittelalterlichen Sittengeschichte der Völker des Abendlandes gehört! —

Ganz andere Resultate könnten erzielt werden und so manche abgeschmackte Hypothese würde nicht ans Tageslicht kommen, wenn z. B. ein umfassendes Werk über die „gesammte, alte Heroldskunst,“ als ein würdiges Seitenstück, in Beziehung auf „künstlerische“ und „wissenschaftliche“ Ausstattung zu J. H. v. Hefner-Altenecks Trachten- und Geräthschaftenwerk, — zu C. Heideloffs Ornamentik des Mittelalters, zu Hoffstadts gothischem A. B. C. u. dgl. von einem tüchtigen Germanisten vorhanden wäre. — Ich halte es sogar nachgerade für ein Bedürfniß, daß ein derartiges Werk über Heraldik, — (selbstverständlich nur über die alte, echte, mittelalterliche Heraldik) — erscheint, wenn nur einigermaßen der wissenschaftlichen Richtung der neuesten Zeit auf christlich-mittelalterliche Kunst und Wissenschaft, Rechnung getragen und die Uebersicht, welche uns Werke, wie die obengenannten bieten, vervollständiget werden soll. —

Nach dieser Einleitung über die allgemeinen Zeitverhältnisse der Gegenwart komme ich zur Literatur der Heraldik in neuer und neuester Zeit und glaube mich da ziemlich kurz fassen zu können, weil die heraldische Autorschaft dieser Periode klein und die Zahl der Werke, welche ausschließend über Wappenkunde handeln, verhältnißmäßig gering ist. —

Eigentlich wissenschaftliche Werke über Heraldik gehören heutzutage zur Seltenheit; denn man kann wohl jene nicht hieher rechnen, welche die heraldischen Kunstwörter und Farbenbezeichnungen mit vielen Kupfern weitläufig erörtern und erklären, oder den Flug so als „offen“ so als „geschlossen“, den Löwen so als „wachsend“, so als „schreitend“ u. s. f. bezeichnen. —

Meiner unmaßgeblichen Ansicht nach sind das höchstens die „Fibeln“ der Wappenwissenschaft, welche besonders für Anfänger und Lehrlinge dieser Kunst von recht gutem Nutzen sind, die aber ein „Heraldiker“ längst „hinter sich“ haben muß! —

Der leidige Dilettantismus kommt auch bei der Heraldik sehr in die Quere; denn jeder heraldische Liebhaber und Wappensammler bildet sich zumeist schon steif und fest ein „durch und durch“ Heraldiker zu sein. Gehört er vielleicht gar zum Adel und ist also selbst Besitzer eines Wappens, so wird man schon „obenaus“ und glaubt sich zur heraldischen Autorschaft und Kritik mehr als hinreichend befähigt. —

Wir haben kleinere Produkte solcher Heraldiker, bei deren Durchlesung man nur staunen muß, wie schlecht diese Herren sogar abgeschrieben haben. —

Viele heraldische Autoren verwahren sich schon von vorneherein gegen jede wissenschaftliche Tendenz. So z. B. Ferd. Freiherrn von Biedenfelds Heraldik, „ein populäres Lehrbuch der Wappenkunde für Diplomaten, Genealogen, Archivbeamte und Edelleute, aber auch mit besonderer Rücksicht auf die Bedürfnisse der Maler, Zeichner, Kupferstecher, Lithographen, Bildhauer, Bildschnitzer, Stein-, Metall- und Holzschneider, Lackierer, Tapeten-, Teppich- und Kutschenfabrikanten, Sticker, Conditoren rc. Weimar 1846;“ — wie wörtlich der Titel besagt. — Das Ganze ist übrigens Nichts als eine völlig gehaltlose Copie französischer Duodezwerkchen in möglichst flacher Manier.

Die Wappenbücher und Wappensammlungen dagegen haben in der neuern

Zeit größtentheils denselben Fehler, wie die ältern, daß sie nemlich ohne erläuternden Text sind, wodurch sie mehr Bilderbücher, denn wissenschaftliche Werke genannt zu werden verdienen.

Trotzdem würde ich nachsichtsvoll über diesen Punkt hinweggehen, wenn die Abbildungen doch wenigstens von der Art wären, daß sie, in Beziehung ihrer tadellosen, echt heraldischen Auffassung und Zeichnung, als heraldische Musterblätter gelten könnten. Allein leider muß man bekennen, daß noch kein einziges derartiges Werk aufgetaucht, das sich so recht in den mittelalterlich-heraldischen Styl mit Liebe und Gefühl für jene echten, guten Formen hineingearbeitet hätte! — Statt mit Sinn und Verstand die rechte Behandlung dieser Sache aufzusuchen, sind sie sammt und sonders flach, fad und süßlich, wie die ganze moderne Heraldik überhaupt. — Kein einziger Helm, kein einziger Schild, keine heraldische Figur nach einem Original oder nach gediegenen Vorbildern ist da zu finden und bis auf den heutigen Tag sind, was heraldische Zeichnung anbelangt, gewiß und sicher die alten Wappenbücher des XV. und XVI. Jahrhunderts noch weitaus die trefflichsten! —

Man weiß daher nicht: soll man überrascht sein oder Mitleid haben, soll man staunen oder lächeln, wenn es z. B. im Vorworte von G. M. C. Masch zum „Mecklenburgischen Wappenbuch" herausgegeben von J. G. Tiedemann, Rostock 1837, unter Anderm heißt:

„Soll aber ein solches Werk wissenschaftlichen Werth und praktische Brauchbarkeit in sich vereinen und nicht blos ein Bilderwerk sein, so muß es mit regelrechter, künstlerischer Ausführung, Zuverlässigkeit der Angaben und Darstellung verbinden. — Die erste Bedingung hat der Herausgeber auf eine Weise erfüllt, welche gewiß allen Anforderungen entsprechen wird; — das Mecklenburgische Wappenbuch darf sich in Hinsicht auf äußere Schönheit allen neuern Wappenwerken dreist an die Seite stellen. — Doch es liegt ja der Beweis vor, wo die That spricht, kann das Wort schweigen!" —

Da muß man allerdings schweigen; denn sagen läßt sich nichts mehr! — So viel steht jedoch fest, daß alle die, so derlei schlechtes Zeugs für „gut heraldisch" halten, entweder in ihrem Leben keine mittelalterliche Heraldik kennen gelernt oder von dieser Kunst nicht den leisesten Begriff haben! —

Der Sonderbarkeit wegen jedoch mögen einige kleine Exempelchen dieser „regelrechten, künstlerischen Ausführung", dieser „Zuverlässigkeit der Angaben und Darstellung" hier einen Platz finden. —

Gleich im Anfange z. B. lernen wir als neuesten Zuwachs der heraldischen Tinkturen:

Eisenfarb, Blutroth und Braun kennen.

Auf Pl. XLII. Nr. 156 von Neßorf, sehen wir: ein Einhorn und eine gekrönte Jungfrau einen Kranz haltend, — beide aus den Helmdecken herauswachsend; der Helm dazwischen aber ist ohne Kleinod! —

Pl. LVI Nr. 212 von Zeppelin. — Ein Eselskopf als Kleinod in der Luft hängend! —

Ebenso auch:

Pl. XXIV. 87 von Kahlden. Ein Löwenkopf und auf

Pl. XXX. 110, von Lehsten. Ein Schuhleisten „frei in den Lüften schwebend." —

Pl. XLV. 168. Grafen von Schlieffen. Drei Helme, jeder mit einer Grafenkrone. Am äußersten rechten schaut ein Rumpf nach „hinten hinaus"! —

Pl. XLVIII. 181. von Stern. Ein Mond mit Dunstwolken umgeben; sogar das Kleinod aus natürlichen Wolken. —

Pl. XXI. 74. von Hartwig. Ein „anatomisch" gezeichnetes Herz! —

Pl. VI. 19. von Bieswang. Natürliche Felsen, Grasboden u. dgl.

Pl. XXXIII. 124 von Maltzan, Reichsfreiherren von Penzlin und Wartenberg. — Ein Fürstenmantel oben geschlossen mit einer Zindelbinde und in dieser das Kleinod! u. s. w. u. s. w.

Aehnliche Müsterchen von „guter, echter Heraldik" finden wir überhaupt heutzutage in Menge; denn so sind mehr oder weniger fast alle neueren heraldischen Werke beschaffen; — kein Wunder also, wenn wir einmal z. B. in Tyroff's bayer. Wappenbuch B. V. 93. bei der Familie von Harscher, am Kleinod die freie Luft heraldisch schräglinks getheilt finden! — wenn in Knights Crests of the Nobility et Gentry das Meerwasser als Kleinod auf den Zindelbinden herumläuft! — wenn v. Wölkern uns die Gegend zu Füßen der Gräflich v. Seeau'schen Schildhalter mit Berg und Thal, mit Feld und Wald, mit den Hütten friedlicher Salzarbeiter ɂc. idyllisch detaillirt, — wenn endlich der Nämliche beim Wappen der Ferraris seitenlang sich abmartert die unwesentlichsten Zopfschnörkel des Schildes möglichst deutlich zu blasoniren! —

Wir haben heraldische Werke, bei denen der Kenner auf den ersten Blick sieht, daß ihre Abbildungen echten, guten Mustern entnommen wurden, — jedoch leider entweder nicht wohl verstanden wiedergegeben sind oder nur spärlich uns vorgeführt werden. —

Zu dieser Categorie gehören z. B. A. Fahne's Geschichte der Kölnischen, Jülich'schen und Bergischen Geschlechter, — Luigi Cibrario sigilli de' principi di Savoia, — Montagu, study of heraldique u. A. —

Wieder Andere zeichnen sich zwar durch besonders wissenschaftliche und gute Blasonirung aus, indessen die Abbildungen selbst noch Vieles zu wünschen übrig ließen. — Zu dieser Gattung gehört Dr. O. T. v. Hefner's neueste Ausgabe des Siebmacher'schen allgemeinen Wappenbuches. —

Einige gibt es, die blos heraldischen Text haben und alle erläuternden Illustrationen dazu lieber gleich ganz weglaßen, als etwas Schlechtes liefern. —

Bei vielen, neuern Elaboraten über Heraldik steht auch „das Wissenschaftliche" manchmal untergeordnet im Hintergrund oder wird als Nebensache betrachtet und ganz bei Seite gesetzt. — Zu diesen gehören eigentlich selbstverständlich meiner Ansicht nach alle heraldischen Werke ohne Text! —

Noch andere endlich können sogar für „Jugendschriften" oder „Unterhaltungslektüre" gelten, — keineswegs aber auf höhern Werth Anspruch machen. — Wer würde z. B. glauben, daß die „übersichtliche Einleitung" zu einer Wappenlehre mit der Phrase beginnt:

„Ernste Stille der dunkeln Nacht, heilige Einsamkeit, du bist die Hüterin der Unschuld, die schlummernd in deinen Armen ruht, du bist die Freundin des Weisen, der, von dir gehegt und geschirmt, ungestört seine Gedanken, gleich kostbaren Perlen aneinandereiht u. s. f. [1]) —

Oder im Eingange des §. 1 Abschnitt I. — „Ueber den Schild und sein Feld," wörtlich also anfangt:

„Während draußen der winterliche Nachtsturm vom Rheine her auf gewaltigen Schwingen über das Waldgebirg saust, und der eisige Regen prasselnd an Läden und Pforten schlägt, ein unheimlicher Gast, der drohend und ungestüm nicht aufhört, den stets versagten Einlaß immerdar wieder zu begehren, wie ist es da so behaglich, neben der traulichen Flamme derer zu gedenken, die so oft durch Nacht und Sturm die Zeichen trugen, welche in bunter Reihe vor mir ausgebreitet und von der friedlichen Flamme hell beleuchtet, an eine thatenreiche Vergangenheit erinnern u. s. w. [2])." —

Ist das nicht eine leibhaftige, „moderne" Wappenlehre, durch und durch nach dem Geschmack der Mode, im echten Geist der neuesten Zeit und des „guten Tones" geschrieben? —

1) Der Ehrenhold von Wilhelm v. Chezy. Stuttgart 1848. Uebersicht.

2) Ibid. pag. 18.

3*

Ich wenigstens aber kann mich des heimlichen Gedankens an eine Leibrockische Rittergeschichte, an einen neuen Roman von Eugen Sue, Viktor Hugo oder Alexander Dumas — dabei durchaus nicht erwehren! —

Dieß Beispiel habe ich lediglich eigens aus dem Grunde namhaft gemacht, damit man sehe, welche „sonderbaren Heiligen" wir mitunter zu den neuesten Schriftstellern über Heraldik zählen können. —

Es würde jedoch zu weit führen, eine förmliche Rundschau aller derartigen neuern und neuesten Erzeugnisse über Heroldskunst und Wappenwissenschaft hier abzuhalten, und da ohnehin der wissenschaftliche Werth so vieler heraldischen Tages-Scribenten zumeist auf Null sich reducirt, so will ich sie füglich übergehen, d. h. keine weiteren speziellen Betrachtungen darüber anstellen, damit am Ende nicht Laune und Appetit darunter leiden! —

Ich werde mich deßhalb nur auf die heraldische Autorschaft „im Allgemeinen" beschränken und auf deren Leistungen mein Augenmerk richten. —

Wenn ich oben besonders den Egoismus als einen der Hauptgötzen der Neuzeit bezeichnet und hervorgehoben habe, so ist er es in vorzüglicher Weise auch für die neuesten Autoren aller Wissenschaften. — Selten schreibt heutzutage ein Mann rein der Sache, rein der Wissenschaft zu Liebe und hat nur: diese möglichst zu fördern und ihr rücksichtslos zu dienen, als uneigennützigen Zweck — vor Augen. — Alles will glänzen und Aufsehen machen, Jeder zuerst auf Das oder Jenes gekommen sein und die eingebildetste Eitelkeit und lächerlichste Selbstsucht grinsen aus jeder neuen Hypothese hervor. —

Deßwegen nun tragen die neuern und neuesten Autoren der Heraldik und beziehungsweise ihre Machwerke in der Regel folgende Eigenschaften zur Schau:

1) Alles Alte wird schnurstracks verworfen, wenn es auch ganz gut wäre, nur um was Neues vorbringen zu können, d. h. man schüttet (profan gesprochen) heutzutage gemeiniglich das Kind mit dem Bade aus. —

2) Das Unnatürlichste und Gesuchteste wird viel lieber aus der Luft gegriffen, während man das einfach Natürliche liegen läßt, weil es vielleicht keinen so hochgelehrten Anstrich hätte. —

3) Hat einmal eine gewisse fixe Idee Wurzel gefaßt, so wird sie, wäre dieselbe auch noch so albern, zumeist eigensinnig festgehalten und aus ihr oft die lächerlichsten Consequenzen gezogen. — Endlich

4) weil die wenigsten „modernen" Autoren der Wissenschaft selbst an und für sich zu Dienst und Nutzen sein wollen, sondern vielmehr nur ihrer eigenen

Persönlichkeit und ihrem aufgeblasenen Eigendünkel, so wird daher auch selten vorkommen, daß eine Belehrung ermöglicht ist. —

Dieß sind im Ganzen genommen und in der Hauptsache die kurzgefaßten Grundcharakterzüge der neuern und neuesten Autorschaft überhaupt aller Wissenschaften, — besonders aber der Heraldik, weil man vorzüglich in dieser mit hochgelehrten Hypothesen glänzen und mit diplomatischen Phrasen herumwerfen kann.

Zahlreiche specielle Beispiele kann sich Jeder unschwer täglich selbst erholen und ich vermeide darum, absichtlich solche weiter anzuführen. — Soviel von der neuern Literatur und Autorschaft der Wappenkunst. —

Ich komme nunmehr zur Quintessenz der „modernen“ Heraldik! —

Ohne Zweifel feiert die „neugebackene“ Heraldik ihre höchsten Triumphe in der Wirksamkeit der modernen Herolden-Aemter.

„Gewappnete“ wie „bezopfte“ Ehrenholde der früheren Jahrhunderte werden sich mit vollem Rechte im Grabe umwenden, wenn sie das Thun und Treiben ihrer modernen Collegen in „Frack und Glacehandschuhen“ beobachten.

Alles, was nur immer schlecht und unheraldisch war, haben diese von jenen getreulich überkommen, ohne das mindeste Gute derselben beizubehalten. — Ein deutscher Herold setzt sich selbst auf seinen eigenen deutschen Wappenschild — die Napoleonische Toque!

So Herr Carl Heinrich Ritter von Lang Vorstand des königl. bayr. Reichs-Herolden-Amtes im Jahre des Heils 18 . . —

Dieser, wie so mancher andere kleine Zug aus dem heroldenamtlichen Leben und Wirken wäre wohl allein schon hinreichend und bezeichnend genug, um die ganze Sachlage darnach zu beurtheilen; es sind jedoch auch ohnedieß die meisten neuausgefertigten Diplome, Entwürfe von Stammbäumen, alle neuern Wappenbücher u. dgl. die lebendigsten, sprechendsten Zeugen, die gewichtigsten Ankläger des „heraldischen Unwesens“ dieser Anstalten. Von wissenschaftlichem Betrieb der Heraldik kann man gewiß da nicht mehr reden, wo Alles gethan wird, die alte Heroldskunst als „historische Hilfswissenschaft“ für die Zukunft rein unmöglich zu machen. —

Es rechtfertiget sich diese Behauptung durch das gewöhnliche Verfahren bei den Herolden-Aemtern; wenn an neuernannte Adeliche Wappen verliehen werden. —

Meistens wird zu diesem Zwecke das Wappen eines beliebigen Geschlechtes, das mit der neukreirten Familie zufällig gleichen Namen führt, ohne viele weitere Umstände, ja häufig sogar ohne irgend eine Veränderung, gewöhnlich aus dem „alten Siebmacher“ herausgenommen und ertheilt.

Wohl zu bemerken ist, daß dieser arge Unfug von amtlich aufgestellten Leuten geschieht, die überdieß selbst in jedem Adelsdiplome strengste Integrität der Wappen ausdrücklichst garantiren, unter Androhung empfindlicher Geldstrafen (Poen). — In jeglichem Diplome kann man das Faktum „schwarz auf weiß" lesen. — Ich könnte hiezu zahlreiche Beispiele aufzählen, die ich nur aus Rücksicht für die betreffenden Familien verschweigen muß. — Aber nicht etwa bei den Wappen ausgestorbener Geschlechter laßen es diese Herren bewenden, nein, — es werden sogar die Wappen gegenwärtig noch lebender ohne Zaudern hergenommen und mit ihnen auf dieselbe Weise verfahren! —

Dieß Alles aber: von Amts- und Rechtswegen! —

Ueber was jedoch kann man sich noch wundern, wenn eine Behörde, die nur zum Schutze und zur Aufrechthaltung der heraldischen Gesetze da sein und diese mit aller Strenge handhaben soll — selbst am meisten sie mit Füßen tritt! Alles Uebrige sind Kleinigkeiten gegen solche ungesetzliche Handlungen und ich muß es nur gänzlicher Sachunkenntniß zu gute halten, um mich keines andern, vielleicht passendern Ausdrucks zu bedienen!

Die meiste Schuld hieran trägt freilich das Mißgeschick, wenn Beamtete auf eine Stelle gesetzt werden, zu der sie weder Beruf, noch die geeigneten Kenntnisse haben, der sie, mit einem Wort, durchaus nicht gewachsen sind.

Es geschieht solches in der Regel ohne alle Rücksicht auf die frühere Branche, in welcher diese Herren vielleicht grau geworden; denn der vormalige, recht tüchtige Justiz- oder Finanzmann wird deßhalb noch keinen guten „Herold" abgeben, — wenn anders unter einem solchen ein wissenschaftlich vollkommen gebildeter und geprüfter „Heraldiker" verstanden werden will. —

Mag auch die Meinung der Meisten den frühern Herolden noch so viele Schuld am spätern successiven Verfall der Wappenkunst beimessen, mag man ihnen noch so viele Unrichtigkeiten zur Last schreiben, noch so viele Lächerlichkeiten aufbürden, die Integrität der Wappen wurde von ihnen doch stets auf das strengste gewahrt, indem sie sehr wohl einsahen, man müsse energisch den Grundsatz festhalten: daß niemals ein und dasselbe Wappen, ohne verwandtschaftlichen oder andern entschieden triftigen Grund, an zwei Geschlechter verliehen werden, d. h. zweien Familien unverändert theilhaft sein dürfe, weil nach so und so vielen Jahren kein richtiger und sicherer Schluß mehr, in Bezug auf Abstammung, Verwandtschaft, Erbschaft u. dgl im gegentheiligen Fall gezogen werden könne, mithin aber auch dadurch folgerecht die Heraldik ihre ganze juridische und historische Bedeutung, kurz ihre Stellung als juridische und historische Hilfswissenschaft verlieren müßte. —

Wie sehr die Alten auf Vermeidung der Wappengleichheit gesehen, beweisen viele Irrungen und Fehden um Wappen. — So z. B erzählt uns J. M. Einzinger von Einzing in seiner „bayerischen Adelshistorie" daß:

„Ulrich der Waldauer zu Waldthurm und Friedrich der Waldthurmer miteinander stritten des wapen halber. — Es wurde aber durch den Pfalzgraven Johannsen vermittels eines spruches vertragen, daß der Waldauer sein altes wapen, nemlich zwei schwarze büffelshörner auf dem Helme, in deren öffnungen eine silberne kugel oder schneeballen überall stecket: der Waldthurner hingegen anstatt der schneeballen zweene rothe äpfel im schwarzen butzen führen soll; also, daß im übrigen beyderseits schild und helm gleich und unverändert bleibet. —

Ebenso lesen wir bei Boswell vom Streit dreier Geschlechter um ein Wappen und finden daselbst auch die Entscheidung und betreffende Urkunden. —

Ueberdieß dürfte uns die Lehre von den „Beizeichen und Brüchen" (brisures) ohnehin schon ein mehr als hinreichender Beweis hiefür sein. —

Für unsere jetzigen Herolde sind derlei Dinge freilich unbekannte Gegenden oder erscheinen ihnen wenigstens als Nebensachen! —

In der That haben sich auch bereits schon viele Irrthümer und falsa, veranlaßt durch obenbeschriebenes Verfahren der Heroldenämter, in Geschlechts-Register und Adelsbücher eingeschlichen. —

Dagegen wurde die schwulstige und dennoch ganz undeutliche schlechte Blasonirung bis auf den heutigen Tag getreulich behalten, aus dem einfachen Grunde wahrscheinlich: — weil man selbst nichts Besseres weiß! —

Auch jene geheimnißvolle Deutung einzelner Wappenfiguren, beziehungsweise deren geistreiche Auslegung, ist gegenwärtig noch sehr beliebt; denn man umgibt sich gar zu gerne mit mystischem Dunkel, wenn man eigene Schwächen verbergen will. — Der leichtgläubige Adel, die Laien dieser Wissenschaft und das große Publikum aber haben eine gewisse heilige Scheu und glauben dann: an solchem Orte müsse man die Heraldik doch gewiß ex officio schon und ex fundamento verstehen und Alles verläßt sich nach wie vor auf die hohe heraldische Gelehrsamkeit der modernen Herolden-Aemter und der modernen Herolde! —

Geschieht es ja einmal, was aber selten der Fall ist, daß ein neues Wappen vom Heroldenamt aus eigens zusammengestellt und entworfen wird, so bewerkstelligt man das auf so verkehrte, sachwidrige Art und Weise, daß der geübte Kenner diese neukonstruirten Muster-Wappen unter Tausenden herausfinden kann. — Der ganze

Witz dabei sind dann höchstens Anspielungen auf Stand oder Namen und darf man sich, besonders bei letztern, auf vorzüglich gelungene Rebus gefaßt machen, während bei erstern uns oft förmliche, dramatische Handlungen, zumeist in künstlerisch-perspektivischer Darstellungsweise vorgeführt werden. —

So z. B. führt die Familie von Duckreitz laut Diplom: „einen roth oder Rubinfarbenen Schild, darinnen auf einem Wasserstrome zwei Ducker-Enten oder Taucher in ihrer natürlichen Farbe, von denen der vordere untertaucht, der hintere aber in Begriff ist unterzutauchen.“[1]) — Wie sinnreich, wie schön und namentlich wie heraldisch ist diese Composition! — Ebenso die Familie von Fischer in Würtemberg. Nobilitiert 12. Juni 1814.

„Ein Fischer in rother Weste, grünen Hosen, schwarzen runden Hut sitzt, aus der linken obern Schildesecke von der Sonne beschienen, auf der Klippe eines Riffes, aus blauer Wasserfläche mit der Angel an langer Schwippe einen Hecht herausziehend. — Dieser Fischer wiederholt sich wachsend rücklings gekehrt um sich schauend die Linke in die Seite gestützt und mit der Rechten einen Fischhamen haltend.“[2])— Gewiß auch eine recht idyllische Darstellung, eines „Geßner“ würdig! —

von Giemanith in Bayern:

In Blau einen goldenen Balken, in dem ein vollständiges Hammerwerk mit mehreren Hämmeren, Arbeiter, Esse, Ambos und dazu gehörigem Eisen- und Kohlenbergwerk; — Alles in vollster Thätigkeit und Aktion! —

Diese Familie hat oder hatte nemlich den Betrieb ausgedehnter Eisenwerke.[3]) —

von Maubach in Bayern:

Eine schwarze Katze in einem Bach schwimmend.[4])

Nemlich sprich: Miau-Bach!! —

von Hausmann zu Sinnleuthen:

Einen geharnischten Mann, der zu einem geöffneten Thor und wahrscheinlich um den Rebus zu vervollständigen, auch in das dahinter sichtbare Haus hineingeht, woselbst er sicher im „Sinn“ hat zu „läuten“.[5]) —

---

1) Tyroff. Adel. Wappenwerk. Bd. I. pag. 182.

2) J. G. L. Dorst. Würtemberg. Wappenbuch. Nr. 226. pag. 55.

3) Tyroff baier. Wappenbuch. Bd. V. pag. 82.

4) Ibid. Bd. VII, pag. 12.

5) Tyroff bayer. Wappenbuch. Bd. V. pag. 99.

Die Nigroni von Risenbach:

Zwei Riesen baden in einem Bach. Dahinter natürliche Gewitter-Wolken![1]) —

von Hartmaul: Simson öffnet dem Löwen sein „hartes Maul."

Die Herren von Arnsfeld:[2])

Auf dem Schild liegt ein Perlreif, in diesem steht eine ägyptische Pyramide mit einem heraldischen Stern an der Spitze! —

Die Herren von Holtowetz.[3])

Eine brennende Burg im Schildesfuß. Dahinter ein schräglinker Bach mit schwimmenden Enten. Ueber das Ganze endlich ein gekrönter Löwe mit einer Sturmfahne! —

Eine höchst originelle Zusammenstellung! —

Recht niedliche Stückchen „neuester" Heroldskunst werden uns auch in den „deutschen Grafenhäusern" zu Theil. —

So z. B. bei den Grafen von Peralta-Renaud: Eine Grafenkrone schwebt, frei in der Luft fliegend, über dem vollständigen Wappen mit Helm und Kleinod![4])

Bei den Grafen Zech von Lobming die heraldisch höchst wichtige Notiz, daß der Türke ein „junger" sei.[5])

Zweifelsohne eines der lieblichsten Beispiele jedoch von „guter" Heraldik der heutigen Herolde ist die (wohlbemerkt) verbesserungsweise als: kupferfarben oder nelkenbraun blasonirte Trommel des Grafen von Bubna-Littitz.[6])

Einen weitern Beitrag zur „echten" Heroldskunst des XIX. Jahrhunderts, bilden gewiß auch die zwei Schildhalter der Grafen von Alten, nemlich rechts: ein Schütze vom ersten leichten Bataillon der englisch deutschen Legion; — links: ein Soldat des kurhannöverschen Fußgarderegimentes![7]) —

Dank sei ferners im Namen unserer Wissenschaft, jenem Heroldskünstler, der mit so weiser Einsicht und mit so vielem Geschicke aus der häufig vorkommenden alten Wappenfigur (Taf. XXV. 6.) der Grafen von Sedlnitzky einen „ungarischen Schnurrbart, mit einem Pfeil darüber" heraus eskamotirte! —

---

1) Tyroff adel. Wappenwerk. Bd. II. pag. 293.

2) Ibid. Bd. II. pag. 269.

3) Ibid. Bd. II. pag. 245.

4) Deutsche Grafenhäuser. Bd. II. pag. 192.

5) Deutsche Grafenhäuser. Bd. III. pag. 461.

6) Deutsche Grafenhäuser. Bd. I. pag. 128.

7) Ibid. Bd. I. pag. 15.

So aber könnte man fortfahren bis an „der Tage Ende“, wenn man alle die, „gelungenen“ Meisterstücke unserer „modernen“ Herolde und Heroldenämter in ergötzlichen Bildern an sich vorübergehen ließe. —

Von den gröbsten Mißgriffen, die alle der tiefen Einsicht der neuen Herolde in die alte Heroldskunst mehr oder minder ihren Ursprung verdanken, oder deren Entstehung auch von den, jenen zumeist würdig zur Seite stehenden, modernen Wappen-Malern ausgeht, — nenne ich vorzugsweise noch folgende:

1) Die Wappen nicht in dem ihnen zukommenden National-Charakter zu konstruiren; — d. h. deutsche Wappen werden in englischer, italienischer u. dgl. Manier gegeben oder umgekehrt. —

2) Schlechte Zusammenstellung der einzelnen Felder sowohl als auch bisweilen mehrerer Wappen in Eines. —

3) Sachwidrige und unpassende Zusammenstellung der Wappenfiguren! —

4) Anwendung „moderner“ Gegenstände zu heraldischen Figuren. —

5) Gegeneinander springende Wappenthiere. —

6) Außerachtlassen des Begriffes: daß der heraldische Schild eine Fläche, mithin eine künstlerisch-perspektivische (landschaftliche oder ähnliche) Darstellung von zwei Gegenständen zu einander in der Heraldik durchaus unzuläßig sei. —

7) Nichtbeachtung der natürlichen Regel: daß die Stellung des Kleinodes sich jedesmal nach der Stellung des Helmes zu richten habe. —

8) Frei in der Luft hängende Kleinode! —

9) Mißverhältniß der Größe von Schild und Helm.

10) Verleihung von mehr Helmen an ein Geschlecht ohne genügenden historischen Grund. —

11) Verleihung eines einzigen Helmes zu verschiedenen Wappen d. h. zu vielen fremden Feldern. —

12) Mißbrauch bei Anwendung der Kronen. —

13) Benützung dieser zugleich mit d. h. unter den Helmen. —

14) Benützung von Rangkronen als Helmkronen. —

15) Helme ohne Kleinod. —

16) Anwendung der Napoleonischen Toque. —

17) Anwendung der schlechtesten und zopfigsten Schildformen mit Inbegriff der Renaissance-Schilde d. h. überhaupt aller Schilde mit verziertem, verschnörkeltem oder ornamentirtem Rande.

18) Ganz vorzüglich aber gehört die Ueberladung mit vielen Feldern und Far-

den oder mit verschiedenerlei heraldischen Figuren hieher, da in der Zeit und nach dem natürlichen Sinn und Verständniß der „reinen, echten und unverdorbenen" Heraldik ohnehin jedes Wappen nur ein Feld bildete und heutzutage noch die einfachsten d. h. die einfeldrigen Wappen die schönsten und besten sind! — u. s. w.

Die meisten der hier angeführten Dinge werde ich weiter unten am geeigneten Orte wiederholt berühren, weil sie sich besonders bei Gelegenheit meiner Betrachtungen über Entstehung, Fortbildung und Anwendung der Heraldik und ihrer einzelnen Attribute am deutlichsten als durchaus unzulässig herausstellen. —

Das Traurigste an der ganzen Sache jedoch ist, daß der Adel, die einseitigen Stubengelehrten, das Publikum, kurz alle Welt sich unbedingt auf die Heroldenämter, ihre Machwerke und Aussprüche verläßt, auf ihre Diplome und Blasonirungen beruft, wodurch man begreiflicherweise auch im Allgemeinen immer weiter vom richtigen Verständniß der „wahren," vom sachgemäßen Gefühl für die „echte, alte" Heraldik abkommen muß. —

Als ich daher vor nicht langer Zeit in mehreren Blättern von der Wiederherstellung eines gewissen Heroldenamtes mit großem Gepränge las, gedachte ich unwillkührlich des: „parturiunt montes etc. etc.". —

Bis hieher und nicht weiter über die neueren Heroldenämter, ihre „moderne" Wirksamkeit und die Heraldik „im Frack"! —

Wenden wir uns ab von dieser Schattenseite der gesammten Wappenwissenschaft; denn es liegen ohnedieß Jedem, der sich für die Sachlage mehr interessiren sollte, die augenscheinlichsten Beweise täglich und überall so nahe, daß man sie nur greifen darf um sich von der Wahrheit meiner Behauptungen hinreichend zu überzeugen. — Zudem ist es bisweilen besser den Mantel der christlichen Nächstenliebe auf gewisse Blößen zu decken, als durch schonungsloses Wegheben desselben am Ende gar Aergerniß zu erregen! —

Mit der oberflächlichen Geschichte der heraldischen Literatur und mit der Wirksamkeit der Herolden-Aemter in alter und neuer Zeit, unter besonderer Berücksichtigung der jeweiligen sozialen Zustände, sowie mit der beziehungsweise kritischen Beurtheilung der Autorschaft bin ich zu Ende. — Deßhalb dürfte es nunmehr an der Zeit sein: eine klare Uebersicht der Entstehung, Fortbildung und Anwendung der Heraldik selbst sowohl als ihrer einzelnen Hauptbestandtheile in einigen Umrissen hier zu geben. —

III.

Entstehung, Fortbildung und Anwendung der Heraldik. — Allgemeine Bemerkungen.

Zunächst ist hier nöthig, vor Allem eigentlich den Begriff eines Wappens festzustellen, d. h. die Bedingnisse anzugeben, welche zur Wesenheit eines solchen erforderlich sind und dasselbe kennzeichnen. —

Die Wappen also sind: bildliche Zeichen eines Schildes für einzelne Personen und Geschlechter, für Corporationen, Aemter und Würden, für Länder, Städte, Besitzthümer oder Rechte, und es werden solche durch Erbschaft, Kauf oder auf andere Art übertragen.

Kann man daher von irgend einem in bestimmter Weise bemalten Schilde diese Momente ermitteln, so ist er entschieden als „Wappen" zu betrachten. —

Es frägt sich nun: wann kommen die ersten Wappen vor? —

Bekanntermaßen haben Viele geschrieben und behauptet, daß, nach Tacitus und A., schon die alten Deutschen ihre Heerschilde bemalt, Flügel und Hörner auf dem Kopfe getragen hätten und folgerungsweise dann auch von solchem Gebrauche den Ursprung der Heraldik abgeleitet. Diese Sitte der alten Germanen, kann nun freilich allerdings Niemand in Abrede stellen, allein man hat dabei vergessen, daß zwischen jene Urzeit und die ersten Spuren unserer Heraldik die große Periode des frühen Mittelalters mit ihren ausschließend antiken, römischen Formen und Typen als bedeutungsvolle Scheidewand sich drängt, — indem während dieser ganzen Epoche die Waffen, Schilde, Helme, wie alle Haus- und Wirthschaftsgeräthe nur nach antiken, römischen Mustern und Formen im Gebrauche sind und Schild wie Helm keine Spur von heraldischen Zeichen tragen, da oft Material und Gestalt schon der Anwendung solcher zumeist nicht günstig sind. —

Es muß daher die eigentliche Heraldik ihre Entstehung einer spätern Periode verdanken. —

Im weitern Verlaufe der Zeiten begegnen wir überall in Frankreich, England, Deutschland, kurz in allen christlichen Ländern des Occidents so lange noch vorherrschend den obengenannten antiken Formen, römischen Typen, Trachten, Waffen und Sitten, bis jene große Völkerwanderung nach dem Osten, wie man füglich die Kreuzzüge heißen kann, nach und nach durch Kennenlernen morgenländischer Gebräuche, Architekturformen und Ornamentik bei allen christlichen Völkern des Abendlandes einen entschiedenen Einfluß geltend machte[1]) — Von einer großen Mehrzahl wird dieß als die nächste Ursache der Entstehung und dann später die Turniere als weiteres Motiv für die höhere Entwicklung der Heraldik angesehen. — So sonderbar daher auch auf den ersten Blick die Ansicht des Herrn de Beaumont in seinen: Recherches sur l'orgine du blason. Paris 1853, vielleicht erscheinen dürfte alle heraldischen Formen und Wappenbilder, kurz die ganze Heraldik mit allen ihren Attributen direkt aus dem Morgenlande herleiten zu wollen, so läßt sich doch nicht läugnen, daß obige Entstehungsquelle der Heraldik glaubwürdiger und etwas Wahres immerhin daran sein könne. —

Einige Neuere endlich glauben, unter Hinweisung auf die etwas frühere Ausbildung der Heraldik in den westlichen Ländern, namentlich in Frankreich, auch folgerecht die Genesis dieser Kunst im Westen suchen zu müssen. — Sie behaupten deßhalb: die Mauern, jene früh entwickelte, in allen Wissenschaften und Künsten, in Architektur und Malerei hochgebildete Nation, der wirklich ein großer Theil Europas viele praktische Sitten und Einrichtungen, viele schöne und nützliche Kenntnisse verdankt, — wären als die Erfinder oder wenigstens nächsten Veranlasser der Heraldik zu betrachten. — In der That schließen auch die obenangeführten Gründe wenigstens die Möglichkeit einer solchen Behauptung nicht aus. —

Ich meinerseits aber wundere mich nur: warum von jeher das Weite hergeholt und das Nahe liegen gelassen wurde, d. h. warum denn gerade nur *fremder* Impuls oder *fremde* Einflüße eine Kunst veranlaßt haben sollen, die doch eben so gut, ja viel natürlicher *bei uns selbst*, d. h. bei den abendländischen Völkern des christlichen Mittelalters, *original* und *ursprünglich* entstanden sein kann.

Bei aufmerksamer Forschung auf dem Gebiete der Trachten- und Costümlehre des christlichen Mittelalters nemlich, finden wir ja ebenso eine vollkommen freie, selbstständige Entwicklung bei allen christlichen Nationen des Occidents, wodurch auch die obenerwähnten antiken, römischen Nachahmungen mehr und mehr schwinden und jenen Geschmacksformen Platz machen, wie wir sie kurz vor und um die Zeit der ersten Kreuzzüge an Waffen, Trachten u. dgl. bemerken.[2])

Ueberdieß trifft man weder im Oriente noch bei den Mauren zur Zeit des Ursprungs der Heraldik im Abendlande einen gleichen oder ähnlichen Gebrauch, der die Vermuthung: es sei die Heraldik ein Produkt occidentalischer Auffassung einer orientalischen Sitte auch nur im Entferntesten rechtfertigte. —

1) Möllinger K. Elemente des Rundbogenstyles. — C. Heideloff's Ornamentik. — Hoffstadts goth. ABC. — Kallenbach.

2) v. Hefner-Alteneck Trachtenwerk I. Abtheilung.

Was aber die Zeitbestimmung des Ursprungs der Heraldik betrifft, so hat man sich vordem viele Mühe gegeben, das älteste Wappen ausfindig zu machen und es ist Thatsache, daß sich hierin besonders Claude Menestrier rühmlichst hervorthun wollte und solches endlich nach langem Suchen am Grabmal eines gewissen Grafen Warmund von Wasserburg d. a. 1010 bei St. Emmeran in Regensburg wirklich gefunden zu haben vermeinte. [1]) —

Sogar noch heutzutage spuckt das Verlangen: das älteste eigentliche Wappen aufzufinden, in den Köpfen der meisten Heraldiker, heraldischen Autoren oder Liebhaber dieser Wissenschaft. — Meiner Ansicht nach jedoch ist diese Mühe nicht nur ganz vergeblich, sondern überdieß eine völlig nutzlose Sache, da erstens auf keinen Fall der Uebergang von willkührlicher Schildbemalung zum eigentlichen Wappen so schroff war, daß man mit historischer Gewißheit bestimmen könnte, dieß sei die letzte willkührliche Schildbemalung, jenes aber das erste Wappen, und zweitens, wenn solches auch denkbar oder möglich wäre, würde heute Einer da und morgen ein Anderer dort das erste Wappen gefunden haben, d. h. wir blieben stets am alten Fleck und wüßten kein Haar breit mehr denn jetzt. —

Soweit es jedoch dagegen für die Wissenschaft Interesse haben kann: Ursache, Ort und Zeit der Entstehung oder des Ursprungs der Heraldik wenigstens annäherungsweise (denn auf ein Jahrzehent läßt sich das unmöglich bestimmen) kennen zu lernen, so darf man nach allen Erfahrungen getrost der Annahme folgen: „daß die Heraldik als ein Produkt des christlich-mittelalterlichen Kunstlebens und als eine Tochter der christlich-mittelalterlichen Ornamentik, sowie beziehungsweise insbesondere der Anwendung dieser letztern auf Waffen (Schild und Helm) in der eigenthümlichen Kunst-Technik und Geschmacksrichtung dieses Zeitalters, keineswegs durch, wohl aber ungefähr um die Zeit der Kreuzzüge bei allen christlichen Völkern des Abendlandes so ziemlich gleichzeitig in Aufnahme gekommen sei." — Wir sehen daher, wenn auch noch nicht gerade die förmliche Heraldik nach unsern jetzigen Begriffen, so doch ganz sicher und gewiß die ersten Keime und den Uranfang derselben mit Ende des XI. und Anfang des XII. Jahrhunderts sich allmählig nach und nach entfalten. [2]) — Erst in ihrem weitern Verlaufe aber und namentlich später durch die Turniere bildete sich dieselbe vollkommen aus und nahm bei Deutschen, Franzosen, Engländern u. s. w. überall für sich einen gewissen eigenthümlichen National-Charakter an,

---

1) Siebenkees Erläuterungen zu Gatterers Heraldik §. II. pag. 17.

2) v. Hefner-Alteneck Trachtenwerk I Abtheilung. Wagner Trachtenwerk. Montfaucon monum. d. l. monarch. franç.

der sich bei jeglicher dieser Nationen bis auf den heutigen Tag erhalten hat und wovon ich weiter unten ausführlicher zu reden Gelegenheit nehmen werde. —

Meine spezielle unmaßgeblichste Ansicht aber: daß die allerersten Spuren der Heraldik in Frankreich zu suchen seien, begründe ich folgendermaßen:

1) Man findet alle kleinern Vollkommenheiten und die feinern Nuancirungen der Heraldik zuerst bei den Franzosen. So z. B. kommen bei ihnen die heraldischen Beizeichen: Turnierkragen und Bastardfaden weitaus am frühesten in Anwendung. —
2) Die Franzosen wußten stets mit der größten praktischen Einfachheit echt heraldischen Luxus zu vereinen, d. h. sie wußten schon in der frühesten Periode, nemlich zur Zeit der Heraldik „des Schildes allein" (von der ich dann gleich sprechen will), auf sehr geschickte Weise alle besonders wichtigen heraldischen Kennzeichen und Merkmale auch auf den Schild allein zu konzentriren, ohne der Aushilfe eines Kleinods zu bedürfen. —
3) In Frankreich war das ganze Herolds- und Persevantenwesen, die Herolds-Kammer, Wahl der Wappenkönige u. s. f. zuerst und am vollkommensten ausgebildet und ging nur von dort aus auf die andern Nationen über. —
4) Alle Völker des Westens haben ihre heraldischen Ausdrücke und Kunst-Wörter nur von den Franzosen angenommen. —
5) Die altfranzösische Heraldik wurde zuerst in feste Regeln geordnet, zuerst kunstgerecht und wissenschaftlich betrieben, sie hat die bestgewähltesten heraldischen Kunstausdrücke, die kürzesten und bündigsten Kunstwörter, die deutlichste, bestimmteste und beste Blasonirung. —
6) Es unterliegt ferner auch keinem Zweifel, daß das chevalereske Mittelalter und die echt ritterliche Courtoisie gerade in Frankreich ihre zartesten Blüthen entfaltete und die reichsten Früchte trug. — Endlich
7) von jeher giengen alle Moden, Sitten und Gebräuche, die sich auf äußerliche Pracht, Ueppigkeit, Luxus und Ausschmückung von Waffen, Gewändern u dgl. erstreckten, durchschnittlich, wie heutzutage noch, mehr oder minder von Frankreich aus, — ein wiederholter Beweis, daß es auch mit der Heraldik also der Fall gewesen sein könne. —

Nach meinem Dafürhalten konnte daher nur ganz übel angewendeter Patriotismus einiger deutschen Autoren die förmliche „Erfindung" der Heraldik den Deutschen allein zuschreiben. — Dagegen aber hat sie bei Diesen unwiderlegbar die merkwürdigste Eigenthümlichkeit, die ausgeprägteste National-Charakteristik aufzuweisen,

— und steht überdieß die Theorie der Kleinode bei den Deutschen in ihrer Art einzig und allein da. —

Ehe ich hier weiterfahre, muß ich darauf aufmerksam machen, daß die ganze Heraldik und beziehungsweise deren Geschichte eigentlich in drei große Zeit-Abschnitte zerfällt, d. h. daß wir es mit dreierlei Arten von Heraldik zu thun haben und deren wesentliche Verschiedenheit bemerken werden. —

Diese aber sind:

1) Die einfachste, älteste, die ursprüngliche Heraldik, — die Heraldik des Schildes allein. —

Von den frühesten Keimen und ersten Spuren ihrer Entstehung bis zum Anfange des XIII. Jahrhunderts. —

2) Die Heraldik in ihrer weitern Entwicklung, — die vollkommen ausgebildete Heraldik. — Ihre höchste Blüthezeit, die Glanzperiode der Heroldskunst. —

Die Heraldik des Schildes und Kleinods. —

Vom Beginne des XIII. bis zum Ende des XV. Jahrhunderts. — Endlich

3) die Heraldik des Luxus und der Ueberladung mit heraldischen Neben- und Prachtstücken. — Die Heroldskunst in ihrer successiven Abnahme und im Verfall. —

Die Heraldik der unwesentlichen Anhängsel. —

Vom Anfange des XVI. Jahrhunderts bis auf den heutigen Tag.

Die beiden ersten Perioden 1. und 2. umfassen den großen Zeitraum der alten, echten Heraldik, jener Heraldik, die ich die wirkliche, praktische oder noch besser die lebendige Heraldik nennen möchte. —

Während die letzte Periode 3. jene Heraldik in sich schließt, welche im Gegensatz zur vorigen nur mehr als eine bildliche, symbolische gelten kann, und deßhalb auch als theoretische oder todte Heraldik bezeichnet werden muß.

ad 1. Die ersten Spuren von Anwendung heraldischer Figuren, d. h. die frühesten Keime der eigentlichen Heraldik weisen uns zweifelsohne blos die Schilde allein, hie und da wohl auch Fahnen, Banner und noch seltener Gewänder. — Nichtsdestoweniger hat die Heraldik dieses Zeitraumes bereits eine ebenso vollständige, juristische Gültigkeit, und auch schon ebenso wissenschaftliche und genealogisch-historische Bedeutung, wie die Heraldik der zwei folgenden Zeit-Abschnitte. — Alle Jene sind daher in großem Irrthume befangen, welche die Begriffe „Wappen" und „Heraldik" erst dann gelten lassen und als fixirt betrachten wollen, wenn die Helme mit Kleinodien in Gebrauch kommen. — Ja sogar noch heutzutage hat der Schild ganz allein die nämliche Bedeutung, wie das vollständige Wappen mit allen andern mehr oder minder unwichtigen Beigaben und Attributen. — Die Heraldik des Schildes allein ist daher so gut, so wesentlich und so genügend wie jede spätere noch so vollkommen ausgebildete Heraldik! —

Wenn ich deßhalb oben die französische Heraldik besonders hervorhob, so geschah dieß, wie bereits erörtert wurde, gerade in Anbetracht ihrer charakteristischen Einfachheit, die hauptsächlich darin bestand: alle heraldischen Merkmale und Wesenheiten mit besonderem Geschick nur auf den Schild allein zu konzentriren, d. h. die Franzosen bedurften selten der Kleinode um Beizeichen u. dgl. anzubringen. —

Ueberhaupt hat bei den Völkern des Westens der Helm mit Kleinod niemals erhebliche heraldische Wichtigkeit erlangt und bedienten sich nur später die Deutschen dieser heraldischen Attribute mit besonderer Vorliebe und Bedeutung. — Ich sage später, denn die Heraldik selbst bestand nahezu schon gegen 300 Jahre ohne vollkommen fixirte und erbliche Kleinode.

Zudem könnte und müßte man dann konsequenterweise auch nur unserer modernen Heraldik mit ihren wesenlosen Ausschmückungen durch Schildhalter, Kronen, Trophäen u. dgl überflüßige Anhängsel mehr, volle Gültigkeit zusprechen. Wir dürften also erst der Heraldik des letzterwähnten Zeitabschnittes Gültigkeit und Wesenheit zugestehen, weil auch die Heraldik der zweitgenannten Periode noch die obenbezeichneten Attribute nicht kennt. — Demohngeachtet kommt die heraldische Bemalung der Bassinets oder Kesselhauben, und zwar übereinstimmend und harmonirend mit der Schildbemalung, allerdings bereits in dieser ersten heraldischen Zeit schon vor.[1]) — Der eigentliche heraldische Stechhelm mit plastischem Kleinod jedoch existirte noch nicht. — Wir sehen daher in dieser ersten Periode wohl Siegel, die den heraldischen Schild vorstellen, sigilla equestria et pedestria, Grabsteine, Miniaturen u. s. w., auf welchen zwar heraldische Schilde, Fahnen und Banner, allein noch kein einziger heraldischer Helm, d. h. der ein eigentlich plastisches Kleinod trüge, erscheint.[2]) —

ad 2. Mit dem Beginne des XIII. Jahrhunderts tritt die Heraldik in eine neue Phase ihrer Ausbildung. — Es ist dieß nemlich um die Zeit, zu welcher der heraldische Stechhelm, zweifelsohne ursprünglich bedingt durch die Einführung und bezie-

1) Olivari Vredii sigill. comit. Flandr. pag. 19.

2) v. Hefner-Alteneck Trachtenwerk I. Abtheilung. Wagner Trachtenwerk. Montfaucon mon. d. l. mon. françoise. Monum. boica u. a. v. a. O.

hungsweise neue Art der Turniere, überall in Aufnahme kommt und von da fortan mit Kleinod und Decken ein neues, wesentliches Attribut der Heraldik ausmacht. — Erst jetzt formirt ein angelehnter oder aufgehängter Original-Schild und der darauf gestellte wirkliche Helm mit seinem Kleinod und Decken ein vollkommen ausgebildetes Wappen, was wir heute darunter verstehen. — Der Ritter selbst aber, wenn er sich im Staate und im höchsten Waffenschmucke damaliger Zeit vollkommen ausgerüstet zeigte oder auf diese Weise sich darstellen ließ, bildete förmlich den Träger seines eigenen Geschlechtswappen. —

Welch himmelweiter Unterschied zwischen jener praktischen, lebendigen Heraldik und der spätern bildlich-theoretischen oder todten stattfindet, wußte und fühlte in der Zopfzeit freilich kein einziger Heraldiker; ja heutzutage noch vermögen diesen Unterschied leider nur Wenige so recht zu erfassen. —

Auch die faltenreichen Decken der Pferde waren in diesem Zeitraume zumeist mit den Wappenbildern oder einzelnen und mehreren heraldischen Figuren reich geschmückt. —

Die meisten Reitersiegel und Grabsteine dieser Periode weisen uns solche und ähnliche Ausstaffirungen in Menge.

Es vergieng jedoch nahezu ein Säculum bis solche Attribute auch vom niedern Adel allerwegen geführt werden und lange blieben sie ausschließend das Eigenthum der höhern Dynasten. —

Erst später, am Ende des XIII. und mit Anfang des XIV. Jahrhunderts sehen wir diese prachtvollen Beispiele allgemeiner werden und haben in vielen Domen jene meistens bemalten Epitaphien mit den lebensgroßen Figuren der Ritter im vollen Waffen-Ornate mit Schild, Helm und Kleinod, gewöhnlich am Lendner noch überdieß die Zeichen ihres Hauses in Leder farbig ausgepreßt oder in reiche Stoffe eingewirkt, — häufig zu bewundern die Gelegenheit. — Unzählige der schönsten und besterhaltensten solcher Exemplare stellen uns die Trachten- und Costümwerke von v. Hefner-Alteneck,[1]) Wagner u. A. vor Augen. — Gleiches Licht werfen auch die vielen Reitersiegel jener Zeit auf das heraldische Wesen, d. h. auf die große Mannigfaltigkeit bei Anwendung von Wappen und Wappenfiguren. — Leider ist dabei nur zu bedauern, daß sie größtentheils mit so schlechtem Verständniß in Abbildungen uns überliefert wurden. — Man sehe nur die Monumenta boica, Olivari Vredii sigilla comitum Flandriae und viele andere Werke, in denen solche Siegel zahlreich vorkommen.

1) Namentlich II. Abtheilung des Trachtenwerkes.

Alle diese heraldischen Attribute aber, wie wir sie auf den Siegeln und Grabsteinen dieser Epoche sehen, wurden wirklich in natura und figura getragen und sind daher nicht bloße symbolische, bildliche Abzeichen, wie die der „modernen" Heraldik, — weßhalb gewiß auch meine obige Benennung „praktische", im Gegensatz zur „theoretischen", „lebendige", im Gegensatz zur „todten", neuern und modernen Heraldik, als ganz passend und schicklich sich erweisen dürfte. —

Das aber ist die eigentliche Zeit der Heraldik, in der dieselbe so zu sagen „heimisch" war. — Welchen Eindruck müßte es dem würdigenden Kenner machen, welchen Genuß den wahren Sachverständigen bieten, wenn wir z. B. heutzutage ein glänzendes Fest der damaligen Zeit, mit all dem dabei reich entfalteten, heraldischen Prunk und Luxus, mit jener lustigen, verschwenderischen Farbenpracht, im blendenden Glanze des Sonnenlichtes bewundern könnten! —

ad 3. Die dritte oder letzterwähnte Periode endlich kennzeichnet vorzugsweise der Umstand: daß der heraldische und der wirkliche Schild nicht mehr ein und derselbe sind, d. h. sowie die wirklichen Schilde mit heraldischen Abzeichen allmählig ausser Gebrauch kommen, ebenso verliert sich in der Heraldik mehr und mehr der richtige Begriff eines solchen und macht jenen heraldischen Phantasie-Schilden Platz, wie wir sie besonders heutzutage in Menge sehen. — Mit dieser vom sachgemäßen Standpunkte verrückten Vorstellung war der erste entscheidende Schritt zum successiven Verfall der Heraldik gethan, und wenn auch gleich am Anfange dieses Zeitabschnittes, und beinahe bis zum Beginne des XVII. Jahrhunderts die Heraldik immerhin noch annehmbare Resultate lieferte; ja sogar, im Vergleiche mit der „heutigen", noch einen hohen Grad von Vollkommenheit hat, so werden doch schon die unzähligen Mängel, Ueberladungen, die fehlerhaften Auffassungen, Inkonsequenzen und falschen Begriffe derselben dem sachkundigen Forscher keineswegs entgehen. — Im spätern Verlaufe der Zeit verliert sich auch allmählig die Anschauung eines wirklichen Helmes mit Kleinod und Decken und die symbolische Allegorie gewinnt dafür bei allen heraldischen Attributen durch phantastische Darstellungsweise von Tag zu Tag mehr Boden. — Hiezu kam noch in neuer und neuester Zeit eine förmliche Manie: allerlei Superflua und nichtige Anhängsel als strikte heraldische Attribute zu adoptiren, d. h. man fand für gut und schön: Schildhalter, alle möglichen Kronen, Wappenmäntel und Zelte, Trophäen von Fahnen, Kanonen, Säbeln, Kugelpyramiden, Trommeln u. dgl. als wesentliche Beigaben oder, neben und hinter den Wappen in höchst störender Weise aufzuthürmen. — Dieß die leibhafte „Heraldik der Gegenwart!" —

4*

Wir können aber bei dieser gedrängten Darlegung der heraldischen Fortbildung in den besagten drei Zeitabschnitten folgende Beobachtung machen:

1) Die Heraldik ist zu der Zeit am vollkommensten, wo sie wirklich ausgeübt wurde und nicht blos bildliche oder symbolische Anwendung fand.

2) Die Zeit ihrer höchsten Vollkommenheit ist daher jene, in welcher sie als ein Bedürfniß zur Wahrheit wurde, d. h. wo der *heraldische* Schild und Helm mit dem *wirklichen* Schild und Helm in *Eins* zusammenfiel.

3) Wenn man daher annehmen kann, daß mit dem Ende des XV. Jahrhunderts die Wirklichkeit der praktisch-ausgeübten und angewandten Heraldik durch Seltnerwerden der Turniere größtentheils schon zu Ende geht, dafür aber nach und nach mehr der Schein Platz greift, so darf man also auch nur bis dahin ungefähr die entschiedene Blüthezeit und Glanzperiode der praktischen, lebendigen Heraldik ausdehnen. — Endlich

4) es können uns deßhalb auch eigentlich nur allein die beiden ersten Zeitabschnitte die Muster zu einer *guten, echten* Heraldik liefern. Sie sollen uns die Norm angeben und die Beispiele weisen, nach welchen die Heroldskunst und gesammte Wappenwissenschaft auch jetzt noch aufgefaßt, gelehrt und betrieben werden muß, wenn, mit einem Wort, Alles durch und durch „heraldisch" sein soll. —

Die Art und Weise aber der *Anwendung* von Wappen und Wappenbildern in den *bessern* Zeiten der Heraldik war so sinnreich, so mannigfaltig, so malerisch und schön, daß man hierüber allein schon voluminöse Werke schreiben könnte. — So z. B. muß unzweifelhaft die Manier der Alten: mit den heraldischen Figuren förmlich zu spielen und durch ihre Anordnung die lustigste Abwechslung hervorzubringen, das gerechteste Staunen aller denkenden Kenner und Liebhaber der edlen Heroldskunst erregen.

Die merkwürdigste Erscheinung in dieser Beziehung waren wohl die sogenannten Lendner oder Wappenröcke (côte-hardie), auf denen die Wappenzeichen des Hauses in *Lederpreßung* oder *aufgesteppt* erscheinen. —

Bisweilen mochten wohl auch eigens hiezu gewirkte Stoffe das Material sein, wie z. B. auf dem Grabsteine des Ritters Guy Bryan † 1391 in der Marienkirche zu Tenkersburg in der Grafschaft Glocester; allwo der prachtvolle Wappenlendner „blasonirt" erscheint. — In den goldnen Stoff sind nämlich die Wappenbilder *eingewirkt*[1]). — Schon im XIII. Jahrhundert, bemerkt v. Hefner-Alteneck dazu, war

---

1) v. Hefner-Alteneck Trachtenwerk II. Abtheilung, Taf. 40.

die Stadt Ypern, durch die Fabrikation derartiger, mit heraldischen Figuren geschmückter, kostbarer Zeuge berühmt, daher der englische und französische Ausdruck: dyapré und diaspré, gleichbedeutend mit unserm: „damasirt“; wenn von Stoffen die Rede ist.

Die schönsten Wappenlendner finden wir in deutschen, wie in französischen Trachten- und Costümwerken übrigens sehr zahlreich und weisen uns dieselben zumeist das vollständige Wappen, manchmal jedoch erscheinen sie auch blos mit der heraldischen Hauptfigur bestreut oder übersäet. — So z. B. ist der Lendner des Ritters Hartmann von Kroneberg, † 1372, dessen Epitaphium in der alten Schloß-Kapelle von Kroneberg am Taunusgebirg ich bereits weiter oben schon erwähnte, mit vielen Eisenhüten ganz bedeckt, während nur vier solche das Wappen seines Hauses bilden [1]). — Es dürfte dieß zugleich den schlagendsten Beweis abgeben, daß wirklich nur das Feld mit den Eisenhüten das eigentliche, ursprüngliche Stammwappen der Familie Kroneberg ist: — ein Umstand, worüber Heraldiker und Genealogen vordem viel gestritten [2]). —

Ferners zeigt sich am bemalten Grabmale des Günther von Schwarzburg, Römischen Königs † 1349, befindlich im Dome zu Frankfurt a. M., dessen blauer Waffenrock besäet mit goldnen Löwen [3]). —

Ganz entsprechende Gegenstücke hiezu bilden die nicht minder interessanten Pferdedecken dieser Periode, auf denen gleichfalls bald das förmliche, vollständige Wappen zu sehen ist, bald jene dichte Ueberfäung oder Bestreuung mit den heraldischen Hauptfiguren. — Viele Beispiele von solchen Decken gibt uns besonders das reichhaltige Werk: Sigilli de principi di Savoia dal Cavaliere Luigi Cibrario. Torino, 1834, wie überhaupt die Reitersiegel dieser Epoche; — dagegen uns zur Anwendung von Wappen und Wappenfiguren, sogar auf den Kleidern der Damen, neben dem obigen Werke, auch besonders Montfaucon, Monuments de la monarchie française schöne Exempel liefert; — wie denn ohnehin letztere Sitte vorzugsweise nur in Frankreich, England, Italien u. s. w. im Gebrauch war, in Deutschland aber höchst selten vorkommt. — Ein ziemlich spätes Beispiel jedoch der vorbesagten Anwendung von Wappen und Wappenbildern ist namentlich das Mäntelchen und die Pferddecke des Herzog Ludwig von Bayern † 1449 im Fechtbuche des Paulus Kal, Manuscript mit Federzeichnungen in der königl. Hof- und Staatsbibliothek zu München. [4])

---

1) v. Hefner-Alteneck II. Abtheilung. Taf. 85 — Wagners Trachtenwerk II, 2.

2) z. B. Oetters Wöchentl. Wappenbelust. Ueber die Kronebergischen Wappen.

3) v. Hefner-Alteneck II. Abtheil., Taf. 27.

4) Ibid. II. Abtheil., Taf. 44.

Von eigentlichen Wappenlendnern dürfte einer der spätesten der Wappenrock des Peter von Stettenberg (junior) † 1441, auf dessen Grabstein in der Abteikirche zu Brombach, sein, auf dem nebst dem Wappenbilde seines Hauses auch sogar die seiner Ahnen angebracht sind und den auch v. Hefner-Alteneck als einen „um diese Zeit schon sehr seltenen" bezeichnet.[1]) — Hieher gehören auch als bemerkenswerth die kleinen Achselplatten oder Achselschildchen, worauf nicht selten die Wappen sich wiederholen. — Englisch und Französisch nannte man sie aisles — aislettes. — Solche hat z. B. Graf Rudolph von Thierstein † 1318, Pfalzgraf des Hochstifts Basel, auf seinem Epitaphium im Dome daselbst.[2]) — Ferner im Oetter auf einem Reitersiegel eines gewissen Hugo de Chastillon,[3]) — auf einigen Siegeln in den Monumentis boicis und a. a. O. — Im Original sogar kann man diesen letztern Gebrauch noch auf dem Panzerhemde des Herzogs von Oesterreich im Zeughause zu Luzern angewendet finden. —

Nach meiner Ansicht verdienen auch die schönen und merkwürdigen heraldischen Tapeten dieser Zeit erwähnt zu werden. Auf Tafel XXXII, 1. sehen wir die erste, leitende Grundidee einer „heraldischen" Tapete schon im XII. Jahrhundert; — auf derselben Tafel 2 dagegen zeigt sich eine wirklich heraldische Tapete, französischen Ursprungs. — Nach Allem gehört sie der zweiten Hälfte oder dem Ende des XIV. Jahrhunderts an. — In ihrer höchst originellen Zusammenstellung zeigt sich so recht das echt heraldische Gefühl, das heraldische Leben und Treiben jener Kunst-Generation. — Ueberallhin wußte man damals mit größtem Geschicke Wappen oder einzelne heraldische Figuren zur Ausfüllung leerer Plätze, zur Verzierung von öden Flächen, zur Vermeidung sonst langweiliger Stellen u. dgl. bei Gewändern und Geräthschaften, in Malerei, Plastik, Architektur u. s. w. sinnreich zu verwenden.

Wir sehen deßhalb zu dieser Zeit nicht nur heraldische Schilde, Helme, Gewänder, Banner und Waffen, sondern auch heraldische Plafonds, Wände, Fußböden, Oefen, Vorhänge, Meubelstoffe, Windfahnen, Meßgewänder, Trinkgeschirre, kurz Kirchen-, Haus- und Wirthschaftsgeräthe aller Art mit Wappen, einzelnen Wappen-Bildern oder ganz in heraldischer Form. Wir sehen die Heraldik nicht allein angewendet bei Turnieren und Gestechen, auf Siegeln und Münzen, auf Grabsteinen und Denkmälern, zu Lust und Trauer, zu Schimpf und Ernst, sondern aller Orten, wo nur immer es „mit Ehren" angieng. Wie heiter und lustig machte sich

1) v. Hefner-Alteneck II. Abtheil., Taf. 68, Text pag. 126.

2) Ibid. Abtheil. II. p. 41.

3) Oetter Wöchentl. Wappenbelust. Ueber den doppelten Reichsadler pag. 10.

in alter Zeit z. B. der häufige Gebrauch: Fensterläden, Thüren, Pförtchen und Thore an öffentlichen und Privatgebäuden mit den heraldischen Bildern bunt und lebendig zu bemalen. — So: am Schlosse Amras bei Innsbruck die gerillrothe Bemalung mit dem weißen Balken des Habsburgischen Hauses; — am Capitelhause der Deutsch-Ordens-Commende zu Lengmoos am Ritten bei Botzen: das ernste schwarze Deutsch-Ordenskreuz auf weißem Grunde; — an einem Communalgebäude zu Altdorf, Cantons Uri in der Schweiz, das weithinleuchtende, gelbe Thor mit dem kolossalen schwarzen Stierkopf von Uri! —

Zweifelsohne schreibt sich auch die vollkommen willkührliche *Vermehrung* der Wappenfiguren daher. — Die Alten hielten es nemlich unwesentlich eine heraldische Hauptfigur nur *einmal* oder *beliebig oft* wiederholt irgendwo anzubringen. — So bemerken wir deßhalb z. B. den vorbesagten Kronebergischen Lendner mit *vielen ungezählten* Eisenhüten bedeckt, statt nur mit *vieren*; — die mit Lilien *bestreuten* altfranzösischen Schilde und Gewänder, statt der fixirten *Dreizahl* dieser heraldischen Figur; — ferners den obenerwähnten mit Löwen *übersäeten* Lendner des Günther von Schwarzburg [1]) und den mit *zahlreichen* Kreuzen gezierten Siegelring des Grafen Amadeus von Savoyen 1351 [2]), statt der sonst gewöhnlichen *Einheit* dieser beiden Wappenbilder. — Heraldische Bezeichnungen für Gasthöfe, Wirths- und Privathäuser waren noch bis fast ins vorige Jahrhundert herauf etwas Bekanntes, Alltägliches. W. v. Chezy im „Ehrenherold" verlautet über diesen Punkt also: „Wie nun in jeglichem Zeitalter die Erscheinungen des Verkehrs zu einander in steter Beziehung stehen, so ist auch eine gewisse Verwandtschaft zwischen den Figuren der Wappen und der älteren Wirthshausschilde nicht zu verkennen, — welch letztere ihren früheren Benennungen nach wohl bald zu den geschichtlichen Merkwürdigkeiten gehören werden, da jede noch so geringe Kneipe, ihr früheres Bild verschmähend, ein englischer, russischer oder sonst ein Hof zu heißen begehrt, und besonders in unserem rheinischen Land die alten Namen verschwinden; doch findet man noch häufig in der Schweiz die von den Vorfahren ererbten Bezeichnungen, wie zu Basel die hl. drei Könige, in buntgemaltem Schnitzwerk abgebildet, das Portal des vornehmsten Gasthofes schmücken, und eben deßhalb einen so günstig überraschenden Eindruck auf den vom rechten Ufer oder aus Frankreich kommenden Wanderer machen, weil er die einladende Schilderei erblickt, wo er nichts, als eine vornehme kalte Bezeichnung in Buchstaben, ein Hôtel de l'Europe,

1) v. Hefner-Alteneck II. Abtheil., Taf 27.

2) Cibrario pag. 154. tab. 14.

de l'Univers, einen „Rheinischen Hof" oder eine „Stadt London" zu finden erwartete. Uebrigens sind auch in unserem badischen Oberlande die alterthümlichen Bezeichnungen noch häufig; so der Adler, und zwar nicht selten der doppelte mit dem Heiligenschein, auf jenen von weither schon sichtbaren Schilden, die sich an der Eisenstange in durchbrochener Arbeit quer in die Gasse hinausstrecken, dann der Löwe, der Hirsch, der Bär, das Roß und der Wolf; den Greif habe ich nie in diesen Gegenden erblickt, und den Drachen höchst selten in ganz abgelegenen Ortschaften, öfter das Einhorn. Von Blumen nie die Lilie, öfter die Rose; dagegen Sonne, Mond und Sterne ohne Zahl.[1])

Wenngleich ich nun gerechten Anstand nähme, sonst irgendwo bei einer wissenschaftlichen Abhandlung dieses Werkchen zu zitiren, noch weniger aber mich darauf zu berufen, so ist dennoch gerade der gegenwärtige Passus ganz gut und wahr. — Denn ich muß in der That gestehen, auch mir erscheint, abgesehen von der „doppelten Kreide", ein modernisirtes „Hôtel de Russie" mit all seinen süßlich-faden Garçons minder gemüthlich und originell, als z. B. ein altes Haus „zum Rautenkranz" mit seinem altmodischen Wirth und Hausknecht, das „lustige" Rautenfräulein an eiserner Schnörkelstange hoch ober der Einfahrt! —

Der gelehrte Leser möge mir diesen kleinen Abstecher vergeben, da er immerhin als Beweis für das Eindringen des heraldischen Gefühls selbst ins unterste bürgerliche Volksleben zu alter Zeit charakteristisch bleibt. —

Einer der hervorragendsten Gebräuche der „guten" heraldischen Zeiten des Mittelalters war das Aushängen des wirklichen Schildes und des wirklichen Helmes mit Kleinod ober den Gräbern ihrer Eigenthümer, die sie bei Lebzeiten getragen, in den Kirchen und Kapellen; eine Sitte, der wir zumeist die Erhaltung jener wenigen Original-Ueberreste aus dieser frühen Zeit der „praktischen" Heraldik verdanken. —

So z. B. jene zwei Pracht-Exemplare von Original-Schilden in der Elisabethenkirche zu Marburg, der eine des Conrad von Thüringen, Deutschordensherrn, † 1241,[2]) der andere aller Wahrscheinlichkeit nach des Heinrich Landgrafen von Hessen † 1298,[3]) welche beide uns von Hefner-Alteneck in seinem Trachtenwerk ausführlich beschreibt, — ferners drei hohenlohische Stechschilde, einen ledernen Turnierhelm und drei Original-Kleinode von Lederpressung in der Hergottskirche zu Kreglingen an der Tauber, Alles aus dem XIV. Jahrhundert;[4]) einen Stechhelm

1) Ehrenherold W. v. Ghezn, II Abschnitt, §. 8: Von den entlehnten Figuren pag. 58 u. 59.

2) v. Hefner-Alteneck Trachtenwerk I. Abthlg. Taf. 79 u. 80.

3) Ibid. I. Abthlg. Taf. 81 u. 82.

4) Ibid. II. Abthlg. Taf. 68.

von Eisen in der großen Waffensammlung des Llewelyn Meyrick zu Goodrich-Court in Herefordshire in England aus der Zeit Heinrich III, einem gewissen Richard Pembridge gehörig, der im Jahre 1375 starb.[1] — Er war eine Zeit lang über dessen Grabdenkmale in der Cathedrale zu Hereford aufgehängt, wurde aber später vom Dekan und Capitel der genannten Sammlung zum Geschenk gemacht. — Ein beinahe ganz gleicher Stechhelm an Größe, Gestalt und Material, fand sich bei Gelegenheit der Ausgrabungen auf der Burgruine Tannenberg im Großherzogthume Hessen-Darmstadt, welche vom Großherzoge angeordnet und von einer eigenen Commission geleitet wurden, und wird gegenwärtig im großherzoglichen Museum zu Darmstadt aufbewahrt.[2]

Obgleich dieß vielleicht die einzigen, guterhaltenen heraldischen Reliquien aus jener frühen Zeit der „praktischen, lebendigen“ Heraldik und beziehungsweise Bestandtheile dieser selbst sind, so wurde merkwürdiger Weise solcher Originale bisher in keinem eigentlichen, rein heraldischen Werke gedacht: — vielmehr geschah ihrer nur in den betreffenden Trachten-, Waffen- und Costüm-Werken Erwähnung. —

Weil man aber sowohl aus derlei Originalen, als auch, aus den besprochenen bemalten und unbemalten Grabsteinen, Gemälden, Miniaturen u. dgl. ganz besonders die ersten Grundcharakterzüge und Hauptprinzipien der echten, alten Heraldik und ihrer praktischen Kunsttechnik kennen und verstehen lernt, so sollte dieselben jeder heraldische Autor, — wie von Hefner-Altenek, Wagner und Andere sie der Costüm- und Waffenlehre wegen in ihren Werken anführen, — vorzüglich auch für die Zwecke einer gediegenen und nur auf Original-Beweise sich stützenden Lehre des gesammten Wappenwesens und der ganzen Heroldswissenschaft fleißig ausbeuten und zitiren. —

Die vorbesagte Sitte des Aufhängens von Schild und Helm mit Kleinod in natura ober den Grabdenkmalen verstorbener Edlen in den Tempeln Gottes blieb nicht lange im Gebrauch, denn schon im XV. Jahrhundert treten an die Stelle der Originalien d. h. des Schildes, Helmes ꝛc. den der Ritter bei Lebzeiten wirklich trug, jene von Holz, Blech u. dgl. bisweilen sehr schön und kunstvoll gearbeiteten, sogenannten Todtenschilde, welche diese heraldischen Attribute im verkleinertem Maßstabe darstellen und überdieß auch immer auf gar zierlich gewundenen Zetteln und

1) Meyricks Waffensammlung von Skelton Pl. XI. Fig. 1 u. 2. Text pag. 4.

2) Die Burg Tannenberg von v. Hefner-Altenek Tab. X. C. et D. Text pag. 82 et seq.

Ebenfalls in dessen Trachtenwerk. II. Abthlg. Taf. 148.

Bändern die betreffenden Inschriften, als: Namen, Jahrzahl, Todestag u. s. f. enthalten, wie man solche heutzutage noch beinahe in allen ältern Hauptkirchen häufig antrifft. — Dem ohngeachtet kann der fleißige, denkende Heraldiker auch noch an diesen heraldischen Ueberresten die merkwürdige Kunsttechnik des Mittelalters nicht selten bewundern, und ich hatte oft Gelegenheit meine Beobachtungen darüber anzustellen! —

Zur ältern Zeit nemlich findet in der Verfertigung solcher Todtenschilde eine nicht zu läugnende Uebereinstimmung mit der Verfertigung der wirklichen Schilde statt. Diese wie jene sind zumeist von Holz, mit in Leim getränkter Leinwand und Kreidegrund überzogen, auf den dann die Conturen eingekratzt und die Malerei aufgetragen wurde. — Krönlein, manchmal Kleinode u. dgl. freihervorstehende Dinge trifft man auch aus in Oehl gesottener Lederpressung gefertiget, so wie die damals beliebten Wulste durch wirkliche Stricke kunstreich dargestellt sind. — Leimgetränkte und grundirte gewöhnliche „Hobelspähne" bilden nicht selten die gewundenen Zettel zur Inschrift. — Lauter Dinge, welche die erfinderische Kunstplastik des Mittelalters sinnreich und geschickt zu benützen und bald da bald dorthin geschmackvoll zu verwenden wußte! —

Erst in der spätern Periode der Renaissance- und Zopfzeit; (denn soweit herauf reicht die Anwendung der Todtenschilde) wird Alles durch einfache Holzschnitzerei und Bemalung hervorgebracht; ein Grund, warum dann z. B. in den Helmdecken u. dgl. nicht mehr jener lustige, kühne Schwung, jene freie Bewegung zu finden ist, sondern diese zumeist eben auch nur mehr „hölzern" erscheinen! —

Die alte Sitte: Original-Waffen ober den Epitaphien aufzuhängen, kommt zwar auch noch später, ja sogar hie und da bis zum dreißigjährigen Kriege vor. — Sie wird aus einer gewissen Pietät gehandhabt und fortgesetzt und ich selbst habe schon derlei vereinzelnte Beispiele angetroffen. Allein es sind solches nicht mehr heraldische Waffen d. h. Waffen auf denen heraldische Bilder angewendet sind oder die auf Heraldik Bezug haben, — sondern nur gewöhnliche Kriegswaffen als: Rüstungen, Rüstungstheile, Sporen, Schwerter u. dgl., gehören deßhalb auch durchaus nicht hieher. —

Ein weiteres sonderbares Vorkommen war im Mittelalter das Aushängen des Wappenschildes an der Herberge in der ein Edler zusprach und wem die bekannte Geschichte vom „letzten Ritter" und jenem prahlerischen Franzmann kein hinreichender Beweis hiefür sein sollte, der kann etwas Aehnliches in Götz von Berlichingens Lebensbeschreibung lesen. — Dieser auffallende Gebrauch scheint damals eben das heutzutage übliche Herumschicken der Visitenkarten ersetzt zu haben. —

Von der Schild- und Helmschau bei Turnieren, Gestechen und Rennspielen, von den Wappenproben bei Domstiftern und Ordenskapiteln, vom Zerbrechen von Schild und Helm bei Aussterben oder Verbrechen, von diesen und unzähligen andern ähnlichen Sitten, habe ich füglich hier Umgang genommen, weil sie ohnedies schon zur Genüge bekannt sind. —

Ebenso sinnreich jedoch, wie bei Anwendung und Benützung von Wappen und Wappenbildern, ging man auch bei *Zusammenstellung* und *Anordnung* derselben zu Werke, und wir finden diese beiden im Mittelalter jedesmal durchaus dem Zwecke der Hauptsache entsprechend und dennoch stets äußerst geschmackvoll. —

Die Nothwendigkeit erheischte ohnehin auch die höchste Zweckmäßigkeit und Einfachheit, weil damals alle Figuren wirklich auf *einem* Schilde hinreichend Platz finden mußten, dessen Größe aber durch die Tauglichkeit zum Gebrauch genau festgestellt und bedingt war. —

Eben den Hauptzweck einer Sache stets im Auge behaltend waren die Alten bei Weitem nicht so ängstlich und engherzig bei verschiedenartiger Stellung der Wappenfiguren als wie man heutzutage ist. — Ein schlagender Beweis hiefür ist z. B. das Schwert, angeblich des Herzog Christophs von Bayern † 1493, welches gegenwärtig in der königlichen Residenz zu München aufbewahrt und als Ceremonienschwert des St. Georgs-Ordens benützt wird. — Am Knopfe desselben befindet sich nemlich das bayerische Wappen, in welchem die pfälzischen Löwen mit den Köpfen sogar *einander entgegen* stehen, so daß der Löwe des zweiten Feldes *am Kopf*, der Löwe des dritten dagegen in gewöhnlicher Weise *aufrecht* steht, — in der Berücksichtigung auf solche Art angebracht, weil das Schwert in der Scheide *abwärts*, in der Faust aber *aufwärts* getragen wurde.[1] — Aus ähnlichen Gründen ließ man damals, ohne sich die mindesten lächerlichen Skrupel, wie die Heraldiker „von heute", darüber zu machen, Thiere bald rechts, bald links aufspringen, Schild und Helm bald rechts bald links gewendet, Schrägbalken bald rechts, bald links, Hörner und Flügel bald offen, bald geschlossen erscheinen, wie es gerade eben Geschmack oder Nothwendigkeit vorschrieb. —

Belege hiefür finden wir auf den meisten mittelalterlichen Monumenten, Siegeln u. s. w. und in allen Werken, die über solche handeln. — Es stellt diese Thatsache ganz vorzüglich auch die krasse Unwissenheit unserer Herolde und Heraldiker

---

1) v. Hefner-Alteneck Trachtwerk. II. Abthlg. Taf. 74

an den Tag in Bezug auf die Kenntniß alter Originalien, weil sie im vorbesagten Punkte gar so genau und ängstlich sind.

Man darf sich daher auch gar nicht wundern, wenn z. B. auf der altfranzösischen Tapete blos aus Räumlichkeitsgründen im heraldischen Dessin die Lilien 1. 2. stehen, statt nach der Regel 2. 1. (Taf. XXXII, 2.) —

Die Zusammensetzungen von zwei oder mehr Wappen in eines geschah gemeiniglich auf sehr originelle Weise; so z. B. ist die Vereinigung des Wappen der Familie Dampierre mit dem der Chastillon und dann noch einmal dieser beiden mit dem der Rollaincourt auf dem Siegel der Marie de Rollaincourt, welche Oetter ausführlich gibt, höchst geschickt und zweckmäßig.[1]) Tafel VII, 7, 8 und 9 sehen wir die drei Wappen von Dampierre, Chastillon und Rollaincourt. — Nro. 6 zeigt ihre Vereinigung. — Nicht minder originell erscheint die Vereinigung des Oettingen'schen Wappen mit dem Bayrischen am Siegel des Hauptmanns in Oberbayern Ludwig von Oettingen, vom Jahre 1416, an einer Urkunde im Reichsarchive zu München, — woselbst das gewöhnliche vierfeldrige bayr. Wappen (1 und 4 die Wecken, 2 und 3 die pfälzischen Löwen) zu sehen ist, der Löwe des dritten Feldes jedoch vom Oettingen'schen Wappen vollkommen verdeckt wird. — Zu bemerken ist jedoch, daß auf diesem Siegel höchst sonderbarer Weise das Oettingen'sche Wappen, mit Weglassung der Eisenhütlein und des kleinen Mittelschildes, nur aus dem Andreaskreuze (Sautoir) allein besteht. (Taf. VII, 11.) — Ebenso denkwürdig sind schon in frühester Zeit die Einsetzungen von Ordenswappen oder Amts-Zeichen in den väterlichen Schild. — So z. B. setzt schon Walther Schenk von Limburg auf seinem Siegel vom Jahre 1255 zwei Schenkenbecher zwischen die obern drei Kolben seines Stammschildes (Taf. VII, 12), — und der Gräflich von Spauer'sche Löwe trägt aus demselben Grunde (wegen des Schenkenamtes) den heraldischen „Scheuer“. — Die Ordensritter oder Komthure aber nahmen das Ordens-Wappen auf die mannigfaltigste Art, immer aber in ihren väterlichen Schild selbst auf, keineswegs außer demselben, wie man heute zu thun pflegt. Beispiele von sechserlei solchen Vereinigungen mit dem Ordenswappen sieht man auf Tafel XIII, 7 bis 12, woselbst ich als Muster das Gräflich von Waldbott-Bassenheimische Wappen auf sechs verschiedene „heraldische“ Arten mit dem Deutschordenskreuz vereinigte. — Sehr schöne, echt und gut altheraldische Wappenvereinigungen sind besonders die Schilde von: Goulaine[2]) (Taf. VII, 1) und der Stadt Paris (altes Wappen.[3])

---

1) Oetter Wöchentlich. Wappenbelust. Ueber den doppelten Reichsadler. pag. 8 — 11. —

2) Abrege nouveau et methodique du blason, pag. 78 et 80. —

3) A. Pluyme l'art heraldique. pag. 134.

(Taf. VII, 2.) — So weisen uns auch viele bayrischen Städtewappen sehr gut heraldische und originelle Vereinigungen mit den „bayrischen Wecken.“ — Daß man aber sogar noch in neuerer und neuester Zeit einige gelungene Wappenverbindungen zu Stande brachte, beweisen die Wappen der Familie „Zweibrücken“ (Tafel VII, 3.) und des Königreichs Griechenland (Tafel VII, 10.) — Auch die Zusammenstellung des Wappens der Familie „von Menden“ mit dem der Freiherrn von Proff, (bisweilen) in Form einer Einfassung, ist nicht zu verwerfen; denn es kommt namentlich in Spanien und Portugal diese letztere Art von Wappenvereinigung in sehr früher Zeit schon häufig vor (Tafel VII, 4). —

Aus vorbesagten Zusammenstellungen geht jedoch deutlich hervor, daß Wappen mit übermäßig vielen Feldern eigentlich heraldischer Mißbrauch sind und deßhalb auch die Alten lieber Verschiebung, theilweise Bedeckung, Ueberziehung, Darüberlegung und ähnliche andere heraldische Mittel angewendet haben, um wenigstens jeder „unheraldischen“ Ueberladung am besten auszuweichen. —

Sehr interessante Beispiele bieten uns auch die sogenannten Allianz- oder Ehewappen; und wir können daraus lernen, daß unsere Vorfahren keineswegs die Stellung des weiblichen Wappens auf der linken Seite, wie bei uns, als feste Regel betrachteten. —

So z. B. ist auf einem Grabsteine des Klosters Indersdorf in Bayern, der die Inschrift trägt:

„anno domj mcccclx starb Hanns Pellhamer am Freitag vor sant anthonytag“, — das Wappen der Frau, einer Leudersdorferinn, rechterseits.

Ebendaselbst findet sich ein zweites Epitaphium mit der Aufschrift: „hie ligt begraben Ulrich eisenhover von otelhawsen vnd ist gestorben anno domj mcccclviiij.“ Auch auf diesem Denkmale ist das Wappen der Ehegattin, und zwar etwas verkleinert rechterhand also angebracht, daß die Decken des männlichen Helmes das kleinere Schildchen des geliebten Weibes gleichsam schirmend umgeben. — Jedenfalls ein schönerer Gedanke, als manche Erfindungen unserer heraldischen „Mode-Gecken!“ —

Bisweilen wurde das Wappen mit dem der Frau geviertet. — So z. B. am Pötschner'schen Grabsteine im Glockenhause der St. Peterskirche in München, woselbst das Pötschner-Wappen mit dem der Fröschl (Gattin) geviertet erscheint; wahrscheinlich nur der Symetrie wegen (Taf. VII, 5). —

Bei allen derartigen Compositionen blieb jedoch als Helm mit Kleinod zumeist der des Mannes in Anwendung. —

Sogar noch im Jahre 1608 führt: Margaretha Freifrau von Gumppenberg, eine geborne: von Preysing, bereits Wittwe, ihr väterliches Wappen als Mittelschild des Gumppenbergischen, ihren väterlichen Helm mit Kleinod aber zwischen den zwei Gumppenbergischen Helmen, also am ersten Platz[1])!

Am oben erwähnten Grabsteine des Ritters Guy Beyan † 1391 in der Marienkirche zu Tenkersburg, Grafschaft Glocester, ist dessen dreieckiger Stechschild gespalten, am ersten Platz rechts sein eigenes, am zweiten links hingegen das Wappen seiner Gemahlin enthaltend[2]). — Wir sehen also, daß man in der bessern Zeit nicht selten vorzog die Ehe- oder sogenannten Alliance-Wappen in einen Schild heraldisch zu vereinigen. —

Um nun die weiteren Arten und Manieren der Fortbildung und Anwendung der Heraldik durch alle Zeitperioden, mit besonderer Rücksichtnahme auf die einzelnen heraldischen Bestandtheile und deren jeweiligen Formveränderungen am deutlichsten und klarsten übersichtlich zu geben, dürfte es am zweckmäßigsten erscheinen diese heraldischen Bestandtheile einzeln und jedes für sich abzuhandeln. — Dieß wird um so vortheilhafter sein, weil meines Wissens, bisher keine Wappenlehre oder ausschließend heraldisches Werk diese Attribute unter Hinweisung auf die betreffenden Originalien historisch und kritisch ausführlich beleuchtet; jene Trachten- und Costümwerke aber, welche solches Material reichlich enthalten, theils ohne Verständniß der Heroldskunst abgefaßt, auf diese deßhalb selten verweisen, — theils jedoch auch von den Heraldikern, weil sie ungleich mehr auf diese Wissenschaft gar nicht Bezügliches in sich schließen, schon wegen zu großer Umständlichkeit und Kosten selten benützt werden können.

Ich werde deßhalb zu fernerer Erläuterung und Aufklärung der Sache hier die Hauptbestandtheile eines vollkommenen und vollständig ausgebildeten Wappens, als: Schild, Helm, Kleinod, Decken u. s. w. näher untersuchen und einige Bemerkungen über Wappenfiguren, Tinkturen, Beizeichen u. dgl. im Allgemeinen beifügen. —

1) Grabstein. Cod. bav. 328. Fol. 107. —

2) v. Hefner-Alteneck. Trachtenwerk. II. Abthlg. Taf. 40.

IV.

Der Schild.

Ohne Schild kein Wappen und keine Heraldik, d. h. der Schild ist der erste und wesentlichste Hauptbestandtheil eines Wappens überhaupt und als solcher tritt er in der ältesten Zeit schon und zwar, wie oben bemerkt, zuerst allein, vor allem Andern auf.

Der Grund hiefür ist einfach und natürlich; denn wie jede breite Fläche unwillkührlich wegen Vermeidung der Eintönigkeit zur Anbringung von Verzierungen und bunter Ausschmückung zunächst Veranlassung gibt, also war es auch besonders bei den in frühester Zeit sehr großen Heerschilden der Fall. —

Daß man übrigens den Schild im christlichen Mittelalter nicht minder in Ehren hielt, als im classischen Alterthume, beweisen uns nicht nur viele Stellen in alten Gedichten, wo er stets als das vorzüglichste und zugleich ehrenvollste Attribut des Ritterthumes ausdrücklich genannt und besungen wird [1]), sondern auch schon alle die ältesten Abbildungen freier und edler Männer, auf denen der Schild niemals weggelassen wurde. —

Sogar die höchsten Dynasten, selbst wenn sie in ihrer Majestät am Throne sitzend oder mit großem Gefolge abgebildet erscheinen, haben gewöhnlich in ihrer unmittelbaren Nähe den Schildträger. — So z. B. schon auf dem großen Mosaikbilde in der Kirche St. Vitale zu Ravenna, woselbst der Kaiser Justinianus († 565) mit seinem Gefolge dargestellt ist, und wo wir den Schildträger ganz im Vordergrund, den Schild mit dem bekannten christlichen Monogramme haltend, erblicken können [2]). — Ebenso auf der Abbildung Carl des Kahlen († 877) am Titelblatte der Bibelhandschrift, welche sich gegenwärtig in der Kirche St. Calisto zu Rom befindet, früher aber in der dortigen Paulskirche aufbewahrt wurde. — Auch hier sind Schwert- und Schildträger rechterhand, dem Throne zunächststehend [3]). —

In der alten Handschrift der Leges Longobardorum im Kloster St. Trinita de la Cava im Fürstenthume Salerno steht rechts, unmittelbar neben dem Könige

1) So z. B. die alten Verse in der Vorrede zum ersten Theil der ältern Ausgabe des Siebmacherschen Wappenbuches —

2) v. Hefner-Alteneck Trachtenwerk I A. 91.

3) Ibid. I A. 37. —

(Rachis Rex, Mitte des VIII. Jahrhunderts) der Schwertträger (Spadarius) mit einem kleinen runden Schild (parmula)[1]).

Während in derselben Handschrift der Longobarden-König Loduicus den Scepter in der Rechten, seinen großen Heerschild dagegen am linken Arme hat[2]). —

So erzählt uns auch Saint Foix vom Begräbniß Karl des Großen zu Aachen unter Anderem: daß man seinen Schild vor ihm an die Mauer hing, bevor man die Gruft zuschloß und versiegelte[3]). —

Daß in der frühesten Periode und bis zum Anfange des XIII. Jahrhunderts alle Abbildungen auf Grabsteinen, Siegeln, Miniaturen u. dgl. uns ausschließend nur den Schild als ritterliches Attribut weisen, liegt eigentlich in der Natur der Sache, weil bis dahin kein heraldischer Helm existirte, — die Thatsache jedoch, daß später, vom Beginne des XIII. Jahrhunderts an, auf plastischen Monumenten, Miniaturen u. s. f. noch sehr häufig, selbst wenn die dargestellten Personalitäten in Haustracht erscheinen, nur der Schild allein als heraldisches und ritterliches Attribut vorkommt, beweist sicher hinreichend die Hochhaltung und Werthschätzung des Schildes als erstes, vornehmstes und wesentlichstes Attribut des Ritterthums und der Heraldik. — Wie schon erwähnt, ist die besprochene Darstellungsweise: mit dem Schild allein, in Frankreich und England gewöhnlich, doch fehlt es auch in Deutschland ebensowenig an derartigen Beispielen, ja sie sind sogar durchaus nichts Seltenes. — So ist auf dem bekannten Grabsteine des Grafen Ernst von Gleichen († 1264) im Dome zu Erfurt, dieser zwischen seinen zwei Frauen mit Schwert und Schild allein und zwar in Haustracht abgebildet.[4]) Ebenso auf dem Epitaphium des Grafen Dyther III. von Kazenelnbogen († 1276) früher in der ehemaligen Klosterkirche der hl. Klara in Mainz, nunmehr aber im Museum zu Wiesbaden, woselbst die Figur des Grafen in einfacher Haustracht, ja sogar ohne Schwert, aber mit dem noch ziemlich großen und langen Dreieckschilde, zu ersehen ist. Die Inschrift lautet: Anno domini millesimo ducentesimo septuagesimo sexto in octava epiphanie obiit comes Dyther de Kazenelenbogen.[5])

Ferners der gleiche Fall in der Deutschordenskirche zu Würzburg am Grabsteine des Berthold von Henneberg, Prior des Johanniterordens († 1330), wo die-

1) v. Hefner-Alteneck Trachtenwerk I. Abthlg. p. 19.

2) Ibid. I. A. 76. —

3) ibid. Einleitung, pag. 17. —

4) Ibid. I. A. 85. —

5) Ibid. I. Abthlg. p. 66.

fer nebst dem Schwerte nur seinen Wappenschild trägt, sonst aber Haustracht und bloßen Kopf hat. [1]) —

Ich könnte noch viele solche Beispiele und sogar aus viel späterer Zeit anführen, allein ich ziehe es vor, hiebei auf die einschlägigen Werke zu verweisen. [2]) — Soviel über die Werthschätzung des Schildes. Ich komme nunmehr zur näheren Untersuchung des Schildes selbst. —

Gleich im Eingange muß ich hier bemerken, daß keineswegs alle Schilde, wie die meisten älteren Autoren glauben machen wollten und selbst glaubten, als eigentlich „heraldische" zu betrachten sind. — Noch weniger aber können sie, wie sonderbarer Weise bis auf den heutigen Tag in fast sämmtlichen Wappenwerken geschieht, in Anbetracht ihrer Form nach Nationen klassifizirt werden; — denn nicht die Völker, sondern nur Zeit und Mode veränderten die Schildformen, so daß z. B. runde, ovale, lange oder dreieckige Schilde in Frankreich, England und in allen christlichen Ländern in derselben Periode auftreten, wenn sie in Deutschland vorkommen, oder da die ausgeschnittene Tartsche getragen wurde, wann sie dort im Gebrauche war. —

Es ist daher wahrhaft unbegreiflich, wie jener Irrthum so fest wurzeln konnte, und erklärt sich derselbe nur wieder aus dem Mangel an Original-Studium. — Noch mehr wundern muß man sich jedoch, daß besagter Unsinn von deutschen, französischen, spanischen, italienischen und weiß der Himmel was noch für Schilden, sogar bis in die Gegenwart sich erhalten und fortgepflanzt hat, ohne je gebührend berichtiget worden zu sein.

Alle frühern Autoren der Heraldik fangen bei diesem Abschnitte mit den Schilden der vorchristlichen Zeit an und es thut ihnen zumeist nur Leid, daß sie nicht schon von einem Schild des Vater Adam reden können. — Desto mehr jedoch müssen die Schilde der Hebräer, Griechen und Römer, — Schilde von Erz, Silber und Gold in ihren heraldischen Werken figuriren. — So z. B. in der altenglischen Heraldik von John Boßwell, im Siebmacher u. v. A. — Wenn nun gleichwohl nicht geläugnet werden kann, daß auf antiken Schilden den mittelalterlich-heraldischen Figuren ähnliche Zeichnungen und Bilder bisweilen vorkommen, wie z. B. auf nebenstehenden zwei, welche Etrurischen Vasen entnommen sind, —

1) v. Hefner-Alteneck. II. Abthlg. p. 120

2) v. Hefner-Alteneck, Wagners Trachtenbuch u. A.

und besonders dieser Umstand die ältern Autoren verleitet haben mag: Heraldik und heraldische Schilde so weit hinauf zu datiren, so darf man deßhalb doch in solch zufälliger Aehnlichkeit durchaus noch keineswegs eine Spur von unserer eigentlichen Heraldik finden wollen. — Ganz unpassend ist es daher, jene vorchristlichen, antiken Schilde in die Wappenkunde hereinzuziehen.

Ohne daher derlei weiter zu berühren, haben wir es hier nur mit den Schilden des christlichen Mittelalters zu thun. — Obwohl nun zwar auch diese, wie ich schon oben bei Gelegenheit der Entstehung der Heraldik bemerkte, im Anfange ausschließend, strenge nach antiken Mustern gebildet waren und sogar gewöhnlich, schon ihrer Form zufolge, keinerlei Anwendung heraldischer Zeichen gestatteten, so halte ich es dennoch für nöthig, einige Worte über dieselben zu sprechen, da der Uebergang vom unheraldischen zum heraldischen Schild nicht selten kaum zu erkennen ist, d. h. der allmählige Uebergang von jenen Schilden, welche die ersten Keime und Uranfänge heraldischer Figuren weisen, zu denjenigen, welche bereits entschieden heraldische Figuren tragen, ist oft so zweifelhaft und unmerklich, daß er trotz aller Mühe mit Sicherheit nicht bestimmt werden kann. — Von den Schilden des ganz frühen Mittelalters dagegen habe ich deßhalb mehrere in den Tafeln aufgeführt, damit einmal die bisherigen Zweifler aus Originalabbildungen deutlich ersehen mögen: daß mit dem besten Willen noch keinerlei Spur von Heraldik an denselben entdeckt werden kann; alle gegentheiligen Aufstellungen und Behauptungen daher in Nichts zerfallen. —

Auf Tafel I, 1 und Taf. II, 1, bemerken wir zuerst zwei ovale Schilde, wie sie auf jenem großen Mosaikbilde in der Kirche St. Vitale zu Ravenna, wo der Kaiser Justinianus († 565) mit seinem Gefolge dargestellt ist, von der kaiserlichen Leibwache getragen werden. — Der Schild auf Taf. II, 1, ist höchst wahrscheinlich der des Kaisers selbst. Er ist grün. — Fassung und christliches Monogramm (Zeichen des christlichen Kaisers) darauf sind Gold mit viereckigen grünen und ovalen blauen Steinen besetzt. Die Scheibe in der Mitte wechselt in blau, schwarz, Gold und roth. —

Der Schild auf Taf. I, 1. wird von einer weiter zurückstehenden Figur getragen, weßhalb nur ein sehr kleiner Theil desselben im Originale sichtbar ist. Man kann jedoch mit ziemlicher Sicherheit die hier nach jenem kleinen Stück ergänzte Zeichnung als die richtige annehmen. Er ist roth mit blauer Fassung und blauem Sterne.[1] —

Weiter sieht man auf Taf. I, 5. und 6. zwei Schilde, die auf der schon oben erwähnten Abbildung Karl des Kahlen († 877) vorkommen. —

Nr. 5 ist von ovaler Form und v. Hefner-Alteneck bemerkt davon: „Der Schild oben von ovaler Form ist denen der Gallier ähnlich, welche von Weiden geflochten und mit Leder überzogen, vielleicht am Rand mit Eisen beschlagen waren und in der Mitte einen Nabel von demselben Metall hatten. — So erscheinen zum wenigsten die Schilde einer steinernen Statue von römischer Arbeit, welche 1834 zu Montdragon im südlichen Frankreich aufgefunden worden sind." — Nro. 6 ist der Schild Karl des Kahlen selbst, roth mit goldener Fassung und goldenen Streifen.[2] —

Ebenfalls auf Taf. I n. 2 und 4. sind Schilde aus dem IX. Jahrhundert. Sie gehören Longobardenkönigen und sind der vorbesagten alten Handschrift der leges Longobardorum im Kloster St. Trinita de la Cava im Fürstenthume Salerno entnommen. — Nro. 2 ist der Schild des Longobarden-Königs Loduicus. Er ist violett mit weißen Punkten, oben mit breiter gelber Fassung. Alles Gelbe ist mit rothen Linien umgeben. — Der kleine, runde Schild Nro. 4 ist noch ganz römisch (parmula.) — Er gehört dem Longobarden-Könige Rachis und ist von gelber Farbe (wahrscheinlich Gold).[3] —

Die Schilde 2 und 4 auf Taf. II. sind aus dem X. Jahrhundert und in einem Psalterium auf der königlichen Bibliothek zu Stuttgart befindlich.[4] — Nro. 2 ist roth mit weißen Punkten und weiß und schwarzer Spitze (Nabel), — Nro. 4 dagegen ganz eisenfarb; beide Schilde haben noch entschieden römisches Gepräge. — Ebenso Nro. 3 auf Taf. II., von welcher Gattung zwei beinahe ganz gleiche Exemplare auf einer Abbildung Kaiser Otto III. († 1002) in dem sehr reichhaltigen Evangelienbuche des Mönches Eutharius vorkommen. — Dieser Pergamentcoder wurde vom besagten Kaiser dem Dome zu Aachen geschenkt und befindet sich gegen-

1) v. Hefner-Alteneck Trachtenb. Abthlg. I. pag. 81, H. et J.

2) Ibid. Abthlg. I. pag. 37.

3) Ibid. I Abthlg. pag. 19 u. 78.

4) Ibid. I. Abthlg. pag. 50 u. 51.

wärtig im Besitze des Herrn Canonikus von Orsbach.[1] — Beide Schilde sind oval, ziemlich stark gewölbt und von Eisen. —

Was nun das Material dieser früh-mittelalterlichen Schilde im *Allgemeinen* überhaupt betrifft, so scheint dasselbe sehr verschieden gewesen zu sein. — In ältester Zeit mögen von Weiden u. dgl. geflochtene Schilde mit Leder oder Pergament überzogen, und auf diesen Ueberzug möglichst bunt bemalt worden sein. — Solche Weidengeflechte boten überdieß den Vortheil, daß man jede beliebige noch so starke Wölbung dadurch leicht hervorbringen und die größtmögliche Zähigkeit erreichen konnte. — Rand und Nabel des Schildes waren jedoch jedenfalls von Bronce oder Eisen. — Wenn die Wölbung nicht zu stark war, wird auch wohl oft gewöhnliches Holz den Kern solcher Schilde gebildet haben. — Bemerkenswerth ist der zumeist birnförmige, sehr starke und dicke Nabel, so daß er oft eher einem Knopfe, als einer Spitze gleicht. — Obwohl der Nabel für die Schilde dieses Zeitraumes so zu sagen, charakteristisch ist, finden sich dennoch ebensoviele ohne denselben. — Schilde von Eisen kommen in dieser Periode eben so häufig, und wie wir aus Nro. 3 und 4 Taf. II sehen, auch in genau denselben Formen vor. —

Wenn man den alten Zeichnungen in Beziehung auf Größenverhältnisse nur einigermaßen Glauben schenken dürfte, so könnte man annehmen, daß die Schilde im frühen Mittelalter von vier bis zu einem Fuß Durchmesser getragen wurden, und große wie kleine Schilde gleiche Anwendung fanden. —

Anbelangend die *innere* Einrichtung und Beschaffenheit dieser Schilde, so waren sie vielleicht und wahrscheinlicherweise manchmal auch da mit bunten Farben verziert, wie überhaupt die Bemalung der Schilde auf der Innenseite durch alle Jahrhunderte hie und da angewendet wurde. — Zum Umhängen über Hals und Schultern sind die Schilde dieser Epoche noch nicht eingerichtet, hingegen waren sie gewiß zum Gebrauche mit Handhaben von Stricken, Sehnen, Riemen u. dgl. versehen. —

In Betreff der Art und Weise ihrer Ausschmückung und Bemalung endlich, einer Sache, die besonders hieher gehört, ist zu bemerken, daß dieselbe, wenn auch nicht gerade ganz roh, so doch zumeist sogar noch ohne allen ornamentalen Charakter, d. h. eine ganz einfache Zeichnung mit Linien, Strichen, Punkten u. dgl. war. — Selten finden wir darin besondere Abwechslung. Dagegen scheint das Beschlagen und die Fassung mit Metall- und Goldspangen, das Besetzen mit farbigen Steinen, Dinge, die damals überhaupt Sitte waren, auch in ihrer Anwendung auf Schilde sehr beliebt gewesen zu sein. Ueberdieß bildeten dann solche Fassungen und Spangen

1) v. Hefner-Alteneck Trachtenwerk I. Abtheilung, pag. 48.

eine nicht unbedeutende Verstärkung des Schildes. — Ein Beispiel haben wir an dem christlichen Monogramme (das ja nicht etwa schon als eine „heraldische" Figur zu betrachten ist) auf Taf. II, 1; — welches von Metall auf dem Schilde festgemacht, zugleich denselben beträchtlich verstärkte. — Vom heraldischen Grundsatze: „Farbe nicht auf Farbe," — „Metall nicht auf Metall," findet sich bei der Schild-Bemalung in diesen und den nächstfolgenden Zeiten begreiflicherweise ebenfalls noch keine Spur! —

Bisher waren noch alle hier aufgeführten Schilde unverkennbar nach antiken, römischen Mustern gebildet. Wir nähern uns jedoch jetzt allmählig der Periode, wo die Schilde nach und nach wenigstens schon die Form der frühesten heraldischen Schilde annehmen, — und v. Hefner-Alteneck, der uns in der „Einleitung" zu seinem Trachtenwerke während den beiden ersten Epochen (der Merowinger und der Karolinger) bis zur dritten Epoche (der sächsischen und salischen Kaiser) alle Schilde noch strenge nach den römisch-antiken Vorbildern als: oval oder rund und zumeist in der Mitte mit einem Knopfe (Nabel) versehen, beschreibt,[1] — schildert sie uns dagegen in letztgenannter Periode auf folgende Weise:

„Der Schild statt der ältern runden Form, wurde jetzt sehr lang, nach unten in eine Spitze endend, oder auch gleich einem in die Länge gezogenen Drei- oder Viereck, und so gebogen, daß er den Körper halb umschloß. Da diese Schilde sehr schwer waren, auch öfters bei Bestürmung von Festen zum Schutz gegen herabgeworfene Steine auf den Rücken gelegt wurden, befestigte man sie an einem starken Riemen, der von der Schulter quer über die Brust gieng."[2] —

Wir sind hier bereits an der Schwelle der Genesis der Heraldik angelangt. —

Wenn man auch an allen vorbeschriebenen früh-mittelalterlichen Schilden, selbst mit dem besten Willen, gewiß noch keine Idee einer eigentlichen Heraldik entdecken konnte und dadurch hoffentlich die bisher Andersgläubigen endlich bekehrt und gründlich wiederlegt sein werden, so kommen wir dagegen jetzt an eine Zeit, in welcher, zwar nicht alle, jedoch sicherlich die meisten Schilde Keime heraldischer Bilder und Wappenfiguren aufweisen. — Viele Schilde des XI. Jahrhunderts bilden allerdings noch gewisse Uebergangsformen, d. h. sie haben zwar die vorerwähnte neuere, längliche Dreieckform, behalten aber zugleich den antiken Nabel bei. Einen derartigen Schild sehen wir auf Tafel II, 5. (Nach dem Fragmente einer Pergamentmalerei

---

1) v. Hefner-Alteneck Trachtenwerk, Einleitung pag. 17.

2) Ibid. Einleitung pag. 18.

des XI. Jahrhunderts.[1]) — Ueberhaupt sind Schilde mit dem Nabel, mit wenigen Ausnahmen, **niemals** heraldisch. —

Zu letztern mag z. B. der fast mannshohe Schild des Gotfridus pulcher Coenomanensis († 1150) gerechnet werden, der mit sechs Löwen 3. 2. 1. heraldisch bemalt und trotzdem noch mit einem römischen, antiken Nabel versehen ist. — Um wieder auf unser Thema zu kommen, so finden sich auch im XI. und XII. Jahrhunderte immer noch einzelne ovale, runde u. dgl. Schilde, so z. B. auf Taf. I, 3 ein nicht sehr großer, runder, gelbbemalter oder vergoldeter Schild. (Aus einem Initialen eines Evangelienbuches des XI. Jahrhunderts auf der Bibliothek zu Metz.)[2]) — Man muß jedoch hiebei bedenken, daß es mit derlei Dingen, der beinahe gleiche oder doch wenigstens ähnliche Fall war, wie heutzutage mit den Moden. — Wenn nemlich schon lange etwas Neues im Gebrauche ist, so wird es dennoch immer Einzelne geben, welche entweder aus Vorurtheil, aus Liebhaberei oder Widerspruchsgeist am Alten festhalten, ohne deßhalb auf die allgemeine Geschmacksrichtung einen Einfluß auszuüben. — Gerade dasselbe ist es hier, d. h. jene Beispiele von streng antiken Schildesformen noch im XI. und XII. Jahrhundert werden im Verhältniß zur Allgemeinheit doch stets nur vereinzelnt dastehen und verschwinden.

Die Gestalt des Schildes also im **Allgemeinen** zu dieser Zeit (XI. und XII. Jahrhundert) ist: wie sie uns v. Hefner-Alteneck beschreibt.[3]) — Mehr oder mindere Abweichungen von besagter Grundform finden jedoch ebenfalls nicht selten statt. — Wenn es auch Originale solcher Schilde, aller Wahrscheinlichkeit nach, keine mehr gibt, so haben wir doch zahlreiche, gleichzeitige und genaue Abbildungen derselben. Der erwähnte Riemen zum Umhängen und Tragen dieser Schilde hieß die „Schildfessel" und man konnte dadurch den Schild selbst beliebig nach vorn- oder rückwärts gebrauchen, im Zustand der Ruhe aber um so leichter tragen, bei damaliger Größe der Schilde eine allerdings geschickte Einrichtung. — Die Fessel war im Innern des Schildes mittelst eiserner Klammern oder Ringe fest gemacht. Ueberdieß hatten alle Schilde bis zu ihrem gänzlichen Aufhören eigene Handgriffe, die gewöhnlich ebenfalls von Riemen oder häufiger noch von Stricken oder Thiersehnen gemacht waren. — Diese ebenbeschriebene, innere Einrichtung der Schilde blieb sich, mit wenigen Modifikationen (so daß z. B. in der Folge die Schildfessel wegfällt) durch alle Jahrhunderte vollkommen gleich, weßhalb ich auch nicht für nöthig erachte bei jeder neuauftauchenden Schildform eine wiederholte Erklärung derselben zu geben. — Bei

1) v. Hefner-Alteneck Trachtenwerk Abthlg. I. pag. 65.
2) Ibid. Abthlg. I. pag. 65.
3) Ibid. Einleitung pag. 19.

gänzlichem Mangel an Originalien aus dieser frühen Zeit dürfen wir uns höchstens an die gleichzeitigen Darstellungen halten, aus denen wir zwar die Form, keineswegs aber das Material solcher Schilde abnehmen können. — Es läßt sich jedoch aus Allem mit Sicherheit schließen, daß die Schilde dieser Epoche sämmtlich aus Holz mit einem Ueberzuge von Leder oder Pergament verfertigt wurden, weil ihre beträchtliche Größe schon auf diese leichtern Stoffe anwies, da sonst ihre Schwere sie unhandsam gemacht hätte. —

Viele dieser Schilde nun sind ganz ohne alle Figuren, Bilder oder Zeichnung und erscheinen höchstens gelb, gold, roth, blau, grün u. s. f. bemalt. Oft am Rande mit einer Einfassung, die in den verschiedensten Farben, mit Inbegriff von braun, violett, orange und dergleichen Mischlingen abwechselt. — Wir sehen also: daß auch da von einer „heraldischen“ Bemalung keine Rede sein kann. — Wir haben unzählige Beispiele von solchen eintönigen, schmucklosen Schilden, nicht nur im XI. und XII. Jahrhundert, sondern sogar zu allen Zeiten.[1] —

Andere Schilde des XI. und XII. Jahrhunderts dagegen weisen uns zwar bunte Verzierungen, allein sie sind nur ornamentaler Natur und tragen nicht einmal das Gepräge zukünftig heraldischer Figuren. — Hieher gehört z. B. das bekannte, unbestimmte Ornament, welches so häufig auf den Schilden dieser Periode erscheint und das wir auf den beiden Schilden Taf. II, 6 und Taf. III, 1 mit wenig Veränderung sehen. — Ersterer ist der Schild Rolands, letzterer Oliviers im Dome zu Verona.[2] —

Endlich aber gibt es im XI. und XII. Jahrhundert Schilde, welche allerdings bereits die unzweifelhaften Kennzeichen der ersten heraldischen Spuren an sich tragen, und wenn sie auch nicht immer schon heraldische Bedeutung, so doch gewiß heraldische Zeichnung haben. — Tafel III und IV liefern uns den Beweis. — Sämmtliche Schilde auf diesen beiden Tafeln sind aus dem XI. und XII. Jahrhundert. — Wer vermöchte jedoch den unverkennbar heraldischen Typus bei den meisten derselben zu bestreiten? —

Die Schilde 3, 4 und 5 auf Taf. III sind französischen Ursprungs; 3 und 5 haben die sogenannte normänische Form (oben rund und unten ganz schmal oder spitz auslaufend), während Nro. 4 bereits der reinen Dreieckform der folgenden Jahrhunderte sich annähert, nur daß die Ecken abgeschnitten sind. — Ebenso gehören die

---

1) v. Hefner-Alteneck Trachtenwerk. — Wagners Trachtenwerk. — Montfaucon monum. de la monarch. françse. etc.

2) Maffei Verona illustra. — Wagners Trachtenbuch.

Schilde 3 und 5 auf Taf. IV zur normänischen Gattung, welche damals allgemein sehr verbreitet war. Während der Schild 2 auf Taf. III, und die Schilde 1, 2 und 4 auf Taf. IV, noch mehr die ältere, nach der Richtung der Breite stark gewölbte Gestalt aufweisen. Alle sind gleichzeitigen Original-Abbildungen (Miniaturen, Pergamentmalereien u. dgl.) entnommen. Nro. 3, 4 und 5 auf Taf. III, sowie 4 und 5 auf Tafel IV tragen bereits wirkliche heraldische Figuren, bei deren einigen höchstens nur mehr die Bedeutung als solche fehlt — Wer wird aber an den beiden Schilden 1 und 2 auf Taf. IV die deutlichen Keime heraldischer Bilder mißkennen, ohne zugleich die allmählige Entwicklung der Heraldik überhaupt folgerecht läugnen und verwerfen zu müssen? — Beim Schilde 1 lernen wir die Genesis der heraldischen „Wolken" und „Eisenhütlein", des „Wolken- und Eisenhutschnittes" kennen, — während wir beim Schilde 2 die früheste Bildung heraldischer „Rauten, Wecken und Gitter" beobachten. Ersterer ist aus dem Pergamentgemälde eines Evangelienbuches in der königl. Hofbibliothek zu Aschaffenburg genommen, der Letztere vom Fragmente einer Pergamentmalerei.[1]) — Am Schilde 2, Taf. III, sieht man einen Flug, dem, wie v. Hefner-Alteneck bemerkt, zwar „noch die heraldische Bedeutung fehlt," dessen echt heraldische Zeichnung er jedoch gewiß nicht in Abrede stellen kann. — Dieser Schild ist aus der Pergamentmalerei eines Gebetbuches (Anfangs des XIII. Jahrhunderts) auf der Universitäts-Bibliothek zu Leipzig.[2]) —

Hervorzuheben ist noch ferners, daß beim Schilde 4 auf Taf III und beim Schilde 4 auf Taf. IV[3]) die Figuren (bei Ersterem das Kreuz, — bei Letzterem die Lilienstäbe oder Escarboucle) möglicherweise zugleich eine Schildverstärkung aus Metall- oder Eisenspangen bilden konnten, was deßhalb um so wahrscheinlicher ist, weil namentlich die letztgenannte Figur (Lilienstäbe-Escarboucle) schon in den ältesten Zeiten auf den Schilden in Frankreich, England und Deutschland, lange vor der Heraldik, erscheint und überdieß viel sicherer anzunehmen ist, daß ein heraldisches Bild ursprünglich der Schildverstärkung, als umgekehrt diese einer Wappenfigur ihre Entstehung verdanke. — Zudem heißt bekanntlich „Escarboucle" — „Karfunkel" und rührt diese Bezeichnung daher, weil in Mitte dieser Spangen oder Stäbe, d. h. wo sich dieselben kreuzen, in frühester Zeit ein Stein eingesetzt war, dessen Fassung ohnedieß sicher nur in Metall bewerkstelligt wurde, ein wiederholter Beweis, daß die fragliche Figur

---

1) v. Hefner-Alteneck Trachtenwerk I. Tf. 12

2) Ibid. I Tf. 88. —

3) Ibid. I. Tf. 33.

ursprünglich zuerst „Metallspangen“ zur Verstärkung des Schildes waren, und nur nebenbei zur ornamentalen Ausschmückung des Schildes benützt wurden. — Ein ähnlicher Fall mag es in frühester Zeit mit den Kreuzen, Pfählen, Balken und vielen dergleichen heraldischen Figuren gewesen sein. —

Ueberhaupt unterliegt es keinem Zweifel, daß die ersten Wappenbilder nicht allein durch blos einfache Bemalung auf den Schilden angebracht, sondern auch nicht selten luxuriöserweise mit mehr Prachtliebe und Geschmack durch Zusammensetzung und Stückung aus verschiedenen Stoffen auf plastischem Wege hergestellt wurden, eine Manier, die ich weiter unten näher beleuchten und erörtern will. —

Ich habe mich bei den Schilden dieser Epoche so lange aufgehalten, weil ich sie mit Recht als die ersten und ältesten „heraldischen“ betrachte, was sich übrigens auch aus dem Umstande erklärt, daß ihre oftbesagte, stumpfeckige, längliche Dreieckform, sowie ihre bisweilen runde, unten spitz zulaufende, in die Länge gezogene (normännische) Gestalt zweifelsohne auch die Grundform der ältesten und frühesten „heraldischen Siegel“ veranlaßte.

Am Schluße der eben besprochenen frühesten heraldischen Periode erübrigt mir nur mehr die Bemerkung, daß in diesem ganzen Zeitabschnitte Reiter wie Fußvolk die Schilde von völlig gleicher Grundform und Wölbung hatten, nur daß die der Ersteren um ein Beträchtliches kleiner waren, als die der Letzteren, weßhalb ich auch die ritterlichen und die Schilde des Fußvolks nicht gesondert abzuhandeln für nöthig fand. —

Zur „Epoche des XIV. Jahrhunderts“ sagt v. Hefner-Alteneck in Betreff der Schilde: „Die Schilde sind sehr klein, mit dem Wappenbilde versehen und dreieckig bei den Rittern, rund beim Fußvolk.“ [1]) —

Der erste Theil nun dieser Aufstellung bestätigt sich vollkommen; denn nicht nur erst im XIV., sondern auch schon im XIII. Jahrhundert hört die starke Wölbung der Schilde mehr und mehr auf und wird unmerklich. Die längliche, große Schildform macht bei der Reiterei einer mehr kleinen, kurzen, jedoch im Anfange nur allmählig, Platz.

Dagegen findet der Nachsatz, was nemlich die runden Schilde des Fußvolks betrifft, in Herrn v. Hefner-Altenecks Werke selbst seine entschiedene Widerlegung. [2]) Denn, abgesehen davon, daß ganz runde Schilde im XIII. und XIV. Jahrhundert wirklich zur größten Seltenheit gehören mögen, da sie sicher nur vereinzelt vorkommen,

1) v. Hefner-Alteneck Trachtenwerk, Einleitung pag. 24.

2) Ibid. Abtheil. II.

finden sich im Gegentheile fürs Fußvolk dieser Periode nichtsdestoweniger neben den kleinern Dreieckschilden der Ritter noch fortwährend auch die obigen großen und langen Heerschilde im Gebrauche. — Sollte jedoch Herr v. Hefner-Alteneck mit der Bezeichnung „rund“ nur die beim Fußvolk allerdings öfter vorkommende Abrundung der Ecken des Schildes gemeint und verstanden haben, so will ich ihm um so lieber beistimmen, weil auch bei den oftbesagten Dreieckschilden der Reiter diese Abrundung der Ecken sehr häufig angewendet wurde. —

Wir ersehen nemlich deutlich aus den Siegeln des XIII. und XIV. Jahrhunderts, daß keineswegs alle ritterlichen Wappenschilde dieses Zeitraumes die vollständige Dreieckform hatten, sondern viele derselben jener alten vorbeschriebenen normähnischen (oben runden, unten spitzzulaufenden) Schildform bald mehr bald weniger noch nachgebildet waren. —

Begreiflicherweise folgt hieraus auch von selbst, daß die Meinung: es seien die Dreieckschilde in ihrer ältesten Gestalt vollkommen gradlinig gewesen, — ebensowenig historischen Grund hat. Ich bin vielmehr der Ansicht: daß gerade im Gegentheil Dreieckschilde ohne alle bogenförmige Schweifung an den Seiten niemals existirten, weil sie zum Gebrauche ganz ungeschickt gewesen wären. —

Wenn sich jedoch, was ich durchaus nicht in Abrede stelle, auf vielen gleichzeitigen Siegeln, Zeichnungen u. dgl. so geformte, vollkommen geradlinige Dreieck-Schilde finden, so liegt der Grund hiefür einfach in der ungenauen Darstellungsweise jener Zeiten, die auf solche Kleinigkeiten keine Rücksicht nahm. —

Mehrere richtige und praktische Constructionsweisen aber der heraldischen Dreieck-Schilde des XIII. und XIV. Jahrhunderts sehen wir in Hoffstadts gothischem ABC, was um so dankenswerther erscheint, weil solche eine ganz gute Anleitung für Wappenmaler, Siegelstecher u. dgl. bilden.[1] —

Der Dreieckschild ist also die herrschende Form des ganzen XIII. und XIV. Jahrhunderts und dessen Verbreitung bei allen Völkern und in allen Ländern so groß, daß sämmtliche „heraldischen“ Monumente uns ausschließend nur die Grundform desselben, allerdings jedoch oft mit verschiedenen kleinen Abwechslungen, Modifikationen und Veränderungen, weisen. — Es ist auch in der That wahr, was Rudolphi bemerkt, daß nemlich die in den alten Wappen so häufig vorkommende Formation und Stellung der heraldischen Figuren: von oben nach unten an Breite abnehmend, vorzugsweise durch die dreieckigen Schilde dieser Periode ursprünglich entstanden und bedingt sei.[2] —

1) Hoffstadt goth. ABC. Tab. XXIX und Text.

2) Rudolphi Heraldica curiosa III. Abthlg., Cap. I, §. 3, pag. 92.

Ich aber möchte hier als unmaßgeblichste Norm noch hinzusetzen: daß noch heutzutage nur jene Stellungen und Formen der Wappenbilder als gut und echt heraldisch betrachtet werden können, die sich geschickt auf einem Dreieckschilde anbringen oder bequem in einem solchen eintheilen lassen; — während dagegen die Stellung heraldischer Figuren: von oben nach unten an Breite zunehmend, heraldisch häßlich und durchaus unzulässig ist. —

In der technischen Anfertigung und Ausschmückung jedoch der vielbesprochenen Dreieckschilde liegt vorzüglich die Lösung so mancher heraldischer Räthsel und es ist daher wohl der Mühe werth, bei dieser Gattung etwas länger zu verweilen. — Da die Stoffe, woraus sie gemacht wurden: Holz, Leder, Pergament, mit Leim und Kreide überstrichene Leinwand und ähnliches, leicht vergängliches Material waren, — haben sich leider nur sehr wenige Originalschilde jener frühen Jahrhunderte bis auf unsere Tage erhalten. —

Unter den wenigen noch Uebrigen, befinden sich aber glücklicherweise derartige Exemplare, daß man daraus mit leichter Mühe auf die Beschaffenheit, Form, Größe u. s. w. aller andern Schilde dieser Zeit und Gattung ziemlich genau schließen und zugleich ihre technische Verfertigungsweise kennen lernen kann. — In erster Reihe gehören wohl vor Allen hieher die zwei von mir schon oben erwähnten Original-Schilde in der Elisabethenkirche zu Marburg.[1])

Da nun diese Schilde, so zu sagen die kostbarsten und ältesten heraldischen Reliquien sind, die wir vielleicht auf der ganzen Welt noch finden können und überdieß für jeden wirklichen Heraldiker es gewiß von höchstem Interesse sein muß, genaueste Kenntniß solch merkwürdiger Originale sich anzueignen, — ich selbst jedoch bisher leider nie Gelegenheit hatte, dieselben zu sehen, so dürfte es wohl am zweckdienlichsten sein, die ausführliche und getreue Beschreibung aus Herrn Prof. v. Hefner-Altenecks Trachtenwerk hier nach dem Wortlaut wiederzugeben, und dieß um so mehr, weil in Bezug auf gewissenhafteste Genauigkeit bei Beschreibung und Schilderung von Originalien gewiß kein Autor Herrn v. Hefner-Alteneck je übertreffen wird. Zudem war Hr. v. H.-A. in neuerer Zeit vielleicht allein so glücklich, daß ihm diese Schilde von ihrem hohen Platze eigens herabgenommen wurden. — Er hatte also die günstige Gelegenheit sie ganz in der Nähe sehen und untersuchen zu können; kein Wunder also, wenn er uns darüber auch die beste Auskunft ertheilen kann. —

Auf Tafel V, 1 und 2 sehen wir nun beide Schilde möglichst deutlich abgebildet. —

---

1) v. Hefner-Alteneck, Trachtenwerk. I. Abthlg. Taf. 79 bis 82 und Text.

Ueber den Schild[1] verlautet Herr Prof. v. Hefner-Alteneck wie folgt:

„Wir können mit ziemlicher Zuversicht annehmen, daß dieses derselbe Schild ist, welchen Conrad von Thüringen zu seinen Lebzeiten als Ritter getragen, und den man, nach damaliger Sitte, nach dem Tode über seinem Grabe aufhängte, — und zwar nicht aus dem Grunde, weil er die entschiedene Form der Schilde des XIII. Jahrhunderts hat und sich ein sehr ähnlicher auf Conrads Grabstein befindet, sondern besonders darum, weil auf ihm das Zeichen des Deutschherrnordens, ein kleines weißes Schildchen mit schwarzem Kreuze gemalt ist und weil Conrad der einzige hessische Landgraf gewesen, der in diesen Orden getreten war. Da das kleine Schildchen des Deutschherrnordens unten rund ist, kann man annehmen, daß es wohl erst gegen Ende des XIV. Jahrhunderts darauf gemalt wurde, zu welcher Zeit man gewiß noch mit Sicherheit Conrad als den ehemaligen Besitzer dieses Schildes, der über seinem Grabe hing, nennen konnte. —

Dieser Schild beträgt 2′ 9″ in der Höhe und 2′ 3″ in der Breite, ist gegen beide Seiten ein wenig gewölbt, von oben nach unten hingegen läuft er in gerader Linie. Er ist von Holz, auf der Vorderseite mit Pergament überzogen, welches blau bemalt ist, auf diesem blauen Grunde ist der Löwe von erhaben gepreßtem Leder aufgesetzt, seine Farbe wechselt in wagrechten rothen und silbernen Balken und zwar oben mit roth beginnend. Er hatte früher eine Krone von vergoldetem Blech auf dem Kopfe, von der noch einige Stücke vorhanden sind. —

Das Interessanteste dieses an und für sich schon sehr merkwürdigen Schildes ist die Rückseite. Diese war ursprünglich auf ihrem Pergamentüberzuge ganz vergoldet und auf diesem Goldgrunde befand sich in starken Umrissen mit Lasurfarben ausgemalt ein Cyklus mehrerer Figuren, die Geschichte eines Ritters, wohl jene Conrads von Thüringen, des Besitzers dieses Schildes. Da aber der Löwe auf der Vorderseite losgegangen war und ungeschickter Weise an seinen Conturen mit Nägeln aufgeheftet wurde, welche man durch den ganzen Schild schlug, ging diese Bemalung der Rückseite fast ganz zu Grunde, indem die Vergoldung und Bemalung von der Kreide-Grundirung abfiel. An den nur noch wenigen erhaltenen Stellen sieht man die Figur eines Ritters, welche wir auf dem unteren Theile unserer Tafel in Original-Größe genau wiedergeben. Derselbe erscheint in der Kriegertracht des XIII. Jahrhunderts; er trägt das vollständige, auch den Kopf umgebende Kettenkleid, welches in dieser Malerei nur durch einen grauen Ton angegeben ist, auf diesem den bis auf die Knie reichenden, unten ausgezackten Waffenrock; er ist roth und durchaus

1) v. Hefner-Alteneck Trachtenwerk I Abthlg. pag 80, Text pag. 100 u. sq.

mit feinen Goldlinien verziert, an den Säumen weiß gefaßt; auf demselben befindet sich dreimal der blaue hessische Schild mit roth und weißen Löwen. Der Schwert-Riemen ist, wie damals immer, weiß; unter den Knieen sind rothe Streifen. Aus wenigen Spuren sieht man, daß eine Dame mit rothem Kleide vor diesem Ritter stand und der ganze Goldgrund mit grünen Ranken, an denen sich rothe Blumen befanden, durchzogen war. Außer der hier gegebenen Stelle ist sehr wenig mehr von dieser Malerei zu erkennen; die noch hie und da vorhandenen kleinen Stückchen derselben lassen nur mit Mühe erkennen, daß noch mehrere Ritter zu Pferde und andere Figuren vorhanden waren. Wir müssen uns daher mit diesem nicht unwichtigen vorliegenden Ueberreste begnügen, welcher wahrscheinlich den Conrad von Thüringen, den wir auf voriger Tafel in Ordenstracht sahen, in seiner Kriegsrüstung darstellt, der in dieser Rückseitbemalung als die größte Figur im untersten Theile stand, und von welchem die grünen Ranken ausliefen, in denen sich die übrigen Darstellungen entwickelten. Sollten wir uns aber in unserer Vermuthung irren, so zeigt uns diese Figur doch jedenfalls, nach welcher Art der Besitzer des Schildes bewaffnet und bekleidet war. Wir sehen auch an diesem Schilde, wie sehr im XIII. Jahrhundert das hessische Wappen schon ausgebildet war, wie überhaupt die ganze Schildbemalung den Ursprung der Heraldik bildete, und wie schon in der Mitte des XIII. Jahrhunderts diese technische Behandlung der Malerei an Geräthschaften und Waffen vorkommt, welche man gewöhnlich nur an Kunstwerken späterer Zeit, besonders in Gemäldesammlungen zu suchen pflegt." —

So weit v. Hefner-Alteneck über den Schild 1 auf Tafel V, — der also jedenfalls aus der Zeit vor dem Jahre 1241 (Todesjahr des Conrad von Thüringen) stammt. —

Was die Bemalung der Rückseite betrifft, füge ich hier nur kurz bei, daß diese Sitte durch alle Jahrhunderte hie und da an Schilden sich findet. — So z. B. am Schilde des Kaspar Aspach im Schloß Stein am Chiemsee (aus dem Ende des XV. Jahrhunderts), wo sogar das Wappen auf der Innenseite angebracht ist.[1]

Ueber den zweiten, zwar etwas neuern, aber viel reicheren Schild (Taf. V, 2) schreibt v. Hefner-Alteneck Folgendes:[2]

„Er befindet sich, wie der Vorbeschriebene, in der Elisabethenkirche zu Marburg. Jener, wenn er gleichwohl nie genau untersucht wurde, war doch längst für die Besucher der Kirche sichtbar; dieser hingegen hing über 30 Fuß hoch, des Staubes

1) v. Hefner-Alteneck II. Abthlg. tab. 3.

2) ibid. I. Abthlg. 82, Text pag. 105.

wegen kaum kennbar, noch an demselben Orte, welchen man ihm ursprünglich zu Ehren seines verstorbenen Besitzers bestimmte. Allen Spuren nach war er noch nicht von dieser Stelle gekommen, bis ihn der Herausgeber (v. Hefner-Alteneck) im November 1850 herunter holte und abbildete.

Da der auf dem Grabe des Landgrafen Heinrich gleichwohl nur in sehr rohen Umrissen dargestellte Schild mit dem Löwen dem wesentlichen Charakter nach sehr an den vorliegenden erinnert, welcher auch allen Kennzeichen zufolge aus derselben Periode stammt und in dem Seitenchore hing, wo jener Grabstein aufgefunden wurde: so läßt sich vermuthen, daß es derselbe Schild ist, dessen sich Heinrich bediente." —

Es wäre demnach dieser Schild jedenfalls aus der Zeit vor dem Jahre 1298, welches das Todesjahr des Landgrafen Heinrich von Hessen ist. — Weiter unten[1]) folgt dessen Beschreibung auf nachstehende Weise:

„Dieser Schild, dessen Größe durch den der Abbildung beigefügten Maßstab angegeben wird (ohngefähr 2¹/₂ Fuß Höhe und 2 Fuß Breite Parisermaß), ist fast flach, nur gegen die beiden Seiten zu ein wenig gewölbt, seine untere Spitze steht nicht ganz in der Mitte. Seine Vorderseite ist mit Pergament überzogen und vergoldet. Auf diesem Goldgrunde ist eine Ueberlage geheftet, welche in erhabener Arbeit den in fünf rothe und ebensoviele silberne Balken abgetheilten hessischen Löwen auf blauem, durch Laubwerk und 13 geflügelte Ungeheuer gebildeten Felde darstellt. — Alle die kleinen Zwischenräume der Locken des Löwen, sowie jene der Ornamente des blauen Feldes sind ausgeschnitten, so daß die goldne Unterlage auf dem ganzen Schilde aus einer Menge Durchbrechungen hervorleuchtet. Der Löwe ist etwas stärker erhaben gearbeitet als die blauen Ornamente; die Krone, das Auge mit seiner Umgebung, die Zähne und die Krallen sind Gold. Diese durchbrochne Ueberlage mit genanntem Bildwerke besteht aus Leinwand, welche in eine, vorzugsweise aus Leim und Kreide bestehende Masse eingetaucht und in noch feuchtem Zustande modellirt und alsdann durchschnitten wurde. — Auch die Rückseite dieses Schildes ist mit Pergament oder Schweinsleder überzogen und einfach blau gefärbt; auf ihr befinden sich die eisernen Ringe zur Befestigung der Handhaben, welche aus Stricken bestehen. —

Diese Schilde wurden zu Pferd am linken Arm in schiefer Richtung getragen; jene, welche zu Fuß gebraucht wurden, waren größer. —

Es ist interessant, hier zu sehen, wie der Künstler bemüht war, diesen Schild auf's Möglichste phantasiereich auszuschmücken, ohne daß er sich dabei von seiner

1) v. Hefner-Alteneck II. Abtheil., pag. 106.

Hauptaufgabe, den rothen und silbernen Löwen im blauen Felde darzustellen, entfernen durfte. — So genial aber auch die darauf komponirten Ornamente sind, so bestehen alle ihre Einzelheiten doch wieder nur aus jenen Formen, welche um die Mitte des XIII. Jahrhunderts in das Handwerk übergegangen waren. Wir erkennen daher die Entstehungsperiode dieses Schildes nicht nur an dem Wesentlichen seiner Form, sondern auch ganz besonders an den Umrissen des Löwen, den spitzblätterigen Ranken, welche noch mehr im antiken als im eigentlich mittelalterlichen Style, und den harpyenartigen Drachen mit Menschen- und Thierköpfen, welche zu derselben Zeit auch so häufig in den Initialen und Randverzierungen der Manuskripte erscheinen. —

Von den obengenannten Farben des Schildes ist das Gold noch ziemlich gut und frisch erhalten, hingegen sieht das Silber des Alters wegen bleiartig aus, das Rothe ist trübe geworden, und das Ultramarinblaue kommt auf trübes Grün heraus. Man kann sich aber leicht von der ursprünglichen Frische der Farben überzeugen. Berücksichtigt man das hohe Alter und die vergänglichen Stoffe, so ist dieser Schild auf seltene Art gut erhalten.“ —

Bis daher v. Hefner-Alteneck. — Den Beschreibungen dieser beiden Pracht-Exemplare aber noch weitere Erläuterungen beizufügen, wäre gewiß ganz überflüßig, nur mag man dabei die von mir so oft berührte hervorragende Kunsttechnik des Mittelalters und namentlich deren entschiedenen Einfluß auf die Heraldik, zur Zeit ihrer höchsten Blüthe und Vollkommenheit, wohl in's Auge gefaßt haben. —

Daß jedoch keineswegs alle Schilde jener Epoche auf so sinnige Weise reich verziert waren, beweisen uns schon die von mir ebenfalls bereits erwähnten hohenlohischen Stechschilde in der Hergottskirche zu Kreglingen an der Tauber,[1]) welche einfach nur bemalt sind; denn v. H.-A. sagt:

„Die drei Schilde sind ganz nach Art der kleinen Reiterschilde des XIII. und XIV. Jahrhunderts von Holz, mit Leder überzogen; die Bemalung (der Grund Silber, die Spuren der Leoparden darauf schwarz) hat durch die Zeit schon sehr gelitten; auf der Rückseite befinden sich die eisernen Ringe zur gewöhnlichen Befestigung der Riemen.“[2])

Ein schlagender Beweis, daß, wie heutzutage noch, auch damals schon bei Verfertigung der Waffen u. s. w. nicht gleicher Aufwand gemacht wurde und eben nur die vornehmern und reichern Herren ihre Schilde in so kostbarer und luxuriöser

---

1) v. Hefner-Alteneck Trachtwerk. II. Abthlg 68 und Text pag. 96 u. 97.

2) Ibid. II. Abthlg tab. 68, pag. 96.

Weise ausstatten ließen. — Auch die Schildbeschreibungen der verschiedenen Fürsten im „Turnei von Nantes" rechtfertigen und begründen diese Annahme. —

Schon in diesen Reimen finden wir die altheraldischen Kunstwörter „stückehte" (stückig, streifig), — „daruf geleit" (daraufgelegt) und ähnliche. —

Aus dem Zusammenhalte nun der technischen Verfertigungsweise jener erstgenannten zwei werthvollen Marburger-Originalschilde mit diesen alten Versen im „Turnei von Nantes," — läßt sich mit ziemlicher Sicherheit entnehmen: daß die luxuriösere Ausstattung von Schilden vorzugsweise durch die mehr erwähnte plastische Manier hervorgebracht worden sei, — wenn nemlich heraldische Figuren und Wappenbilder wirklich von verschiedenen Stoffen, als z. B. von gepreßtem Leder, von leimgetränkter Leinwand, von Stricken, von Metallspangen, von Pelzwerken und manchen andern Gegenständen in natura auf den Schilden, zumeist erhaben, künstlich zusammengesetzt, d. h. „gestückt" wurden. — Ein Ausdruck der mir um so passender scheint, weil diese plastische Darstellungsweise durch Zusammensetzen aus mehreren Stücken bewerkstelliget wurde. — Es mag deßhalb auch allerdings in dem alten heraldischen Kunstwort „stückehte" dieser oder ein ähnlicher Sinn liegen. —

Ebenso weisen vielleicht auch die jetzt noch üblichen heraldischen Ausdrucksarten „überzogen", „darübergezogen", „darübergelegt", „verschoben", „überdeckt" und viele andere, die alle aus jener Zeit stammen, auf die oftbesagte technische Manier hin, wie damals die Wappen auf den vornehmern Schilden aus allen möglichen hiezu brauchbaren Gegenständen und tauglichen Stoffen künstlich zusammengesetzt und plastisch dargestellt wurden. Herr Dr. O. T. v. Hefner stellt deßwegen auch in seinem allgemeinen Wappenbuche die, meiner Ansicht nach, nicht ganz zu verwerfende Vermuthung auf: daß die sogenannten „gestückten Einfassungen", wie sie z. B. von Roth und Silber die Burggrafen von Nürnberg führten, vielleicht ursprünglich der reichen Randverzierung (Fassung) der Schilde mit bunten Steinen ihre Entstehung verdanken. [1] Bei uns in Deutschland führten auch in der That nur die reichsten und mächtigsten Geschlechter derlei „gestückte Einfassungen", so z. B. die obengenannten Burggrafen, die Grafen von Homburg u. s. w. [2]) — während dagegen in Frankreich, England und insbesondere in Spanien und Portugal, wo der Adel sehr reich war und auch durch überseeischen Handel die kostbarsten Produkte fremder Länder für seinen Luxus viel leichter sich verschaffen konnte, sowohl „gestückte Einfassungen" als auch „Pelzwerke" u. dgl. durchaus nichts Seltenes sind! — Ueberdieß bestätigen schon viele Stellen des

---

1) Siebmachers neueste Ausgabe von Dr. O. T. v. Hefner, Bd. I, tab 12, pag. 12.

2) Ibid. altes Wappenbuch P. II, 7 u. P III, 15.

Nibelungenliedes die Sitte: Schilde mit Glas- und Edelsteinen, Spangen u. s. f. zu besetzen. — Auch im Trojalied (14426) heißt es:

„an iren wizen schilden
was ein guldin rant
ouch man darane vant
edelsteine groz und kleine." —

Herr Dr. Gustav Klemm, königl. sächsischer Hofrath und Oberbibliothekar in Dresden, welcher in seinem wirklich ausgezeichnetem Werke über „allgemeine Cultur-Wissenschaft" Leipzig 1854; im Theile, der von den Werkzeugen und Waffen handelt, (beim Schilde) ebenfalls diese alten Reime anführt, setzt überdieß noch Folgendes bei: „Wir finden ferner (Heldenbuch A. 238) goldfarbene Schilde, geziert mit Sperbern zahm und wild, und neben anderm Gebilde Leoparden. Der Schild war zuweilen auch mit vielen goldenen Schellen behangen, dergleichen zuweilen an den Kleidern des Adels und der Fürsten erscheinen (Ecken Ausfahrt 36); der Schild des Herrn Fasold (Ecken Ausfahrt 219) war noch nie mit Speeren durchzielt, also ganz neu, der goldene Rand war mit edlem Gesteine reich besetzt. Auf ihm war ein fürchterlicher Drache gemalt, dem eine Flamme aus dem Munde ging, von einem hellen Rubin. Die Riemen waren von arabischer Borte. Im Buch der Liebe hat der Heide Fierrabras einen mit Stahl wohlbeschlagenen Schild, in dessen Mitte das Bild des Gottes Apollo zu sehen war." [1]) —

Alles dieß setzt wohl schon in den ältesten Zeiten eine gewisse prachtliebende Technik bei Verfertigung der Schilde voraus, welche sich, wie es scheint im Anfange hauptsächlich nur auf die Verzierung oder Ausschmückung mit Edelsteinen, Stahl-, Silber- und Goldspangen erstreckte. — Erst später, in der frühesten Periode der eigentlichen heraldischen Urkeime, findet sich die ausgebildete, mosaikartige oder plastische Stückung aus verschiedenen Stoffen. —

Vor Allem kam den Alten bei solcher Verfertigungsweise der Schilde ihre auf hoher Stufe stehende Leder-Plastik zu statten, eine Kunst, man darf es mit Bestimmtheit aussprechen, welche schwerlich je wieder ihre mittelalterliche Vollkommenheit erlangen dürfte. [2]) — Zu diesem Zwecke wurde gewöhnlich das Leder in Oehl gesotten und dann im erweichten Zustande entweder in Formen gepreßt oder in eigene Model

1) Allgemeine Culturwissenschaft von Dr. G. Klemm pag. 379.

2) Erst in neuester Zeit sieht man hie und da wieder einige schwache Spuren dieser Leder-Technik an einzelnen Etagere-Gegenständen und Galanterie-Arbeiten der Damen in Form der sogenannten „Lederblumen". — Auch der geniale Künstler Herr Hermann Dyck in München hat sich in neuester Zeit durch Wiederaufnahme der alten Lederplastik Verdienste erworben. —

6

geschlagen, — vielleicht auch manchmal aus freier Hand verarbeitet, um jene heraldischen Figuren vielerlei Art daraus anzufertigen. —

Aus obigem besonders geschmackvollem Schild des Landgrafen Heinrich von Hessen aber können wir wieder eine andere technische Manier kennen lernen, die man wohl eben so häufig und mit demselben Geschicke zur Darstellung der Wappenbilder auf den Schilden anwandte. Es ist dieß die Leinwand-Plastik, eine künstliche Manipulation, mittelst der man auf noch leichterem Wege als durch die Lederplastik, schwunghafte Formen, zierliche Ausschmückung und zugleich echt heraldische Zeichnung erreichen konnte. Das Verfahren hiebei konnte man bereits oben bei Beschreibung des Schildes 2 auf Tafel V von Herrn v. Hefner-Alteneck genau detaillirt lesen. — Jedenfalls hatte diese in eine Masse von Leim und Kreide getauchte und im also feuchten Zustande modellirte Leinwand, kurz die ganze Behandlungsweise solcher Schilde so viel Sinnreiches und Praktisches, daß man nur staunen muß, wie es möglich war: eine so schöne Kunst ganz aus den Augen zu verlieren.

Endlich dürften wir aus jenem Marburger-Prachtschilde ferners auch noch die Genesis der spätern Sitte: farbige Felder zu „damasciren", deutlich kennen lernen; — denn der durchbrochene, mit phantastischen Thier- und Laubgestalten reich verzierte Grund mit dem an vielen Stellen durchblitzendem Golde, zeigt uns das eigentliche, alte Verständniß eines solchen „Feldes mit Damast". —

So würde gewiß Vieles den Heraldikern klarer geworden sein, wenn sie stets nur auf die Originalien und ihre Verfertigungsweise zurückgegangen wären, statt aus Büchern allein ihre Weisheit zu schöpfen. — Stückung, Lederpreßung und Leindwandplastik sind also die drei Hauptmanieren, welche bei Verfertigung der reichern Dreieck-Schilde dieser Periode vorherrschend waren.

Wenn wir daher hierauf vorzüglich unser Augenmerk richten, so wird so Manches aufgeklärt werden, was bisher falsch beurtheilt oder ganz mißverstanden wurde.

So z. B. unterliegt es wohl keinem Zweifel, daß die „Schnalle" der Herren v Zedlitz [1]) dereinst durch „Stückung" auf den alten Schilden dargestellt, d. h. wirklich oft in natura auf diesen angebracht gewesen sei (Taf. VI, 12). Der Grund, auf den sich diese Vermuthung stützt, ist der fälschlich fast überall, ja wenn ich nicht irre, sogar in Diplomen dieser Familie, als „zerbrochen" bezeichnete Dorn. — Was man jedoch bisher für die zerbrochene Stelle hielt, war und ist nichts Anderes, als die Stelle, wo die vielleicht im vergrößerten Maßstabe verfertigte Schnalle am Schilde ihre Befestigung hatte, d. h. wo der Dorn der Schnalle auf ganz gewöhn-

1) Siebmacher altes Wappenbuch P. I, 71.

liche und natürliche Weise durch den rothbemalten Schildüberzug gesteckt wurde. Eine Sache, die gewiß durch ihre praktische Einfachheit schon alle Wahrscheinlichkeit für sich hat. — Ueberdieß bildete dann diese Schnalle zugleich als Beschläge eine nicht zu verachtende Verstärkung des Schildes. —

Mit den verschiedenen abentheuerlichen Geschichten aber, welche man in Bezug auf diesen eingebildeten „zerbrochenen“ Schnallendorn erfand, dürfte mir ein stichhaltiger Einwurf auf meine obige Vermuthung um so weniger gemacht werden können, weil auch die Familie Wallenrode im Fränkischen eine Schnalle auf ganz gleiche Weise (mit dem durch den Schildüberzug gesteckten Dorn) in ihrem Wappenschilde führt.[1]) — Eine Schnalle wirklich ganz ohne Dorn dagegen haben die Rinderbach in Schwaben; — deren Wappenfigur ebenfalls von einigen Heraldikern irrthümlich sogar als eine „innere Einfassung“ blasonirt wurde.[2]) — Ferner kann man sich aus der technischen Behandlungsweise ebenso auch: umwundene Kreuze, mit Hermelin bezogene Felder u. dgl. viel leichter erklären. — So finde ich bei Boßwell ein umwundenes Kreuz in einem blauen Schilde mit dem nebenstehenden Satz: „The field of this is Azure, a plaine crosse corded Or, and Sable.“[3]) (Taf. VI, 5.) —

In Heideloffs Ornamentik des Mittelalters auf einem uralten Grabsteine des XII. Jahrhunderts schon (ursprünglich aus dem Dominikaner-Frauenkloster in Laufen am Neckar), sehen wir ein ganz auf ähnliche Manier umwundenes, d. h. mit Kordelflechtung überwickeltes Kreuz.[4]) —

Aus der Konstruktionsweise derartiger heraldischer Kreuze nun, im Zusammenhalte mit der Kunsttechnik des Mittelalters, in der besonders auch allerlei Flechtwerke, gewundene Schnüre und Kordeln, eine so große Rolle spielen, dürfte wohl zur Genüge hervorgehen, daß dieselben durch „Stückung“, d. h. durch wirkliche Umwicklung mit Schnüren, Bändern u. dgl. in den betreffenden Farben dargestellt und so dann über den Schild gelegt und auf demselben befestiget wurden. — Unschwer möchte man hierin auch den Grund errathen, warum die Wappenfiguren von jeher bei plastischen Abbildungen erhöhet dargestellt werden und folgerecht auch werden müssen![5]) —

Zweifelsohne sind auch heraldische Bilder, wie z. B. die Seilknoten der Karwinsky (Taf. VI, 3) und der Zyganer in Schlesien mit „Stricken“, die man wohl zu dem Zwecke eigens vergoldete, wirklich in natura gegeben worden. —

---

1) Siebmacher P. I, 102 u. 104.
2) ibid. P. I, 114 u. P. V, 262.
3) John Boswell Bd. I, pag. 31.
4) Heideloffs Ornamentik, Heft 22, pl. 3, lit. d.
5) v. Hefner-Alteneck Trachtenwerk II, 133, Text pag. 168 u. 169. —

Die bekannten „Eisenhütlein" wurden zumeist wirklich von „Eisen ausgeschlagen", in „Leder gepreßt", „aufgesteppt" oder mittelst „Leinwandplastik" dargestellt. — Man darf nur die ziemlich häufigen Abbildungen dieser Wappenfiguren in der frühesten und ältesten Periode der ersten heraldischen Urkeime auf deutschen, französischen, englischen und anderen Siegeln, Monumenten oder Miniaturen, auf Schilden, Kleinoden, Wappenröcken, Lendnern, auf Damenkleidern, Teppichen, Pferdsdecken, kurz überall genau beobachten und untersuchen, so wird man mit voller Ueberzeugung nach näherer Prüfung und bei aufmerksamen Vergleiche zum bestimmten Resultate und zur unumstößlichen Wahrheit gelangen: daß diese uralten heraldischen Figuren nie und nimmer von irgend einem Pelzwerke herkommen, mit einem solchen durchaus in keiner Beziehung je standen und auch gar niemals in der Heraldik damit dargestellt wurden, noch überhaupt werden konnten; — eine hervorragende Thatsache, die ich weiter unten am geeigneten Orte (bei den Wappenfiguren) weitläufig erörtern und erstens beweisen will. —

Auch die sogenannten „Jakobs-Muscheln" konnten möglicherweise durch „Stückung", d. h. etwa durch wirkliche Muscheln auf den Schilden gegeben werden. (Taf VI, 10.) — Ferners wurden vielleicht nicht selten „geschachte" und „gerautete" Muster, mit Inbegriff der heraldischen „Gitter" (Tafel VI, 7 u. 8) nur durch Flechtung mit farbigen Pergament- oder Lederstreifen gemacht. —

Da man sogar heutzutage noch diese und ähnliche Dessins bei den sogenannten Galanterie-Arbeiten u. a. a. O. durch Flechtung hervorbringt, so wird gewiß um so weniger den Alten, die bei solchen Dingen in mancher Hinsicht viel weiter voraus waren, auch dieses Mittel: Wappenbilder durch „plastische Stückung" geschmackvoll und sinnreich auf den Schilden anzubringen, nicht entgangen sein. — Daß „geweckte" Zeichnungen mittelst Flechtung dargestellt wurden, setzt wohl das Helmkleinod (die geweckten Hörner) auf den Siegeln vieler bayrischen Herzoge, durch ihre oft vollkommen deutliche Abbildung in diesem Sinne außer allen Zweifel. —

Auch die „halben Monde" und späteren sogenannten „Kleestengel", welche man in der Heraldik so häufig auf den Adlern angebracht findet, erklären sich viel leichter bei Annahme der „plastischen Stückung", — in welchem Falle nemlich diese heraldischen Nebenfiguren nichts Anderes gewesen sein konnten als etwa wieder kleine Metallspangen zur zweckdienlichsten Befestigung der heraldischen Hauptfigur (nemlich des in Leder gepreßten oder auf eine andere Weise dargestellten Adlers) am Schilde. (Siehe Tafel VI, 2.) —

„Schuppen" und „geschuppte" Dessins (was die Franzosen papelonné heißen) sahen ebenfalls nicht nur viel markirter und plastischer aus, wenn sie aus wirklich übereinandergelegten Lederschuppen gebildet wurden, sondern es bot auch nebenbei diese originelle Zusammensetzung den besonderen Vortheil einer bedeutenden Verstärkung des Schildüberzuges. (Siehe Tafel VI, 11 u. Tafel XXVI, 7.) —

Nicht minder wahrscheinlich ist die Darstellung der heraldischen Rosen (Tafel XXIV, 1) durch Lederplastik, — während uns die Verfertigung der heraldischen Krönlein (Tafel XXV, 3) aus Goldblech der obige uralte Schild des Conrad von Thüringen mit Sicherheit beweist. —

Ich gehe bei meinen unmaßgeblichsten Ansichten und Vermuthungen über die höchst merkwürdige plastische Kunsttechnik der Schilde dieser Epoche sogar so weit, die Behauptung aufzustellen: daß die sogenannten „bestreuten" oder „übersäeten" Felder in der Heraldik, ursprünglich der Lederplastik ihre Genesis verdanken. — Es mögen nemlich in frühester Zeit Pergament und Leder gleich in ganzen Fellen oder Häuten mit den sich in vollkommen regelmäßigen Abständen oder Zwischenräumen wiederholenden Wappenbildern übergepreßt worden sein, — wodurch dann beim Ueberziehen der Schilde mit solchen Leder-Häuten oder Pergamentfellen, der Natur der Sache nach, die zwar vorher regelmäßig daraufgedrückten Figuren, nunmehr aber keineswegs auch regelmäßig ausgingen, sondern vielmehr, bald da, bald dort, halb und theilweise am Schildesrand verschwanden! (Siehe Tafel VI, 9 und Tafel XXV, 11 u. 12.) — Denn nur dieser letztere Umstand ist der echte Begriff des besäeten oder bestreuten Feldes und kennzeichnet ein solches; — während im gegentheiligen Falle, d. h. wenn die Wappenbilder nicht theilweise am Rande verschwinden, solche nach der Regel gezählt werden müssen, — weil dann ihre Anzahl heraldisch festgestellt und bestimmt ist. — Weiters könnte aber auch noch aus meiner obigen Aufstellung erhellen, daß diese Ueberpressung solcher ganzer Pergamentfelle und Leder-Häute mit regelmäßig vertheilten, gleichartigen Wappenfiguren zu heraldischen Zwecken, besonders in Frankreich und England, — vielleicht wie die Verfertigung der schon oben erwähnten heraldischen (gewirkten oder damaszirten) Stoffe in der Stadt Ypern, — als ein eigener Fabrikationszweig betrieben worden sei, da besonders in diesen Ländern (sowie auch in Spanien) die sogenannten besäeten oder bestreuten Felder etwas außergewöhnlich Häufiges sind. — Daß die Pelzwerke (Taf. VI, 6; Taf. IX. 11 u. 12; Taf. XXVI, 6) (Hermelin, gemeine Kürsch, Kleingrau oder Grauwerk) in der Heraldik und beziehungsweise auf den Dreieckschilden dieser Epoche immer wirklich in natura angewendet wurden, unterliegt nach allem Vorhergesagtem wohl keinem Zweifel mehr, da auch überdieß alte Abbildungen, z. B der Herzoge von Bretagne mit ihren Schilden und Pferdsdecken von rohen Hermelinfellen u. v. A. die Sache entschieden bestätigen. —

Auch hier muß ich jedoch wiederholt und ausdrücklich bemerken: daß unsere deutschen „Eisenhütlein", das ideale vair et contre-vair der Franzosen, in keinem Falle und zu keiner Zeit der Behwammen-Pelz waren, noch weniger aber von diesem ihren Ursprung herleiten, oder etwa gar in der Heraldik damit gegeben wurden. — Die Beweise hiefür sind unwiderlegbar, und werden von mir bei den „Wappen-Figuren" ausführlich beigebracht. — Uebrigens sind diese Bezeichnungen in der französischen, englischen und anderen Heraldiken, jedenfalls doch nur sehr schlecht gewählte sinnbildliche oder symbolische Kunstausdrücke für jene alten heraldischen Figuren. Sicher dachten auch die ersten Erfinder derselben nicht im entferntesten daran, daß je ein Heraldiker so kurzsichtig sein werde: die genannten Figuren, blos wegen ihres symbolischen oder sinnbildlichen Namens vair und contre-vair, in allem Ernste wirklich für ein „Pelzwerk" halten und erklären zu wollen. — Die deutsche Benennung „Eisenhütlein" dagegen ist notorisch nicht nur „uralt", sondern muß auch in jeder Beziehung: als vollkommen richtig, ganz wohl passend und besonders praktisch (in Hinsicht der Blasonirung) anerkannt werden. — Weil aber das „Wahre" und „Gute" so nahe liegt, hätte jener „lächerliche Unsinn" längst schon fallen sollen. — Weiter will ich mich jedoch hier über diesen Gegenstand nicht ausbreiten, da ich später bei den „Wappenfiguren" mehr davon reden, d. h. die Sache genau erklären und auseinandersetzen werde.

Die beiden heraldischen Tinkturen: Weiß (Silber) und Schwarz hingegen dürften vielleicht in einzelnen Fällen mit weißem oder schwarzem Pelze dargestellt worden sein. — Der Beweis hiefür liegt ebenfalls nicht so fast in den alten heraldischen Bezeichnungen „hermine" (Hermelin) für Weiß, und „sable" (Zobel) für Schwarz, sondern vielmehr in dem Umstande, daß in der altenglischen Heraldik (wie z. B. bei John Bosserwell) unter zehnerlei Pelzwerken eines „Argent" genannt wird, wobei die ausdrückliche Bemerkung steht: „Litwils skin" (Fell, Haut) in der Heraldik „Argent".[1]) (Tafel XXXI, 2.) —

Die Benennungen „hermin" und „zobel" finden sich übrigens schon im „Turnei von Nantes."

So z. B.: „Rot und wiz stückhete
Was er von hermin unt von fein." —

Oder: „Unt was ein lauwe dar uf geleit
Von zobel swarz alsam ein kol."

Ferners bei Beschreibung des Schildes des Herzogs von Sachsen heißt es:

---

1) John Bossewell Pars I, pag. 75 77.

„Der herzoge einen tiuren schilt
Für sich begonde drücken,
Er schein von zweien stücken,
Nach ritterlichem rehte,
Sin halbez teil stückhete
Von zobel unt von golde was,
Das ander teil, als ich ez las,
Erschein durch liuhtic wiz hermin,
Unt was von roten lein darin
Geleit ein halber adelar." —

Diese von mir überhaupt mit dem Namen „Stückung" näher bezeichnete Methode nun berührt auch Herr Dr. Gustav Klemm in seinem oben bereits erwähnten gediegenen Werke, indem er unter Anderm sagt: „Die Schilde waren von Holz und mit Leder, Leinwand, Seidenstoff überzogen und bemalt. Die bunte Bemalung kommt früh vor, und noch in den Bildern der Herrard meist einfarbig, roth, grün, weiß, höchstens mit Schräg- oder Querbalken. In den Bildern zum Sachsenspiegel erscheinen bereits die Wappen, die auf den Siegeln des XIII. Jahrhunderts als Schild-Bemalung bereits vorkommen. — Die Schilde waren nun entweder bemalt oder auch gestickt, oder mit Mosaik von bunter Seide, farbigem Tuch, Metallblech, Pelzwerk belegt. Ulrich von Lichtenstein trug einen mit Hermelin überzogenen Schild, worauf die beiden Schrägbalken in schwarzem Zobel geschnitten waren und ein köstlicher Buckel befestigt war. Der Schild des Grafen von Görz war schräg getheilt; im obern Felde, blau wie ein lichter Saphir, befand sich ein aus Gold geschlagener Löwe mit einer Krone, die reich mit edlen Steinen geschmückt war. Das untere rothe Feld wurde durch daraufgelegte Streifen von Hermelin achtmal roth und weiß getheilt. (s. K. von Sava, Bemerk. über Waffen, Rüstungen u. s. w. in mittelalterlichen Fürstensiegeln in den Wiener Quellen und Forschungen. 1849 S. 320 ff.)" [1]) —

Aus allem Vorhergehendem über Stückung, Leder- und Leinwand-Plastik der Dreieckschilde sehen wir klar und deutlich, daß jedenfalls zu dieser Zeit die Heraldik im Allgemeinen ihren Glanzpunkt erreicht haben müsse, während zugleich auch die hohe Vollendung der praktischen und höchst sinnreichen Kunsttechnik des christlichen Mittelalters, besonders in ihrer Anwendung auf heraldische Attribute, gewiß ins glänzendste Licht gestellt wurde. —

Man darf jedoch deßhalb ja nicht glauben: es wären alle Reiterschilde dieser Periode auf so prächtige Weise „plastisch" ausgeschmückt worden. Wie schon gesagt,

---

1) Allgemeine Culturwissenschaft von Dr. G. Klemm pag. 380. —

war es damals, wie heute noch: Vornehme und Reiche bedienten sich luxuriöser Waffen und Geräthe, während die der Andern zwar dieselbe Grundform hatten, allein viel einfacher und roher verziert sind. — Die drei hohenlohischen Stechschilde in der Herrgottskirche zu Kreglingen geben hiefür am besten Zeugniß. — Aus nicht viel späterer Zeit, als die Marburger-Dreieckschilde, sind die Wappenbilder (Leoparden) darauf dennoch weder durch Lederpreßung, wie der Löwe am Schilde des Conrad von Thüringen, noch durch Leinwandplastik, wie jener am Schilde des Landgrafen von Hessen dargestellt, sondern einfach nur — gemalt.[1]) —

Die technische Schildbemalung aber bleibt durch alle Jahrhunderte gleich, wie auch Herr Prof. v. Hefner-Alteneck bemerkt. Diese einfache Manier bestand nemlich darin: daß auf leimgetränkte Leinwand ein Anstrich von Kreidegrund gemacht wurde, auf den die Bemalung kam. — v. Hefner-Alteneck bemerkt: Die Behandlung gleiche im Allgemeinen der sogenannten Temperamalerei.[2]) —

Soviel von den heraldischen Dreieckschilden des XIII. und XIV. Jahrhunderts mit besonderer Rücksicht auf ihre Verfertigungsweise. —

Was aber die Schilde des Fußvolks und der Söldner in diesem Zeitabschnitte betrifft, so finden sich, wie schon erwähnt, bei diesen nicht nur noch sehr häufig die allererst beschriebenen langen und breiten, starkgewölbten und normännischen Schild-Formen, sondern auch herzförmige und anders gestaltete, immer aber mehr längliche, große Heerschilde. Sie sind jedoch meistens ohne fixirte, eigentliche Wappenbilder und haben daher auch keine „heraldische“ Bedeutung.[3]). —

Es ist mit ziemlicher Sicherheit anzunehmen, daß mit dem Beginne des XV. Jahrhunderts die künstliche Stückung, Lederpreßung und Leinwand-Plastik auf den Schilden, wenigstens im Allgemeinen, verschwindet und der bloßen „Bemalung“ Platz macht. —

Bei einzelnen Exemplaren und auf den Lendnern (côte-hardie) mag sich jedoch der Gebrauch: Wappen und Wappenfiguren auf die mehrbesprochenen Arten darzustellen, wohl noch etwas länger gehalten haben. — Namentlich bleibt die Sitte des „Aufsteppens“ der Wappenbilder auf Waffenröcke, Pferdedecken, Kleider, Banner u. dgl. noch lange im Gebrauch. —

Um nun wieder auf die Schilde zu kommen, so entstand zunächst aus den Dreieckschilden, schon am Ende des XIV. Jahrhunderts, folgerecht auf ganz natürliche

---

1) v. Hefner-Alteneck Trachtenwerk II. Abthlg. tab. 69 u. Text.

2) Ibid. Abthlg. II. p. 198.

3) Ibid. Abthlg. II. — Wagners Trachtenbuch — Alexand. de Vigne. — Montfaucon mon. d. l. mon. françe.

Weise, durch die mehr und mehr sich ausprägende Schweifung der Seiten des in seiner frühesten Urform, wenn auch nie vollkommen, so doch annähernd geradlinigen Dreieckes, — jene Schildesform, die wir in den meisten ältern und neuern Lehrbüchern der Wappenkunde ganz unsinnigerweise als die „spanische" bezeichnet finden. — Sowie nemlich der Uebergang von der frühesten, normännischen (oben ganz runden, unten aber spitz auslaufenden) Schildesform zur reinen Gestalt des Dreieckschildes, nur durch allmählige Verwandlung der obern Rundung, nach und nach, in zwei vollkommene Ecken sich bewerkstelligte, — also bildete sich gerade in verkehrter Weise der weitere Uebergang von der letztgenannten Dreieck- in die unten runde Schildesform. — Wenn daher dort die obere Rundung in Ecken überging, so geht jetzt umgekehrt die untere Spitze des Dreieckes allmählig in vollkommene Rundung über.

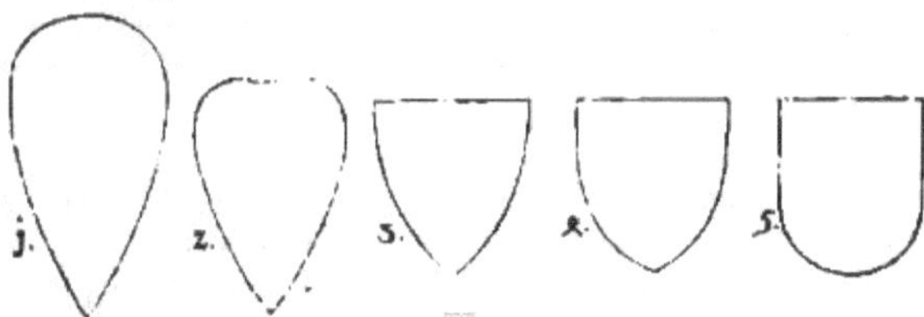

Aelteste heraldische Schildform. | Uebergangsform zum Dreieckschild. | Dreieckschild | Uebergangsform zum unten runden Schild. | Unten runder Schild.

Wir begegnen deßhalb bereits in den letzten Dezennien des XIV. Jahrhunderts der unten ganz runden Schildesform, wie wir sie z. B. vorstehend als die letzte Nr. 5; auf Tafel VII an allen Schilden, oder auf Tafel IX, 1 sehen können. —

Daß aber für diese Gattung die bisher allgemein übliche Bezeichnung „spanische" durchaus falsch und grundlos ist, beweist schon das gleichzeitige Vorkommen derartiger Schilde zum wirklichen Gebrauch bei allen Völkern und in allen Ländern am Ende des XIV. und in der ersten Hälfte des XV. Jahrhunderts. — In der Heraldik dagegen blieben sie von ihrem ersten Entstehen an, schon wegen ihrer besonders praktischen Form für zusammengesetzte Wappen, mit vollem Rechte sogar noch bis auf den heutigen Tag in Anwendung. —

Man adoptirte sie schon gleich bei ihrem ersten Auftreten um so lieber zu letztgenanntem Zwecke, weil auch ohngefähr um dieselbe Zeit die ersten viertheiligen oder geviertelten Wappen üblich wurden und die bisherigen Dreieckschilde hiezu selbstverständlich gar nicht mehr passen wollten, während hingegen diese neuere, unten runde Form als die weitaus tauglichste und bequemste sich herausstellte. — Einen Beweis liefern uns die zwei Grabsteine des Grafen Johann von Werthheim († 1407) in der Stiftskirche zu Wertheim, auf deren einem der Graf allein, [1]) am andern dagegen zwischen seinen zwei Frauen dargestellt ist. [2]) Auf beiden Epitaphien ist der Wertheimische Wappenschild, als ein vierfeldiger, von unten runder Gestalt, während sogar unmittelbar daneben die zwei einfachen Wappen der Frauen noch auf Dreieckschilden sich zeigen. —

Bei Beschreibung des einen Grabsteines sagt Herr v. Hefner-Alteneck unter Andern: „Die hier vorkommenden Schilde sind unten rund, während sie kurz vorher noch durchaus dreieckig waren.“ [3]) — Jedenfalls aber ist der Gebrauch der unten runden Schilde von jeher in der Heraldik viel häufiger gewesen als in der Wirklichkeit. — Doch kommen sie mitunter selbst ziemlich spät noch im wirklichen Gebrauche vor. — So z. B. auf der gemalten Federzeichnung aus einem Nürnberger Turnierbuche des XVI. Jahrhunderts, die uns Herr v. H.-A. auf Tafel 72 der III. Abtheilung seines Trachtenwerkes zeigt, wo die zwei Patrizier Pangratz Zollner und Sebalt Geiger „in Krönlingen“ mit einander rennen, und sich hiezu unten runder, mit ihren Wappen bemalter Stechschilde bedienen. —

Mit der unten runden Form zunächst verwandt und wohl auch unmittelbar daraus gebildet ist die sogenannte „französische“ Schildesform, welche sich durch eine oft kaum merkliche Zuspitzung des Fußes, von der vorigen unterscheidet (Taf. IX, 2). — Diese unerhebliche Veränderung läßt mit Sicherheit vermuthen, daß beide Schildformen vollkommen gleichzeitig seien und wird solches auch durch Siegel und Abbildungen hinreichend bestätigt. — Bei letzterer Gattung ist nun in der That nicht zu läugnen, daß sie im Mittelalter wirklich in Frankreich häufiger vorkommt, als in andern Ländern. —

Es fehlt jedoch ebensowenig in Deutschland an Beispielen ihrer Anwendung. So z. B. am Grabsteine des Georg von Seckendorf († 1444) in der mit der Klosterkirche zu Heilsbronn verbundenen Ritterkapelle, auf dem der Seckendorfische Wappenschild in nebenstehender Gestalt rechterhand des genannten Ritters an einem Nagel hängt. [4])

1) v. Hefner-Alteneck II. Abtheil., tab. 92, pag. 122.

2) Ibid. Abthlg. II, tab. 106.

3) Ibid. Abthlg. II, p. 122.

4) Ibid. Abthlg. II. tab. 108.

Ohngefähr mit der zweiten Hälfte des XIV. Jahrhunderts tritt noch eine andere Schildesform auf, die eigentlich nur durch einen Ausschnitt für die Lanze von den vorhergehenden zwei Arten sich unterscheidet; — eine Schildform, die in der ganzen spätern Heraldik eine sehr große Rolle spielt und namentlich durch schlechtes Verständniß zu vielen Mißbildungen Veranlassung gab, ja noch täglich von allen Sachunkundigen gewöhnlich falsch aufgefaßt wird! —

Das sind die ausgeschnittenen Tartschen oder Tartscher, die eigentlichen Stech- und Rennschilde.[1] —

In Bezug auf den Namen „Tartsche“ oder „Tartscher“ erzählt uns v. Hefner-Alteneck: „daß derartige, mit starkem Leder überzogene Schilde, schon in der Limburger-Chronik ad annum 1351 „Tartschen“ genannt werden (nach dem Italienischen Targa, weil das Leder von dem Rücken der Stiere dazu genommen wurde.“)[2])

Die nächste Veranlassung zur Entstehung dieser Schildesform gaben wohl die ritterlichen Rennspiele oder Turniere, bei denen das eigentliche „Einlegen“ der Lanze zumeist diese eigens darauf berechnete Gestalt des Schildes nothwendig zur Folge hatte, da alle andern Formen hiezu mehr oder minder als unbequem und mitunter sogar hinderlich sich erwiesen. —

Wenn man auch die alten Dreieckschilde, wegen ihrer Hauptbestimmung, bisweilen „Stechschilde“ genannt findet, so z. B. öfters bei J. H. v. Hefner-Alteneck u. a. O., so bleibt doch unumstößliche Gewißheit: daß sie die ständigen Attribute eines Ritters, und zwar keineswegs blos bei Gestechen und Turnieren, sondern vorzüglich auch bei Fehden, Kämpfen und in der ernsten Schlacht waren. — Sollten daher jene historischen Worte des überwundenen Friedrichs von Oesterreich nach der Schlacht bei Ampfing im Jahre 1322: „lunt ich mich des Kuemauls dort doch nit erweren,“ die er befragt: wer ihm am meisten zugesetzt und ihn gefangen habe, — auf Rindsmauls Schild weisend sprach, — nicht genug des Beweises hiefür sein; so müßen uns doch gewiß die gleichzeitigen Darstellungen von Streiten, Schlachten, Gefechten und aller ernstlichen Kämpfe hinreichend überzeugen.[3]) —

Im Anfange nun wurden zwar auch die ausgeschnittenen Stechtartschen zu „Ernst und Schimpf“ angewendet, jedoch in der Folge werden sie allmählig kleiner und gehören dann nur mehr ausschließend zum Turnier-Gebrauch; wozu überhaupt,

---

1) v. Hefner-Alteneck Trachtenwerk Abth. II, 47, 155 u. a. a. O. — Meyrick Waffensammlung Tab. XII. Catalog. illustr. pl. III.

2) Ibid. II, 20 p. 24.

3) Ibid. Abthlg. I, 94, Abthlg. II, 31. — Tannenberg derselbe pl. XI.

von Mitte des XV. Jahrhunderts an, allein noch Schilde bei der Reiterei in Anwendung sind. — Sogar mit dem Ende des XIV. Jahrhunderts schon werden bereits die Schilde im Allgemeinen seltener, und der Limburger-Chronik zufolge führten zu derselben Zeit (im Jahre 1389) „Ritter und Knechte, Bürger und Reisige Leute keinen Tartscher und Schild mehr, also daß man unter hundert Rittern und Knechten nicht einen fand, der einen Tartscher oder Schild hatte.“ v. Hefner-Alteneck setzt noch bei: „In den englisch-französischen Kriegen leisteten sie noch immer treffliche Dienste, besonders für das Fußvolk, wie aus der mit Zeichnungen illustrirten Handschrift Froissard's erhellt, die in der (vormals) Königlichen Bibliothek zu Paris aufbewahrt wird.“ [1]) —

Ueber die Schilde im Allgemeinen verlautet er bei dieser Gelegenheit weiters wie folgt:

„Die langen, unten mit einer Spitze versehenen Schilde hießen Setz-Schilde und waren eine der vorzüglichsten Schutzwaffen des Fußvolkes, jene der Ritter hießen Stechschilde, im XIV. Jahrhundert waren sie dreieckigt, im XV. gingen sie in die viereckigte, unten oft ausgeschweifte Form über, und hatten gewöhnlich einen Einschnitt auf ihrer rechten Seite, zum Einlegen des Speeres, da man sie gerade vor der Brust hielt. — Später — gegen Ende des XV. Jahrhunderts — begann man sie an die Brustplatte anzuschrauben und so machten sie einen Theil des Stech-Zeuges oder des sogenannten hohen Gezeuges aus, das von den Kriegswaffen sehr zu unterscheiden ist.“ —

Um nun wieder auf die ausgeschnittenen Tartschen oder Tartscher zu kommen, so folgen sie an ihrem unteren Theile bald mehr der ganz runden, bald der dreieckigen, zumeist aber der Grundform eines viereckigen Schildes, mit bald mehr, bald weniger gebrochenen oder abgestumpften Ecken. Am (heraldisch) rechten Obereck haben Alle einen rundlichen Einschnitt für die Stechlanze. — Die Wölbung ist bei der ältern größern Gattung derselben unerheblich, dagegen bei den kleinern Renntartschen der spätern Zeit zum ausschließlichen Turniergebrauch diese Wölbung oft fast halbkreisförmig erscheint. — Man findet bei diesen Stechtartschen so verschiedenartige Einkerbungen, so mannigfaltige Veränderungen und Modifikationen ihrer primären Grundform, daß sich jedenfalls ihre Gestalt besser sehen, denn beschreiben läßt. —

Ich habe auch deßhalb eigens zu dem Zwecke auf Tafel VIII sechs solche Tartschen aus verschiedener Zeit gegeben, damit man sich nur einigermaßen mit ihren

---

1) v. Hefner-Alteneck Trachtenwerk Abthlg. II, 20, pag. 24.

im Hauptprincip zwar stets übereinstimmenden, in den äußern Umrissen dagegen vielfach abweichenden Formen bekannt machen könne. —

Nro. 1 ist die Tartsche eines Grafen von Orlamünde nach einem Grabsteine in dem Cisterzienser-Nonnenkloster zu Himmelkron im bayerischen Kreise Oberfranken. [1])

Sie ist aller Wahrscheinlichkeit nach ohngefähr schon aus der Mitte des XIV. Jahrhunderts, weßhalb v. Hefner-Alteneck dazu bemerkt: „Oefter sieht man an den Schilden des XIV. Jahrhunderts wie hier einen Ausschnitt für das Einlegen der Lanze; jedoch kam dieser damals nicht in allgemeine Aufnahme, verschwand bald wieder, und wurde erst im XV. Jahrhundert bei den gewöhnlichen kleinen, unten runden Reiterschilden allgemein.“ [2]) —

Besonders hervorzuheben ist bei diesem Schilde die verzierte goldene Schildfessel, an der ihn der Graf über seine Schulter gehängt auf der linken Seite trägt. —

Nro. 2 und 3 sind ebenfalls ausgeschnittene Tartschen aus dem XIV. Jahrhundert, [3]) und ich wäre beinahe versucht zu glauben, daß sie schon damals nicht so gar selten waren, wie v. Hefner-Alteneck nach Obigem anzunehmen scheint. — Die Tartsche 3 ist mehr aus dem Vierecke gebildet und befindet sich solchergestalt auf der Klinge eines Schwertes aus der Mitte des XIV. Jahrhunderts in den vereinigten Sammlungen zu München. Bemerkenswerth ist dabei, daß auf derselben Klinge, das nämliche Wappen auch im Dreieckschilde sich wiederholt, ein Umstand, der unwillkührlich der Vermuthung Raum gibt: als habe man hier den dreieckigen als Kriegs-Schild, die Tartsche dagegen als Symbol und Attribut des Turnierers zu betrachten. —

Das ganz gleichzeitige Vorkommen von Dreieckschild und Tartsche, oft nebeneinander, aber dann meistens zu gesonderten Zwecken, beweisen uns übrigens auch zwei Schachreiter, wovon sich der eine im Museum zu Berlin, der andere im germanischen Museum zu Nürnberg befindet. — Nach Allem unverkennbar aus ein- und derselben Zeit (zweite Hälfte des XIV. Jahrhunderts), trägt Ersterer zum Schwert: den Dreieckschild; — Letzterer zum Rennfähnlein (Lanze): die ausgeschnittene Tartsche. — Am Dreieckschilde ist das mit Steinen besetzte Randbeschläge (Fassung), als um diese Zeit schon ziemlich selten, noch besonders hervorzuheben. — Den „bespornten Fuß“ auf diesen beiden Schilden darf man jedoch ja nicht etwa für irgend ein Geschlechts-Wappen ansehen, da die zwei Schach-

1) v. Hefner-Alteneck Trachtenwerk Abthlg. II, pag. 146

2) ibid. Abthlg. II, pag. 187.

3) ibid. Abthlg. II, tab. 47 u. 188.

Reiter ganz verschiedenen Spielen angehörten, (weil der Berliner viel größer ist) und jener Fuß rein nur ein scherzhaftes Zeichen des Schachreiters vorstellen soll; — überdieß auch an mehreren solchen sich vorfindet. —

Auf derselben Tafel Nro. 4 zeigt sich uns die Form der Tartsche, wie sie auf den Grabsteinen der beiden Peter von Stettenberg (Vater † 1428 und Sohn † 1441) in der Abteikirche zu Bronnbach,[1]) mit so wenig Veränderung vorkommt, daß mit Sicherheit angenommen werden darf: Vater und Sohn haben sich zu ihren Lebzeiten ein und derselben Tartsche bedient. —

Nro. 5 ist eine Tartsche aus der ersten Hälfte des XV. Jahrhunderts, dem Entwurfe (Handzeichnung) zum Hochgrabe eines ritterlichen Ehepaares, im königl. Kupferstichkabinette zu Dresden, entnommen.[2]) — Auch hier ist der Riemen mit Schnalle (Schildfessel), an welchem die Tartsche dem Ritter um Hals und Schulter hängt, wohl zu beachten. —

Nro. 6 endlich gehört der zweiten Hälfte oder vielmehr dem Ende des XV. Jahrhunderts an. — Auf einem kleinen Relief, den Ritter Georg vorstellend, in der Nähe der Georgenschwaige bei München, hat Letzterer diese Tartsche am linken Arme.

Ich hätte hier, ihren äußern Umrissen nach, noch viel schönere und elegantere Tartschen anführen und in den Abbildungen geben können, allein ich wollte mich absichtlich nur an vollkommen „heraldische" Muster und Beispiele halten, d. h. nur solche bringen, bei denen sich der Begriff: daß der wirkliche Schild auch der heraldische sein müsse, und umgekehrt, noch nicht verloren hatte, ein Umstand, den ich weiter unten gleich näher berühren werde. —

In Betreff des Materiales, woraus man diese Tartschen verfertigte, so findet

1) v. Hefner-Alteneck Tracht. Abthlg. II, 97 u. 98.

2) Ibid. Abthlg. II, tab. 165.

man im Ganzen wenig Verschiedenheit von dem aller frühern Schildgattungen, und von Hefner-Alteneck bemerkt hierüber irgendwo: „man ersehe aus dem Vergleiche mit den Originalschilden aus dem XIII. Jahrhundert, wie sich dieselbe Technik der Schilde von dem frühen Mittelalter an, bis zum Ende des XV. Jahrhunderts erhalten hat, während sich die Form derselben änderte. — Die Schilde von Metall, welche meistens rund waren, kamen erst im XVI. Jahrhundert auf.“[1]) —

In Anbetracht der innern Beschaffenheit besagter Stechtartschen dagegen kommen hie und da Veränderungen und Abweichungen von der Regel vor. So hat z. B. der bekannte Rehmische Rennschild,[2]) gegenwärtig im Privatbesitze in Augsburg, statt Holz eine theilweise Eisenblecheinlage. — Ich habe auch einzelne derartige Tartschen gesehen deren innerer Kern durch schichtenweise übers Kreuz aufeinandergelegte und verleimte, schmale Fournierstreifen gebildet wurde, darüber aber kam als erste Unterlage leimgetränkte und mit Kreidegrund bestrichene Leinwand. Man sieht daraus, daß hiebei eigentlich um diese Zeit schon keine Regel mehr festgehalten wurde, sondern eben Jeder nach persönlicher Ansicht: was am festesten, dauerhaftesten und zweckmäßigsten erschien, als Einlage-Material für die Schilde verwendete, — wobei man oft Gelegenheit hat: die sinnreichsten Manieren beobachten zu können. Nur bildeten Leder, Pergament oder Leinwand mit Kreidegrund jedesmal den Ueberzug.

Daß übrigens von der spätern und kleinern Gattung Renntartschen auch einige ganz von Eisen oder Stahl vorkommen, kann ich um so gewisser behaupten, weil ich selbst eines der schönsten Exemplare dieser Art gesehen habe, leider aber nie die Gelegenheit finden konnte eine genaue Zeichnung davon mir zu verschaffen. — Es war der Stechschild eines Freiberger von Aschau auf Schloß Hohenaschau in Oberbayern, ohngefähr aus dem Ende des XV. Jahrhunderts, mit dem höchst kunstreich darauf eingeätztem und vergoldetem Wappen dieser nunmehr abgestorbenen Familie. Es ist dieß dasselbe Wappen, wie es die gegenwärtig noch in Bayern, nunmehr aber in freiherrlichem Stande blühenden schwäbischen Freiberger führen und wie wir solches auf Tafel XXVI, 3. sehen, jedoch mit dem einzigen Unterschiede, daß die abgestorbenen bayerischen Freiberger von Hohenaschau, statt der 3 goldenen Kugeln, die wir dort bemerken, 3 goldene Sterne führten. —

Auf der erwähnten eisernen Tartsche nun war alles Silber: blank polirter Stahl, — das Blaue: tief angelassen, — die goldenen Sterne: eingeätzt und matt

---

1) v. Hefner-Alteneck Trachtenwerk Abthlg. II. pag. 189.

2) Catalog. Musée, pl. III.

vergoldet; — der Effekt des Ganzen aber so brillant, daß man ihn vergebens beschreiben würde. — Die Einkrümmung (Wölbung) des Schildes betrug nahezu einen Halbzirkel. — Leider wurde auch dieser Schild mit der ganzen übrigen, großartigen und weit berühmten Waffensammlung des genannten Schlosses vom jetzigen Besitzer desselben verschleudert. —

Von nun an, und schon zugleich mit den ausgeschnittenen Tartschen, kommen, besonders beim Fußvolk, alle möglichen Schilde mit und ohne heraldische Abzeichen vor. — Wir sehen unter ihnen die mannigfaltigsten und bisweilen auch abentheuerlichsten Formen, die man sich nur denken kann. —

Oeffentliche und Privat-Sammlungen, Gemälde und Holzschnitte, Reliefs und Handzeichnungen aus dem XV. und XVI. Jahrhundert, sowie alle deutschen und französischen Trachten-, Waffen- und Costüm-Werke zeigen uns solche in vielen Originalien und gleichzeitigen, ganz getreuen Abbildungen. [1]) —

Alle Diese enthalten jedoch schon zumeist keine eigentlichen heraldischen Figuren mehr, und wenn ja solche noch vorkommen, so hat sich bereits der Begriff: daß der wirkliche Schild auch zugleich der heraldische sein müsse, und umgekehrt, — verloren. — Die Wappenfiguren finden sich nemlich um diese Zeit selten mehr den Schild, als solchen „allein“ und „heraldisch“ ausfüllend, sondern in den meisten Fällen wurde das ganze Wappen, auch mit allen seinen äusserlichen Attributen, als: Helm, Kleinod, Decken u. dgl. gewöhnlich noch umgeben mit andern Figuren, Laubwerk, fliegenden Zetteln, mit Inschriften, Arabesken und sonstiger Ornamentik, ja oft mit förmlichen Allegorien, auf dem Schilde angebracht. —

Man muß schon bei den eingeschnittenen Tartschen zugestehen, daß die bei weitem größere Mehrzahl derselben in dieser Weise bemalt sind, weßhalb ich solche keineswegs zu den „rein heraldischen“ Schilden rechnen kann, wenn auch gleich Wappen auf ihnen figuriren.

So ist z. B. die schöne Tartsche, welche uns v. H. A. in seinem Trachtenwerke auf Tafel 155 der zweiten Abtheilung zeigt und die, in der Elisabethenkirche zu Marburg befindlich, ebenfalls einem Landgrafen von Thüringen gehörte, trotz ihrer besonders zierlichen und gefälligen Form, dennoch aus zwei triftigen Gründen den „heraldischen Tartschen“ nicht beizuzählen. — Diese aber sind:

1) Statt des Thüringischen Löwen, der als heraldische Hauptfigur den heraldischen Schild (die Tartsche) allein ausfüllen sollte, sieht man das

---

1) v. Hefner-Alteneck. Trchtwk. Abthl. II, 3, 20, 42, 155. — Meyrick Waffensammlung pl. 12 u. 84. Catalog. illustr. pl. III. —

vollständige Thüringische Wappen, sogar mit seinen äussern Attributen, (Helm, Kleinod, Decken), es erscheint somit am „wirklichen" Schild (auf der Tartsche), der „heraldische" Schild erst darauf gemalt, statt daß beide in Eins zusammenfallen. —

2) Das Ganze ist nur mit starken, schwarzen Umrissen (Conturen) auf einen versilberten Grund gezeichnet, also: ohne alle heraldische Tinktur. —

Jeder der beiden hier angeführten Gründe wäre an und für sich allein schon hinreichend der besagten Tartsche ihre entschieden heraldische Bedeutung zu benehmen. [1]) —

Dergleichen Beispiele kommen jedoch, wiewohl höchst selten, auch schon ziemlich frühzeitig vor. — So finde ich auf dem Grabsteine eines Grafen von Orlamünde in dem bereits obengenannten Cisterzienser-Nonnen-Kloster Himmelkron im bayerischen Oberfranken, (Mitte des XIV. Jahrhunderts,) am wirklichen Schilde den Wappenschild mit Helm und Kleinod im Kleinen abgebildet. [2]) — Diese Nichtannahme des wirklichen und des heraldischen Schildes als ein und dasselbe, ist, wie schon gesagt, meiner Ansicht nach, das erste große Mißverständniß der Sache, die erste falsche Anschauungsweise des wesentlichsten und wichtigsten Hauptbestandtheiles der Heraldik: des Schildes, — wodurch auch vorzüglich später die meiste Begriffs-Verwirrung in dieser Wissenschaft entstanden ist, und von welcher Zeit an deren allmähliger Verfall sich zunächst herschreiben dürfte. — Ich glaube daher oben ganz richtig ohngefähr die Mitte des XV. Jahrhunderts als den Zeitpunkt bezeichnet zu haben, von wo an es mit der Heraldik, im Anfange zwar unmerklich, später aber mit Riesenschritten um so schneller abwärts geht. — Sonderbarer Weise halten sich jedoch bei vielen Siegeln, namentlich aber auf den Münzen, gute Formen überhaupt, also auch die bessern Schildesformen viel länger als in Wirklichkeit. — Wir sehen deßhalb die dreieckigen und unten runden Schilde des XIV. Jahrhunderts mitunter noch auf Siegeln und Münzen des XVI. Jahrhunderts. — Ja ich habe, man sollte es kaum glauben, sogar aus dem Anfange des XVIII. Jahrhunderts Montfortische

1) Hr. v. H.-A. zeigt auch die Rückseite dieser Tartsche, während er uns leider dagegen unbegreiflicher Weise die Innenseite der beiden viel interessanteren Marburger-Dreieckschilde (bis auf das kleine Bruchstück Malerei am Schilde 1 auf Taf. V) vorenthält, da doch die Art und Befestigungsweise der Ringe, Handhaben u. dgl. auf der Rückseite von Dreieckschilden gewiß nicht minder wissenswerth erscheint, als diese Dinge an den Tartschen. —

2) Ibid. Abthlg. II, 146. —

Münzen gesehen, auf denen die Wappen noch strenge die Stylisirung des XVI. Jahrhunderts an sich trugen. — Selbst in so später Zeit also kann man noch einmal den Sinn und Geschmack für alte, gute Formen, wie das letzte schnelle Aufflackern eines dann für immer erlöschenden Lichtes, bemerken. —

Gleich im Eingange, als ich zu den ausgeschnittenen Tartschen überging, machte ich die Erwähnung, daß diese Schildform in der ganzen spätern Heraldik eine sehr bedeutende Rolle spiele, eine Bemerkung, die ich hier ausdrücklich in Erinnerung bringe; denn in der That sehen wir aus ihr alle jene späteren phantastischen, so verschiedenartig ausgeschnittenen Formen entstehen, die man höchst einfältigerweise bisher als „deutsche Schildform" angesprochen findet. —

Zuerst wurde nemlich, je nachdem man eine Tartsche rechts oder links lehnte, da oder dort, so oder anders in der Wappenkunst anwendete, auch jedesmal diesem Bedürfnisse entsprechend der Einschnitt derselben rechts oder links angebracht. Dieß aber war so zu sagen, der allererste Schritt, womit man, von der Wirklichkeit und Natur der Sache abging; denn die Tartsche konnte in natura nur am (heraldisch) rechten Obereck den Ausschnitt für den Speer haben. —

Später nun brachte man, wahrscheinlich zuerst der Symetrie wegen, bei heraldischer Verwendung der Tartschen-Schilde, auch auf der bisher nicht eingeschnittenen andern Seite einen ähnlichen oder gleichen Ausschnitt an, und wir haben somit zum Erstenmale in der Heraldik eine Schildform, wie sie in Wirklichkeit nie existirte. — Auf Tafel IX 6 und 7 sehen wir solche, ganz fälschlich als „deutsche" bezeichnete Schildformen — Welchem glänzenden Genie wohl zuerst der tolle Einfall gekommen ist: diese Benennung einzuführen, weiß ich zwar nicht, allein ich muß mich als deutscher Heraldiker hier ausdrücklich dagegen verwahren, daß man gerade unserer guten, deutschen Heraldik einen so grundschlechten Geschmack zutraut oder in die Schuhe schieben möchte. Bei also genauer Beobachtung der Entstehung und Bildung dieser Schildesform aber sieht man, wie grundlos die alberne Behauptung einiger ältern Autoren ist, die sogar „Thierhäute" daraus machen wollten und zugleich vorschlugen, man solle diese Schildform deßwegen den „Bürgerlichen" überlassen.[1]) —

Dr. Trier in seiner „Einleitung zur Wappenkunst" bringt über die gegenwärtige Schildgattung noch etwas Originelleres vor, indem er auf Seite 34 unter Anderm sagt:

„Die Franzosen nennen diese Art von Schilden cartouches, gleich als ob es

1) Triers Einleitung zur Wappenkunst pag. 34. — Siebenkees pag. 47. u. b. v. A.

nicht sowohl Schilde, als vielmehr zierlich ausgeschnittene Stücke Papier wären, denn cartuccia heißt auf Italienisch ein Stück Papier." —

Schon bei ihrem ersten Auftreten in der Heraldik (denn in Wirklichkeit kommen sie, wie gesagt, nicht vor) am Anfange des XVI. Jahrhunderts, — haben diese Schilde eine allseitige Einwölbung und Krümmung, d. h. sie folgen in dieser Beziehung noch ganz den Tartschen. —

Mittlerweile aber, und zwar ebenfalls mit den ersten Dezennien des XVI. Jahrhunderts, machte zugleich die neu auftauchende Renaissance ihre raschen Fortschritte und indem dieselbe mehr oder minder energisch überall um sich griff, bemächtigte sie sich auch der, ich möchte fast sagen, nunmehr ohnehin schon darauf vorbereiteten und hiefür empfänglichen heraldischen Schildesform. —

Wir sehen daher in dieser Periode jene mannigfaltigen Schilde mit gekerbten, ein- und ausgebogenen Rändern, mit durchschnittenen, glatten, eingesägten oder aufgewundenen Rollen, deren phantastische, oft sogar nicht unschöne Gestalten wir auf den unzähligen Holzschnitten, Zeichnungen, Kupferstichen, auf Münzen und Siegeln, in Malerei und Plastik, die ganze Renaissance hindurch, und beziehungsweise bis zum Uebergange dieser in den Zopfstil aller Orten bemerken und finden können.

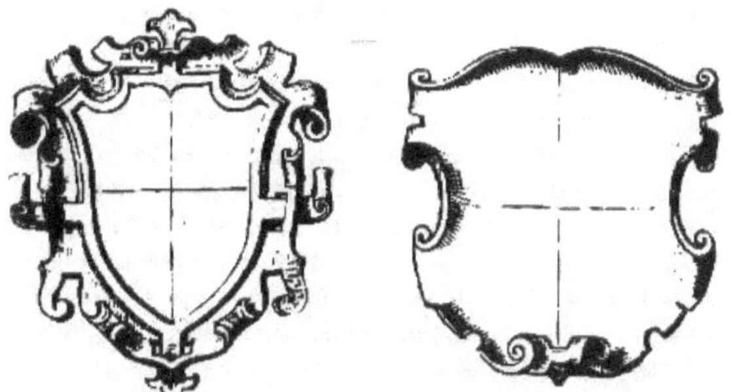

Dagegen hört die Wiederaufnahme der wirklichen Schilde zu „heraldischen" von jetzt an ganz auf, d. h. die eigentlichen heraldischen Schilde verschwinden mit dem Ende des XIV. Jahrhunderts für immer und kommen in Wirklichkeit außer Gebrauch. — An ihre Stelle aber treten jene bekannten und weit berühmten, äußerst kunstreichen italienischen und französischen Rondeln oder Rundschilde, die strenge nach den antiken Mustern gebildet, mit diesen auch die größte Aehnlichkeit haben. —

Nicht selten Meisterstücke der alten technischen Kunstschulen italienischer Waffen-

Schmiede, fallen die schönsten und reichsten derselben in die Blüthezeit der Renaissance, wo bekanntlich auch die Treibekunst des Eisens und anderer Metalle ihren Höhepunkt erreichte. — Diese wurden dann gewöhnlich nicht zum wirklichen Gebrauch, sondern vielmehr als Schau- oder Ehrenstücke für hohe Dynasten, reiche Fürsten und Herren angefertiget, deren persönliche Heldenthaten, Seefahrten, Abentheuer und Kriegszüge, wie auf den antiken Schilden eines Herakles, eines Achilles u. A., zumeist durch einzelne Hauptepisoden und Scenen versinnlicht und in vielen getriebenen oder eingeätzten Bildern, oft mit reicher Vergoldung, auf ihnen dargestellt waren. So können wir z. B. die überaus kunstreiche Arbeit an den Schilden, angeblich: des französischen Königs Franz I. d. a. 1526, und Kaiser Karl V d. a. 1550, in der Waffensammlung des Llewelyn Meyrik in Herefordshire bewundern, woselbst auch noch ein spanischer Rundschild d. a. 1535, und eine andere Rondel (von Holz) mit Lederpressung, beide in ähnlicher Manier, sich befinden. [1]) —

Manchmal sind die Rundschilde oder Rondeln auch vollkommen glatt und nur an der Nabelstelle mit einem eisernen Stachel versehen und gleichen dann wieder auffallend den allerersterwähnten frühmittelalterlichen Rundschilden mit Nabel, (Vergleiche Tafel II, 4.) die ja auch, wie diese, eine Nachahmung der antiken Schilde waren. — Derselbe Fall ist es bei den ovalen Eisenschilden dieser Zeit. (Vergleiche Tafel II, 3.) —

Beide Gattungen kommen bisweilen in der Renaissance-Zeit mit Augenschlitzen (schmalen Löchern zum Durchschauen) vor. [2]). — Der Umstand, daß die meisten dieser Eisenschilde von beträchtlicher Schwere sind, rechtfertiget die Annahme, daß man allerdings damals schon die Absicht hatte, sie möglichst kugelfest zu machen. — Die kleinen Stechtartschen zum Turniergebrauche dagegen sind in dieser Periode nur mehr ausschließend von Eisen, d. h. sie bilden nach und nach immer kleiner werdend, zuletzt mit dem Eisenhandschuhe der linken Hand ein einziges schweres Eisenstück (Ueberleger), — sind mithin auch eigentlich keine Schilde mehr, sondern ein wesentlicher Theil des neuern Stechzeuges. [3]) — Hieher gehören dann auch jene schweren, dicken Schutzwände von Holz, von denen sich mehrere Originale in Sammlungen noch vorfinden, und welche zwar aus Setzhaube und Tartsche vielleicht ursprünglich entstanden sein mögen, mit beiden aber keine entfernte Aehnlichkeit oder Gemeinschaft mehr haben. [4]) —

1) Meyriks Waffen-Sammlung. pl. LI LXI. —
2) Ibid. pl. LXV.
3) Catalog. illustr. pl. III, fig. 28. — v. Hefner-Alteneck Trachtenwerk A. III, pl. 52.
4) Originalien: im historischen Museum zu Dresden, im Schlosse Ambras in Tyrol

Alle diese letztgenannten Arten, sowie auch die kleinen Hand- oder Faustschilde aller Zeiten, [1]) ferners die übermäßig großen Schilde, die gleichfalls oft mit Löchern und Oeffnungen, manchmal sogar zum Durchschießen, versehen sind und besser „Sturm-Wände" genannt wurden, [2]) sind sammt und sonders für die Heraldik völlig bedeutungslos. — Man trifft auf denselben heraldische Bilder oder Wappen zumeist gar nicht, und wenn ja an einigen solche gefunden werden, spielen sie eine sehr untergeordnete Rolle. —

Obwohl die letzten wirklichen Schilde, haben sie dennoch mit der Heraldik durchaus nichts mehr zu schaffen und stehen mit ihr also auch in keiner Beziehung. — In dieser aber herrscht fortan die größte Willkühr und wir sehen von obenerwähnter Renaissancezeit an, nur mehr Wappenschilde von einer Form, wie sie eben gerade die jeweilige Mode, der herrschende Geschmack und die persönliche Laune diktirte, ohne alle andern Rücksichten auf echte Schilde früherer Zeit, auf den Ort wo, auf die Art und Weise wie man sie gebrauchte, sondern strenge nach den Gesetzen des damals allmächtig gebietenden Zopfes allein, überall angewendet. — Diese Glanzepoche der schnörkelliebenden Herrschaft des Haarbeutels nun lieferte uns jene bekannten, meist runden oder ovalen, immer aber mehr oder minder hochgewölbten Wappen-Schilde, welche eine verschnörkelte, mit Fruchtzöpfen, Blumenguirlanden und Muschel-Ornamenten oft reich verzierte Rahme umgibt, oder untermischt mit Genien und Engelsköpfen als schwere Randverzierung einfaßt. — Man sehe auch Tafel XXXIII, 7.

u. a. v. a. O. — v. Hefner-Alteneck Trachtenwerk Abthlg. III, 74 u 75 — Aehnliche von Eisen. ibid. Abthlg. III, 99. Meyricks Waffensammlung.

1) Ibid. A. III, 66. — Meyriks Waffensammlg. u Catalog. illustr.

2) Catalog. illustr. pl. III. fig. 2.

So weit also war man vom richtigen Begriff und Verständniß eines *wirklichen* Schildes abgekommen! —

Am fruchtbarsten an solchen Schilden war das XVIII. Jahrhundert, die echte, reine Zopfzeit! — In neuerer und neuester Zeit kamen noch einige sogenannte „moderne" Schildformen hinzu, mit denen ich mich aber um so weniger aufzuhalten gedenke, da ohnedieß derartige Errungenschaften der „neuesten Mode" in historicis gewöhnlich nichts taugen und für unsere Wissenschaft daher wenig oder gar kein Interesse bieten. — Sonderbarer Weise aber brachte uns schon das früheste Mittel-Alter einzelne dieser sogar manchmal von Sachkundigen, für „ganz neu" gehaltenen Schildesformen. — So z. B. ist die Schildform 5 auf Tafel IX schon im XI. und XII. Jahrhundert im Gebrauche und höchst wahrscheinlich aus der Form 4 (auf derselben Tafel) gebildet oder doch mit ihr zunächst verwandt. — Die Schildes-Form 3 auf Tafel IX kommt ebenfalls in England schon sehr frühzeitig vor und gehört trotzdem heutzutage dort zu den „modernen". —

Auch ovale (Tafel IX, 10) und ganz runde (Tafel IX, 11) Schilde gibt es in der Heraldik. — Ich kann jedoch diese beiden Formen aus dem Grunde durchaus nicht gut heißen: weil sie zur Zeit der eigentlichen, praktischen Heraldik nicht existirten, sondern nur *vor* und *nach* ihrer Blütezeit zum wirklichen Gebrauch in Anwendung waren.

Die vollkommen viereckigen und rein quadratischen Schilde aber (Tafel IX, 12), die sogenannten Panier- oder Bannerschilde (écu en bannière), welche namentlich von den Franzosen den regierenden oder Bannerherren der alten Zeit angedichtet wurden, sind ein reines *Hirngespinnst* der Heraldiker von „Haarbeutel und Zopf" und ihrer gelehrigen Schüler „von heute" — Denn diese Form *war* und *konnte nie* die eines wirklichen *Schildes* sein, sondern zeigt uns höchstens die einfachste Gestalt eines *heraldischen Banners*! —

Um mich keiner Ungalanterie schuldig zu machen oder die Etiquette gegen das schöne Geschlecht gröblich zu verletzen, halte ich es für nöthig, auch Einiges über die *weiblichen* oder *Damenschilde* hier in Erwähnung zu bringen. —

Schon in den ältesten Zeiten der Heraldik waren allerdings, namentlich bei den westlichen Nationen, für die ledigen und verheuratheten Damen eigene Schild-Formen im Gebrauche. — Die häufigste war die „rautenförmige" (Tafel IX, 9).[1] — Einige Schriftsteller behaupten: die Alten hätten mit dieser Rauten-Gestalt durchaus keinen wirklichen *Schild*, sondern vielmehr, als für Damen

---

1) v. Hefner-Alteneck II. Abthlg. tab. 135.

weit schicklicher und passender, ein mit dem Wappen gestickter Kissen bezeichnen wollen, so z. B. Trier, Siebenkees u. v. A. — In der That ist es eine ausgemachte Sache, daß Schilde in dieser Form nicht existirten, während dagegen ebenso gewiß diese Schildform im Italienischen mit guanciale bezeichnet wird, was ein „Nähekissen" bedeutet. Sicher zwei gewichtige Gründe zu Gunsten obiger Behauptung. — Selbst wenn man aber diese Hypothese ganz dahin gestellt sein lassen will, so muß ich es, den Regeln der echten, alten Heroldskunst zufolge, dennoch immerhin ganz billig und angemessen finden: daß den Damen eigene Schildesformen zukommen. —

Man trifft zu diesem Zwecke bisweilen auch „herzförmige" Schilde, eine Form, die wirklich schon in frühester Zeit vorkommt.[1] — Es steht nun sehr im Zweifel, ob nicht der letztgenannte herzförmige Schild, sogar abgesehen von der unbequemen Form einer Raute: zur Einsetzung komplizirter Wappen, — schon aus galanten Rücksichten, als Damenschild, dem ersterwähnten rautenförmigen vorzuziehen sei. — Rudolphi läugnete die wirkliche Existenz dieser Herzschilde, — während er dagegen die zopfigsten Exemplare, die reinsten Haarbeutel-Muster für gute, echte Schildformen erklärt! —

Soviel von den Damen-Schilden. — Es fragt sich nun: welche von allen bisher bezeichneten Schildformen soll man heutzutage in der Heraldik anwenden? —

Die Antwort auf diese Frage kann auf zweifache Art gegeben werden. —

Eigentlich im strengsten Sinne sollten auch heute noch nur jene Schildformen in der Heraldik Anwendung finden, die zur Zeit der praktischen, lebendigen Heraldik bei den wirklichen Schilden vorkommen. —

Will man jedoch die Sache weniger genau und nicht so strenge nehmen, dann darf man sich nur an die nachstehend im Allgemeinen ausgesprochenen Grundsätze halten. —

Vor Allem ist zu bemerken, daß man jede Schildesform, gleichviel aus welcher Zeit, beliebig auch für jedes Wappen gebrauchen kann. — Eine der größten Thorheiten nemlich, die wir nur den „modernen" Ansichten über Heraldik verdanken, ist die Fixirung einer bestimmten Schildform für dieses oder jenes Wappen, wie z. B. Herr v. Wölkern uns bei den Wappen vieler Geschlechter nicht selten auch die Schildesform mit ängstlicher Gewissenhaftigkeit beschreibt, als wäre sie gleichsam unzertrennlich von dem betreffenden Wappen oder zu dessen Wesenheit nothwendig. —

---

1) v. Hefner-Alteneck Trachtenwerk II. Abthlg. tab. 34. —

Eine engherzige Anschauungsweise, deren Tragweite am Gebiete unserer „modernen“ Heraldik so groß war, daß bei Vielen der ganz irrige Begriff entstand: man könne wirklich bei den einzelnen Wappen die Gestalt und äußerlichen Umrisse des Schildes nicht vollkommen nach Belieben und freier Willkühr verändern, d. h. die Schildesform so oder anders machen. —

Trotz dieses heutzutage in so manchem Kopfe fest eingewurzelten Vorurtheiles nun behaupte ich hier gerade das Gegentheil und sage: man muß sogar je nach den Umständen und je nach dem Orte der Anwendung auch die Schildform verändern. —

Wenn ich z. B. auf einem Monumente romanischen oder sogenannten byzantinischen Baustyles ein Wappen anbringe, so sollte dieses ebenfalls in Form und Geschmack der Zeit jenes Styles strenge gehalten sein, während auf einem altdeutschen, Renaissance- oder Zopf-Denkmal u. dgl. auch die Schildform nach den entsprechenden Mustern dieser Epochen gegeben werden mag. — Die Nichtbeachtung dieser einfachen, natürlichen und gewiß jedem Vernünftigen einleuchtenden Regel ist ein Hauptverstoß der „Heraldik des Tages“ und beweist vorzüglich die heutige ängstliche Auffassung dieser Wissenschaft und deren grundschlechtes Verständniß. — „Modern“ stylisirte Wappen würden nach den hier aufgestellten Grundsätzen freilich allenfalls nur auf Monumente und Bauwerke, griechischen, römischen oder anderer vorchristlichen Style passend erscheinen und verwendbar sein. —

Sehr zu empfehlende Schildesformen für unsere neueren, gewöhnlich sehr überladenen und komplizirten Wappen sind außerdem die auf Tafel IX sub Nr. 1 und 2 aufgeführten unten runden und sogenannten „französischen“ Schilde; — zwei echte, alte Formen, welche mit diesem Vorzuge zugleich den der höchst praktischen Bequemlichkeit zur Einsetzung jedes beliebigen Wappens verbinden. —

Was nun schließlich die Stellung der Schilde anbelangt, so kann ich mit gutem Gewissen deren völlige Gleichgültigkeit versichern, d. h. sie richtet sich, wie die Form, ausschließend nach Ort, Art und Zeit der Anwendung, mit alleiniger Ausnahme des „ganz gestürzten“ Schildes, der nach „altheraldischem Herkommen“ den Abgang oder das Erlöschen eines Geschlechtes bedeutet. (In keinem Falle aber „Verbrechen“, wie Manche sich einbilden.) Ganz albern und lächerlich ist es daher, wenn die ältern Autoren alle möglichen Bedeutungen und Folgerungen aus der Stellung der Schilde, — wenn solche stehend, rechts oder links gelehnt erscheinen, — herausfinden wollten, und bestätiget höchstens das von mir oben über diese Autorschaft Gesagte. —

Mit dem „Schilde" will ich es hier beschließen, und zum nächst vornehmsten und nicht minder wesentlichen zweiten heraldischen Hauptbestandtheil übergehen, der an Hochhaltung und Wichtigkeit, wenigstens in der höchsten Blüthezeit der Heroldskunst und namentlich bei uns Deutschen, dem Schilde keineswegs nachsteht. —

V.

Der Helm.

Sowie der Schild nur dann heraldische Bedeutung hat, wenn er heraldische Figuren oder doch wenigstens die Keime solcher trägt, ebenso hat auch nur jener Helm für die Heraldik Bedeutung, den ein heraldisches Kleinod ziert, oder der doch wenigstens zu jener Gattung von Helmen gehört, auf denen Kleinode gewöhnlich getragen wurden. — Nur die wenigsten Helme können demnach als „heraldische" gelten. — Im Allgemeinen darf man hiebei annehmen: daß nur den Kopf vollständig verhüllende und das ganze Gesicht bedeckende als solche zu betrachten sind, und selbst von dieser Art wieder nur der kleinere Theil.

Gerade der heraldische Helm ist ein Haupt-Probestein der ältern Autorschaft, auf dem sie uns, bei Gelegenheit der nähern Beschreibung und Erläuterung dieses Gegenstandes, die glänzendsten Spuren ihrer Unkenntniß der betreffenden Originalien hinterlassen hat. — Man darf nur Petra Sancta, Claude Menestrier, Spener, Trier, Rudolphi, Siebenkees, Schmeizel, ja selbst den hochgepriesenen Gatterer im einschlägigen Theile nachlesen, und wird sicher bei der ersten Seite schon genug haben. — Von historischer Wahrheit und originaler Anschauungsweise kann man gewiß dort keine Spur finden, wo stets das Reale liegen gelassen wurde, um nur mit Idealem herumzufabeln. — Darum wollen wir auch mit unnützen Betrachtungen über die Wissenschaft und Gelehrsamkeit dieser Herren nicht viel Zeit verlieren, sondern lieber zur Sache selbst übergehen. —

Zur Zeit, in welcher Heraldik und heraldische Bilder noch auf den Schild allein angewiesen waren, d. h. in der bereits näher bezeichneten Periode der „Heraldik des Schildes allein," gab es auch noch keinen heraldischen Helm. — Dagegen finden wir nicht nur schon im frühen Mittelalter, sondern auch noch kurz nach den Kreuzzügen jene kriegerische Kopfbedeckung, die eine so auffallende Aehnlichkeit mit der antiken phrygischen Mütze hat, daß man beinahe glauben sollte: es wäre diese zum Vorbild genommen worden.[1] — (Tafel X, 1.) —

1) Kunst und Leben der Vorzeit von Dr. A. van Eye Heft I. — v. Hef.-Alteneck Trachtw. I. Abthlg.

Von Stoff, Leder oder Eisen verfertiget, gewöhnlich mit Gold-, Silber- oder Metall-Spangen verstärkt und auf diesen und seinem untern Reife mit bunten Steinen reich besetzt, bisweilen auch bemalt, wurde dieser älteste Helm des christlichen Mittel-Alters zumeist noch frei, wie jede andere Mütze auf dem Haupte getragen, d. h. es schloß sich ihm noch nicht unmittelbar Kettengeflecht an, wie in nächstfolgender Periode den eigentlichen Bassinets oder Beckenhauben —

Aus dieser Kopfbedeckung nun zunächst entstanden die verschiedenen Gattungen und Arten des Bassinets, der sogenannten Kessel- oder Beckenhaube mit und ohne Nasal (Nasenspange), wie wir solche auf Tafel X von 2 bis 8 unter den mannigfaltig vorkommenden Formen zu den verschiedenen Zeiten deutlich in Abbildung haben. — Mit dem daran befestigtem oder vielmehr zusammenhängendem oberen Theile des alten Kettenkleides (Panzer-Kragens), bildeten diese verschiedenen Bassinets oder Kessel-Hauben jene kapuzenartige Verhüllung des Hauptes, welche vom Ende des X. bis zum Beginne des XV. Jahrhunderts mit wenig Aenderungen und Modifikationen einen wesentlichen Theil der kriegerischen (ritterlichen) Rüstung ausmachte. — Bisweilen ist diese Kapuze ganz von Kettengeflecht, nicht selten auch ganz von Leder.

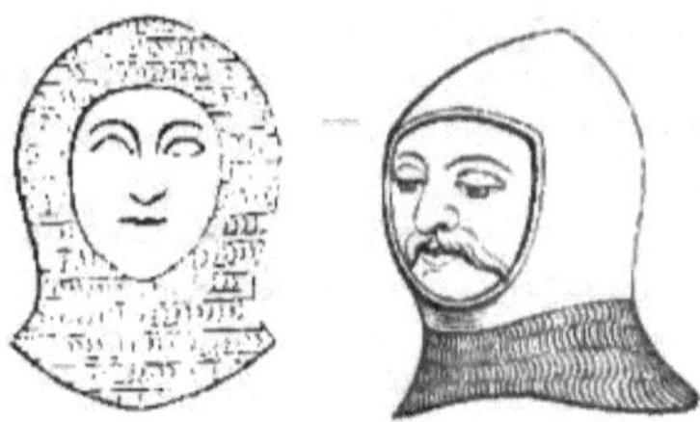

Näher auf diesen Gegenstand einzugehen, halte ich deßhalb nicht am Platze, weil einestheils diese Art der kriegerischen Kopfbedeckung in das Bereich der Heraldik eigentlich durchaus nicht gehört, anderntheils aber alle betreffenden Waffen- und Trachtenwerke die Entstehung und Fortbildung des Bassinets als ein Hauptthema ausführlich und weitläufig erörtern.[1] — Nur aus dem Grunde jedoch mußte ich die Sache hier berühren, weil die letztern Formen der Beckenhaube, welche wir auf Tafel X, 6, 7 u. 8 sehen, — und die sich allerdings aus den vorhergehenden (1—5) entwickelten, — die gewöhnliche und ausschließende Unterlage des heraldischen Helmes bis zum Anfange des XV. Jahrhunderts bilden. —

1) v. Hefner-Alteneck Trachtenwerk I. und II. Abthlg. — Derselbe Tannenberg pl. XI, Fig. 18 – 27 und Text. — Kunst und Leben der Vorzeit von Dr. van Eye, I. Heft.

Doch alle diese Hauben und Bassinets boten, troß der bei einigen derselben (Tafel X, 2, 4 u. 5) angebrachten Nasenspangen (Nasal), — wegen Freilassung aller übrigen Theile des Gesichtes, — dennoch selbstverständlich keinen hinreichenden Schuß, namentlich aber gegen den Stoß eines Speeres oder einer Lanze. — Ich hege deßhalb die Vermuthung, daß die Einführung des ersten gesichtverhüllenden, d. h. des ersten heraldischen Helmes auch unmittelbar mit der Einführung der eigentlichen Turniere oder Rennspiele zusammenhängt. — Sollte ich mich aber hierin irren, so ist doch keineswegs zu bestreiten, daß diese letztern sehr viel, ja wohl das meiste dazu beitrugen, den ersten sogenannten Stechhelm in Aufnahme zu bringen. —

Mit dem Ende des XII. Jahrhunderts nemlich kommt ein topfähnlicher Helm in Gebrauch, der in dieser frühesten Periode oben ganz flach, nach vorne zumeist der Wölbung des Gesichtes folgend, etwas weiter herabging, d. h. vorne höher war als hinten. — Mit schmalen, manchmal auch ziemlich weiten Augenschlitzen, darunter befindlichen Luftlöchern und einer kreuzförmigen Verstärkung von breiten Eisenspangen gewöhnlich versehen, wurde er wie ein eiserner Hafen über den Kopf gestürzt, welcher von ihm vollkommen verhüllt, vor jeglichem Hieb und Stoß wohlverwahrt und gesichert war. — Leider sind uns, meines Wissens, von dieser ersten heraldischen Helm-Gattung keine Originalien erhalten, und wir müssen uns deßwegen lediglich mit den genauen gleichzeitigen Abbildungen begnügen, deren wieder die schönsten und meisten Herrn Prof. v. Hefner-Alteneck's Trachtenwerk in sich schließt.[1] — Französische und englische Waffen- und Costüm-Werke weisen diese Helmform ebenfalls in vielen Exemplaren. Auf Tafel XI, 1, 2 und 3, sowie auf Tafel XIII, 1—6, Tafel XIV, 8; XVI, 2; XVII, 1; XX, 2; ferners Tafel XXXIII beim Wappen 2: — sieht man diese Helmform in verschiedener Darstellungsweise. —

Da nur das allgemeine Auftreten dieser Helm-Gattung für unsere Wissenschaft von erheblichem Belange ist, und hiebei auf keinen Fall einzelne Exemplare einen Ausschlag geben, so unterlasse ich alle vergeblichen Forschungen nach dem muthmaßlich ersten Stechhelm und will mich lieber an's Allgemeine halten. —

Das Ende des XII. und der Beginn des XIII. Jahrhunderts ist ohngefähr der Zeitpunkt, wo die hier besprochenen, frühesten heraldischen Helme, diese oben flachen, topfartigen Stechhelme, nach und nach allgemein in Aufnahme kommen. Es ist also eigentlich dieselbe Zeit, welche von mir oben als der Anfang der heraldischen Blüthe bezeichnet wurde. —

Nach einer Anmerkung in v. Hefner-Alteneck's Trachtenwerk soll bis jetzt den

1) v. Hefner-Alteneck Trachtenwerk. I Abthlg. — Ibid. Burg Tannenberg Tafel XI. Fig. 19. —

ersten und angeblich ältesten Stechhelm solcher Gestalt ein Reitersiegel Richards I. von England aufweisen — an einer Vergabungs-Urkunde vom Jahre 1198 für die Abtei St. Georges de Bochemville; gegenwärtig auf dem Archive des Departements de la Seine interieure. — Dieser Stechhelm, vorn durch eine eiserne, mit Schlitzen versehene Platte geschlossen, stand nicht auf der Schulter auf, wie die spätern, sondern er wurde unter dem Kinn durch einen eisernen Bügel gehalten. — Das auf dem Helm befindliche Kleinod (crest) kann im Siegel nicht mehr erkannt werden.[1] —

Ob nun gerade dieser Helm wirklich der älteste und erste in seiner Art gewesen oder nicht, kann für uns vollkommen gleichgültig sein; wenn wir nur wissen, daß von dort an ohngefähr die ersten, oben flachen, topfartigen Stechhelme allgemein in Gebrauch kamen. —

Dr. v. Eye, ehemals Vorstand der Kunst- und Alterthums-Sammlung am Germanischen Museum in Nürnberg, kennt nicht einmal, wie es den Anschein hat, die erste und älteste Form des Stechhelmes, oder unterscheidet sie wenigstens nicht von der nächstfolgenden auf den Schultern aufsitzenden, gleichfalls topfähnlichen Helm-Gattung, welche jedoch oben nie mehr flach erscheint. — Ja, horribile dictu, derselbe Hr. Dr. v. Eye hält und erklärt sogar jene den antiken Mustern nachgebildeten Helme des XIII. Jahrhunderts, — von welcher Sorte uns v. Hefner-Alteneck mehrere, die im königlichen Schlosse zu Athen aufbewahrt werden, zeigt und ausführlich beschreibt,[2] — ganz irriger und verkehrter Weise für Stech-Helme![3] —

Kein Trachten- und Waffenwerk gibt uns darüber genügenden Aufschluß: warum wohl zunächst die ersten und ältesten Stechhelme oben flach waren, — die spätern dagegen eine mehr spitze, d. h. eiförmige Gestalt annahmen? — Meiner Ansicht nach ist der Grund sehr naheliegend; denn die in ihrer ältern (nicht ältesten) Form früher ebenfalls oben flache Beckenhaube (Bassinet) bedingte auch einen oben flachen Topfhelm, während dagegen die in nächster Folge mehr in Gebrauch kommende, oben eirunde und manchmal etwas zugespitzte Kesselhaube, folgerecht auch einen entsprechenden Stechhelm erforderte, weil dann zugleich das festere Anpassen desselben am Kopfe bezweckt wurde — Nach einer unverbürgten Sage soll Ludwig der

1) v. Hefner-Alteneck Trachtenwerk I. Abthlg. Anmerkung im Text zu Tafel 16. —

2) Ibid. I. Abthlg. 68.

3) Kunst und Leben der Vorzeit I. Heft Fig 16.

Heilige von Frankreich den letzten oben ganz flachen, auf den Schultern nicht aufsitzenden Stechhelm getragen haben. — Die Schwierigkeit übrigens: den letzten mit Sicherheit zu bestimmen, dürfte wohl ebenso groß sein, als die Thorheit, den ersten suchen zu wollen. —

Eisen oder Leder mögen das Material zur Verfertigung dieser Helme geliefert haben; denn wie man später sehen wird, waren es vorzüglich diese beiden Stoffe, aus denen Stech- und Turnierhelme überhaupt zu allen Zeiten gemacht wurden. —

Die ältesten oben flachen Topfhelme kommen jedoch nicht nur von blankem Eisen vor, sondern ebenso oft auch schwarz, vergoldet, versilbert und heraldisch bemalt.[1]) — (Man vergleiche auch weiter unten „über die Entstehung der Kleinode" und Tafel XIII, 1—6.) — Sie sind ferners bald aus drei, bald aus vier, manchmal sogar aus fünf Stücken zusammengesetzt, und es scheint, daß hiebei zu keiner Zeit eine feste Regel beobachtet wurde. — Wenn auch ihre topfförmige Gestalt mit dem flachen Boden charakteristisch ist, so finden sich doch in den verschiedenen Ländern, in Betreff ihrer übrigen Umrisse, bisweilen einige kleine Abweichungen, so z. B. trifft man viele konische, die dann zumeist bedeutend höher und mit zahlreichen Luftlöchern versehen sind. — Nicht selten auch, namentlich in Frankreich, England und Italien, haben dergleichen Topfhelme der ältesten Gattung, schon bei ihrem frühesten Auftreten, statt der beiden Augenschlitze, bereits förmliche Spangen, Gitter oder Roste.[2]) — Wir begegnen daher allerdings schon zu dieser Zeit der ersten Grundidee des später unrichtig sogenannten „offenen" Helmes (Spangen- oder Rosthelmes). — So zeigt uns z. B. obenstehender Holzschnitt den Helm eines englischen Königs aus dem XIII. Jahrhundert. —

Viele oben flache Topfhelme ältester Gattung haben auch nicht so fast Augenschlitzen als vielmehr zwei viereckige, längliche oder runde Löcher für die Augen, vor dem Mund dagegen einen längeren, sehr schmalen Luftschlitz; überdieß sind dann oft bei der Nase zwei oder drei Cirkulationsöffnungen angebracht, so daß der ganze Helm den Ausdruck eines widerlichen Gesichtes oder einer larvenartigen Fratze annimmt.

1) v. Hefner-Alteneck Trachtenwerk I. Abthlg. an vielen Orten.

2) Man sehe namentlich Olivari Vredii sigilla comit. Flandriae; Cibrario u. A.

Dergleichen Exemplare gehören keineswegs zu den Seltenheiten. So z. B. kommen solche oben flache Topfhelme mit Gesichtsausdruck in den ältern Siegeln der bayrischen Herzoge häufig vor. — In den Monumentis boicis aber sind sie sammt und sonders mit dem schlechtesten Verständnisse gegeben, sowie auch die gelesensten heraldischen Größen der ältern Zeit, und namentlich des vorigen Jahrhunderts, ihre glänzende Unwissenheit auch hierin vollkommen zu Tage legien. —

Was muß man z. B. denken, wenn Herr v. Meding, ein Mann, dessen Werke von den heraldischen Büchergelehrten bisher wie ein Evangelium zitirt wurden, im zweiten Theile seiner „Nachrichten von adelichen Wappen", eine Schrift, an der meiner Ansicht nach das Beste ist, daß sie, wie der Titel besagt: „zum Besten des Freyheit-Naumburgischen Waisenhauses" verfaßt wurde, wenn dieser berühmte, dieser große Heraldiker Herr Christian, Friedrich, August von Meding bei Beschreibung eines alten Kefernburgischen Siegels unter Anderen sagt:

„Der schrägrechts gelehnte Schild, von dem oben zwei Binden abfliegen, ist auf der linken Ecke statt des Helms mit einer Figur besetzt, deren eigentliche Gestalt sich nicht wohl errathen (!!), meiner Meynung nach aber am deutlichsten dergestalt beschreiben lässet, daß es ein französischer Schild (!!) sey, der eilfmal schrägrechts von roth und Silber gestreift und mit drey silbernen Schindeln 2, 1 (!!) belegt ist, die auf der breiten Seite ruhen, und von denen die untere, so wie sie auf der platten Seite liegt, länger und schmäler als die oberen ist. Dieser Schild (!), welcher vielleicht die Stelle des Helms vertreten soll (!!!) wird von zwei Lilien beseitet, die muthmaßlich nicht zum Wapen gehören. — Aus dem Schilde selbst wächset ein zusammengezogener, oben gleichsam als ein Fächer sich ausbreitender Pfauenwedel auf, der neun Augen hat. Gleich da, wo dieser Pfauenwedel sich auszulegen anfängt, ist ein Turnierskrage von fünf Lätzen darüber gezogen, der, wenn die Schraffirung bedeutend ist, grün sein würde." [1]) — NB. „Die Schraffirung bedeutend", im XIII. oder XIV. Jahrhundert!! ––

---

1) Nachrichten von adelichen Wapen gesammelt von Christian, Friedrich, August von Meding, II. Band, Nro. 428. Grafen von Kefernburg, pag. 283 u. 284

Ich enthalte mich jeder weitern Bemerkung hiezu, denn diese Thatsache selbst ist an und für sich schon zu sprechend.

Die vordere Platte sämmtlicher ältesten, oben flachen und nicht bis auf die Schultern reichenden Topfhelme dürfte übrigens nach Allem sehr oft visierartig beweglich, d. h. am obersten Theile mit einem Charniere versehen, und zum Aufschlagen eingerichtet gewesen sein. — Eine geschickte Vorrichtung, die aber jedenfalls beim Größerwerden dieser Stechhelme, wenn dieselben auf den Schultern aufsaßen, wieder verschwand.

In nächster Folge, und zwar ohngefähr mit Ende des XIII. und Anfang des XIV. Jahrhunderts sehen wir diesen oben flachen, gewöhnlich nicht auf den Schultern aufsitzenden Topfhelm, in einen beträchtlich weiteren, oben zumeist eiförmig zugespitzten oder auch manchmal rundlichen übergehen; — ein Stechhelm, der auf den Schultern aufsaß und mit Ketten am Lendner (Brustplatte) befestigt wurde. — Die bereits oben erwähnten noch vorhandenen zwei Original-Exemplare desselben (der auf Burg Tannenberg ausgegrabene und der des Richard Pembridge zu Herefordshire) geben uns ein getreues Bild seiner eigentlichen Grundform, von der die mehr oder minder abweichenden Unterarten desselben wenig verschieden sind. — Auf Tafel XI, 4 und 5 sehen wir den erstgenannten in zwei Ansichten; Nr. 6 zeigt uns den letztern von vorne. — Das ganze XIV. Jahrhundert hindurch haben die Stechhelme ausschließend diese Gestalt, und Siegel, Grabsteine, Miniaturen u. dgl. weisen uns zahlreiche gleichzeitige Abbildungen derselben. — (Man sehe auch Tafel XIV, 4, 7, 9; Tafel XV, 1—6; Tafel XVI, 1 u. 3; Tafel XVII, 2—8; Tafel XVIII, 1—9; Tafel XX; Tafel XXI, 3—6; Tafel XXXIII, 3.[1]) —

Herr Prof. v. Hefner-Alteneck in der „Burg Tannenberg und ihre Ausgrabungen" beschreibt uns den fraglichen Stechhelm wie folgt:

„Er ist stark verrostet und ursprünglich aus fünf Eisenstücken mit Nietnägeln zusammengesetzt. Seine Augenschlitzen haben einen verstärkten Rand; auf der rechten Seite sind mehrere Luftlöcher, weil sich der Kopf während des Kampfes mehr auf die linke Seite legt, was auch bei Helmen späterer Art vorkommt. Da das oben

1) v. Hefner-Alteneck Trachtenwerk. — Namentlich II. Abthlg.

genannte Basinett das Gesicht nicht schützte, so wurde dieser Stechhelm noch über dasselbe gesetzt und in dem (hier sichtbaren) kreuzförmigen Loche mittelst einer Kette auf der Brust befestigt. Außerdem hatte er die Bestimmung, die Helmzierde und Helmdecke zu tragen, so daß er dann, in Zusammenstellung mit dem bemalten Schilde, das Wappen des Ritters bildete, der sich seiner bediente. Es kommt sonach mit von diesem Helm unsere Heraldik her, welche vor ihm noch nicht bestand; man sieht ihn daher auch am häufigsten in den Siegeln von dem XII. bis zum XV. Jahrhundert. Sowohl deßhalb, als auch wegen der originellen Art, in welcher er getragen wurde, gehört er zu den merkwürdigsten Erscheinungen des Mittelalters. — Obgleich er lange Zeit, nur mit Verschiedenheit der Helmzierde, von Fürsten und Rittern aller christlichen Länder getragen wurde, so ist es doch eine große Seltenheit, wenn man jetzt noch ein Exemplar von ihm antrifft." [1]) — (Tafel XI, 4 u. 5.) —

Das ist nun Alles ganz wahr und gut, allein dagegen, daß die ganze Heraldik von diesem Helme herkommen soll, muß ich feierlichst protestiren. — Nach dem von mir oben über Ursprung und Entstehung der Heraldik, sowie beziehungsweise deren frühester Periode (der Heraldik des Schildes allein) Gesagtem, dürfte die Unhaltbarkeit einer derartigen Behauptung ohnehin auf platter Hand liegen. —

Um nun wieder auf unsern Stechhelm (heaume, helmet, helme) zu kommen, so muß ich die Bemerkung beifügen, daß man keineswegs die Verfertigung desselben gerade aus fünf Stücken als eine feststehende Regel annehmen darf; denn bei nur einigermaßen aufmerksamer Betrachtung und Vergleichung der vielen gleichzeitigen und genauen Abbildungen wird man die größten Variationen hierin antreffen. Ebenso finden sich die kleinen kreuzförmigen Oeffnungen zum Durchziehen der Befestigungs-Kette, sowie auch die Luftlöcher bald auf der rechten Seite allein, — wie beim Tannenberger, — bald auf beiden Seiten, — wie beim Helm des Richard Pembridge; — ja nicht selten sogar fehlen beide ganz. — In welch letzterem Falle die Befestigung an Schulter oder Brustplatte des Lendners auch wohl durch Riemen, Schnallen u. dgl. bewerkstelliget wurde. — Wir erfahren ferners aus den gleichzeitigen Darstellungen, namentlich aber aus den „bemalten" Grabsteinen, daß diese Helm-Gattung noch wie die vorhergehende gleichfalls von blankem Eisen, vergoldet, versilbert, schwarz, mit goldnen Spangen, d. h. mit vergoldeter Faßung und bemalt vorkommt. [2]) — Sehr oft ist bei solchen Stechhelmen nur der vordere Theil von

---

1) v. Hefner-Alteneck, Burg Tannenberg, pl. X, C u. D, pag. 92 u. 93. — Ibid. auch Trachtenwerk II. Abthlg. 148. —

2) Ibid. siehe II. Abthlg.

Eisen, der hintere dagegen von Leder. — In dieser Art sind z. B. die Stechhelme der Familie von Späth auf deren Epitaphien im Kloster Denkendorf bei Eßlingen (Tafel XVI, 4 u. XVIII, 7), der Stechhelm des Hartmann von Kroneberg (Tafel XX, 5), ferner des Ludwig von Hutten († 1414) (Tafel XVIII, 8) u. v. A. — Auch ganz von Leder existirt noch ein Turnierhelm, nemlich der bereits öfter erwähnte Hohenlohische in der Herrgottskirche zu Kreglingen (Tafel XX, 6). — v. Hefner-Alteneck sagt davon: „Der Stechhelm in der Mitte ist von in Oel gesottenem und gepreßtem Leder, nur die Fassung des Augenschlitzes, sowie die Spangen vor demselben sind von Metall.“ [1]) — Dieser lederne Turnierhelm ist roth, an wenigen Spuren sieht man, daß er mit schwarzen Ornamenten bemalt war. Die Metallspangen vor den Augen sind vergoldet. Die Bezeichnung „Stechhelm“ aber, welche Hr. v. H.-A. für diesen Helm hier gebraucht, ist jedenfalls ganz falsch und unpassend, da derselbe als entschiedener „Kolbenturnierhelm“ nie zu Gestechen verwendet werden konnte. — Daß er aber nur ein solcher sei, erklärt sich nicht blos aus dem Umstande seiner Verfertigungsweise: ganz von Leder, sondern auch aus dem beträchtlich weiterem Ocularium desselben, mit den darüber hinlaufenden Metall-Spangen, — zwei Dinge, welche bei den eigentlichen Stechhelmen begreiflicherweise niemals vorkommen können. — Nicht selten trifft man an den Stechhelmen eigene Löcher zum Befestigen der Kleinode. — Mehr oder minder ausführliche Beschreibungen dieser höchst wichtigen Gattung des heraldischen Helmes im XIV. Jahrhundert finden wir in v. Hefner-Altenecks Trachtenwerk II. Abtheilung, Tafel 22, 27, 40, 46, 47, 49, 53 und 68; [2]) — in Burg Tannenberg und ihre Ausgrabungen, Tafel X u. XI, pag 92 et seq. — In Llewelyn Meyricks Waffensammlung pl. XI, pag. 4 u. a. a. O. —

Bisher hatten wir es mit heraldischen Helmen zu thun, die ebenso zum ernstlichen Streit, wie zum Turniere angewendet wurden, wie wir aus vielen gleichzeitigen Darstellungen von Schlachten, Kämpfen u. dgl. deutlich ersehen, wo es sich oft sogar hauptsächlich nur darum handelte: gegenseitig diese Helme sich vom Kopf zu reißen. [3]) — Mit dem XV. Jahrhundert dagegen treten zwei neue Helm-Gattungen auf, die, wenn auch mit den vorhergehenden innig verwandt, ja sogar zunächst aus ihnen gebildet, doch darin wesentlich sich unterscheiden, daß sie eben nur mehr aus-

---

1) v. Hefner-Alteneck Trachtwerk. Abthlg. II, 68, pag. 86.

2) Ibid. Abthlg. II und Einleitung dazu. — Dr. v. Eye Kunst und Leben der Vorzeit I. Heft 15. —

3) Ibid. Abthlg. I, 94; II, 31. — Burg Tannenberg pl. XI, 15. —

8

schließend *Turnier-Helme* sind, — während für den Kriegsgebrauch von nun an ganz eigene, gesonderte Helmarten in Aufnahme kommen, die auch mit der Heraldik durchaus in keinem Zusammenhange stehen. —

Diese beiden Helmarten sind: der *eigentliche Stechhelm* und der *Turnierhelm zum Schimpfspiel mit Kolben und Schwertern.* —

Der Erstere ist in der Heraldik unter dem ganz unpassenden Namen des „geschlossenen“, der Letztere unter der eben so schlecht gewählten Bezeichnung des „offenen“ Helmes bekannt. —

Unpassend und schlecht gewählt nenne ich diese Ausdrücke, weil solche Helme in der Regel nicht zum Oeffnen oder Schließen eingerichtet waren, sondern gleich den älteren Stechhelmen, wie ein umgestürzter Topf aufgesetzt wurden. — Obwohl eigentlich *beide Arten*, wie schon gesagt wurde, zum ausschließenden Turnier-Gebrauch gehörten, und deßhalb auch *beide* „*Turnierhelme*“ genannt werden sollen, so halte ich es, des Unterschiedes wegen, dennoch für zweckmäßig: den bisher als „geschlossen“ angesprochenen von nun an einfach „*Stechhelm*“, den bisherigen „offenen“ hingegen „*Turnierhelm*“ zu nennen. — Des bessern Verständnisses halber werde ich auch diese Bezeichnungen durchgängig beibehalten; — während man die bereits abgehandelten ältern zwei Gattungen „*oben flache Topfhelme*“ und „*Topfhelme*“ kurzweg heißen kann. —

Der Stechhelm und der Turnierhelm nun sind die hervorragendsten heraldischen Helme, nicht etwa nur des XV. und XVI. Jahrhunderts, zu welcher Zeit sie noch im wirklichen Gebrauche vorkommen, sondern bis auf den heutigen Tag. — Bei ihrer großen Wichtigkeit und besonders ausgebreiteten Anwendung in der Heraldik dürfte es nicht überflüßig sein, nähere Untersuchungen über sie anzustellen.

Ich werde zuerst über jeden einzeln handeln und dann deren gemeinsame Eigenschaften, ihren heraldischen Werth, Anwendung u. dgl. besprechen. —

Der Stechhelm.

Ursprung und Bildung des sogenannten geschlossenen oder „Stechhelmes“ aus der Grundform des ältern Topfhelmes kann leicht nachgewiesen werden. —

Man hat nemlich zuerst, wahrscheinlich zum Zwecke des leichteren Abgleitens der Lanze, vielleicht aber auch nur in Anbetracht des zierlichern und gefälligern Ansehens, entsprechend dem Geschmacke der Kehlungen jener Zeit, das untere Vorderstück des Helmes, welches in seiner primären Gestalt geradlinig erscheint, mehr und mehr gekrümmt und durch einen scharf vorspringenden Winkel stark ausgeschweift. —

Wir sehen zahlreiche derartige *Uebergangsformen* von ältern geradlinigen zum eigentlichen Stechhelm des XV. Jahrhunderts, nicht nur erst zu Anfang dieses sondern auch schon am Ende des XIV. Jahrhunderts. — (So z. B. auf den Tafeln XIV, 3; XV, 4 u. 5; XX, 7, 8 u. 9; XXI, 2.) —

Unter letztern hebe ich den Späthischen Stechhelm mit dem Flügel in der Herrgottskirche zu Kreglingen besonders hervor, welchen uns v. Hefner-Alteneck zeigt und beschreibt, und den wir auch auf Tafel XVI, 4 in Abbildung sehen. —

Später nun wurde in Berücksichtigung der reichlichern Zuströmung von Licht und Luft, ohne dieß auf Kosten der Sicherheit zu bewerkstelligen, mittelst einer sehr sinnreichen, aber höchst einfachen Vorrichtung, nemlich durch allmählige Verlängerung des untern über das obere Vorderstück, jene Form des eigentlichen Stechhelmes geschaffen, wie wir sie, sowohl noch in Original-Exemplaren, als auch auf sämmtlichen Siegeln, Grabsteinen und Abbildungen, von der ersten Hälfte des XV. Jahrhunderts an, überaus häufig antreffen. — (Tafel XII, 4—9; XIV, 1 u. 5; XV, 8 u 9; XVI, 6 u. 7; XIX, 1, 2, 4, 6, 8 u. 9; XXI, 7—9; XXII, 2—8; XXXIII, 4.)[1] —

Im Original sehen wir mehrere solche Stechhelme in der Ambraser-Sammlung in Wien und am Schlosse Ambras selbst. — Herr Graf von Pocci in München besitzt ebenfalls ein schönes Exemplar. Man sieht diesen Stechhelm auf Tafel XII, 4—6 von drei Seiten.

In Lewelyn Meyricks Sammlung in Herefordshire befindet sich ein gleicher (Tafel XI, 6) und wir lesen dort über die ältern, noch topfartigen und diese eigentlichen Stechhelme Folgendes:

„Der Helm (helmet, helme, heaume) war damals ein krummliniger Kegel, welcher bis nahe auf die Schultern reichte, an der Vorderseite a cross fleury, dessen Querbalken durchstoßen war, die Durchsicht zu gestatten, wobei oberhalb mehrere Durchbohrungen waren (soll wohl heißen „unterhalb"), um das Athmen zu erleichtern. — Bewahrt wurde er, daß er nicht aus der Lage gestoßen werden konnte, durch kleine Riemen, welche ihn auf jeder Seite an die Schultern anschlossen. Zur Zeit Eduard II. (in England) wurde die Form etwas verändert. Er ragte scharf in der Mitte der Gesichtslinie hervor, und ward hinten und vorne so viel verlängert, daß er durch Riemen und Schnallen an Brust- und Rückenplatte befestigt werden konnte. Der einzige Wechsel, der etwas später in seiner Form eintrat, war, daß man das scharfe Heraustreten der Querrippe vor dem Gesicht fortließ. —

---

1) Meyrick Waffensammlung pl. XII, pag. 4, fg. 3, 4 u. 5 — Catalog. illustr. pl. II, 29. — v. Hefner-Alteneck Trachtenwerk III, 54 u. 72 u. a. v. a. O. — Professor Lochner Nürnberger-Gesellenstechen i. J. 1446. — Burg Tannenberg pl. XI, fg. 23.

6*

Beim Beginne des XV. Jahrhunderts wurde der Turnierhelm flacher, auf dem obern Theile dagegen das Ocularium beträchtlich weiter, was die Durchlöcherung nach oben (soll wohl heißen „nach unten") unnütz machte, weil man voraussetzte, daß jedem gefahrvollen Ergebniß durch ihre mehr horizontale Lage vorgebeugt sei. Die Stirnseite zeigte damals dem Feinde eine convexe Form, welche beim Schluß der Regierung Heinrich VI. in einen vorspringenden Winkel verändert ward, und in diesem Zustande bis nach Heinrichs VIII. Thronbesteigung blieb, zu welcher Zeit dieses Waffenstück ganz außer Gebrauch kam." —

Weiter unten, zu Meyricks Stechhelm speziell, heißt es noch unter Anderm: „Er wurde durch Riem und Schnalle an die Brustplatte, vermittelst Hacken, an einem beweglichen Stahlstabe, hinten befestigt." [1]) —

v. Hefner-Alteneck zeigt uns von dieser Gattung nur einen Helm, und zwar aus ziemlich später Zeit, allein von äußerst zierlicher und geschmackvoller Zeichnung. Er wurde von ihm selbst nach dem Originale, welches sich damals noch im Besitze des kgl. bayer. Hauptmanns Müller in Bamberg befand, gezeichnet. — Ich hielt es für angemessen, dieses besonders schöne Exemplar auf Tafel XII, 8 u. 9 in doppelter Ansicht zu geben. [2]) — Herr v. Hefner-Alteneck schreibt dazu:

„Bis in das XV. Jahrhundert trug man die Kesselhaube mit der Halsbrünne, welche vorne offen war, und keinen Schutz für das Gesicht darbot. Im Kriege und bei Turnieren wurde dann der eigentliche Turnier- oder Stechhelm, welcher gleichsam nur ein schwerer eiserner Topf mit Augenschlitzen war, zum Schutze des Gesichtes über die Kesselhaube gestürzt. So sieht man bei Grabdenkmälern gewöhnlich den Ritter mit der Kesselhaube und daneben den Turnier- oder Stechhelm. Später aber gab man der Kesselhaube ein Visir, wodurch im Kriege das Gesicht geschützt und der bisherige Stechhelm entbehrlich gemacht wurde. [3]) Da aber diese zum Visir-

---

1) Meyricks Waffensammlung pl. XI, pag. 4

2) v. Hefner-Alteneck Trachtenwerk Abthlg. III. 34, pag. 59 u. 60.

3) Jenseits stehende drei Exemplare versinnlichen uns das in einen Visirhelm umgewandelte Bassinet oder die Kesselhaube mit beweglichem Visier. — Der eine dieser drei Helme befindet sich auf der Veste Coburg (siehe Heideloff's Ornamentik 15tes Heft 3te Tafel) der andere ist französischen Ursprungs. (Chapitre XIII. Les arts du moyen âge (chap. VIII) par Mr. du Sommerard à Paris 1841); der dritte endlich im Besitze des Herrn Conservators v. Hefner-Alteneck in München. Wir sehen mehrere solche Helme noch im Original (Schloß Ambras, Kloster Neustift bei Brixen u. a. a. O.) sowie in zahlreichen Abbildungen, welche alle in der Hauptsache die ärmliche Grundform haben d.h. deren Gestalt nur ganz unerhebliche Veränderungen hie und da erlitt. — Sämmtlich haben

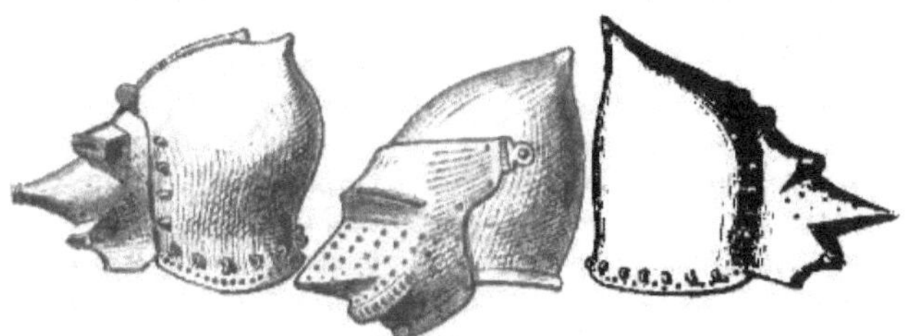

Helm umgestaltete Kesselhaube bei den Turnieren zu schwach war, und zu wenig Schutz gewährte, so bildete sich für die Turniere allein im Anfang des XV. Jahrhunderts eine eigene Art von Turnierhelmen aus, welche stärker und so geformt waren, daß sie das Eindringen der Lanzen sicher verhüteten. Einen solchen stellt unsere Abbildung von zwei Seiten dar. — Sie waren aus mehreren Theilen zusammengenietet und wurden nicht geöffnet, sondern über den Kopf gestürzt, und auf Brust und Rücken mit Schrauben oder Schnallen befestigt. Sie waren besonders am Vordertheil sehr stark und schwer (unserer wiegt bei 40 Pfund). — Beim Erheben des Kopfes wurden durch das Vorragen des Vordertheils die Augenschlitzen vollkommen gedeckt. Auf diesen Helmen trug man die prachtvollsten Helmdecken und Helmzierden. Die genaueste Darstellung derartiger Helme mit dem genannten Schmucke sieht man in den vortrefflichen Kupferstichen: das Wappen mit dem Hahnen und das mit dem Todtenkopfe — von Albrecht Dürer." —

Die wenigsten solcher Stechhelme mochten jedoch so gefällig ausgestattet sein, wie gerade dieses Exemplar; denn am scharfwinkligen Vordertheil wäre jede Cannelirung oder ähnliche Ausschmückung, — als ein Hinderniß des leichtern Abgleitens der Lanze, — ganz unpraktisch gewesen, und der übrige Theil des Helmes war

sie jedoch Charnieren zum Wegnehmen des Visieres, welches bald oben, bald an den beiden Seiten festgemacht war, — in allen Fällen aber abgenommen werden konnte. —

Für unsere Wissenschaft, d. h. für Heraldik speziell, sind diese Helme völlig bedeutungslos, obwohl sie, namentlich in England, Frankreich und in den Niederlanden, sehr häufig mit dem heraldischen Kleinode geziert vorkommen, wovon man sich besonders in dem Werke: Olivari Vredii sigilla comit. Flandriae, hinreichend überzeugen kann. —

Man vergleiche auch v. Hefner-Alteneck Trachtenwerk II. Abthlg., 48, 85 u. a. a. O. — Meyricks Waffensammlung pl. XIV, fig. 3 u. 4, pag. 3. — Dr. v. Eye, Kunst und Leben der Vorzeit I. Heft, 14. —

wegen der Helmdecke ohnehin größtentheils nicht sichtbar, weßhalb auch jede Verzierung überflüßig erschien.

In der That sind sämmtliche Stechhelme am Schlosse Ambras (soviel ich mich entsinne acht oder neun Stück) sowie der des Herrn Grafen von Pocci in München, von vollkommen gleicher und höchst einfacher Form. — Der Letztere hat an beiden Seiten verschiedene herzförmige und andere Durchbrechungen (siehe Taf. XII, 5), wahrscheinlich nicht blos zum Zwecke vermehrter Cirkulation der Luft, sondern vielmehr auch zur Befestigung von Decke und Kleinod, vielleicht mit zierlichen Band-Schleifen. — Auf dem sehr dicken Vorderstück dieses Helmes sieht man deutlich die tiefen Spuren, welche die Wucht der „Krönlstangen", und beziehungsweise deren Abgleiten, am Eisen zurückließen. — Ebenso zeigt der Hinterkopf, möglicherweise von einem etwas unsanften Fall, eine bedeutende Quetschung. — An Gewicht dürfte dieser Stechhelm dem vorbeschriebenen wenig oder gar nicht nachstehen. —

Nach allem bisher Gesagtem versteht sich wohl von selbst, daß diese Gattung Stechhelme nie mehr, weder theilweise, noch viel weniger aber ganz aus Leder gemacht wurden. — Dergleichen, sowie auch die leichtere Verfertigungsart (von Eisen) findet sich nur bei den ältern Topfhelmen, unter denen noch Bassinet und Halsbrünne getragen wurde.

Ueberhaupt kommen nur: die ältern Topfhelme, die Uebergangsformen, sowie die verschiedenen Gattungen der Helme zum Turnier mit Kolben und Schwertern in solcher Weise vor. — Ebenso waren diese, wenn sie auch von Eisen sind, immer viel leichter gearbeitet. Während man dagegen bei den eigentlichen Stechhelmen, die ein auffallend geringes Gewicht haben, gerechte Zweifel in deren Echtheit setzen muß, und zwar umsomehr, weil noch in späterer Zeit (bis zum Anfange des XVIII. Jahrhunderts sogar) viele solche Stechhelme blos zu dekorativen Zwecken, z. B. in Kirchen, zu Ordensfesten, Ahnenproben, Leichenbegängnissen u. dgl., ziemlich genau nach den alten wirklichen Vorbildern und Mustern angefertigt wurden, von denen sie sich oft nur durch leichte Arbeit (Blech-Arbeit) unterscheiden. —

Ich selbst habe einen dergleichen Stechhelm von wirklich guter Form und Zeichnung gesehen, der sich von echten Originalien nur durch die Manier seiner Arbeit, durch geringes Gewicht und durch seine kleinern Dimensionen unterschied. (Tafel XII, 7.) — Er war noch aus guter Zeit (ohngefähr Ende des XVI. oder Anfang des XVII. Jahrhunderts) und wäre beinahe von einem meiner Freunde, den ich gerade noch zu rechter Zeit davor warnte, als ein wirklicher Stechhelm angekauft worden.

Soviel über Entstehung und Form des eigentlichen heraldischen Stechhelmes. —

Der Turnierhelm.

Ich will nun den Ursprung und die Fortbildung des sogenannten „offenen" Helmes (Spangen- oder Rosthelmes) näher untersuchen. —

Schon zur Zeit der oben flachen Topfhelme gab es unter diesen nicht selten Exemplare, welche vorne, statt der mit Augenschlitzen und Luftlöchern versehenen Platte, das Gesicht mehr freilassend, ohne dasselbe deßhalb weniger zu schützen, blos eiserne Bügel-Spangen (einen Rost oder Gitter) hatten. —

Bereits oben, bei der ältesten heraldischen (oben flachen) Helmform, habe ich diesen Umstand erwähnt, und die Siegel der Grafen von Savoyen, altfranzösische und englische Denkmäler, Miniaturen u. dgl., sowie die sämmtlichen betreffenden ältern und neuern Werke setzen die Sache außer allen Zweifel.[1] — So z. B. sieht man in nebenstehender Zeichnung den Helm Königs Richard von England. —

In der nächstfolgenden Periode der großen konischen Topfhelme unterscheiden sich bereits ebenfalls: Helme mit ganz kleinen Spangen über den beiden Augenschlitzen, von der primären Grundform, welche keine solchen Bügel hat. — (So z. B. Tafel XVII, 7; XX, 5 u. 6; XXI, 3.) —

Der oft erwähnte lederne Topfhelm in Kreglingen z. B. weist uns fünf dergleichen kleine Metallspangen über seinem allerdings noch sehr schmalen Augenschlitz. — Tafel XX, 6. — Dieß ist der Ursprung und die erste Entstehung des „Turnier-Helmes", der nur durch allmählige Erweiterung des Ocularíums und zugleich folgerecht entsprechende Verlängerung der Spangen oder Bügel, zum eigentlichen, vollkommenen „Spangenhelm", erst nach und nach, sich ausbildete. — Tafel XI, 9; XV, 7; XVI, 8 u. 9; XVII, 9; XIX, 3; XXII, 1 u. 9; Burg Tannenberg pl. XI, fig. 34. — Aus diesem dann aber ging durch weitere Hinzufügung von Querspangen oder Bügeln nach der Quere, noch im Laufe des XV. Jahrhunderts, der vollständige „Rosthelm" hervor. — Tafel XI, 7 u. 8; XII, 1, 2 u. 3; XIX, 7; XXXIII, 6. —

Es zerfällt somit der Turnierhelm, genau genommen, wieder in zweierlei verschiedene Unterarten, nemlich: Spangenhelme und Rosthelme. —

Beide Gattungen figuriren noch bis auf den heutigen Tag in der Heraldik und werden diplomatisch als „offene, adeliche Turniershelme" gewöhnlich bezeichnet. — Spangen- wie Rosthelme haben in ihrer ersten und ältesten Gestalt

---

1) Man sehe besonders auch Olivari Vredii sigilla comit. Flandriae — Hahne's Geschlechter, I, tab. IV, 184. — Siegel des Wilhelm de Wede. — Cibrario u. A.

eine nur sehr schwache Wölbung des Rostes oder der Bügel, die jedoch von Dezennium zu Dezennium der Art zunimmt, daß sie sich zuletzt bis zur Uebertreibung steigert. —

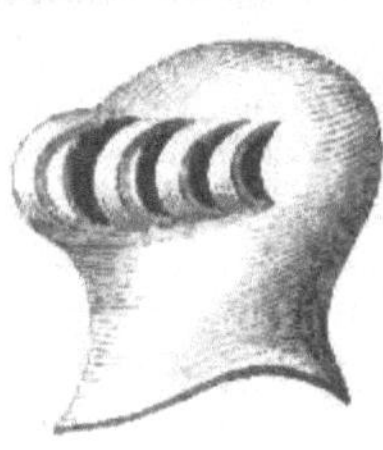

Wir sehen schon vollkommen ausgebildete Spangenhelme am Ende des XIV. Jahrhunderts, so z. B. auf prachtvollen gewirkten Teppichen aus dieser Zeit, gegenwärtig im Besitze des kgl. preuß. Kammerherrn Carl von Mayenfisch in Sigmaringen. — Es ist nemlich dort ein Turnier mit (hölzernen) Schimpfkolben und stumpfen Schwertern dargestellt, wobei sämmtliche Ritter dieser Gruppe Spangenhelme von Eisen tragen. —

Besonders schöne Spangenhelme haben zwei Ritter, die als Schildhalter fungiren, am sogenannten „goldnen Dachl" in Innsbruck. — Sie sind auf ihrem Obertheil mit fünf stark erhabenen Wulsten geziert und es formiren ihre Spangen durch enorme Wölbung vor dem Ocularium eine beträchtliche Breite —

Nicht selten erscheinen die Spangen, nach damaligem Geschmacke gewunden, oder gleich einer Schnur oder Kordel gedreht. — So z. B. an dem Helm auf Tafel XX, 7. —

Sehr oft dagegen, namentlich bei den Spangenhelmen der ältern Zeit, sieht es aus, als ob die Spangen mit dem ganzen Vordertheil des Helmes nur ein Stück gebildet hätten, d. h. als wären die Bügel einfach nur durch vertikale Aufschlitzung des Vordertheils in gewissen Abständen, welche die jedesmalige Breite eines Bügels bedingten, hervorgebracht, und sodann durch Treibung blos weiter ausgewölbt worden. —

Ich wollte meine Ansicht hierüber deßhalb aussprechen, weil es allerdings auffallend ist, daß in so vielen Abbildungen durchaus keine Zusammensetzung oder Verbindung der Bügel oder Spangen mit dem Helme durch Nietung u. dgl. ersichtlich wird. — So z. B. bei den Helmen 8 und 9 auf Tafel XVI; 9 auf Tafel XVII; 3 auf Tafel XIX; 1 auf Tafel XXII; 5 auf Tafel XXXIII u. a. a. O. —

Während man bei gedrehten und gewundenen Bügeln immer, bei den völlig glatten Spangen aber sehr häufig die Einfügung oder Verbindung, vermittelst Nieten oder durch eine eigene Metallfassung des Oculariums, deutlich bemerken kann. — So z. B. bei den Helmen auf Tafel XI, 9; XV, 7; XX, 6; XXII, 9; Tannenberg pl. XI, 34 u. a. a. O. — Der gleiche Fall ist es bei allen Rosthelmen, wie auf Tafel XI, 7 u. 8; XII, 1, 2 u. 3; XIX, 7; XXXIII, 6 u. s. f. —

Keineswegs trifft bei Spangen- oder Rosthelmen jedesmal eine Spange gerade ins Mittel des Oculariums, da man im Gegentheil in späterer Zeit (vom Ende des XV. Jahrhunderts an) sogar absichtlich eine derartige Stellung der Bügel vermieden zu haben scheint. —

Herr v. Hefner-Alteneck zeigt uns ein merkwürdiges Exemplar eines Rost-Helmes aus der zweiten Hälfte des XV. Jahrhunderts.[1]) —

Auf Tafel XII, 1, 2 u. 3 habe ich diesen besonders interessanten Turnier-Helm in dreifacher Ansicht wiedergegeben. —

Prof. v. Hefner-Alteneck, in dessen Herrn Schwagers (des k. preuß. Kammerherrn Baron Carl v. Mayenfisch in Sigmaringen) Besitz sich derselbe befindet, beschreibt ihn, in seinem Trachtenwerke, wie folgt:

„Dieser Helm gehört zu den allerseltensten Ueberresten, welche aus dem Mittelalter auf uns gekommen sind. Er beträgt in der ganzen Höhe 1′ 6″, in der Breite von vorne gesehen 1′ und in der Breite von neben gesehen 1′ 2″ Pariser-Maaß. Der Vordertheil wird durch ein Gitter von eisernen Spangen und Draht gebildet. Der Hintertheil ist zuerst von Leder, über dieses laufen mehrere eiserne Spangen, über diese ist wieder Leder gezogen und letzteres hat einen abermaligen Ueberzug von Leinwand, welche mit einer kreideartigen Kitt- oder Polus-Masse überstrichen ist, in welche Laub-Ornamente mit punktirtem Grunde mittels eines Griffels eingravirt sind; und diese ganze Ornamentirung ist zuletzt versilbert. Von hinten gesehen zeigt der Helm das darauf gemalte Wappenschild der Herren von Stein: drei schwarze Wolfseisen auf gelbem Felde. Die Umgebung des Halses, wie der Theil, mit welchem der Helm auf Brust und Rücken befestigt wurde, besteht aus aufgenietetem Eisenbleche. Oben auf dem Helme befinden sich zwei durchlöcherte Eisen, an welche man die Helmzierde nebst Helmdecke befestigte. — Diese Helme konnten, wie alle zum Turnier bestimmten, nicht geöffnet werden. Die Oeffnung am Halse war weit genug, um den Kopf hinein zu bringen. Man brauchte sie ausschließlich zum Turnier mit vorschriftsmäßigen kurzen, stumpfen Schwertern, oder hölzernen Kolben, wo es vorzüglich darauf abgesehen war, sich gegenseitig die Helm-Zierde abzuhauen.

Vorliegendes Exemplar hat auf der linken Seite, welche hier in der Abbildung nicht viel zum Vorschein kommt, einen starken Hieb, wohl durch einen Kolben

---

1) v. Hefner-Alteneck Trachtenwerk II. Abthlg. 137. —

erhalten, an welcher Stelle man die verschiedenen Bestandtheile desselben erkennt. Bei dem Lanzenrennen waren jene Turnierhelme im Gebrauche, von denen wir auf Tafel 54 in Abtheilung III ein sehr vollkommenes Exemplar nach der Wirklichkeit sehen. — Siehe Tafel XII, 8 u. 9. —

In dem Werke: „Le tournois du roi René d'après le manuscrit et les dessins originaux de la bibliothèque royale. — Publiés par M. M. Champollion-Figeac, pour le texte; — L. J. J. Dubois, pour les dessins; — Ch. Motte, éditeur de l'ouvrage. Paris 1826. Fol maj." erscheinen alle Helme ganz in derselben Art, wie der hier beschriebene Gitterhelm, nur mit dem Unterschiede, daß sie dort mit den Helmzierden und Helmdecken versehen sind, welche nach ihren verschiedenen Besitzern an Form und Farbe wechseln. Auf den Helmdecken, welche den Hintertheil des Helms verhüllen, befinden sich die Wappenschilde der Ritter gemalt oder gestickt, wie wir es hier auf dem Rücktheil des Helms selbst gemalt sehen, ohne Zweifel, damit man den Besitzer desselben erkannte, wenn auch die Zierde und Decke fehlte." [1]) —

Bis hieher von Hefner-Alteneck. — Bemerkenswerth ist besonders die technische Verfertigungsweise dieses und ähnlicher Turnierhelme, welche im Allgemeinen mit der oben näher berührten Verfertigungsweise der Schilde beinahe vollkommen übereinstimmt. Wir finden hier wie dort das Leder, die Leinwand mit der Kreide-Grundirung, das Eintragen der Conturen, die Versilberung, kurz lauter ähnliche Dinge. —

Fast ganz gleiche zwei Kostheime dieser Art, in Bezug auf äußere Form, Größe, Material u. s. w., traf ich in Tyrol. — Der eine davon ist auf Schloß Ambras bei Innsbruck, woselbst er von dem einfältigen Explikator den Fremden jedesmal als ein „Strafhelm" vorgezeigt wird. —

Im Wesentlichen gleicht er dem von Herrn v. Hefner-Alteneck beschriebenen, nur ist von Bemalung, Ornamentirung u. dgl. keine Spur mehr vorhanden. — Ebenso hat er am Obertheile, statt der bei jenem angeführten durchlöcherten Eisen zur Befestigung von Kleinod und Decken, einen einfachen Eisenstiefel oder Köcher zum Aufstecken eines Pfauen- oder Federbusches. —

Der andere befindet sich in Innsbruck selbst, nemlich in der sogenannten „silbernen Kapelle" der heiligen Kreuzkirche, (auch Franziskaner- oder Hof-Kirche); wo er, oberhalb der Grabdenkmale des Erzherzogs Ferdinand und seiner Gemahlin Philippine Welser, an der linken Seitenwand seinen Stand-

---

1) v. Hefner-Alteneck Trachtenwerk II. Abthlg pag. 174 u 176.

punkt hat. — Auch dieser gleicht den vorbeschriebenen so ziemlich. — Er hat jedoch einen weniger dichten Rost, d. h. sein Gitter wird durch eine weit geringere Anzahl Bügel oder Spangen in beiden Richtungen gebildet. — Leider ist er frisch bemalt und vergoldet, so daß die ursprüngliche Ansicht nicht mehr zu erkennen ist. — Zu noch besserer Dekoration wahrscheinlich, setzte man auf dessen Obertheil eine Krone mit dem österreichischen Pfauenbusch — von Holz! —

Ein dritter, ebenfalls ganz ähnlicher Helm, befindet sich gegenwärtig im Besitze des Herrn Magnus Soyter, Privatier in Augsburg. — Er war lange Zeit an einem Hause in Biberach, in welchem der ehemalige Besitzer und Träger desselben gestorben sein soll, also eingemauert, daß nur der Rost oder das Gitter sichtbar war, bis ihn obengenannter Herr Soyter mit vielen Schwierigkeiten aus dieser fatalen Lage befreite und käuflich an sich brachte. — Dieser Turnierhelm ist besonders deßhalb sehr merkwürdig, weil er den Beweis liefert, daß es, trotz der gegentheiligen Behauptung des Herrn v. Hefner-Alteneck und anderer Autoren, Turnier-Helme gegeben hat, welche geöffnet werden konnten. — Allerdings aber ist dieses als eine Ausnahme von der Regel zu betrachten. —

Besagter Helm nun, den wir auf Tafel XI, 8 in Abbildung sehen, ist nicht nur ganz von Eisen, sondern hat auch am obersten Theile des Rostes ein Charnierband, vermittelst welchem man das ganze Vordertheil nach oben öffnen kann, während eine nur um das Hintertheil laufende einfache Kette dazu diente, beim Gebrauche beide Theile fest aneinanderzuschließen. — Wie wir sehen, ist dagegen das Gitter, in Beziehung auf Verfertigungsweise, Zeichnung, Umriß und Größe, wenig oder gar nicht von den frühern verschieden. —

Einen sehr schönen Helm zum Turnier mit Schwertern und Kolben (von Eisen) besitzt übrigens auch Herr Graf von Törring auf Jettenbach in Bayern, in der berühmten Rüstkammer dieses Schlosses. —

Bei Gelegenheit der Beschreibung einer alten Federzeichnung, — ein Turnier vom Jahre 1471 vorstellend, — in der Sammlung des Städel'schen Instituts zu Frankfurt a./M. [1]), sagt Herr v. Hefner-Alteneck unter Anderm:

„Diese Zeichnung stellt ein Turnier mit Schwertern dar; es befindet sich noch dabei eine zweite ähnliche, ein Turnier mit Kolben vorstellend.“ Weiter unten heißt es: „Die Spangenhelme waren nur für die Kolben- und Schwert-Turniere bestimmt; sie haben sich vorzugsweise in der Heraldik bis auf die neueste Zeit erhalten.“ — u. s. w.

---

1) v. Hefner-Alteneck Trachtenwerk II Abthlg, 138 u. Text pag. 175 u. 176. —

Wir sehen also, daß fast ein Jahrhundert später, als obige Gruppe auf dem gewirkten Teppiche des Herrn Baron von Mayenfisch, noch immer diese Helme ausschließend den gleichen Zweck hatten, wie damals; und so blieb es auch bis zu ihrem gänzlichen Verschwinden aus dem wirklichen Gebrauche. —

Ebenso haben dort, wie hier die hölzernen Schimpfkolben völlig gleiche Gestalt. — Die Helme mit ihren Kleinoden auf dieser Federzeichnung siehe Tafel: XVI, 8; XVII, 9; XIX, 3 u. XXII, 1. —

Als Kolbenturnier-Helme gab es sicher nicht weniger von Leder als von Eisen. — Beide Arten aber kommen: bemalt, versilbert und vergoldet vor, was bei den eigentlichen Stechhelmen selten der Fall ist. —

Das Ocularium bei den Spangenhelmen findet sich auch in späterer Zeit noch oft sehr schmal, d. h. eher den ältern Augenschlitzen mit kleinen Spangen ähnlich, während es manchmal wieder fast in der Größe des ganzen Gesichtes erscheint und überdieß noch unterhalb Luftlöcher angebracht sind. — Man bemerkt diese Verschiedenheit an den nachstehenden zwei Turnierhelmen, welche beide ohngefähr aus derselben Zeit (Mitte des XV. Jahrhunderts) stammen. —

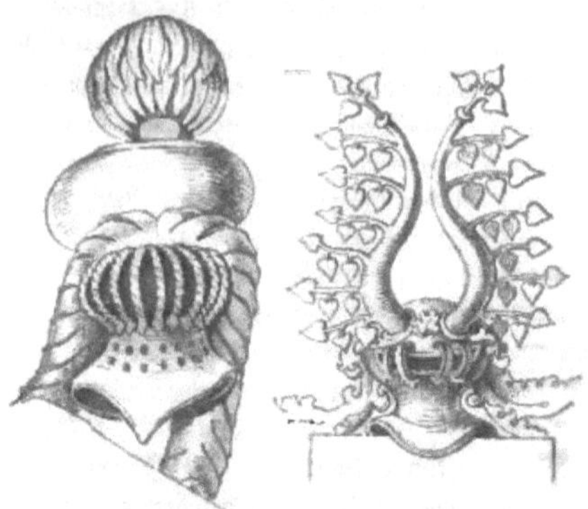

So hat auch der Helm 7 auf Tafel IX, welcher auf einem altdeutschen Gemälde, im Besitze des Herrn J. D. Entres, Kunsthändlers in München, sich befindet, nicht nur ein auffallend großes Ocularium, sondern auch ein sehr einfaches und besonders weites Gitter. — Vorzüglich merkwürdig jedoch ist bei diesem Roßhelme, daß er von einem, bei der Gefangennehmung Christi am Oelberg (welche besagtes Bild vorstellt) mitwirkendem Kriegsmanne getragen wird. — Ein Beweis, daß man in einigen, obwohl vielleicht höchst seltenen Fällen, dennoch auch außer den Turnieren sich derartiger Helme bediente. —

Daß es bei Rost- und Spangenhelmen, ebenso wie oben bei den Stechhelmen, in späterer Zeit, als sie bereits dem wirklichen Gebrauche entfremdet waren, sogenannte Schauhelme gab, die nur zu allerlei heraldisch-dekorativen Zwecken: bei Ordensfesten, Leichenbegängnissen, Ahnenproben u. dgl. verwendet wurden, unterliegt wohl keinem Zweifel. — Im Gegentheil veranlaßte die gefälligere, elegantere und noblere Form dieser Helmgattung sogar einen weit häufigern Gebrauch zu den genannten Zwecken. — Sammler, Liebhaber und Heraldiker mögen daher stets auf ihrer Hut sein: um solche falsche Machwerke von den echten wohl zu unterscheiden.

Im Dome zu Augsburg z. B. hängt hoch oben, innerhalb des Portales, ein vergoldeter Turnierhelm von Eisen mit einer in Blech getriebenen Blätter- oder Laub-Krone, dem ich in dieser Beziehung nicht viel Zutrauen schenke. Sein Standpunkt ist zwar zu hoch, um mit Bestimmtheit einen Verdacht hier auszusprechen, allein ich glaube kaum zu irren, wenn ich besagten Turnierhelm als einen jener „Schauhelme" aus dem Ende des XVI. oder Anfang des XVII. Jahrhunderts bezeichne. —

Auf keinen Fall aber ist es (horribile dictu) der Helm, welchen Otto der Große in der Ungarnschlacht am Lechfelde getragen, und dann ex voto im Dome aufgehängt haben soll, wie eine Sage verlautet, die sich die meisten Augsburger gar nicht nehmen lassen. —

Die Entstehung und Fortbildung der eigentlichen „heraldischen" Helmgattungen aus jener ersten, ursprünglichen und ältesten Topfform des Stechhelmes habe ich nunmehr natur- und sachgemäß bis auf die jetzt noch allgemein üblichen beiden Hauptarten (Stechhelm und Turnierhelm) hergeleitet und es erübrigt mir sonach nur wenige einzelne, gemeinschaftliche Eigenheiten hier zu besprechen. —

Die erste Frage dieser Art dürfte die Fütterung solcher Helme betreffen. —

Zweifelsohne kamen sowohl Stech- als auch Rost- und Spangenhelme gefüttert vor. Eine unumgängliche Nothwendigkeit war es jedoch keineswegs; denn es weisen nicht nur viele, sonst noch ganz gut erhaltene Originalien keine Spur von ehemaliger Fütterung, sondern es scheint sogar der hohle Raum zwischen allen Theilen des Kopfes und dem Helme, wegen Vermeidung jeder gefährlichen Prellung, mehr beliebt gewesen zu sein; — wenn man es nicht vorzog (was häufig vorkam) eine eigene Helmhaube (eine Art Fallbund) unter solchen Stech- und Turnierhelmen zu tragen. — In der Heraldik halte ich es jedoch für ganz angemessen und zweckmäßig bei der nunmehr seit alter Zeit schon eingeführten rothen Fütterung solcher Helme zu verbleiben. —

Wie schon oft erwähnt, saßen diese Helme nur auf Schultern, Brust und Rücken auf, wo sie auch in unbeweglicher Weise festgemacht wurden, so daß der Kopf in einem vollkommen hohlem Raume sich förmlich frei bewegen konnte. —

Diese Befestigung wurde vermittelst Schnallen, Riegel, Charnieren oder Hacken bewerkstelliget. Man gebrauchte in dieser Zeit hiezu oft Riemen, während Ketten u. dgl., wie bei den alten Topfhelmen, nicht mehr vorkommen. — Auf den meisten ältern Abbildungen dieser Helme, d. h. bei heraldischer Anwendung derselben, sieht man gewöhnlich auch ganz unten, an ihrem Vordertheile, entweder eine Schnalle, ein Charnier, ein Loch, einen Riegel oder etwas dergleichen angebracht. (Siehe auf den Tafeln.)[1] — Allen diesen Helmen fehlen selten eigene Kloben, Löcher, Hacken u. dgl. zum Befestigen der Kleinode [2]) —

Daß Spangen- und Rostheime **niemals** in der enormen Schwere der Stechhelme vorkommen, ist eine selbstverständliche und auch leichtbegreifliche Thatsache. —

Eine weitere für unsere Wissenschaft höchst wichtige Frage ist die Ursache oder der Grund des Unterschiedes beim **heraldischen** Gebrauche der Stechhelme und der Spangen- oder Rosthelme (des Stechhelmes oder des Turnierhelmes, — des „geschlossenen" oder „offenen" Helmes). —

Nicht nur aus dem bereits Gesagtem, sondern auch aus der Art und Weise ihrer Entstehung und Fortbildung, konnte man ersehen, daß beide Gattungen, schon vom Beginne des XV. Jahrhunderts an, nur mehr ausschließend zum Turniere Anwendung fanden, während für den Krieg eigene, ganz anders geformte Helme gebraucht wurden; — wogegen vordem die ältern Topfhelme zu beiden Zwecken dienten, was aus unzähligen Originaldarstellungen zur Genüge erhellt. — Alle gegentheiligen Ansichten und Aufstellungen, über Gebrauch und Anwendung dieser Helme, von Seite der ältern und neuern Autorschaft, entbehren deßhalb jeder historischen Wahrheit, — ja, es wurden oft Behauptungen und Ansichten über jenen Punkt dargelegt, welche nahezu an den krassesten Unsinn gränzen, und die nur wieder die Früchte gänzlicher Originalunkenntniß waren. —

Manche dieser hochweisen Herren gingen so weit: sogar die wirkliche Existenz der Spangen- oder Rostheime kurzweg zu läugnen und deren wirkliche Anwendung beim Turniere ganz und gar zu bestreiten, — indem alle derartigen Helme von ihnen für eine „phantastische Erfindung" der Wappenmaler erklärt wurden![3]) —

---

1) Prof. Lochner, Nürnberger-Gesellenstechen i. J. 1446. Text u. Tafeln.

2) v. Hefner-Alteneck Trachtwerk. II., 137 u. Text. — pag 174 u. 175.

3) Siebenkees Heraldik pag. 115, §. 118.

So weit kann Stubengelehrsamkeit führen, die sich um Originale nicht bekümmert. —

v. Hefner-Alteneck und Hoffstadt wollen von einem Unterschiede, im Gebrauch zu heraldischen Zwecken, nichts wissen, und Letzterer gestattet unbegreiflicher Weise den schönen und edlen Formen des Spangen- oder Rosthelmes nicht einmal eine Stelle auf der Helmtafel seines gothischen ABC; da diese doch, gerade in der besten Zeit, ebenso häufig, ebenso beliebt und nicht minder wichtig und nothwendig waren, als die Stechhelme. —

Zur Erläuterung und Aufklärung jedoch über die heraldische Ausscheidung dieser beiden Helmgattungen, in Bezug auf ihre Bedeutung als „adeliche" und „bürgerliche" Helme, — mögen hier einige Notizen Platz finden. — Ich werde nemlich untersuchen: ob und wann sich ein derartiger Unterschied in der Heraldik geltend machte, und wodurch derselbe begründet wurde. —

Bis zum Ende des XIV. Jahrhunderts hatte man, wie wir bereits wissen, zu den zweierlei Arten des Turnieres (mit Lanzen und mit Kolben oder Schwertern) noch nicht die entsprechenden zweierlei Helmformen. — Wie wir gesehen haben, machen sich ohngefähr erst von dieser Zeit an die beiden verschiedenen Gattungen des Turnierhelmes bemerkbar. — Erst von da an also, wo man sich zum Turnier mit Lanzen und zum Turnier mit Kolben oder Schwertern dieser zweierlei, an Form und Gestalt von einander ganz verschiedenen Helmgattungen bediente, treten die besagten zwei Arten auch zum Erstenmale in der Heraldik auf. —

Es vergingen jedoch wohl noch ein paar Jahrzehnte bis die Spangen- und Rost-Helme auf den Wappenschilden allgemeiner wurden, so daß man ohngefähr das XV. Jahrhundert als die Zeit ihrer offiziellen Einführung in die Heraldik annehmen darf. —

Wenn auch früher nur auf den Stechhelmen Kleinode getragen wurden und selbst viel später noch sehr häufig auf ihnen beim wirklichen Gebrauche sich solche finden, so ist doch nicht zu läugnen, daß von der allgemeinen Aufnahme des Kolbenturnierhelmes an, die Kleinode dort allmählig seltener werden, während sie dagegen auf Spangen- oder Rosthelmen mehr und mehr ausschließend in Gebrauch kommen. — Ein Umstand, der seinen natürlichen Grund darin findet, weil diese Helme zum Schwert- und Kolbenturniere, d. h. zu einem Kampfspiele gehörten, dessen Ziel und Endzweck hauptsächlich im gegenseitigen Abhauen der Kleinode oder Helmzierden bestand. —

Während hingegen beim Krönlstechen, Scharfrennen u. dgl., kurz beim Turnier mit Lanzen oder Rennstangen diese, nemlich die Helmzierden, ganz aus dem Spiele blieben, deßhalb auch auf den Stechhelmen durchaus keine Nothwendigkeit waren, wie bei jenen. —

Weil aber nun das Kleinod bei jedem Turniere nur am Spangen- oder Rost-Helm plastisch angebracht sein mußte, so wurde auch nur ausschließend dieser Helm vor dem Turniere zur sogenannten „Helmschau" aufgetragen. — Unzweifelhaft veranlaßte ursprünglich und zunächst dieß den Begriff: daß der Rost- oder Spangenhelm, als „echt adeliges" Attribut, passender erscheine; und es schreibt sich mithin sicherlich von vorher auch der erste Unterschied, den man in Betreff beider Helmgattungen bei heraldischer Anwendung machte. —

Mit dem Beginne des XVI. Jahrhunderts jedoch, nachdem der wirkliche Gebrauch aller eigentlichen Turnier- und Stechhelme schon viel seltener geworden und vorzugsweise zum „Stechen im hohen Gezeug" der damals allgemein beliebte Salade (siehe Tafel X, 9, ohne beweglichem Visier, aber mit Barthaube; Nr. 10 dagegen mit beweglichem Visier, aber ohne Barthaube),[1] von seiner Schalenform also benannt, mit dazu gehöriger Barthaube (Kinnstück), Ueberleger oder Schutzwand, an ihre Stelle getreten war,[2] — wurden jene größtentheils nur mehr als Attribute der Heraldik allein benützt und es scheint sich dadurch obige Unterscheidung des Stech- und Turnierhelmes mehr und mehr festgestellt zu haben. — Dieser Unterschied also, im Anfange durch einen Begriff allmählig entstanden, hat sich später, nach und nach, zu der noch heutzutage allgemein anerkannten Regel gestaltet, den heraldischen Gebrauch dieser Helme in der Art bestimmt zu regeln: daß den Adeligen Spangen- oder Rosthelme, — den Bürgerlichen und Unadeligen dagegen: Stechhelme zukommen. — Anfänglich setzte zwar nur der höhere Adel und mächtige Dynasten Spangen- oder Rosthelme auf die Wappenschilde, indeß der niedere Adel, die Patrizier, städtische Geschlechter u. dgl. sich noch lange der Stechhelme bedienten. — Es geht dieß auch aus einem Streit zwischen dem höheren und niedern Adel „im Land zu Ober- und Niederbayern" hervor, den Krenner in seinen „Baierischen Landtags-Handlungen" ausführlich mit Urkunden vom Jahre 1506 belegt.[3] — Trotzdem aber war der Stechhelm mit dem Ende des XVI. Jahrhunderts bereits auch von allen Schilden des niedern Adels verdrängt, nur einzelne Geschlechter, mit einem gewissen Gefühl von Pietät und Stolz, bedienten sich noch ausschließend desselben. —

Im wirklichen Gebrauche dagegen sehen wir ihn neben dem Salade noch

1) Den Salade trifft man in zahlreichen Abbildungen in allen Trachten-, Waffen- und Costüm-Werken, sowie auch in vielen Original-Exemplaren

2) Turnierbuch Herzog Wilhelm IV. von Bayern in der kgl. Hof- und Staatsbibliothek zu München. — v. Hefner-Alteneck Trachtenwerk II. Abthlg., 109; III. Abthlg., 74 u. 75, 88, 80 u. a. a. O.

3) Krenner baier. Landtags-Handlungen, 15. Band, pag. 401—404.

lange gute Dienste leisten, wobei er immer vorzüglich zum sogenannten „Stechen mit Krönlingen“ oder „Krönlstechen“ gebraucht wurde, indessen der Salade mit Barthaube, Ueberleger oder Holz-Schutzwand mehr beim „Scharf-Rennen“ Anwendung fand. — Nachdem sämmtliche Turnierhelme (Stech-, Spangen- und Rost-Helme), dem wirklichen Gebrauche längst entfremdet, nur mehr in der Wappenkunde fortlebten, so wurden sie auch von Tag zu Tag mit schlechterem Verständnisse in künstlerischen Abbildungen jeder Art dargestellt. — Wir sehen nemlich, wie oben bei den Schilden, so auch auf ihre originale Form, nicht nur die Ornamentik der Renaissançe und die Verschnörkelung des Zopfes, sondern leider sogar die „moderne“ Auffassungsweise der neueren und neuesten Zeit ihre schädlichen Einflüße mächtig ausüben. —

Diese verderblichen Einwirkungen jedoch waren um so stärker, weil man kein Original mehr zu Gesicht bekam, an das man sich hätte halten können, und weil man deßhalb den richtigen Begriff und die Vorstellung eines echten, wirklichen Turnier-, Stech-, Spangen- oder Rosthelmes allmählig ganz aus den Augen verlor. Daher also kommen die „schwindsüchtigen Jammergestalten“ unserer modernen, heroldenamtlichen Helme![1])

Nur die bisher besprochenen Helme sind als „heraldische“ zu betrachten, und wenn ich schon oben bei den Schilden „unheraldische“ angeführt habe, so bieten die Helme hiezu noch weit reichhaltigeren Stoff.

Es gibt nicht nur eine Unzahl Helmgattungen zum Kriegsgebrauch, bei denen weder Heraldik noch heraldische Bilder überhaupt je angebracht wurden, — gibt aber auch wieder solche Helmformen, wo wir dergleichen allerdings bisweilen angewendet finden, die aber dennoch niemals bei Zusammenstellung von eigentlichen Wappen als wirkliche „heraldische“ Helme benützt, d. h. auf heraldische Schilde gestellt werden. —

Mit heraldischen Abzeichen versehen nenne ich entweder „heraldisch bemalte“ oder mit dem „Kleinode“ geschmückte Helme.

Die heraldisch bemalten Helme nun trifft man schon in der ältesten Zeit, und zwar viel früher als die mit dem eigentlich plastischen Kleinode gezierten. — Wir sehen solche auf Tafel XIII. 1—6 und ich werde weiter unten, wo ich von dem „Kleinod“ handle, ausführlicher darauf zurückkommen.[2]) —

---

1) Man vergleiche alle neueren und neuesten heroldenamtlichen Produkte und Wappenwerke. — So auch Tafel XXXIII, 8. —

2) v. Hefner-Alteneck Trachtenwerk I. Abthlg., 80, 84 u. a. a. O. —

9

Später aber, als das Bemalen auch anderer Waffen- und Rüstungsstücke allgemein wurde und ebenso häufig vorkommt, wie die ausschliessende Bemalung des Helmes allein, sind auch *zweierlei* Arten bemalter Helme wohl zu unterscheiden, nemlich „*heraldisch* bemalte" und „*phantastisch* oder blos *ornamental* bemalte"; zwei Gattungen, die ja nicht miteinander verwechselt werden dürfen. — Mit dem XVI. Jahrhundert verschwinden sogar erstere ganz, d. h. vom Eintreten der Renaissance an findet man nur mehr die letztgenannten „phantastisch oder ornamental bemalten" Helme. —

Wir sehen daher zu dieser Zeit vorzüglich jene so beliebten, mit Löwenköpfen, Vogelgesichtern oder Ungeheuerfratzen bemalten Visierhelme, in deren *plastischer* Darstellung sich sogar die damals auf höchster Stufe stehende Treibekunst, nicht selten mit besonderem Geschicke, versuchte. — Sehr schöne zwei in solcher Weise bemalte Exemplare befanden sich auf dem schon oben erwähntem Schlosse Hohenaschau in Oberbayern, wovon der eine, völlig grundlos und ganz anachronistisch, als der Helm des berüchtigten Raubritters Heinz von Stein den Besuchern jenes Schlosses gezeigt wurde.

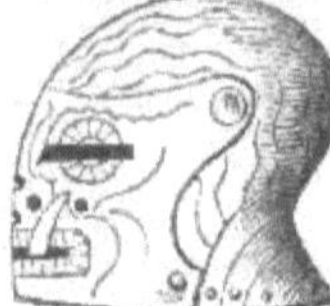

Denn diese Helme in nebenstehender Gestalt bilden mit noch andern ähnlichen, eine eigene Uebergangsform vom ältern Salade *ohne* Halsschluß zum neuern Mailänder-Helm und spätern Bourguignon *mit* Kinntheil und Halsschluß (am Ende des XV. und Anfange des XVI. Jahrhunderts). —

Auch v. Hefner-Altenecks Trachtenwerk zeigt uns „heraldisch" und „gewöhnlich bemalte", ja sogar „mit Stoff oder Tuch überzogene" Helme des XV. und XVI. Jahrhunderts.[1]) —

Unter Ersteren ist besonders ein aus Eisen getriebener Helm (Salade) mit halbem Visiere, aus der zweiten Hälfte des XV. Jahrhunderts, hervorzuheben, welchen Hr. Professor Bär zu Dresden im Original besitzt, und den wir gegenüberstehend in Abbildung sehen. —

Hr. v. Hefner-Alteneck sagt dazu: „Besonders bemerkenswerth ist an ihm, daß er noch ursprünglich mit Oel-Farben bemalt ist. — In dieser Malerei sieht man eine Art Flammen, welche über den Kopf laufen und verschiedene heraldische Bilder, die den Rand umgeben. Von den, durch Alter sehr abgestandenen Farben ist besonders noch gelb und roth abwechselnd zu erkennen. Aehnliche Bemalungen kamen damals

1) v. Hefner-Alteneck Trachtenwerk II. und III. Abthlg.

häufig an Harnischen vor; auch waren ebenso oft einzelne Theile derselben mit farbigen Stoffen überzogen.“ [1]) —

Für die eigentliche Heraldik sind jedoch alle derartigen Helme an und für sich völlig bedeutungslos. —

Die außergewöhnlich mit heraldischem Kleinod versehenen Helme sind sehr zahlreich, und ich möchte fast sagen, es hat wenig Helm-Gattungen und Formen, schon von ältester Zeit an gegeben, von denen man nicht hie und da einzelne mit heraldischem Kleinode abgebildet oder geziert antreffen könnte. —

Obwohl in späterer Zeit, d. h. mit dem Beginne des XVI. Jahrhunderts, die Federn beliebter und vorzugsweise bis zur Ueberladung reicher Federschmuck an die Stelle der originellen, „lustigen“ Kleinode getreten war, [2]) so finden sich trotzdem auch da noch bisweilen Kleinode auf Helmformen zum Kriegsgebrauche. —

Um auch hiebei wieder mit der frühesten Periode den Anfang zu machen, erwähne ich hier vor Allem das Bassinet (Kesselhaube) mit Kleinod des Grafen Johann von Wertheim († 1407) auf dessen Grabdenkmale in der Stiftskirche zu Wertheim. [3])

v. Hefner-Alteneck bemerkt hiezu: „Der Ritter trägt die Helmzierde der Grafen von Wertheim nicht nur, wie gewöhnlich, auf dem Stechhelm, sondern auch auf der Kesselhaube; auf letzterer konnte sie vor dem Ueberziehen des Stechhelms abgenommen werden.“ —

1) v. Hefner-Alteneck Trachtenwerk II. Abthlg. 178 pag. 238.

2) Ibid. III. Abtheilung und Einleitung dazu.

3) Ibid. II. Abthlg. 92, pag. 122.

9*

Auf dem Salade mit und ohne beweglichem Visier (siehe Tafel X 9 und 10) kommen Helmkleinodien sehr häufig vor, wie z. B. auf Tafel XVI, 5 und Tafel XXI, 1. — So auch auf vielen Grabsteinen z. B. im Kloster Gars u. a. a. O.

Auf den sogenannten Mailänder-Helmen des XVI. Jahrhunderts (siehe Tafel X, 11) sehen wir ebenfalls manchmal, obwohl schon viel seltener: heraldische Kleinode. — So trägt z. B. Kaiser Maximilian († 1519) auf einem kolorirten Holzschnitte von Hans Burgkmaier einen solchen Helm, auf dem nicht allein eine Krone und der mächtige Pfauenbusch, als österreichisches Kleinod prangt, sondern an dem überdieß sogar heraldische (außen schwarze, innen goldene) Helmdecken befestiget sind. [1])

Zu dieser merkwürdigen und allerdings seltenen Erscheinung bemerkt Herr v. H.-A.:

„Auf dem Kriegsheim trug er, wie die vornehmen Ritter in der Regel, den reichen Federschmuck. Hier erscheint aber ausnahmsweise die Helmzierde mit Helmdecke, welche sonst nur auf den Turnierhelmen vorkommt; sie besteht aus der Krone, und dem Pfauschweife als Zeichen der Hoheit."

Sogar auf den sogenannten Bourguignons oder Bourguinots (Burgundischen Helmformen), — siehe Tafel X, 12, — trifft man noch bisweilen Kleinode und heraldische Helmzierden. — So z. B. auf einem Grabsteine in der Hauptkirche zu Wasserburg, dessen Inschrift lautet, wie folgt: „Hie liegt begraben der edel vnd vesst hanns Baumgartner So Rennmeister alhie gewesē der an Suntag letare der heilligen vasten des MD jares verschiden ist dem got gend." — Es erscheint dort der Ritter in voller Kriegs-Rüstung mit Banner, und hat rechts zu seinen Füßen den Wappenschild, links den Bourguignon mit Helmkrönlein und Baumgartnerischen Kleinod.

Auch der Helm auf Tafel XIX, 5 scheint kein wappenmäßiger zu sein, sondern vielmehr ein Kriegsheim mit beweglichem Visiere, und dennoch trägt er ein heraldisches Kleinod. — Er ist übrigens französischen Ursprungs, wie denn überhaupt bei Franzosen und Engländern viel häufiger Kleinode auf Kriegshelmen vorkommen, als bei uns Deutschen. —

Selbst in alten Turnierbüchern finden sich nicht selten auf Mailänderhelmen oder Bourguinots die Helmzierden der Geschlechter, wenn nemlich die genannten zwei Helmformen mit den vorgeschraubten Ueberlegern als „Turnierhelme" beim „Scharfrennen im hohen Gezeug" verwendet wurden. —

1) v. Hefner-Alteneck Trachtenwerk III. Abtheil. 105, pag. 114.

Auf allen späteren Helmgattungen des XVI. und XVII. Jahrhunderts dagegen, gebrauchten höchstens nur mehr einzelne Spaßvögel zu Schimpfspielen, Fastnachtsstechen oder beim Carrousselreiten ihre ererbten Kleinode. —

Sämmtliche vorgenannten Helmformen jedoch haben auf die eigentliche, selbstständige Heraldik durchaus keinen Bezug, da sich zum wirklich heraldischen Gebrauch ausschließend nur die nachstehenden Helme eignen. — Es sind dieß: 1) der oben flache Topfhelm; 2) der auf den Schultern aufsitzende Topfhelm; 3) der Stechhelm; 4) der Turnierhelm (Spangen- und Rosthelm). —

In neuester Zeit gewinnt es immer mehr den Anschein als sollten die Helme ganz aus der Heraldik verbannt werden. —

Der feine Geschmack unserer Aristokratie nemlich zieht es zumeist vor: sich gar keines Helmes mehr zu bedienen und die Kleinode lieber „hoch oben" ihren Schilden herumfliegen zu lassen; d. h. leidige Anglisirung macht die Helme, als überflüßig, bald ganz verschwinden. (Tafel XXXIII, 9.) —

Manchen Andern wieder ist ihr neun- oder siebenperliges Krönlein zu sehr „ins Herz gewachsen", als daß sie sich je von dem liebwerthen Aushängschilde ihres Ranges trennen könnten, d. h. sie achten derartige Nullitäten weit höher als die altehrwürdigen Symbole, die wahrhaften Attribute des echten Ritterthumes. — Nebenbei gesagt aber halte ich die Methode der Franzosen: durch die Bügelzahl und äussere Form der heraldischen Helme die verschiedenen Rangstufen des Adels zu bezeichnen, fast noch für unpassender, ja, der Natur der Sache nach eigentlich sogar für ganz widersinnig. — Die Theorie von Helm und Kleinod ist überhaupt die schwächste Seite der Franzosen und es ist allerdings sonderbar, daß die gediegene, altfranzösische Heraldik in diesen und einigen andern Dingen auf solche Abwege gerathen konnte. —

Was das Größenverhältniß des Helmes zum Schilde anbelangt, ein wichtiger Umstand, der in neuerer und neuester Zeit meistens als Nebensache betrachtet und ganz außer Acht gelassen wurde, so war dasselbe zu den verschiedenen Perioden, je nach den gerade herrschenden Schild- und Helmformen, ebenso auch sehr verschieden. Eine bestimmte Norm, welche auf alle Zeiten anwendbar wäre, hiefür aufstellen zu wollen, ist deßhalb unmöglich. — Einige Anhaltspunkte aber mag die Tafel XXXIII bieten. — Wir bemerken dort, daß zur Zeit der oben flachen Topfhelme, welche nicht bis auf die Schultern reichten, die Dreieckschilde nicht nur blos größer *scheinen*, sondern auch in Wirklichkeit größer *sind*. — In nächster Folge gestaltet sich das Verhältniß gerade in verkehrter Weise. — Es hatten nemlich sämmtliche, *auf den Schultern aufsitzenden* Topf-, Stech- und Turnierhelme sehr natürlich weit mehr Umfang und Höhe als die vorgenannte Helmgattung, während Stechschilde und Tartschen gerade um diese Zeit *viel kleiner* wurden, — wodurch jene noch größer herauskamen. — Wenn *mehr* Helme auf einem Schilde ruhen, so sollten sie wo möglich im richtigen Verhältnisse mit ihren Feldern bleiben; allein da sich dieß nicht immer bewerkstelligen läßt, finden nicht selten auch nothgedrungene Abweichungen von der Regel statt. —

Bei den jetzt zumeist noch üblichen zwei Hauptformen heraldischer Helme, dürfte es jedoch immer viel besser sein, wenn man sie verhältnißmäßig lieber etwas zu groß macht; denn zu kleine Helme auf kolossalen Schilden sind gewiß für jeden Sachkundigen ein gar zu widerlicher Anblick. —

Was die *Stellung* der Helme betrifft, so kann man die Sache ziemlich kurz fassen. — Der Helm soll nemlich, ebenso wie der Schild, nach vollkommen unbeschränktem Belieben und nur in Rücksicht auf Ort und Art der Anwendung, je nach der Lage des Schildes sich richtend, bald nach vorne, bald nach rechts oder links sehen. —

Unzählige Beispiele aller Zeiten und Länder belehren uns über die vollständigste Gleichgültigkeit dieser Sache, und alle andern Aufstellungen sind daher unhaltbar oder aus der Luft gegriffen. — Selbstverständlich werden beim Gebrauche von mehr Helmen, wenn deren Anzahl ungerade ist, der mittelste (Nr. 1.) nach vorne, die andern rechts und links gegen diesen gewendet. — Ist aber ihre Anzahl gerade, so wird die eine Hälfte nach der Mitte rechtshin, die andere Hälfte nach der Mitte linkshin schauend auf den Schild gestellt. — Bei so großer Zahl von Helmen, daß dieselben auf dem Schilde nicht mehr wohl Platz finden, rückt man damit an den Seiten überall zuerst um einen hinaus und werden die übrigen dann rechts und links neben den Schild über- und nebeneinander gesetzt. — Wie z. B. beim Wappen der Markgrafen von Baden. —

Sehr häufig (schon vom XV. Jahrhundert an) kommt es auf Abbildungen, Siegeln, Münzen u. dgl. vor, daß die Schildhalter, gleichviel ob Menschen, Thiere oder Ungeheuer, mit dem Kopf in die Helme geschlüpft erscheinen, d. h. diese aufhaben. — Namentlich weist uns das XV. und XVI. Jahrhundert sehr viele, und besonders schöne Exemplare solcher Siegel. —

Hier zum Schluß noch wenige Worte über das erst in den späteren Zeiten und heutzutage an den meisten Helmen sichtbare *Halskleinod* oder *Monile*. —

Gatterer schon erwähnt es als ganz unwesentlich, und in der That sieht man es in der bessern Zeit der Heraldik niemals oder doch höchst selten an den Helmen, obwohl es damals einen Sinn hatte, gegenwärtig aber keinen mehr. —

Seine Bedeutung war sehr verschieden. — So stellt es manchmal das Zeichen des ritterschaftlichen Kreises vor, dem das Geschlecht dereinst einverleibt war. Bisweilen mag es vielleicht auch ein rein persönliches Ehrenkleinod bedeuten. — Gewöhnlich scheint es aber das Zeichen der Turniergenossenschaft- oder jener Adelsgesellschaft gewesen zu sein, der das betreffende Geschlecht angehörte. — Jedoch in keinem der genannten Fälle läßt sich wohl dessen Anwendung heutzutage rechtfertigen, und man kann derlei Dinge um so lieber ganz bei Seite lassen, weil, wie gesagt, auch die höchste Blüthezeit der alten Heroldskunst sich ihrer nicht bediente. —

Nach nunmehriger Erledigung des Helmes, als zweiten, wichtigen Hauptbestandtheiles eines vollständigen Wappens, komme ich zu jenem innig damit verbundenem heraldischen Attribut, als dessen Träger der Helm eigentlich nur erscheint und dessen Hochhaltung und Wichtigkeit vorzugsweise unsere deutsche Heraldik kennzeichnet, d. h. derselben einen ganz eigenthümlichen und besonderen Anstrich von nationaler Originalität verleiht. —

Ich meine nemlich:

VI.

Das Kleinod.

Was versteht man unter: Kleinod? Wie sind die Kleinode entstanden, und wann kommen sie zuerst vor? — Diese drei Fragen sind es, welche mir vor Allem hier zur Beantwortung obliegen. —

Unter einem Kleinode versteht man in der Wappenkunde die heraldischen Zierden, Figuren oder Bilder, welche in plastischer Weise am Helme angebracht wurden. — Gewöhnlich sind die Kleinode eine Wiederholung der heraldischen Figuren des Schildes am Helme. — Sehr häufig jedoch erscheinen sie auch in vollkommen selbstständiger Gestalt. —

Auch hier werde ich vielleicht der erste heraldische Autor sein, der nicht mit den Hörnern, Flügeln und Geweihen oder mit den über das Haupt gezogenen Thierhäuten der heidnischen Alten den Anfang macht. — Warum ich aber dieß unterlasse, habe ich bereits bei Gelegenheit meiner Worte über Entstehung der Heraldik im Allgemeinen genügend auseinandergesetzt. — Auch hier aber will ich, wie vorne bei den Schilden, zwei auffallende Muster von antiken Helmen zeigen, welche vorzüglich geeignet sind die Vermuthungen und Nachforschungen über die Entstehung der Helmkleinode auf Irrwege zu leiten. Sie wurden von mir beim letzten Congreß deutscher Alterthumsforscher in Ulm, nach schönen Abgüßen aus dem römisch-germanischem Museum in Mainz eigens zu dem Zwecke abgezeichnet. —

An dem einen dieser Helme sehen wir Hacken und Stäbchen, die offenbar zur Befestigung irgend eines Helmschmuckes gehörten; auf dem andern dagegen stehen zwei von Bronceblech gemachte Hörner, die auf ein Haar die Ansicht unserer „heraldischen" Hörner haben, oder ihnen doch wenigstens am ersten Blick sehr ähnlich sind.

Wenngleich nun die Alten in solchen Dingen die wichtigsten Stützpunkte ihrer „vorchristlichen" heraldischen Hypothesen zu finden glaubten, so ist man heutzutage doch wenigstens endlich darüber hinaus: den Ursprung der „christlich-mittelalterlichen" Heraldik und ihrer Attribute im grauen Heidenthume oder bei den „römischen Legionen" suchen zu wollen. — Ich halte es deßhalb, nach meinen früher über dieses Thema bereits weitläufig dargelegten Ansichten, nicht mehr der Mühe werth hier noch länger zu verweilen, sondern wende mich lieber zur Sache selbst. —

Zweifelsohne liegt die erste Spur heraldischer Helmkleinode in der Bemalung der Helme. —

Ich muß hier darauf zurückkommen, daß diese schon in den ältesten Zeiten des christlichen Mittelalters vorkommt, und zwar, wie man finden kann, in allen Ländern, daß sie jedoch erst mit dem Auftauchen der eigentlichen Heraldik ebenfalls jenen vorherrschend „heraldischen" Charakter annimmt. — Man trifft also merkwürdiger Weise derartige Bemalungen, lange vor dem Entstehen des heraldischen Stechhelmes, an den beiden Seiten der Beckenhaube (des Bassinets) in der Periode kurz vor und während den Kreuzzügen, bis zum Ende des XII. Jahrhunderts, d. h. bis zur Einführung des Stechhelmes in seiner primären Form. — So hat z. B. der schon einmal erwähnte Gottfridus pulcher Coenomanensis † 1150 auf seinem Bassinet den Löwen, mit welchen mehreren sein beinahe mannshoher Schild gleich-

falls bemalt erscheint (Man sehe auch Tafel XXXV, 3.) — Ein ganz gleiches Beispiel aus der Zeit der Ottonen sehen wir in Dr. v. Eyes „Kunst und Leben der Vorzeit", Nürnberg 1855, als fig. 1 bei den „Helmen in ihrer frühesten Entwicklung." [1]) — Auch in dem bekannten Werke Olivari Vredii sigilla comitum Flandriae findet sich am Siegel und Gegensiegel des Philipp Grafen von Flandern und der Normandie, d. a. 1163 und 1164, ebenfalls übereinstimmend mit Banner- und Schildes-Zeichen, dessen Kesselhaube mit dem Bilde des flandrischen Löwen bemalt. [2])

Als aber die Stechhelme aufkamen und über die Bassinets gesetzt wurden, gingen von nun an, ganz natürlicherweise, auch solche Bemalungen von diesen auf jene über, — weil sie sonst nicht mehr sichtbar gewesen wären. —

Wir bemerken daher das ziemlich häufige Vorkommen also bemalter, oben flacher Topfhelme, und zwar schon damals fast immer mit den Bildern des Schildes harmonirend. —

Hr. v. Hefner-Alteneck zeigt uns mehrere solche Helme in seinem Trachten-Werke, von denen ich sechs Exemplare auf Tafel XIII in Abbildung brachte. —

1 und 2 sind nach der Malerei einer Pergamenthandschrift aus dem XIII. Jahrhundert genommen, welche sich auf der Stadtbibliothek zu Leipzig befindet. — Herr v. Hefner-Alteneck bemerkt unter Anderm dazu: „als besonders bemerkenswerth ist hier hervorzuheben, daß die oben noch flachen Stechhelme der Ritter eben so, wie die Schilde, heraldisch bemalt sind. —

Mehrere Bilder und bemalte Grabsteine jener Zeit liefern uns den Beweis, daß derartige bunte Helme in Uebereinstimmung mit den Schilden vor der Verbreitung der Helmzierden und Helmdecken zu jenen Dingen gehörten, welche den Umfang der Heraldik bildeten." —

Bei Nr. 1 sind Helm und Schild in grüne und silberne Querbalken abgetheilt; bei Nr. 2 Helm und Schild blau mit silbernen, gezackten Balken. [3]) —

Die übrigen vier Helme (3, 4, 5 und 6) auf Tafel XIII sind nach Darstellungen in einem Pergament-Manuskripte auf der königlichen Staatsbibliothek zu München, dessen Inhalt das Heldengedicht „Tristan" von Gottfried von Straßburg und Ulrich von Thüringen ist. —

---

1) Dr. v. Eye. Kunst und Leben der Vorzeit. 1. Heft. Helme. fig. 1.
2) Olivari Vredii sigilla comit. Flandriae. pag. 18.
3) v. Hefner-Alteneck Trachtenwerk I. Abthlg. 80. pag. 102 u. 103.

Auch hier setzt Herr v. Hefner-Alteneck ausdrücklich bei: „Auch hier erscheinen die noch einfach bemalten Schilde, und die oben flachen, heraldisch bemalten Helme, was noch in Ermangelung der Helmzierden und Helmdecken, den Anfang der Heraldik bildet, — siehe Tafel 90 dieser Abtheilung. [1])" —

Bis daher sind es nur die ersten Spuren der Genesis des Kleinodes, welches jedoch in solcher Art und Weise in der Wappenkunde selbst niemals praktische Anwendung fand, sondern erst im zweiten Grad seiner Fortbildung von dieser bleibend adoptirt wurde. — Allein diese mit den Schildeszeichen gleichförmige und zumeist übereinstimmende Bemalung der Helme scheint eben die nächste Veranlassung geworden zu sein, daß man darauf bedacht war: ein im Schilde befindliches Wappenbild oder auch eine beliebige andere Figur durch plastische Darstellung, auf oder ober dem Helme, mehr sichtbar und in luxuriöserer Weise anzubringen, was überdieß zugleich den Vortheil gewährte, daß man eine derartige Helmzierde nach Belieben aufsetzen und wieder wegnehmen konnte. — Gleich im Anfange, und selbst viel später noch hie und da, wurde sogar wie es scheint, neben und mit einem solchen plastischen Kleinode, auch die Helm-Bemalung beibehalten. — Ich fand mehrere merkwürdige Fälle dieser Art. — So z. B. ist im Kreuzgange der Stifts- und Pfarrkirche zu St. Zenno bei Reichenhall der Grabstein eines gewissen: nicolaus amplius dictus glocner und diemudis seiner Hausfrau, auf deren Geschlechtswappen ein topfähnlicher Stechhelm mit einem Flügel als Helmzierde sich befindet, und an dessen Seite die Glocke des Schildes gemalt erscheint. — Der Stein trägt, so weit als leserlich, die wörtlich hier folgende Inschrift: „Anno Yncarnacionis dei m° ccc l xij; xij k novembris in die sancti galli confessoris (obiit) nicolaus amplius dictus glocner, diemudis uxor sua, nicolaus, cunradus filii eorum, ... quorū animas . . . . in dio . . . .

Derartige gemischte Darstellungsweisen der Kleinode finden sich ebenso nicht nur schon in früherer Zeit, wie z. B. am Helme des Grafen Ludwig von Savoyen d. a. 1294, eines gewissen Heinrich Fröschl d. a. 1350 u. A., sondern auch noch ziemlich spät, wie z. B. auf dem bekannten Siegel des Herzogs Christoph von Bayern d. a. 1485, woselbst der Helm mit den „bayerischen Wecken" ganz übermalt erscheint. —

Solche Beispiele gehören aber dennoch immerhin zu den Seltenheiten und dürften im Ganzen nicht sehr oft vorkommen, allein ich hielt sie für beson-

[1]) v. Hefner-Alteneck Trachtenwerk I. Abthlg., 94 pag. 127.

ders geeignet, hier angeführt zu werden, weil sie den oben erwähnten Uebergang von der „heraldischen Bemalung" zum eigentlichen „plastischen Kleinod" so recht deutlich versinnlichen. —

Dieß Letztere nun kommt zuerst ohngefähr mit dem Anfange des XIII. Jahrhunderts in Gebrauch und bleibt lange, wie es scheint, eine Sache rein persönlichen Geschmackes und regelloser Willkühr. — So z. B. fand ich im Archiv zu München gleichzeitige Siegel der Oettingen: noch mit dem Flügel, dessen in frühester Zeit schon dieses Geschlecht sich bediente, und auch mit dem Brackenkopf. — Rapperswyl in der Schweiz hat bald zwei Schwanenköpfe, bald, wie z. B. ober dem Burgthore von Schloß Rappersweil am Zürichsee: einen hohen Federbusch. Ritter Hüglin von Schöneck † 1374, führt auf seinem Grabdenkmale in der St. Leonhardskirche zu Basel, als Helmzier den hohen ritterlichen Turnierhut des XIV. Jahrhunderts (Chaperon) — oben mit einem Busch von Hahnenfedern geschmückt, (Tafel XVII, 7) — während das gewöhnliche Kleinod dieses Geschlechtes ein Flügel (siehe Tafel XVI, 3) ist. — Bernhard von Masmünster † 1383 auf seinem Grabsteine im Münster zu Basel, trägt als Helmzierde: zwei besteckte Hörner (Tafel XV, 4); da doch das Kleinod seines Hauses in einem Löwen besteht. — Auch haben die oftgenannten Hohenlohischen Schilde in Kreglingen an der Tauber nicht das gewöhnliche Hohenlohische Kleinod den weißen Adler, sondern: gekrönte Einhornsköpfe. (Tafel XX, 6.) —

Die Helmzierden des Marschallamtes waren bald Sturmfähnlein oder Banner, wie bei den Marschällen von Pappenheim, — bald mit mehreren kleineren solchen besteckte Hörner, wie beim Hause Sachsen. —

Derlei Beispiele aber gibt es in Menge, und sie stellen die Stabilität oder förmliche Fixirung der Kleinode, selbst noch am Ende des XIV. Jahrhunderts, oft sehr in Frage.

Bisweilen dagegen scheint sich das wesentliche heraldische Bild am Kleinode allerdings schon fixirt zu haben, indessen dieses selbst, nur eine bloße Vermittlung oder einen Träger zur schicklichsten Wiederholung der heraldischen Hauptfiguren des Schildes bildend, immer noch auf verschiedenen Helmen und an verschiedenen Orten auch beliebig verändert angetroffen wird. —

So z. B. tragen die Helmzierden der Herren von Späth im Kloster Denkendorf bei Eßlingen sämmtlich die Hauptfiguren des Späthischen Geschlechtswappens, nemlich: die drei silbernen Schlüssel, allein diese sind bald auf einem Flügel (siehe Tafel XVI, 4) bald auf einem Mannesrumpf (Tafel XVIII, 7) angebracht.

— Ebenso erscheint der schwarze, mit drei goldenen Kugeln belegte Schrägbalken der Pienzenauer von Wildenholzen in Bayern bisweilen auf einem Flügel, manchmal aber auch auf einem männlichen Rumpfe. — Auch die zwei gekreuzten Streit- oder Faustkolben der Aresinger oder Eresinger in Bayern stehen, mit Federn besteckt, bisweilen frei am Helme, manchmal hingegen trifft man sie auf einem Flügel angebracht. — In ersterer Weise sehen wir sie z. B. auf einem Grabsteine des genannten Geschlechtes zu Freising, in letzterer aber auf einem solchen im Glockenhause der St. Peterspfarrkirche zu München. (Siehe Tafel XVI, 6.) —

Die drei rothen, 2. 1. gestellten Schildlein in Silber des alten Hauses Rapolstein erscheinen bald auf einem Rumpfe, bald auf einem Beutelstand. —

Oftmals wurde diese Veränderung des figürlichen Kleinods, mit Belaßung der auf demselben wiedergegebenen Schildesfiguren, vorzugsweise nur dazu benützt, um die verschiedenen Zweige und Linien eines Geschlechtes näher zu bezeichnen oder zu unterscheiden — So führte z. B. zu einer gewissen Zeit Bayern-Landshut die Flügel, — Bayern-München dagegen die Hörner — mit den Wecken von Silber und Blau. — Eine Linie der Hutten führt die Schildesfiguren auf einem Flug, — ein anderer Zweig die ganz gleichen (roth und goldene Schrägbalken) auf einem Mannes-Rumpfe. —

Als die gewöhnlichsten und bequemsten Hilfskleinode, um alle möglichen Schildesfiguren auf ihnen geschickt anbringen und wiedergeben zu können, nenne ich hier besonders:

1) Die Hörner;
2) der ganze und der halbe Flug, (letzterer besser „Flügel“ genannt);
3) die hohen und niedern ritterlichen Hüte;
4) die männlichen, weiblichen und Thier-Rümpfe oder Brustbilder;
5) die Federköcher oder Federkörbe;
6) die Schirmbretter oder Scheiben;
7) die Fähnlein oder Banner;
8) der Beutelstand.

Nur diese Hilfsmittel zur schicklichsten Wiederholung der Schildesfiguren am Helme sind heraldisch zulässig, sie stehen zu dem Zwecke in erster Reihe oben an, und sind sämmtlich aus der „besten“ Zeit, echter und praktischer Heraldik. —

Dagegen ziehen unsere modernen Herolde zumeist es vor: die Schildesfiguren bei Wiederholung am Helme viel lieber hoch über diesem letztern frei in der Luft fliegen zu lassen, als sich hiezu der obengenannten figürlichen Hilfskleinode zu bedienen, — ohne Zweifel aus dem einfachen Grunde, weil sich ihr heraldisches Wissen so weit nicht erstreckt. —

Wie Schild, Helm, Decken und Wappenfiguren, kurz wie die gesammte Heraldik im Ganzen und in ihren einzelnen Attributen, also unterlagen auch Kleinode und Helmzierden den Gesetzen der jeweiligen Mode und des jeweilig herrschenden Geschmackes. —

Besonders aber bei den obengenannten, gewissermassen stereotypen acht Grundformen des Kleinods ist dieser Einfluß auf Gestalt und Größe sehr wichtig und bemerkenswerth. —

ad 1) Die Hörner. (Tafel XIV, 7—9 und Tafel XV, 1—9). — Sie wurden ursprünglich nur in natura auf heraldischen Helmen angebracht, da vor der zweiten Hälfte des XIV. Jahrhunderts ihre Gestalt unverkennbar das natürliche Hörnerpaar und zwar des bei uns heimischen, gewöhnlichen Ochsen zeigte. — Insoferne aber in jenen Zeiten Ure und Büffel allerdings auch zu diesen gehörten, mag vielleicht die Benennung: Büffelshörner einige Entschuldigung finden. — Während dagegen: Elephanten-Rüßel, Füllhörner u. dgl. absurde Bezeichnungen sind, erfunden von Heraldikern, welche jedenfalls die Ochsen- oder Büffels-Ohren ganz außer Acht ließen, die sich so häufig sammt dem sogenannten „Grind" oder mit der Hirnschale an den heraldischen Hörnern vorfinden. Ueberdieß lieferte gerade die derartige Darstellungsweise, als älteste Urform, sicher auch die erste Grundidee des heraldischen Hörnerkleinods. — Die Wahrheit dieser Behauptung bestätigt sich durch die Sandizellischen und Gumppenbergischen Kleinode, durch die alten Helmzierden der Fugger, durch die Kleinodien der Villacher, der Eisinger von Eising und vieler anderer Geschlechter. —

Erst im Laufe der Zeit ließ man die Ohren und das daranhängende Stück roher, natürlicher Haut ganz weg und ersetzte letzteres durch die eleganteren und farbenreicheren Helm-Decken. — Aus einem alten, sehr interessanten kolorirten Wappenbuch (Manuscript), — dem XV. Jahrhundert angehörend, — das sich in meinem Besitze befindet, ersehe ich z. B., daß man zu jener Zeit noch die meisten, ja fast alle Hörnerkleinode mit den Ohren zeichnete, — wo heutzutage keine Spur mehr von solchen vorhanden ist. —

In der frühesten Periode erscheinen die Hörner vollkommen sichelförmig und zumeist nur einmal gekrümmt. (Tafel XIV, 7—9, XXXIII, 2.) — Erst später neigen sich ihre äußersten Spitzen etwas nach auswärts. (Tafel XV, 1—4, XXXIII,

3) — Auch bleiben sie bis zum Anfange des XIV. Jahrhunderts ziemlich klein und unansehnlich und werden erst von dort an allmählig höher, schlanker und auch schwunghafter, d. h. zweimal gebogen. (Tafel XV, XXXIII, 5, 6 ꝛc.) — Bis zum Ende dieses (XIV) und Beginne des nächsten Jahrhunderts kommen sie mit ungestümmelten, natürlichen Spitzen vor; während später dann die Spitzen stumpf abgerundet (Tafel XV, 5) oder auch oben abgeschnitten (Tafel XV, 4 u. 7, XXXIII, 4) sich zeigen, eine Sitte, die, wie wir gleich sehen werden, immer weiter von der Natur abführte. — Aus den an ihren obersten Spitzen gestümmelten Hörnern entstand zweifelsohne zunächst der falsche Begriff von Blas-Hörnern. Aus dieser irrigen Vorstellung folgte dann weiter auch noch die künstliche Ansetzung von förmlichen Mundstücken am obern Ende der meisten Hörner-Kleinode. —

Somit haben wir die Form jener Hörner, welche als sogenannte „offene", vorzugsweise mit dem Titel „Elephanten-Rüssel" bedacht wurden. (Tafel XV, 8 und 9, XXXIII, 5 und 6 ꝛc.) — Es unterliegt wohl keinem Zweifel, daß selbst in dieser Zeit noch größtentheils nur wirkliche, natürliche Hörner auf den Helmen prangten, wenn gleich solche hie und da auch von Holz ausgedreht oder aus Blech verfertiget sein konnten. Nach der hier gegebenen historischen und organischen Entwicklung des Hörner-Kleinodes erscheint es fast als überflüßig, noch zu bemerken, daß es völlig gleichgültig sei: ob man sich der ältern natürlichen, d. h. der „geschlossenen" oder der spätern „offenen" Hörner bedient, da doch alle nur einen Ursprung haben. —

Wer also „Hörner" als Helmkleinod führt, kann selbe nach freiem Belieben offen oder geschlossen anbringen, und richtet sich solches nur allein nach der Zeit des Styles, in welchem das betreffende Wappen gegeben wird. —

Nur die ängstlichen Stubenheraldiker von „Perrücke und Zopf", sowie ihre Nachfolger und Verehrer „von heute" konnten und können darin einen wesentlichen Unterschied finden. —

Alle Gattungen der Ochsen-Ur- oder Büffelshörner, sie mögen „geschlossen" oder „offen" sein, trifft man häufig in der mannigfaltigsten Weise verziert und mit sinnreichen Zugaben „lustig" ausgeschmückt. —

Vor Allem rechne ich hieher die mit Hermelinpelz überzogenen (z. B. der Gumppenberg, Sandizell u. A.)[1]) und die mit „Spangen" umgebenen Hörner

1) Gemäß der Darstellungsweise in meinem vorgenannten alten Wappenbuch-Manuskripte führen auch die Preysinger und viele andere Geschlechter hie und da mit Hermelinpelz überzogene Hörner.

(z. B. der Gemmingen-Massenbach, Leonrod u. v. A.) — (Siehe auch Tafel XIV, 7.) Hieher gehören auch die mit Federballen oder Pfauenspiegeln verzierten, sowie die mit Straußen- und Hahnenfedern oder mit vielerlei andern Dingen geschmückten, behangenen oder besteckten Hörner. (Tafel XIV, 8; XV, 2 und 4.) — Die silbernen oder goldnen Laubstengel, eine der häufigsten und ältesten Beigaben des Hörner-Kleinods, waren immer beweglich angebracht, um das „Lustige" des Helmschmuckes zu vermehren. (Tafel XIV, 8; XV, 2.) — So liest man z. B. schon im Turnei von Nantes, bei Beschreibung der Helmzierde des Landgrafen von Thüringen, wörtlich wie folgt;

„An dem vil hoch gebornen
Ein helm was mit zwein hornen
Gezieret wol in fürsten wis,
Die luhten beide silberwiz
Und heten schone sich gebogen,
Uz in geslozzen unt gezogen
Von golde lauber waren,
Diu glast der heide baren
Rilich unde schone,
Und mit ir klanges done
Gefreuwet maniger muoter kind,
So sich geruorte ein kleiner wint,
So klungen sie zuo prise
In maniger hande wise. —

Aeußerst selten kommen heraldische Hörner mit ihrer natürlichen Oberfläche vor, und dann gewöhnlich nur, wenn sie mit den Ohren erscheinen. —

Dagegen trifft man sie: bemalt, versilbert, vergoldet, umwunden, überflochten und bestreut. —

Alle andern Hörner, z. B. vom Steinbock, von der Gemse, vom Widder, ganze Hirschgeweihe oder einzelne Stangen (Tafel XIV, 1) gehören nicht zu den Hilfskleinoden, weil sie entschieden selbständige Helmzierden bilden, und überdieß auf ihnen die Schildesfiguren oder Wappenbilder höchst selten sich wiederholen, zu welchem Zwecke sie ohnehin größtentheils untauglich sind. Ochsen-, Ur- und Büffels-Hörner kommen, meines Wissens, niemals einzeln als Kleinode vor, dagegen aber gibt es abnorme, einseitige Helmzierden, welche z. B. einerseits einen Flügel, anderseits ein Horn, oder einerseits eine Hirschstange, anderseits ein Büffelshorn haben. — Derlei Ausnahmen sind jedoch als heraldische Schönheiten keineswegs zu betrachten. —

ad 2) Die Flügel und der Flug. (Tafel XVI, 1—9.) — Den bisher

„halber Flug" genannten einzelnen Flügel nenne ich einfach: „Flügel"; — ein Flügel-Paar dagegen, es mag offen oder geschlossen sein, bezeichne ich mit „Flug." —

Jedenfalls sind Flügel und Flug so alt wie die Hörner und bilden mit diesen, so zu sagen, die frühesten und ersten Urformen des Kleinods überhaupt, schon deßhalb, weil sie beide der Natur entnommen sind. — Trotzdem aber läßt sich aus den genauesten und verläßigsten gleichzeitigen Abbildungen mit Bestimmtheit nachweisen, daß sie fast niemals, wie oben die Hörner, durch wirkliche oder natürliche Flügel auf den Helmen gegeben wurden, sondern im Gegentheile lassen uns die besterhaltensten und deutlichsten Darstellungen mit ziemlicher Sicherheit, ja nahezu mit Gewißheit: Leder, Blech, und Holz als die drei vorzüglichsten Materiale zur Verfertigung des heraldischen Flügelkleinods bezeichnen. (Vergleiche Tafel XVI, 1—9). — In gewissen Fällen jedoch mögen zur Bildung heraldischer Flügel vielleicht manchmal auch einzelne Federn reihenweise in eine Art Fassung aufgesteckt oder eingeleimt worden sein; — wenigstens trifft man hie und da solche Flügelkleinode. —

Ihre Formveränderungen im Laufe der Zeit sind noch viel interessanter und weit mannigfaltiger als die der Hörner, was den natürlichen Grund in der weitaus größern Abwechslung ihrer Anwendung, Gestalt und Stellung findet. — Bezugnehmend auf die beiden Bezeichnungen „offen" und „geschlossen" muß ich hier bemerken, daß erstere ein ausgebreitetes, von vorne gesehenes, letztere ein zusammengelegtes, von der Seite sichtbares, Flügelpaar bedeutet. — So unpraktisch nun die wirkliche Befestigung am Helme in erstgenannter Weise, namentlich wegen zu großer Flächendarbietung gegen Lanzenstöße, Manchem erscheinen dürfte, so kann man dennoch in sehr vielen Fällen eine derartige Stellung oder Befestigung der Flügel am Helme (in Wirklichkeit), durchaus nicht bestreiten. Alle jene Heraldiker sind daher sehr im Irrthum, welche vielleicht glauben, man hätte bei der Stellung eines heraldischen Helmes nach vorne, auf Siegeln, Grabsteinen u. dgl. rein nur der Sichtbarkeit wegen den Flug ausgebreitet dargestellt. — Es lassen vielmehr oft schon die Befestigungsweise, sowie der ganze Schnitt und die Umrisse eines solchen „offenen" Fluges mit Bestimmtheit angeben, daß er auch wirklich in natura nur solchergestalt am Helme festgemacht sein konnte; — indessen „einzelne Flügel" oder der „geschlossene Flug" gewöhnlich schon eine andere, für ihre Stellung am Helme mehr geeignete, kurz eine von jenen ganz verschiedene Form haben. — Man sehe und vergleiche auch auf Tafel XVI. —

In Betreff des heraldischen Gebrauches eines offenen oder geschlossenen Fluges jedoch, kann ich ebenso, wie oben bei den offenen und geschlossenen Hörnern, allen ängstlichen Heraldikern die beruhigende Versicherung geben, daß, wer überhaupt ein Flügelpaar als Kleinod führt, sich beider Arten ohne die mindesten Skrupel, nach vollkommen freiem Willen und eigenem Gutdünken, bedienen kann, d. h. ein Flug „offen" oder „geschlossen" angewendet, ändert keineswegs die Wesenheit der Helmzierde. — Ja sogar im Gegentheile kann, nach Sinn und Vernunft, bei einem nach vorne schauendem Helme niemals der „geschlossene", bei einem nach seitwärts schauendem dagegen nur bedingt der „offene" Flug gebraucht werden. — Wie die Hörner, so kamen auch die Flügel und der Flug schon in der ältesten Zeit mit Blättlein, Herzen, Schindeln u. dgl. bestreut und übersäet vor, sie wurden mit Federn, Federballen oder Pfauenspiegeln besteckt und mit vielerlei anderm glänzenden oder klingenden Zeug reich behangen. Lauter Dinge, die ohnehin damals bei Schmuck, Kleidern, Waffen, Geräthschaften und sonst aller Orten beliebteste Anwendung fanden. —

In der späteren Zeit findet man bisweilen an einzelnen Flügeln auch noch die Krallen des Adlers, so z. B. am Helme des Gabriel Ridler, eines Münchner-Patriziers, auf dessen Insiegel vom Jahre 1400, — wobei nicht unwahrscheinlich ist, daß jene Adlersklaue vorzüglich zur geschmackvollsten Befestigung des Flügels am Helme gedient habe. — Einen also „gefußten" halben Flug nennen die Franzosen: main d'aigle. — Ziemlich hohe und verhältnißmäßig sehr schmale Fluge, die jedenfalls von Leder, Holz oder Blech waren, sieht man auf Tafel XX, 4 und Tafel XLVII, 3. —

ad 3. Die hohen und niedern ritterlichen Hüte (Tafel XVII, 1—9, XXXIII, XLVII, 2 u. XLVIII, 4 u. 8) (Chaperons), werden völlig grundlos „Turnier-Hüte" genannt, da sie eben als gewöhnliche Hüte von allen Vornehmen jener Zeit getragen wurden, — weßhalb auch Benennungen, wie z. B. „hoher, heidnischer Hut," „altfränkischer Hut" oder „Sturmhut" als ganz falsch und unpassend bezeich-

10

net werden müssen.[*]) — Es dürfte schwer sein zu bestimmen, welche von beiden Gattungen, als die ältere zu betrachten sei, da hohe, (Tafel XVII, 2, 7, 8, 9, XXXIII, XLVII, 2 u. XLVIII, 4 u. 8) wie niedere (Tafel XVII, 1, 3 4, 5, 6) derartige Hüte bis in die früheste Periode des christlichen Mittelalters hinaufreichen. —

In Anbetracht ihres heraldischen Gebrauches, gilt auch hier dasselbe, was von offenen und geschlossenen Hörnern und Flügeln gesagt wurde, d. h. wer überhaupt einen Hut als Helmzierde führt, mag ihn ganz getrost, nach unbeschränkter Willkühr, als einen „hohen" oder „niedern" anwenden, — das Wesentliche der Sache bleibt sich deßhalb völlig gleich. —

In ältester Zeit kommen die Hüte sehr häufig ohne Aufstülpung vor, in welchem Falle sie auch gewöhnlich nieder und breitkrämpig erscheinen. (Tafel XVII, 1, 5 und 6).

Später erscheinen hohe und niedere bald einseitig, (Tafel XVII, 3, 4 u. 5) bald ringsherum (Tafel XVII, 2 u. 8, XXXIII, XLVII, 2 u. XLVIII, 4) aufgestülpt und man hat Gelegenheit die schönsten und malerischesten Formen zu beobachten. —

Meistens sticht der Stulp in Stoff oder Farbe vom oberen Theile des Hutes ab. — Bald wiederholen sich auf diesem, bald auf jenem die Figuren oder Bilder des Schildes, bald ist dieser, bald jener mit Pelz überzogen. Sehr oft ist der Stulp auf beiden oder auch blos auf einer Seite eingekerbt und ausgeschnitten, wie z. B. auf Tafel XVII, 9. — Straussen- oder Hahnenfedern, einzelne Pfauenspiegel oder auch ganze Büsche, reiche Federballen, Laub und Blumenstengel, zierliche Krönlein und lustig flatternde Bänder (Tafel XLVIII, 4) zieren nicht selten, zumeist an ihrer obersten Spitze, solche Hüte. — Ihre überaus merkwürdige Formveränderung zu den verschiedenen Zeiten, dürfte selbst für Trachten und Costümlehre des christlichen Mittelalters das höchste Interesse bieten. —

Leidiges Mißverständniß der Zopf- und Neuzeit dagegen hat viele dieser wirklich schönen und malerischen Hüte in förmliche Scheusale verwandelt, aus denen allerdings nicht mehr zu erkennen ist, ob das Ding ursprünglich einen Hut, oder eine Säule vorstellen sollte. — Vor Allem gehört hieher die Weglassung des Stulps oder der Krempe an den hohen Hüten, ein arger Mißbrauch, den die Zopfzeit gebar. — Die Ersetzung des Stulpes durch eine Helmkrone (Laub- oder Blätter-Krone) kam jedoch in sehr früher Zeit schon vor. — So z. B. am Helme des

---

*) Namentlich huldigten die Zeitgenossen „des Zopfes" der fixen Idee, daß Juden und Heiden derartige, hohe Hüte getragen hätten, weßhalb man sie auch in der That damals überall so abbildete.

Markgrafen Wilhelm von Meissen c. a. 1400. (Tafel XLVIII, 8 und Düsseldorfer Costümbuch tab. 45, b.)

Ein nicht minder lächerlicher Unverstand, liegt in der Umwandlung der niedern ritterlichen Hüte, entweder durch gänzliche Sachunkenntniß oder durch prahlerische Anmaßung, in förmliche Fürstenhüte. — So entstanden die Herzogshüte der Guttenberg, der Seckendorf, der Schenken von Stauffenberg u. v. A. Die eigenen Siegel und Grabdenkmäler dieser Geschlechter rechtfertigen meine Behauptung. —

Auch bei dem alten Geschlechte Dobeneck ist der Cardinalshut als solcher sehr zweifelhaft, da ältere Siegel und Grabsteine dieser Familie den besagten Hut mehr in der Form eines „ritterlichen“ aufweisen, und die rothe Farbe allein hier nicht maßgebend sein kann. — Ueberdieß sind die mit Schnüren oder verknüpften Kordeln gezierten „ritterlichen“ Hüte als Schildesfiguren sowohl, wie als Kleinod sehr häufig. — Man kann ohnehin auch nicht in Abrede stellen: daß der Hut überhaupt von jeher als ein vorzügliches Symbol: der Hoheit, Edelmannsfreiheit, der Macht und des ritterlichen Ansehens betrachtet wurde, da er schon von frühester Zeit an, in allen möglichen Formen und Gestalten, heraldisch vorkommt. — Diese äußerst zahlreichen Abbildungen und Darstellungen aller nur denkbaren Abarten und Gattungen desselben, bereits in der ältesten Periode, geben uns zugleich das mehr als hinreichende Zeugniß von hervorragender Hochhaltung und allgemeiner Beliebtheit des Hutes.[1]) —

Auch „Eisenhüte“ wurden als Helmzierden getragen und kommen in solcher Eigenschaft öfters vor. — So z. B. bei den Geschlechtern Enningen, Eisenhut, Salach, Schweppermann, Wendt u. v. A. —

Als ganz besonders bemerkenswerth muß ich hier noch beifügen: daß schon in frühester Zeit die Form der „Eisenhüte“ den „gewöhnlichen Hüten“ vollkommen nachgebildet wurde, so daß die Eisenhüte unter allen jenen Gestalten, unter welchen wir die gewöhnlichen ritterlichen Hüte sehen können, ebenfalls jederzeit vorkamen, — so auffallende Muster von diesen auch existirten. (Man sehe und vergleiche auch Tafel XXVII, XLI und XLII; und weiter unten im Text bei den Wappenfiguren: XI. Abschnitt, von den Eisenhüten.) —

Bezüglich des Stoffes, aus welchem die Hut-Kleinode bestanden, so glaube

1) Ich erinnere hiebei auch an die bekannten „geweihten“ Hüte, welche von den Päpsten als eine ganz besondere Gunstbezeugung und als eine der ehrenvollsten Auszeichnungen an große Herren, regierende Häupter und hohe Dynasten verliehen wurden. — (Curiositäten, Weimar, 1815. IV. Band pag 408 et seq. tab. 12). —

10*

ich nicht zu irren, wenn ich meine Ansicht hierüber dahin ausspreche, daß wahrscheinlich in den meisten Fällen eben die wirklichen oder gewöhnlichen Hüte dazu hergenommen wurden. — Bisweilen jedoch mag auch Leder Anwendung gefunden haben. — Die letzterwähnten „Eisenhüte“ aber dürften jedenfalls nur leicht von Blech getrieben als Kleinod auf den Helm gesetzt worden sein, da die wirklichen zu diesem Zwecke sicher zu schwer waren. —

ad 4) Die Rümpfe oder Brustbilder, (Tafel XVIII u. XIX; XLVII, 4; XLVIII, 1, 2, 3, 6 u. 7.) — von einigen „modernen“ Heraldikern, mir nicht bekannt aus welchem Grunde, auch „Puppen“ oder „Gecken“ genannt, — sind schon in sehr früher Zeit eines der häufigsten und, wie es scheint, auch beliebtesten Hilfskleinode. — Bei ihnen ist die jeweilige eigenthümliche Stylisirung zu den verschiedenen Zeitabschnitten besonders bemerkenswerth. — In der ältesten Periode erscheint gewöhnlich nur der Kopf allein, und zwar mit wild flatternden Haaren und starkem, zerzaustem Barte. — Später, im XIV. Jahrhundert kommt ein ganz kurzes Stück Hals dazu. — Vom Ende dieses und bis ohngefähr zum Beginne des XVI. Jahrhunderts wird dieser Hals allmählig länger, d. h. er geht eigentlich nach und nach in ein bisweilen unförmlich langes und sehr schmales Bruststück über, welches stark eingekrümmt, ohne die mindeste Spur von Schultern, beinahe „konisch“ zuläuft. (Taf. XIX, 1, 2 u. 3, Taf. XLVIII, 3.) — Vom XVI. Jahrhundert an und bis auf den heutigen Tag endlich wurden die heraldischen Rümpfe zumeist mit sichtbar gestümmelten Armen und stark markirter Muskulatur des Körpers dargestellt, welch' letztere, fast bis zur zweiten Hälfte des XV. Jahrhunderts, an den älteren heraldischen Rümpfen gänzlich vermißt wird. — Sogar an den weiblichen Brustbildern fehlt, bis zum bezeichneten Zeitpunkte, eine der gepriesensten Zierden des schönen Geschlechtes, (Tafel XVIII, 4.) — während man später in diesem Punkte in Extreme ausartete. — Hingegen findet man bei den weiblichen Rümpfen schon sehr frühe wohlgeordnetes, gescheiteltes und in zierliche Zöpfe geflochtenes Haar, indessen bei männlichen Brustbildern ein krauser Bart und verwildertes Haupthaar beliebter gewesen zu sein scheint. (Tafel XV, 9; XVIII, 4; Tafel XVIII und XIX.) — Doch trifft man auch nicht selten Ausnahmen, und wir sehen manchmal förmlich „modern frisirte“ männliche Rümpfe mit feindressirten Backenbärten schon im XIV. Jahrhundert, bei denen der Name „Gecken“ wirklich einigermaßen zu entschuldigen wäre. — So z. B. auf Tafel XVIII, 6 u. a. a. O. — Ein oder zwei steif abstehende Zöpfe gehören ebenfalls nicht zu den Seltenheiten. —

Was das Costüm dieser Rümpfe anbelangt, so war dasselbe um so einfacher, weil es, zu älterer Zeit, in der Regel nur durch einen von der Helmdecke auslausenden, bis an den Hals des Rumpfes sich erstreckenden Ueberzug seines Puppenkörpers gebildet wurde. — Später aber richtete sich die Tracht der wachsenden männlichen und weiblichen Figuren nach der jeweiligen Mode des Zeitalters. — So sehen wir z. B. am weiblichen Brustbilde (Kleinod-Rumpf) der Augsburger-Patrizier: Riederer, den eigenthümlichen Kopfputz der vornehmeren Bürgersfrauen jener Periode. — Wenn aber letzterer Gebrauch in konsequenter Weise auch auf unsere Tage ausgedehnt würde, wie hie und da leider zu geschehen pflegt, so hätten wir den höchst liebenswürdigen und erfreulichen Eindruck „heraldische Kleinod-Rümpfe“ etwa nach der neuesten Nummer des „Centralorgans der artistischen Bekleidungs-Akademie“ kostümirt zu sehen. —

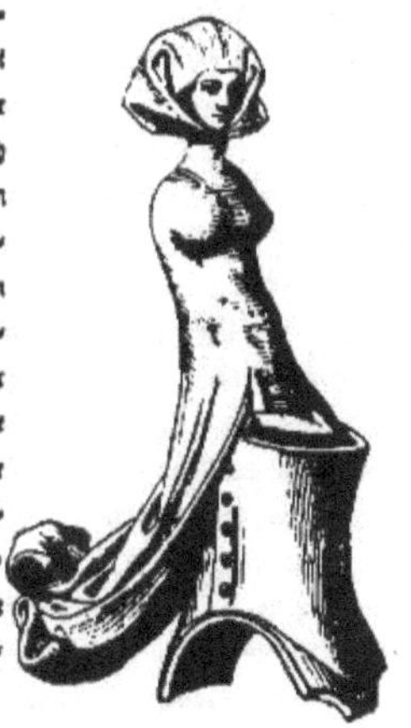

Jedem nur einigermassen in die alte, echte Heraldik und ihre Geheimnisse Eingeweihten muß es höchst lächerlich vorkommen, in den Diplomen und Wappenbeschreibungen der Zopf-, der neueren und neuesten Zeit, mit der gewissenhaftesten Aengstlichkeit, gleich dem Signalement eines Steckbriefes, Länge, Farbe und Schnitt des Haupt- und Barthaares, Ausdruck der Miene, ob lächelnd oder trotzig, kurz alle Gesichtsmuskeln, sowie die ganze Haltung solcher Kleinod-Rümpfe auf ein Haar geschildert zu finden. — Es erscheint diese Albernheit um so lächerlicher, wenn man die Willkühr der Alten in diesem Punkte beobachtet. Man sehe die Tafel XVIII, XIX, XLVII u. XLVIII. — Gerade im Gegentheile aber bietet es für den eifrigen Forscher nicht geringes Interesse aus diesen männlichen und weiblichen Kleinod-Rümpfen mitunter sogar die männlichen und weiblichen Moden zu den verschiedenen Epochen wieder zu erkennen. — Ich erinnere hiebei z. B. an die vorbesagte alterthümliche Haube (Kopfputz) des weiblichen Helmkleinods der Riederer oder auch an die geschorenen Köpfe der männlichen Rümpfe im XVII. Jahrhundert, mit ihren spitzen Schnurr- und Knebelbärten, wie sie während des 30 jährigen Krieges allenthalben getragen wurden. — Dagegen sehen wir in früherer Zeit Haar und Bart so lange und verwildert, daß bei mehreren Geschlechtern dieser wildschöne Schmuck ihrer Kleinode, sogar zugleich die Stelle der Helmdecken vertrat. (Uttenheim, Landschaden, Matzenheim, Waller u. A.) — (Siehe auch Originalwappen der Landschaden Taf. LI, 1.)

Im XV. Jahrhundert trifft man an einigen, sowohl männlichen als weiblichen Rümpfen, anstatt der Arme, beiderseits in Schulterhöhe: Hörner, Flügel, Belle, Rosen, Fischangeln u. dgl., gleichsam herauswachsend, angebracht, z. B. Tafel XIX, 4 u. 6.) — In noch späterer Zeit erst kommen: wachsende, menschliche Figuren mit den Armen in Gebrauch. (Taf. XIX, 8 u 9.) — Sonderbarerweise gehören dergleichen nur der späteren Heraldik an, und finden sich solche zur heraldischen Blüthezeit niemals. Zwei der frühesten wachsenden Figuren mit Armen sind die Helmzierden der Baumgartner und der Hundertpfundt. Letztere hat man auf Tafel XIX, 8. — Hingegen sehen wir in der ältesten Zeit schon sehr häufig den Kopf der menschlichen Kleinodrümpfe mit kolossalen Esels-ohren, mit Hirschstangen, mit Rohrkolben (Tafel XLVIII, 6), mit zappelnden Fischen, mit Schlüsseln, mit Sensen und anderen „hörnerartig" am Scheitel angebrachten Dingen phantastisch aufgeputzt. — Ausserdem trifft man nicht allein ganz abnorm kostümirte, sondern auch überhaupt ganz ungewöhnliche Gestalten unter den heraldischen Kleinodrümpfen. — So haben wir z. B., gerade in der besten Zeit des Mittelalters, als etwas sehr Häufiges: blond gelockte Mohren und Mohrinnen, weibliche Bischöfe mit flatternden Goldhaaren, (Tafel XLVIII, 7), Menschenrümpfe mit langen Storchenschnäbeln oder furchtbaren Eberzähnen, ja oftmals sogar den Teufel in höchst eigener Person. Wie es scheint gefiel man sich eben bezüglich der Wahl der Rumpfkleinode, vorzugsweise in abentheuerlich-phantastischen Figuren.

Zwei Rümpfe auf einem Helm, wie solche die Barone de Trazegnies und die Herren von Plotho oder Plothow führen, sind eine so unglückliche heraldische Composition, daß ich nie und nimmer glauben kann: die gute heraldische Zeit habe diese Mißgeburt zur Welt gebracht, sondern vielmehr der festen Ueberzeugung bin, daß auch hier, wie in so vielen anderen Fällen, nur späterer Unverstand das Kleinod verdoppelte und in so ganz sachwidriger Zusammensetzung arrangirte. —

Zu den Hilfskleinoden und beziehungsweise zu den heraldischen Rümpfen zähle sich auch die Thier-Rümpfe, auf denen ebenfalls nicht selten Wappenbilder oder Schildesfiguren in Wiederholung gegeben werden. — Sie haben zumeist einen etwas verlängerten Hals, von den Vorderfüßen aber ist keine Spur zu sehen. — Es gibt solche von wirklichen und von erdichteten Thieren. — Zu ersteren gehören z. B. die Löwenrümpfe, die Bracken, die Hirsche, die Schwanenhälse und Rümpfe von anderen Vögeln; — zu Letzteren: das Einhorn, der Greif, der Drache u. A. — Man sehe und vergleiche auf den Tafeln XIV, XX, XXI, XXII u. XLVII, 1. — Auch von den Thieren gilt dasselbe, was oben von den wachsenden menschlichen Gestalten mit Armen gesagt wurde, — d. h. sie kommen als wachsend mit den Vorderfüßen oder mit halbem Körper erst weit später, niemals aber also in der besseren Zeit der Heraldik vor. Man sehe und vergleiche die Tafeln. — Hingegen trifft man einige derselben weit eher gleich in ganzer Figur. So z. B. Tafel XV, 7; XVI, 5; XVII, 6; XX, 8; XXII, 5; XLVIII, 5 u. 9 u. s. w.

Bei den Rumpf-Kleinoden wird zweifelsohne das Material, woraus man sie verfertigte, sehr verschieden gewesen sein, da höchst wahrscheinlich, was hiezu gerade am tauglichsten erschien, sicher auch verwendet wurde. — Wenn daher die Benennung „Puppen" für heraldische Kleinod-Rümpfe im Allgemeinen ein ganz schlecht gewählter Ausdruck ist, so dürfte er in Bezug auf die Verfertigungsweise mancher derselben, allerdings doch etwas Bezeichnendes haben. — Viele waren jedoch unzweifelhaft auch von Leder, Blech, Filz, Tuch oder Holz, wobei vielleicht die Haare durch wirkliche Menschen- und Roßhaare oder auch durch Werg und Flachs dargestellt wurden. — Alle Thierkleinode, also auch Rümpfe von den kleineren Thieren mögen nicht selten sogar durch die natürliche, ausgestopfte Haut von solchen gegeben worden sein. — Sicher haben aber bei Anfertigung der Kleinode überhaupt, zu allen Zeiten: Stückung, Leder- und Leinwandplastik die größte Rolle gespielt. —

ad 5. Die Federkörbe oder Federköcher. —

Sie sind nichts Anderes als eine nur in der Heraldik übliche, bisweilen korb-, manchmal aber auch köcherförmige Fassung eines dichten Federschmuckes, gleichviel ob es ein Hahnen-, Pfauen- oder Straußenbusch ist. — Ziemlich häufig vorkommend, gleichen sie hie und da auch einem umgekehrten Hut. — So halte ich z. B. das Lobkowitzische Helmkleinod weder für einen auf der Spitze stehenden Hut, noch für ein Horn, sondern glaube, daß es ein einfacher Federköcher sei. — Auch der Korb oder Feuerkorb der Pölnitz von Asbach scheint mir weit eher ursprünglich ein Federkorb gewesen zu sein, d. h ein Kleinotköcher zur Faßung eines Büschels gelber oder feuerfarbener Federn, und dürfte erst durch späteres Mißverständniß eine Umwandlung erlitten haben. — Federköcher und Federkörbe findet man in der frühesten Zeit nicht besonders häufig, während sie im XV. Jahrhundert und später, beim öfteren Auftreten des Federschmuckes überhaupt, eine sehr gewöhnliche und beliebte Helmzierde wurden. — Auf ihnen wiederholen sich zumeist Wappenbilder und Schildesfiguren. — Bald weiter, bald enger, hoch oder nieder, geradlinig oder geschweift, sieht man sie zuweilen geflochten, gewunden, gestreift und glatt — Sie konnten möglicherweise aus: Pergament, Bast, Stroh, Leder, Blech, Tuch und vielen anderen Stoffen verfertiget sein, da das Ganze eigentlich nur eine einfache Hülse bildete, die mit Federn gefüllt wurde. — Man sehe auch auf Tafel XLVII, 6. —

ad 6. Die Schirmbretter und Scheiben sind runde, vier-, sechs-, und vieleckige Brettchen, auf denen sich meistens das ganze Wappen wiederholt,

und die gewöhnlich überdieß mit Federballen, Schellen, Knöpfen, Eicheln, Hahnen-, Pfau- oder Straußenfedern an ihren Ecken verziert und besteckt waren. — Unter obenstehenden Holzschnitten bemerken wir sogar ein mit kleinen Windrädchen aus Papier oder Pergament, an seinen Ecken bestecktes Schirmbrett, die durch den leisesten

Luftzug in drehende Bewegung versetzt dem sonst ziemlich einförmigen Kleinod ein recht lustiges Ansehen verleihen mochten. Dieses höchst originelle Beispiel ist dem alten Wappenbuch-Manuskripte (in meinem Besitze) entnommen. — Zur Wiederholung der Schildesfiguren, ja sogar komplizirter vollständiger Wappen, sind die Schirmbretter zwar jedenfalls das praktischste und bequemste Hilfskleinod, — keineswegs aber kann ich sie im Allgemeinen so originell finden, wie die vorbeschriebenen Hilfskleinode, weil alle Gattungen Schirmbretter, wenn auch ihre äußeren Umrisse einige Abwechslungen gestatten, im Ganzen doch immer eine viel zu einförmige Wiederholung des Schildes bilden. —

Einige abnorme Formen der Schirmbretter mögen vielleicht auch durch schlechtes Verständniß, bisweilen aus heraldischen Flügeln oder auch aus dem Beutelstand entstanden sein. Viereckigte aber, an ihren Ecken mit Troddeln oder Quasten verzierte, dürften wohl in den meisten Fällen nicht so fast „Schirmbretter", als vielmehr irrig aufgefaßte Kissen mit heraldischer Stickerei vorgestellt haben. — Im Verlaufe der Zeiten nahmen sie alle möglichen Gestalten an, ein Umstand, der um so erklärlicher ist, weil der einfache Zuschnitt eines kleinen Brettes, eines Stück steifen Leders oder einer Blechtafel, ganz leicht den jeweiligen Architekturformen gemäß gemacht werden konnte. —

ad 7. Die Sturm-Fähnlein oder Banner.

Obwohl in Wirklichkeit weitaus seltener vorkommend als die bisher angeführten sechs Hilfskleinode, sind die Sturmfähnlein und Banner doch gewiß nicht minder geeignet die Wappenbilder des Schildes am Helme zu wiederholen. (Tafel XVII,

6, XXI, 3 u. 5.)[1] — In ältester Zeit trifft man sie zumeist nur in steifer, unbeweglich vom Stänglein abstehender Bannerform. — Erst später sieht man die malerischen und heiter im Winde flatternden Gestalten beweglicher Kleinodfähnlein, deren Stiele an ihrem unteren Theile dann gewöhnlich auch nach Art der Turnierlanzen oder Rennstangen „geschäftet" sind. — Der Schnitt, die Umrisse und das Größenverhältniß des Banners oder Rennfähnleins zur Stange richteten sich nach Zeit und Mode. — Erwähnenswerth ist ferners die uralte Sitte: auf Fahnen und Bannern heraldische Thiere, Schrägbalken, Wecken u. dgl. immer nur gegen die Stange hingewendet, erscheinen zu lassen; — ein Gebrauch, wovon höchst selten Umgang genommen wurde. —

So lange die Kleinodfähnlein steif und in Bannerform waren, verfertigte man selbe ausschließend von Pergament, Leder, Blech und dünnen Holzblättchen. —

Später nahm man hiezu Stoff, der im Winde beweglich war. — Gewöhnlich erscheinen die Rennfähnlein als Kleinode paarweis, — viel seltner einzeln. — Die Stänglein trifft man vergoldet, versilbert, mit zwei Farben umwunden und auch einfärbig oder holzfarben. — Vom Banner oder Fähnlein selbst jedoch stechen sie meistens ab. —

ad 8. Der Beutelstand.

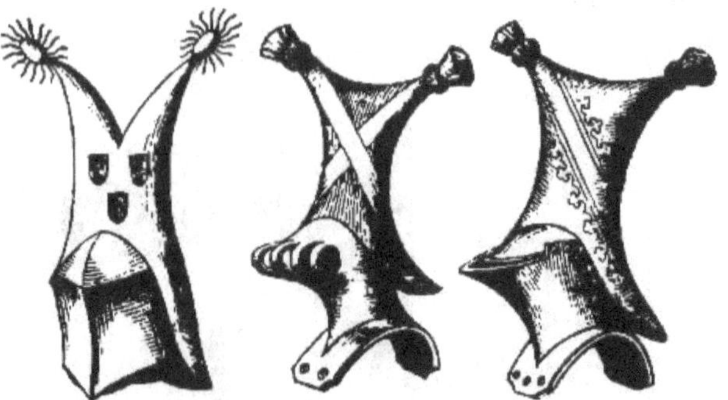

Mit dem altheraldischem Kunstausdrucke „Beutelstand" bezeichnete man eine hohe beutelförmige Haube, welche über den Helm gezogen wurde, in zwei mit Quasten

1) v. Hefner-Alteneck Trachtenb. Abthlg. II, pag. 92 u. 108.
Ibid. Burg Tannenberg pl. XI. fig 12.

oder Troddeln versehene, mehr oder minder spitzige Zipfel oben auslief und die mit den Schildesfiguren geziert war. — Der Beutelstand konnte aus allen möglichen Zeugen und Stoffen oder auch von Leder gemacht werden und die Wappenbilder auf ihm mögen gestickt, gemalt, aufgesteppt, mittelst Lederpressung oder auch durch Leinwandplastik dargestellt gewesen sein. —

Er bildete jedenfalls das seltenste Hilfskleinod, indem er nur in ältester und alter Zeit vorkommt, heutzutage aber fast ganz verschwunden und vergessen ist. — Im Elsaß war der Beutelstand dereinst häufiger, denn in andern Ländern. —

Zu diesen vorgenannten acht Hilfskleinoden gehören eigentlich noch zwei häufig vorkommende stereotype Urformen der heraldischen Helmzierden, die, wenn auch weniger oder gar nicht geeignet zur Wiederholung der Schildes-Figuren am Helme, so doch zur Wiederholung der Schildes-Farben von großer Wichtigkeit sind. — Als diese beiden Kleinode nenne und bezeichne ich vorzugsweise: die Bischofsmützen und die Straußenfedern. —

Eben so wenig wie Helmkronen mit Rangkronen dürfen auch Kleinod-Bischofsmützen mit den frei (ohne Helm) auf den Schild stehenden, nur die höheren geistlichen Würden bezeichnenden, verwechselt werden. — Dennoch sollen auch erstere in alter Zeit als ein Symbol der Schirmvogtei über geistliche Stifter und Klöster gegolten haben, während umgekehrt letztere hie und da auf einem Helme vorkommen, also eigentlich manchmal auch als Kleinod angewendet wurden. — (Man sehe auf Tafel XXIII, 7.) —

Zweifelsohne sind daher Kleinod- und Würde-Bischofsmützen oft miteinander verwechselt worden, ja vielleicht sogar erstere bisweilen wirklich aus letzteren entstanden. — Sehr selten wiederholen sich die Figuren des Schildes auf den Bischofsmützen, gewöhnlich dagegen die Farben.

Wie die Hüte, kommen sie auch mit Pfauenspiegeln, Federn, Kreuzlein, Rauten u. dgl. besteckt vor. — Höchst wahrscheinlich verfertigte man wirkliche und Kleinod-Bischofsmützen auf gleich kostbare Weise. Zum Turniergebrauch dürften sie jedoch wegen der Sitte des Kleinodabhauens, öfter von ordinärem Zeug, leichterem Stoffe oder auch durch Leinwand- und Lederplastik gemacht worden sein. — Ihre Formveränderung durch alle Zeiten ersieht man selbstverständlich aus der Formveränderung der wirklichen Bischofsmütze in Trachten- und Costümwerken. — Bekanntermassen in frühester Periode sehr nieder, nimmt ihre Höhe von Jahrhundert zu Jahrhundert beträchtlich zu, während die übrigen Umrisse wenig Modifikationen erleiden. — Bischofsmützen waren gerade bei den berühmtesten und mächtigsten Geschlechtern ein sehr häufiges, und sind überdieß ein sehr altes Kleinod. —

Die Straußenfedern gehören noch mehr wie die Bischofsmütze zu jener Gattung Hilfskleinode, mittelst der nur die Schildesfarben am Helme wiedergegeben werden können. — Hahnen-, Pfauen- und andere Federn gehören begreiflicherweise nicht hieher, da sie nie in heraldischen, wohl aber immer in ihren natürlichen Farben erscheinen. — (Tafel XIV, 5 u. 6; XX, 5.) —

Hingegen muß zu den heraldischen Straußenfedern, allerdings auch der künstlich aus Wollfedern gemachte, kolossale Federschmuck gerechnet werden, welcher von jeher zu dekorativen Zwecken häufige Anwendung fand, seinen besondern Glanzpunkt aber im XVI. Jahrhundert erreichte. — Schon die zumeist enorme Größe des Straußfederkleinodes läßt mit Sicherheit auf die Benützung jener künstlichen Federbüsche schließen, — wie man solche noch heutzutage bei Maskeraden u. dgl. gebraucht. —

Der heraldische oder Kleinodfederschmuck verhält sich zum gewöhnlichen Federschmucke ohngefähr wie die heraldische Schildbemalung zur willkührlichen. — Doch nicht allein in der Bedeutung, sondern auch in der Form, in der Art und Weise, wie dieser und jener Federbusch getragen wurde, lag der himmelweite Unterschied zwischen beiden. — Der heraldische oder Kleinodfederschmuck ziert immer nur in einer gewissen regelmäßigen Stellung, meistens mehr oder minder dicht gedrängt und gerade aufsteigend den heraldischen Helm. — Jede einzelne Feder kann eine Schildesfarbe repräsentiren, sehr oft aber stehen für eine Schildesfarbe zwei, auch drei, ja sogar mehrere Federn am Helme. — Zwei und drei Schildesfarben mögen schicklicherweise im Federkleinod enthalten sein. — Von vier Farben jedoch gilt, was ich weiter unten über „vierfarbige Helmdecken" sagen werde. — Federkleinode überhaupt sind nicht nur sehr alt, sondern waren auch allezeit beliebt, obwohl sie minder „lustig" und „originell" aussehen, als alle übrigen Gattungen heraldischer Helmzierden. — Sehr oft aber trifft man das Federkleinod vereinigt mit einer beliebigen andern Helmzierde. — (Man sehe die Tafeln.) —

Beim Federschmuck liegen selbstverständlich die Veränderungen nach Zeitenlauf blos mehr in seiner künstlerischen Auffassung und Darstellungsweise auf Abbildungen und Zeichnungen, als in einer wirklichen, thatsächlichen Aenderung desselben zu den verschiedenen Perioden. —

Die Formveränderungen der übrigen Hilfskleinode dagegen, d. h. die verschiedenen Darstellungsweisen ein und derselben Figur zu den verschiedenen Zeiten haben zweifelsohne auch die meisten Irrthümer und Mißverständnisse, namentlich in jener Periode veranlaßt, wo man so wenig Originalstudium betrieb; — während im Gegentheil für den sachkundigen, denkenden Forscher gerade diese Formveränderung der Heraldik und aller heraldischen Attribute, veranlaßt durch Geschmacksrichtung, jeweilige Architekturformen und Mode, das meiste Interesse bietet, und vorzugsweise in ihr ein Hauptanhaltspunkt für weitere genealogische und historische Forschungen zu suchen sein dürfte. — Nur durch aufmerksame und kritische Beobachtung, durch tieferes Eingehen auf bisher Vernachlässigtes, sowie durch eine echt wissenschaftliche Auffassung kann und muß die Heraldik zu einer der wichtigsten und vorzüglichsten historischen Hilfsquellen gestempelt werden. —

Begreiflicherweise macht sich diese höchst originelle und charakteristische Form-Veränderung bei allen nur denkbaren Arten und Gattungen der Helmzierden ebenso entschieden geltend, wie bei den vorbesagten Hilfskleinoden. — Man darf sich daher durchaus nicht daran stoßen, wenn der Pfauenwedel, die Federbüsche, der Hahnenschweif, die Federstänglein u. dgl. im XIII., XIV. oder XV. Jahrhundert ganz anders aussehen als etwa im XVI., XVII. oder XVIII. Jahrhundert. — Man kann auch nach dem Vorhergesagten nichts Auffallendes darin finden, wenn z. B. ein Eber, ein Bär, ein Widder u. s. f. im XIII. oder XIV. Jahrhundert ganz anders gezeichnet wurde als im XV. oder XVI. Jahrhundert. — Es würde jedoch viel zu weit führen, wenn ich hier alle Figuren, welche als Kleinode vorkommen, kritisch beleuchten wollte, da, was nur immer als wirkliche Figur in einem Schilde sein, mit sehr wenig Ausnahmen, auch als Helmkleinod vorkommen kann.[1] — Die verschiedenartigsten gewöhnlichen Kleinode sieht man auch auf den Tafeln XIV, XX, XXI und XXII. —

Gewiß ist aber, daß die bereits abgehandelten zehn stereotypen Urformen des Kleinods, nemlich: Hörner, Flügel, Hüte, Rümpfe, Federköcher, Schirmbretter, Fähnlein, Beutelstand, Bischofsmützen und Federschmuck für die Heraldik jedenfalls weitaus die bedeutungsvollsten und wichtigsten sind. — Ebenso dürften sie auch, aller Wahrscheinlichkeit nach, die ältesten Gattungen der heraldischen Helmzierden überhaupt, bilden. —

Sämmtliche Kleinode aber nach ihrem Alter förmlich klassifiziren zu wollen, würde mehr als gewagt erscheinen. —

Verschiedene Linien oder Zweige ein und desselben Geschlechtes bedienten sich nicht selten ganz verschiedener Helmzierden. — Eines der merkwürdigsten Beispiele hiefür sowohl, als auch für die überaus reiche Abwechslung bei Kleinoden über-

---

1) Sogar die wahren Heroldsfiguren sind davon nicht ausgenommen; denn auch sie erscheinen, gemäß der „heraldischen Symbolik", einer höchst merkwürdigen Eigenthümlichkeit der Heroldskunst, auf die ich später ausführlicher zurückkommen werde, sehr häufig als selbstständig-freistehende (verkörperte) Kleinodfiguren. —

haupt liefern uns die zwei bekannten, alten Geschlechter: von Zorn und von Mühlheim, beide im Elsäßischen. —

Bisweilen wurde zum eigenen Schild ein fremdes Kleinod angenommen, d. h. durch Heirath, Erbschaft, Kauf u. dgl. erworben. — Hiefür hat man die zahlreichsten Beispiele. So überkam z. B. das Haus Würtemberg das Urachische Jägerhorn schon in Mitte des XIII. Jahrhunderts als Helmkleinod, während der Pfauenbusch im goldenen Federkorbe, das eigentliche Würtembergische Kleinod, fortan nicht mehr gebraucht wurde. —

Dr. Trier, dem die nächste Veranlassung zu diesem Kleinod-Wechsel nicht recht klar geworden zu sein scheint, verlautet darüber wie folgt:

„Auf dem ersten gecrönten Helm ein rothes Jagdhorn mit güldnem Beschläge, aus dessen Mundstück einige blaue, silberne und rothe Federn hervor gehn. Wegen der Grafschafft Aurach.

Die Mutter der letzten Grafen zu Aurach Cunonis und Bertholdi heyrathete als Wittwe Graf Eberhardum I. zu Würtemberg. Diesen ihren Stieff-Vater setzten die beyden Brüder zum Erben ein und traten in den geistlichen Stand. Also ist Aurach in der Mitte des dreyzehnden Seculi an Würtemberg gediehen. Es ist etwas besonders, daß erstlich allhier der Aurachische Helm-Schmuck erscheinet, da doch das Unter-Wapen dem Schild nicht einverleibt worden, und daß zum andern der Helm des Herzoglichen Würtembergischen, als des Haupt-Wapens, hinweg gelassen worden. Es wäre denn, daß man sagen wolte, der Aurachische Helm sey vor Zeiten, da man zumal die Veränderung der Helm-Kleinodien vor willkührig gehalten, dem Würtenbergischen Wapen dergestalt zugeeignet worden, daß er nun vor dessen Helm zu halten sey. Es trägt aber derjenige Helm, welcher vor Zeiten von dem Hause Würtenberg geführet worden, in einem güldnen geflochtenen Korb einen Pfauen-Schwantz[1]), dergleichen Helm-Schmuck auch von den aus diesem Hause entsprossenen Herren zu Landau geführet worden."[2]) (Dr. J. W. Trier Einleitung zur Wappenkunst pag. 470—471.) —

Noch häufiger wurde das fremde Kleinod mit dem eigenen auf einen Helm vereinigt. — So sehen wir z. B. auf einem Helme vereiniget die Kleinode der Löffelholz von Colberg mit dem Kleinode der Jutmänner von Affeking;[3]) die Helmzierde der Grafschaft Erbach mit jener der Herrschaft Breuberg; das Kleinod des Hauses Sachsen mit dem des Marschallamtes. —

---

1) Deduction von dem Reichs-Pannerer-Amt p. 16.

2) Wappen-Buch tom. I. p. 20.

3) O. T. v. Hefner, Siebmacher, II., 45 pag. 45.

Der Helmschmuck von Bayern und der Pfalz wurden schon sehr frühe auf einen Helm zusammengestellt (Tafel XVI, 5 u. XLVIII, 5.) — Auch die Preisinger von Wolnzach nahmen zu ihrem eigenen Geschlechtskleinod den Sittig an.[1]) (Tafel XV, 7.) — Solche Kleinodvereinigungen auf einem Helme sind sehr alt und ebenso häufig. — Doch muß auch hierin den Alten unbedingt der Vorzug eingeräumt werden, da in späterer Zeit derartige Zusammenstellungen ganz sachwidrig und höchst ungeschickt bewerkstelliget wurden. —

Hiefür geben unter Andern ein paar Hörlische Grabsteine an der St. Peters-Pfarrkirche zu München das glänzendste Zeugniß. — Sämmtlich der zweiten Hälfte des XVI. Jahrhunderts angehörend, weisen sie uns die Zusammenstellung dreier Helmzierden der Hörl von Wattersdorf mit drei Kleinoden anderer Geschlechter (nemlich Hörlischer Ehefrauen), — wovon eine sich schlechter ausnimmt als die andere, so zwar, daß ich es der Mühe werth hielt auf Tafel XXIII 1 2, 3, deren Abbildungen zu geben. — In Nr. 1 sehen wir die Vereinigung der Kleinode des Conrad Hörl und seiner Ehefrau Margareth Lerchenfelderin. — Die Inschrift lautet: Anno D. 1567 Jar am 1 Februar starb der Ersam vnd weiß Conrad Herl, dem Got genad. A° 1560 Jar am 1 tag May starb die Erber vnd tugendhaft Fraw Margret Lercheufelderin des Conrad Herl Haussraw der G. g. — (Tafel XXIII, 2) ist die Vereinigung der Helmzierden des Andreas Hörl zu Wattersdorf und seiner Frau Susanna Neuwirthinn. — Die Inschrift heißt:

Anno domini MDLXXVII den XII Juni starb der ernvest Andreas Hörl zu Wättersdorf. — Anno dj MDLXXVI den VIII Marty starb die ernvest tugenthaft Frau Susanna Neuwirtin sein eliche hausfrau, denen got der almechtige ein freliche auferstehung verleihen wele. amen. — (Tafel XXIII, 3) endlich zeigt die Zusammensetzung des Kleinods der Hörl zu Wattersdorf mit dem Helmschmucke der Ligsalz. —

Die im Datum nicht ausgefüllte Inschrift lautet: anno dni . . . den . . . starb der ernvest Andreas Hörl zu Wättersdorf. — anno dnj . . . den . . . starb die ernvest, thugenthaft frau Maria Ligsalzin sein eliche hausfrau denen got der almechtige ein freliche auferstehung verleihen wele. amen. —

Besonders bemerkenswerth ist bei vorgenannten Vereinigungen: daß man aus ihnen entnehmen kann, wie wenig sich komplizirtere Kleinode hiezu schicken. — Noch weniger rathsam jedoch erscheinen Zusammenstellungen von drei Kleinoden auf einem Helme, wie denn z. B. 4. auf Tafel XXIII, die Vereinigung der drei Helmzierden von Urach, Mümpelgard und Teck auf dem Helm zum Würtembergischen Haus-

---

1) Gizinger von Gizing P. II. pag. 450 u. 451.

Wappen vom Jahre 1616,[1] — ein ganz mißlungenes und unschönes heraldisches Machwerk bildet. —

Selten jedoch dürfte eine derartige Aufgabe so glücklich und auf eine so originelle Weise gelöst werden können, wie es dem Herrn Baron von Leoprechting, königl. bayer. Kämmerer ꝛc. auf seinem neuesten Siegel, (Tafel XXXIII, 10) in wahrhaft geschmackvoller und echt altheraldischer Weise gelungen ist. —

Wir sehen nemlich dort die drei Leoprechting'schen Helmzierden, wie man sie auf derselben Tafel Nro. 8 hat, nemlich die Hörner, den Stülphut und den Löwen, in höchst origineller Manier, auf e i n e m Helm also vereiniget, daß der L ö w e zwischen den H ö r n e r n sitzt und das H ü t l e i n auf seinem Kopfe trägt. —

Jedenfalls aber macht diese Zusammenstellung dem heraldischen Sinn und Gefühl des genannten Cavaliers sicher mehr Ehre, als die faden und mitunter sogar lächerlichen Anglisirungen vieler seiner Standesgenossen. —

Uebrigens eignen sich gewiß die wenigsten Kleinode zu tadellosen Vereinigungen. —

Aus diesem Grunde nahmen daher manche Geschlechter lieber einen f r e m d e n S c h i l d an und behielten das e i g e n e K l e i n o d bei. — So siegelt z. B. Stephan der Degenberger zu Alten-Nußberg im Jahre 1390 mit seinem e i g e n e n Kleinod und mit dem Schilde der Forster von Wildenhorst.[2] — Die Herren von Wolfstein führten den eigenen Helm mit ihrem Hauskleinod, der Schild dagegen war von den Sulzburgern oder Sulzbergern angenommen.[3] —

Die Theorie der Kleinode, deren Entstehung und Fortbildung, sowie die Mannigfaltigkeit und Abwechslung in ihrer Anwendung bilden namentlich in der deutschen Heraldik einen so interessanten Abschnitt, daß man hierüber allein schon ein umfangreiches Buch schreiben könnte. — Sie sind ein Feld, dessen Bearbeitung von den meisten Heraldikern nur oberflächlich betrieben wurde, weil sie die Wichtigkeit und Originalität desselben nie genug erfaßten; und doch liegt bei den Deutschen die ganze Lehre von den Beizeichen (brisures) fast ausschließend in den Helm-Kleinoden. — Auf besondere, „diplomatische" Genauigkeit, wie man heutzutage zu sagen pflegt, wurde im Mittelalter bei den Kleinoden niemals viel Rücksicht genommen. — So wenig nemlich die Alten im Gebrauche offener oder geschlossener Hörner, des offenen, geschlossenen oder halben Fluges (Flügels), sowie der hohen oder

1) O. T. v. Hefner, Siebmacher I. Bd. tab. 42.

2) Sphragistische Sammlung des Hrn. Dr. O. T. v. Hefner in München.

3) Eisinger von Eising Bd. II, pag. 552.

niedern Hüte engherzig waren, d. h. so wie sie diese, vollkommen willkührlich und nach freiem Belieben, gegenseitig sich ersetzen ließen, ebenso hielten sie es mit den meisten Arten des Kleinods überhaupt. — Und zwar gerade zur Zeit der höchsten heraldischen Vollkommenheit finden sich gleiche und ähnliche Fälle in Menge. — Ein und dasselbe Geschlecht bediente sich bisweilen eines Rumpfes, an andern Orten einer wachsenden Figur mit Armen, je nach Umständen auch blos des Kopfes allein.[1]) — Thiere wurden halb wachsend, in ganzer Figur, oder auch in Rumpfform angewendet, ja oft sogar auf verschiedenen Siegeln der nämlichen Person. — Geschlechter, die als gewöhnliches Kleinod einen Hut hatten, setzten ihn manchmal willkührlich auf einen Rumpf, und umgekehrt ließen wieder solche, die mit ritterlichen Hüten bedeckte Rümpfe führten, beliebig den Rumpf bei Seite, vergrößerten dessen Hut und verwendeten ihn allein, als ein selbstständiges Kleinod. — Daß von den Eisenhut-Kleinoden dasselbe gilt, versteht sich nicht nur von selbst, sondern es erhellt auch aus den alten von Wendlischen Originalien. — Auf vielen derselben steht nemlich der Eisenhut allein, als selbstständiges Kleinod (Tafel XXVII, 11), auf anderen hingegen trägt ihn ein Rumpf, oder auch eine mit Armen versehene wachsende Figur am Kopfe. (Tafel XLVIII, 1, 2 und 3.) — Auch bei den Bischofsmützen haben wir den ganz gleichen Fall. — So z. B. an den Kleinoden der Geschlechter: Montfort, Tübingen, Herrenberg, Kahnenberg, Tetnang, Röberg, Feldkirch und Werdenberg; — wo man die Bischofsmütze bald von einem Rumpfe getragen, bald als selbstständiges Kleinod allein am Helme stehend antrifft. — Erschienen vordem Thiere oder künstliche Figuren zwischen Hörnern oder Flügeln, so finden sich an einigen Orten die Hörner oder Flügel weggelassen, die Zwischenfigur aber als alleinige Helmzierde, wo anders wieder umgekehrt, blieb jene Zwischenfigur weg, und bildete dann das Hörner- oder Flügelpaar ein selbstständiges Kleinod. — Letztere zwei Fälle trifft man namentlich häufig auf den Originalsiegeln der alten Herzoge von Bayern. — Sitzenden oder stehenden Kleinodthieren und auch leblosen Kleinodfiguren ein Kissen unterzuschieben, oder etwa ein solches willkührlich wegzulassen, war etwas ganz Gewöhnliches, auf das Niemand achtete. — Die kleinliche Aengstlichkeit der Heraldiker „von heute" aber kann so etwas nicht mehr fassen, obwohl uns alle diese Dinge nicht allein durch zahlreiche Beispiele bestätiget, sondern sogar durch die besten Originale, als die eigentliche Wesenheit der Helmzierde niemals störend, außer allen Zweifel gesetzt werden.

---

1) Bei menschlichen Kleinodfiguren und Rümpfen beide Geschlechter zu verwechseln, d. h. für männliche weibliche zu setzen, und umgekehrt, — kam wohl seltener vor. —

Daß man dagegen zu alter Zeit das Kleinod in Deutschland nicht minder in Ehren hielt als den Schild, erhellt aus mehreren Thatsachen. —

Aus Vielem ist sogar eine vollkommene Gleichstellung mit demselben unverkennbar. — Man trifft z. B. nicht selten die Umwandlung eines bisher selbstständigen Kleinodes in eine Schildesfigur, und in verkehrter Weise die Verwendung einer bisherigen Schildesfigur als Kleinod. — So, bei den Geschlechtern: Eyb, Degenberg, Adelmann v. Adelmannsfelden, Trautson, Otting, Mettich, Tschetschau u. v. A.[1]) — Auf einer Oetlingischen Scheidemünze vom Jahre 1518 fand ich sogar das Kleinod (den Brackenkopf) in einen eigenen, zweiten Schild, und zwar rechterhand vom wirklichen, eingesetzt. — Um diese zwei nebeneinander stehenden Schildchen liest man: Wolfgang Joachim Otting.; der hl. Sebastianus anderseits trägt die Umschrift: Sanctus Sebastian Martir (Aus der numismatischen Sammlung des Herrn Dr. Julius Lingg in München.) —

Mit vollem Rechte gehört wohl hieher auch der bemerkenswerthe Umstand, daß sehr viele Namenwappen ausschließend nur im Kleinod liegen. — So, bei den Rothenhan, bei den Nußberg, bei denen von Falkenburg, Eichberg und Waerburg, bei den Stangen von Cunitz in Sachsen, bei den Biberaw in Schlesien, bei den Kolben, Helfenstein, Hutsberg u. v. A. Beim Ritter Walther von Klingen sieht man ebenfalls, sogar schon im XIII. Jahrhundert, ein förmliches Namenwappen nur im Helmkleinod. (Tafel XX, 2). —

Ludwig der Bayer und die Habsburger führten noch als Kaiser, neben und zum Reichsschild (mit dem Reichsadler), ihre eigenen Hauskleinode, Ersterer die Hörner, — Letztere den Pfauenbusch.[2]) —

Die Venetianer verliehen im Jahre 1372 dem Grafen Amadeus von Savoyen, wegen seiner besonderen Verdienste um die Republik, den geflügelten Kopf vom Löwen des hl. Markus zur Helmzierde, — als eine vorzüglich ehrenvolle Auszeichnung.[3]) —

---

1) Tyroffs Wppbch des bayer. Adels Bd. I, 35. —
J. G. L. Dorst allgem. Wppbch. Bd. I, 135. —
Eitzinger von Eitzing Bd. II, 193.

Bei Einsetzung eines Kleinods in den Schild darf man sich jedoch keine derartigen Licenzen herausnehmen, wie z. B. auf dem Allianzwappen einer jüngst verstorbenen Frau von Gugomos geb. von Weichs — Besagte Dame formirte nemlich ihr Allianz-Wappen in der Art: daß sie den Weichsischen Affen (ihr väterliches Helmkleinod) auf dem Gugomosischen Schwane (Schildesfigur ihres Mannes) reiten ließ! — (Durch gütige Mittheilung des kgl. Kämmerers Hrn. Carl. Frhr. v Leoprechting.) —

2) v. Hefner-Alteneck Trachtenwerk II. Abthlg. tab. 15. — Wagners Trachtenbuch I. 5 fig. II. —

3) Cibrario pag. 44. —

Ein weiterer Beleg für die Hochhaltung der Kleinode geht sicher auch daraus hervor, daß Rudolph von Sachsenhausen († 1370) auf seinem Grabmal im Dome zu Frankfurt a/M. den Stechhelm mit der Helmzierde auch im Schilde führt, um selbst beim alleinigen Gebrauche des Letzteren das Kleinod nicht zu missen.[1])

In Bezug auf Irrungen und Streitigkeiten wegen Kleinoden oder in Bezug auf Verkauf von solchen, dürfte eines der merkwürdigsten Beispiele: die bekannte Geschichte des Hohenzollerischen Brackenkopfs sein. — Graf Friedrich von Hohenzollern nemlich verkaufte sein Helmkleinod, den besagten Brackenkopf, im Jahre 1317 an Luthold von Regensberg und dessen Erben, wodurch zugleich ein arger Streit mit den Oettingen, welche heutzutage noch den nämlichen Brackenkopf führen, angeregt wurde.[2]) —

Aus den zumeist noch vorhandenen Urkunden nun über die also entstandene, für die Heraldik gewiß höchst interessante Streitigkeit, lernen wir mehr auf die Kleinode Bezügliches kennen. Nemlich unter Andern:

1) daß manche Kleinode eine bestimmte Amtsgewalt oder auch gewisse Rechte mit sich brachten, d. h. eigentlich die „Zeichen“ von solchen waren. — So z. B. der oftgenannte Brackenkopf: ein Symbol der „Jagdgerechtigkeit“, weßhalb sein Verkauf nichts weiter war als gleichsam eine Ratifikation oder Bestätigung des bereits vollzogenen Verkaufes dieser letzteren. — So soll auch der Pfau (Kleinod der Seefeld und nunmehr der Törring-Seefeld) bisweilen Zeichen eines Turnierkönig-Amtes gewesen sein, — ebenso das ledige Pferd. — Die Bischofsmütze als Helmzierde bedeutete, wie schon bemerkt wurde, manchmal Schirmvogtei über Klöster und geistliche Stifte. —

2) Aus dieser Irrung um den Brackenkopf bestätiget sich ferners auch, was ich weiter vorne von der Stabilität der Urformen des Kleinodes, und beziehungsweisen Benützung derselben nur als Träger der am Helme wiederholten Schildesfiguren, bereits gesagt, und dort mit den Beispielen der Späthischen, Pienzenauerischen und Rappoltsteinischen Helmzierden erläutert habe. — Der Brackenkopf der Hohenzollern, nachmaligen Burggrafen von Nürnberg und nunmehrigen Könige von Preußen nemlich, sowie jener der jetzigen

1) v. Hefner-Alteneck Trachtenwerk II. Abthlg., pag. 133.

2) O. T. v. Hefner, Siebmacher, Bd. I, tab. 12, pag. 12. —

11*

Fürsten von Oettingen ist urkundlich ein und derselbe. — Beide Häuser jedoch benützten ihn von jeher als Träger ihrer eigenthümlichen Schildeszeichen, so daß er bei den Burggrafen in den Farben und mit den Wappenfiguren des Hohenzollerischen Geschlechtes, bei den Oettingen dagegen mit dem heraldischen Bilde dieser Familie geschmückt erscheint. —

3) Eine dritte Errungenschaft endlich, welche wir aus jenem Streite machen, betrifft die ohngefähre Größe, in der man zu jener Zeit die Kleinode trug. — In einer der erwähnten Urkunden über diese Sache kommt nemlich eine Stelle vor, wo es heißt: daß die Oettingen zwar den Brackenkopf behalten sollen, jedoch mögen sie ihr Wappenbild, das Andreaskreuz (Sautoir), zum wenigsten in der Breite zweier Mannsfinger auf dem Ohre des Bracken anbringen, damit es Jedermann deutlich erkennbar und fernerhin nicht wieder eines Streites Veranlassung wäre! — Hiedurch nun ist uns allerdings einigermassen ein Anhaltspunkt geboten, wodurch wir, wenigstens annähernd, die Größe des ganzen Helmkleinodes errathen können. — Die natürliche Größe eines Bracken aber dürfte mit ziemlicher Sicherheit, aus diesem Umstande, auch als die Größe des heraldischen Kleinod-Bracken angenommen werden. —

Das häufige Vorkommen des Helmes mit seinem Kleinode allein, anstatt des Schildes oder eines ganzen, vollständigen Wappens, beweist gewiß nicht minder die Werthschätzung und Hochhaltung der heraldischen Helmzierden. — Diese völlige Gleichstellung der Kleinodfiguren mit den Schildesfiguren aber, in so überaus zahlreichen Beispielen, ist namentlich bezeichnend zu einer Zeit, wo ganz besonders die höchste Blüthe und Vollkommenheit der alten Heroldskunst stets anerkannt werden muß. —

Der Gebrauch des Kleinodes ganz allein, ohne Helm, wie vorzüglich Engländer und anglisirte Deutsche zu thun pflegen, ist durchaus nicht sachgemäß, sondern vielmehr vernunftwidrig und unnatürlich. — Aus der guten Zeit der wahren Heraldik fand ich deßhalb ein einziges Beispiel dieser Art, auf einem Siegel des XIV. Jahrhunderts.[1]) — Dieses gehörte einem gewissen Ulrich Schenk von Reicheck, und trägt die Umschrift: „Sig. Ulrici pincernae de Reicheck.“ —

Der ganz besonderen Merkwürdigkeit halber sehen wir dasselbe nachstehend in Holzschnitt. — Das Helmkleinod, ein Flügel, geziert mit der Rose, dem Wappenbilde der Schenken von Reicheck, steht auf der Sendelbinde, wie wir sie noch heutzutage in den Tausenden von englischen und anglisirten Wappen bewundern können. — Dieses Siegel liefert übrigens den Beweis, daß eben auch die Alten

1) Sphragistische Sammlung des Hrn. Dr. O. T. v. Hefner in München —

manchmal schlechten Geschmack entwickelten. — In England aber ist jene unschöne Sitte, wie es scheint, gewissermaßen althergebracht und national; denn schon im XVI. Jahrhundert findet sich bei John Bossewell, im Theile, der eigens von den „creastes" (Helmzierden, Kleinoden) handelt, obiger Gebrauch als etwas ganz Gewöhnliches. —

Diese und ähnliche unheraldische Dinge sollte man überhaupt möglichst zu vermeiden suchen. —

Eine ebenso unpassende Errungenschaft späterer Zeit ist die Verdopplung oder Wiederholung der Kleinode, blos aus Rücksichten der Symetrie. — Jedem echten Heraldiker wird gewiß die Kleinlichkeit dieses Grundes einleuchten. — Solche unheraldische Kleinod-Zwillinge haben z. B. die Freiherren von Castell, die Zech von Deybach, die Münster von Lisberg, die Schlutt von Ascholting, die Voiten von Rieneck, die Grafen von Arco, die Grafen von Wicka, die Vollmar von Veltheim u. v. A. — Die häßliche Verdopplung von Kleinoden auf einem Helme, wie bei den zwei unschönen Rümpfen der Herren von Plotho oder Plothow und der Barone de Trazegnies, habe ich schon vorne getadelt; ebenso aber auch bereits auf jene abnormen einseitigen Helmzierden, wie sie z. B. die von Wenzky in Schlesien, die von Pack und von Rotschitz in Meissen oder die von Heinleth in Bayern u. v. A. führen, warnend aufmerksam gemacht. —

Bastarde hatten, wenn sie auch das vollständige väterliche Wappen (mit Bastard-Faden) führten, doch immer andere Kleinode aufgesteckt. — So finde ich z. B. am Siegel eines Bastarden von Burgund, dessen Inschrift lautet, wie folgt:

„S. Anthoine bastart de bourgoigne comte de la roche,"

statt der gewöhnlichen Burgundischen, eine „Nachteule" als Helmzierde. — Der Originalstempel dieses Siegels befand sich unter der Beute, welche die Schweizer im Lager Carl des Kühnen machten. —

Ein bemerkenswerther Umstand ist auch das häufigere Vorkommen dieses oder jenes Kleinods in einer gewissen Gegend, — eine Thatsache, welcher wir auch später bei den Schildesfiguren begegnen werden und deren einfacher Grund wohl nur in naturhistorischen oder in anderen örtlichen Verhältnissen zu suchen sein dürfte. — So finden sich z. B. in Tyrol die Adlersflügel, im Elsaß der Beutelstand, in Bayern die Hörner häufiger als in irgend einem andern Lande. [1] —

1) Alter Siebmacher, Tyrolische und bayerische Geschlechter. —

In der späteren Zeit wurden die Kleinode sogar auf den Kopfrüstungen der Pferde angebracht, und zwar zwischen den Ohren, da wo die Mähne anfängt. — So hat z. B. das Streitroß Kaiser Maximilians (nach dem bereits erwähntem Holzschnitte von Hanns Burgkmaier) das österreichische Kleinod in einem Helmkrönlein auf dem Kopfe. [1] — Diese Sitte war in Deutschland durchaus nicht selten, in Frankreich, England, Italien und Spanien aber trifft man sie noch viel öfter. —

Auf einem Hohenlohischen Reitersiegel, etwas später Renaissance, fand ich sogar den ganzen Turnierhelm, sammt seinem Kleinode mit abfliegenden Decken, und zwar in anscheinend natürlicher Größe, am Pferdekopfe in obiger Weise angebracht. — Jenes Siegels Inschrift lautete: „Sigillum feudale administr. nempe senioris principum de Hohenlohe et dominorum in Langenburg. z. c.“ —

Der Reiter trägt also hier seinen eigenen Stammhelm (den Hohenlohischen) selbst; indessen der Langenburgische, um doch wenigstens auch gebraucht zu werden, vom Streitroß getragen wurde.

Eine weitere Eigenthümlichkeit, welche hier noch zu bemerken erübrigt, sind die fächer- oder floßenförmigen „Kämme“, die bisweilen über Hals und Rücken der Kleinodthiere hinlaufen; gleichviel ob es Vögel, vierfüßige oder phantastische Thier-Gestalten sind. (Taf. XX, 9 u. 11, 4.) — Schon sehr frühe kommt diese besonders charakteristische Ausschmückung vor, und es war solche jedenfalls nur ein Produkt echt heraldischer Ornamentik. —

Gewöhnlich finden sich diese Kämme mit allerlei Kleinigkeiten verziert, so z. B. mit Pfauenspiegeln, Knöpfen, Eicheln, Federballen u. dgl. — Manchmal sind sie jedoch blos floßen- oder manschettenartig gefältet, wellenförmig gebogen oder auch steif abstehend und glatt.

Wie schon gesagt: war die Abwechslung, Verschiedenheit und Mannigfaltigkeit bei Helmzierden und Kleinoden so groß, daß hauptsächlich nur dadurch bei den Deutschen weitläufige Beizeichen-Schema überflüssig gemacht wurden. —

Was nun das Material anbelangt, woraus man die Kleinode verfertigte, so habe ich bereits bei den Grundformen der Hilfskleinode genügende Aufschlüsse hierüber gegeben. — Die Unzahl aller andern denkbaren und in Wirklichkeit vorkommenden „freien, selbstständigen Kleinode“ folgt nemlich darin den erstgenannten; d. h. auch die freien Kleinode wurden zumeist aus Leder, Blech, Holz, Leinwandmasse u. dgl. verfertiget. —

---

1) v. Hefner-Alteneck Trch. III, 105. —

In vielen Fällen dürfte sogar die Natur selbst ihren Beitrag geliefert haben. So z. B. siegelt i. J. 1425 Erhard Apfaltrer, dessen Kleinod, ein früchtebeladenes Apfelbäumchen, sicher sehr oft durch ein natürliches gegeben wurde [1]) — Ebenso läßt die ganze Art und Weise der Darstellung des Kleinods am Grabsteine des Ritters Thomas Knebel von Katzenelnbogen, Burgmannes zu Oppenheim, † 1401, im Chor der Katharinenkirche dortselbst,[2]) eine „Helmzierde in natura" vermuthen; d. h. eine wirkliche Thierhaut mit den daran befindlichen Ohren mag hie und da einer künstlichen Verfertigungsweise vorgezogen worden sein. (Siehe Tafel XXI, 2.) — Hieher gehören alle Kleinode mit „Ohren" oder mit „Hörnern und Ohren", wie z. B. der Abensberg, Santizell, Gumppenberg, Villacher, Eitzinger von Eitzing u. v. A. — Ferners ebenso die Kleinode mit Hirschgeweihen und einzelnen Stangen, mit Gemsen-, Widder- und Steinbockhörnern, mit Vogelkrallen und andern Thierwaffen u. s. w. — Meine Vermuthung: daß alle kleineren Thiere, und beziehungsweise auch die Rumpfkleinode von solchen, sicherlich sehr oft nur durch die ausgestopfte Haut, „natürlich" gegeben worden seien, habe ich oben schon ausgesprochen. —

Bei Helmzierden, die aus künstlichen Figuren bestanden, wird bisweilen auch der wirkliche Gegenstand benützt worden sein, vorausgesetzt: daß er nicht zu schwer war; — namentlich daher nur kleine, leichte Gegenstände, wie z. B. allenfalls: Schlüssel, Kesselhacken, Jagdhörner, Tuch- und Schafscheeren, Flaschen, Bischofsmützen u. dgl. —

Waren jedoch die betreffenden Gegenstände entweder zu groß, zu schwer, oder auch zu klein, so konnten niemals die „wirklichen" als Kleinode Anwendung finden. — So z. B. wurde ein Zirkel oder ein Schachrößlein sicher ebensowenig in natura als Kleinod benützt, wie etwa ein Haus, ein Thurm, schwere eiserne Hämmer oder Ambose u. dgl. —

---

1) Sphragistische Sammlung des Dr. O. T. v. Hefner in München. —

2) v. Hefner-Alteneck Trachtenwerk, Abthl. II, 33. —

Daß alle Gattungen und Arten von Federschmuck in natura dargestellt wurden, ist wohl selbstverständlich, nur muß ich in Bezug auf die verschiedenen ganzen und halben, offenen und geschlossenen Fluge an das erinnern, was ich schon oben hierüber vorbrachte. —

Zweifelsohne aber hatte die oftbesagte mittelalterliche Lederplastik ihren entschiedensten Einfluß auch auf die Verfertigungsart der Kleinode geltend gemacht, weßhalb die vielleicht einzig und allein noch übrigen Original-Kleinode in der Herrgottskirche zu Kreglingen an der Tauber ebenfalls von diesem Stoffe befunden werden [1]) — Diese Helmzierden sollen „hohenlohisch" sein, sie sind aber keineswegs das gewöhnliche Kleinod dieses Hauses, welches in einem „weißen Adler" bestehet. [2]) — v. Hefner-Alteneck sagt davon:

„Die Helmzierde darauf (am Turnierhelme nämlich), welche aus dem Kopfe eines gekrönten Einhorns besteht, ist ebenfalls von gepreßtem Leder, leicht und zierlich gearbeitet. Im Innern hat sie ein eisernes Stäbchen, welches den Kopf aufrecht erhält. Die Krone ist durch die Zeit sehr verbogen und verdorben. Auf den Schilden zu beiden Seiten stehen dieselben Helmzierden, jedoch ohne Helme; [3]) sie sind durch die Zeit sehr zusammengeschrumpft und niedergebogen. — Die Einhornsköpfe sind Silber, die Kronen darauf Gold." [4]) —

1) v. Hefner-Alteneck Trachtenwerk, II. Abthl., tab. 68. —

2) In neuerer und neuester Zeit machte man einen „Phönix" daraus, ein Thier, das in der christlich-mittelalterlichen Heraldik ganz unbekannt war. —

3) Diese beiden Helme waren sicherlich von Eisen und fielen in Folge dessen der Habsucht eher zum Opfer, während der dritte, welcher noch vorhanden, weil er von Leder ist, als völlig werthlos an seiner Stelle belassen wurde. —

4) v. Hefner-Alteneck Trachtenwerk, II. Abthl., pag. 96 u. 97. —

Aus dem Umstande schon, daß dieß höchst wahrscheinlicherweise die einzig und allein noch vorhandenen, echten und wirklichen Helmzierden sind, ist fast mit Bestimmtheit abzunehmen, daß die Kleinode sammt und sonders von sehr leichten, vergänglichen Stoffen gemacht waren. — Ein derartiges Material wurde aber ferners auch dadurch bedingt: weil beim Kolben- und Schwerter-Turnier das geschickte Abhauen des gegnerischen Kleinods als vorzüglichster Meisterstreich galt, der nach dem Turniere zur allgemeinen Heiterkeit ausgeführt wurde. — Eine uralte Formalität, die jedesmal zum Schlusse vorgenommen ward. —

Hätten die Alten unsere „Caschirung", unser „Papiermaché" oder unser „Gutta percha" gekannt, so würde gewiß die erfindungs- und sinnreiche Kunsttechnik des Mittelalters diese Stoffe, als zur Verfertigung der Helmzierden besonders geeignet, vielleicht sogar mit besonderer Vorliebe, hiezu adoptirt haben. —

Schlüßlich wurden dann die also plastisch verfertigten Kleinode mit den betreffenden heraldischen Farben möglichst grell angestrichen. — Daß aber mitunter sogar Coryphäen der Kunst mit dem Malen der Kleinode sich befaßten, erhellt aus noch vorhandenen Rechnungen des berühmten Malers Lukas Cranach, der nebst vielem Anderem auch: „fennrichsvhanen, Rennfenlein, Helmczeychen, Rennedecken, Stechdecken, tarcztücher und sacktücher" für die Herzoge zu Sachsen gemalt hat.[1]) — Wegen der etwas späten Zeit bin ich jedoch der Meinung: es seien nicht so fast eigentliche, heraldische Helmzierden, als vielmehr sogenannte „Schimpfkleinote" zu den scherzhaften Fastnachtsspielen gewesen. — In Anbetracht der Tinkturen wechselt manchmal die Kleinod-Figur mit der im Uebrigen sonst gleichförmigen Schildesfigur, und erscheint dann ausnahmsweise in der Tinktur des Feldes. — So z. B. das Rad der Freiherren von Neuenstein, der Löwe derer von Reinach u. A. —

Bezugnehmend auf die Größe eines Kleinods muß ich vor Allem bemerken, daß sich diese nach Zeit, Form, Gattung oder Art sehr veränderte und läßt sich hiebei nicht einmal eine nur annähernde Norm bestimmen. — Das Aufsuchen gleicher oder ähnlicher Originale, mit Bezugnahme auf Zeit und Art des gegebenen Kleinods, muß hier als die einzige und zugleich verläßigste Richtschnur bezeichnet werden, da nur der ganz Eingeweihte und ein durch vieljähriges Originalstudium vollkommen ausgebildeter Heraldiker, die richtige Beurtheilungsgabe oder das richtige Gefühl hiefür, so zu sagen, in sich aufgenommen haben kann. —

---

1) Lukas Cranach des Aelteren Leben und Werke nach urkundlichen Quellen bearbeitet von Christian Schuchardt. 2 Theile Leipzig bei Brockhaus, 1851. — v. Hefner-Alteneck „Trachtenwerk," III. Abthlg., pag. 135 u. 136 —

Einigermaßen wird man auch auf den Kleinod-Tafeln von XIV bis XXII, sowie Tafel XXXIII a und b, XLVII, XLVIII und LI Anhaltspunkte finden können, da die meisten, und namentlich die ältesten derselben, unzweifelhaft genau nach wirklichen Orginalien gebildet wurden. — Etwas über Größenverhältnisse der Kleinode war auch oben bei der Geschichte vom hohenzollernschen und öttingischen Brackenkopfe zu lesen. — Gewöhnlich jedoch und durchschnittlich darf angenommen werden: daß die meisten Kleinode weitaus eher unverhältnißmäßig zu groß getragen wurden, als zu klein. — Obwohl sehr oft Thierkleinode u. dgl namentlich wenn sie in ganzer Figur gebraucht wurden, und wenn sie zwischen Hörnern, Flügeln u. s. f. erscheinen, im Verhältnisse auch sehr klein und unansehnlich vorkommen, indessen dann letztere (die Hörner, Flügel u. dgl.), unmittelbar daneben, verhältnißmäßig in enormer Größe sich zeigen. So z. B. Tafel XVI, 5. — Wie sehr man aber nicht selten sogar in übertriebener Größe der Helmzierden ausartete, beweist uns unter Anderm das Krönlstechen zwischen Herzog Friedrich von Oesterreich und Grafen Hermann von Zilly im Conzilbuch von Konstanz auf „blat lxxxvj" mit der Aufschrift: „Wie herczog Friderich vō österreich mit grafen Herman von zilly stach auf dem Brül vor Costencz als vornen stet am lxxxiij blat." — Die Kleinode sind daselbst höher als der ganze Oberleib des Mannes sammt dem Kopf, und zwar so hoch, daß sie bis auf's Dach eines dahinter sichtbaren Wehrganges reichen. —

Ueberaus mannigfaltig und zierlich waren die verschiedenen Befestigungsweisen der Kleinode und wir finden hievon die sonderbarsten Manieren und mitunter auch sehr originelle und schöne Beispiele. - Charakteristisch und wesentlich hervorzuheben ist die Befestigung der Helmzierden an den Seiten der Topfhelme ältester Zeit. — Merkwürdigerweise wurden nemlich in der frühesten Periode, besonders so lange die Topfhelme oben noch flach waren, die Kleinode fast ausschließend nur an den Seiten derselben festgemacht. — So sehen wir z. B. nachstehend vier oben flache Topfhelme, deren Kleinode ihre Befestigung hauptsächlich an den Seiten hatten.

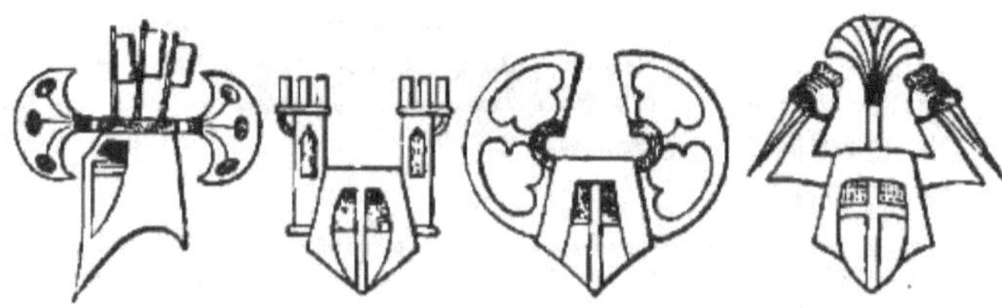

Diese Helme sind weiblichen Stickereien aus dem XIII. Jahrhundert entnommen und sämmtlich norddeutschen Ursprungs. — Ebenso bemerken wir auf den Tafeln mehrere in die Categorie der Seiten-Kleinode gehörige ältere Helmzierden. — Später jedoch wurden die Helmzierden nur mehr am Obertheil der Stech- und Turnier-Helme befestiget, wo hiezu eigens angebrachte Kolben und Löcher allemal die Vermittlung bildeten. — Die Befestigung selbst geschah entweder mittelst kleiner eiserner Stäbchen, welche zugleich die leicht gearbeiteten, meistens ledernen Kleinode aufrecht erhielten, wie z. B. bei den Einhornsköpfen in Kreglingen, oder sie wurde durch Ueberschieben eines Ringes bewerkstelliget, wie bei der nebenstehenden burgundischen Helmzierde, auf einem Siegel des Königs Philipp von Frankreich, als Herzog zu Burgund vom Jahre 1344,[1]) — oder wie am Kleinode eines gewissen Thomann Holzhawser, † 1416, woselbst dieser Befestigungsring zugleich den Reif einer Art Tuchkrone bildete, welche äußerst geschmackvoll und malerisch aus den zusammengezogenen Enden der Helmdecke zaddelartig oder blätterförmig ausgeschnitten war.[2]) Den fast ganz gleichen Fall, d. h. die nämliche, laubförmig aus den Decken-Enden geschnittene und dann gesteifte Tuchkrone, sowie einen auf ähnliche Weise übergeschobenen Ring, bemerkt man auch am Rumpfkleinode 3 auf Tafel XIX. — Auch die Befestigungsarten der beiden Späthischen Helmzierden sind gewiß sehr zierlich und sinnreich zu nennen, wo der Rumpf durch einen mit roth- und weißfarbigen Bändern umwickelten Reif (Tafel

---

1) Sphragistische Sammlung des Hrn. Dr. O. T. v. Hefner in München. —

2) Ibid sphragist. Sammlung.

XVIII, 7), der Flügel hingegen vermittelst einer aus der Helmdecke gemachten und über das Obertheil des Stechhelmes gezogenen Haube auf Letzterem festsitzt (Tafel XVI, 4). —

Ueberhaupt geschah die Kleinodbefestigung meistens durch oder doch wenigstens zugleich mit den Helmdecken; bald durch eine Art stramm anliegende und genau passende Helmhaube, bald durch einen gedrehten Wulst (Bauschen, Sendel- oder Zindelbinde, auch Helmlöhr und Brünlöhr genannt) mit abfliegenden Bändern und Schleifen, bisweilen endlich findet sich sogar ein großer Theil des Kleinodes selbst mit von der Helmdecke auslaufenden Tuchhülsen gleichsam überzogen. (Man sehe alle Kleinod-Tafeln.) —

So ist z. B. der Stamm des Apfelbäumchens auf dem Kleinod des Erhard Apfalterer, das wir auf Seite 167 in Holzschnitt sahen, deßhalb nicht sichtbar, weil eine derartige, von der Helmdecke ausgehende Tuchhülse, denselben bis zur fruchtbeladenen Krone konisch umschließt. — Den gleichen Fall bemerken wir auch auf dem schönen Ehingerischen Grabsteine hinter dem Hochaltare im Münster von Ulm. — Auf diesem sehr großen und deutlichen, der besten Zeit des XIV. Jahrhunderts angehörigem Monumente kann, obwohl selbes niemals bemalt war, dennoch mit Bestimmtheit erkannt werden: daß die beiden Ehingerischen „Schlifferhacken“ bis zum Eisen mit den von der Decke auslaufenden Tuchhülsen bekleidet waren; wobei noch besonders hervorzuheben: daß diese Helmdecke mittelst einer in ihrem Saume eingezogenen Schnur, wodurch ein Zugbund hergestellt war, zu einer förmlichen Haube für den oberen Theil des Helmes sich gestaltete. —

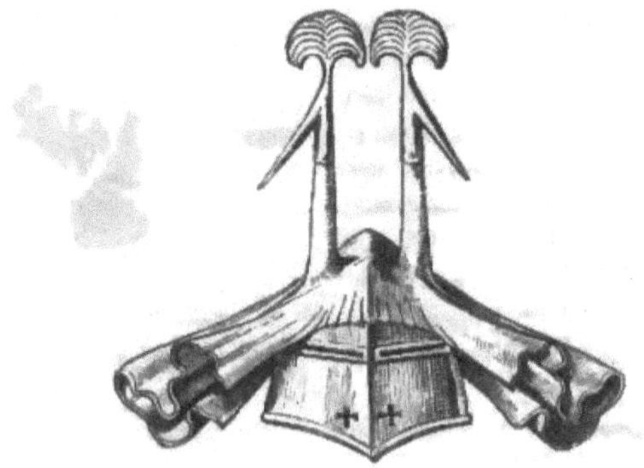

Ganz besonders deutlich jedoch erkennt man übrigens bei allen Rumpfkleinoden älterer Zeit diesen innigen Zusammenhang mit der Helmdecke, oder vielmehr die von letzterer ausgehenden hülsenartigen Tuchüberzüge ihrer puppenartigen Körper. —

Das interessanteste aber, was man in dieser Hinsicht finden kann, ist und bleibt jedenfalls der Clevische Kleinodhelm, nach einem sehr schönen Alliance-Siegel des Herzogthums Cleve und der Grafschaft Mark, dessen sich Herzog Johann von Cleve, Graf von der Mark, im Jahre 1511 bediente. — Auf Tafel XLVII, 5 haben wir diesen Helm in getreuer Abbildung. — Kleinod und Helmdecke fällt nemlich dort buchstäblich in Eins zusammen, indem der rothe Stierkopf (mit alleiniger Ausnahme von Hörnern und Krönlein) unverkennbar aus der, fast über den ganzen Helm gezogenen Tuchdecke plastisch gebildet erscheint. — Höchst wahrscheinlich durch Steifung mittelst Leder- oder Leinwandunterlage künstlich geformt, ist überdieß jener Büffelkopf so gestellt, daß sein etwas geöffneter Rachen genau auf die Augenschlitzen des Stech-Helmes trifft, welche improvisirte Spalte dann dem Träger des letzteren eine möglichst bequeme Aussicht gestattete, d. h. der offene Rachen des Urkopfes war zugleich das passendste Okularium. — Beim wirklichen Gebrauche besagten Helmes jedoch mochte das Ganze, in der That, ein wahrhaft martialisches Ansehen verliehen haben. — Möglicherweise zwar konnte der fragliche Helm vielleicht auch zu jener plastisch gearbeiteten Gattung von Helmen gehören, die ich vorne im betreffenden Abschnitte (vom „Helme") bereits in Erwähnung brachte; wie denn derlei Helme gerade in dieser Periode (namentlich im XVI. Jahrhundert) wirklich am häufigsten vorkamen — Ich meine nemlich die mit Menschengesichtern, Vögel- und anderen Thierköpfen, oder auch mit phantastischen Ungeheuerfratzen äußerst kunstvoll in Eisen getriebenen Helme. — Die Uebergangsformen vom älteren Salade zum Bourguignon oder Bourguinot, und vorzüglich diese letztere Helmform werden sehr oft in solcher Weise gefunden. — So haben wir z. B. ganz ähnliche Muster in der Ambraser-Sammlung in Wien, in Llewelyn Meyricks Waffensammlung zu Goodrich-Court in Herefordshire u. a. a. O. Aus der ehemaligen von Peuker'schen Sammlung, die im Monate August des Jahres 1851 zu Brüssel dem öffentlichen Verkaufe unterstellt wurde, ist mir selbst ein sehr schönes derartiges Exemplar am Steigerungswege zu Handen gekommen und befindet sich solches noch gegenwärtig in meinem Besitze.[1]) —

1) v. Hefner-Alteneck Trachtenwerk, III. Abthlg., tab 41, pag. 46—48 —
Llewelyn Meyricks Waffensammlung, pl. 69, fig. 1 u 2, pag. 18.
Ibid. pl. 75, fig. 3 u. 4, pag. 19. —
Catalogue illustré, Bruxelles, 1854. Plaue II, fig. 10, 13, 16, 19 u. 23. — pag. 10, Nro. 53, 59, 65, 66 u. 69.

Im gegebenen Falle nun mochte dann die strammangezogene Helmdecke, die durch ihre Farbe hier selbstverständlich zugleich die heraldische Tinktur der Kleinodfigur angab, jene plastische Ochsenkopfgestalt des Stechhelmes ganz deutlich durchscheinen lassen. —

Wenn ich mich recht entsinne, so gab es auch Savoyische Kleinod-Helme in Löwenkopf-Form, d. h. es existirten auch in ganz ähnlicher Manier gegebene altsavoyische Helmzierden. — Jedenfalls aber veranschaulicht uns nicht leicht etwas so augenfällig die reiche Phantasie und das echt heraldische Streben der christlich-mittelalterlichen Kunsttechnik und beziehungsweise der lebendigen, praktischen Heroldskunst. —

Sehr originelle Befestigungsweisen der Kleinode in späterer Zeit hingegen versinnlichen wohl am besten die bekannten beiden Wappen von Albrecht Dürer, nemlich das mit dem „Hahnen" und das mit dem „Todtenkopfe". — Schrauben, Muttern, Häspen, Nägel oder Nieten u. dgl. vermittelten zweifelsohne jederzeit die eigentliche Befestigung. — In fast allen Fällen jedoch waren die Kleinode zum Abnehmen, was schon aus der Natur der Sache selbst hervorgeht. — Es erhellt dieß übrigens auch aus dem bereits erwähnten Grabdenkmale des Grafen Johann von Wertheim, † 1407, (in der Stiftskirche zu Wertheim) [1]) der die Helmzierde seines Hauses nicht allein am Stechhelme, sondern auch auf dem Bassinet trägt, welch letztere also beim Ueberseßen des Topfhelmes gewiß abgenommen werden mußte. [2]) —

Auf dem bekannten Hoflacher-Wandgemälde (Gedächtnißbild, das betende bayerische Heer nach der Schlacht bei Alling im Jahre 1422 darstellend), tragen die an der Spitze desselben vor der sogenannten „hl. Sippschaft Christi" knieenden Herzoge von Bayern die Kleinodien ihres Hauses auf jenen eigenthümlichen Bund- oder Helm-Hauben von abgesteppten Filze, dergleichen man als Helmunterlage, und manchmal sogar allein, namentlich aber im XV. Jahrhundert, zu tragen pflegte. [3]) — Wenn nun

1) v. Hefner-Alteneck Trachtenwerk, II. Abthl. 92. —

2) v. Hefner-Alteneck Trachtenwerk pag. 122.

3) Möglicherweise könnten diese Hoflacher-Kopf-Wulsten vielleicht von jener Gattung gewesen sein, wie uns v. Hefner-Alteneck eine solche in der zweiten Abtheilung seines Trachtenwerkes auf Tafel 188 zeigt. Dort sehen wir nemlich den von mir schon einmal zitirten Grabstein des Georg von Seckendorf († 1444), welcher sich in der mit der Klosterkirche zu Heilsbronn verbundenen Ritterkapelle befindet. Auf Seite 121 bemerkt Herr v. H.-A. bezüglich der eigenthümlichen Kopfbedeckung des besagten Ritters: „Die eigenthümliche Kopfbedeckung dieses Ritters, welche den Helm ersetzt, besteht ebenfalls aus einem dicken gesteppten oder vielfach übernähtem Wollenzeug; sein Vordertheil ist in die Höhe geschlagen, während sein Hintertheil abwärts liegt und den Nacken deckt." Weiter heißt es: „In Gemälden dieser Zeit erscheinen ähnliche Hüte, welche bei Rüstungen ge-

hier, was ich übrigens noch sehr bezweifle, der neuerlichen Restauration jener Fresken nur einigermaßen Glauben zu schenken ist, dann hätte man freilich in diesem merkwürdigen Falle einen weiteren Beleg für die Möglichkeit des willkührlichen Abnehmens und Aufsteckens der Kleinode. — Uebrigens kann es auch eine Licenz des Künstlers gewesen sein, der nur deßhalb auf jene Filzhauben die bayerischen Helmzierden setzte, um deren Träger als die Porträtfiguren der bayerischen Herzoge kenntlich zu machen. — In dem neuen Prachtwerke: „Alterthümer- und Kunst-Denkmale des bayerischen Herrscher-Hauses von C. M. Freiherrn von Aretin, königl. bayer. Kämmerer und geh. Rath; München 1853;“ ist eine sehr schöne Abbildung und die ausführliche Beschreibung des fraglichen Wandgemäldes zu finden. — Die Ausnahme aber, daß auf jenen Bundhauben nur ein Flügel und auf diesem das ganze, gevierte herzoglich bayerische Wappen mit den pfälzischen Löwen, statt des gewöhnlichen Flügelpaares (Fluges) mit den bayerischen Wecken allein und mit dem dazwischen befindlichen figürlichem Löwen, ersichtlich ist, kommt nicht nur um jene Zeit auf Siegeln u. dgl. öfters vor, sondern hat auch, nach allem von mir bereits über willkührliche Abwechslungen der Kleinode Gesagtem, auf die Wesenheit der Helmzierde hier ebenfalls keinen Einfluß, weßhalb man auch keineswegs etwas Auffallendes darin suchen darf. —

Zur schicklichsten Verbergung der Befestigungspunkte, oder vielmehr zur decorativen Bedeckung der Schrauben, Nieten, Nägel, Häspen, Muttern, Hacken u. dgl., welche das Kleinod mit dem Helme verbanden und darauf festhielten, bediente man sich mehrerer, allgemein anwendbarer Kleinod-Nebenfiguren oder heraldisch-ornamentaler Hilfsmittel. — Auch hier sind es wieder hauptsächlich sechserlei, welche man vorzugsweise zu diesem Zwecke in Anwendung brachte und schon in ältester Zeit der Heraldik hiezu besonders gerne benützte. Vor Allen nenne ich:

1) die Hüte,
2) die Federköcher oder Federkörbe,
3) die Helmkronen,
4) die Kissen,
5) die Helmdecken und
6) die Bauschen, Wülste, Sendel- oder Zindelbinden, auch Helmlöhren und Brünlöhren genannt.

tragen wurden, gewöhnlich in grüner, auch oft in rother Farbe. In einigen Gegenden des Rheins wurden noch bis auf die neuere Zeit ähnliche Kopfbedeckungen, bei Reichen von Fuchspelz, bei Armen von Wollenstoff, unter dem Namen „Wolfskappen“ getragen, diese stammen von jenen älteren her, welche ihrem Namen nach, früher von Wolfspelz gewesen sein mögen.“

Die sub 1 und 2 aufgeführten habe ich bereits bei den Hilfskleinoden näher besprochen, da sie jedenfalls in den meisten Fällen dorthin ihre Bestimmung haben; allein nicht selten auch trifft man Hüte, Federkörbe und Köcher nur als vermittelnde Glieder zwischen einem selbstständigen, freien oder figürlichem Kleinode und zwischen dem Helme, so daß man daraus deutlich erkennt: ihre Anwendung beruhe in einem solchen Falle blos auf der passendsten Verbergung der Befestigungspunkte. —

Die sub 5 und 6 genannten Decken und Wülste, werde ich ohnedieß im nächstfolgenden Abschnitte weitläufiger abhandeln. — Es erübrigt mir deßhalb höchstens: einige Worte über Helmkronen und Kissen (ad 3 und 4) hier einzuschalten. —

Vor Allem bitte ich Jedermann inständigst: ja niemals heraldische Helmkronen mit heraldischen Rangkronen zu verwechseln, da beide so himmelweit von einander verschieden sind, wie Tag und Nacht. — Jene sind nicht nur so uralt, wie irgend eine jemals existirende heraldische Helmform, sondern sie bilden auch eine ganz zweckmäßige und echt heraldische Einrichtung, mit einem Wort: sie sind ein ehrwürdiges, heraldisches Attribut, dessen Alter jedenfalls bis zum XII. Jahrhundert hinaufreicht. — Diese dagegen sind, wenigstens ihrer Mehrzahl nach, eine Erfindung und ein Produkt der armseligen, bereits verkümmerten Heraldik; — während erstere auch schon der Blüthezeit unserer Wissenschaft angehörten. — Hier werde ich also blos von den Helmkronen sprechen, da die Rangkronen zu den heraldischen „Prachtstücken" gerechnet werden müssen, welche ich weiter unten für sich eigens abzuhandeln gedenke. —

Man darf beinahe als gewiß annehmen, daß die Kronen eher auf den Helmen erscheinen, als die Kleinode, nur bezeichnen sie zu jener frühesten Zeit immer die Würde eines Königs. — In dieser ältesten Periode bildeten dieselben stets nur einen einfachen, zumeist vollkommen glatten, am oberen Rande aber in mannigfaltigster Weise ornamental-blattförmig ausgeschnittenen Blechreif. — Bisweilen bemerkt man daran eingefaßte Steine, hie und da auch Perlen. — Nachstehende fünf Helmkronen, welche sämmtlich auf den Originalien, denen sie entnommen sind, für sich allein, d. h. ohne Kleinod erscheinen, können füglich als Muster für alle mehr oder minder gleichen und ähnlichen Helmkronen jener frühen Zeiten gelten. —

Die erste ist aus einer Miniaturmalerei des XIII. Jahrhunderts;[1]) die zweite aus demselben Jahrhundert;[2]) 3 und 4 sind aus der Mitte des XIV. Jahrhunderts,[3]) und die letzte stamment aus der ersten Hälfte des XV. Jahrhunderts[4]). — Im Ganzen bemerkt man trotz des Zeitunterschiedes wenig Veränderung, sowie auch die heutzutage noch gebräuchlichen Helmkronen ebenfalls sehr wenig Modifikationen erlitten haben, so daß man leicht in ihnen jene ältesten Urformen der heraldischen Helmkronen wieder erkennen mag. —

Zur Zeit der oben flachen Topfhelme, im XIII. Jahrhundert, wo die Kleinode wie oben erwähnt wurde, zumeist an den beiden Seiten ihre Befestigung hatten, setzte man die Helmkrone, wenn eine solche gebraucht wurde, zwischen die beiderseitigen Helmzierden, wie z. B. aus nebenstehendem Holzschnitte zu ersehen, welcher nach der bereits angeführten weiblichen Stickerei aus dem XIII. Jahrhundert möglichst genau kopirt ist. — Später jedoch, als die Kleinode am Obertheil des Helmes ihre Befestigung fanden, waren es namentlich diese Kronen, welche nicht nur die passendste und schicklichste, sondern gewiß auch die schönste und geschmackvollste Verbindung des Kleinods mit dem Helme bildeten. — Sie verdeckten einestheils die Befestigungspunkte des ersteren, anderntheils aber machten sie als Kleinod-Fassung zugleich eine der nobelsten Zierden des ritterlichen Helmes aus. — Selbstverständlich müßen übrigens alle andern Formen und Manieren der Befestigung oder Fassung des Kleinods den Helmkronen, an Rang, Würde und Vornehmheit, weit nachstehen. — Helmkronen ganz ohne Kleinod dagegen, (d. h. wenn sie nicht selbst das Kleinod bilden, wie z. B. bei den Kroneberg) sind für die Heraldik mehr oder minder bedeutungslos; weßhalb ich keineswegs das: „Nihil corona nobilius" der Franchimont, welche blos einen gekrönten Helm ohne Kleinod führen, gutheißen, noch viel weniger aber demselben beistimmen kann.[5]) —

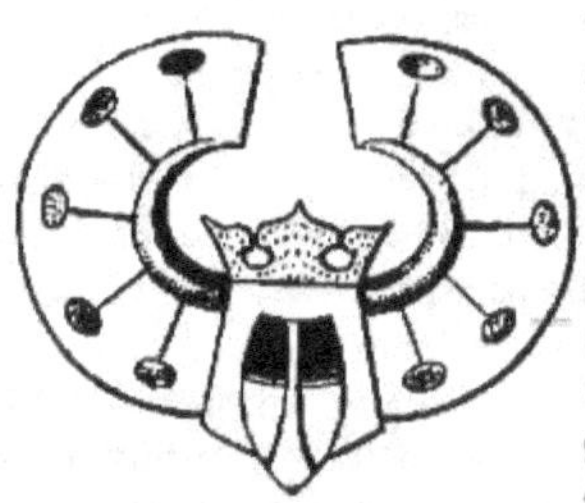

---

1) v. Hefner-Alteneck Trachtenwerk, I. Abthl. 84. —

2) Ibid. I. Abthl., 88. —

3) Ibid. II. Abthl., 8. —

4) Von mir nach einem Originale in Ulm gezeichnet.

5) Alter Siebmacher IV. Bd., pag. 61. —

Von den ältesten Rang- und Würdekronen hingegen wurden namentlich: die uralte Königskrone (die ornamentale Laub- oder Blätterkrone), die eigentliche Kaiser-Krone, die sogenannte kaiserliche Hauskrone, die Dogenmütze, Chur- und Herzogs-Hüte, sowie, von geistlichen Rangattributen und Würdezeichen, vorzugsweise die Bischofsmütze, allerdings auch schon im Mittelalter, hie und da als förmliche Helmkleinode, (d. h. auf den Helmen alleinstehend) angewendet. — So sieht man z. B. auf Tafel XXIII, 7) die Bischofsmütze, 8) die kaiserliche Hauskrone und 9) die Dogenmütze. — Die letzteren beiden sind aus Conrad von Grünebergs Original-Wappenbuch genommen, woselbst noch mehrere ähnliche Beispiele vorkommen. — Auch auf einem sehr schönen Originalsiegel der Erzherzoge Max und Maria von Oesterreich, Grafen zu Flandern, sieht der erzherzogliche Hut (Rangattribut), als wirkliches Kleinod, allein am Helme. [1]) —

Bei den ältesten Helmkronen überhaupt hat man ja eigentlich schon im XIII. Jahrhundert den ganz gleichen Fall, da, wie bereits bemerkt wurde, damals alle Kronen durchweg die königliche Würde bezeichneten, sohin also ebenfalls gewissermaßen schon Rangattribute oder Würdekronen waren, solche aber alleinstehend (ohne heraldisches Kleinod) auf den Stechhelmen, wie wir gesehen, sehr häufig vorkamen. [2]) —

Daß die eigentlichen heraldischen Helmkrönlein keineswegs ausschließend von vergoldetem Bleche oder immer mit buntem Steinbesatz gemacht wurden, brauche ich wohl nicht erst zu bemerken. — Am häufigsten dürfte öhlgesottenes Leder mit Vergoldung jene kostbaren Stoffe ersetzt haben, wie denn in meinem eigenen Besitze Fragmente einer derartigen heraldischen Helmkrone sich befinden. —

Uebrigens wird die bekanntlich sehr erfindungsreiche Kunsttechnik des christlichen Mittelalters noch so manches andere Material hiezu verwendet haben. — Zudem trifft man, außer den vorne erwähnten gesteiften, durch die gezaddelten Decken-Enden und einem übergeschobenen Ring gebildeten

1) Sphragistische Sammlung des Hrn. Dr. C. T. v. Hefner in München. —

2) v. Hefner-Alteneck Trachtenwerk I. u. II. Abtheilung.

Tuchkrönlein, nicht selten auch heraldische Helmkronen von geflochtenen Dornzweigen, von frischem und dürrem Laube, ja zuweilen sogar förmliche Blumen- und Blätterkränze. —

Von den Dornenkronen ist eine der bekanntesten und ältesten die vorstehend in Holzschnitt abgebildete der berühmten, uralten Grafen von Thürheim bei Wertingen in Schwaben, aus welchem Geschlechte der Minnesänger Ulrich von Thürheim sich besonders hervorgethan hat.[1])

Ueber die Kissen, d. h. ad 4 der vermittelnden Glieder zwischen Kleinod und Helm, gibt es wenig zu erinnern, — da einestheils die Form der Kissen zu keiner Zeit einer wesentlichen Veränderung unterworfen war, anderntheils aber deren Anwendung in der Heraldik und beziehungsweise auf den Helmen so einfach und natürlich ist, daß jede weitere Erklärung hiezu überflüssig erscheinen dürfte. (Taf. XXII, 5 u. XLVIII, 9.) — Man gebrauchte sie für leblose Gegenstände, ebenso wie für Thiere, allgemeiner jedoch wurden sie erst im XV. Jahrhundert. — Viereckig, von Sammt, Seide oder auch aus einem andern Stoff zierlich gefertiget, mit einer Troddel oder Quaste an jedem Ecke versehen, bildeten sie nicht allein eine weiche Unterlage für das Kleinod am Helme, sondern verbargen auch, so gut und geschmackvoll wie Helm-Decken, die Befestigungsstellen des Kleinodes. —

Was die Stellung der Kleinode betrifft, so ist vor Allem unbedingt nothwendig: daß sie im Bereich der Möglichkeit liege, widrigenfalls ein krasser Unsinn zum Vorschein kommt. — Jedenfalls aber sind die frei in der Luft schwebenden Helmzierden der neueren und neuesten Heraldik entschieden ein solcher. — Die Wendung der Helmzierde muß sich allezeit unbedingt nach der Wendung des Helmes richten; denn es ist sicher nicht als wahrscheinlich anzunehmen, daß man z. B. einen Löwen nach der Seite oder etwa gar nach hinten hinaus schauend auf dem Helme getragen, oder daß man die Stellung eines Fluges so eingerichtet habe, daß die Schwungfedern nach vorne standen. — Heutzutage aber setzt man die Kleinode immer in derselben Richtung, während man den Helm unter ihnen beliebig dreht, wodurch die obige fach- und vernunftgemäße Regel nicht nur durchaus nicht beobachtet, sondern zumeist sogar noch, durch ausdrückliche, „diplomatische" Verfügung des Gegentheiles, von Seite unserer heroldenamtlichen Genies ohne weiters über den Haufen geworfen wird. — Jede „diplomatische" Bestimmung in diesem oder ähnlichem Sinne ist und bleibt deßhalb eine faktische Unmöglichkeit. —

---

1) Carl Heinrich Ritter von Lang bayerisches Adelsbuch pag. 81 u 82. — Tyroff's bayer. Wappenbuch P. II. tab. 30. — Alter Siebmacher P. I pag. 127. — Letzterer setzte die Thürheim zu den „Rheinländischen". —

Zum Schluße des „Kleinods“ mögen noch die poetischen Schilderungen der beiden Helmzierden des Markgrafen von Meissen und des Herzogs von Sachsen im Turnei von Nantes beispielsweise hier einen Platz finden, und zwar nicht blos: um die Lustigkeit und Pracht alter Originalkleinode so recht vor Augen zu stellen, sondern namentlich auch deßhalb, weil man aus jenen Reimen am besten erlernen mag: mit welch' genauer Ausführlichkeit, ja, mit welch' sichtlicher Vorliebe die Alten jenen heraldischen Schmuck dichterisch zu beschreiben pflegten. — Vom Kleinode des Mark-Grafen von Meissen heißt es dort:

„Der margrave uzer Mishen lant
Kam dar, alsam die werden tuont:
Ein stange uf sime helme stuont
Rich von pfawen vederin,
Das kleinot edel unde fin
Sach man do verre glesten,
Der stil biz an die questen
Nach hoher wirde solde
Bewunden was mit golde;
En mitten gieng dar umme
Ein schibe, diu mit krümme
Die liehten stangen do besloz,
Von silber was si niergen bloz,
Wan sie verdecket was do mile.“

Des Herzogs von Sachsen Helmschmuck aber wird folgendermassen besungen:

„Der fürste wol gezieret gar
Uf sime glanzen helme kuoc
Uz eines pfawen zagel truoc
Zwo wunnenkliche stangen,
Besteckt unt behangen
Mit golde liehj und edele
Biz an die grüene wedele,
Der pfawen spiegel oDerin
Den glanzen wunnenklichen schin
Uf der helde baren,
Die stangen schöne waren
Uf dem helme durch liehten pris
Geschrenket schone in kriuze wis.
Als kam der herzoge uzerwelt
Von Sahsen, als ein kürlich helt
Gezieret wol in fürsten wis.“

Wie hier in Versen, so gibt es auch in Prosa ganz ähnliche, mittelalterliche Beschreibungen heraldischer Helmzierden. —

Nach Allerdem jedoch dürfte wenigstens die Hochhaltung und Werthschätzung der altehrwürdigen Kleinode kaum mehr in Zweifel zu ziehen sein, so wenig als verschwenderische Pracht und sorgfältige, luxuriöse Ausstattung derselben, namentlich auf den Helmen höherer Dynasten, wohl jemals in Abrede gestellt werden kann. —

Mit den „heraldischen Kleinoden und Helmzierden“ sind die bekannten scherzhaften, die sogenannten „Schimpfkleinode“, welche eigentlich erst am Ende des XV. Jahrhunderts so recht in Gebrauch kamen, ja niemals zu verwechseln. — Wir sehen solche zahlreich im Turnierbuche des Herzog Wilhelm IV. von Bayern, welches in der k. Hof- und Staatsbibliothek zu München aufbewahrt wird, sowie in den meisten Turnierdarstellungen vom XV. Jahrhundert an. — Sie fanden bei allen sogenannten Schimpfturnieren, Scherzrennen oder Fastnachtsstechen die beliebteste Anwendung, waren gewöhnlich witzige Anspielungen auf jeweilige Tagesereignisse u. dgl. und spielen namentlich im XV. und XVI. Jahrhundert eine Hauptrolle. — Da sie aber zur Heraldik nicht gehören und mit den heraldischen Kleinoden so wenig in Beziehung stehen, wie etwa ein Maskenkostüm mit einer amtlichen Uniform, so habe ich sie schicklicherweise hier ganz übergangen. —

Nach nunmehriger Erledigung der „Kleinode“ komme ich zum vierten äußerlichen Bestandtheil eines vollständigen Wappens, der zwar zu dessen Vollkommenheit nicht ganz so wesentlich nothwendig ist, wie die drei vorhergehenden heraldischen Attribute, nichtsdestoweniger aber zugleich mit dem „Kleinod“ hätte abgehandelt werden können, da beide in Wirklichkeit nicht selten innig verbunden sind und zur Bildung der ganzen Helmzierde oft nur ein einziges Stück ausmachen. — Das aber sind:

VII.

Die Helmdecken.

Daß die Helmdecken[1]) gewöhnlich mit den Kleinoden zusammenhängend waren und dieß zwar gerade in jener Blüthezeit der Heroldskunst, nach deren Vorbildern und Mustern, wie oft bemerkt wurde, diese Wissenschaft auch heutzutage noch aufgefaßt, ausgeübt, gelehrt und betrieben werden sollte, ist eigentlich eine längst bekannte Sache. Zudem aber erhellt solches auch aus den unzähligen gleichzeitigen Originalabbildungen der besagten heraldischen Glanzperiode. — Man sehe und vergleiche

---

1) Möglich, daß vielleicht der ziemlich häufig vorkommende Geschlechtsname „Helmhang“ einer mittelalterlichen Benennung der Helmdecke seine ursprüngliche Entstehung verdankt. —

auch auf den Kleinodtafeln und namentlich bei den Rumpf- oder wachsenden Menschen- und Thier-Kleinoden. — Auch muß ich hier jenen, gerade in dieser Hinsicht so besonders merkwürdigen Herzoglich Clevischen Kleinodhelm, — den wir auf Tafel XLVII, 5 in Abbildung haben, — wiederholt in Erinnerung bringen, und zu dem Zwecke vorzüglich auf die ausführlichere Besprechung desselben im vorigen Abschnitte dringend aufmerksam machen. — Die Zusammensetzung und Bildung der wirklichen, plastischen Kleinode im Mittelalter ist also das Hauptmoment, worauf ich hier vor Allem verweise. — Bei diesen Darstellungen nemlich machen wir die Bemerkung: daß damals Kleinod und Decken in natura meistens ein unzertrennliches Ganze bildeten, ja sogar nicht selten Eines dem Andern zur Befestigung diente. — Nur spätere Unkenntniß der Originale, mangelhaftes Studium oder arge Unwissenheit jener einseitig gebildeten heraldischen Gelehrten, konnte diesen wesentlichen Punkt übersehen. — Nichtsdestoweniger ist nicht zu läugnen, daß bis zum XIV. Jahrhundert, d. h. so lange die Topfhelme oben flach und die Kleinode mehr an den beiden Seiten befestiget waren, weitaus seltener Decken vorkommen, als in der nächstfolgenden und späteren Zeit.[1] Wenn daher namentlich im XIII. Jahrhundert häufig Helmzierden *ohne* Decken gefunden werden, so kommen ebenso, in verkehrter Weise, auch Helmdecken *ohne* Kleinod vor. — So sehen wir gleich nebenstehendes Beispiel auf einer Miniatur-Malerei aus dem jüdischen Machsor (Gebet- und Gesetzbuch) auf der Universitätsbibliothek zu Leipzig. — Diese Pergament-Handschrift in zwei großen Bänden, stammt aus dem XIII. Jahrhundert.[2] — Es ist dieser Umstand ein schlagender Beweis, daß der obenberührte Zusammenhang der Decke mit dem Kleinod durchaus keine *unbedingte* Nothwendigkeit war, und ein weiterer dafür: daß die Helmdecken nicht etwa blos *allein* zu dem Zwecke erfunden waren: die Befestigungspunkte des Kleinods am Helme zu verbergen, — wie Manche behaupten wollen. — Noch viel weniger aber dürfte: Schutz vor Regen und Sonnenschein, — was die Heraldiker des vorigen Jahrhunderts glaubten, — der Entstehungsgrund der Helmdecken gewesen sein. — Unstreitig dagegen wurde ihr erstes Auftreten *nur* durch die eigenthümliche Geschmacksrichtung jenes Zeitalters veranlaßt, wo man mit besonderer Vorliebe Alles mit faltenreichen Drapirungen ausschmückte oder mit farbenfrischen Tüchern zierlich behing. — Wir sehen deßhalb in dieser Periode sowohl die weiten, faltigen Tuchbekleidungen der Pferde

---

1) v. Hefner-Alteneck Trachtenwerk, I. Abthl. —

2) Ibid. I. Abthl., tab. 88.

zuerst in Aufnahme kommen, als auch derartige Gewänder überhaupt nach und nach Mode werden.[1]) —

Zudem wäre ein Schutz gegen „Regen und Sonnenschein" in damaliger Zeit um so auffallender, weil nicht einmal das zarte schöne Geschlecht sich eines solchen bediente. — Dr. Trier hat daher vollkommen Recht, wenn er diesen Entstehungsgrund der Helmdecken ernstlich in Zweifel zieht.[2]) —

Die Ansicht Gatterers aber, der Helmdecken aus dem Innern des Helmes, gleichsam als Futter, wie er meint, herauskommen gesehen haben will,[3]) — beruht, bei den schlecht verstandenen Zeichnungen seiner Zeit, jedenfalls auf einem Irrthume, der um so verzeihlicher ist, da alle seine Zeitgenossen sich eben sehr wenig um Originalien bekümmerten und er allein wahrscheinlich keine Ausnahme machen wollte. —

Bei ihrem frühesten Vorkommen (im XIII. Jahrhundert) bildet die Helmdecke eigentlich nur einen ganz kleinen, viereckigen Lappen Tuch oder auch ein Stück Stoff in breitester Bandform. — Weil aber dieses Attribut damals wirklich getragen wurde, konnte es schon deßhalb niemals so groß sein, wie man es bisweilen in späteren Abbildungen findet; denn das Uebergewicht des Helmes, der ohnehin auch noch mit seinem Kleinode beladen war, würde, nach hinten zu, sehr lästig geworden sein. — Alle Originale der ältesten und der besseren Zeit haben daher nur ganz kleine und sehr kurze Helmdecken. — Man sehe die Kleinodtafeln XIV—XXII u. Tafel XXXIII, 2 u. 3, XLVII u. XLVIII. — Schon unter diesen findet man viele sogenannte „gezaddelte", oder mit „Zaddelwerk" versehene Decken; (Kleinodtafeln u. Taf. XXXIII, 3) — eine Verzierung, deren Ueppigkeit und häufige Anwendung im XV. Jahrhundert sich bis zu einer förmlichen Manie steigerten. — Welchen staunenswerthen Grad von Uebertreibung daher diese Mode erreichte, davon können uns Originalien, sowie Trachten- und Costümwerke mehr als hinreichend überzeugen. — Diese „Zaddelung" nun trifft man namentlich auch auf die Helmdecken in mannigfaltigster und verschiedenartigster Weise angewendet, so daß alle nur möglich denkbaren Formen und Ausschnitte des Saumes an ihnen vorkommen. —

Wie immer, so ist auch hier das einfachste Muster als das älteste zu betrachten, da diese Verzierung nach und nach allmählig reicher und zuletzt sogar mit Ueberladung angebracht wurde. — In vielen Fällen war das Gezaddel aus einem andersfarbigem Stoffe geschnitten, und an den Saum der Helmdecke wieder eigens hin-

1) v. Hefner-Alteneck Trachtenwerk, I. u. II. Abthl. u. andere Costümwerke —

2) Dr. Trier Einleitung zur Wappenkunst pag. 184 und Anmerkung. —

3) Gatterer's Abriß der Heraldik, pag. 200 u. 201, §. 126. —

genäht. — So z. B. auf dem Grabsteine eines gewissen Ebran Marbanger († 1380) in Seeon am Chiemsee. —

Durch den obenberührten Umstand aber: daß man, der Mode und Geschmacksrichtung der Zeit folgend, in Abbildungen diese Helmdecke und Drapirung meistens viel großartiger und faltenreicher darstellte, als sie in Wirklichkeit war, und dann das hin- und hergewendete, verdrehte, gleichsam vom Winde zerzauste Gezaddel, und die förmlich im Sturme flatternden Tuchlappen, bald die Innen- bald die Außenseite der Helmdecke weisend, eine Art reiches Blätterwerk bildeten, — dadurch sehen wir auch nach und nach allmählig jene Helmdecken entstehen, wie man sie bereits am Anfange des XV. Jahrhunderts, später aber in der Renaissance- und Zopfzeit, ja bis auf den heutigen Tag noch, allenthalben anwendete.[1]) — Man hat nemlich, den ursprünglichen Sinn und Zweck der Sache ganz aus den Augen verlierend, schon im XV Jahrhundert, jenes blätterwerkähnliche Tuch zuerst in ein tuchähnliches Blätterwerk, und in nächster Folge dann in wirkliche Laubornamente umgewandelt. — Renaissance- und Zopfzeit aber haben dieß nicht nur so belassen, sondern auch nach ihrem jeweiligen ornamentalen Geschmacke und in ihrer eigenthümlichen Kunstmanier redlich ausgebeutet. —

Wir können daher, je nach Zeitfolge, Helmdecken im ornamentalen Style der altdeutschen, der Renaissance und zopfigen Geschmacksrichtung sehen, — und weil stets das vermeintlich Beste zuletzt kommt, wie ein altes Volkssprüchlein wissen will, drum hat sich die „moderne" Heraldik der neuesten Zeit auch hierin wieder getreulich an den „Zopf" gehalten. (Kleinodtafeln und Tafel XXXIII, a u. b.) —

Man sieht also, daß alle jene albernen Fabeln und Mährchen, welche uns die heraldischen Autoren wiederholt auftischten: von „im Gefecht zerhauenen" und „zerfetzten" Helmdecken, — vom Entstehen dieser aus Wülsten oder Sendelbinden, kurz von allen möglichen weithergeholten Hypothesen, — jedes auch nur annähernd vernünftigen Grundes entbehren. —

Dagegen liefern uns: Hoffstadt's gothisches ABC-Buch, C. Heideloff's Ornamentik des Mittelalters und J. H. v. Hefner-Alteneck's Trachtenwerk — weitaus reichere Ausbeute und zugleich interessanteren Stoff zur richtigen Beurtheilung des Ursprunges, der Entstehung, Fortbildung und namentlich jener sinnreichen und geschmackvollen Anwendung der Helmdecken, sowie auch ihrer jeweiligen Uebergangsformen und Veränderungen in den verschiedenen Perioden, — als alle rein heraldischen Werke miteinander. —

---

1) Hoffstadt gothisches ABC-Buch, Tab. XXIX u. Text zu Tab. XXX. —

Wenn aber Dr. Trier in einer Anmerkung glaubt: Herr Dr. Rink habe, wie man so zu sagen pflegt, den Nagel auf den Kopf getroffen, weil er in einer Dissertation die Kronen aus den sogenannten Wülsten, die Helmdecken aber aus den Zindelbinden entstehen läßt, ¹) — so liegt dessen Irrthum in Betreff der ersteren Ableitung auf offener Hand, da die Helmkronen weit älter sind als Kleinod, Decken und Wülste, — in Bezug auf die zweite Behauptung jedoch wollen wir zuerst und vor Allem fragen: was sind denn eigentlich Sendel- oder Zindelbinden? — Was sind Wülste, Helm- oder Brünlöhren? —

Beides wurde schon oben, wo ich über Befestigungsweise der Kleinode sprach, einigermassen angedeutet. — Wülste und Sindelbinden, welche man namentlich in späterer Zeit für Geschlechter, denen „diplomatisch" keine gekrönten Helme zukamen, so häufig und gerne anwendete, verdanken, gerade im Gegentheil, ihre eigene Entstehung zumeist nur den Decken, keineswegs aber kann nachgewiesen werden, daß diese letzteren aus jenen hervorgegangen seien. — Diese Ableitung von Wulst und Sendelbinde aus den Helmdecken dürfte aber aller Wahrscheinlichkeit nach nur auf einer gewissen Art und Weise der Befestigung von Kleinod und Decke am Helme beruhen, welche Befestigungsmanier nemlich eine derartige, „wulstförmige Binde" bildete. — Auch hier wieder hat dann nur die schlechte Auffassungsweise der originalen, praktischen Heraldik in späterer Zeit die Sache mißverstanden und den wahren Begriff derselben verwirrt.

Allerdings aber finden sich hie und da auch Beispiele, wo das Kleinod in oder auf einem Wulst ohne Decke steht, und zwar schon im XIII. und XIV. Jahrhundert. (Siehe z. B. Taf. XVI, 2 u. XXI, 7 u. 8.) — In diesem letzteren Falle mag eben die wulstförmige Binde für sich allein die Befestigung vermittelt, oder kann auch ebenso gut zur Deckung der Vereinigungsstellen von Helm und Kleinod gedient haben. —

Des großen Einflußes aller Stile und Moden jederzeit auch auf Form und Gestalt der Helmdecken wurde bereits hinreichend gedacht, es erübrigt mir deßhalb nur zu bemerken: daß Alles, was immer diese verschiedene Geschmacksrichtungen mit sich brachten, mehr oder minder auch auf die Helmdecken überging. Aus diesem Grunde nun sehen wir sie bald als mageres, unansehnliches, bald als ein überaus üppiges Laub- oder Blätterwerk erscheinen. — Man vergleiche auf den entsprechenden Tafeln — und namentlich auch in Hoffstadts gothischem ABC-Buch. — Zur Zeit aber, in der die bekannte Schellentracht vorzugsweise beliebt war, finden wir sogar mit silbernen Glöckchen und kleinen Schellen reich verzierte und behan-

1) Dr. Trier Einleitung zur Wappenkunst pag. 184. Anmerkung. —

gene Helmdecken — So führten z. B. Stephan von Schmichen zu Waglerstain (1467) und Jorig Pullinger zu Inkofen (1478) die Helmdecken ihrer Wappen mit Schellen besetzt.[1] —

Mit einer großen Troddel am äußersten Zipfel, oder auch mit zwei schweren Quasten beiderseits geschmückt finden sich die Helmdecken schon in ältester Zeit. —

Begreiflicherweise schicken sich derartige Quasten und Troddeln eigentlich nur an jene Helmdecken, bei denen sich der Begriff eines wirklichen „Tuches" noch nicht verloren hat, keineswegs aber passen sie an solche, die bereits in ornamentales Blätterwerk oder gar in förmliche Laubornamente übergegangen sind. — Daß man aber von der Renaissancezeit an auf dergleichen sach- und vernunftgemäße Dinge durchaus keine Rücksicht mehr nahm, beweist uns z. B. das Wappen 6 auf Tafel XXXIII, a, wo man zwei Pfundquasten als Ausgangspunkte der im Uebrigen rein ornamentalen Renaissance-Decken bemerken kann. — Unter andern Abnormitäten kommen im Mittelalter auch mit silbernen und goldnen Blättlein und Herzchen bestreute Helmdecken vor, oder sie sind mit ähnlichem, glänzenden Tand reich übersäet und behangen. — Ebenso waren Franzen und andersfarbige Einsäumungen sehr häufig. —

Auch mit Hermelin, „rehwamblein Kürschen", gemeiner Kürsch, Grauwerk und Kleinspalt ausgeschlagene Helmdecken kamen in Wirklichkeit vor. —

So sehen wir z. B. auf Tafel XV, 4 eine, wie es scheint, mit geflecktem Pelze be-

---

1) Sphragistische Sammlung des Hrn. Dr. O. T. v. Hefner in München —

setzte Helmdecke, während die Decken der Herzoge von Bretagne zumeist ganz von Hermelinpelz waren. — Hieher gehören auch Helmdecken von natürlichem (nicht blos von ornamentalem) Laub- oder Blätterwerk, dergleichen z. B. die Hofstetten in Bayern eine haben.[1]) —

In Frankreich, England, Spanien und Italien, wo der heraldische Luxus grösser war, mögen Helmdecken von reichem Federschmucke, oder aus einzelnen großen Straußenfedern zusammengesetzte vielleicht nicht selten gewesen sein, wenigstens zeigt uns Petra sancta ein derartiges Beispiel.[2]) —

So kommen auch in diesen Ländern, namentlich aber in Frankreich, vielfarbige, zumeist mit den Hauptfiguren des Schildes reich gestickte, übersäete und bestreuete Helmdecken vor. —

Eine einzige, eigenthümliche Gattung von Helmdecken, deren innigen Zusammenhang mit dem Kleinod wohl Niemand bestreiten kann, war keinerlei Veränderung durch Zeit und Style unterworfen. —

Es sind dieß die wenig vorkommenden, durch die Natur selbst gebildeten oder „natürlichen" Helmdecken, welche aus Häuten, Mähnen oder menschlichen Haupt- und Barthaaren, (die dann jedesmal von der Kleinodfigur ausgehen) bestanden. — So zeigt uns z. B. nebenstehender Holzschnitt das Kleinod mit Helmdecke des Geschlechtes Weller (de Lana), wie solches im Regensburger-Dome zu sehen ist (aus dem XIV. Jahrhundert.) — Wir haben ganz ähnliche bei den Geschlechtern: Landschaden, Utting, Matzenheim, Metz von Quirnheim u. v. A. — Namentlich dürfte aber das schöne Original-Wappen der Herren von Landschaden, aus der guten Renaissancezeit, auf Tafel LI, 1, hieher bemerkenswerth sein. — Mit „natürlichen Thierhäuten", anstatt der Helmdecken, sind in ältester Zeit auch viele Helme jener Geschlechter zu finden, welche Hörner oder Ohren als Kleinode trugen. —

---

1) Lorenz bayer. Wppbch. Bd. VI, tab. 24. —

2) Petra sancta pag. 614

Die Farben der Decken sollten sich jedesmal, entweder nach des Schildes Hauptfarben, oder doch wenigstens nach den Farben der Helmzierde richten. — In den meisten Fällen jedoch harmoniren sie mit beiden. —

Genau genommen, und strenge nach den Regeln der besten heraldischen Periode, sind eigentlich nur zweifarbige Decken zulässig. — Dreifarbige werden schon weit seltner gefunden, und die „rechterseits so und so, linkerseits so und anders", d. h vierfarbig abhangenden Decken der spätern, „diplomatischen" Heraldik sind als eine ganz schlechte Errungenschaft zu bezeichnen. — Denn nach althergebrachter Regel können eigentlich nur zwei Tinkturen die Haus- oder Wappenfarben eines Geschlechtes bilden, — drei geht vernünftiger Weise wohl noch an, — allein vier Farben nähern sich bereits so sehr einer Harlekins-Jacke, daß sie jedenfalls dem heraldischen Genius zuwiderlaufen. — Man kann zwar ein einfaches Tuch, wie die Helmdecken sind, aus beliebig vielen Stücken zusammensetzen, und mehrfarbige Helmdecken liegen insoferne im Bereich der Möglichkeit, allein ich habe, — wenigstens bei uns Deutschen und in der höchsten Blüthezeit der Heraldik, — niemals vierfarbige Originale gesehen. — Nur in einem einzigen Falle erscheinen alle vier Farben zulässig und sind dann in mancher Hinsicht sogar angemessener, wenn nemlich auch zwei Kleinode auf einem Helm vereinigt stehen. — Füglich mag dann jedes berücksichtiget werden, d. h. die Decken des einen Kleinods sollen rechts, die des andern links abfliegen. —

Einer der lächerlichsten Aberglauben ist die Meinung einiger Heraldiker, daß die Farbe aussen, das Metall innen sein müsse. — Wer nur immer Originalien betrachtete, wird sogleich die Unhaltbarkeit dieser Ansicht gefunden haben, da, gerade im Gegentheil, in sehr vielen Fällen die Aussenseite: Metall, das Futter: Farbe sein muß. —

So schließt sich z. B. bei einem in Silber oder Gold gekleidetem Rumpfe jedesmal die Aussenseite der Decke in der nemlichen heraldischen Tinktur an, schon deßhalb, weil sie in Wirklichkeit mit dem Kleide des Rumpfes nur ein Stück Zeug bildete, womit jener heraldische Puppenkörper bis an den Hals hinauf überzogen war. — Der ähnliche oder gleiche Fall aber war es bei Löwen-, Bracken- und andern Thier-Rümpfen, sowie bei allen leblosen, mit den Ausläufern der Helmdecken theilweise oder ganz überzogenen Kleinoden. —

Bei mehr Helmen hat jeder seine Decken in den Farben jenes Feldes, zu dem er gehört, oder auch in den Farben des eigenen Kleinods. — Einfarbige Helm-Decken, von denen Trier die ganz silberne des Geschlechtes Andlau im Elsäßischen namentlich aufführt, [1]) kommen in den alten Darstellungen sehr häufig vor, — bei heraldischer Anwendung sehen sie jedoch nicht lustig genug aus, obwohl in Wirklichkeit unzweifelhaft auch solche getragen wurden. — Die Einfärbigkeit der Helmdecken dürfte übrigens nicht selten auf einem Mißverständniße beruhen und der Irrthum hauptsächlich daher kommen, weil vielleicht am Original oft nur die eine Seite der Decke sichtbar war. —

Die Helmdecken trifft man ferners, wie überhaupt die Wappenfarben im Allgemeinen, ziemlich häufig übereinstimmend mit den Landesfarben, wo das betreffende Geschlecht ursprünglich herstammt. — So finden wir z. B. bei Franken und Tyrolern meistens: Roth und Weiß (Silber), [2]), bei Franzosen vorherrschend: Blau und Gelb (Gold) u. s. f., — was in Bezug auf die ersteren schon Oetter, bei Gelegenheit seiner Abhandlung über das fränkische Wappen, mehrfach in Erinnerung bringt. —

Einfache Wappenbilder, und besonders die Heroldsfiguren, mögen bisweilen auch in Deutschland auf den Decken durch „Stickerei" oder namentlich „Aufsteppung" u. dgl. angebracht worden sein. — So gibt es Abbildungen der Herzoge von Bayern, wo die Helmdecken durchaus weiß und blau „geweckt" erscheinen. — Ein sehr merkwürdiges, hieher gehöriges Beispiel dieser Art finden wir auch am Grabsteine des Weicker Frosch † 1378 in der St. Katharinenkirche zu Frankfurt am Main, [3]) — woselbst auf der Helmdecke, welche hier unmittelbar vom Kleinode ausgeht, die Wappenfiguren vollkommen harmonirend mit dem Schilde sich wiederholen (Tafel XVIII, 6.) — Ueberdieß sind die drei Frösche von beträchtlicher Erhabenheit, — ein Umstand, welcher der Vermuthung Raum gibt: als seien hier die Wappenfiguren entweder sehr erhaben gestickt oder in Leder gepreßt, ausgeschnitten und dann aufgesteppt gewesen. —

In späterer Zeit, und zwar vorzugsweise im XVII. und XVIII. Jahrhundert, trifft man in vielen vom Kaiser unmittelbar oder von den sogenannten Pfalz- und Hofgrafen, auch von Reichsverwesern und Vikaren ertheilten Wappen- und Adelsbriefen, die Helmdecken rechterseits gewöhnlich: in des heil. röm. Reichs-Farben „Schwarz und Gold", linkerseits dagegen: in den eigentlichen Wappenfarben des betreffenden Geschlechts, die dann zumeist auch mit den Farben, dessen engeren Stammlandes übereinstimmen. —

---

1) Dr. Treiers Einleitung zur Wappenkunst pag. 186.
2) Alter Siebmacher. Fränkische und Tyrolische Geschlechter. —
3) Wagners Trachtenbuch Bl. 5, fg. 1. — v. Hefner-Alteneck Trachtenwerk, II. Abthlg. tab. 46. —

Bezüglich der Tinktur der Helmdecken machte man jedoch zu jeder Zeit zahlreiche Ausnahmen von allen hier aufgestellten Regeln. —

In Betreff der Befestigung der Decken am Helme, muß ich besonders auf alles das verweisen, was ich unter Andern hierüber schon bei Befestigung der Kleinode gesagt habe, da wohl in den meisten Fällen beide zusammenfallen, und wie erwähnt wurde: gewöhnlich, Decke und Kleinod, eines dem andern gegenseitig zur Befestigung diente. — Ueberdieß kann man auch auf den Tafeln bei allen *wirklichen* Decken, d. h. so lange diese noch nicht durch phantastisch-ornamentale Behandlung in ideales Laub- oder Blätterwerk verwandelt sind, die verschiedensten Manieren ihrer Befestigung beobachten. —

Die gewöhnlichsten und einfachsten Arten waren jedenfalls: die mehr erwähnte Haubenform über den Obertheil des Helms, der gedrehte Wulst, die Ueberschiebung eines mit farbigen Bändern umwickelten Reifs oder Ringes, die Befestigung mittelst abfliegenden farbigen Bandschleifen oder durch den innigen Zusammenhang mit dem Stoff-Ueberzug des Kleinods, ferners eine Helm-Krone, ein Kranz, ein Kissen u. dgl., — wie man sieht, lauter Dinge, die ich mehr oder minder alle schon oben näher angedeutet, und theilweise erklärt habe. —

Was das *Material*, oder vielmehr den *Stoff* der Helmdecken anbelangt, so versteht sich die Sache von selbst, indem der Luxus, wie bei Gewändern, Pferdsdecken und andern dergleichen Dingen, die verschiedenartigsten Zeuge hiezu wählte. —

Gold- und Silberstoff, kostbares Rauchwerk, Sammt und Seide mögen daher ebenso häufig, wie etwa ordinäres Tuch und Wollenstoff, dabei Verwendung gefunden haben — Jene Art von Decken aber, welche eigentlich kein Stück Tuch, keinen Zeug oder Stoff mehr vorstellten, sondern durch phantastische und ornamentale Auffassung bereits in ideales Laub- und Blätterwerk verwandelt waren, wurden jedenfalls mittelst Lederpressung, Leinwandplastik oder wohl am öftesten durch ganz leicht getriebene Blecharbeit hergestellt. — Daß aber derartige ornamentale Laub- und Blätterdecken ebenfalls in *Wirklichkeit* auf den Helmen getragen wurden, und zwar noch im Mittelalter, beweisen uns unzählige gleichzeitige Abbildungen. —

So z. B. hat Herzog Ludwig von Bayern im Fechtbuche von Paulus Kal (1449) am Salade eine solche phantastische Helmdecke;[1]) — ebenso Kaiser Max am schon erwähnten Holzschnitte von Hans Burgkmaier.[2]) —

Auch das besagte Blatt aus einem Turnierbuche vom Jahre 1471, im Stä-

1) Siehe Tafel XVI, b; — und v. Hefner-Alteneck Trachtw. II. Abth. tab. 44.

2) v. Hefner-Alteneck Trachtenwerk III. Abthlg. pag. 105.

delischen Institute zu Frankfurt a. M. [1]), und das Turnierbuch Herzog Wilhelm IV. von Bayern in München [2]) weisen uns mehrere ornamentale Helmdecken im wirklichen Gebrauche. —

Sie waren und sind sammt und sonders steif abstehend gemacht, d. h. von unbeweglicher, plastischer Arbeit, weßhalb auf diese Gattung auch die Befestigungstheorie der vorhergehenden, natürlichen oder tuchartigen Decken nicht immer anwendbar oder für sie maßgebend sein dürfte. —

Helmdecken hatten und konnten in Wirklichkeit niemals die übertriebene Größe haben, in der es später, und namentlich der Renaissancezeit, selbe darzustellen gefiel. —

Schließlich bezugnehmend auf die Stellung oder Lage der Helmdecken, so war dieser Punkt rein nur eine Sache künstlicher Anordnung und Auffassung. — Nirgends aber hat man wohl so sehr Gelegenheit die überreiche Phantasie und den guten Geschmack der frühern Jahrhunderte besser beurtheilen und kennen zu lernen. — Ich erinnere hiebei nur an die höchst malerischen Formen jener lustigen, bald hängenden, bald fliegenden, aufdrapirten oder im Sturme flatternden Helmdecken des XIII. und XIV.; an die ornamentalen, strengstylisirten des XV. Jahrhunderts, oder endlich an die üppigen Laub- und Blätterdecken der weichen Renaissance. — Letztere schlingen sich nicht selten, auf originelle Weise, in den mannigfaltigsten Windungen um einen oder zwei Schildhalter, so daß diese oft mit den Helmdecken gleichsam verwachsen erscheinen, Gruppirungen, von welcher Art namentlich die Künstler der Renaissancezeit mitunter ausgezeichnete lieferten. —

Hier bin ich an der Gränze angelangt, welche die von mir oben näher bezeichnete dritte oder letzte Periode der Heraldik und beziehungsweise ihre Attribute, von den zwei älteren Epochen und deren Bestandtheilen scharf abschneidet. — Wurden nemlich von den äußerlichen, heraldischen Attributen bisher nur solche abgehandelt, welche zur Zeit der lebendigen, der wirklichem oder praktischen Heraldik von allen Edlen in natura getragen werden, so kommen nunmehr jene heraldischen Bestandtheile an die Reihe, welche entweder:

---

1) ibid. II. Abtheilung pag. 138. — Man sehe auch Tafel XVI, 8; XVII, 7; XIX, 3; XXII, 1. — Bei allen dergleichen bildlichen Darstellungen kann möglicherweise freilich auch blos eine Licenz der Künstler die natürlichen Tuchdecken in jene ornamentalen Laubdecken willkührlich umgewandelt haben, allein da die Sache immerhin doch etwas Auffallendes haben dürfte, so wollte ich nicht versäumen, hier davon Erwähnung zu thun. —

2) Kgl. Hof- und Staatsbibliothek in München

1) nur künstlerische Ausschmückung von blossen Wappen-Darstellungen (in Malerei, Plastik u. s. w.) sind, —

2) die einen Stand, ein Amt, Würden oder auch einen persönlichen Rang heraldisch anzeigen, —

3) die den Adels-Grad näher bezeichnen, oder endlich

4) zu den Wappen-Devisen und Sinnsprüchen gehören. —

Alle diese und noch viele andere, hier nicht genannte ähnliche, zur Wesenheit und Vollkommenheit der Wappen völlig bedeutungslose und überflüssige heraldische Luxus-Attribute, nennt man kurzweg:

VIII.

Heraldische Prachtstücke.

Ad 1. Als ältestes, nur durch künstlerische Ausschmückung entstandenes Prachtstück nenne ich vor Allem: die Schildhalter. —

Der eigentliche Ursprung der Schildhalter ist schon in der frühesten Periode der ersten heraldischen Urkeime zu suchen. — Waren es zwar damals noch keine Schildhalter nach unsern heutigen Begriffen, so wird doch gewiß Niemand in Abrede stellen können, daß zunächst die sigilla equestria und pedestria die einfachste und natürlichste Grundidee des heraldischen Schildhalters aufweisen. — Der Hauptunterschied zwischen jenen Schildhaltern und den heutigen liegt aber darin: daß dort der zumeist in voller Rüstung, reitend oder zu Fuß, dargestellte Edle seinen Schild selbst trägt, indessen er hier durch natürliche oder phantastische Menschen- und Thiergestalten getragen wird. — Ein weiterer Unterschied, der eigentlich schon im Vorhergehendem enthalten ist, oder doch wenigstens unmittelbar damit zusammenhängt, beruht auf der älteren Anschauungsweise: daß nemlich bei jenen Siegeln der Schildhalter (Porträtfigur des Wappenherrn) immer als die Hauptsache, der Schild (sein Waffenstück) durchgehends als Nebensache betrachtet werden muß. — Später dagegen, sobald einmal das eigentliche „Heraldische" auf Siegeln u. dgl. in Vordergrund tritt, bildet Schild und Wappen die Hauptsache, während dann die Schildhalter nur mehr unwesentliche Nebenstücke sind. — Schon das Größenverhältniß zwischen Schild und Schildhalter in alter und neuer Zeit macht gewöhnlich diesen charakteristischen Unterschied unverkennbar; — d. h. wenn damals Schild und Mann stets so ziemlich das natürliche Größenverhältniß zu einander hatten, ersterer also um vieles kleiner gegeben wurde, so ist im Gegensatze heutzutage der Wappenschild sehr oft größer, wie etwa ein schildhaltendes Pferd! — Obgleich ich nun letztere Darstellungsweise entschieden mißbillige, so kann ich anderseits nicht umhin zu bemerken: daß dennoch erst im Sinne und in der Auffassungsweise der späteren Zeit der richtige Begriff von eigentlichen „heraldischen" Schildhaltern liegen kann. —

Der ganz verrückte Standpunkt aber, von dem aus Heraldik und heraldische Attribute überhaupt in der Zopfzeit beurtheilt wurden, war sicher die nächste Veranlassung zur förmlichen Stabilität der Schildhalter. — Nur verzopfte Sachunkenntniß konnte nemlich in neuerer und neuester Zeit so weit kommen, eine Fixirung der Schildhalter, sogar „diplomatisch", anzuordnen. — Daher kommt wohl auch die sonderbare Grille fast aller heraldischen Lehrbücher: ausschließend nur den Hoheneckischen, den Wendischen, den Wartenbergischen und einige ähnliche, für stereotyp gehaltene Schildhalter, gleichsam als die einzigen in ihrer Art, beispielsweise zu citiren, da doch jeder Künstler das volle Recht hat, auch beliebige andere Wappen und Schildhalter in ganz gleicher Weise zu arrangiren; — umsomehr aber, als jene Schildhalter ebenfalls nur durch persönlichen Geschmack oder durch künstlerische Laune und Anordnung ursprünglich geschaffen wurden. —

Diese heillose Begriffsverwirrung paßt vollkommen zum Unsinne der obenerwähnten Fixirung einer gewissen Schildesform für irgend ein Wappen, oder zur „diplomatisch" festgestellten Wendung von Kleinod- und Schildesfiguren, sowie zu ähnlichen „diplomatischen" Bestimmungen. —

Der Gebrauch von eigentlichen „heraldischen" Schildhaltern dürfte dennoch ziemlich alt sein, da wir schon im XIV. Jahrhundert Beispiele von solchen haben. [1]) — Die geschmackvollsten und verschiedenartigsten Schildhalter lieferte das XV, [2]) die meisten das XVI. und XVII. Jahrhundert. [3]) — Dürer, Jost Amann und andere namhafte Künstler jener Periode, die sich, wie alle mittelalterlichen Meister, keineswegs zu groß dünkten, auch im „heraldischen" Fache etwas Tüchtiges zu leisten, haben uns bekanntlich ebenfalls die schönsten Muster allegorischer und anderer Schildhalter hinterlassen. — Bei den so überaus zahlreichen Schildhaltern der älteren und bessern Zeit der Heraldik machen wir jedoch durchweg die Erfahrung: daß sie niemals als stabile oder strikte heraldische Attribute zu betrachten sind, d. h. sie bildeten in jener Periode keineswegs erbliche Theile eines Wappens, durch mehrere Ge-

1) v. Hefner-Alteneck Trachtenwerk II. Abthlg. 57. Monum. boica, Cibrario u. A.

2) Monum. boica, Cibrario. — v. Hefner-Alteneck Trachtenwerk II. Abthlg. 61, 75, 81 u. a. a. O.

3) v. Hefner-Alteneck Trachtenwerk III. Abthlg. —

nerationen, sondern waren vielmehr, als freigewählte, **vollkommen willkührliche** Ausschmückung, auf allen bildlichen Wappendarstellungen, rein nur **persönlicher** Natur. — So hatten die herzoglichen Brüder: Johannes, Sigismund, Albrecht, Christoph und Wolfgang von Bayern, Jeder andere Schildhalter;[1]) — von den französischen Königen aber, die in der Regel Engel als Schildhalter gebrauchten, bediente sich Ludwig XII. zweier Stachelschweine und Carl VI. zweier Hirsche.[2]) — Daß aber durch vieljährigen Gebrauch und durch eine gewisse Gewohnheits-Pietät bei vielen Geschlechtern nach und nach allerdings eine förmliche Fixirung hie und da entstanden sein mag, kann um so weniger geläugnet werden, weil eigentlich alle stabilen, erblichen Schildhalter der neueren Zeit genug des Beweises hiefür sind. — Die ältesten Schildhalter sind, nach dem, was ich oben über Entstehung und Ursprung der Schildhalter überhaupt vorbrachte, fast ausschliessend: Männer in der ritterlichen Kriegs-Rüstung ihres Zeitalters (des XII. XIII. u. XIV. Jahrhunderts). — So sehen wir z. B. den ritterlichen Schildhalter der Stadt Bamberg, und den beinahe ganz gleichen, oder doch sehr ähnlichen von Ingolstadt, auf den ältesten Originalsiegeln dieser beiden Städte, (aus dem Anfange des XIII. Jahrhunderts). — Der Letztere stellt überdieß den hl. Moritz, Schutzpatron jener alten Stadt, vor. — Im XIV. Jahrhundert waren natürliche, menschliche Schildhalter immer noch vorherrschend, und von diesen besonders: Knaben, junge Leute und Damen. —

Mit der zweiten Hälfte des XIV. Jahrhunderts kommen bereits schon: Wappenthiere, phantastische und noch später dann allegorische Figuren als Schildhalter in Anwendung. — Sie blieben jedoch noch lange vereinzelnt und wurden erst im XV. und XVI. Jahrhundert allgemeiner. — Es waren dieß nemlich die Jahrhunderte, in welchen auch bei Architektur, Plastik u. s. f. reichere Ausschmückung beliebter ward. — Die Schildhalter aber sind in diesem Zeitraume so häufig, so verschiedenartig und mannigfaltig, daß man darüber eigene Kunstwerke herausgeben könnte. —

Besonders gerne bediente man sich der bekannten: **wilden Männer und Frauen**, der nachmals „diplomatisch" sogenannten: „Waldmanns- und Waldfrauens-Gestalten." — Durch das ganze Mittelalter durften bei Mummenschanz, Fastnachts-Schwänken, festlichen Aufzügen u. dgl. wilde Männer und Frauen niemals fehlen, und es waren dieß damals so beliebte allegorische Figuren, daß man sie keineswegs in der Heraldik allein, sondern auch außerdem jederzeit und aller Orten anwendete. — — Wir sehen von beiden Gattungen das ganze XV. und XVI. Jahrhundert hindurch die

1) Lipowskys Grundlinien pag. 161—169. —

2) Dr. Triers Einleitung zur Wappenkunst pag. 207.

schönsten und malerischsten Muster und auch förmliche Gruppirungen von solchen. — Bisweilen am ganzen Körper, mit Ausnahme der Extremitäten, rauhhaarig bewachsen, die Männer mit krausem, langem Barte, die Frauen mit verwilderten, flatternden Haaren, beide mit mächtigen Laubkränzen um Haupt und Lenden, nicht selten gewichtige Keulen schwingend, — gleichen sie so wenig unsern „modernen" heraldischen Wald-Menschen, wie etwa die Helden des Nibelungenliedes: den modernen Dandys oder Taglöhnern. — Man vergleiche nur einmal die riesige Muskulatur und das gewaltige, wilde Ansehen jener alten Waldmänner und Waldfrauen mit den kläglichen Figuren neben dem königlich preussischem Wappenschilde, die in ihrer bedauernswerthen Nacktheit jedenfalls weit eher Mitleid erregen, als Furcht und Entsetzen einflößen werden. — Wenn wir daher in den Darstellungen des XV. und XVI. Jahrhunderts nur: ungebundene Wildheit, Energie, Riesenkraft und lebendige Bewegung ausgedrückt finden, so versinnlichen dagegen die modernen Waldmenschen: wahrhaft „civilisirte" oder „gezähmte" wilde Männer, die saft- und kraftlos, wie steife Wachsautomaten, neben den Wappenschilden jeden Augenblick einzuschlafen drohen. — Zu Augsburg, im Hofe des Gymnasiums bei St Anna, sieht man zwei wilde Männer als Schildhalter des Stadt-Wappens (Stadtpyr) fungiren, das dort in sehr grossem Maßstabe in Stein gehauen ist, — eine treffliche Arbeit, welche dem XV. Jahrhundert angehört. — Sehr viele Siegel und Grabsteine dieses Jahrhunderts weisen uns gleiche oder ähnliche Muster. — Die Glanzperiode der wilden Männer war jedoch das XVI. Jahrhundert, die eigentliche Renaissance, eine Zeit, in der sie nicht nur weit zahlreicher, sondern auch mit wahrer Virtuosität dargestellt, überall erscheinen. — Im XIV. und XV. Jahrhundert begegnen uns ferners noch, als vorzüglich beliebte Schildhalter: Knaben und Engel. — Erstere stellen gewöhnlich die wirklichen Schildbuben vor, und nicht selten trägt dann einer den Helm mit Kleinod und Decke, ein anderer den Schild.[1] — So z. B. am Grabsteine eines Schwarzensteiners in Vilshofen. — Manchmal hat ein Einzelner den Schild, während der Helm mit Kleinod nebenansteht. — So z. B. am schönen Epitaphium des Kanzlers Neuhauser in der Metropolitankirche zu U. L. F. in München. — Bisweilen endlich trifft man diese Schildbuben in gnomenartige Zwerge, ja oft sogar in Affen verwandelt, — die dann, manchmal in den possierlichsten Stellungen, neben, hinter, unter oder um den Schild lustig gruppirt sind. — Die Engel waren namentlich im XV. Jahrhundert bevorzugte Schildhalter. — Sie

---

1) Durch das ganze Mittelalter nemlich war es eine charakteristische Sitte: daß die Edelleute bei festlichen Aufzügen, Turnieren u. dgl. durch eigene Schildbuben und Wappenknechte, gewöhnlich in den Farben ihres Geschlechtes gekleidet, Schild, Helm, Rennstange, Schwert u. s. w. sich vorantragen ließen. —

kommen zu zweien oder einzeln, stehend oder knieend, neben oder hinter den Wappenschilden als solche vor. — Der malerische Faltenwurf ihrer weiten Gewänder, das krause oder wallende Goldhaar, eine diademartige Binde um Stirne und Haupt, so wie das schwung- und farbenreiche Flügelpaar sind, bereits in jenem Zeitabschnitte schon, charakteristische Merkmale derselben —

Wie gesagt, waren die Engel besonders im XV. Jahrhundert, in allen Ländern, beim hohen und niedern Adel, sehr beliebte Schildhalter. — Sie haben vorzugsweise durch ihre Stabilität beim altfranzösischen Königswappen eine gewisse Berühmtheit erlangt. —

Mit den Engeln gleichzeitig vorkommend und nicht minder zahlreich waren die *ritterlichen* Schildhalter, — *Ritter*, sowohl in Turnier- als in Kriegsrüstung, findet man nemlich vorzüglich im XV. Jahrhundert, — zumeist jedoch bei Souveränitäts- oder Städtewappen. — Die ausgezeichnetsten, wahrhafte Prachtexemplare von ritterlichen Schildhaltern sehen wir am sogenannten „goldenen Dachl" in Innsbruck. — Beim Landschaden-Wappen auf Tafel LI, 1 hingegen hat man einen solchen aus der Renaissancezeit. —

Die *weiblichen* Schildhalter, schöne Mädchen, zarte Frauen und Jungfrauen, in den so originellen Trachten der verschiedenen Zeitalter, oder später hie und da auch etwas hoch- und leichtgeschürzte zierliche Fräuleins, in *allegorischer* Behandlung, bildeten gewiß jederzeit die weitaus liebenswürdigsten und von Allen die elegantesten Schildhalter. — Die ritterliche Galanterie des Mittelalters zog daher zu heraldischen Zwecken nicht selten diese „irdischen Engel" den „himmlischen" vor, sowie selbst die ausgezeichnetsten Künstler jener Epochen mit sichtlicher Vorliebe in den verschiedenartigsten Darstellungen von solchen wetteiferten, weßhalb auch als die *geschmackvollsten* Schildhalter, welche wir von den Alten überkommen haben, entschieden die *weiblichen* bezeichnet werden müssen. — Eine sehr niedliche Schildhalterin, etwas später Renaissance, sieht man auf Tafel LI, 2. — — Ueppige Damen in „paradiesischem Urkostüme" waren namentlich in der frivolen Renaissancezeit vorzüglich beliebte Schildhalterinnen, und es lieferte die genannte Kunstepoche in dieser Beziehung mitunter wirklich Ausgezeichnetes!

Ich kann hiebei nicht umhin auf *fünf*, in sogenannte „Kellheimer-Platten" [1]) geschnittene Wappen von: Katzenelnbogen, Braunschweig, Mailand, Sizilien und Lothringen aufmerksam zu machen, die sich zu München in den vereinigten Samm-

1) Im Volksmunde auch wohl: „Kelheimer-Steindl" genannt, von einem Bruche beim alten Städtchen dieses Namens in Bayern. —

lungen befinden. — Sie gehören der besten Renaissancezeit an, und wir treffen dort so vorzügliche, und so zierlich entworfene weibliche Gestalten als Schildhalterinnen, daß fast nicht zu bezweifeln ist: die Zeichnung dazu rühre von Albrecht Dürers eigener Hand. — Da auf einer ganz ähnlichen Platte das Porträt der Herzogin Jakoba von Bayern eingeschnitten sich zeigt, so steht mit Sicherheit zu vermuthen: es habe vielleicht dieses Porträt und etwa das des Herzogs, nebst einem Cyklus der mit Bayern verwandten und verschwägerten Häuser und beziehungsweise deren Wappen, die Füllungen eines reich eingelegten Schrankes oder einer Brautschatztruhe obengenannter Herzogin geziert, wozu dann auch jene Wappen gehören mochten. — Da diese Schildhalterinnen für die Glanzperiode der Renaissancezeit ganz besonders charakteristisch, und überdieß unverkennbar von Dürers Meisterhand entworfen sind, so habe ich ihnen, und dem offenbar dazugehörigem Porträte der besagten Herzogin Jakoba von Bayern, eigens die Tafel LII eingeräumt, wo man sie möglichst getreu copirt sehen kann. —

Am häufigsten aber finden sich die eigentlichen Wappenthiere als Schildhalter benützt. — So hat Bayern: die Löwen, Anhalt: die Bären, Würtemberg: den Hirsch und den Löwen u. s. w. –

Ebenso oft aber verwendete man die Kleinodsfiguren. — So haben die Waldbotten von Bassenheim — Schwanen; die Oettingen — Bracken; die Vieregg — Windhunde; die Kolben von Wartenberg — mit Kolben bewehrte Schildbuben u. s. f. — Marc de Vulson in seiner „Science heroique“ zeigt uns sogar ein Kleinodthier vom Helme aus als Schildhalter fungirend. — Dort trägt nemlich der Kleinod-Schwan des berühmten Hauses Rosmadec die Stechtartsche mit dem Wappen dieses Geschlechtes an einem Schnallriemen (Schildfessel) im Schnabel.[1] —

Selten liegt in den Schildhaltern eine Anspielung auf den Namen, wie z. B beim Wappen von Monaco, dessen Mönche in dieser Hinsicht bekannt sind. — Noch seltner aber trifft man Ursprung und Abstammung eines Geschlechtes mit den Schildhaltern angedeutet, wie z. B. bei den Freiherren Bequel oder Weickl von Wackerstein in Bayern, nunmehr Bequel-Westernach genannt. — Diese Familie führt nemlich zwei aus dem großen Lothringischen Wappen genommene Löwen, einen schwarzen und einen goldnen, als Schildhalter, weil sie von jenem Hause ihren Ursprung herleitet. –

In älterer Zeit hingegen sehen wir sehr oft weder die Wappen-, noch die Kleinodthiere zu Schildhaltern verwendet, sondern ganz eigene, selbstständige Thier-Gestalten. — So bediente sich Anton Bastard von Burgund, Graf von Laroche,

1) Marc de Vulson, science heroique, pag. 411, Nr. 10.

auf seinem bereits erwähntem Insiegel, zwei Greife als Schildhalter, da doch im ganzen Wappen kein einziger Greif vorkommt. — Heinrich VI., König von England, († 1471) hat ebenfalls Greifen als Schildhalter, während, wie dort auch, wohl Löwen, aber keine Greifen im Schilde sind.[1]) — Daß man die beiden oder einzelne Schildhalter, gleichviel ob Mensch oder Thier, sehr oft mit dem Kopf in die Helme geschlüpft antrifft, habe ich bereits in Anregung gebracht. — So z. B. die schildhaltenden Ritter der Geschlechter von Wendt und von Hoheneck.[2]) — Ebenso auf jenem prachtvollen Allianz-Wappen des Maximilian Erzherzogs von Oesterreich, Grafen zu Flandern, und seiner Gemahlin Maria, woselbst der Schildhalter, ein Löwe, den Turnierhelm, mit dem erzherzoglichen Hut als Kleinod, über den Kopf gesetzt, die Ordenskette des goldnen Vließes aber um den Hals hängen hat.[3]) — Ja, schon in sehr früher Zeit war diese Darstellungsweise üblich; denn in Seeon am Chiem-See trägt der schildhaltende Löwe am Grabsteine des Erasmus von Layming († 1406) sogar noch einen topfartigen Stechhelm, und in des Olivari Vredii Sigillis der Grafen von Flandern haben wir zahlreiche Beispiele dieser Sitte schon im XIV. Jahrhundert. —

Auf einem reich geschnittenem und eingelegtem Jagdgewehre, der Aufschrift nach, von: Heinrich Otto Herzog zu Neuburg herstammend, das ebenfalls in den vereinigten Sammlungen zu München aufbewahrt wird, sind die beiden schildhaltenden bayerischen Löwen, mit den Köpfen in die Kleinodhelme geschlüpft, überdieß sogar in schreitender Stellung zu sehen, eine Ausnahme, welche, gerade in diesem Falle, wohl nur durch Räumlichkeitsverhältnisse geboten sein mochte. — Bezüglich der Thier-Schildhalter (Löwe und Einhorn) in späterer und neuester Zeit, sowie in moderner „englischer Manier“ vergleiche man auch die Tafel XXXIII, b. —

Es gibt in der ganzen Heraldik kein natürliches oder phantastisches Thier, das nicht als Schildhalter benützt werden dürfte; allein man mag sich wohl hüten, durch eine unüberlegte Wahl: schlecht passende, unschickliche oder geschmacklose Schildhalter zu adoptiren. — Das Arrangement des Ganzen soll jedenfalls echt altheraldisch sein und nicht den Charakter einer „theatralischen“ Gruppirung oder gar eines „landschaftlichen“ Tableau's annehmen! —

Bei den Schildhaltern älterer Zeit findet man hie und da Anspielungen auf Tagesereignisse oder historische Begebenheiten. — So z. B. am Siegel des starken

1) v. Hefner-Alteneck Trachtenwerk II. Abthlg., tab. 81. —

2) Alter Siebmacher. — v. Hoheneck Stände des Herzogth. ob der Enns, II, 809. —

3) Sphragistische Sammlung des Hrn. Dr. O. T. v. Hefner in München. —

Herzogs Christoph von Bayern, der bekanntlich, wegen seiner Ansprüche auf einen Theil am Regiment, mit seinem älteren Bruder Albrecht in langer Fehde lag, und deßhalb auch den einen der beiden schildhaltenden, rauhhaarigen Waldmänner dem bayerischen Kleinod-Löwen die geballte Faust weisen ließ.[1]) —

Wohl am deutlichsten erhellt die reine Persönlichkeit der Schildhalter aus dem so überaus häufigen Gebrauche der eigenen Porträtfigur zu diesem Zwecke. — Ein sehr schönes, derartiges Beispiel weist uns ein Grabstein im bayerischen Kloster Gars. — Frau Magdalena Arolf Ebenstetters Hausfrau, † 1488, hält dort, in ganzer Figur dargestellt, den Ebenstetter-Schild und Helm mit Kleinod. — Auf einem fliegenden Zettel oberhalb stehen die sinnigen Worte:

„mich . schwecht . meyden"

Jene Frau starb nemlich aus Gram über die Trennung von ihrem Gemahl, der, ins gelobte Land gezogen, nicht wiederkehrte. — Der Buchstabe A auf ihrer Brust bedeutet wohl den Namen: Arolf im Herzen.[2]) — Man sehe die Tafel. —

Welch tiefe, rührende Gemüthspoesie liegt in diesem harten, kalten Stein, — gewiß ein reicher Stoff zu einer Ballade! —

Sowie Landes- und Stadtpatrone, benützte man auch Namens- und Standespatrone sehr gerne als Schildhalter, ein Umstand, der ebenfalls auf die entschiedene Persönlichkeit dieses heraldischen Prachtstückes hinweist. — So zeigt uns Heideloff eine kostbare Relief-Gedenktafel aus der hl. Kreuz- oder Stiftskirche zu Stuttgart, gestiftet von der Prinzessin Margaretha von Savoyen, dritten Gemahlin des Grafen Ulrich des Vielgeliebten von Würtemberg, oder von diesem selbst, — auf welcher als Schildhalterin der beiden Wappen von Würtemberg und Savoyen die Namens-Patronin der Prinzessin, die hl. Margaretha selbst, in höchst eigener Person fungirt.[3]) — Ebenso machten Rittersleute sehr oft den hl. Georg, als Patronus gesammter Ritterschaft, Jäger: den hl. Hubertus, als Schutzpatron des edlen Waidwerks,[4]) — zu ihren ausschließenden Schildhaltern.

---

1) Lipowsky's Grundlinien der Heraldik §. 54, pag. 167 u. Monum. boica. —

2) „Die Gräber von Gars." Altes Manuscript im Besitze des Hrn. Dr. J. H. v. Hefner in München

3) C. Heideloff's Ornamentik des Mittelalters, Heft 16, tab. 1. — Möglich sogar, daß wir zugleich die Porträtfigur jener bekanntlich sehr schönen Prinzessin vor uns haben, da es das ganze Mittelalter hindurch eine vorzüglich beliebte Sitte war: die eigene Person meistens unter der Gestalt des Namens- oder Standespatrones (namentlich aber auf Votivbildern u. dgl.) darstellen zu lassen. —

4) v. Hefner-Alteneck Trachtenwerk, III. Abthlg. 78. —

Die Porträtfiguren ritterlicher und bürgerlicher Ehegatten trifft man ungemein häufig als besonders malerische Schildhalter adelicher oder bürgerlicher Wappen. — (Tafel LV, 1 und 2.) —

Weitaus die meisten Schildhalter aber findet man auf den sogenannten Schweizerwappen (Glasmalereien) des XVI. und XVII. Jahrhunderts. — Bald eine Frau, bald ein Mann, bald bürgerliche Ehepaare, sämmtlich in der geschmackvollen Tracht ihres Zeitalters, am öftesten aber Schweizer-Söldner und Lanzknechte figuriren dort als Schildhalter. — v. Hefner-Alteneck gibt in der dritten Abtheilung seines Werkes eine Menge sehr charakteristischer Abbildungen solcher Schweizer-Wappen. —

Wie überall in der Renaissance- und Zopfzeit, also ist auch bei den heraldischen Schildhaltern die überwiegende Vorliebe für alles Antike und beziehungsweise ein entschiedenes Hinneigen zur Allegorie besonders charakteristisch, weßhalb jene Perioden in der That ungleich mehr allegorische, denn eigentliche heraldische Schildhalter produzirten. —

Zu allen Zeiten gab es Menschen-, Thier- und andere Gestalten, welche nicht so fast Schild-, als vielmehr Helm- oder Kronenhalter zu nennen sind, indem sie eigentlich nur diese letzteren heraldischen Attribute, keineswegs aber den Schild tragen. — Ja sogar ganz unthätig, blos neben den Wappen stehend, sitzend oder liegend, trifft man derartige ornamentale Figuren, in welchem Falle die Bezeichnung „Wappen-Knechte" oder „Schild-Wächter" geeigneter erscheint. — Die Heraldiker von „Perrücke, Haarbeutel und Zopf" unterschieden je nachdem es lebende oder leblose Schildhalter waren. — Erstere mußten dann lateinisch: telamones, letztere sustentacula heißen, während alle menschlichen durchweg: atlantes oder colossos genannt wurden. — Die französische Bücherheraldik setzte für den Schild frei emporhebende: support, für solche aber, die ihn nur aufrecht zu halten scheinen: tenant. — Einige andere Franzosen bezeichnen Engel, Menschen, Götter, allegorische Figuren u. dgl. mit: tenans, — Thiere und phantastische Thiergestalten mit: supports, — leblose Dinge endlich mit: soutiens; — sammt und sonders ängstlich hervorgesuchte Bezeichnungen, die schon mehr ins Bereich der „höheren Livreeheraldik" gehören —

In neuerer und neuester Zeit ist jegliche Originalität der Schildhalter verschwunden und man treibt mit diesem heraldischen Prachtstücke so argen Unfug, daß in manchen Ländern vom Begriff eines vollständigen Wappens die Schildhalter gar nicht mehr getrennt werden, d. h. man kann sich dort ein vollkommenes Wappen ohne Schildhalter kaum denken. — Im südlichen Theile von Deutschland zwar sind wir, wenigstens beim niedern Adel, bisher von der Schildhalter-Manie verschont geblieben, dagegen wird im größeren Theile Norddeutschlands, wo man es theils den Engländern, theils den Russen nachmachen und gleichthun will, in der That fast kein einziges Wappen mehr ohne Schildhalter gezeichnet.[1]) — Ueberdieß sind sie dort sämmtlich „diplomatisch“ festgestellt und werden mit einer Wichtigkeit von Vater auf Sohn übertragen, als läge wirklich in den Schildhaltern allein das ganze Wesen der Heraldik. —

Von den verschiedenen Arten der „modernen“ Schildhalter aber will ich hier lieber ganz Umgang nehmen; denn die berittenen Husaren, die Infanteristen, Schützen und Garde-Grenadiere vom so und so vielten Regiment sind für die echte Heroldskunst doch sicher ein gar zu ärgerlicher Gegenstand, als daß man noch die kostbare Zeit darüber vergeuden sollte. — Es ist ohnehin die tolle Ansicht schon traurig genug: daß derlei unpassende Behelfe einem Wappen mehr Würde oder ein aristokratischeres Ansehen verleihen könnten. — Gerade in künstlerischer Beziehung aber (was eigentlich ihr einziger Hauptzweck sein sollte) bieten die modernen Schildhalter sicherlich das wenigste Interesse, da sie, steifen Gliederpuppen nicht unähnlich, bald als Ritter, bald als wilde Männer echt theatralisch kostümirt, stets die gleiche, schildwachenartige Normal-Stellung, hölzern und unbeweglich einnehmen.[2]) — Zu besserem Verständnisse dieser Sache, und beziehungsweise zur klarsten Veranschaulichung einiger echt-mittelalterlicher Original-Schildhalter dagegen habe ich die Tafeln LI bis LV inclusive meinem Werke beigefügt. — Wir können dort mehrere Muster von heraldischen Schildhaltern, sowohl der verschiedenen, soeben besprochenen Gattungen, als auch der verschiedenen Zeitperioden, sämmtlich nach gediegenen Originalien copirt finden. — Bezüglich deren näherer Bezeichnung aber verweise ich auf die am Schluße gegenwärtigen Werkes angehängte: „Uebersichtliche Erklärung der Tafeln.“ —

Soviel von den Schildhaltern. —

Ein weiteres heraldisches Prachtstück, das nur künstlerischer Ausschmückung seine Einführung verdankt, sind die Wappen-Mäntel und Wappen-Zelte. — Entweder von reichen, schweren Stoffen in der Hauptfarbe des Schildes, gewöhnlich aber von Purpur, mit Hermelin, Grauwerk, Kleinspalt oder Behwammen gefüttert, bilden sie eigentlich für Wappen mit Kronen, Hüten, Bischofsmützen u. dgl. das, was die Helmdecken für Wappen mit dem Helme sind. —

Eine wesentliche Unterscheidung von letzteren aber liegt darin: daß sie, als heraldische Attribute, niemals wirklich getragen werden konnten und überdieß durchaus in keinem eigentlichen Zusammenhange sowie in keiner direkten Verbindung mit dem Wappen selbst stehen. — Sie bilden vielmehr eine blos dekorative Drapirung, mit

---

1) So z. B. im Hannoverschen u. Braunschweigischen Wappenbuche von Dr. H. Grote, 1852.

2) Man sehe z. B. in Kneschke's Grafenhäusern u. a. v. a. O. —

welcher Hintergrund und Umgebung des Wappens ausgeschlagen erscheint. — Wenn Krone, Hut, Bischofsmütze u. dergl. oberhalb sich befinden, d. h. wenn der Prunk-Mantel gleichsam aus ihnen herauskommt oder unmittelbar damit zusammenhängt, dann ist der Name „Wappen-Mantel" bezeichnender. — Stehen aber Krone, Hut, Bischofsmütze oder Helm unter der Prachtdecke, so daß letztere einen förmlichen Baldachin über das Ganze bildet, dann dürfte die Benennung „Wappen-Zelt" schicklicher sein. — Auch die altfranzösische Heraldik anerkannte schon diesen wesentlichen Unterschied und setzte wohl deßhalb für erstere Gattung: manteaux armoyés, für letztere hingegen: pavillons. —

Bei beiden Arten trifft man nicht selten auf der äußeren Seite die Schildes-Hauptfiguren in regelmäßiger Wiederholung eingewirkt, und die Außenseite erscheint dann mit den einzelnen Wappenbildern „bestreuet" oder „übersäet". — So z. B. bei Alt-Frankreich, Preußen, Baden u. s. w. — Bisweilen wiederholen sich die ganzen, vollständigen Wappen, wie z. B. bei Savoyen, Lothringen, Thurn- und Taxis u. A.[1]) —

Eine allgemein angenommene Sitte gestattet nur dem höchsten Adel, vom Fürstenrange aufwärts, und namentlich den Souverainen, den Gebrauch von Wappenmänteln, Zelten oder Baldachinen. —

Alle derlei Anhängsel aber sind fast sämmtlich neuentstandene heraldische Attribute, die auf das echte, eigentliche Wesen, auf den inneren Kern der alten Heroldskunst durchaus keinen Bezug mehr haben. — Als reine Luxusgegenstände können sie manchmal zwar passend, niemals aber nothwendig sein. — So schön, so dekorativ sie deßhalb bisweilen erscheinen, so wenig heraldischen und historischen Werth darf man ihnen beilegen. — Dasselbe gilt eigentlich von den meisten heraldischen Prachtstücken. —

Weiters gehören zu diesen letzteren die Rennfähnlein, Banner und Sturmfahnen. (Man sehe auch die betreffenden Tafeln und die „übersichtliche Erklärung" dazu.) — Schon beim „Kleinod" habe ich einigermaßen derselben gedacht. — Als heraldische Prachtstücke sind sie uralt und können sich hierin füglich mit den Schildhaltern messen. — Schon in der frühesten Zeit des heraldischen Lebens wiederholte man Wappenbilder und Schildesfiguren auf Bannern und Fähnlein, dessen sind Miniaturen, Siegel, Gemälde und andere Denkmäler hinreichend Gezeugen. —

Ebenso bekannt ist, daß man mit Fahnen belehnte, und im Banner Begriff und Zeichen einer gewissen Amtsgewalt und Würde lag. — Kein Wunder daher,

---

1) Alter Siebmacher, Tyroff bayer. Wappenbuch u. a. a. O. —

wenn, schon in den ersten Zeiten heraldischer Urkeime, Fahnen und Banner in allen Formen und Gestalten zu den wesentlichsten heraldischen Prachtstücken gehörten. — Sigilla equestria und pedestria weisen uns solche bereits in Menge. — Sie kommen lang und kurz, breit und schmal, lustig bewegt, hängend und steif von der Stange abstehend vor, und gilt von ihnen alles das, was ich oben von den Kleinod-Fähnlein in Erinnerung brachte. — Ihr Schnitt veränderte sich ebenfalls nach der jeweiligen Zeitmode- und Geschmacks-Richtung und wir sehen in dieser Beziehung die abentheuerlichsten Gestalten. — Auf ihnen wiederholen sich sowohl die ganzen Wappen, als auch bisweilen nur Theile oder einzelne Felder derselben. — Manchmal sogar sind sie nur mit den Wappen-Farben geschmückt. — Nicht selten dagegen trifft man sie vom Schilde selbst völlig unabhängig und bezeichnen solche dann zumeist legend eine Amtsgewalt oder Würde, — wie etwa: die würtembergische Reichssturmfahne und das Banner des Marschallamtes der Pappenheim. — Oder es knüpfen sich bedeutungsvolle Erinnerungen daran, als deren ehrenvolle Denkmale sie bei einzelnen Geschlechtern erblich verblieben. — So führen die Truchseßen von Waldburg das schwäbische, die Imsland das Maltheser-Banner. —

In den meisten Fällen wurden solche Sturm- oder Rennfähnlein und Banner von den Schildhaltern getragen und noch in neuester Zeit ist dieß die gewöhnliche Art ihres Vorkommens, allein sehr häufig stellte man sie neben oder schräg hinter den Schild, sowie uns auch zahlreiche Beispiele beweisen, daß man sie noch lieber in ein „Kleinod" verwandelte. (Siehe oben bei den „Kleinodfähnlein".) —

Zu diesen heraldischen Pracht-Fahnen gehört ganz besonders auch die bekannte, sogenannte „Oriflamme" (Auriflammeum) des alten Königreichs Frankreich. — Man hat schon sehr viel geschrieben und die verschiedensten Ansichten laut werden lassen über die muthmaßliche Entstehung dieses Namens, allein von den bisher dargelegten scheint noch immer die Aufstellung Claude Menêtriers,[1]) welcher der Meinung ist: man habe die französische Königsfahne, wegen der darauf befindlichen goldenen Lilien, die man flambes d'or zu nennen pflegte, also bezeichnet, — weitaus die natürlichste und auch die wahrscheinlichste zu sein. —

Schwache Copien aber, oder vielmehr ganz schlechte Nachahmungen und Zerrbilder jener alten, echtheraldischen Banner sind die mit den Namenszügen der hohen Gönner u. dgl. verzierten, zopfigen und modernen „Preis-Fähnlein". — Ich nenne sie absichtlich also, weil ihre Aehnlichkeit mit Preis-Fahnen eines landwirthschaftlichen oder Volksfestes jedenfalls viel größer ist, als ihre Aehnlichkeit mit den altheraldischen

1) Usage des armoiries pag. 282. —

Sturmfähnlein. — Das Gleiche gilt von jenen unerquicklichen, famosen Trophäen von Gewehren, aufgeschichteten Fahnen und Trommeln, von aufgehäuften Kanonen und Mörsern, Kugelpyramiden, brennenden Lunten u. dgl. — lauter Dinge, die sich zur festlichen Dekoration eines Kriegsministeriums oder einer Hauptwache allenfalls recht wohl schicken mögen, in der Heraldik aber nie und nimmer angewendet werden sollten. —

Ad 2. *Von den Rang oder Würden bezeichnenden heraldischen Attributen* kann man nur jene den eigentlichen „Prachtstücken" beizählen, welche *außerhalb* des Schildes in dekorativer Weise angebracht sind. — Ordenskreuze, Schenkenbecher, die Schwerter des Marschallamtes u. dgl. *in* den Wappenschilden gehören somit keineswegs in die Kategorie der „heraldischen Prachtstücke", sondern sind vielmehr, als in wirkliche Wappenfiguren verwandelt, auch unbedingt zu diesen zu rechnen. — Dagegen dürften sie in letzterem Falle oft eher noch beziehungsweise zu den „Beizeichen" gehören. —

Ebenso Amts- und Würdezeichen, wenn sie als „Kleinode" vorkommen. — Nur die *äußerlichen*, blos *dekorativen* Ordens-Würden oder Amtszeichen also können der Sachlage nach hier in Betracht gezogen werden. —

Dennoch aber halte ich es angemessen, auf das zu verweisen, was ich oben in Betreff von „Ordens- und Amtszeichen im Schilde" bemerkte. — Bis zum XV. Jahrhundert war es nemlich ausschließender Gebrauch, dergleichen Würdezeichen *nur im Schilde selbst oder am Kleinod* anzuwenden, weßhalb damals als eigentliche heraldische „Prachtstücke" solche noch nicht existirten. —

Wie schon gesagt, und mit den Beispielen vom Deutschordenskreuz im Walbott-Bassenheimischen und den Schenkenbechern im Limburgischen Wappenschilde erläutert wurde, — so war jene Sitte nicht nur in jeder Hinsicht heraldischer, sondern auch weitaus praktischer. — Man vergleiche auch die Tafeln VII, 12 u. XIII, 7—12. —

Trotzdem finden sich schon sehr frühe Amts-, Ordens- und Würdezeichen als äußerliche heraldische Nebenattribute, d. h. als eigentliche „heraldische Prachtstücke". —

So z. B. im bekannten Original-Wappenbuche des: „Conrad Grünenberg, Ritters und Burgers zu Costenz; — volbracht am nünden tag des Abrellen, do man zalt Tusend vierhundert drü und achtzig jar", welches echtheraldische Pracht- und Musterwerk von Herrn J. G. L. Dorst im Jahre 1840 in Farbendruck herausgegeben und zu einem Gemeingut gemacht werden sollte, wegen Ableben des fleißigen Verfassers aber leider nicht mehr vollendet werden konnte. — In diesem höchst interessanten Buche nun finden sich die Amtszeichen, und beziehungsweise alle derartigen oder ähnlichen Attribute, beiderseits neben Helm und Kleinod *freischwebend*.

— Von den weiter unten im Texte folgenden und fortlaufend numerirten 18 kleinen Holzschnitten sind fig. 4 und fig. 7—18 aus besagtem Werke genommen. — Dort hat z. B. der König von Böhmen, als des heiligen Römischen Reichs Erzschenk: den Schenkenbecher (fig. 15); — der Pfalzgraf bei Rhein, als des heiligen Römischen Reichs Erztruchseß: die goldne Schüssel (fig. 16); — der Herzog von Sachsen, als Erzmarschall: das Reichs-Schwert (fig. 17); — und der Markgraf von Brandenburg, als Erzkämmerer: den Reichsscepter (fig. 18), auf besagte Weise neben ihren Kleinodien oder ober ihren Helmen schwebend angebracht. — Die Erzbischöfe von Mainz, Cöln und Trier aber haben, als des heiligen Römischen Reichs Erzkanzler, sämmtlich das mobile Schreibzeug des XV. Jahrhunderts nebst Siegelkapsel und einem leeren Pergamentblatte mit daranhängendem Insiegel (fig. 12 u. 13), auf gleiche Weise angebracht, als die Symbole ihrer hohen Würde. —

Hieher gehört unter Anderm auch die höchst merkwürdige Bezeichnung des Richteramtes, wie ich sie auf dem Grabsteine eines gewissen: Ulrich Kornfeiler, im Kreuzgange des Prämonstratenser-Klosters Wiltau oder Wilten bei Innsbruck, antraf. — Nebenstehender Holzschnitt versinnlicht uns diese heraldische Rarität. —

Die ziemlich erhaltene Umschrift des ohngefähr mannshoch in Stein gehauenen Wappens lautet:

„anno dnj. m° ccccxvij obiit ul. chövellär sexta decima die mensis aprilis, judicine decimo.“ —

Die aus einem eigenen Loch im Vordertheil des Stechhelmes herauslangende, mit dem Bannrichterstabe bewehrte Faust gewährt, wenn auch gerade keinen schönen, so doch einen sehr originellen Anblick. — Leider ist dieser, sowie noch mehrere andere höchst interessante Grabsteine im genannten Kreuzgange auf ganz ungeschickte Weise verkehrt (d. h. nach der Seite, statt aufrecht) eingemauert. —

Wenngleich nun solche äußerliche heraldische Rang- oder Amts-Attribute in aller Zeit etwas sehr Seltenes sind, so haben wir nichtsdestoweniger schon zahlreiche Beispiele von äußerlicher Bezeichnung der verschiedenen Ordenskörperschaften. —

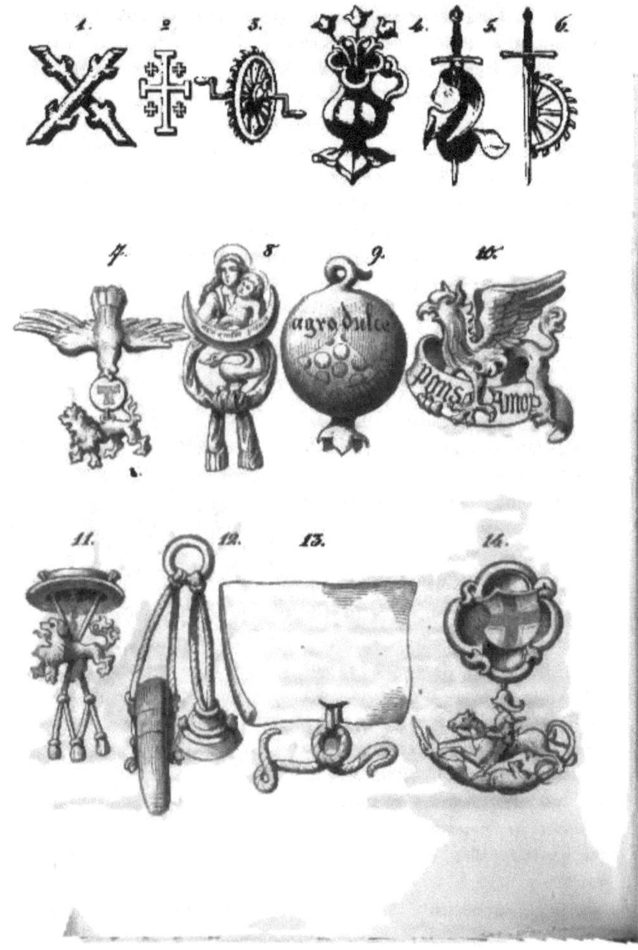

Auf dem Grabsteine eines gewissen: Heinrich Kegl des Aeltern, † 1430, fand ich z. B., rechts und links oberhalb dessen Geschlechtswappens, die Zeichen jener vier ritterlichen Genossenschaften, denen der Verlebte einst angehörte. — Dieß waren: der Orden vom heiligen Grab (fig. 2), der Kannenorden (fig. 4), der Orden S. Salvador (fig. 5) und der hl. Katharina (fig. 3). —

Auf der oftерwähnten Rehmischen Stechtartsche (gegenwärtig zu Augsburg im Privatbesitze) sieht man ebenfalls die Zeichen des erstgenannten hl. Grab-Ordens und der beiden Corporationen von S. Salvador und S. Catharina. — Die letztern zwei daselbst in eins vereiniget (fig. 6). —

Noch bekannter ist das Zeichen des goldnen Vließ-Ordens (fig. 1), welches nicht nur auf Fahnen, Gewändern und Münzen eine große Rolle spielt, sondern nicht minder häufig neben den kaiserlichen und anderen Souverainitäts-Wappen beiderseits schwebend angebracht wurde. — Im obengenannten alten Wappenbuche vom Ritter Grünenberg in Constanz d. a. 1483 finden sich noch viele solcher äußerlichen Ordens-Devisen, von denen ich beispielshalber nur ein paar hier vorbringen wollte, und es ist kein Zweifel, daß gerade das XV. Jahrhundert vorzugsweise diesen Gebrauch einführte. — Jedenfalls scheint die Anwendung derartiger schwebender Ordens-Symbole beliebter gewesen zu sein, als die Anwendung der vollständigen Ordens-Ketten; obwohl sich bereits im XV. Jahrhundert schon solche, in malerischer Weise um Schild, Helm oder um den Hals der Schildhalter geschlungen finden. — So sehen wir z. B. im Grünenbergischen Originalwappenbuche nicht allein, von den vornestehenden numerirten Holzschnitten die Ordenszeichen 7, 8 und 9, sondern auch noch mehrere, hier bildlich nicht aufgeführte, an ihren betreffenden Ketten um die Wappenschilde gelegt, nemlich gerade so, wie man heute noch zu thun pflegt. — Und zwar hängt dort der Orden 7 um den Schild des Herzogs von Sachsen, Kurfürsten und Erzmarschalken des heiligen Römischen Reiches, fig. 8 um den Schild des Markgrafen Albrecht Achilles von Brandenburg, Kurfürsten und Erzkämmerers des heiligen Römischen Reiches, fig. 9 endlich um das Wappen des „königs von granat" (Granada). — Den gleichen Fall hat man auf dem prachtvollen, angeblich Peter Vischer'schen Bronçe-Epitaphium des gefürsteten Grafen Eitel Friedrich von Hohenzollern und seiner schönen Gemahlin Elisabeth, Tochter des Markgrafen Friedrichs des Dicken und der Prinzessin Agnes, einer Tochter des Herzogs Barnim des III. zu Pommern, — in der Stiftskirche zu Hechingen. — Dieses Meisterwerk wird uns von C. Heideloff im XXIV. Heft, pl. 6, seiner „Ornamentik des Mittelalters" vorgeführt und im betreffenden Texte (pag. 49, 50 u. 51) weitläufig beschrieben. — Die Ordensgeschmeide des „güldenen Vliesses" und „Unserer lieben Frauen zum Schwan" sind nemlich dort, obwohl sie von den Porträtfiguren des genannten Fürstenpaares um den Hals getragen werden, dennoch auch in zierlicher Weise um die oberhalb befindlichen Wappenschilde geschlungen. — Das ganze XV. und XVI. Jahrhundert hindurch aber trifft man sehr häufig eine derartige Anwendung der Ordensketten, Genossenschaftskleinode und Gesellschaftszeichen. — Um den Schild gehängte Orden sind daher keineswegs gar so neu, wie Manche glauben machen wollen [1]) —

---

1) Fig. 6 ist der bekannte Ritterorden „Unserer lieben Frauen zum Schwan", der vom Kurfürsten Friedrich II., Markgrafen von Brandenburg, des heiligen Römischen Reichs Erzkämmerer und Burggrafen zu Nürnberg, am St. Michaelistage (29. September) des Jahres 1440 gestiftet wurde. —

Herr Baron von Stillfried-Rattonitz hat in einem eigenen, mit Farbentafeln illustrirtem Werke, betitelt: „Der Schwanenorden, sein Ursprung und Zweck, seine Geschichte und seine Alterthümer, von Rudolph Maria Bernhard Freiherrn von Stillfried-Rattonitz; Halle 1845", — jene ritterliche Verbrüderung ausführlich beschrieben. — Auf dieses Buch nun mache ich hier besonders aufmerksam, da es nicht allein die vollständige Geschichte, sondern auch die ehemaligen Satzungen, sowie die Stiftungsurkunde dieser merkwürdigen Genossenschaft in Originalabschriften enthält. — Die neuerlich (am 24sten Dezember 1843) versuchte Wiederaufrichtung des besagten Ordens durch Se. Maj. den König Friedrich Wilhelm von Preußen dürfte im Wesentlichen erfolglos sein, da das namhafte, zur Zeit der Reformation eingezogene Vermögen, sowie die liegenden Güter und Besitzungen desselben nicht wieder herausgegeben wurden und ferners auch eine sachgemäße Wiederherstellung in protestantischen Landen von vorneherein schon nicht wohl angeht. — Diese Thatsache wird Jedem einleuchten, der die erste Grundlage

Im vergrößerten Maaßstabe hinter den Schild gestellte Ordenskreuze hingegen gehören zu den Erfindungen von „Haarbeutel und Zopf“. —

Weil ich jedoch gerade bei den ordensritterlichen Prachtstücken bin, kann ich nicht umhin, einer absonderlichen, hieher gehörigen Rarität zu gedenken. — Es ist dieses nemlich ein wirklicher Ordensschild, wie er von Ordensrittern des XIX. Jahrhunderts gebraucht wird. —

---

der Satzungen jenes Ordens erkannt und unschwer daraus ersehen hat, daß dessen derzeitiger Hauptzweck vorzugsweise: die besondere Verehrung und Verherrlichung der reinsten Himmelskönigin, der hl. Jungfrau Maria war.

Bei unserer glaubensarmen, gemüthlosen und blasirten Zeitrichtung müßte aber, selbst in katholischen Ländern, vor Allem zuerst der kindlich fromme Sinn des Mittelalters wiedererweckt, dessen religiöse Sitteneinfalt und dessen schlicht-patriarchalisches Leben und Treiben wieder hervorgezaubert werden können, ehe man an thatsächliche Wiederbelebung derartiger Orden denken darf. — Solche Unternehmen und alle ähnlichen Bestrebungen scheitern daher gewöhnlich, wie so manches Edle und Gute, nur am Materialismus und Egoismus des unschönen „Zeitgeistes“. — Sogenannte „zeitgemäße“ Regenerationen aber, auf ganz neuer Basis und mit alleiniger Beibehaltung der blos äußerlichen Abzeichen, befassen sich in der Regel höchstens mit der Schale, während der eigentliche Kern der Sache unberührt liegen bleibt. —

Auch C. Heideloff in seiner Ornamentik des Mittelalters und J. H. v. Hefner-Alteneck in seinem Trachtenwerke geben Abbildungen und Beschreibungen dieses interessanten Ritterordens „vom Schwanen“; — und zwar Ersterer im Heft IX, pl. 7, pag. 25 bis 27; Letzterer: Abtheilung II, Tab. 161, pag. 206—209. —

Alle weiteren obengenannten Ritterorden hatten ähnliche Zwecke, so auch der bekannte Orden der „Fürspanger“, der sich erst im Jahre 1602 völlig auflöste und dessen symbolisches Ordenskleinod in einer aus Gürtelschnallen zusammengesetzten Halskette bestand. — Am Grabsteine des Ritters Martin von Seinsheim, von der ausgestorbenen Linie Seppenwind († 1434), in der Marienkapelle zu Würzburg, zeigt uns v. Hefner-Alteneck in seinem Trachtenwerke (Abthlg. II, Tab. 112, pag. 143 u. 144) Ordenskostüm und Insignien dieser Genossenschaft. — Auch sie wurde unter dem Namen: „Unserer Frauen Gesellschaft oder Bruderschaft der Fürspanger“ besonders nur zu Ehren der hl. Jungfrau Maria vom Kaiser Karl IV. gestiftet, und ist Mehreres hierüber bei Herrn v. Hefner-Altenecks näherer Beschreibung des Grabsteines jenes Ritters, der seit 1402 Ordensmitglied war, ziemlich ausführlich zu lesen. —

Aehnliche Ritterorden, Genossenschaften, Verbrüderungen und Adelsbündnisse gab es im In- und Auslande zur Zeit des Mittelalters eine Unzahl. — Keineswegs aber darf man glauben, daß dabei immer edle Zwecke verfolgt wurden; denn man würde groß irren, bei allen die Errichtung auf streng religiöser Basis vorauszusetzen. — Ueberdieß will ich noch dahingestellt sein lassen, ob nicht bisweilen sogar fromme Zwecke blos vorgeschützt und bei vielen solchen Orden nur als Deckmantel für die eigentlichen Vereinigungsgründe gebraucht wurden. — Im Gegentheile aber existirten ritterliche Corporationen und Genossenschaften in Menge, die weit und breit ein Schrecken, ja für manche Gegenden sogar eine förmliche Landplage waren. — Fehde, Raublust und Mordbrennerei im Großen, mit einem Worte das wahre Faustrecht im ausgedehntesten Sinne, bildeten

14

Leider ist es nicht jedem profanen Auge vergönnt, derlei Kostbarkeiten sich näher beschauen zu können, und für die Meisten dürfte es mit mehr Schwierigkeiten verknüpft sein, solcher Kleinodien ansichtig zu werden, als mittelalterliche Originale aufzutreiben. — Ich hielt es deßhalb geeignet und von vorzüglichem Nutzen, einen derartigen Ordensschild des XIX. Jahrhunderts, als Musterstück einer guten Heraldik sowohl, als auch eines ganz besonders gediegenen Geschmackes, hieherzusetzen, — jeden weiteren Commentar dazu allen Sachkundigen überlassend. — Obgleich nun dieses Exemplar, als „letzte und neueste" Schildesform, eigentlich in den Abschnitt zum „Schild" gehört hätte, so dürfte es dennoch wegen seiner vielseitigen Pracht bei den „heraldischen Prachtstücken" nicht weniger am Platze sein. — Am Ordensschild steht obendrauf der Geschlechtsschild, und auf diesem eine Rangkrone. — Zudem ist der Name jedes Ritters auf der Aussenseite seines Schildes in „modernster englischer Currentschrift" dem kupfernen Grunde zierlich eingravirt, was begreiflicherweise den altehrwürdigen Gesammteindruck noch bedeutend erhöhet. — Selbstverständlich passen aber auch alle übrigen ordensritterlichen Attribute (Armatur- wie Monturstücke) vollkommen zu unserem famosen Schilderemplar. — Das Ganze umgeben passende Ornamente — Kann es da wohl noch etwas Schöneres geben? — Ordensrittern aber, denen jene Universalform nicht ganz zusagen mochte, und die sich deßhalb andere Schilde wollten machen lassen, wurde „heroldenamtlich" ganz einfach die absolute Unzulässigkeit jeder Geschmacksläuterung zu wissen gethan und überdieß bedeutet, daß ein für allemal nur jene Originalmusterschilde im Capitelsaale eine Stelle finden würden. — Derartige Zurechtweisungen moderner Livreeheraldik kommen heutzutage öfters vor, während dagegen freche Wappenusur-

---

nicht selten die Seele solcher Verbrüderungen, wobei dann selbstverständlich das: „Einer für Alle und Alle für Einen" nur zu oft in Anwendung kam. — Hinter starkbefestigten Bergschlößern und aus unzugänglichen Raubnestern wurde die geistliche und weltliche Macht verhöhnt und nicht selten Kaiser und Reich in unliebe Bewegung versetzt. Diese räuberischen Gesellen machten sich eben nur zu gegenseitigem Schutz und Trutz in jene Bündnisse zusammen, um bei damals ohnehin allgemeiner Zerrüttung des Reiches desto ungestrafter und sicherer ihr Unwesen forttreiben zu können. — Der bayerische Wald, die schwäbische Alb, die weiten und fruchtbaren Gauen am Donaustrome, die thüringischen und fränkischen Lande, sowie die reizenden Gegenden am alten Vater Rhein könnten gewiß so manchen traurigen, aber nichtsdestoweniger charakteristischen Zug aus der dunklen Geschichte jener Ritterorden erzählen. —

pationen an der Tagesordnung sind, bürgerliche Geschlechter ganz ungenirt adelicher Helme und Schilde sich bedienen und „jüdische" Geld-Cavaliere, nicht zufrieden mit dem untersten Adelsgrad (da ihnen verfassungsmäßig, wenigstens bei uns in Bayern, auch dieser nicht zusteht), in ihrer Anmaßung so weit gehen, Titel und Attribute sogar noch höherer Adelsgrade widerrechtlich zu beanspruchen. —

Ueber alte und neue Ritterorden, sowie über deren Attribute weiter mich auszubreiten, halte ich einerseits hier nicht am Platze, anderseits aber existiren über diesen Gegenstand schon so viele und mitunter auch so gediegene, ältere und neuere Werke, daß man dort alles hierauf Bezügliche viel ausführlicher und gründlicher finden kann, — während ich jene Sache hier nur in so weit vorbringen wollte, als sie in's Bereich der Heraldik fällt. — Nach nunmehriger Lösung dieser Aufgabe gehe ich daher zu etwas Anderem über. —

Ad 3. Den weltlichen (Adelsgrad) oder geistlichen Rang bezeichnende heraldische Prachtstücke sind: die Hüte, die Bischofsmützen und die Kronen. — Diese, wie alle jetzt noch üblichen, und durch ihren vieljährigen Gebrauch gewissermaßen überall sanktionirten heraldischen Rang- und Standes-Attribute hat man auf der Tafel LVI. — Sämmtlich so alt, ja größtentheils sogar viel älter, als die gesammte Heroldskunst, ist lediglich nur die rangbezeichnende Eigenschaft bei ihrer heraldischen Anwendung das „Neue" an ihnen. — Es wurde nemlich erst im XV. und XVI. Jahrhundert der Gebrauch allgemeiner: mittelst derartiger heraldischer Attribute geistliche oder weltliche Würden-Grade heraldisch zu bezeichnen. — Die geistlichen Rangbezeichnungen gehen, in Bezug auf Alter, den weltlichen jedenfalls voraus; denn man hatte in der Heraldik schon Jahrhunderte lang Cardinalshüte, Bischofsmützen, Krummstäbe u. dgl., ehe man nur im Entferntesten daran dachte, einen Ritter, Freiherrn oder Grafen heraldisch auszuscheiden. — Erst der eigentlichen Zopfzeit war es vorbehalten, auch diese Aufgabe zu lösen. — Da jedoch in keinem Lande die Adelsgrade vollkommen korrespondiren, also auch die entsprechenden Bezeichnungen unmöglich conform, d. h. ganz übereinstimmend und gleich sein können, so herrschte hierin, trotz aller Anstrengungen der Livree-Heraldiker, von jeher die größte Willkühr. — Sämmtliche Lehrbücher der Wappenkunde aber, statt die Sache gehörig zu regeln, lassen uns gewöhnlich nur ein wüstes Durcheinander von Hüten, Kronen und Mützen zurück, wodurch das ohnehin verworrene Chaos in ein förmliches Labyrinth verwandelt wird, aus dem man sich kaum mehr zurechtfinden dürfte. —

Soll es sich daher hier um eine Normal-Aufstellung handeln, so kann jedenfalls nur von Deutschland die Rede sein; denn eine auch auf sämmtliche Westvölker durchaus anwendbare heraldische Rangkronen-Scala ausfindig zu machen, dürfte aus

14*

obigen Gründen in's Bereich der Unmöglichkeit gehören. — Vor Allem aber muß ich in Erinnerung bringen, daß überhaupt nur von Vorschlägen die Rede sein kann, wenn ich nachstehend meine unmaßgeblichsten Ansichten hierüber kundgebe. —

Zweckmäßigste Einfachheit und möglichste Näherung an die heraldische Blüthezeit, zugleich mit dem eifrigen Bestreben, die „moderne“ Aufgabe dennoch zur allgemeinen Zufriedenheit zu lösen, — dieß waren dabei die leitenden Motive; gegen alles Andere aber will ich mich von vorneherein verwahrt haben. —

Um mit der geistlichen Gewalt, wie billig, den Anfang zu machen, so finde ich, nach wie vor, als päpstliche Symbole: die dreifache Krone und das bedeutungsvolle, hinter dem Wappenschilde sich kreuzende Schlüsselpaar (der eine von Gold, der andere von Silber) nicht nur ganz passend, sondern auch uralt und echt heraldisch. (Tafel LVI, 1.) —

Weiters sehen wir den Kardinals-Hut mit beiderseits abhangenden Quasten. (Tafel LVI, 2.) — Die Farbe des Hutes sowohl als der Kordeln und Quasten ist: roth. — Die Anzahl der letzteren beträgt auf jeder Seite: 15; — ihre Stellung ist: 1, 2, 3, 4, 5. — Unter oder mit einem solchen Hute, d. h. nebenbei noch eine Krone, einen Fürstenhut, eine Bischofsmütze oder gar Helme zu führen, wie man leider oft genug sehen kann, ist nicht allein ganz unheraldisch, sondern auch vollkommen widersinnig; obwohl selbst im Mittelalter diese Darstellungsweise durchaus nicht selten war. — Krummstab und Schwert dagegen, oder auch ein aufrecht hinter den Schild gestelltes Patriarchen-Kreuz sind eher zulässig. —

Im Concilbuche sind sämmtliche Patriarchen-Hüte noch ohne rangbezeichnende Quasten. —

Der Erzbischöfliche Hut. (Tafel LVI, 3.)

Grundform: bleibt dieselbe. — Farbe: grün. — Zahl der Quasten auf jeder Seite: 10 — Stellung derselben: 1, 2, 3, 4. —

Der Bischöfliche Hut. (Tafel LVI, 4.)

Grundform und Farbe: wie bei Vorhergehendem. — Zahl der Quasten auf jeder Seite: 6. — Stellung derselben: 1, 2, 3 —

Der Protonotariats-Hut. (Tafel LVI, 5.)

Die Form bleibt die nemliche. — Die Farbe: schwarz. — Anzahl der Quasten auf jeder Seite: 3. — Stellung derselben: 1, 2. —

Erzbischöfe und Bischöfe können sich statt der obigen Hüte, je nach Umständen, auch einer Bischofsmütze bedienen, wobei aber, wie schon gesagt wurde, jedenfalls erstere weggelassen werden müssen. —

Der Gebrauch von Bischofsmütze, Schwert und Krummstab, oder Bischofsmütze und Krummstab, oder endlich der Bischofsmütze ganz allein zur heraldischen Bezeichnung der Erzbischöflichen und Bischöflichen Würde ist in der That um vieles älter, als der Gebrauch obiger Hüte. — Für Aebte und Abteien aber war dieß ausschließend heraldische Würdebezeichnung, wobei man sich überdieß gewöhnlich an folgende Regel hielt. —

Für Erzbischöfe, Bischöfe und Aebte mit landesfürstlicher Hoheit war die Bischofsmütze mit kreuzweise hinter den Schild gestelltem Schwert und Krummstab (Tafel LVI, 6), während Erzbischöfe, Bischöfe und Aebte ohne landesfürstliche Hoheit das Schwert wegließen. (Tafel LVI, 7.) —

In sehr vielen Fällen aber, und in alter Zeit gewöhnlich, findet man die Bischofsmütze ganz allein mit ihren abfliegenden Bandschleifen. —

Im Mittelalter trifft man auch sehr häufig den ritterlichen Helm mit Kleinod, zugleich mit den Bischofsmützen, auf den Wappenschilden der damals allerdings mannhaft-streitbaren Bischöfe und Aebte. — Zu jener Zeit wollte eben kein edelgeborner Mann, wenngleich er dem geistlichen Stande angehörte, die echten Attribute des Ritterthumes missen, da mit der geistlichen Weihe keineswegs der weltliche Edelmann beseitiget wird. — Man setzte jedoch dann immer, wie billig, die geistlichen Attribute auf die heraldisch rechte Seite. — So z. B. in „Conrad von Grünenbergs Wappenbuche". —

Einfache und doppelte Kreuze (Patriarchenkreuze) kommen sowohl, statt des Schwertes, zum Krummstabe, als auch allein, sowie zu sämmtlichen geistlichen Kopfbedeckungen vor. -- Ja schon im Concilbuche von Constanz führt ein solches der Papst zur dreifachen Krone anstatt der beiden Schlüssel. —

Aebtissinen führten den mit flatternden Binden gezierten Krummstab allein, und zwar aufrecht stehend, hinter dem Schilde. (Tafel LVI, 8.) —

Prioren, Priorinen, Prälaten und der übrige Clerus beider Geschlechter bedienten sich zumeist eines ebenfalls aufrecht hinter den Schild gestellten Pilgerstabes oder auch wohl eines um den Schild gelegten, großkugligen Paternosters (eines sogenannten Rosenkranzes). — Gewöhnlich aber führten sie Beides zugleich, als heraldische Symbole ihrer geistlichen Würde. (Tafel LVI, 9.) —

Schlüßlich der geistlichen Standeszeichen halte ich es für passend einige Bemerkungen über die sogenannten weiblichen Standeszeichen, nemlich über die heraldische Bezeichnung des Jungfrauen-, Ehe- und Wittwen-Standes, hier anzufügen. — In Frankreich nemlich begnügte sich das schöne Geschlecht keineswegs mit den eigenen Damenschildformen, sondern es kam in späterer Zeit noch überdieß die heraldische Ausscheidung der Mädchen, Frauen und Wittwen in sehr beliebte Aufnahme. —

Frauenzimmer ledigen Standes umgaben ihre Schilde mit Blumenkränzen, Palmzweigen, Rosenguirlanden u. dgl. (Tafel LVI, 18.) —

Verheirathete Damen nahmen zu diesem Zwecke in einander verschlungene Kordeln oder Schnüre, mit Schiebknöpfen oder Knoten, weßhalb man erstere Liebes-Seile, lacs d'amour, die Knoten aber Liebes-Knoten, noeuds d'amour, nannte. (Tafel LVI, 19.) —

Die Wittwen endlich bedienten sich der vollkommen gleichen Seilgeflechte, jedoch ohne Schiebknoten. — Eine andere Benennung (cordelières) unterscheidet sie überdieß von jenen. (Tafel LVI, 20.) —

Ich will hier zwar nicht untersuchen, ob die Geschichte, welche uns Trier von ihrer Einführung erzählt, einen historischen Grund habe,[1] glaube jedoch meinerseits, daß diese sogenannten Liebes-Seile, Liebes-Knoten und Cordelières lediglich nur der mittelalterlichen, überaus beliebten Kordel-Ornamentik ihre ursprüngliche Entstehung verdanken. —

In Deutschland aber wurde diese Sitte niemals heimisch. —

Von den weltlichen Rangkronen steht obenan die sogenannte Reichs-Krone, die, bei gegenwärtiger politischer Gestaltung des deutschen Reiches, höchstens als Reliquie gelten kann, — da dem großen Karl der Bart noch oft um den Tisch wachsen dürfte, bis sie wieder einmal praktisch in Anwendung kommt. — Vordem mit den andern Reichs-Insignien zu Nürnberg verwahrt, soll sie nach Einigen von Karl dem Großen selbst, nach Andern von Conrad II. herstammen. (Tafel LVI, 10.) —

Die kaiserliche Haus- oder nunmehrige österreichische Reichskrone unterscheidet sich, wie man sieht, ihrer Form nach wesentlich von der Reichskrone. (Tafel LVI, 11.) —

Ferners sehen wir die „neuheraldische" Königskrone, deren Gebrauch auf großherzoglichen und andern souveränen Wappen, wenigstens nach heraldischer Regel, durchaus nicht gebilligt werden kann, da eine offene Bügelkrone ausschließend nur Königen gebührt. (Tafel LVI, 12.) —

Großherzoge und Herzoge mögen sich eines Fürstenhutes mit Spangen oder Bügeln (Tafel LVI, 13),

Churfürsten und Fürsten dagegen eines Chur- oder Fürsten-Hutes ohne Bügel und Spangen bedienen. (Tafel LVI, 14.) —

Daß manchen souveränen Häusern, gewissen Königen, Herzogen und Prinzen ganz eigenthümliche und besonders geformte Kronen von jeher zukamen, ist eine wohlbekannte Sache. — Da es sich jedoch hier nur um eine Art Normal-Aufstellung

1) Dr. J. W. Triers Einleitung zur Wappenkunst, Cap. XII, pag. 205 u. 208. —

handelt, so will ich mich auch mit diesen persönlichen und speziellen Haus-Kronen nicht befassen.[1]) —

Das Grafenkrönlein besteht in einem einfachen Goldreife mit neun sehr großen Perlen. Der volle Reif trägt nemlich deren 16 Stück. (Taf. LVI, 15.) —

Das Freiherrn-Krönlein hat sieben Perlen, der volle Reif 12. (Tafel LVI, 16.) —

Ritter und Edelleute führen fünf solche Perlen, am ganzen Reife 8. (Tafel LVI, 17.) —

In ähnlicher Weise haben Franzosen, Engländer u. s. w. die ihren Adelsgraden entsprechende Rang-Kronenscala. — Nur diese letzteren wurden bisher immer von den deutschen Lehrbüchern angeführt, ohne zugleich, wie sicher vernünftiger gewesen wäre, auf unsere deutschen Adelsgrade Rücksicht nehmend, eine selbstständige, deutsche Rang-Kronenscala aufzustellen. —

Alle übrigen Kronen, wie z. B. die Stadt- und Mauerkrone (murale), die Schiffskrone (navale), die Pallisadenkrone (vallaire), die Bürgerkrone (civique), die Napoleonische Toque, die englische civic cap u. dgl., passen als „unsinniger Plunder" höchstens in die Rumpelkammer der heroldenamtlichen Nullitäten aller Nationen. — Dorthin gehören aber auch mit vollem Rechte die früher üblichen heraldischen Bezeichnungen der französischen Großwürdenträger; — denn die Kanonen des Grand maître d'artillerie, die Anker des Général des Galères, die Jagdhörner des Grand Veneur, die Wolfs- oder Luchsköpfe des Grand Louvetier, die antiken Fasces des Grand Prévôt, die beiden Flaschen des Grand-Bouteiller, die Suppenschüsseln und Bestecke des Grand-Panetier u. s. f. — sind sammt und sonders die Quintessenz des heraldischen Zopfes, d. h. in allen derartigen Dingen feiert eine wohldurchdachte Livree-Heraldik zweifelsohne ihre höchsten Triumphe. —

Anbelangend die Stellung von Bischofsmützen, Rangkrönlein u. dgl. auf den Wappenschilden, so findet man selbe in der frühesten Zeit ihres Vorkommens nicht immer am oberen Schildesrande, sondern hie und da auch am rechten Seitenrande, — gleichsam hängend. — Bisweilen stehen solche Rangattribute auch neben dem Schilde am Boden. — Das Concilbuch, alte Holzschnitte und Kupferstiche

---

1) Ich erinnere hier nur an die königl. französische Krone, an die königl. großbritannische Krone, an die großherzoglich florentinische Krone, an die ungarische und böhmische Krone, an die sogenannte eiserne oder italienische Krone, an die französische Dauphin-Krone, an die Kronen der französischen Prinzen von Geblüt, an die herzoglich venetianische Mütze (Dogenkrone) u. an d. m. — Ueberdieß sind manche von diesen heutzutage sogar ganz bedeutungslos geworden. —

weisen uns beide Manieren in praktischer Anwendung, allein beide Arten sind entschieden zu mißbilligen und liefern den Beweis: daß eben nicht Alles, was alt, auch unbedingt gut sein müsse. — Manchmal trifft man Rangkrönlein und Bischofsmützen sogar an den äußersten, rechten oder linken Theil des Oberrandes hinausgeschoben, was bei letzteren gewöhnlich der Fall ist, wenn sie mit dem Krummstabe allein vorkommen. — Vernunft- und sachgemäß sollten zwar die Hüte, Bischofsmützen und Kronen immer unmittelbar am Schildesrande aufliegen, und niemals ober demselben „schweben“, was in alter Zeit auch stets beobachtet wurde, — allein die Cardinals-, Erzbischöflichen und Bischöflichen Hüte, mit den verschlungenen Kordeln und beiderseits abhangenden Quasten, würden sich in obiger Weise sehr schlecht ausnehmen. — Nicht selten sogar ließ man von den Schildhaltern die Kronen, Hüte, Mützen u. dgl. frei ober dem Schilde tragen. — Das überaus häufige Vorkommen endlich aller derartigen Würden- und Rangattribute auch als wirkliche Kleinode, am Helme selbst, und zwar schon im früheren Mittelalter, habe ich weiter oben bereits in Erwähnung gebracht und dort mit fig 7, 8 und 9 auf Tafel XXIII beispielsweise näher erörtert. —

Ad 4. Losungsworte, Sinnsprüche und Devisen kommen bei den Westvölkern, und namentlich in England, sehr häufig vor, — bei uns Deutschen aber äußerst selten, im Mittelalter, als eigentliche, erbliche Wappensprüche, niemals. — Offen gestanden, kann ich dieser schönen, ehrwürdigen und durchaus chevaleresken Sitte meine volle Zustimmung nicht versagen, vorausgesetzt, daß die Schlagworte passend, die Sinnsprüche kurz und bündig und alle Devisen in der Muttersprache des betreffenden Geschlechtes gegeben sind. —

Besonders sind die wortreichen lateinischen Sätze, wie man sie vorzugsweise bei welschen, leider nur zu oft aber auch bei deutschen Geschlechtern findet, im höchsten Grade unerquicklich. — Statt die kurze Bündigkeit gerade der lateinischen Sprache bestmöglichst zu benützen, dehnen sich solche Wappensprüche im Gegentheile zumeist ungebührlich in die Länge und arten dann gewöhnlich in jene lehrreichen Moral-Phrasen aus, wie sie etwa pedantische Schulmeister ihren hartköpfigen Primanern einzubläuen pflegen, die sich aber in die edle Heroldskunst nie und nimmer schicken wollen. — — Renaissance- und Zopfzeit zeichneten sich auch hierin wieder am meisten aus. —

Franzosen und Engländer, bei denen, wie gesagt, diese Sitte überhaupt mehr national war, gingen auch von jeher dabei mit mehr Geschick zu Werke; denn ihre alten Devisen sind verständlich und weitaus besser gewählt, während ihren Wappensprüchen in der Regel irgend ein bestimmter Sinn zu Grunde liegt. —

Verwegenen Trotz, kecke Entschlossenheit oder hochfahrenden Stolz prahlerisch zur Schau zu stellen, bildete nicht selten den Hauptzweck solcher Devisen. —

Eine wirkliche, entschiedene Erblichkeit der Losungsworte, Devisen und Sinnsprüche, durch mehrere Generationen, dürfte übrigens, selbst in diesen Ländern, zur älteren Zeit ziemlich selten konstatirt werden können. — In praktischer Anwendung, d. h. auf den wirklichen Schilden, kamen Losungsworte und Wappensprüche wohl niemals vor. — Wenn aber in späterer Zeit auf den Wappenschilden selbst hie und da einzelne Worte (Losungsworte u. dgl.) gefunden werden, so gehören sie keineswegs in die Kategorie der heraldischen Prachtstücke, sondern müssen vielmehr als wirkliche heraldische Figuren betrachtet und also auch zu diesen gerechnet werden. — So das: „Libertas" der Freistaaten Lukka und Ragusa, das: „Ave Maria gratia plena" der Herzoge von Infantado und anderer Linien des Hauses Mendoza, das: „lieb" der Zachareis, das „ave" der Radler und das: „allein" jenes excentrischen Tuschel in Bayern. — Eine desto größere Rolle aber spielen die Sinnsprüche in der spätern, bildlichen Heraldik. — Aber selbst auf Wappenabbildungen findet man in den wenigsten Fällen die Devisen am Schilde selbst angebracht, sondern vielmehr auf eigens zu dem Zwecke, gewöhnlich um letzteren geschlungenen Schnallriemen, auf gewundenen Pergamentstreifen, fliegenden Zetteln oder malerisch flatterndes Bändern. —

Namentlich war die sogenannte „gothische" Kunstperiode phantasiereich in geschmackvollster Anwendung solcher und ähnlicher heraldischer Neben- und Prachtstücke. —

In Deutschland trifft man auf dergleichen fliegenden Zetteln zumeist nur Tauf- und Geschlechtsnamen, höchst selten noch die Jahreszahl. —

Sämmtlichen bisher aufgeführten heraldischen Prachtstücken läßt sich einiges Recht in der Wappenkunst allerdings nicht absprechen, da der Gebrauch vieler derselben bekannt altherkömmlich ist und bisweilen sogar zweckmäßig erscheint. — Umsoweniger aber dürfte ein Tadel begründet sein, wenn sie mit den übrigen heraldischen Attributen, in Bezug auf Styl, Größenverhältniß und Zeichnung, möglichst in Einklang gebracht werden, auf das strengste mit ihnen harmoniren, und „echt heraldisch" gegeben sind. —

Alle übrigen späteren, größtentheils sach- und zweckwidrigen Anhängsel der reinen, unverdorbenen Ur-Heraldik, die ohnehin stets nur zur falschen Auffassung, zum schlechten Verständnisse oder zur unrichtigen Anschauungsweise redlich das Ihrige beitrugen, und beziehungsweise den wissenschaftlichen Werth der Sache jederzeit schmälerten, alle diese heraldischen Nullitäten erscheinen nicht nur ganz überflüßig, sondern sollten sammt und sonders aus dem Bereiche der echten, wahren Heroldskunst für immer verbannt, und aus der Zahl der wesentlichen Attribute derselben ohne weiters gestrichen werden. —

Die „äußerlichen" Hauptbestandtheile eines vollständigen Wappens haben wir bereits kennen gelernt. — Nur diese vier, in möglichster Kürze historisch und kritisch oben näher beleuchteten Attribute nun nemlich: Schild, Helm, Kleinod und Decken, nebst dem „inneren" Kern der Heraldik, welcher die Lehre von den: Tinkturen, Figuren und Beizeichen umfaßt, — bilden zusammengenommen das eigentliche Wesen der gesammten „lebendigen oder praktischen Heroldskunst". —

Alles, was darüber hinausgeht, gehört mehr oder minder schon in's Gebiet der spätern: bildlichen oder theoretischen Wappenwissenschaft. — Gerade das Nichtbeachten dieses Umstandes aber, und beziehungsweise die Verwechslung dieser beiden Begriffe, hat, namentlich in der Heraldik des Zopfes, sowie in der „modernen" Wappenkunde neuerer und neuester Zeit, die meisten Wirrnisse und auffallendsten Inkonsequenzen hervorgerufen. —

Von Hauptsachen zum „Wesen der Heraldik" erübrigen somit eigentlich nur: die Tinkturen, die Figuren und die Beizeichen, nebst erläuternden Betrachtungen über Blasonirung (Beschreibung der Wappen), Nationalcharakteristik der Wappenkunde und passende Vorschläge zur Verbesserung derselben. — Da es jedoch durchaus nicht in meiner Absicht lag: ein förmliches „Lehrbuch über Wappenwissenschaft" zu schreiben, sondern mit dieser Abhandlung, wie schon der Titel besagt, nur das „allgemeine Wesen" der ganzen Heraldik einer näheren, bisher noch nicht dagewesenen, kritischen Beleuchtung unterzogen werden sollte, hauptsächlich zum Zwecke einer neuen, wissenschaftlicheren Anschauungsweise, einer sachgemäßen Regeneration der alten Heroldskunst, und um damit deren Zurückführung auf ihre originelle Einfachheit und Reinheit zu veranlassen, — so dürfte es wohl um so eher genügend erscheinen, über Tinkturen, Figuren und Beizeichen ebenfalls nur „allgemeine" Bemerkungen zu weiterer Erörterung hier aufzuführen. — Eine speziellere Behandlung der genannten Gegenstände aber mag einer großen, eigentlichen Wappen-Lehre oder etwa auch einem allgemeinen heraldischen Codex vorbehalten bleiben, welche unter steter Hinweisung auf die betreffenden Originalien die Sache nur mit wissenschaftlicher Ausführlichkeit erledigen dürfen, wenn sie alle frühern derartigen Werke entbehrlich machen, oder doch wenigstens in Hintergrund stellen sollen. — Nur solchen vollständigen und vollkommenen Werken über die gesammte Wappenwissenschaft also kann es überlassen sein: durch fleißigere Bearbeitung des gegebenen Feldes, hierüber weiter sich auszubreiten. —

Allgemeine Bemerkungen jedoch mögen vorzugsweise deßhalb hier einen Platz finden, weil sie maßgebend sein dürften für eine gewisse Norm, nach der allein künftighin die besagten Gegenstände aufgefaßt, wissenschaftlich erläutert und abgehandelt werden sollen; — auf welche Norm sich dann überdieß jede noch so weitläufige Bearbeitung zurückführen lassen muß, wenn ihre Schlußfolgerungen natürlich und korrekt genannt zu werden verdienen. —

Wenn wir die vier „äußerlichen" heraldischen Attribute: Schild, Helm, Kleinod und Decken als den heraldischen „Leib" betrachten, dann dürften die drei „innerlichen" Bestandtheile: Tinkturen, Figuren und Beizeichen, um so richtiger die heraldische „Seele" genannt werden, weil erstere ohne diese, unserer Wissenschaft gegenüber, in der That leblos erscheinen. —

Nach Analysirung des heraldischen „Körpers" aber wende ich mich nunmehr zur Untersuchung der „Seele" und beginne mit den Tinkturen. —

IX.

Die Tinkturen.

Ich wählte absichtlich die Bezeichnung: Tinkturen, weil dadurch einerseits die Benennungen: heraldische Farben, Metalle und Pelzwerke, auf kürzere Art in ein einziges Wort zusammengefaßt werden, anderseits aber auch, meiner unmaßgeblichsten Ansicht nach, jegliche Kunst und Wissenschaft die ihr eigenthümlichen, althergebrachten Kunstausdrücke möglichst beibehalten, und wohl zu bewahren trachten sollte — Der bemerkenswertheste Umstand, welcher sich uns bei diesem Abschnitte zuerst in Vordergrund drängt, ist die höchst auffallende Thatsache: daß keine nur immer denkbare Farbennuancirung von den Schilden ausgeschlossen war, so lange nemlich die Bemalung derselben als „willkührlich" bezeichnet werden muß, während von dem Zeitpunkte an, wo diese „heraldisch" wird, ausschließend nur mehr die vier Grundfarben: Roth, Blau, Schwarz und Grün, und die beiden Metallfarben Weiß und Gelb (Silber und Gold) auf den Schilden vorkommen. —

Wenn auch das Weglassen aller sogenannten halben Farben, aller Mischlinge und Nuancirungen ebensowenig plötzlich oder schroff abgeschnitten war, wie der Uebergang von willkührlicher zu heraldischer Schildbemalung, so unterliegt eine gewisse Absichtlichkeit dabei doch keineswegs einem Zweifel. — Schwieriger jedoch dürfte es sein, den wahren Grund hiefür aufzufinden, da ganz kurz vordem jene Farbenmischlinge noch sehr beliebt waren, unmittelbar darauf aber wie es scheint, sogar mit Aengstlichkeit vermieden wurden. — (Man vergleiche sämmtliche Schildtafeln mit genauer Berücksichtigung der beigefügten Jahreszahlen.) —

Genug für uns, daß wir heutzutage mit Bestimmtheit sagen können: in der ausgebildeten Heraldik gibt und gab es von jeher nur die vier Farben: Roth (Tafel IX, 1), Blau (Tafel IX, 2), Schwarz (Tafel IX, 3) und Grün (Tafel IX, 4), und die zwei Metalle: Gold (Gelb) (Tafel IX, 6) und Silber (Weiß) (Tafel IX, 7).[1]) —

Möglicherweise verdankt diese ganz passende Einrichtung dem ästhetischen Geschmacke und Farbensinne der Alten ihre Entstehung; denn in der That hätte sich eine eigentliche Heraldik mit der Unzahl von Farbenbastarden, sogar abgesehen von ihrer Unzweckmäßigkeit, gewiß auch sehr schlecht ausgenommen. —

Trotzdem aber gibt es noch immer Heraldiker in allen Landen, die es nicht unterlassen können: Orange, Braun, Rosenroth u. dgl. der heraldischen Tinkturen-Scala beizugesellen. —

Man darf jedoch getrost annehmen, daß derlei Halbfarben niemals auf „heraldischen" Original-Schilden vorkamen. — Sollten dennoch irgendwo solche gefunden werden, so beruht die Sache einfach auf dem natürlichen „Nachdunkeln" oder „Verblassen" der ursprünglich frischen Grundfarbe durch hohes Alter des Originales; so daß z. B. das frühere Roth — rosenfarb oder braun, das ehemalige Gelb — orange, das dereinstige Schwarz — grau erscheint; — was auch in den meisten Fällen zu Irrthümern und Mißverständnissen in dieser Hinsicht Veranlassung gegeben haben mag. — Ueberdieß wird man sich wohl selten in alter Zeit an bestimmte Farbmateriale bei Schildbemalungen strenge gebunden haben, weßhalb z. B. das Rothe, je nachdem man Zinnober, Mennig oder etwas Anderes verwendete, bald

1) Schon in Peter von Suchenwirt's Lob- und Trauergedicht auf den Burggrafen Albrecht von Nürnberg und beziehungsweise bei der dichterischen Beschreibung des kurfürstlich brandenburgischen Wappens (Primisser, Wien 1827, p 23, V. 209—232) kommt bereits folgende Stelle vor, welche ausdrücklich nur „sechs" Tinkturen als „heraldische" bezeichnet. — Dort heißt es nämlich unter Andern:

„Der schilt der was quartiert rain
Mit den pesten varben zwayn
Dy von den „sechsen" chomen sein
Czway quartir klar von perlen rain
Dy ander zway nach zobel var." —

Daß jedoch Schwarz und Weiß (Silber) auffallenderweise hier gerade „die besten zwei Farben von den sechsen" genannt werden, darf keineswegs befremden, noch vielweniger aber etwa gar auf eine förmliche, früher vielleicht wirklich zu Recht bestehende Werth- oder Rangordnung der heraldischen Tinkturen schließen lassen, da jene sicherlich nur schmeichlerische Phrase jedenfalls auf Kosten der Wahrheit beigefügt wurde und auch die unzähligen nicht minder edlen, mächtigen, alten und weitberühmten Häuser zweifelsohne dann ebenfalls alle ausschließend nur bei diesen „pesten zwayn" geblieben wären. —

so und bald anders aussah, ein Umstand, der ebenfalls gewiß viel dazu beitrug, kurzsichtige oder schwache Heraldiker irre zu leiten. — Jedenfalls aber hat der Unterschied von Roth und Purpur, insoferne sie am Schild oder Kleinod vorkommen, zweifelsohne nur auf die letztgenannte Weise sich eingeschlichen. —

Den Widerwillen gegen alle Mischfarben in der Heraldik trieb man nicht selten so weit, daß auch die natürliche und die Fleischfarbe oft umgangen wurden. — Man behalf sich nemlich selbst in diesem Falle mit der Verwendung obiger vier Grundfarben, oder der zwei Metallfarben: Gelb und Weiß. —

So erscheinen in alten Darstellungen: Baumstämme — schwarz, Füchse — roth, Wölfe — schwarz oder roth, Löwen — gold oder gelb u. s. w., niemals aber zur heraldischen Blüthezeit: naturfarben. — Daß bei diesem Verfahren selbstverständlich immer die annäherungsweise ähnlichste Grundfarbe gebraucht wurde, ist wohl natürlich. — Deßhalb erscheint der Hirsch zumeist — roth, ein Fisch oder das Wasser — blau, die Fleischfarbe sogar sehr oft roth. — Der letzteren Nutzanwendung verdanken wir z. B. höchst wahrscheinlich das „rothe" Kindlein im Wappen von Mailand, den „rothen" Judenkopf im Schilde der Juden von Bruckberg in Bayern und die „hochrothen Angesichter" vieler Kleinod-Rümpfe, — gerade zur höchsten Blüthezeit der Heraldik. —

Die Aschfarbe findet sich erweislich nur bei den beiden Geschlechtern: Aschau in Bayern (ein goldener Dreiberg im aschfarbenen Feld) und Osterhausen in Thüringen. (Von Roth, aschfarb und Silber schrägrechts getheilt.) — Man sehe Tafel IX, Nr. 10, woselbst im oberen Theile des Schildes Osterhausen, im unteren Aschau sich befindet.) — Nur hier erscheint diese Farbe ausnahmsweise als „heraldische Feldfarbe"; denn wenn z. B. ein Elephant, ein Esel oder eine Maus aschfarb oder grau vorkommen, so gibt dieß deßhalb keinen Ausschlag, weil die genannten Thiere dann eben ihre Naturfarbe haben. —

Aus demselben Grunde sind auch die zwei Beispiele, welche Rudolphi für das Vorkommen von „Braun" als „heraldische Farbe" anführt,[1]) durchaus unstichhaltig; denn die drei braunen Kugeln der Seligen[2]) in Thüringen, sowie der braune Elephant der Schauer[3]) in der Oberpfalz können ebensogut „naturfarben" sein. — Auf obige Art ließen sich freilich am Ende sogar die rosenrothe und die Orange-Farbe als heraldische Farben rechtfertigen, da jedenfalls natürliche Rosen

---

1) Rudolphi herald. curios., III. Abthlg., pag. 95.

2) Alter Siebmacher P. III, pag. 136.

3) Ibid. P. III, pag. 138.

— rosa und Orangen auch orangenfarb gemalt werden können. — Dem ist aber nicht so, sondern alle derartigen Anwendungen von grau, braun, orange, rosa, lila und dergleichen Mischfarben in der Heraldik gehören in die Kategorie der heraldischen „Naturfarbe“. —

Diese letztere kann daher heutzutage als fait accompli und in sehr vielen Fällen auch als heraldisch, schon von altersher, zu Recht bestehend, keineswegs ganz beseitiget werden. —

Der menschliche Leib, d. h. die menschliche Hautfarbe, Haupt- und Barthaare u. s. w. wurden, bereits in der ältesten heraldischen Periode, gewöhnlich in „Natur-Farbe“ gegeben. — So sehen wir z. B. auf Tafel IX, 9 den alten bartigen Mannskopf der Herren von Bart in Bayern, der in frühester Zeit schon immer „naturfarben“ erscheint. — Wie oben bemerkt, wurden freilich nackte menschliche Theile hie und da auch roth dargestellt, — demohngeachtet aber war erstere Darstellungsweise durchschnittlich doch immer die normale. —

Eine hieher gehörige Rarität ist die sogenannte „Schatten-Farbe“ (ombre, color umbraticus), welche nur durch die blos einfache Contur irgend einer Wappenfigur auf dem heraldischem Farbengrunde gebildet, und deßhalb eigentlich viel besser „Licht-Farbe“ genannt wird, weil dann innerhalb der Umrisse jener Figur der bunte Farbengrund des Feldes durchscheint. — Solche Beispiele dürften jedoch höchst selten sein, und ich muß gestehen, daß mir außer dem Wappen der Barone von Trazegnies in den Niederlanden, welche fünfmal schrägrechts getheilt, von Gold und Blau mit einem Löwen von „Schattenfarbe“, nebst einer rothen, gekerbten Einfaßung führen (Tafel IX, 8), nichts Aehnliches zu Gesicht kam. —

Die Purpur-Farbe, welche wir auf derselben Tafel Nro. 5 sehen, habe ich lediglich aus dem Grunde in das heraldische Tinkturenschema mit eigener Bezeichnung hereingezogen, weil von den äußerlichen heraldischen Attributen einige nur in dieser Farbe erscheinen, so z. B. Chur-, Herzogs- und Fürstenhüte, Wappenzelte, Baldachine, Wappenmäntel u. dgl. — Als Schildfarbe hingegen kann der Purpur willkührlich für Roth gesetzt werden, da es überhaupt vollkommen gleichgültig ist, ob eine rothe Feldfarbe mit Mennig, Zinnober oder Purpur gemalt wird, obwohl auf den Originalschilden die beiden ersteren entschieden den Vorzug hatten. —

Bezüglich des Farbmateriales ist überhaupt als hervorragend zu bemerken, daß bei der wirklichen Schildbemalung stets die grellsten und feurigsten Nuancen der besagten heraldischen Grundfarben gewählt wurden; eine förmliche Normal-Angabe jedoch hierüber zu machen, gehört in's Bereich der Charlatanerie. —

Die heraldischen Metalle: Gold und Silber, hatten nicht blos in der Heraldik, sondern überall seit Menschengedenken, als Substituten: Gelb und Weiß. — Die Sache verhält sich nemlich einfach so: Reichthum und Luxus trugen von jeher Silber und Gold, wo geringere Prachtliebe oder nothgedrungene Einfachheit sich mit Weiß und Gelb behelfen mußte.

Heraldische und vorheraldische Originalschilde setzen diesen Umstand außer allen Zweifel. — Nicht nur schon im ganzen Mittelalter trifft man auf ein und demselben Schilde, und beziehungsweise auch bei ein und demselben Wappen: Gold und Gelb, Silber und Weiß, oft sogar unmittelbar nebeneinander, sondern selbst noch in der späteren „diplomatischen" Heraldik finden sich diese doppelten Bezeichnungen, wie z. B. ein „gelber oder goldener" Löwe, ein „weißer oder silberner" Stern u. dgl., als stereotype Ausdrücke. — So bestätigen überdieß viele Verse aus dem „Turnei von Nantes", deren Inhalt Schildbeschreibungen bilden, die vollkommene Gleichgültigkeit oder vielmehr die entschiedene Willkühr bei Anwendung von Gold, Silber, Gelb und Weiß. — Wir werden daher gut thun, beide Arten gleichberechtigt in der Heroldskunst beizubehalten und die zwei uralten heraldischen Metallsubstituten: Weiß und Gelb, keineswegs zu verwerfen. — Läßt man deßhalb auch heutzutage noch die Tinkturen Gold und Gelb, Silber und Weiß, nach freiem Belieben oder gebotener Nothdurft, sich gegenseitig ersetzen, so dürfte es durchaus nicht gefehlt sein, — für die Blasonirung aber, um deren Gleichförmigkeit und Consequenz niemals außer Acht zu lassen und um den altheraldischen Grundsatz: Farbe nicht auf Farbe, Metall nicht auf Metall, — nicht unverständlich zu machen, — mag, mit möglichster Beseitigung von: Gelb und Weiß, ausschließend die Bezeichnung: Gold und Silber festgehalten werden. —

Die nämlichen Heraldiker, welche uns mit: Orange, Braun, Rosenroth, Blutroth u. dgl., als Zuwachs der heraldischen Tinkturenscala, beglückten, und dadurch die für unsere „moderne" Heraldik leider nur zu oft gebotene Möglichkeit verschafften, förmlich landschaftlich-perspektivische Genre-Bildchen auf die Wappenschilde zu malen, — diese nemlichen heraldischen Kraft-Genies haben als mildthätigen Beitrag zu den Metallen ihrerseits: Kupfer, Zinn, Stahl u. dgl. geliefert, ja man sollte es kaum glauben: es existiren in einigen Werken wirklich „heraldische Bezeichnungen" für diese Metalle. — In ähnlichen phantasiereichen Köpfen tauchte wohl zuerst auch der Gedanke auf: den heraldischen Tinkturen eine gewisse mystische Bedeutung beizulegen. — Alle diese grund- und gehaltlosen Erfindungen müßiger Köpfe oder sentimentaler Speichellecker aber sind absolut zu verwerfen und ich halte es nachgerade unter der Würde einer wissenschaftlichen Abhandlung sie nochmals aufzuwärmen oder nur ein Wort weiter darüber zu verlieren. —

Ohne deßhalb auf derlei Unsinn näher einzugehen, wende ich mich zu einem neuen Gegenstande, der die weitere altwappenmäßige Ausschmückung von Farbe und Metall, sowohl auf Originalschilden, als auch auf Wappenabbildungen, schon in frühester Zeit, zum alleinigen Zweck hatte. — Es war und ist dieß der sogenannte Damast oder die Damaszirung. (Tafel IX, 12 die linke Hälfte.) — Die älteste Periode christlich-mittelalterlichen Kunstlebens liebte es bereits, eintönige Flächen, gleichviel ob Farbe oder Metall, mit konstruktiven oder ornamentalen Conturstrichen zu verzieren, so daß damals schon auf Bildern, plastischen Kunstwerken, in Glas-Malereien, Siegeln sowie auf den wirklichen Schilden solche Muster etwas ganz Gewöhnliches sind. — Die Art und Weise jedoch, wie man sie hervorbrachte, war wesentlich verschieden; denn wenn auch auf gemalten Originalschilden und Tempera-Bildern das einfache Einkratzen dieser zumeist schwarzkonturirten Striche oder Laub-Ornamente eine bekannte Sache war, so lernten wir dagegen oben bei den „gestückten" Schilden eine höchst originelle und ganz eigenthümliche Manier kennen, auf welches mehr „plastische" Verfahren bei Herstellung des heraldischen Damastes oder der sogenannten Damaszirung ich hier wiederholt hinweisen muß. — Wir sehen nemlich bei jenem Prachtschilde des Landgrafen Heinrich von Hessen die Damaszirung des blauen Feldes dadurch hervorgebracht, daß der blaubemalte, vielfach durchbrochene Ueberzug des Schildes, eine reiche Goldunterlage durchblitzen läßt. — (Man vergleiche Tafel V, 2.) —

Wie dort zufällig entstanden, durch die Umrisse der Laub- und Ungeheuer-Ornamente, so konnten aber ebensogut auf andern Schilden diese Durchbrechungen in bestimmter, eigens für sie berechneter Zeichnung gemacht werden. — Selbstverständlich galt es hiebei gleichviel: ob ein Metallfeld (Gold oder Silber) mit Farbe oder umgekehrt, wie oben, ein Farbenfeld mit Metall damaszirt wurde; denn in der Praxis wird eben bei ersterem der ganze Unterschied nur darin bestanden haben, daß in diesem Falle der Gold- oder Silber-Ueberzug des Schildes aus seinen Durchbrechungen dann eine beliebige rothe, blaue oder schwarze Unterlage durchscheinen ließ. —

Da jedoch die luxuriösere und kostbare „Stückung" der Schilde, wie schon beim Abschnitte von den Schilden bemerkt wurde, viel seltner war als die Bemalung, erstere überdieß im Laufe des XV. Jahrhunderts ganz verschwindet, so kann man mit ziemlicher Sicherheit annehmen, daß auch die plastische Darstellungsweise des heraldischen Damastes keineswegs so häufig vorkam, als wie jenes einfache Einkratzen der Damastmuster in den weichen, einer Bolusmasse ähnlichen Kreidegrund der Schilde. — Hiebei wurden dann vermuthlich die Conturen, wenn sie auf Metall (Gold oder Silber) vorkamen, bisweilen schwarz ausgestrichen, — auf farbigen

Feldern hingegen: manchmal vergoldet oder versilbert. — Sehr oft vielleicht mag auch beides unterlassen worden sein. —

Noch leichter ließen sich heraldische Damaszierungen auf gewirkten Stoffen, auf Wappen-Leibröcken u. dgl. darstellen, und sehen wir eines der schönsten Beispiele hievon auf jenem Grabsteine des Ritters Guy Bryan, † 1391, in der Marienkirche zu Tenkersbury, in der Grafschaft Glocester. — Daß derartige Stoffe namentlich in Frankreich und England gefertiget wurden, dortselbst sogar einen eigenen Fabrikationszweig bildeten, und ursprünglich von der Stadt Ypern dyspré oder diaspré genannt worden seien, habe ich oben schon einmal in Erinnerung gebracht.[1]) —

Nachstehend sieht man die Details von vier heraldischen Damast-Mustern älterer Zeit. — Das erste ist von einem französischen Originalschilde, welcher beiläufig dem Ende des XIII. Jahrhunderts angehört; — das zweite und dritte sind die Details vom Schilde des Robert de Vere, Herzogs zu Oxford, † 1221, den wir auf Tafel XXXVI, 2 sehen;[2]) — das vierte endlich ist vom Leibrock des obengenannten Ritters Guy Bryan genommen. —

In Conrad von Grünenberg's Wappenbuch, also auch auf älteren Wappen-Darstellungen, sehen wir ebenfalls einige sehr schöne und originelle Damast-Dessins.[3]) — Ueberall in ältester und alter Zeit aber galt es gleichviel: ob ein lediges Feld oder eine wirkliche Heroldsfigur damasziert wurde, ob ein Feld leer oder mit einer, zwei oder mehreren Figuren belegt war, d. h. bei heraldischer Damaszierung wurde auf solche Dinge durchaus keine Rücksicht genommen — Ja im Gegentheile sogar finden sich viele eintönige Heroldsfiguren, wie z. B. die Raute der Grafenegg, der Frauenbergische Pfahl u. dgl., in frühester Periode schon

1) v. Hefner-Alteneck Trachtenwerk II. Abthlg., tab. 10, Text pag. 59 u. 60. —

2) Düsseldorfer-Kostümbuch tab. XLIII. —

3) Ein paar derselben habe ich auf Tafel XXXIII a und b in den leopoldstädtischen Muster-Wappen, und zwar absichtlich in der Art gegeben, daß der Damast abwechslungsweise bald auf der Farbe der Figur, bald am Metall des Feldes erscheint, damit man von der völligen Gleichgültigkeit dieser Sache augenfällig und hinreichend überzeugt werde, sowie einigermaßen sich daran gewöhnen möge! —

damaszirt, — und im Grünenberg sehen wir mehrere Schilde mit Damast überzogen, obwohl sie eine oder mehrere Figuren enthalten. — An sämmtlichen älteren Glasmalereien (Wappen) trifft man so ziemlich das Ausgezeichnetste in dieser Art, indem, wie es scheint, gerade bei Glasgemälden die meiste Liebe und der größte Fleiß auf Herstellung der heraldischen Damaste verwendet wurde. — Ueberdieß fanden sie in solchen durchschnittlich auch die *häufigste* Anwendung. —

Begreiflicherweise war der ornamentale Grundcharakter und die Stylisirung der heraldischen Damaste im Laufe der Zeit, d. h. nach der jeweilig herrschenden Architekturform, sehr erheblichen Veränderungen unterworfen. — Besonders hervorzuheben ist namentlich: daß in ältester Zeit eine mehr *konstruktive*, in späterer dagegen eine mehr *ornamentale* Behandlung vorherrschend blieb. — Sowie die Renaissance- und Zopfperiode auch diese Sache wieder redlich in ihrem Sinne ausbeuteten. —

Wie aber in neuester Zeit bisweilen solche altheraldische Damaszirungen aufgefaßt und verstanden wurden, davon liefern uns Tyroff in seinem Wappenbuch des gesammten bayerischen Adels und Herr von Wölkern in seinen Erläuterungen dazu beim Wappen der Herren von Quentel jedenfalls die glänzendsten Beweise. [1]) —

Das Damastdessin, welches wir auf Tafel IX, in der linken Hälfte von Nr. 12 sehen, gehört zwar einer viel späteren Zeit an, als die obigen vier Muster, kann aber demohngeachtet noch als gutes Vorbild gelten. —

Eine förmliche Rangordnung der heraldischen Tinkturen gibt es nicht, d. h. eine jede ist soviel werth wie die andere, und Gold z. B. darf man keineswegs höher schätzen als Schwarz, oder Silber höher als Blau u. s. w. —

Dagegen läßt sich allerdings eine gewisse Vorliebe für diese oder jene Tinktur, schon zur ältesten Zeit, in der Heraldik nicht bestreiten. — Das „weithin leuchtende, brennende" *Roth* findet sich jedenfalls am häufigsten, und es erklärt sich dieser Umstand nur aus der besonderen Bevorzugung grell-stechender und „schreiender" Farben zu allen kriegerischen Zwecken, schon im grauesten Heidenthume. — Zweifelsohne muß hierin allein auch die Ursache für das thatsächlich seltenere Vorkommen des „weichen und sanften" *Grün* gesucht werden, da ein stichhaltigerer Grund hiefür wohl schwerlich ausfindig gemacht werden dürfte. — So gab es auch bereits von jeher schon eine gewisse *nationale* Vorliebe für einige heraldische Farben, so daß z. B. die Franzosen und die Welschen etwa: Blau und Gold, die Deutschen hingegen: Roth und Schwarz, die Engländer hie und da wieder: Blau und Roth u. s. f.

---

1) Tyroff bayer. Wappenbuch III. Bd., tab. 85. — v. Wölkern III. Abthlg. pag. 229 u. 230, Nro. 170, Anmerkung a. —

einigermassen in ihren Wappen zu begünstigen scheinen; — ein sehr merkwürdiger Umstand, der sogar bis auf den heutigen Tag noch seine Geltung hat, wesshalb ich weiter unten im Abschnitte XIV, welcher von der nationalen Charakteristik der Heroldskunst im Allgemeinen handelt, wiederholt darauf zurückkommen werde. —

Anbelangend die Stellung der heraldischen Tinkturen zu einander, so berufe ich mich bezüglich der alten Heroldsregel: „Farbe nicht auf Farbe, Metall nicht auf Metall“, ganz auf Gatterer's Begründung derselben, welcher sie lediglich dem allgemeinen Schönheits- und Farbensinne zuschreibt, dem zumeist die Stellung von Farbe auf Farbe, oder von Metall auf Metall, widerlich erscheinen mochte. —

Dagegen sind die Erklärungen eines Rudolphi oder Siebenkees, welche von goldenen, silbernen oder metallenen Schilden, als den heraldischen Grund bildend, von den Farben aber als aufgetragenem Email phantasiren, schon desshalb ganz unsinnig: weil es niemals „heraldische“ Schilde von Gold, Silber oder Erz gab, noch weniger aber je die heraldischen Farben durch „Emaillirung“ aufgetragen wurden. —

Der Ausdruck oder die Benennung „Schmelzwerk“, wie man nicht selten auch in heraldischen Lehrbüchern die Tinkturen bezeichnet findet, ist aus dem nämlichen Grunde absolut zu verwerfen. —

Wenn auch gewiss in den weitaus meisten Fällen zur Entstehung sogenannter „Räthsel-Wappen“ nur leidige Missverständnisse des Abtragens, Verblassens und Nachdunkelns durch hohes Alter der Originalschilde u. dgl. Veranlassung gaben, so bleibt doch immerhin umumstössliche Wahrheit, dass sowohl schon vor den ersten heraldischen Urkeimen, als auch zu allen Zeiten auf Wappen zahlreiche Ausnahmen von obiger Regel gefunden werden, d. h. dass sehr viele Originalschilde mit Farbe auf Farbe, oder mit Metall auf Metall wirklich vorkamen. —

Man darf desshalb keineswegs glauben: es seien die Alten in diesem Punkte übertrieben ängstlich gewesen. — So sehen wir bereits am Originalschilde Ludwig VII. des Frommen (nach einer gleichzeitigen Miniature) ein rothes Kreuz im blauen Felde (Tafel XXXVI, 1); und in sehr vielen Fällen liess sich, mit dem besten Willen sogar, obige Regel nicht aufrecht halten. —

Wesshalb man aber dann derartige Wappen: „Räthsel-Wappen“ nannte, ist mir bis jetzt wirklich ein Räthsel geblieben. —

Mit dem ersten Auftreten heraldischer „Literatur“ kamen, als eine natürliche Folge, zugleich auch jene Bezeichnungen der heraldischen Tinkturen in Aufnahme, die man bei unbemalten Wappen-Abbildungen nothwendig haben musste. —

Im Anfange geschah diess mittelst der Planetenzeichen, und zwar so, dass:

15*

Gold mit ☉ Sonne, — Silber mit ☽ Mond, — Roth mit ♂ Mars, — Blau mit ♃ Jupiter, — Schwarz mit ♄ Saturn, — Grün mit ♀ Venus und Purpur mit ☿ Merkur bezeichnet, und dann auch im Blasoniren so genannt wurden. — In der altenglischen Heroldskunst war es jedoch Sitte, die heraldischen Farben nur dann nach den Himmelskörpern anzusprechen, wenn souveräne Wappen blasonirt wurden. — Bei den Wappen des hohen Adels hingegen bediente man sich der Edelstein-Namen: Topas, Perle, Saphir, Rubin, Smaragd, Diamant, Amethyst, Hyazinth und Sardonyx. — Blos auf die Schilde des niedern Adels also fanden die gewöhnlichen, jedenfalls aber die natürlichsten und vernünftigsten Bezeichnungen Anwendung. — Sämmtlich von den Franzosen überkommen, hießen sie: Or, Argent, Azure, Gules, Vert, Sable und Purpure. —

Um wieder auf die heraldischen Tinkturen-Bezeichnungen zurückzukommen, so begegnen wir in nächster Folge den Anfangsbuchstaben. — So z. B. bedeutet im alten Siebmacher g gelb oder gold, — w weiß, — b blau, — r roth, — das laubförmige Zeichen ♤ grün, — Þ purpur, — s schwarz. — Letzteres jedoch findet sich nicht selten auch durch eine beliebige Schraffirung ersetzt oder noch öfters mit Schwarzdruck bezeichnet. — Im sechsten Bande aber und in sämmtlichen Supplementen obengenannten Werkes sehen wir schon ausschließend nur mehr die sogenannte: Schraffirung. —

Nach Einigen soll nemlich Jakob Francquart in seinem Buche: „Pompa funebris Alberti Pii Austriaci, Brüssel 1623"; der Erste gewesen sein, der die Bezeichnung der heraldischen Farben mittelst Schraffirung in Anwendung brachte. — Nach Andern sollen Petra Sancta und Colombière diese Erfindung ziemlich gleichzeitig, nur an verschiedenen Orten gemacht haben. — Die erste Hälfte des XVII. Jahrhunderts kann jedoch mit Sicherheit als der Zeitpunkt bezeichnet werden, wo die Schraffirung in allgemeine Aufnahme kam. — Noch mehrere Heraldiker, welche diese Ehre damals für sich beanspruchen wollten, gaben eben blos den Strichen eine andere Richtung. —

Heutzutage aber hält man sich in allen Ländern ausschließend an das System Colombières und Petra Sanctas. —

Nach diesem wird Roth mit senkrechten, Blau mit horizontalen, Schwarz mit senkrecht und horizontal gekreuzten, Grün mit schrägrechten und Purpur mit schräglinken Strichen oder Linien bezeichnet. — Punkte bedeuten Gold, und eine leer gelassene Fläche: Silber. — (Man sehe Tafel IX, 1—7.) —

Wohl zu bemerken ist jedoch: daß sich selbstverständlich die Lage der Linien immer nach der Stellung des Schildes richten müsse, widrigenfalls eine heillose

Verwirrung und unzählige Irrthümer, so zu sagen, unvermeidlich scheinen.[1]) — Herr Dr. O. T. v. Hefner in seinem allgemeinen Wappenbuche bezeichnet auch im Texte, d. h. bei der Blasonirung, Schwarz mit #. —

Viele neueren Wappen-Virtuosen haben in einigen heraldischen Lehrbüchern ihr: Orange, Braun, Stahlfarb, Blutroth, Kupfer u. dgl. mit allen möglichen Kreuz-, Quer- und Zickzackstrichen gegeben. — Von diesen Bezeichnungen aber gilt folgerecht alles das, was oben schon von jenen Farben selbst bemerkt wurde, d. h. sie fallen demnach, was jedenfalls am besten ist, von selbst weg. —

Ueberhaupt sollten bei plastischen (monumentalen) Wappendarstellungen alle heraldischen Farbenbezeichnungen durch Schraffirung u. dgl., als unschön und den Gesammteindruck wesentlich störend, möglichst vermieden werden. — In einem solchen Falle muß immerhin der wirklichen Bemalung entschieden und unbedingt der Vorzug eingeräumt werden, und zwar dieß umsomehr, weil gerade die Glanzepoche christlich-mittelalterlichen Kunstlebens, welche ja auch die höchste Blüthezeit der Heraldik ist, die überaus geschickte und so geschmackvolle Verbindung der Malerei mit der Plastik als einen Haupt-Charakterzug an sich trägt. — Dagegen finden wir schon in der frühesten heraldischen Plastik, auf Grabsteinen, Siegeln u. dgl., sowie beziehungsweise bei Tingirung von Feldern, Theilungen, Schnitten u. s. w., bald die Farbe erhöhet und das Metall vertieft, bisweilen auch umgekehrt: das Metall erhöhet und die Farbe vertieft dargestellt. — Ebenso aber hielten es die Alten mit jener ältesten damastartigen Schraffirung in ihren plastischen Wappenabbildungen, so daß man Originale trifft, auf denen das Metall schraffirt oder damaszirt, und umgekehrt wieder solche, auf welchen die Farben also erscheinen. — Wie man sieht, wurde auch hiebei keine bestimmte Regel festgehalten, noch weniger aber der Sache irgend eine Bedeutung zu Grunde gelegt, weßhalb alle etwaigen Aufstellungen in einem anderen Sinne, als völlig gehaltlos bei Seite gelassen werden mögen. —

Ein großer Verstoß gegen heraldisches Gefühl und heraldischen Schönheitssinn sind nicht minder: mit Farben überladene Wappen. —

Zwei, höchstens drei solche auf einem Schilde vereiniget, trifft man in der

---

1) Als „versus memoriales", d. h. um die obigen Tinkturenbezeichnungen besser im Gedächtnisse zu behalten, führt Dr. Teier in seiner „Einleitung zur Wappenkunst" noch folgende lateinische Verse an:

„Aurum puncta notant, argentum absentia signi,
Linea stans rubeum, caeruleumque jacens.
Descendit viride in laevam, quo purpura surgit,
Cumque jacens stanti linea mixta, nigrum est." —

(III. Cap. pag. 44.) —

„guten" Zeit. — Auch Dr. Trier bezeichnet das Wappen der lothringischen Familie de Combles, welches alle sechs Tinkturen: Roth, Blau, Schwarz, Grün, Gold und Silber, in sich vereinigt, als eine außerordentliche Seltenheit. [1] — (Tafel XLIV, 14.)

Unsere modernen Herolde aber fabriziren nur zu gerne Harlekinsjacken, ein arger Verstoß gegen alles heraldische Wesen. —

Die meisten Heraldiker rechnen zu den Tinkturen auch die heraldischen „Pelzwerke" oder das „Rauchwerk" (fourrures, doublures). — Andere zählen solche zu den „gemeinen Figuren", und zwar zu den „natürlichen". — Erstere Ansicht halte ich unzweifelhaft für die richtigere, da die Pelz- oder Rauchwerke in allen ihren Eigenschaften, in Hinsicht ihres Vorkommens sowohl, als auch in Bezug auf die Art und Weise ihrer heraldischen Anwendung genau mit den Tinkturen übereinkommen, diese sehr oft theilweise ersetzen, ja sogar nicht selten ganz deren Stelle vertreten. —

Ihr ungemein häufiges Erscheinen auf wirklichen Original-Schilden in natura, dessen ich bereits im Abschnitte der Schilde, und dort beziehungsweise bei der „Stückung" derselben ausführlicher gedachte, bestätiget nicht minder ihren innigen Zusammenhang mit den heraldischen Tinkturen, und zwar schon zur ältesten Zeit. — Vorzüglich jene Pelzarten aber, welche heutzutage zumeist nur mehr als Putz des schönen Geschlechtes dienen und fast ausschließend von zarten Frauen und Mädchen getragen werden, namentlich diese Gattungen haben vordem den gewichtigen Heerschild so manches tapfern Degen, den Mantel so manches mächtigen Dynasten geziert. —

Aus verschiedenen triftigen Gründen jedoch kann man vernünftigerweise nur jene heraldischen Pelzwerke als solche gelten lassen, die ebensogut wirklich, d. h. mit natürlichem Pelze dargestellt werden konnten. — Daß somit alle blos „symbolischen" Pelzwerke, d. h. jene Heroldsfiguren oder Schnitte, die blos wegen ganz entfernter und rein zufälliger Muster-Aehnlichkeit, nach irgend einem Pelzwerke etwa nur benannt wurden, — durchaus nicht hieher gehören, versteht sich wohl von selbst. — So habe ich z. B. in Betreff von Feh und Gegenfeh (vair et contre-vair ou vairé et contre-vairé) dieses Thema schon ein paarmal in Anregung gebracht und muß auch hier wieder ausdrücklich auf dort sowohl, als auch ganz besonders auf den weiter unten folgenden Abschnitt XI., der ausschließend nur von den heraldischen Eisenhütlein und Wolken handeln wird, verweisen. —

In der wahren und echten Urheraldik darf man deßhalb nur dreierlei Pelz- oder Rauchwerke anerkennen. — Diese drei Gattungen aber sind:

---

1) Dr. Trier Einleitung zur Wappenkunst III. Cap. pag. 44. —

1) der Hermelin,

2) der Gegenhermelin und

3) die gemeine Kürsch, Grauwerk, Kleingrau oder auch wohl Kleinspalt genannt.

In deutschen Wappen ist das erste höchst selten, das zweite kommt gar nicht vor, während hingegen das letzterwähnte, zwar auch nicht gerade sehr oft, jedoch allerdings weit häufiger vorkommt, als die beiden Erstgenannten. —

In Frankreich, Italien, Spanien, Portugal und ganz besonders in England haben wir gerade das Gegentheil. — Man findet nemlich in diesen Ländern eine derartige Ueberladung der Wappen mit Hermelin und Gegenhermelin, daß auf drei Wappen sicherlich eines mit Pelzwerk trifft. —

In England scheint diese Liebhaberei in eine förmliche Manie ausgeartet zu sein; denn man könnte sich die Pelzwerk-Litanei, welche uns bereits John Bossewell vor Augen führt, sonst wohl kaum erklären. — Dort sehen wir nemlich nicht weniger als zehnerlei, sage: zehnerlei heraldische Pelzarten.[1]) — Der Sonderbarkeit wegen habe ich ihnen sogar eigens eine Tafel (XXXI) gewidmet. — Wie wir bemerken können, sind diese zehn heraldischen Rauchwerke fast sämmtlich nur symbolischer Natur; — sie haben jedes seinen eigenen Namen und sind von verschiedenstem Ansehen und mannigfaltigster Zusammenstellung, — wie man sie außer Alt-England wohl nirgends und zu keiner Zeit in der Heraldik kannte. —

Hier folgen nunmehr ihre Benennungen, auf den Tafeln ihre Zeichnung. —

Tafel XXXI, 1) „He beareth Ermine and not Argent." — (Hermelin.) —

" " 2) „Lituits skin" — (Haut oder Fell) in der Heraldik: „argent." —

" " 3) „The third doubling, is called Ermines." — (Gegen-Hermelin.) —

" " 4) Dieses heißt: „properly Ermines", nur daß auf jeder Seite der Schwänzchen ein rothes Haar sich zeigt. —

" " 5) Gold mit schwarzen Schwänzchen ist genannt: „Erminoys". —

" " 6) Schwarz mit goldnen Schwänzchen ist genannt: „Pean." —

" " 7) Ist genannt: „Verrey" und wird Silber und Blau oder Blau und Silber tingirt. — Wo die Sache zweifelhaft — hat das Metall den Vorrang. —

---

1) John Bossewell armuir. Pars I, pag. 75—77 u. pag. 112. —

Tafel XXXI, 8) Wird genannt: „Verry", Gold und Grün oder Grün und Gold. — Man setzt Metall immer voraus. —

„ „ 9) Genannt: „Vaire", und hat alle Farben außer den vorgenannten zwei (Blau und Grün). — Man sagt: „He beareth vaire of Argent, Gules, Or and Sable." —

Unter den bisher genannten neunerlei Gattungen steht noch die ausdrückliche Bemerkung: daß vom besten Stamme das nobelste Wappen keines (dieser Pelzwerke nemlich) tragen wird, außer „Ermine" und „Argent". — Und in der That muß ich wenigstens zur Ehre der „modernen" englischen Heraldik gestehen: daß man heutzutage wirklich nichts mehr von all diesem unsinnigen Kram auf englischen Wappen antrifft. —

Bei 10 (Tafel XXXI) endlich liest man: „He beareth Meirre Argent and Azure." — Von den ältern Herolden auch: „varry cuppe" oder „varrey tassa" genannt. — Höchst wahrscheinlich sind die französischen: „vaires coupés" darunter verstanden. —

Wenn auch diese krasseste Pelzwuth verschwunden, so findet sich nichts destoweniger noch manches Exempelchen englischer Hermelin-Vorliebe. — Daß nemlich letztere auch auf die neuenglische Heroldskunst überging, ersehen wir zur Genüge schon aus Lodges Peerage, wo selten ein Wappen ohne Hermelin-Anwendung getroffen wird. — So sind z. B. mit Hermelin bekleidete Schildhalter daselbst durchaus keine Seltenheit. —

Es gehört sogar einigermaßen zur nationalen Charakteristik alt- und neuenglischer Heraldik: daß in ihren Wappen nichts häufiger gebraucht wird, als der Hermelin, welcher in allen seinen nur immer möglichen Ab- und Unterarten, in allen seinen denkbaren Variationen schon in sehr alter Zeit bis zur Uebertreibung vorkam. — Es gab und gibt nichts, was die englischen Herolde und Heraldiker nicht mit Hermelin bezogen hätten. — Lebende und todte, natürliche und künstliche Wappenfiguren, sowie die Herolds- oder Ehrenstücke aller Art erscheinen in Hermelin. — Man sehe nur im John Bossewell, in Lodges Peerage u. a. a. O. — Während z. B. im Ersteren nicht nur Schachthürme (Rocs) [1]), Wolken und als Kleinod sogar ein Schwein [2]), sondern auch allerlei Schnitte, Heroldsfiguren, Thiere, Geräthschaften u. dgl. von Hermelin vorkommen, findet sich dagegen im Letzteren sogar einmal: Pelz auf Pelz, d. h. Hermelin auf Feh (denn die Eisenhütlein haben bei den Engländern diese Bedeutung). —

---

1) Tafel XXXI, 12 und im John Bossewell armoir. B. 1, pag. 82. —

2) Ibid. B. III, pag. 8 u. 58. —

Diese heraldische Curiosität bildet nemlich das Schildeshaupt des ersten und vierten Feldes im Wappen der Barone Willoughby de Broke (Vernoy) Creation. By writ 1492. — (Tafel XXXI, 11.) —

Sogar die altenglischen Herolde selbst trugen ein Amtskleid ganz von Hermelin, was wir mit Bestimmtheit aus einer altväterlichen Allegorie, und namentlich aus dem betreffenden Texte dazu, bei John Bossewell in Erfahrung bringen.[1]) —

Wenn auch nicht gerade in so hohem Grade wie bei den Engländern, so trifft man dennoch auch bei Franzosen, Spaniern, Portugiesen und Italienern eine mehr oder minder ähnliche Vorliebe für Hermelin und Gegenhermelin. — Man darf übrigens nur beliebige Costüm- oder Trachtenwerke nachschlagen, um sich auf den ersten Blick zu überzeugen, daß jene Bevorzugung des Hermelins auf Wappenschilden mit den Kleidermoden innig zusammenhing, d. h. daß hier wie dort und ganz besonders in allen westlichen Ländern ein großer Luxus mit Hermelinpelz getrieben wurde. — Doch wurde jener Luxus damals noch keineswegs so weit ausgedehnt, daß auch „Bürgerlichen" das Tragen von Hermelin verstattet gewesen wäre, da bekanntlich die strengsten Gesetze einen rechtmäßigen Gebrauch aller edlen Rauchwerke überhaupt nur den „Edelgebornen" zusprachen.[2]) — In der That macht es sich heutzutage fast lächerlich mitunter sogar „Theaterprinzessinnen" und „Israels Töchter" in einem erborgten Staate prunken zu sehen, der vernünftiger Weise nicht einmal dem niederen Adel, sondern ausschließend nur den höchsten Dynasten gebühren sollte. —

Kleider, Ueberwürfe, Mäntel, Helm-, ja sogar ganze Pferds-Decken von Hermelin, waren bei den Nationen des Westens etwas ganz Gewöhnliches, indessen der bescheidene Deutsche hiebei viel sparsamer zu Werk ging. — Wo nemlich Engländer und Franzosen: Hermelin, Zobel u. dgl. kostbare Pelze trugen, da begnügte sich der Deutsche mit seinem Katzen- oder Fuchspelz, und wenn er etwas Außerordentliches leisten wollte, dann schwang er sich höchstens bis zum „schwamblein Kürsen". —

Hierin und blos hierin allein ist daher wohl der Grund zu suchen, warum die Westvölker nur die erstgenannten zwei Pelzarten: Hermelin und Gegenhermelin, die dritte: die gemeine Kürsch, fast niemals, — die Deutschen dagegen beinahe ausschließend die letztere Gattung, die beiden ersteren aber höchst selten oder gar nicht in der Heraldik anwendeten. —

Die heraldische Darstellungsweise von sämmtlichen drei Arten Rauchwerk sieht man auf Tafel IX und zwar Nr. 11 rechts (vorne) Hermelin, links (hinten)

---

1) John Bossewell armoir. B. I, pag. 133. —

2) v. Hefner-Alteneck Trachtenwerk. Einleitung pag. 21 u. a. v. a. O.

Gegenhermelin; Nr. 12 aber zeigt in seiner rechten (vorderen) Hälfte die heraldische Darstellung des gemeinen Rauch- oder Pelzwerkes. —

Bemerkenswerth dabei ist, daß schon in frühester Periode der Heroldskunst diese Darstellungsweisen mit wenig Modifikationen ausschließend im Gebrauche waren. — Sowohl die Zahl der Schwänzchen (Sprenkeln, Flecken, mouchetures) bei Hermelin und Gegenhermelin, als auch die Reihen der schuppenartigen Haarspitzen beim gemeinen Pelzwerk wurden, wenigstens zur Blüthezeit der Heraldik, niemals gezählt. — Da man unter Hermelin nur einen weißen Pelz mit schwarzen Schwänzchen, unter Gegenhermelin aber einen schwarzen Pelz mit weißen Schwänzchen verstand, so ist damit keineswegs gesagt, daß ersterer in seiner natürlichen oder wirklichen Anwendung auf Originalschilden u. a. a. O. immer der echte, eigentliche Hermelin war, umsomehr als man damals schon die heutzutage noch übliche Fälschung (Imitation) des Hermelins sehr wohl kannte. —

Bezüglich der „gemeinen Kürsch" geht meine unmaßgebliche Meinung dahin, daß man hiezu eben alle möglichen, d. h. die verschiedensten ordinären Gattungen des Rauchwerkes verwendet und beziehungsweise dann auch unter diesem allgemeinen heraldischen Kunstausdrucke verstanden habe; — weßhalb die Namen: Kleingrau, Grauwerk, dehwamblein Kürsen oder Kleinspalt, jeder in seiner Art, richtig sein können. — Die heraldischen Darstellungsweisen des gemeinen Rauchwerkes sehe man auf Tafel XXVI, 6 beim Wappen derer von Jarsdorf in Franken, sowie auf Tafel IX, 12 in der vorderen (rechten) Hälfte. —

Pelzwerke sind „amphibisch" sagten die älteren Heraldiker, und was sie damit ausdrücken wollten, hat auch seinen richtigen Grund. —

Anbelangend sämmtliche Rauchwerke nemlich tritt der Satz: „Farbe nicht auf Farbe, Metall nicht auf Metall", selbstverständlich vollkommen außer Wirksamkeit, d. h. man kann jedes Pelzwerk beliebig auf Farbe oder Metall setzen, ohne gegen obige heraldische Regel zu verstoßen. —

Alles Rauch- oder Pelzwerk hat also in dieser Hinsicht, wie man will, Bedeutung von Farbe oder Metall und ist somit: „amphibisch". — Daß überdieß die beiden heraldischen Tinkturen: Schwarz und Weiß (Silber) auf Originalschilden in älterer Zeit durch Stückung mit schwarzem oder weißem Pelze gegeben wurden, habe ich bereits näher besprochen und verweise deßhalb auf den Abschnitt, der von „Stükkung" der Schilde handelte. —

Bis hieher von den „heraldischen Tinkturen". — Schlüßlich muß ich noch bemerken, daß es Fälle gibt, wo eine „Tinktur" zur „Figur" wird. —

Wenn nemlich ein irrig sogenannter „lediger" Schild, von Farbe, Metall oder Pelz, das vollständige Geschlechtswappen irgend einer Familie bildet, in einem solchen Falle vertritt dann jene Tinktur allein (gleichviel ob Farbe, Metall oder Pelz) vollkommen die Stelle einer *eigentlichen heraldischen Figur*. — So sehen wir z. B. auf Tafel XXXVII, 1, 2 u. 3 die Geschlechtswappen der Häuser: Albret in Frankreich, Hertenstein in Deutschland und Rubei in Florenz, bestehend aus einem *ganz rothen*; — der Geschlechter: Bossenstein in Deutschland, Bandinelli in Italien, Maiorga und Menesis in Spanien mit einem *ganz goldnen*; — der alten Herzoge von Bretagne endlich bestehend aus einem Schilde *ganz von Hermelin*. — Bei ersterem Wappen bildet das *Roth*, beim zweiten das *Gold*, beim dritten endlich der *Hermelin* eine „wirkliche heraldische Figur". —

Dagegen verwarne ich ausdrücklichst vor der Ansicht jener Heraldiker, die da glauben: Rauten, Wecken, Schach, Eisenhütlein u. dgl. echte Heroldsfiguren mehr ins Kapitel der Tinkturen mit hereinziehen zu müssen, weil selbe nicht selten die Funktionen von solchen haben. — (Man vergleiche die Tafeln XXVIII und XXIX, sowie IL, 7.) —

Der Unsinn dieser Anschauungsweise liegt auf platter Hand und es rechtfertigt sich letztere weder durch die Benützung derartiger Heroldsfiguren zum Ueberziehen von Feldern und Figuren, noch durch die grundfalsche Theorie der sogenannten „ledigen" Schilde. —

Ebensowenig können die sogenannten *befiederten* und *gewässerten* oder *gefluthelen* Muster zu den Tinkturen gerechnet werden; — da sowohl natürliche Federn, sie mögen nun regelmäßig oder unregelmäßig übereinandergelegt auf Wappen erscheinen, als auch das die ganze Schildfläche überziehende natürliche Wasser, entschieden in's Bereich der „gemeinen", und zwar der „natürlichen *Figuren*" gehören. — Die erstere Gattung nennen die Franzosen: pennes, von der zweiten sind mir nur die beiden Geschlechtswappen der Plessen in Mecklenburg[1]) und der Aquajo

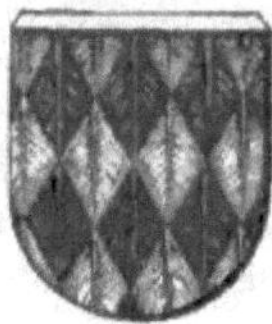

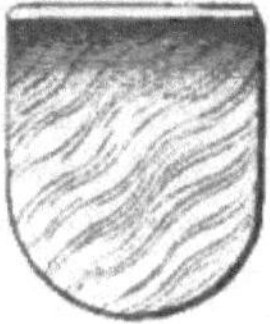

1) Alter Siebmacher P. III, pag. 169. —

in Spanien[1]) bekannt, — letzteres sogar ein auf den Namen anspielendes oder sogenanntes „sprechendes“ Wappen. —

Auch die Fischhaut dürfte hieher zu rechnen sein, wie eine solche von rother Farbe den Zwerchbalken in Silber der bayerischen Grafen von Tattenbach überzieht. (Man sehe Tafel XXVI, 7.) — Derlei heraldische Dessins sind ohnehin von außerordentlicher Seltenheit. —

Nach nunmehriger Erschöpfung des Wesentlichsten über die „heraldischen Tinkturen“ will ich sofort zu den „Figuren“ übergehen. —

I.

Die Figuren.

Sowie die früher abgehandelten „äußerlichen“ Bestandtheile eines Wappens, nemlich: Schild, Helm, Kleinod und Decken, zu dessen „äußerlicher“ Vollkommenheit beitragen, so unbedingt nothwendig zum „inneren“ Wesen eines solchen sind die heraldischen Figuren. — Wenn daher ohne die äußerlichen Bestandtheile ein Wappen nur unvollständig erscheint, so geht dagegen in Ermanglung der letzteren auch der Begriff eines solchen ganz verloren. — Aeußere und innere heraldische Attribute verhalten sich demnach zu einander ohngefähr wie: Rahmen und Bild. — Jene sind nur die Träger von diesen, d. h. erstere bilden die Schale, letztere aber den eigentlichen Kern der Heraldik. — Sie sind, so zu sagen, die Hieroglyphen oder eine Bilderschrift des christlichen Mittelalters zu nennen. —

Daß die meisten heraldischen Figuren und Wappenbilder ihre Entstehung größtentheils einer rein zufälligen Laune oder nur persönlichem Geschmacke verdanken, unterliegt wohl keinem Zweifel und blos die Speichelleckerei späterer Chronisten oder übergelehrte Hypothesensucht konnte darin etwas Anderes suchen oder finden wollen. —

Ebenso verhält es sich mit ihrer Bedeutung, und gerade die ältesten Wappenbilder weisen uns in der Regel keine solche, indessen man sich später und noch bis auf unsere Zeit oft große Mühe gab, alle möglichen Anspielungen auf Namen, Verdienste, Stand oder früher betriebene Gewerbe in die Wappen zu legen und durch die heraldischen Figuren solche dann rebusartig auszudrücken. — Ich muß deßhalb Herrn von Wölkern geradezu widersprechen, weil er in seiner Vorrede den gegentheiligen Satz aufstellt.[2]) —

---

1) Petra Sancta, Tesserae gentilitiae, pag. 153 u. M. S. ex Museis Romanis. —

2) v. Wölkern Vorrede pag. VII. —

Was die Eintheilung der heraldischen Figuren betrifft, so zerfallen sie in zwei große Hauptklassen. Diese sind:

I. Die Heroldsfiguren oder Ehrenstücke.

II. Die gemeinen oder entlehnten Figuren.

Ich möchte noch eine dritte Classe hinzufügen, welche bisher zwar noch in keiner Wappenlehre gesondert aufgeführt wurde, die sich aber demohngeachtet zur Eintheilung in eine dieser beiden Classen nicht wohl eignen dürfte. — Ich nenne diese Classe:

III. Die Marken und Zeichen. —

Die zweite Classe, d. h. die gemeinen oder entlehnten Figuren werden wieder abgetheilt in:

a) natürliche
b) künstliche
und c) erdichtete oder phantastische } Figuren. —

Die Heroldsfiguren oder Ehrenstücke haben von jeher den Heraldikern am meisten zu schaffen gemacht, d. h. schon so mancher Wappenkundige hat sich den Kopf vergebens zerbrochen, eine ganz richtige und zugleich umfassende Definition für sie aufzufinden. — In der That ist es mit einiger Schwierigkeit verbunden, eine solche zu geben, da in der Regel, wenn man auch Alles umfaßt zu haben glaubt, noch immer einige Heroldsfiguren übrig bleiben werden, auf welche die gemachte Definition entweder nicht ganz anwendbar erscheint, oder doch nicht vollkommen passen will. —

Ich werde wenigstens einen Versuch machen, diese Aufgabe einigermaßen zu lösen. —

Zu den Heroldsfiguren oder Ehrenstücken gehören nach meiner Ansicht:

1) Die heraldisch-ledigen, d. h. die ganz leeren, einfarbigen Schilde. —
2) Alle Theilungen oder Zerlegungen eines Schildes durch eine oder mehrere, gerade oder krumme Linien in zwei oder mehrere Farben. —
3) Alle jene flachen (eigentlich körperlosen) figürlichen Wappenbilder, welche ebenfalls nur durch geometrische Abgränzung mittelst gerader oder krummer Linien gebildet wurden, und die also blos durch die Verschiedenheit der Tinktur vom Felde sich abheben. —

Als ein weiteres allgemeines Moment zur besseren Erkenntniß der Heroldsfiguren oder Ehrenstücke im Allgemeinen, mag ferners hier in Erwähnung kommen: daß die meisten von ihnen ausschließend nur in der Heroldskunst Bedeutung haben, d. h. nur in der Heraldik unter den sie näher bezeichnenden Eigennamen (unter den heraldischen Kunstausdrücken) als solche bekannt sind. — Wohl deßhalb blos hieß man sie vorzugsweise: Heroldsfiguren. — Die Benennung „Ehrenstücke" aber erfand die spätere Zeit, weil man die Heroldsfiguren, als einfachste Art der Schildbemalung, nicht ganz grundlos auch für die ältesten heraldischen Bilder hielt. — Obgleich nun zwar nicht geläugnet werden kann, daß natürliche und erdichtete Thiergestalten die früheste „willkührliche" Schildbemalung bildeten, so wird letztere eigentlich doch erst beim Auftreten der Herolds-Figuren „heraldisch", und diese können insoferne immerhin als die ältesten „wirklich-heraldischen" Figuren gelten. —

Nach meiner obigen Definition aber gehören hieher nicht nur die ledigen Schilde und alle denkbaren geometrischen Theilungen des Schildes (die Sektionen) mittelst gerader oder krummer Linien, sowie sämmtliche Kreuze der verschiedensten Gattung, sondern auch alle möglichen, sogenannten „Schnitte", und jene Figuren, die außer der Heraldik nicht also vorkommen oder doch keine ähnliche Bedeutung haben, wie z. B. die Wolken, die Eisenhütlein, die Kugeln oder Ballen, die Ringe, die Rauten, die Schindeln u. s. w. —

Bei den meisten Heraldikern begegnen wir bezüglich der Heroldsfiguren mehr oder minder abweichenden Ansichten, d. h. die Einen unterscheiden sogenannte „ledige Schilde" und wahre Heroldsfiguren oder „Ehrenstücke"; — die Andern sondern wieder viele der letztgenannten Art, z. B. die Ringe, die Ballen, die Rauten, die Schindeln u. dgl. strenge von den eigentlichen Heroldsfiguren ab und rechnen solche vielmehr zu den „gemeinen", und beziehungsweise dann zu den „künstlichen" Figuren; — wieder Andere endlich sprechen von „Schildestheilung" (Sektionen) und von „Herolds-Figuren oder Ehrenstücken", als von zwei ganz getrennten Abschnitten. —

Die Praxis der wahren und echten Heroldskunst aber, sowie deren höchste Blüthezeit und Glanzperiode muß jeden noch so kurzsichtigen Heraldiker, um so eher aber einen eifrigen Forscher, vollkommen überzeugen, daß ausschließend nur in obiger Definition die allein richtige Anschauungsweise liegen könne. — Frägt man aber warum und woher bei diesem so wichtigen Theile der theoretischen und praktischen Herolds-Kunst gerade am meisten die schwache Seite aller heraldischen Gelehrten, in Form jener planlosen Unschlüßigkeit, zum Vorschein kam, so lautet die einfache Antwort: weil eben nur leidige Stubengelehrsamkeit jenen Herren Systeme diktirte, die sie auch mit minutiöser Aengstlichkeit zu Papier brachten, ohne sich um wirkliches Originalstudium weiter zu bekümmern. — Daher also kamen jene unsicheren, schwankenden Angaben zu Tage, hauptsächlich daher aber auch die wesentlichen Abweichungen bei Aufstellung der Heroldsfiguren-Theorie in den Werken unserer vielgerühmten und ersten „heraldischen Größen". —

Herr A. L. J. Michelsen in seiner Abhandlung: „über die Ehrenstücke und den Rautenkranz. Jena 1854", deren wissenschaftlicher Werth und fleißige Gründlichkeit durchaus anerkannt werden muß, weil sie sehr viel Wahres und Gutes enthält, — gibt uns eine ziemlich ausführliche Deduktion der Heroldsfiguren oder sogenannten Ehrenstücke von den alten „Hausmarken“, und stellt dann bei dieser Gelegenheit folgerungsweise die Behauptung auf, als wären solche bereits *vor* den Kreuzzügen schon förmlich als „heraldische“ Bilder angewendet worden.[1]) — Wenngleich nun der zweite Theil dieses Satzes, der das Vorkommen von manchen Heroldsfiguren schon lange vor den Kreuzzügen (also auch vor dem Entstehen der eigentlichen Heraldik) betrifft, seine volle Richtigkeit hat, und deßhalb durchaus nicht bestritten werden kann, so steht hingegen noch sehr in Zweifel, ob die Alten mit jenen rechts und links gezogenen, in den Farben abwechselnden, bald so, bald anders gestalteten unbestimmten Strichen und Figuren *gleich ursprünglich* das Gebälke des Hauses, dessen Sparren und Fachwerk, als mit: „Hausmarken“ bezeichnen oder andeuten wollten — Herr Michelsen sieht aber überall die „Hausmarken“, ja er geht sogar so weit: die Figuren (Kamm oder Rechen und Rechengabel) im Schilde des Fürstlich Schwarzburgischen Hauses in „Hausmarken“ umzuwandeln.[2]) — Solche Dinge mögen zwar persönliche Ansicht sein, für die Wissenschaft jedoch werden sie, wegen mangelnden Beweises, stets nur „Hypothesen“ bleiben müssen. — Die gegenwärtig noch aller Orten in der Heroldskunst üblichen uralten Benennungen: Balken, Pfahl, Sparren u. s. w., welche, wie es den Anschein hat, oder vielmehr nach dem eigenen Geständnisse des Herrn Verfassers, ihn vorzugsweise auf obige Vermuthung von den „Hausmarken“ hingeführt haben, — diese Bezeichnungen halte ich meinerseits blos für gut gewählte heraldische Kunst-Ausdrücke, welche übrigens keineswegs aus so früher Zeit stammen dürften, wie die wirkliche Schilddekoration mit Heroldsfiguren. — Mit gutem Grunde ist daher als bei weitem natürlicher und auch als viel wahrscheinlicher anzunehmen, daß alle derartigen Heroldsfiguren lediglich nur durch ihre auffallende Aehnlichkeit mit den entsprechenden Bestandtheilen eines Zimmerwerkes, erst später bei Ordnung der Wappenwissenschaft in eigene Regeln, jene Benennungen bekommen, und seitdem auch beibehalten haben. —

Ueberhaupt machte sich bei Bildung der eigentlichen Heraldik, d. h. sobald sich diese einmal konsolidirt hatte, ein gewisses Streben bemerkbar, das vorzüglich dahin wirkte: aus den Heroldsfiguren, durch eigenthümliche Auffassung, „*gemeine Figuren*“ herauszufinden oder sie gleich direkte in solche zu verwandeln. -

Ich möchte diese merkwürdige Erscheinung mit der allgemeinen Bezeichnung: „*Symbolik der Herolds-Figuren*“ näher umfaßen, und man verstünde demnach

1) Michelsen Ehrenstücke und Rautenkranz pag. 2, 3 u. ff. —

2) Ibid. pag. 17, 18 u. 19. —

unter diesem Ausdrucke jenes eigenthümliche Bestreben: die wahren Heroldsfiguren, d. h. *vollkommen flache* (eigentlich *körperlose*) heraldische Figuren in natürliche oder künstliche, mithin in *plastisch-körperhafte* umzuwandeln. — Wem jedoch diese Sache also noch nicht genug faßlich sein sollte, für den dürften zur deutlicheren Aufklärung ein paar Beispiele hinreichend sein. — Die Gundelfingen in Schwaben z. B. führten nach ihren ältesten Siegeln: einen beiderseits mit Spitzen, bisweilen aber auch mit zahnförmigen Aesten versehenen rechten Schrägbalken von Roth in Gold, — folglich eine entschiedene und noch überdieß eine am Schildesrande auslaufende Heroldsfigur. — Der späteren Zeit nun gefiel es, diese entschiedene Heroldsfigur in ein, dem äußeren Anscheine nach, zu den „natürlichen" Figuren gehöriges Wappenbild zu verwandeln. —

Dergestalt nemlich sehen wir die Gundelfingische Schildesfigur unter Anderm auf dem sehr großen Grabsteine des Schweiker von Gundelfingen († 1421) in der Kirche zu Oberalting bei Seefeld in Oberbayern. (Man vergleiche Tafel XXVI, 1.) — Jenes Steines Inschrift lautet: „anno domj 1421 obüt her sweiker de Gundelfingen baro in die ulalrici abbis." — So aber machten die Schweppermann, die Greul, die Salach, die Marschallen von Pappenheim, die Störren und Huunenweiler oder Hünweiler im Elsaß, die Lovan, die Marschallen von Biberbach, die Eckhers von Bopfingen, die Taufkirchen, die Marschallen von Bopfingen u. v. A. aus ihren blauen, *eisenhutförmigen* Heroldsfiguren schon in *sehr früher* Zeit „*wirkliche Eisenhüte*", d. h. „künstliche" Figuren. (Man vergleiche Tafel VI, 4; XXVII, 5, 10, 12, XLIV, 9—12 u. a. a. O.) —

In Folge dieser höchst merkwürdigen und eigenthümlichen „Symbolik der Heroldsfiguren" entstanden ferners auch noch auf gleiche Art aus den Kugeln: *wirkliche* Kugeln, Ballen, Aepfel, Byzantiner, Pillen, Pfennige u. dgl., — aus den Schindeln: *wirkliche* Schindeln, — aus den Ringen: *wirkliche* Ringe, — ja sogar aus den Rauten oder Wecken: *wirkliche* Wecken u. s. f. —

Eines der interessantesten und gewichtigsten Beweisstücke aber zu Gunsten der heroldsfigürlichen Symbolik sind unstreitig die *plastischen, frei-verkörperten Kleinode aus wahren Heroldsfiguren*. — Daß nemlich einige entschiedene Heroldsfiguren nicht blos *flach-bildlich* auf den stereotypen Urformen der Hülfs-Kleinode vorkommen, sondern sehr oft auch als *selbstständig-freie*, als *wirklich körperhafte* Kleinodfiguren erscheinen, setzt die Existenz und namentlich die ausgebreitetste Wirksamkeit unserer mehrerwähnten „Symbolik der Heroldsfiguren" jedenfalls außer allen Zweifel. — So finden wir unter unzähligen andern Beispielen: die *Kugel* der Pallaus in Tyrol, die *Raute* der Walbrun oder der Schwerin, den

Ring der Burgauer, der Schragen und Knöringer, den Eisenhut der Salach (Tafel XXVII, 10 u. 11), das Kreuz der alten Wölkerndorfer, die Spitze und Raute der Gruber von Grub u. s. w. u. s. w. — Ja sogar das echtheroldsfigürliche, nemlich ein am Schildesrande auslaufendes Schach trifft man bei den Spielern oder Spillern in Oesterreich körperhaft, d. h. als ein wirkliches Schachbrett im Helm-Kleinode wiederholt. — Auf einem Grabsteine im Münster zu Ulm fand ich, was in alter Zeit wohl seltener vorkommen dürfte, selbst den Sparren als freistehende, körperhafte Kleinodfigur. — Der betreffende Stein ist außerhalb in der Tiefe eines Seitenportales eingemauert, und lautet dessen Inschrift, wie folgt: „anno dnj mccccivij do stab petē gosolt (Peter Goselt) am frastag (soll wohl heißen: Samstag) nach mabē." — Auf den Tafeln habe ich von vielen ebenso interessanten und nicht minder charakteristischen Beispielen nur die so überaus originelle Verkörperung der heroldsfigürlichen Wolken von Germstein in Tyrol (Tafel XLIII, 7), sowie derer von Ueberlingen in der Schweiz (Tafel XLIII, 6) abbildlich zeigen wollen. — Wie man sieht, ist namentlich bei Letzteren der im Wolkenschnitte des Schildes ausgezackelte Tuchkragen des Kleinod-Bracken für hieher vorzüglich bemerkenswerth.

Auch mit Pfeilen durchschossene, mit Nägeln, Ankerhacken u. dgl. durchschlagene Heroldsfiguren erklären sich ebenfalls blos wieder aus der heroldsfigürlichen Symbolik, da nur ein körperhaft gedachter Sparren mit Pfeilen durchschossen, nur ein wirklicher oder natürlicher Balken mit Nägeln oder Ankerhacken durchschlagen sein kann. — Ersteren Fall z. B. haben wir bei den Nürnberger-Patriziern Meichsner, den letzteren hingegen bei denen von Lettau oder Lettow in Schlesien und Pommern.[1]) — So setzen eigentlich überhaupt alle unregelmäßig gebrochenen, eingekerbten oder gesplitterten Pfähle, Balken, Sparren u. dgl., gewissermassen schon von vorneherein, den Begriff eines natürlichen oder wirklichen Werkholzes voraus. — Sammt und sonders aber gehören derartige Dinge unmittelbar zu den Wundern jener heroldsfigürlichen Symbolik und man sieht hieraus wohl am leichtesten wie weit sich ihre Macht erstreckte. — Leider haben dann freilich die meisten späteren Heraldiker, welche auf den Geist der Sache nicht mehr recht eingingen oder noch viel weniger sich die Mühe nahmen darüber nachzudenken, diese rein willkührliche Symbolik der Herolds-Figuren ganz falsch aufgefaßt und in Folge dessen durch leidiges Mißverständniß auch viele Heroldsfiguren (namentlich aber die letztgenannten) unbedingt zu den „gemeinen" hinübergeschmuggelt. — Spräche deßhalb Herr Michelsen

---

1) Die Wappen sämmtlicher hier aufgeführten Geschlechter findet man unter ihren betreffenden Namen auch im alten Siebmacher. —

16

nicht gerade immer vom Ursprung, sondern erstreckte sich sein Raisonnement mehr auf die nächstfolgende Zeit der Herolds-Figuren, so läge seinen ausgesprochenen Ansichten allerdings eine tiefe Wahrheit zu Grunde, und er hätte durch seine originelle Anschauungsweise mit Recht die Ehre: als der Erste auf die „Symbolik der Herolds-Figuren“ gekommen zu sein. —

Schon in der frühesten Zeit der ersten und ältesten heraldischen Urkeime aber beförderte namentlich die oft erwähnte „Stückung“ der Schilde eine solche Anschauung, sowie überhaupt jede plastische Darstellungsweise (en relief) einer Symbolik der Heroldsfiguren geradezu in die Hände arbeitete. — Zudem leiten zweifelsohne nur von der letzteren fast alle symbolischen und technischen Kunstausdrücke der Heraldik ihren ersten Ursprung her. — Denn wenn z. B. der Balken, der Pfahl oder der Sparren: stark erhaben und kantig, wie ein natürliches Werkholz, ein geometrischer Kreis oder Doppelkreis: kugel- oder ringförmig aufgerundet, eine eisenhutähnliche flache Figur: en relief, d. h. als ein wirklicher Eisenhut gegeben und dargestellt wurde, so war es sicher kein Wunder, wenn man nunmehr die genannten heraldischen Bilder fortan wirklich für jene Gegenstände hielt und ausschließend darnach benannte, denen sie vorher, den äußeren Umrissen nach, nur entfernt ähnlich sahen. — Insoferne nun ist die Symbolik der Heroldsfiguren nicht allein entschieden zu billigen, sondern sogar als ein energischer Fortschritt im Gebiete der theoretischen und praktischen Heraldik, sowie der gesammten Wappenwissenschaft zu betrachten; — denn nur durch sie, d. h. nur mit Hilfe jener heraldischen Kunstausdrücke, die wir ausschließend derselben verdanken, sind wir in den Stand gesetzt, die Blasonirungen auf das Einfachste zu reduciren. —

Gerade wegen dieser ihrer besonders ausgedehnten Tragweite aber ist die Symbolik der Heroldsfiguren eine der interessantesten und wichtigsten Erscheinungen der gesammten Wappenwissenschaft, auf die ich nie genug aufmerksam machen kann, und es bleibt wahrhaft unbegreiflich, wie selbst anerkannt tüchtige Heraldiker dieses fruchtbare Feld so lange brach liegen lassen konnten, oder doch wenigstens niemals daran dachten, aus den merkwürdigen Aufschlüssen, die uns mitunter durch jene Sache werden, auch den gehörigen Nutzen zu ziehen. — Ich will mir später noch öfter die Gelegenheit nehmen darauf zurückzukommen, weßhalb ich hier einstweilen das gegebene Thema unterbreche. —

Ein Aberglaube, der sich ebenfalls in so manchem heraldischen Kopfe fest eingenistet hat, ist die durchaus schiefe Ansicht: daß eine jede Heroldsfigur, bei Verlust ihres Wesens, unbedingt am Schildesrande auslaufen müsse. — Viele verbannen auch, auf diese letztere Regel sich berufend, Schindeln, Ballen, Ringe u. dgl. aus der Reihe der Heroldsfiguren und werfen sie dann zunächst nur aus diesem Grunde unbedingt zu den „gemeinen". — Die Unhaltbarkeit obiger Regel kann aber nicht besser vor Augen gestellt werden, als durch die einfache Hinweisung auf die Unzahl Kreuze, die nicht am Rande auslaufen, oder auf die „abgeledigten" und „schwebenden" Heroldsfiguren, sowie ferners durch eine Hinweisung auf das „Schildlein" und die „innere Einfassung", welche beiden Stücke doch gewiß überall und zu jeder Zeit als entschiedene und echte Heroldsfiguren anerkannt wurden, ohne daß sie jemals an den Schildesrand stoßen. —

Die Abwechslung und Mannigfaltigkeit der Heroldsfiguren geht bis ins Unendliche und ihre Zahl ist Legion. — Wer nur einigermaßen einen Begriff von Mathematik und Geometrie im Leibe hat, wird die Richtigkeit dieses Satzes vollkommen zu würdigen wissen. — Große Thorheit ist es daher, wenn sogar einzelne Heraldiker existirten, welche die Heroldsfiguren förmlich „aufzählen" wollten. — Allerdings zwar findet eine gewisse organische Entwicklung statt; man trifft selbst bei den Heroldsfiguren einen gewissen regelmäßigen Bildungsgang, und der in sich wieder gegliederte Organismus derselben ist unverkennbar. — Aber nicht blos allein um diese ziemlich regelmäßig auseinander hervorgehende und organisch aufeinander folgende Reihe der wesentlichsten Heroldsfiguren so recht anschaulich zu machen, habe ich die vier Tafeln von XXXVII bis XL mit 240 Heroldsfiguren beigegeben, sondern vielmehr deßhalb, weil ich es für besonders geeignet hielt, einer Sache meine ganze Aufmerksamkeit zu widmen, die, so zu sagen, die Hauptbasis der gesammten Wappen-Wissenschaft bildet. — Mit Fug und Recht darf man nemlich sagen: „ohne Heroldsfiguren keine Heraldik"; denn in der That machte schon ihr frühestes Auftreten, wie ich oben erwähnte, entscheidende Epoche, d. h. vorzugsweise und eigentlich ausschließend nur die Heroldsfiguren stempelten zuerst die „willkührliche" Schildbemalung zur „heraldischen". — Mit vollem Rechte gebührt ihnen daher der Name: Heroldsfiguren. —

Es folgt nunmehr die Blasonirung der Tafeln:

Tafel XXXVII.

1) Ein lediger rother Schild. — Dieß ist der „heraldisch-ledige" Schild, — ein „wirklich-lediger" kann in der Heraldik nicht existiren, weil sonst selbstverständlich zugleich der Begriff eines „Wappens" damit fallen müßte. — Wie schon im vorigen Abschnitte, bei den „Tinkturen", bemerkt wurde, gilt hier die rothe Schild-Farbe als heraldische „Figur", und wir müssen sie entschieden als eine solche betrachten. — Somit haben wir aber dann eine „Heroldsfigur" in ihrer einfachsten Gestalt. — Der Franzose sagt: écu plain ou plein. — Ersteres wird wohl auch das Rich-

16*

tigere sein, da plain soviel wie: gleich, glatt, eben, flach u. s. f. bedeutet, indessen plein: voll, angefüllt, ganz, vollständig u. dgl. heißt, mithin komisch genug gerade das absolute Gegentheil unseres deutschen Begriffes von einem „ledigen" oder leeren Schilde ausdrücken würde. — Die Benennung „Wartschild" (écu d'attente), welche man ebenfalls hie und da für „ledige" Schilde gebraucht findet, ist schon deßhalb durchaus unschicklich, weil ein wirklicher Wartschild zwar immer „ledig", keineswegs aber umgekehrt jeder „ledige" Schild auch immer ein Wartschild sein muß. — Nur bei einer, aus irgend einem Grunde, demnächst in Aussicht stehenden Belegung mit heraldischen Figuren nemlich läßt sich für „ledige" Schilde die nähere Bezeichnung: „Wartschilde" vernünftigerweise in Anwendung bringen. — Wohl die wenigsten aber von jenen dürften demnach als eigentliche „Wartschilde" sich ausweisen, da auch in der That von den wenigsten „ledigen" Schilden mit historischer Sicherheit ermittelt und behauptet werden kann, daß ihnen diese Benennung mit vollem Rechte zukomme. — Die Herrenstein in Deutschland, die Grafen von Albret in Frankreich und die Rubei im Florentinischen führen daher einen ledigen rothen Schild als Geschlechtswappen, — keineswegs einen Wartschild. —

2) Ein lediger goldner Schild. — Von ihm gilt ganz dasselbe. — Einen solchen führen die Familien Bandinelli in Italien, aus welchem Hause Papst Alexander III. war, — die Mairega und Mencsis in Spanien, — die Bossenstein in Deutschland. —

3) Ein lediger Schild von Hermelin, das Wappen der alten Herzoge von Bretagne. —

4) Der „gespaltene" Schild von Roth und Silber. — Ich sage für die vertikale Theilung „gespalten", für die horizontale „getheilt", — indem man auch das Holz von oben, niemals aber nach der Seite spaltet. — Dabei spreche ich durchweg die rechts stehende Tinktur (hier also das Rothe) zuerst an, — weil hiedurch einerseits große Abkürzungen im Blasoniren bezweckt, anderseits aber auch die altmodischen „vorder unter", „hinter ober" u. dgl. für die Folge ganz vermieden werden können. — Wahrscheinlich setzen blos deßhalb manche deutsche Heraldiker für die Spaltung: „getheilt" und für die Theilung: „gespalten", weil auch die französische Blasonirung ungeschickterweise beide Begriffe verwechselte. - - Dort heißt nemlich die Spaltung: partie oder auch mi-partie, die Theilung hingegen: coupé. — Bekanntlich aber bezeichnete man auch die zweifarbige Tracht des früheren Mittelalters, wobei z. B. die eine Hälfte roth, die andere weiß, oder die eine schwarz, die andere gelb erschien, kurzweg mit: mi-partie, (also vermuthlich ein damals schon aus der Heroldskunst entlehnter Ausdruck). [1] —

---

1) v. Hefner-Alteneck's Trachtenwerk Einleitung pag. 24 u. a. v. a. O. —

5) Von Roth, Silber und Blau gespalten. (Tiercé en pal.) — Bei drei Farben versteht sich die zweimalige Spaltung von selbst, weßhalb sie nicht eigens ausgesprochen wird. —

6) Ein rother Pfahl (pal) in Silber, entsteht durch zweimalige Spaltung von Silber und Roth. —

7) Von Gold und Schwarz dreimal gespalten. (Palé.) —

8) Zwei blaue Pfähle in Gold entstehen durch viermalige Spaltung von Gold und Blau —

9) Die „rechte Seite" (adextré, flanc dextre) von Roth in Gold. —

10) Die „linke Seite" (sénestré, flanc senestre) von Silber in Blau. —

11) Zwei „ausgerundete Seiten" von Blau in Gold. (Flanqué.) —

12) Von Silber und Blau geviertet mit zwei „gespitzten Seiten" von Schwarz. —

13) Zwei Pfeiler von Roth in Silber. — Die Franzosen nennen diese Herolds-Figuren: gousset. — Andere deutsche Heraldiker würden blasoniren: „ein Gabelstück, oder auch ein gefülltes Schächerkreuz von Silber in Roth". —

14) „Getheilt" (coupé) von Schwarz und Silber. —

15) Von Silber, Roth und Schwarz getheilt. (Tiercé en fasce.) — Wie oben Nr. 5 bei der Spaltung, also versteht sich auch hier bei drei Farben die zweimalige Theilung von selbst, braucht also ebenfalls nicht besonders blasonirt zu werden. —

16) Ein schwarzer „Balken" (fasce) in Silber, entsteht durch zweimalige Theilung von Silber und Schwarz. —

17) Dreimal getheilt von Roth und Silber. (Fascé). —

18) Zwei goldene Balken in Blau, entstehen durch viermalige Theilung von Blau und Gold. —

19) Ein goldenes „Haupt" (chef) in Schwarz. —

20), 21) und 22) Diese drei eigenthümlichen Heroldsfiguren kommen nur in Frankreich vor und wird Nr. 20 „ajouré" durchbrochen; Nr. 21 „couvert" bedeckt, behangen; und Nr. 22 „chaperonné" überkappt genannt, welche Bezeichnungen ebenfalls nur in der französisch-heraldischen Terminologie bekannt sind. — Begreiflicherweise beziehen sich übrigens hier diese Eigenschaftsworte nur auf das Schildeshaupt (chef). —

23) Ein rother „Schildes-Fuß" (pointe de l'écu) in Silber. —

24) Halbgespalten und getheilt von Roth, Silber und Schwarz. (Miparti-coupé.) —

25) Getheilt und halbgespalten von Roth, Schwarz und Silber. (Coupé-miparti.) —

Man beobachte hier mit besonderer Aufmerksamkeit die Rangordnung in der Blasonirung! —

26) Ein schwarzes „Krückenkreuz" (potencé) in Silber. —

27) Halbgetheilt und gespalten von Blau, Roth und Silber. (Micoupé-parti.) —

28) Gespalten und halbgetheilt von Blau, Gold und Silber. (Parti-micoupé.) —

29) „Geviertet" (écartelé, ou écartelé en bannlere) von Silber und Schwarz.

30) Das „gemeine Kreuz" (croix) von Silber im Roth. — Keine Heroldsfigur hat so viele Variationen, d. h. von keiner gibt es wohl so viele Ab- und Unterarten als gerade vom Kreuz. — Das Kreuz ist übrigens aus sehr natürlichen und naheliegenden Gründen auch eine der ältesten heraldischen Figuren, weßhalb man sich nicht verwundern darf, wenn schon in frühester Zeit Kreuze von allen möglichen und nur immer denkbaren Formen auf Originalschilden, Bannern, Gewändern u. dgl. vorkamen. — (Man vergleiche auch sämmtliche Tafeln, auf denen Originalschilde mit Kreuzen zu sehen sind.) — Hier will ich mich jedoch begnügen, die einfache Grundform des gemeinen heraldischen Kreuzes aufzuführen. — Die Kreuze müssen zwar nicht immer am Schildesrande auslaufen um Heroldsfiguren zu bleiben, allein von Seilen gedrehte, von natürlichen Dornen geflochtene u. dgl. gehören keineswegs mehr zu diesen, sondern vielmehr zu den künstlichen Figuren. — Auch als heraldische Nebenfiguren kommen die Kreuze schon sehr frühzeitig vor. — So z. B. am Originalschilde, angeblich Ludwig des VII. (auch le jeune, der Jüngere, der Fromme oder Florus genannt, geb. 1120) (Tafel XXXVI, 1), woselbst jenes im Schildeshaupt schwebende, rothe Kreuzlein höchst wahrscheinlich blos das „Zeichen des Kreuzfahrers" sein dürfte.[1]) — Alle heraldischen Kreuze sammt und sonders aber sind

---

1) S. Heideloff's Ornamentik IV. Band, Heft 21, pl. 2, pag. 17—21. — Ueber dieses kleine Kreuz und den betreffenden Schild, sowie über die frühesten Schilde im Allgemeinen, heißt es dort auf Seite 20 unter Anderm: „Merkwürdig ist hier der Schild, den man fast niemals an den Königsbildern sieht, dessen rothes Kreuz aber offenbar auf den Kreuzzug dieses Königs hindeutet. — Dieser, an den drei Ecken abgerundete Herzschild (écu) der Könige und Fürsten war im 12. Jahrhundert allgemein im Gebrauch, oben breit, unten spitz; um weniger schwer zu seyn als die gewöhnlichen Schilde, war er nur bestimmt, Haupt und Oberleib zu decken. — Diese Art Schilde waren aus Buchen- oder Linden-Holz gearbeitet, und der größeren Festigkeit wegen mit gesottenem Büffel- oder Roßleder überzogen, aber nie massiv von Eisen oder Stahl, und wenn ja dieses Metall dabei in Anwendung kam, so war dieß nur bei der Einfassung oder Verzierung, je nach dem Range seines Besitzers, und deßwegen angebracht, um der Wucht des gewaltigen Schwertes widerstehen zu können, und daher kommt auch in den Gesängen der alten Troubadours

aus den vier Grundformen: des gemeinen, des Andreas-, des Krücken- oder des Schächerkreuzes gebildet. —

31) Ein „stehendes Gitter" (treillé) von Gold und Silber in Blau. — Die kreuzweis durch- und übereinander gelegte Flechtung wird bei heraldischen Gitter- oder Flechtwerken, als etwas Selbstverständliches, nicht blasonirt. — Ebenso wenig wird die Zahl der Streifen, Leisten oder Faden angegeben, da sie der Regel nach willkührlich gemacht werden darf. —

32) Ein „neunfaches Schach" (points équipollés) von Silber und Blau, entstanden durch zweimalige Spaltung und zweimalige Theilung von Silber und Blau. —

33) Von Roth und Silber „geschacht" (échiqueté), — wenn die Anzahl der Plätze beliebig ist. [1] —

34) Ein „verschobenes Schach" (quarrelé) von Silber und Schwarz formirt eigentlich zwei Pfähle von verschobenen schwarzen Würfeln in Silber. —

35) Ein „gemauerter Schild" (maçonné) von Silber und Schwarz ausgefugt. —

36) Liegend geschindelt oder geziegelt (billetté) von Blau und Silber. —

37) Stehend geschindelt oder gezlegelt von Roth und Silber. —

38) Drei liegende Schindeln von Silber 2. 1. in Blau. —

39) Fünf „stehende Schindeln" von Schwarz 2. 1. 2. in Silber. — Die billets oder billetes werden hie und da wohl auch als: Ziegel, Steine, Briefe, Zettel u. dgl. im Blasoniren angesprochen. —

40) Sechs „schräge Schindeln" von Gold 2. 2. 2. in Blau. —

41) Das rechte Freiviertel von Roth in Silber. —

42) Das linke Freiviertel von Silber in Schwarz. — Das „Freiviertel",

---

so oft „der funkensprühende Schild" vor; bei hohen Personen war Einfassung und Verzierung nicht selten von Gold oder Silber; inwendig war er mit Leder gepolstert und mit Armriemen versehen; unser Schild, wie wir ihn vor Augen haben, war mit dem königlichen Zeichen oder Wappen bemalt, daher noch heut zu Tage die französische Münze écu (Thaler) nach einem so bezeichneten Schilde benannt wird, weil sie das Gepräge des Wappenschildes führt; ähnlich diesem Schilde waren auch die sogenannten Rifaflare; eine ausführliche Beschreibung dieser Schutzwaffe findet sich in meiner Costume-Beschreibung in den Monatsheften des Art-Journals, welches Dr. Hall in London herausgiebt." —

1) Auf den handgreiflichen Unsinn, der das Schach, die Rauten, Wecken, Eisenhütlein, Spitzen, Wolken u. dgl. in einigen heraldischen Lehrbüchern blos deßhalb zu den Tinkturen und Pelzwerken setzt, weil sie, wie diese, sehr oft Figuren und Felder ganz oder theilweise überziehen, habe ich schon vorne aufmerksam gemacht und werde auch später wiederholt darauf zurückkommen. — Vergleichshalber verweise ich einstweilen auf Tafel XXVIII, XXIX u. IL, 7 u. 13. —

auch die „ledige Vierung“ genannt, ist eine in Frankreich, England und in der welschen Heraldik sehr häufige, bei uns in Deutschland hingegen sehr seltene Heroldsfigur. — Franc-canton oder franc-quartier sind die französischen Bezeichnungen für diese Figur —

43) Ein „Ort“ von Gold in Roth. — Eigentlich ein eingezogener, stark verkürzter Pfahl. (Pal retrait.) — Das „Ort“ ist eine der seltensten Heroldsfiguren. — Die von Nußdorf in Bayern führten dereinst ein solches von Silber in Schwarz. — Auch die nunmehrigen Grafen von Ueberacker, Freiherren von Sieghartstein haben ein „Ort“ von Gold (neuerer Zeit aber wohl irrigerweise: von Blau) in Roth. —

44) Schrägrechts getheilt (tranché) von Schwarz und Silber. — Ich bleibe vorzüglich deßhalb bei der Ansicht und Bezeichnungsweise der Alten, welche ebenfalls eine Theilung wie die gegenwärtige durchweg nur die „schrägrechte“ nannten, weil auch alle Originalbeweise aus der besten heraldischen Zeit des Mittelalters vollkommen damit übereinstimmen. — Einer der gewichtigsten Beweise liegt schon darin: daß der sogenannte „Bastard-Faden“, bereits in der frühesten Periode, ausschließend nur links angetroffen wird. — Uebrigens aber war es in der echten Ueheraldik ganz gleichgültig: ob eine Theilung, ein Schrägbalken u. dgl. rechts oder links gemacht wurde, denn die Alten legten im Gegentheile so wenig Werth auf derartige willkührliche Veränderungen: daß unzählige Siegel, Grabsteine und Abbildungen von Wappen ein und desselben Geschlechtes, ja oft sogar unmittelbar nebeneinander oder auch wohl gar von ein und derselben Persönlichkeit gefunden werden, wo man die Richtung des Schrägbalkens, der Theilung u. s. f. bald rechts, bald links antreffen kann. —

45) Von Schwarz, Silber und Blau schrägrechts getheilt. (Tiercé en bande.) — Auch hier ist bei drei Farben die zweimalige Theilung selbstverständlich und zwar ebenso die gleichmäßige Vertheilung der Plätze, wenn im Blasoniren etwas Anderes nicht ausdrücklich bestimmt wird. —

46) Ein rechter Schräg- oder Zwerchbalken (bande) von Silber in Roth, entstanden durch zweimalige schrägrechte Theilung von Roth und Silber. —

47) Von Blau und Silber dreimal schrägrechts getheilt. (Bandé.) —

48) Zwei rechte Schräg- oder Zwerchbalken von Silber in Schwarz, entstanden durch viermalige Theilung von Schwarz und Silber. —

49) Von Gold und Roth schräglinks getheilt. (Taillé.) —

50) Von Roth, Blau und Silber schräglinks getheilt. (Tiercé en barre.) —

51) Ein linker Zwerch- oder Schrägbalken (barre ou contre-bande) von Blau in Silber. — Weil der Bastardfaden allgemein links gemacht und schon

von jeher also angenommen wurde, deßhalb darf man aber ja nicht glauben, auch ein linker Schrägbalken hätte in der Heraldik eine nur entfernt ähnliche Bedeutung. — Ohne es der Mühe werth zu halten auf derlei unsinnige Ansichten näher einzugehen, verweise ich blos auf das, was ich unter Anderm schon sub Nr. 44 über dieses Thema gesagt habe und was ich weiter unten dazu am geeigneten Orte noch vorbringen werde. —

52) Von Schwarz und Silber dreimal schräglinks getheilt (barré ou contrebandé).

53) Zwei linke Schrägbalken von Gold in Roth, entstanden durch viermalige schräglinke Theilung von Roth und Gold. —

54) Ein rechtes Schräghaupt (taillé en chef) von Gold in Schwarz. —

55) Ein linkes Schräghaupt (tranché en chef) von Blau in Silber. —

56) Der rechte Schrägfuß (tranché en pointe) von Gold in Roth. —

57) Der linke Schrägfuß (taillé en pointe) von Schwarz in Gold. —

58) Eine große Raute (vêtu) von Roth in Silber, entstanden durch rechtes und linkes Schräghaupt und rechten und linken Schrägfuß von Silber in Roth. —

59) Drei „durchbrochene" Rauten 2. 1. von Gold in Roth. (Macles.) —

60) Fünf „durchbohrte" Rauten 2. 1. 2. von Blau in Gold. (Rustres.) —

In der altfranzösischen Heraldik heißen die gemeinen einzelnstehenden oder die figürlichen Rauten: lozanges oder losanges; die durchbrochenen heißen: macles und die durchbohrten: rustres.

Tafel XXXVIII.

61) Ein von Silber und Roth (ungezählt) gerauteter Schild. (Lozangé oder losangé.) —

62) Ein von Silber und Blau geweckter Schild. (Fuselé.) —

63) Gegenrauten von Roth und Gold. —

64) Drei aufrechtstehende Spindeln von Silber in Schwarz. — Davon „gespindelt" (fusée.) —

Im heraldischen Gebrauche machte man in der „guten" Zeit zwischen Rauten, Wecken und Spindeln keinen erheblichen Unterschied und es bestand und besteht noch heute die ganze Abweichung darin: daß die Rauten kurz und gedrungen, die Wecken etwas schlanker und länger, die Spindeln aber sehr schmal und langgezogen erscheinen. — In ihrer Wesenheit sind und bleiben sie vollkommen gleich. — Auf die erste Entwicklung der heraldischen Rauten am Schilde 2 auf Tafel IV. habe ich schon oben aufmerksam gemacht. — Ihre weitere Ausbildung kann man am Schilde 13 auf Tafel II. beobachten. — Er ist einem im königlichen Reichsarchive zu München befindlichen Originalsiegel entnommen; dessen Umschrift lautet, wie folgt: „Dietricus comes de Wazzerburc.“ — Die betreffende Urkunde ist vom Jahre 1202. — Am Rennfähnlein des Grafen stehen dieselben Rauten, ebenfalls sehr deutlich erkennbar. — Aus Allem aber sieht man, daß die Rauten mit zu den ältesten Heroldsfiguren gehören, sowie auch die Schindeln und das Schach, welche mit ihnen zunächst stammverwandt sind und in der heraldischen Urzeit auch sehr oft damit wohl beliebig verwechselt wurden. —

65) Ein Sternkreuz (croix étoilée) von Blau in Silber. [1]) —

66) Schräggeviertet (écartelé en sautoir) von Roth und Silber. —

67) Das Andreaskreuz (sautoir) von Silber in Schwarz. —

68) Ein liegendes Gitter (freties ou fretté) von Blau in Gold. — Die „Stückung“ der heraldischen Gitter auf Originalschilden in frühester Zeit habe ich bereits vorne im betreffenden Abschnitte IV näher besprochen. —

69) Ein Karfunkelstern (Karfunkelstäbe oder Karfunkelrad) von Silber in Roth. — Also nenne und bezeichne ich jene bekannte heraldische Figur, welche die Franzosen escarboucle oder rais d'escarboucle heißen. — Schon bei Gelegenheit meiner Erläuterungen über die „Stückung“ des Schildes habe ich dieser merkwürdigen heraldischen Figur ausführlicher gedacht. — Auch hier muß ich sie wiederholt als eines der ältesten Wappenbilder überhaupt hervorheben, da ihre Entstehung auf einer einfachen Schildverstärkung mittelst kreuzweis gelegter Metallspangen beruht, in deren Mittelpunkt ein bunter Glas- oder Edelstein (Karfunkel oder Carbunkel) eingefaßt war. — Auf den Originalschilden Tafel IV, 4 und XXXV, 4, sowie im Wappen 6 auf Tafel XXIX sehen wir solche und ähnliche Karfunkelspangen. — Die ersteren beiden gehören dem XI. und XII. Jahrhundert an. — Wie sehr aber diese Figur auf der Gränze zwischen Heroldsfiguren und künstlichen steht, erhellt schon daraus, weil z. B. das bekannte alte Wappenbild von Navarra ursprünglich eben auch nichts anderes war, als ein „escarboucle“. — Diese Navarrische Schildesfigur gehört

---

1) Man sieht aus gegenwärtiger Figur beim Vergleiche mit den Insignien des bekannten Sternkreuz-Ordens, der von der verwittweten Kaiserin Eleonora im Jahre 1668 für hochadelige Damen zu Wien aus besonderer Veranlassung gestiftet wurde, sogleich auf den ersten Blick, daß, wenigstens in heraldischer Beziehung, der Name jener Corporation durchaus unrichtig gewählt war, da das betreffende Ordenskleinod keine auch nur entfernte Aehnlichkeit mit dem eigentlichen heraldischen „Sternkreuz“ hat, welches doch gewiß das allein richtige Motiv zum Entwurfe besagter Insignien abgeben konnte. (Siehe auch: „Hochadeliche und gottselige Versammlung vom Sternkreuz genannt, welche von Ihro kaiserl. Majestät Eleonora, verwittweten röm. Kaiserin im Jahre 1668 errichtet worden ist.“ — Beschrieben und herausgegeben auf Ihro k. k. apostol. Majestät allergnädigste Verordnung. Wien 1805.)

nemlich entschieden zu den künstlichen Figuren, da die obenberührte Schildverstärkung hier nicht durch flache Spangen, sondern vielmehr durch wirkliche Ketten gebildet wurde, in deren mittlerem Vereinigungspunkte dann wieder jener Carbunkel oder Karfunkelstein eingesetzt war. — Man sehe den Schild 5 auf Tafel XXXVI. — So erklärt sich wohl am natürlichsten und vernünftigsten das uralte Wappenbild von Navarra, welches schon so viele abgeschmackte Hypothesen ans Tageslicht brachte. — Begreiflicherweise gewährten überdieß solche „Ketten" einen weit zäheren Widerstand als flache Spangen, und da ihre ineinander geschlungenen Glieder ohnehin ein sehr beliebtes Muster der frühmittelalterlichen (byzantinischen oder romanischen) Ornamentik bildeten, so verwendete man sie um so lieber auf Originalschilden und beziehungsweise dann auch in der Heraldik. — Auch der Schild 5 auf Tafel XXXV., den ich schon einmal wegen seines mit Kordelflechtung überwickelten Kreuzes zitirt habe, und der sich (nach C. Heideloff) auf einem Grabstein des XI. oder XII. Jahrhunderts in Laufen am Neckar befinden soll, — zeigt uns einen mit „Ketten" verstärkten Rand, deren ineinander verschlungene Glieder dort von vollkommen runder Form, platt geschlagen und daher mehr flach zu sein scheinen. [1]) —

Ich habe mich beim Karfunkelstern oder „escarboucle" deßhalb länger aufgehalten, weil dieses Wappenbild für die „Stückung" der Schildesfiguren und für originale Anschauung der praktischen Urheraldik ganz besonders charakteristisch ist. —

Es folgt nunmehr die sogenannte Spitzentheilung, nemlich:

70) Durch eine silberne Spitze von Blau und Roth gespalten. (Chapé.) —

71) Eine „Spitze" (pointe) von Gold in Schwarz entsteht durch Farbenveränderung. — Die von einigen für „Spitze" gebrauchte Benennung: „Pyramide" schickt sich recht wohl in die „mathematische", keineswegs aber in die „heraldische" Terminologie. —

72) Durch eine rechte goldene Spitze von Blau und Roth getheilt. —

73) Eine rechte silberne Spitze in Roth; nur durch Veränderung der Tinkturen zunächst aus dem Vorhergehenden entstanden. (Pointe mouvante du flanc dextre.) —

74) Durch eine linke silberne Spitze von Schwarz und Roth getheilt. —

75) Eine linke Spitze von Schwarz in Silber (pointe mouvante du flanc senestre); nur durch Farbenänderung aus der vorigen. —

76) Durch eine rothe Spitze von Gold und Silber schrägrechts getheilt. —

77) Eine schrägrechte Spitze von Silber in Blau (Pointe en bande.) —

78) Eine schräglinke Spitze von Roth in Silber. (Pointe en barre.) —

---

1) Heideloffs Ornamentik. Heft 22. pl. 3. Fig. 6. Text pag. 34. —

79) Durch eine goldene Spitze von Blau und Schwarz schräglinks getheilt. —

80) Durch eine verkehrte silberne Spitze von Schwarz und Blau schräglinks getheilt.

81) Eine verkehrte schräglinke Spitze von Blau in Gold. (Pointe renversée en barre.) —

82) Durch eine verkehrte oder gestürzte silberne Spitze von Roth und Schwarz schrägrechts getheilt. —

83) Eine verkehrte schrägrechte Spitze von Schwarz in Silber. (Pointe renversée en bande.) —

84) Durch eine „gestürzte" blaue Spitze von Gold und Silber gespalten. (Versé, renversé.) —

85) Eine gestürzte Spitze von Silber in Roth. (Chaussée.) —

86) Durch eine ausgerundete oder ausgebogene (arrondi) silberne Spitze von Schwarz und Roth gespalten. —

87) Eine eingebogene oder geschweifte (ployé) Spitze von Blau in Silber. — Geschweifte Spitzentheilungen und geschweifte Spitzen werden auch Manteltheilungen, Mantelschnitt und Mantel genannt. —

88) Dreimal von Silber und Roth am oberen Rande gespitzt. — Nach älterer Blasonirung hieß es viermal am oberen Rande gespitzt; allein da ich überall die Zahl der Theilungslinien, keineswegs aber die Zahl der Plätze beim Blasoniren anspreche, so behielt ich diese Manier um so eher auch hier bei, weil sie nicht nur viel praktischer ist, sondern überdieß auch niemals zu solchen Mißverständnissen und Irrthümern Veranlassung geben kann, wie jene ältere Art der Blasonirung. —

89) Viermal am unteren Rande gespitzt von Gold und Blau.

90) Fünfmal im rechten Oberwinkel gespitzt von Gold und Schwarz. —

91) Eine erniedrigte oder halbe Spitze von Schwarz in Gold. (Mantelé oder auch en mantel). —

92) Eine geschweifte halbe Spitze von Schwarz und Silber. —

93) Von Roth und Blau gespalten, mit einer erniedrigten doppeltgeschweiften Spitze von Silber. —

94) Ein Dreieck (triangle) von Gold in Schwarz, entstanden durch eine allseitig abgeledigte Spitze von Gold in Schwarz. —

95) Eine links umgebogene Spitze von Gold in Blau. — Daraus hervorgegangen:

96) eine Schnecke von Roth und Gold, entstanden durch Zweitheilung mit Schneckenlinien. — Könnte auch: „von Roth und Gold im Schnecken getheilt" blasonirt werden. —

97) Der Schneckenschnitt, oder: „im Schnecken getheilt von Silber, Roth und Schwarz". — (Hie und da auch „Wendeltreppenschnitt" genannt, ein Wort das aber jedenfalls zu lang ist). — (Tiercé en girons.) —

98) Im Schnecken geviertet von Silber und Blau. — Daraus hervorgegangen:

99) Im Winkelmaaß geviertet von Silber und Roth. — Der Winkelmaaßschnitt. (Ecartelé en équerre.) —

100) Das Winkelmaaßkreuz (croix éclopée, équarrée) von Blau in Silber, entsteht eigentlich durch achtmalige Theilung aus der Mitte im Winkelmaaß (oder: mit dem Winkelmaaßschnitt). —

101) Mit Gegenspitzen von Roth und Silber schräglinks getheilt. —

102) Schrägrechts getheilt von Silber und Roth mit einer Spitze von Roth, führen z. B. die Grafen von Künigl in Tyrol. —

103) Drei rechte Spitzen von Schwarz in Silber, oder auch: mit drei Spitzen von Silber und Schwarz gespalten. (Emmanché en pal.) —

104) „Mit drei silbernen Spitzen von Roth und Silber getheilt", oder auch, wenn die Spitzen ungezählt erscheinen: „mit dem großen Zahnschnitt von Roth und Silber getheilt." (Denché en fasce.) —

105) Mit Dornen oder Stacheln (mit dem Dorn- oder Stachelschnitt) von Gold und Blau schrägrechts getheilt. (Hérissé en bande.) — Also heißt man sehr schmale Spitzen. (Franz. hérissée.) —

106) Mit dem kleinen Zahnschnitt geviertet von Schwarz und Silber. (Denté, endenté, dentelé oder endentelé.) —

107) Drei linke ausgeschweifte oder gebogene Spitzen von Roth in Silber. (Emmanché courbé en pal.) —

108) Drei goldene Flammen in Blau. (Flambant ou flamboiant.) — Wenn Spitzen im Wellenschnitt erscheinen, dann nennt man sie: „Flammen." —

109) Ein Dreiberg mit einer Spitze von Silber in Roth. — Eine abnorme Heroldsfigur, die, meines Wissens, nur die Tannberg in Bayern führten. —

110) Vier Reihen goldene Spitzen in Schwarz. —

111) Wenn aber die Dreiecke derart übereinander stehen, daß immer Spitze an Basis stößt, dann sagt man: Pfahlspitzen von Schwarz in Silber. —

112) Erscheinen hingegen diese Spitzen ganz freistehend, als völlig selbstständige Heroldsfiguren, wie auch Rauten, Schachsteine, Schindeln, Eisenhütlein, Ziegel u. dgl. häufig in solcher Weise vorkommen, dann heißt man dieselben eben einfach „Dreiecke"

(triangles). — So führt z. B. die Familie Acunna in Spanien: neun gestürzte Dreiecke 3. 3. 3. von Blau in Gold.[1]) —

113) Die dreimalige Sparrung oder die Sparrentheilung, der Sparrenschnitt, von Gold und Blau. (Chévronné.) — Man sagt auch wohl: dreimal im Sparren getheilt von Gold und Blau. — Tafel XXXVI Nr. 4 am Schilde des Radulphus de Bellomonte, der am Ende des XII. und zu Anfang des XIII. Jahrhunderts lebte, sehen wir bereits die heraldische Sparrung. — Wir bemerken dort zugleich auch, daß man diese uralte Heroldsfigur auf wirklichen Originalschilden sehr oft am obern und untern Schildesrande vollkommen willkührlich und unregelmäßig ausgehen ließ, was also die Wesenheit der Sache keineswegs änderte. — Auch die Blasonirung bleibt sich deßhalb ganz gleich und man würde von jenem Originalschilde z. B. sagen: eine siebenmalige Sparrung von Roth und Gold. —

114) Ein Sparren (chévron) von Silber in Roth, d. h. eine zweimalige Sparrung von Roth und Silber gibt den „Sparren". — Gemäß der öfter berührten heraldischen Symbolik nennt man den Sparren auch wohl eine „Schleife", von seiner Aehnlichkeit mit jenem Wirthschaftsgeräthe, das dazu dient: den Pflug zum Acker und wieder nach Hause zu bringen. — Daß man aber jene so merkwürdige Symbolik der Heroldsfiguren mit ganz besonderer Vorliebe von jeher auch auf den Sparrenschnitt angewendet habe, beweisen uns nicht allein einige, als freistehende Helmkleinode vorkommende, wirklich körperhafte Sparren[2]), sondern auch nachfolgende Worte des weisen Sigismund von Herberstein, die er unter Anderem im Jahre 1560 niederschrieb: „Weil denn dem also, und meine Voraltern auch einen Anfang ihres Adels gehabt, weß sie sich aber zuvor betragen, gehalten und beholfen haben, muß ich einen glaubwürdigen Verstand aus unserm erblichen Wappen abnehmen, in demselben sie geführet, und wir noch führen, eine weiße Schleifen, daran man den Pflug auf den Acker und wieder davon führet, daß sie Ackers- und Bauleute gewesen seyen u. s. w." —

Je nachdem nun der Sparren (chévron) liegend, gestürzt, geschmälert u. dgl. vorkommt, heißt er auch im Französischen: couché et contourné, renversé, chévron étréci ou étai etc. etc. —

---

1) Petra Sancta, Tesserae gentilitiae, pag. 185. —

2) Einen besonders interessanten Fall dieser Art, den ich unter Andern auf einem sonst ziemlich unansehnlichem Grabsteine am Münster zu Ulm fand, habe ich bei Gelegenheit meiner Erläuterungen über „Symbolik der Heroldsfiguren" zunächst, und beziehungsweise dann über die körperhaften, plastischen Kleinode aus solchen, — schon vorne genauer angegeben. —

115) Ein geschweifter (ployé) Sparren (Schleife) von Schwarz in Gold. —

116) Ein erniedrigter (abaissé) Sparren von Gold in Roth. —

117) Ein schwebender oder abgeledigter (alésé) Sparren von Blau in Gold. —

118) Durch Zusammensetzung von Haupt und Sparren in einer Tinktur entsteht der Hauptsparren (chef-chévron), — hier: von Silber in Schwarz. —

119) Ein gestutzter, abgeschnittener oder gestümmelter (écimé; la pointe coupée) Sparren von Blau in Silber. —

120) Drei gebrochene Sparren von Silber in Schwarz. (Brisé ou rompu.) —

Tafel XXXIX.

121) Die Deichseltheilung (tiercé en pairle) von Silber, Schwarz und Roth, oder: im Schächerkreuz getheilt von Silber, Schwarz und Roth. — Noch Andere blasoniren diese Heroldsfigur mit: „die obere Dreitheilung aus den Ecken von Silber, Schwarz und Roth." — Daraus hervorgegangen:

122) Das Schächerkreuz oder die Deichsel (pairle) von Silber in Roth. — Die letztere Benennung ist durch die uralte heraldische Symbolik der Heroldsfiguren tief begründet und findet sogar beim gegenwärtig vorliegenden Wappen der „Deichsler" zu Nürnberg die Anwendung als ein redendes oder Namenwappen. —

123) Die Göppeltheilung (tiercé en pairle renversé) von Silber, Blau und Gold, oder auch: die untere Dreitheilung aus den Ecken von Silber, Blau und Gold. — Daraus entstanden:

124) der Göppel (pairle renversé) von Silber in Schwarz. — Es ist dieß ein Kunstausdruck der deutschen altheraldischen Terminologie. — Deichsel- und Göppeltheilung wird von einigen Franzosen auch mit: tiercé en mantel ou mantelé blasonirt. —

125) Der Ständer oder Schooß (giron) von Roth in Silber. — Eine höchst eigenthümliche Heroldsfigur, die selbstständig und allein sehr selten vorkommt. — Dagegen bildet sich zunächst aus ihr:

126) die getheilte, schrägrechte „Ständerung" von Blau in Silber. —

127) Die getheilte, schräglinke Ständerung von Gold in Blau. —

128) Die gespaltene, schrägrechte Ständerung von Schwarz in Silber. —

129) Die gespaltene, schräglinke Ständerung von Gold in Roth. —

Schräg geviertet und getheilt gibt:

130) die sechsfache Ständerung von Blau und Silber. —

Geviertet und schräggeviertet gibt:

131) die achtfache Ständerung von Schwarz und Gold. — Zur achtfachen Ständerung sagen viele Heraldiker: „Geviertet und schräggeviertet" nach der Ansicht einer französischen Blasonirung mit: écartelé et écartelé en sautoir. — Manchmal setzen die Franzosen für jene Figur auch: partie, coupé, tranché et taillé, also: gespalten, getheilt, schrägrechts- und schräglinks-getheilt, — eine Blasonirung, die jedenfalls viel zu weitschweifig ist. — Trotzdem theilen einige deutsche Autoren diese Ansicht, ja, gehen in ihrem Irrthume sogar noch weiter, indem sie hier den Ausdruck: Ständerung und geständert ganz beseitiget wissen wollen. — So z. B. Herr M. C. W. v. Wölckern in seinen Wappenbeschreibungen. [1]) —

Zunächst daraus folgt dann:

132) die zwölffache Ständerung von Roth und Silber, und endlich

133) die sechzehnfache Ständerung von Schwarz und Gold. —

Die letztern beiden Ständerungen werden auch von Manchen folgendermaßen blasonirt, nemlich:

132) Zwölfmal aus der Mitte getheilt von Silber und Roth. —

133) Sechzehnmal aus der Mitte getheilt von Gold und Schwarz. — Alle Arten der Ständerung bezeichnen die Franzosen mit: gironné, wozu in der Regel noch die Zahlenangabe kommt. —

134) Das „Schildlein" (écusson) von Blau in Gold; eine ganz freie, selbstständige, aus keiner der bisherigen gebildete oder hervorgegangene Heroldsfigur, die überdieß, selbst ohne Anwendung der heraldischen Symbolik, sehr leicht zu den gemeinen und beziehungsweise zu den künstlichen Figuren gerechnet werden dürfte. — Durch Vergrößerung eines solchen Schildchens entsteht dann:

135) die äußere Einfassung (la bordure) von Silber um Schwarz. — Aus dieser bildet sich wieder:

136) die innere Einfassung (l'orle) von Silber in Roth. — Aus beiden letzteren endlich ist hervorgegangen:

137) Die doppelte Einfassung von Blau in Silber. —

138) Der Absatz. — Eine abgesetzte Schrägrechtstheilung von Gold und Roth. — Hiedurch entstand:

139) Die Stufe. — Eine rechte Stufe von Schwarz in Silber. —

---

1) M. C. W. v. Wölckern, Wappenbeschreibungen, II. Abthlg. Nr. 19 beim Wappen der Grafen von Gryssel d'Aix. Anmerkung a, pag. 40 u. 41. —

140) Zwei linke Stufen von Roth in Silber. — Daraus folgt auch der ungezählte Stufenschnitt (vivré oder pignonné). —

141) Ein Mauergiebel (pignon) von Silber in Blau. —

142) Ein schrägrechter, ausgefugter Mauergiebel (pignon maçonné) von Silber in Schwarz. —

143) Ein offener oder durchbrochener Mauergiebel (pignon ajouré) von Blau in Gold. —

144) Eine Zinne (créneau) von Schwarz in Silber. —

145) Eine Scharte (créneau renversé) von Silber in Blau. —

146) Mit zwei Zinnen und drei Scharten von Gold und Roth gespalten (crénelé). —

147) Mit drei schrägen Zinnen schräglinks getheilt von Schwarz und Silber. — Derartige Theilungen mit schrägen Zinnen heißt man auch: mit dem Astschnitt getheilt (écoté oder éclavelé). — Einen Pfahl, Balken, Schrägbalken u. dgl. aber, der beiderseits mit schrägen Zinnen oder Aesten besetzt ist, nennt man kurzweg: einen Ast (écot). -- So z. B.:

148) Ein schrägrechter Ast (écot) von Gold in Blau. —

149) Mit dem Wellenschnitt (ondé) fünfmal getheilt von Blau und Silber. — Erscheint ein Pfahl, Balken u. s. w. im Wellenschnitt, dann heißt er: geflutbet, oder man nennt ihn einen Bach, Fluß oder Strom. — So z. B.:

150) Schrägrechts getheilt von Silber und Schwarz mit einem schrägrechten Bach (Strom oder Fluß) in verwechselten Tinkturen. — (Stammwappen der abgestorbenen Märlrainer in Bayern.) —

151) Doppelte oder krause Wolken, von denen der „krause oder doppelte Wolkenschnitt“ (nebulé ou nuagé) herkommt, wie ihn die Panicher in Bayern führten (Tafel XXVI, 8), und zwar von Silber und Roth schrägrechts getheilt. —

152) Die einfachen Wolken (enté). — Aus ihnen entstand der „einfache Wolkenschnitt“, wie ihn die Grafen von Wolkenstein aus Tyrol führen (Tafel XXVI, 9), und zwar von Roth und Silber schrägrechts getheilt. —

153) Die halben Wolken oder die Wolkenstreifen. — Man sagt: mit halben Wolken von Roth und Silber quergestreift; — oder auch: mit Wolkenstreifen von Roth und Silber getheilt. — Es werden nemlich die aufwärts stehenden im Blasoniren immer zuerst angesprochen. —

154) Stehende Eisenhütlein (vair, montant) von Blau in Silber — Wenn diese Heroldsfiguren von Blau und Silber sind, d. h. in ihren gewöhnlichen Tinkturen erscheinen, dann braucht solches nicht eigens blasonirt zu werden. —

17

155) Gestürzte (renversé) Eisenhütlein von Roth in Gold (Vairé.) —

156) Auf- oder übereinandergestellte Eisenhütlein. (Vair en pal.) —

157) Uebereinandergestürzte Eisenhütlein von Schwarz in Silber. — (Vairé, renversé en pal.) —

158) Gegeneinandergesetzte Eisenhütlein (contre-vair). — In anderen Tinkturen sagt der Franzose: contre-vairé. —

159) Verschobene Eisenhütlein von Blau in Gold (vairé en pointe). —

160) Gespaltene Eisenhütlein von Schwarz und Silber. — Vairé, partie ou miparlie. —

161) Auf- oder übereinandergestellte und gespaltene Eisenhütlein von Schwarz und Gold. — (Vairé en pal, partie ou miparlie). —

162) Durchschnittene Eisenhütlein von Silber in Roth. —

163) Mit Eisenhüten oder mit dem Eisenhutschnitt gespalten von Gold und Roth. —

164) Mit Eisenhüten oder im Eisenhutschnitt schräglinks getheilt von Blau und Gold. — Die französischen Bezeichnungen crenelé fiché oder palissé für den deutschen „Eisenhutschnitt" sind mir um so unbegreiflicher, weil jedes Kind auf den ersten Blick den innigen Zusammenhang dieses Schnittes mit den wirklichen heraldischen Eisenhütlein erkennen muß, d. h. es liegt doch offenbar den Eisenhüten und dem Eisenhutschnitt ein und dasselbe Motiv zu Grunde. — Wie man also hier auf „zugespitzte Zinnen oder Pfähle" kommen konnte, während man dort von einem Pelzwerk (vair) träumte, dürfte uns stets ein Räthsel bleiben. —

Da ich am Schluße der gegenwärtigen Abhandlung über die Wappenfiguren im Allgemeinen, ohnehin, als einen eigenen Abschnitt für sich, auch: die kritische Beleuchtung und Untersuchung der heraldischen Eisenhütlein und Wolken einzuschalten gedenke, so will ich mich bezüglich des Ursprunges, der Entstehung und Fortbildung jener beiden Figuren hier blos auf eine Hinweisung nach dort beschränken. —

165) Mit dem „Kerbschnitt" von Silber und Schwarz getheilt. —

166) Mit dem „Kerbschnitt" fünfmal von Gold und Roth getheilt. — Der Kerb-, Narben- oder auch Schuppenschnitt heißt bei den Franzosen: cannelé (eingeschuppt oder nach oben), engrêlé (ausgeschuppt). — Aehnlich ausgekerbte Herolds-Figuren gibt es namentlich in Frankreich in Menge. — Auch Tafel IX, 8 hat man die Schildeseinfassung der Marquisen von Trazegnies, auf Tafel XXIV, 3 das gemeine Kreuz der Beißel von Gimnich in dieser Art gestaltet. — Es heißt hier: engrêlure cannelée, weil beim Kantensaum der gekerbte Rücken nach aussen steht. — Rundliche oder schuppenförmige Zacken hingegen nennt man: engrêlé et engrêlure. —

167) Geschuppt von Roth mit silbernen Rändern oder: „Rothe Schuppen mit Silber eingefaßt." —

168) Von Gold und Blau geschuppt. —

Ist das Schuppendessin nur vermittelst Conturirung auf einem sonst einfarbigen Grunde angebracht, wie z. B. auf Tafel XXVI, 7 am Gräflich von Taltenbachischen Schrägbalken, dann heißt es: ein geschuppter rechter Schrägbalken von Roth in Silber. — In diesem Falle sagen die Franzosen: découpé. — Ganz schlecht gewählt jedoch erscheint mir der französische Kunstausdruck: papelonné für heraldische Schuppen und geschuppte Muster. —

169) Gespalten von Silber und Schwarz mit einer Kugel (Scheibe) von verwechselten Tinkturen. —

170) Drei Kugeln, 2. 1. gestellt, von Gold in Blau. —

171) Drei Kugeln von Roth in Silber schrägrechts gestellt. —

Die Kugeln sind ebensolche heraldische Zwitterfiguren, wie die Eisenhütlein, die Ringe, die Rauten, Wecken, Spindeln, Schindeln und viele Andere, d. h. je nach ihrer Darstellungsweise fallen sie entweder zu den Herolds- oder auch zu den gemeinen (künstlichen) Figuren. — Sobald sie nemlich plastisch gegeben, d. h. wirklich körperlich-rund dargestellt werden, gehören sie, als eigentliche Kugeln, weit eher in die letztgenannte Kategorie, während bei vollkommen flacher, eigentlich körperloser Abbildung (so daß dann nur ein Kreisschnitt und der Unterschied der Tinktur selbe vom Felde abhebt) das Heroldsfigürliche an ihnen unbedingt vorherrschend ist. —

Man findet statt „Kugel" auch die Benennungen: Scheibe, Ballen, Pille, Pfennig, Dotter, Apfel u. dgl. — Die Franzosen bezeichnen mit Metall tingirte durch: tourteaux (Kugeln). — Von Farbe und Metall tingirte und auf Farbe stehende nennen sie: besants-tourteaux, die nämlichen auf Metall stehend aber: tourteaux-besants — Harsdörfer in seinen „Gesprächs-Spielen" nennt sie von Farbe: Kugeln, von Silber: Ballen, und von Gold: Pillen. Die Sache an und für sich jedoch wird dadurch keineswegs verändert, und dürfte deßhalb der allgemeine Name: Kugel oder Ballen wohl am geeignetsten sein. — Byzantiner oder Pfennig aber möchte ich nur dann gelten lassen, wenn irgend ein Gepräge sichtbar ist, in welchem Falle übrigens jene Figuren selbstverständlich durchaus nicht mehr zu den Heroldsfiguren, sondern vielmehr entschieden zu den künstlichen gehören. — Was die ursprüngliche, erste Entstehung der heraldischen Kugeln anbelangt, so glaube ich unmaßgeblichst: daß die metallenen Buckeln der Schilde, welche oft halbkugelförmig denselben nicht allein zur Zierde, sondern auch zur Verstärkung, oder zu nach aussen unsichtbarer Befestigung der

17*

Handhaben im Innern dienten, hiezu wohl die nächste Veranlassung gegeben haben mögen. — Noch bis ins XIV. und XV. Jahrhundert sieht man nemlich dergleichen Metallbuckeln an den Orginalschilden. —

Die durch die heraldische „Symbolik" verkörperten Kugeln oder Ballen wurden namentlich in Frankreich sehr häufig auch als Hilfskleinode, d. h. zur Wiederholung der Schildesfiguren, oder auch wohl der ganzen Wappen am Helme gebraucht. — Sie ersetzten deßhalb in dieser Hinsicht dort gewissermaßen unsere deutschen Schirmbretter, welche in Frankreich und in der westlichen Heraldik viel seltener vorkommen, während jene mit den einzelnen Schildesfiguren oder auch mit dem vollständigen Wappen versehenen Kleinod-Kugeln, wie es scheint, im Westen jederzeit sehr beliebte Helmzierden waren. — (Man sieht z. B. das Kleinod der Herren de Beaufremont in dieser Weise gebildet.)[1] —

172) Drei Ringe, 2. 1 gestellt, von Gold in Schwarz. (Annelets.) —

173) Doppelringe von Schwarz in Silber. (Vires.) — Mit den Ballen oder Kugeln zunächst verwandt sind die Ringe, und es gilt daher auch alles das für sie, was von jenen gesagt wurde. — Vorzüglich aber findet auf die heraldischen Ringe auch die mehrerwähnte heraldische Zwitterstellung Anwendung, gemäß der sie je nach Umständen, oder vielmehr je nach plastischer oder flacher Darstellungsweise, entweder zu den künstlichen oder zu den Heroldsfiguren gezählt werden müssen. —

Von 174 bis 179 inclusive sehen wir sechs verschiedene Heroldsfiguren, welche eigentlich auf der Gränze zwischen diesen und den natürlichen Figuren stehen. — Nur die ganz flache Behandlung, in der sie hier und gewöhnlich vorkommen, sowie der wesentliche Umstand, daß sie sektionsmäßig am Rande auslaufen, stempelt sie zu entschiedenen Heroldsfiguren, welche lediglich nur die Umrisse von natürlichen Figuren haben. — Ueberdieß bildeten: Seeblätter, das Kleeblatt, die Lilie, ineinander greifende Rachen u. dgl. ohnehin häufig Theile der christlich-mittelalterlichen Ornamentik, von der sie dann auch wieder auf die Heraldik übergingen. — Als Heroldsfiguren zunächst aber gehören sie eigentlich speziell zu den sogenannten „Schnitten" und zwar formirt:

174) und 175) den Seeblatt- oder Herzblattschnitt (en feuille ou feuillée); —

176) und 177) den Kleeblattschnitt (fleuronné ou treflé); —

178) den Lilienschnitt (fleur de lisé); —

179) den Löwenrachen- oder kurzweg den Rachenschnitt (taillé en tête de lion ou lionné).

---

1) Alter Siebmacher I. Suppl. pag. 17. —

180) Der Pfropfschnitt (enté d'une pièce). — Schräglinks von Silber und Blau. — Der verkehrte Pfropfschnitt heißt auch wohl „Jochschnitt". — Weil nun der Pfropfschnitt so selten ist, wie der nächstfolgende Nro. 181 auf Tafel XL, deßhalb habe ich ihn zu den andern „abnormen" Schnitten an den Schluß hiehergesetzt. —

Tafel XL.

Von 181 bis 186 inclusive haben wir wieder verschiedene einfache und zusammengesetzte, ziemlich seltene heraldische Schnitte. — Und zwar:

181) mit dem Sichelschnitt von Blau und Gold gespalten (faucillé); —

182) von Schwarz und Silber schräglinks getheilt mit dem Mauergiebel-Schnitt (pignonné); —

183) von Silber und Roth schrägrechts getheilt mit dem einfachen Kreuzleinschnitt (tranché de croix ou croisetté); —

184) von Blau und Gold schräglinks getheilt mit dem Krücken- oder Krückenkreuzschnitt (potencé). —

Es folgen nunmehr zwei gemischte heraldische Schnitte, nemlich:

185) mit dem gemischten Zahn- und Kerb- oder Schuppenschnitt zwei linke Schrägbalken von Silber in Schwarz, — und

186) ein dreimal von Schwarz und Gold schrägrechts getheilter Schild, die Theilung: mit dem gemischten Zinnen- und Pfropfenschnitt. —

Der Mond- oder Zirkelschnitt (arrondi), sowie der Schlangenschnitt (tortillé) u. v. A. bilden nicht so fast erhebliche Abwechslungen bereits hier aufgeführter heraldischer Schnittformen, sondern sind vielmehr nur andere Bezeichnungen für schon dagewesene Heroldsfiguren, Theilungen (Sektionen) oder Schnitte. — Ueberhaupt weichen nicht etwa blos die verschiedenen Nationen, sondern sogar die verschiedenen Autoren ein und derselben Nation bezüglich der heraldischen Terminologie sehr häufig von einander ab, was zu manchen Mißverständnissen zweifelsohne Veranlassung gegeben, und die heraldische Verwirrung im Allgemeinen wesentlich befördert haben mag. —

Weiter folgen einige wenigen Beispiele von zusammengesetzten, verringerten, gekürzten, begleiteten, geschmälerten, abgeledigten, verdorbenen, verschobenen und gestümmelten Heroldsfiguren:

187) Getheilt und zweimal gespalten von Roth und Silber. —

188) Getheilt und dreimal gespalten von Blau und Gold. —

189) Schrägrechts getheilt und dreimal gespalten von Schwarz und Silber. —

190) Schräglinks getheilt und viermal gespalten von Roth und Gold. —

191) Gespalten und zweimal getheilt von Blau und Silber. —

192) Gespalten und dreimal getheilt von Roth und Silber. —

193) Schrägrechts getheilt und dreimal getheilt von Silber und Schwarz. —

194) Schräglinks getheilt und viermal getheilt von Roth und Silber. —

195) Durch zweimalige Schrägrechts- und Schräglinkstheilung (hier von Roth und Gold) entstehen: große, liegende Rauten. —

196) Einmal schräglinks und zweimal schrägrechts getheilt von Blau und Silber. —

197) Einmal schräglinks und dreimal schrägrechts getheilt von Gold und Schwarz. —

198) Gespalten und viermal schrägrechts getheilt von Silber und Blau. —

199) Getheilt und fünfmal schrägrechts getheilt von Gold und Roth. —

200) Einmal schrägrechts und zweimal schräglinks getheilt von Silber und Blau.

201) Einmal schrägrechts und dreimal schräglinks getheilt von Schwarz und Silber. —

202) Gespalten und viermal schräglinks getheilt von Roth und Silber. —

203) Mit Theilung fünfmal schräglinks getheilt von Silber und Blau. —

204) Schräggeviertet und fünfmal gespalten von Gold und Roth. —

205) Schräggeviertet und fünfmal getheilt von Schwarz und Silber. —

206) Geviertet und siebenmal schrägrechts getheilt von Silber und Roth. —

207) Geviertet und siebenmal schräglinks getheilt von Gold und Blau. —

Alle diese verschiedenartigen Nuancen und jene so überaus mannigfaltigen Variationen von zusammengesetzter Spaltung und Theilung mit verwechselten Tinkturen werden in der französischen Blasonirung sammt und sonders mit den vier technischen Ausdrücken: contre-palé, contre-fascé, contre-bandé und contre-barré bezeichnet. — So umfassend, so kurz und bündig nun diese auf den ersten Blick zwar erscheinen, so ungenau jedoch lassen sich mit ihnen die feineren Nuancirungen angeben. — Dieser wesentliche Nachtheil findet sich auch bei den älteren, von jenen französischen abgeleiteten deutschen Kunstwörtern; so daß: „gegengestreift", „Gegenbalken", „Gegenpfähle" u. dgl. allerdings eine etwas kürzere, niemals aber eine ganz deutliche Blasonirung geben werden. — Möglichste Kürze ist immerhin sehr gut und darum auch jederzeit empfehlenswerth, nur darf sie nicht auf Kosten der Deutlichkeit in Anwendung kommen. —

208) Ein Hauptpfahl von Silber in Roth (Die Vereinigung von Haupt und Pfahl in einer Tinktur.) (Chef-pal.) — Ebenso

209) Ein Fußpfahl von Schwarz in Silber. (Die Vereinigung von Schildesfuß und Pfahl in einer Tinktur.) —

210) Der rechte Seitenbalken von Silber in Blau. (Die Vereinigung der rechten Seite mit dem Balken in einer Tinktur.) —

211) Der linke Seitenbalken von Silber in Roth. (Die Vereinigung der linken Seite mit dem Balken in einer Tinktur.) —

Durch ähnliche Vereinigungen entstehen dann auf ganz gleiche Weise:

212) Der schrägrechte Hauptbalken von Roth in Gold. (Chef-bande.) —

213) Der schräglinke Hauptbalken von Roth in Silber. (Chef-barre.) —

214) Der schrägrechte Fußbalken von Silber in Blau. —

215) Der schräglinke Fußbalken von Silber in Roth. —

216) Der schrägrechte Seitenbalken von Silber in Schwarz. —

217) Der schräglinke Seitenbalken von Gold in Schwarz. —

218) Ein rechter Pfahl von Silber in Blau. —

219) Ein linker Pfahl von Schwarz in Gold. —

220) Ein erhöheter Balken von Silber in Roth. —

221) Ein erniedrigter Balken von Schwarz in Gold. —

222) Ein Stab oder Stock von Silber in Blau. — Also nennt man den beträchtlich verschmälerten Pfahl (pal étréci ou vergette). —

223) Ein Faden oder Stecken von Silber in Roth. — So sagt man von rechten und linken Schräg- oder Zwerchbalken, wenn sie in sehr verschmälertem Zustande erscheinen. — Der Franzose sagt hiefür: bâton, filet, traverse; wenn aber mehrere in einem Felde vorkommen: la cotice und cotisé. — Der linke Faden oder Stecken (barre ou contre-bande), den wir auf Tafel XXIV, 4 haben, dient in der Heraldik vorzugsweise nur als Beizeichen, und zwar zunächst wieder ausschließend für Bastarde und ihre Linien. — Erscheint aber ein Faden oder Stecken an seinen beiden Enden also gestümmelt, daß er nicht am Schildesrande ausläuft, oder nicht an denselben stößt, sondern etwa nur mehr ein kleines, schwebendes Stück (wie z. B. auf Tafel XXIV, 5 oder XXXV, 8) bildet, dann heißt er: bâton péri, unser deutscher „Einbruch", eine heraldische Figur, die ebenfalls eigentlich nur als Beizeichen vorkommt. — Je nachdem er aber schrägrechts oder schräglinks gestellt in einem Schilde vorkommt, heißt er dann: der rechte oder der linke Einbruch. — Durch ersteren werden gewöhnlich legitime Seitenlinien nachgeborener Söhne, mit letzterem hingegen Bastarde und ihre Zweige bezeichnet. — Vom Faden und Einbruche werde ich übrigens ohnedieß weiter unten bei den „Brüchen und Beizeichen" (im Abschnitte XII) noch Mehreres vorbringen. —

224) Eine Binde, ein Streifen oder eine Leiste von Gold in Schwarz. So heißt man nemlich den Balken, wenn er die normale Breite nicht hat; (französisch: divise, fasce en divise ou tranglé). — Stehen mehrere solche kleine, schmale Streifen auf einem Felde, dann sagt man wohl auch: burèles ou burelé. —

225) Zwillingsstreifen (jumelles oder gemelles) von Gold in Blau. —

226) Drillingsstreifen (tierces) von Silber in Schwarz. —

227) Ein mit silbernen Zwillingsstreifen begleiteter Pfahl von Silber in Blau. —

228) Ein silberbordirter Pfahl von Blau in Roth (bordé). —

229) Ein oben abgekürzter Pfahl von Silber in Blau (percé). —

230) Ein ganz abgeledigter oder schwebender Pfahl von Schwarz in Silber (alésé, raccourci). —

231) Die mittlere oder schwebende Vierung von Blau in Gold (canton alésé). — Sie entsteht, wenn ein Balken oder Pfahl, beiderseits gleichmäßig, bis auf dieß kleine, vollkommen quadratische Stück gestümmelt wird. —

232) Ein unten zugespitzter Pfahl von Silber in Roth (aiguisé). — Außer den hier aufgeführten Abwechslungen im Vorkommen eines Pfahles gibt es noch unzählige andere, die begreiflicherweise dann alle auch wieder ebenso beim Balken und bei den Schräg- oder Zwerchbalken angewendet werden können. — Eine Unzahl von Heroldsfiguren, die sich in Folianten kaum unterbringen ließe. —

233) Ein gebrochener, verstümmelter oder gestückelter Pfahl von Schwarz in Gold (failli, tronçonné). —

Die beiden letzteren Figuren (132 und 133) veranschaulichen uns so recht die mehrerwähnte Symbolik der Heroldsfiguren, indem hier der heraldische Pfahl, augenscheinlich und auf das entschiedenste, als ein körperhafter, wirklicher Pfahl angenommen ist. —

234) Ein schräglinks verschobener Pfahl von Silber in Schwarz. —

235) Ein verschobener Pfahl von Silber in Schwarz. —

236) Ein übereinandergeschobener und abgeledigter Pfahl von Silber in Roth. — Das Wappen derer von Schwend in Bayern. —

237) Ein geknüpfter oder knotiger Pfahl von Silber in Blau. (Noué.) —

238) Ein rechtes unteres Winkelmaaß von Gold in Schwarz (écarre, demipotence.) — Das Winkelmaaß (am Rande auslaufend) entsteht aus einem halben Pfahl und aus der Hälfte eines Balkens. — Je nach seiner Stellung heißt es dann: ein rechtes oberes oder ein rechtes unteres, — ein linkes oberes oder ein linkes unteres. —

239 und 240) sind Wappenbilder, die auf der Gränze zwischen den Heroldsfiguren und zwischen den Marken oder Zeichen stehen, weßhalb ich sie beispielsweise hier anführen wollte. — Erstere Figur läuft zwar noch am Rande aus, allein ihre ganze übrige Struktur und Form ist nichts weniger mehr als wappenmäßig. — Das Gleiche gilt von der schwebenden Figur im Schilde 240. —

239 ist aus einem Krückenkreuze, einem Sparren und aus zwei gemeinen Kreuzlein auf ganz abnorme Weise zusammengesetzt, während 240 aus zwei Krückenkreuzen und einem Zeilenansatze eben so unregelmäßig gebildet erscheint. — Derartige Wappen sind in der That, wenn es auf Genauigkeit ankommt, höchst schwierig zu blasoniren. — 239 führte Adalramus XII. Episcopus Salisburgensis, und ist daher solches schon wegen seiner Persönlichkeit mehr Zeichen oder Marke, denn eigentliches Wappen. — 240 endlich bildet das Wappen des Bisthums: Chamin. —

Nur den weitaus kleinsten Theil der Heroldsfiguren, und beziehungsweise jener Abwechslungen, deren sie überhaupt fähig sind, habe ich bis daher angeführt. — Es wird genügen, wenn ich noch beisetze: daß die meisten derselben so und so oftmal wieder verändert, d. h. durch Vereinigung, Zusammenstellung, Erhöhung, Erniedrigung, durch Schmälerung, Verdopplung und Stümmlung wiederholt ganz anders gegeben werden können. — Viele derselben kommen auch abgeledigt, verdorben, gekürzt, schwebend, gebrochen, bis auf die Hälfte, aufs Drittel oder Viertel verringert vor. — Auch ihre Stellung gibt den mannigfaltigsten Variationen Raum, so daß stehende, liegende, gestürzte, rechte, linke, schrägrechte, schräglinke, schrägrechtsgestürzte, schräglinksgestürzte u. dgl Heroldsfiguren in Menge existiren. —

Wenn man überdieß bedenkt, daß sämmtliche Heroldsfiguren sowohl unter sich selbst, als auch mit den Figuren aller andern Klassen zusammengesetzt, vereiniget, belegt und verbunden werden, so kann man sich ohngefähr einen entfernten Begriff davon machen, wie weit, ja ins Unendliche fast, dieser Abschnitt sich ausdehnen ließe. — Nur die Spitze habe ich in den meisten (durchaus aber nicht in allen) Richtungen gegeben, während ich bei Sparren und Pfahl beispielsweise blos ein paar Modifikationen zeigen wollte. — Die französischen Bezeichnungen habe ich nur da beigesetzt, wofür es wirklich solche in der französisch-heraldischen Terminologie gibt. — Wie überall, also darf auch bei den Heroldsfiguren als Thatsache angenommen werden, daß die einfachsten Urmotive derselben sicherlich als die ältesten zu betrachten sind. — Jedenfalls aber gehen in dieser Hinsicht die unvermischten den zusammengesetzten voraus. — Eigentlich gehören auch die sogenannten Halbmonde, sowie alle Arten Sterne, wenn erstere nicht mit Angesicht oder letztere ohne Facettirung vorkommen, als vollkommen flache Figuren, ohne weiters in die Klasse der wahren Heroldsfiguren, da höchst wahrscheinlich nur durch die heraldische Symbolik aus heraldischen Halbmonden und Sternen der Begriff von den natürlichen solchen erst späterhin, nach und nach, sich entwickelt haben mag. — Dieß dürfte um so glaubwürdiger sein, weil man in der That, gerade zur ältesten Zeit, den heraldischen Halbmond fast niemals mit Gesicht dargestellt, die Sterne hingegen aber sehr oft unfacettirt antrifft. —

Noch so Manches zwar könnte man von den Heroldsfiguren vorbringen, ja, eine durchaus gründliche, sehr ausführliche Abhandlung über sie würde nahezu einen Folianten füllen; allein da dieß mehr die Sache eines eigentlichen Lehrbuches der Wappenkunde ist und hier der Platz dazu wohl weniger geeignet erscheint, so wende ich mich nunmehr zu den andern Klassen der heraldischen Figuren. Ihre Eintheilung wurde bereits oben gegeben und muß ich hier nur beifügen, daß die natürlichen Figuren: alles Lebende, oder vielmehr alles der Natur Entnommene umfaßen; wie z. B. die Himmelskörper, die Menschen, die Thiere, das gesammte Pflanzen- und Steinreich, — während die künstlichen: alles durch Menschenhände, oder durch den menschlichen Geist künstlich Hervorgebrachte in sich schließen. —

Zu den phantastischen oder erdichteten Figuren, die bisweilen auch Monstra und Chimaren genannt werden, gehören eigentlich alle zusammengesetzten, abnormen Wappenbilder, welche in die übrigen Abtheilungen nicht wohl sich klassifiziren lassen. — Vorzüglich aber bilden den Kern dieser Kategorie: alle erdichteten phantastischen Thier- und Ungeheuer Gestalten, die in der frühesten Periode der Ur-Heraldik schon eine sehr bedeutende Rolle spielten. — Marken und Zeichen endlich, welche nach meiner unmaßgeblichsten Ansicht eine dritte Haupt-Classe bilden sollten, würden die Unzahl von heraldischen Bildern und Wappenfiguren in sich begreifen, die wirklich etwa den sogenannten Hausmarken, alten Kaufmanns- und Gewerkszeichen, oder vielleicht auch den bekannten Monogrammen ihre Entstehung verdanken. — Daß demnach alle Zahlen- und Schriftzeichen, die Buchstaben u. s. w. ebenfalls hieher gehören müßen, versteht sich dann wohl von selbst. —

Da ich mich nach Wesen und Zweck gegenwärtigen Werkes auf eine speziellere Bearbeitung dieses Abschnittes, sowie auf nähere Details überhaupt, unmöglich einlassen konnte, der vorliegende Theil aber dennoch für den Zusammenhang des Ganzen von größter Wichtigkeit ist, so werde ich über das gegebene Thema also auch nur nach dieser Richtung hin die wesentlichsten Normen andeuten. —

Bei Untersuchung der heraldischen Figuren im Allgemeinen drängen sich uns vor Allem einige Hauptmomente in Vordergrund. — Diese hervorragenden Momente, auf welche heraldische Forscher ihr vorzüglichstes Augenmerk jederzeit zu richten haben, sind:

1) Die ursprüngliche Entstehung und Bedeutung einer heraldischen Figur und namentlich ihre richtige Erkenntniß. —

2) Die charakteristisch-heraldische Form der Wappenbilder und deren Entwicklung, Veränderung und Fortbildung im Zeitenlaufe. —

3) Die geeignete Wahl der heraldischen Figuren. —

4) Anwendung, Stellung und Vorkommen derselben in der Heraldik. —

5) Deren Anwendung und Vorkommen außer der Heraldik. —

Endlich 6) die Nationalität mancher Wappenbilder. —

ad 1. Um die richtige Eintheilung einer gewissen Figur in eine der obengenannten Classen sach- und ordnungsmäßig mit Sicherheit bewerkstelligen zu können, ist von vorneherein zuerst ein bestimmtes Erkenntniß derselben unbedingt nothwendig, da es keineswegs genügend erscheint, bloß auf's Gerathewohl hin ein Wappenbild dieser oder jener Kategorie einzuverleiben. — Auf platter Hand liegende Figuren lassen freilich über ihr Wesen keine Zweifel aufkommen, allein wer nur einigermaßen mit der Heraldik, und beziehungsweise mit deren verschiedenartigsten, so überaus mannigfaltigen Bildern vertraut wurde, der wird mir gerne zugestehen: daß die Anzahl der unklaren, unbestimmten, der zweifelhaften und der wirklichen Zwitterfiguren ebenso groß, ja fast noch größer ist, als die Anzahl der ganz bestimmt sich aussprechenden Wappenbilder. — Eben deßhalb aber ist es nöthig, eine klare Anschauungs- und Auffassungsweise des wahren Wesens einer Figur, d. h. deren richtige Erkenntniß vor Allem sich zu verschaffen. —

Weil dieß aber sämmtliche älteren, und größtentheils auch die neueren heraldischen Autoren bisher sehr vernachlässigten oder doch nur wenig beobachtet haben, darum bilden noch heutzutage verhältnißmäßig viele heraldische Figuren ungelöste Probleme, und werden je nach spezieller Ansicht oder individueller Auffassung dieses oder jenes Autors dahin oder dorthin eingetheilt. — Mit der Unmöglichkeit der richtigen Eintheilung einer Wappenfigur aber, bevor man ihr eigentliches Wesen erkannte, hängt natürlich auch die Wichtigkeit der vorhergehenden Ergründung ihres Ursprunges unmittelbar zusammen. — Der Umstand nemlich: daß die meisten heraldischen Werke bisher so mangelhaft waren, fand hauptsächlich darin seinen Grund, weil in keinem derselben auf eine echt wissenschaftliche und gründliche Untersuchung des Ursprunges, noch viel weniger jedoch auf eine kritische Beleuchtung der Entstehung und Fortbildung der Wappenfiguren mit den betreffenden Originalbeweisen Rücksicht genommen wurde. — Höchstens sind in solchen Büchern: Eintheilung, Stellung u. dgl. mit zahlreichen

Beispielen und Kupfertafeln erläutert, während weder von einer folgerechten, systematischen Deduktion, noch von einer historischen Begründung des Ursprunges, noch von einer interessanten Untersuchung über Entwicklung, Fortbildung und Anwendung heraldischer Figuren dort irgendwo die Rede ist. — Wilhelm, Samuel Oetter vielleicht allein machte in seinen „Wappen-Belustigungen“ einzelne verdienstliche Versuche in diesem Sinne. — Leider scheiterte ihr wissenschaftlicher und heraldischer Werth größtentheils an der verschrobenen Richtung seines Zeitalters, theils erstickten sie aber auch schon in ihrem Keime. — Außerdem wurden noch ein paar unbedeutende Abhandlungen über einzelne heraldische Figuren geschrieben. — So existiren z. B. mehrere solche über den doppelten Adler, über den Rautenkranz u. dgl. —

Hat man nun mit möglichster Bestimmtheit: Ursprung und Entwicklung einer Figur kennen gelernt, so unterliegt es auch keiner großen Schwierigkeit mehr, ihres eigentlichen Wesens und ihrer wahren Bedeutung sich zu versichern, ja, in den meisten Fällen dürfte letzteres zugleich mit dem Resultate der ersteren Forschung erzielt worden sein. — Die weitere Entwicklung aber, durch Fortbildung im Zeitenlaufe, gibt sich dann gleichfalls, so zu sagen, von selbst. — Oft zwar führt uns eine derartige Untersuchung bis in die frühesten Zeiten des Mittelalters zurück, wo wir die ersten Spuren heraldischen Lebens zu suchen haben. – Bisweilen aber, und namentlich bei den künstlichen Figuren, braucht man kaum so weit hinauszugehen, um das erste heraldische Auftreten einer bestimmten Figur zu beobachten. — Mit ziemlicher Sicherheit, ja mit Gewißheit, läßt sich daraus abnehmen: daß natürliche und Heroldsfiguren, sowie phantastische Thiere weitaus älter sind, als die „künstlichen“ Wappenbilder, versteht sich jedoch: mit Ausnahme derer, die nur vermöge der „heraldischen Symbolik“ aus Heroldsfiguren in solche umgewandelt wurden. —

Von den ersteren aber läßt sich wieder nachweisen: daß sowohl die natürlichen Thiergestalten, wie: der Löwe, der Adler, der Ur, der Hirsch u. s. f., als auch die phantastischen, wie z. B. der Lindwurm, der Greif, der Drache, die Harpye, das Meerweib, der sogenannte Panther[1]) u. s. w. ebenso frühzeitig (als eigentliche

---

1) Unter dem heraldischen Panther darf man sich keineswegs eine mit dem natürlichen Panther auch nur entfernt ähnliche Figur vorstellen. — Ersterer gehört vielmehr zu den ältesten fabelhaften oder phantastischen Thiergestalten des christlichen Mittelalters, in dessen Ornamentik er schon sehr frühzeitig eine große Rolle spielt. — Vermuthlich aus dieser letztern unmittelbar hervorgegangen, wurde er von dort dann auch auf Schilde, und beziehungsweise in die Heraldik verpflanzt. — Seine Zwittergestalt bildet ein Gemisch vom Löwen, vom Adler, vom Greifen und vom Drachen, indem er von jedem dieser Wappenthiere irgend ein charakteristisches Merkmal an sich trägt. So hat er gewöhnlich vom

Wappenbilder) heraldisch auftreten, wie die Heroldsfiguren. — Auch die heraldisch-ornamentalen Pflanzen, Pflanzentheile und Blätter (z. B. die Lilien, die Rosen, die See-, Herz- und Kleeblätter ꝛc.) gehen ebensoweit zurück, weil alle derartigen Dinge

---

Löwen die Hinterfüße, vom Adler die Vorderfüße, vom Greifen den Kopf und vom Drachen die flammenspeiende Eigenschaft und die feurigen Ohren. — Letzteres ist jedoch seltner der Fall, da er öfters mit normaler Zunge und ohne Flammenohren erscheint. Dafür aber kommt er bisweilen „gehörnt" vor, wie z. B. der Panther der Scheurl von Defersdorf, der Welphen im Siebmacher Pars II, Tab. 21, oder auch auf der Kleinod-Tafel XXII, 4. — Der Steyerische Panther ist einer der bekanntesten und ältesten. — Wir haben ihn Tafel II, 15 auf einem Originalschilde. — Dieser letztere aber ist einem Reitersiegel entnommen, das die Umschrift trägt: Liupoldus dei gratia dux Stirie, und an einer Urkunde vom Jahre 1203 sich befindet. — Auf dem lustig im Winde wehenden Rennfähnlein, das der besagte Herzog, wie auf ältern Reitersiegeln in der Regel, trägt, bemerkt man, ebenfalls sehr deutlich, den nemlichen Panther, und zwar vollkommen conform mit der Darstellungsweise des schildesfigürlichen auf Tafel II, 15. — Den nächst ältesten sieht man am Schilde des heiligen Mauritius, der, als Schildhalter von Ingolstadt fungirend, ebenfalls aus dem ältesten Originalsiegel dieser Stadt getreu abgebildet wurde. — (Man sehe die Schildhaltertafeln und die „übersichtliche Erklärung" dazu.) — Einen dritten endlich bemerkt man auf der Kleinodtafel XXII, 4. Er befindet sich solchergestalt auf einem colorirten Holzschnitte im Besitze des Herrn J. v. Radowitz, den uns auch Herr v. Hefner-Alteneck in der dritten Abtheilung seines Trachtenwerkes auf Tafel 16 zeigt. — Besagter Holzschnitt ist ein Allianzwappen der beiden Nürnberger Patrizierfamilien Scheurl und Tucher, aus der ersten Hälfte des XVI. Jahrhunderts. — Herr v. Hefner-Alteneck aber nennt dort den heraldischen Panther ganz unrichtig einen „Drachen"! — Daß übrigens, hier wie überall, kleine Abweichungen von der heraldischen Normalform des Panthers nicht selten vorkamen, ist wohl leicht begreiflich, umsomehr aber, weil dieser, als eine rein phantastische Figur, in der That auch der künstlerischen Phantasie größeren Spielraum gestattete. — So hat der Steiermärkische hie und da (wie z. B. II, 15) vorne keine Adlersklauen, während er manchmal wieder vorne und hinten solche hat. — Bisweilen trifft man seine Hinterfüße sogar mit Bocksklauen oder auch seinen Schweif in den verschiedenen Zeitperioden auf mannigfaltige Weise verändert dargestellt, — was Alles dessen Wesenheit jedoch niemals berührt. — Ob die Alten zwischen „Lindwurm" und „Drachen" wirklich einen erheblichen Unterschied gemacht haben, möchte ich um so eher bezweifeln, weil auf vielen Wappen ein und desselben Geschlechtes, je nach Zeit und Styl, die Darstellungsweise auch dieses Unthieres sich sehr veränderte und den mannigfaltigsten Abwechslungen unterworfen war. — Bald haben derlei Ungeheuer blos vorne Füße, bald erscheinen sie vierfüßig. — Bisweilen haben sie einen aufgeringelten Stachelschwanz und eine also geformte Zunge, während wieder ein anderesmal feurige Ohren und Flammenspeien hervorragende Kennzeichen derselben sind. — Wenn nicht in der That als die ersten, so sind Lindwürmer und Drachen doch jedenfalls als zu den allerältesten Schildes- und Helmfiguren gehörig zu betrachten, was übrigens auch aus unzähligen Originalbeweisen schon mit Sicherheit nachgewiesen werden kann. —

Am altfranzösischen Originalschilde 2 auf Tafel XXXV, der noch dem XI. Jahrhundert angehört, sehen wir bereits einen Lindwurm oder Drachen. — Er hat drei,

gerade in der ältesten Ornamentik des christlichen Mittelalters die häufigste Anwendung fanden, und nur von der unbedingten Anerkennung des innigen Zusammenhanges dieser letzteren mit der ursprünglichen Entwicklungsgeschichte der Heraldik die allein richtige Lösung der Aufgabe über Untersuchung des eigentlichen Wesens der gesammten Heroldskunst zu erwarten steht. — Nichts destoweniger bleibt jene Thatsache (vom hohen Alter der „natürlichen" und der „Heroldsfiguren") eine unbestreitbare Wahrheit, die übrigens ihren sehr natürlichen Grund hat. — Auch bei Malerei und Plastik der Vorzeit nemlich finden wir: daß sie sich schon im grauesten Alterthume, lange vorher an Gegenständen aus der Natur oder in pflanzlichen und phantastischen Ornamenten versuchten, ehe Geräthschaften, Waffen u. dgl. dargestellt wurden, oder vielmehr dargestellt werden konnten. — So sehen wir also auch folgerecht, während der Kindheit christlich-mittelalterlicher Kunst, als Schildbemalung zuerst jene unbestimmten, farbigen Heroldsfiguren oder natürliche Wappenbilder, als: Thiere, Pflanzen, Gestirne u. dgl. längst schon bevor man daran dachte „künstliche" Figuren zu adoptiren. — Beim Aufsuchen des ersten Ursprunges und bei Verfolgung der weiteren Entwicklung einer „künstlichen" Figur aber darf man keineswegs etwa in leeren Vermuthungen stehen bleiben, sondern man soll sich durch anfängliche Schwierigkeiten nicht abschrecken lassen, irgend einen möglichst bestimmten Anhaltspunkt zu finden, auf dem sich sicher fußen und dann weiter bauen läßt. — Wenngleich es zwar manchmal große Anstrengungen und reiche Kenntnisse der alten Originalien erfordert, um so eher wird man zu günstigen Erfolgen gelangen, und wenn die Arbeit bisweilen auch etwas sauer wird, so dürfte sie doch nicht selten durch glänzende Resultate gekrönt werden, die nicht allein die kleinen Unannehmlichkeiten bald vergessen lassen, sondern Mühe und Fleiß reichlich lohnen, da sie von den früheren Heraldikern zumeist gar nicht geahnt wurden. —

Derartige Forschungen gewähren überdieß noch den wesentlichen Vortheil, daß sie die Heraldik für Historiker und Künstler, kurz für jeden Gebildeten, nicht nur zu einem sehr interessanten, sondern sogar zu einem unterhaltenden Gegenstande machen,

---

wie überhaupt in ältern und ältester Zeit gewöhnlich, nur zwei Füße, wovon er den einen sich selbst abzubeißen scheint. —

Auf Tafel L, 3 hingegen hat man einen solchen in ganzer Figur als Helmkleinod, und zwar auf einem französischen Reitersiegel des XIV. Jahrhunderts mit der Umschrift:

S. Hugonis de Castellione comitis Blesesis et dni de Avesnis.[1])

1) Wilhelm Samuel Oetter's Wappenbelustigungen. — Erläuterung über das Wappen des Heil. Röm. Reichs, pag. 10. —

indessen sie außerdem für Laien ein allerdings ziemlich trockenes Feld sein dürfte. — Auch zur Blasonirung muß man begreiflicherweise vor Allem wissen, was eine Figur eigentlich vorstellt. — Warum aber die Alten, d. h. die heraldischen Autoren der Renaissance- und Zopfzeit, gerade in diesem Punkte ihre schwächste Seite hatten und dadurch so ungemein schlechte heraldische Fortschritte machten, das lag, wie ich oben weitläufig nachwies, hauptsächlich nur in ihren Zeitverhältnissen. — Heutzutage, unterstützt durch germanistische Kunst und Wissenschaft, sollte es uns ein Leichtes sein, jene Probleme zu lösen, über welchen die Alten vergeblich nachgrübelten, — trotz allem Kopfzerbrechen jedoch höchstens alberne Hypothesen ausbrüteten, oder planlos mit der Stange im Nebel herumfuhren. — Ein gründliches Studium mittelalterlicher Kunst, mittelalterlicher Trachten, Waffen und Geräthschaften hingegen wird uns oft sehr bald, jedenfalls aber ganz sicher auf die rechte Bahn leiten. —

Ich kann es daher nicht oft genug wiederholen: daß nur hierin, und zwar nur hierin allein, der eigentliche Schlüssel der christlich-mittelalterlichen, der wahren und echten Heraldik liege. — Man muß nur staunen, wie bei den einfachsten Dingen so arge Verstöße gemacht, so handgreiflicher Unsinn zu Tage gefördert werden konnte. Wenn wir z. B. die unzähligen, mehr oder minder weithergeholten Hypothesen vom sächsischen Rautenkranze alle miteinander vergleichen, so ist kaum denkbar, wie es möglich war, daß Jeder etwas Anderes, und dennoch Keiner das Natürlichste und das zugleich allein Richtige vorbrachte. —

Die alten Geschichten, vom „cingulum militare" angefangen, bis zum neuesten Michelsen'schen „Ruthengeflechte", haben sammt und sonders nicht die mindeste Wahrscheinlichkeit für sich, während Herr Dr. O. T. v. Hefner, der ursprünglich ebenfalls ein eifriger Anhänger des cingulum militare zu sein schien, oder doch wenigstens dieser Annahme eifrig huldigte, neuestens zur allein wahren Anschauungsweise der fraglichen Wappenfigur gekommen ist, indem er seine ganz richtigen Ansichten hierüber mit den betreffenden, sehr interessanten Originalbeweisen im Correspondenzblatte des Gesammtvereines der deutschen Geschichts- und Alterthums-Vereine, Nro. 10, Juli 1855, ausführlich dargelegt und veröffentlicht hat. —

Das dort beispielsweise angeführte Wappen der Teufel von Bichel oder Bühel finde ich übrigens in meinem alten Wappenbuche (Manuskript aus dem Ende des XV. Jahrhunderts) in der etwas abweichenden Form, wie man es auf Tafel IL, 11 sehen kann; ein Umstand, der die Annahme eines wirklichen (heraldisch-ornamentirten) Rautenlaubkrönleins, bei kronenreifartiger Darstellungsweise der Teufel'schen Wappenfiguren, noch glaubwürdiger macht, sohin aber auch ein weiterer Beleg zu Gunsten der neuerlichen von Hefner'schen Ansicht über den sächsischen Rautenkranz sein dürfte. —

Auch der alte Siebmacher bringt besagtes Wappen in ganz ähnlicher Weise, nur sind es dort drei natürliche, goldene „Seeblätter", wie die alten Seeburgischen im jetzigen Gumppenbergwappen (vergl. Tafel XLVI, 16).[1] —

Uebrigens führen dem sächsischen sehr ähnliche Rautenkränze mehrere alte Familien in Deutschland, Frankreich und Belgien, wie man im Petra Sancta, Menestrier, Siebmacher u. a. a. O. finden kann. —

Ein ähnlicher Fall ist es bei der uralten heraldischen Lilie, von der Viele behaupten: ein Lanzeneisen oder ein also geformter Spieß (Glefe, Franze) habe zu ihrer Gestalt die erste Grundidee geliefert. — Sogar der gelehrte Gatterer läßt sich irgendwo in diesem Sinne verlauten, wobei er übrigens wohl nicht bedenken mochte, daß zu jener Zeit, aus der die heraldische Lilie stammt, nirgends eine derartig geformte Stangenwaffe existirte. — Der gute Mann scheint eben stets nur die Korporals- und Feldwebel-Spontons, sowie etwa die Luntenstöcke der Stückknechte (Kanoniere) des XVIII., und sogar noch seines eigenen Jahrhunderts in's Auge gefaßt zu haben, welche allerdings der heraldischen Lilie entfernt ähnliche Umrisse hie und da aufweisen. — Die erste Idee zur heraldischen Lilie lag zweifelsohne in der wirklichen, natürlichen, und zwar in einer gewissen Art der Schwertlilie. —

Zudem stammt die heraldische Lilie schon aus so früher Zeit, daß man sie weit eher die ornamentale, als die heraldische heißen sollte, da ihr Vorkommen sogar viel älter ist als die Heraldik selbst. — Schon aus diesem Umstande läßt sich einigermaßen abnehmen, daß wohl niemals ein „Spießeisen" das Motiv zu derselben gewesen seyn konnte, weil bis in jene Periode keine einzige „künstliche" Figur hinaufreicht. — Wer in allen Zweigen und Richtungen der christlich-mittelalterlichen Ornamentik nur ein wenig sich umgesehen hat, dem muß vor Allem die bis in's Fabelhafte gehende Abwechslung und Mannigfaltigkeit, besonders aber die überaus häufige Anwendung der ornamentalen Lilie, sowohl in, als außer der Heraldik, aufgefallen seyn. — In den meisten Fällen wird man dabei ihren entschieden botanischen Charakter und ihre unverkennbare Pflanzennatur nicht wegstreiten können. — Namentlich häufig aber kommt sie sogar mit förmlichen Staubfäden vor. — v. Hefner-Alteneck z. B. in seiner „Burg Tannenberg" zeigt uns eine solche. — Zugleich macht er dort ebenfalls auf die so beliebte allgemein-ornamentale Anwendung derselben im Mittelalter aufmerksam. — Die betreffende Stelle des Textes dazu verlautet

---

[1] Alter Siebmacher P. I, pag. 84. —

hierüber, wie folgt: „c ein rundes Bronzeplättchen mit erhaben getriebener Lilie; es kann auf verschiedene Art als Ornament gebraucht worden sein. Die heraldische Lilie war nach der Ansicht Vieler zuerst eine Lanzenspitze und bildete von 1179 das Wappen von Frankreich, siehe Chifflet, Lilium francicum. Man täuscht sich aber leicht, wenn man in der Lilie immer das Zeichen Frankreichs erkennen will, denn sie findet sich auch sehr oft in deutschen, wie in andern Wappen vor und diente im Mittelalter gewissermaßen als ein Universalornament.“ [1]) — Auf Tafel IX, Nr. 16 zeigt uns das fragliche Bronzeplättchen in getreuer Abbildung. —

Ferners kommt dieselbe nicht nur außer der Heraldik, bei ornamentaler oder landschaftlicher (wirklich pflanzlicher) Darstellungsweise, mit Staubfäden versehen und auf einem förmlichen Blumenstängel (bestielt) vor, sondern ebenso auch in der Heraldik. — Tafel XXIV, 6, im Wappen der Vegler, sehen wir z. B. in solcher Weise zwei Lilien auf ihren natürlichen Stängeln, in einem Blumentopfe. — Gewiß ein unwiderlegbarer Beweis: daß sie dort auch wirklich Blumen vorstellen sollten. — Dieses Wappen aber befindet sich auf einem Grabsteine im Kreuzgange des Prämonstratenserklosters Wiltau oder Wilten bei Innsbruck, der die drei Schilde der Zenger, der Vegler und der Dieperskircher nebst folgender Inschrift trägt: „m.cccccxliij am liechtmeßabent ist gestorben fraw margret zengerī sigmund veglerß wib.“ —

Auf derselben Tafel (XXIV) unter Nro. 7 bemerkt man weiters das Wappen eines gewissen Ebran Marbanger (1380), nach dessen schon einmal erwähntem Grabsteine im ehemaligen Kloster Seeon am Chiemsee, woselbst nicht nur der Stiel (Pflanzen-Stängel) der Lilie, sondern auch der ausgerissene Wurzelstamm derselben mit allen seinen Fasern vollkommen deutlich dargestellt ist. — Keineswegs aber bildet dieß etwa den einzigen Fall dieser Art; denn die Herren von der Wyck in Westphalen und viele Andere führten ebenfalls mit dem Wurzelstamme ausgerissene, und nichtsdestoweniger dennoch heraldisch-ornamentale Lilien. [2]) —

Niemals finden sich auf mittelalterlichen Zeichnungen, Holzschnitten, Bildern, Glasmalereien, Miniaturen u. dgl. vorkommende natürliche Lilien anders, als in der heraldischen Normalform gegeben, so daß weder über das wahre Wesen der letzteren ein Zweifel obwalten, noch irgend ein Einwurf dagegen stichhaltig begründet werden kann. — Auch im John Bossewell schon [3]) wird die heraldische Lilie

---

1) Die Burg Tannenberg und ihre Ausgrabungen von Dr. J. H. v. Hefner. — Tafel VIII, C pag. 80. —

2) Alter Siebmacher, Westphälische Geschlechter. — Pars V, pag. 146. —

3) John Bossewell, Pars III, pag. 4. —

ausdrücklich für eine „Blume" erklärt und zwar für die bekannte „Schwertlilie". — Er beschreibt sie dort nemlich als eine offizinelle Pflanze, deren Wurzel zwar ein arges Gift enthält, nichtsdestoweniger aber in der Medizin zugleich auch als besonders heilbringend gebraucht wird. — Nur soviel von der heraldischen Lilie. —

Aehnliche Verlegenheiten bereiteten den Heraldikern von Perrücke und Zopf, sowie ihren Collegen von heute, die bekannten Wappenfiguren von Engern, der Grafen von Brenen und der Freiherren von Gumppenberg in Bayern (Tafel XXV, 4) — Die Franzosen heißen diese Figuren: bouterolles, was so viel als das Ortband einer Degenscheide bedeutet. — Auch der Einschnitt eines Schlüsselbartes wird im Französischen also bezeichnet. — Zudem geben sie diesen Figuren nebenstehende, durch ihre vollkommene Rundung von unserer deutschen Normalform derselben allerdings etwas abweichende Gestalt. —

Wenn übrigens die Franzosen diese Wappenbilder wirklich für das halten, wonach sie ihnen den Namen gaben, dann ist der Gedanke jedenfalls närrisch genug und man sieht eben auch hieraus wieder, daß die französisch-heraldische Terminologie den Nagel nicht immer und überall auf den Kopf trifft, — wie man so zu sagen pflegt. —

Eine aufmerksame Betrachtung Gumppenbergischer Original-Siegel aber dürfte genügen, um die Sache im klarsten Lichte zu überschauen. —

Tafel XLVI, 17 zeigt uns ein Gumppenbergisches Originalsiegel vom Jahre 1279

Tafel XLVI, 18 ein fast gleiches, oder doch nur sehr wenig vom vorigen verschiedenes Dreiecksiegel des genannten Geschlechtes, und zwar vom Jahre 1281. —

In beiden Siegeln sehen wir drei, mit den Spitzen nach abwärts gekehrte, einfache Seeblätter, und zwar so deutlich: daß mit aller Bestimmtheit nicht die mindeste Spur einer Durchbrechung an ihnen wahrgenommen werden kann. — Im Gegentheile sind sie durch sehr plastische, stark erhabene Darstellungsweise, sowie durch ihre verkehrte Stellung im Schilde, weit eher „Herzen" ähnlich. —

Tafel XLVI, 19 vom Jahre 1305 weist uns die primäre, d. h. die ursprüngliche Form jenes späteren Durchschlages, der, wie man bemerkt, zuerst den äußeren, herzförmigen Umrissen der Blätter genau angepaßt, also im Anfange ebenfalls „herzförmig" gemacht wurde. —

Bei allen vorgenannten Siegeln sind die Umschriften unleserlich. —

Auf Tafel XLVI, 20 endlich hat man ein Originalsiegel vom Jahre 1346 mit der Umschrift: S. Heinrici de Gumpenberge. — Hier bildet der Durchschlag bereits die Form des Dreipasses, während die Blätter selbst noch hart aneinander geschoben, oder vielmehr mit den Spitzen sogar aufeinandergelegt erscheinen. —

Unter Nro. 10 auf Tafel LX sieht man zum Vergleiche ein Siegel von Pöttmes (aus dem XIV. Jahrhundert), einer Ortschaft in Bayern, die den Gumppenbergen noch heutzutage zuständig ist, und von der sich eine Linie derselben „Gumppenberg-Pöttmes" schreibt. – Die Umschrift lautet: S. civium in Petoms. — Beiderseits eines großen lateinischen Doppel-PP stehen dort zwei der Gumppenbergischen Seeblätter oder Laube. — Sie sind, wie man sieht, mit der Spitze nach aufwärts dargestellt und auch hier besonders deutlich als Blätter erkennbar, weil sie sammt ihren Stielen abgebildet erscheinen. — Auf Tafel LX, Nro. 11 endlich mag ebenfalls zum Vergleiche dienen; denn dieses Originalsiegel vom Jahre 1357 mit der Umschrift: S. Eberhardi de Perge, beweist uns mit Sicherheit nicht minder die Sitte des Durchschlagens der Blätter, was hier ausnahmsweise sogar „im Vierpaße" geschehen. — Alle späteren Gumppenbergischen Siegel weisen uns diese Figuren, wie wir sie auf Tafel XXV, 4 bemerken.[1]) — Nur kommen sie abwechslungsweise dann bisweilen auch mit den Spitzen aufwärts gestellt vor. — So unter Andern z. B. in meinem Originalwappenbuch-Manuskripte aus der letzten Zeit des XV. oder aus dem Anfange des XVI. Jahrhunderts. —

Dasselbe gilt natürlich auch von den Wappenbildern von Engern, der Grafen von Brenen u. v. A., sowie von den französischen „bouterolles". — Die Bezeichnung „Schröterhörner" aber war sogar dem alten Dr. Spener schon zu unsinnig, und Herr Michelsen scheint mir mit seiner Erklärung der Gräflich von Brene'schen Wappenbilder, da er solche, um ein Namenwappen nach „modernem Schnitte" zu bekommen, für „brennende Flammen" hält, keineswegs glücklicher gewesen zu sein, als mit seinen Aufstellungen über den Rautenkranz und die Fürstlich von Schwarzburgischen Schildesfiguren. — Auch ein Gumppenbergischer Codex kam mir zu Gesicht, dessen Einband in häufiger Wiederholung die dem Leder durch Preßung aufgedrückten Gumppenbergischen Wappenbilder, und dort zwar sehr deutlich als „Seeblätter" kennbar, aufwies — Die Herren von Seebach in Thüringen führen übrigens eben-

1) Sämmtliche hier oben speziell aufgeführten Siegel stammen aus der reichhaltigen Materialien-Sammlung des Herrn Baron Ludwig von Gumppenberg, königl. bayer. Kämmerers und Regierungsrathes in Würzburg, der schon in nächster Zeit ein eigenes, gewiß höchst interessantes Werk über sein eben so berühmtes, als altes und weitverzweigtes Geschlecht herauszugeben gedenkt. — Ein derartiges Unternehmen aber erscheint um so dankenswerther, weil immerhin die Familienquellen zunächst wohl die reichste Ausbeute liefern, und sicherlich so manche Novität zu Tage fördern dürften. —

falls drei auf gleiche Weise durchschlagene, 2. 1 gestellte Seeblätter von Roth in Silber, aus welchem, gewiß entschiedenem Namen-Wappen also schon deutlich auch die Wesenheit der letzteren konstatirt sein dürfte. —

Wie bei den Gumppenbergen in der Regel, so sind auch hier die durchschlagenen Blätter mit ihren Spitzen nach unten gekehrt.[1]) —

Uebrigens finden sich derartige Figuren schon in der Herrad von Landsperg (hortus deliciarum), Manuskript aus dem XII. Jahrhundert, in ornamentaler Anwendung auf Teppichen und Bettkissen, und selbst noch heutzutage pflegt man bei uns an einigen Wallfahrtsorten ganz auf ähnliche Weise durchschlagene Blätter den Landleuten feilzubieten. — Sogar die einzelnen Phasen ihrer Fortbildung lassen sich an den obigen Gumppenbergischen Original-Siegeln, von Periode zu Periode, genau unterscheiden und verfolgen, so daß man annehmen kann: mit dem XIV. Jahrhundert sei das Durchschlagen der Blätter zuerst in Aufnahme gekommen und habe dann, im XV. Jahrhundert ohngefähr, jene prägnante Form angenommen, wie wir sie auf Tafel XXV, 4 und in allen besseren Abbildungen Gumppenbergischer Wappen noch heute sehen. — Insoferne bietet gegenwärtiges Beispiel auch für die nächst abzuhandelnde „Fortbildung der heraldischen Figuren im Zeitenlaufe“ einiges Interesse. — Schlüßlich ist noch bemerkenswerth, daß Seeblätter, wie Laub überhaupt, (so auch der Seckendorfische rothe „Wied“), zumeist nur in grüner, rother oder gelber (Gold) Farbe heraldisch auftreten. — Wer denkt aber hiebei nicht unwillkührlich sogleich an das frische sommerliche Grün und an das spätherbstliche Gelb oder Roth des natürlichen Blattes! —

Wie weit oft Unkenntniß oder mangelhafte Forschung nach dem Wesen und der Bedeutung einiger Wappenfiguren vom rechten Ziele abführte, sehen wir z. B. aus Herrn von Medings Wappenbeschreibungen, wo das „Gatter“ der Harthausen für ein „Parallel-Lineal“ ausgegeben wird! — Irgendwo anders fand ich gar den Feuerkorb (Pechpfanne) der Winkelhausen als einen „Himmels-Globus“ blasonirt! — Auch der „Streitkolben“ (Morgenstern) der Stadt Colmar (Tafel XXV, 5) wird häufig für einen „Cometstern“ gehalten, da doch die Original-Münzen dieser Stadt u. dgl. ganz deutlich ersteren als das eigentliche Wappenbild der Stadt Colmar bezeichnen. — Ueberdieß mochte in dessen Erhebung zum Stadtwappen eine allerdings etwas schwache Anspielung auf den Namen liegen (Kolben — Kolbmar).[2]) —

Nicht weniger zu schaffen machte den Heraldikern die schon einmal erwähnte

---

1) Alter Siebmacher, Thüringische Geschlechter. — Pars 1, pag. 150. —

2) New Müntz Buech, 1597. pag. 55 u. 56. —

Sedlnitzky'sche Wappenfigur (Tafel XXV, 6), aus der Herr Kneschke den gewiß höchst drolligen Einfall hatte: einen „ungarischen Schnurrbart mit einem Pfeil darüber" herauszufinden. — Wo anders wieder heißt es ein „Obermund mit Bart". — In einem alten Wappenbuche wird diese Figur „ger" genannt, was bekanntlich einen Wurfspieß oder Wurfpfeil bedeutet. — In der That hat dieses Instrument mit einer gewissen Art „Harpunen" einige Aehnlichkeit und wird vielleicht deßhalb bisweilen also blasonirt. —

Möglicherweise zwar konnte auch auf die einfachste Manier etwa: der gewöhnliche Handbogen mit seinem aufgelegten Pfeile die nächste Veranlassung zu dieser später so allseitig und entschieden mißverstandenen Figur geworden sein. — Ein „Hufeisen" hingegen, wie so Manche glauben, kann es, nach allen älteren Abbildungen zu schließen, wohl weniger sein. — Jedenfalls aber liegt wirklich die Idee irgend eines Wurfgeschosses dem fraglichen Wappenbilde zu Grunde, das ohnehin mehr im Norden, denn bei uns im Süden heraldisch vorkommt. — Von den bayerischen Geschlechtern z. B. führten meines Wissens die nunmehr längst abgestorbenen Zirkendorfer allein diese Figur, und zwar schrägrechts gelegt, von Schwarz in Silber. — Siebmacher, hier wie überall, macht sich freilich die Blasonirung äußerst bequem, denn einmal sagt er leichthin: „Feld weiß, das darin schwarz", oder ein anderesmal: „Feld blau, das Ding gold", oder wieder wo anders: „Feld gold, das darin ist roth" u. s. w. —

Im zweiten Bändchen von J. G. L. Dorsts „allgemeinen Wappenbuche" befindet sich unter den „Beigaben" ein Originalsiegel vom Jahre 1368 mit der Umschrift: S. Ulmanni de Moneta, worauf in einem Dreieckschilde ein auf seinen Bogen gelegter Pfeil, etwas schrägrechts gestellt, sich zeigt.[1]) — (Man findet dieses

1) Im betreffenden Texte aber zur obigen Siegelbeilage lesen wir bei J. G. L. Dorst, im gleichen Bändchen, auf Seite 164 und 165, Folgendes: „Siegelbeilage. Hier ist das Siegel des, in der Görlitzer Geschichte so berühmt gewordenen Ullmann aus der Münze. Er war von 1345—1365 Bürgermeister daselbst, legte aber dieses Amt in Folge entstandener Unruhen nieder, erscheint 1366 als königl. Richter zu Löbau (solches Amt konnte damals nur von Einem aus dem Landesadel bekleidet werden), 1368 Bierlandvogt im Lande Budissin und Görlitz und starb endlich 1383 zurückgezogen in Görlitz. Diese Familie hieß eigentlich v. Raderberg und vertauschte in der Person des Apetzko von Raderberg, welcher 1327 Bürgermeister zu Görlitz und Markgräflich Brandenburgischer Münzmeister daselbst war, den Familiennamen mit jenem seines Amtes und wurde somit Stammvater eines neuen Geschlechtes, welches sich bald aus, bald von der Münze, auch oft „de Moneta" schrieb, wie solches das Siegel Ullmanns de Moneta von 1368 beurkundet. Sehr viel Aehnlichkeit hat das Wappen der von der Münze mit der ebenfalls alten Görlitzer Familie von Schütz; beide führen im Schild Bogen und Pfeil und unterscheiden sich nur im Helmschmuck, indem die Letztern auf demselben einen Schützen und die Ersteren zwei Schildchen haben. Beide Familien sind nun in Görlitz abgestorben. —

Siegel auch auf unserer Tafel LX, Nro. 15.) — Gleich beim ersten Anblick schon muß die außerordentliche Aehnlichkeit dieses Wappenbildes mit der zweifelhaften Sedlnitzkischen Wappenfigur besonders auffallen, und es gehörte in der That vielleicht nur das Uebersehen oder spätere Weglassen der ohnehin gewöhnlich sehr schwach angedeuteten Bogensehne dazu um jene vermeintliche „Harpune“ daraus zu schaffen. — Ueberdieß kommt hiezu noch der eigenthümliche Umstand, daß der besagte „Ger“, wie ich das Siebmacherische „Ding“ einstweilen nennen will, wirklich zumeist nur horizontal oder schrägüber, höchst selten aber vertikal gestellt in den Wappenschilden erscheint, was im Durchschnitte auch bei allen „Pfeilbögen“ die gewöhnlichen heraldischen Stellungen sind. — Zudem hat die altfranzösische Blasonirung für den auf die Bogensehne schußfertig gelegten Pfeil einen eigenen heraldisch-technischen Kunstausdruck angenommen, nemlich das Wörtchen ajusté, was sicherlich ein weiterer Beleg sein dürfte, daß derartige Figuren in der Heraldik schon frühzeitig zu Hause waren, weil man eine eigene Blasonirung dafür als nöthig erachtete. —

Aehnliche Ungewißheit herrscht bei einigen Autoren über die Gräflich von Reichenbachischen Wappenbilder (Tafel XXV, 9). — So sagt unter Andern Kneschke im zweiten Band seiner Grafenhäuser (pag. 262 et seq.): „Das Stammwappen war in Blau, der silberne Mühlstein mit den Mühleisen oder Hämmern, aus welchen das Grafendiplom Streitkolben gemacht hat.“ — Nun sind dieß aber in der That eine bekannte uralte Form der Morgensterne, die nicht allein noch ziemlich häufig im Original, sondern auch auf mittelalterlichen Gemälden, Holzschnitten u. dgl. zahlreich vorkommt. — Wenn man der „Beschreibung von Llewelyn Meyricks Waffensammlung, von Gustav Finke, Berlin 1836“, in der sich ein solches Exemplar befindet, Glauben schenken darf, so wurde diese besondere Gattung der Morgensterne auch: Holywater-sprinkles, d. h. Weihwasser-Sprenger, genannt, wohl nicht so fast wegen des „Blutvergießens“, wie dort behauptet wird, sondern vielmehr wegen ihrer Formähnlichkeit mit den langborstigen Weihwedeln.[1]) — Wenn daher auch sonst die Diplome sehr oft irren, und in der Regel sogar ganz unzuverläßig sind, so hat doch gerade im vorliegenden Falle das besagte Grafendiplom vollkommen Recht — Herr Kneschke aber, der jenen argen Mißgriff höchst wahrscheinlich nur aus Unkenntniß mittelalterlicher Originale machte, scheint übrigens sogar die Gestalt der „heraldischen Mühleisen“ wenig zu kennen, wenn er diese Figuren für solche erklärt. — Die Egdorfische Wappenfigur (Tafel XXVI, 2), welche bald ein

1) Llewelyn Meyricks Waffensammlung von Gustav Finke, Berlin 1836. Pl. XCII. fig. 1. Text pag. 24. —

Streitkolben, bald ein Streitkolbenknopf, ja manchmal sogar ein Pfahl-Eisen genannt wird, da es doch ein bemalter, hölzerner Schimpfkolben zum Turniergebrauche ist, habe ich, aus einem ähnlichen Grunde, ganz vorne schon einmal zur Sprache gebracht. — Auch die Gräflich von Dürkheimische Doppelhaste (Tafel XXV, 10) wurde häufig angefochten, und mußte hie und da als ein Instrument zum Tragen der Wassereimer, bisweilen aber auch als zwei gegeneinandergesetzte Pfeilbögen u. dgl. gelten. —

Das Stadtwappen von Basel (Tafel LX, 3), von Einigen für das Futteral eines Bischofsstabes, von Andern für ein Horn erklärt, würde nur durch die genauesten Untersuchungen der ältesten Originalsiegel jener Stadt, und aus deren aufmerksamer Vergleichung mit den, der Reihe nach aufeinanderfolgenden, späteren Exemplaren derselben, mit voller Sicherheit erkannt werden können. — Sogar der Deckelbecher (Scheuer, Doppelscheuer, Tafelaufsatz) der Besserer von Ulm (Tafel LX, 1) wurde zuweilen ganz irrthümlich als: zwei übereinander gestellte Rondeln (Rundschilde mit einem Nabel) von solchen Heraldikern angegeben, welche weder die ganz guten und sehr deutlichen Originale (Siegel und Grabsteine) dieser Familie zu Ulm je gesehen, noch weniger aber soviel Einsicht hatten, zu erwägen: daß die Besserer und ihre Wappen wenigstens ein paar Jahrhunderte älter sind, als die besagten Eisen-Rondeln, d. h. daß Erstere schon als ehrbares Geschlecht, mit diesem ihrem eigenthümlichen Wappen, existirten, längst bevor jene spitzbenabelten Rund-Schilde in Gebrauch kamen. —

Ebenso bei den drei übereinandergesetzten Hüten der Trautmannsdorf und beziehungsweise der im Jahre 1518 ausgestorbenen Hölzler in Tyrol, welche bald als übereinanderstehende Dreiecke, bald als Hausdächer oder gleichfalls als Rondeln angesprochen werden [1]) —

Solche Unschlüßigkeit und Unwissenheit aber haben wir leider noch in unzähligen andern Fällen zu beklagen. —

Aus Alledem nun geht hervor, wie sehr nöthig vor Allem gründliche Erkenntniß des Wesens einer heraldischen Figur sei, wenn anders man zu Weiterem eine feste Basis finden will. —

Ehe man also hier im Reinen ist, läßt sich nicht einmal eine korrekte Blasonirung vornehmen, geschweige denn ein historischer, oder diplomatisch-praktischer Nutzen aus der Heraldik ziehen. —

Unsere vorzüglichsten und verläßigsten Anhaltspunkte aber (beim gänzlichen Mangel von Originalschilden und Kleinoden) sind und bleiben jederzeit: Siegel

1) Ein altes Trautmannsdorfisches Diplom nennt sie „Krainerische Hütlein“ —

und Grabsteine. — Sie müssen entschieden als die ersten und ältesten Quellen der Heraldik immerdar anerkannt, sollten daher auch überall als diese hochgeschätzt, und auf das fleißigste benützt werden. — Deßhalb gehören sie keineswegs, wie der alte Gatterer meint, weit hinter diplomatische und andere unzuverläßige Quellen, sondern, als die reichhaltigsten Fundgruben heraldischer Forschungen, in die erste Reihe obenan. — Sowohl Siegel als Grabsteine gewähren für heraldisches Originalstudium, jedes wieder für sich eigene Vortheile. —

Während nemlich Erstere leicht transportabel, wenig Platz einnehmend und für die meisten Heraldiker überhaupt leichter zugänglich sind, bieten uns dafür die Grabsteine wieder den besonderen Vortheil ihres gewöhnlich sehr großen Maaßstabes, der unmittelbar daraus folgenden größeren Genauigkeit und einer bis in's kleinste Detail gehenden Deutlichkeit. — Leider, daß sie meistens in etwas dunklen Räumen (Kirchen, Kapellen oder Kreuzgängen) schlecht placirt sind, so daß höchst selten gute Zeichnungen abgenommen, fast niemals aber die Vortheile der neueren Photographie für unsere Wissenschaft ausgebeutet werden können. — Reichhaltige Siegelkabinette hingegen dürften uns in dieser Hinsicht alles Andere, wenn auch nicht ganz ersetzen, so doch größtentheils entbehrlich machen. —

Die sogenannten „Wappenrollen" des Mittelalters müssen freilich auch den vorzüglichsten heraldischen Quellen beigezählt werden, allein wegen allzu großer Seltenheit können sie hier wohl weniger in Betracht kommen. — In England aber, wo derartige heraldische Pergamentrollen von jeher schon häufiger vorkamen, mögen sie nicht selten einen wahren Schatz für frühheraldisches Quellenstudium enthalten. — Die bekanntesten Wappenrollen bei uns in Deutschland sind: die uralte Züricher-Rolle und jene der ehemaligen Adelsgenossenschaft, genannt „zur Katze", in der Stadt Constanz (mit der Jahreszahl 1517). — Beide sind ziemlich gut erhalten und die Wappen dort mit solchem Verständnisse, mit solcher Praxis und in so kecker Behandlung gegeben, wie man sie heutzutage sicher nirgends, ja selbst im Mittelalter wohl selten finden wird. —

Als weitere, mehr oder minder wesentliche Anhaltspunkte zur Erforschung von Entstehung und Wesen einer heraldischen Figur nenne ich noch:

a) Ursprung und Herkommen des betreffenden Geschlechtes, welches die zweifelhafte Figur führt. —

b) Das Stammland oder den Stammort desselben, unter genauer Beobachtung und Erwägung seiner nationalen Charakteristik, besonders aber seiner eigenthümlichen Geräthschaften. — So z. B. läßt sich mit ziemlicher Sicherheit annehmen, daß wir in dem Wappenbilde der Münchener-Patrizier Pötschner eine sogenannte „Salzscheibe" vor uns haben, weil im Mittelalter der Salzhandel bekanntlich zur nationalen Charakteristik jener Stadt, die auf ihn bezüglichen Geräthschaften aber dort zu den beliebtesten Wappenbildern gehörten. — Man vergleiche Tafel VII, 5, zweites und drittes Feld. —

c) Die Untersuchung: ob das Geschlecht einer gewissen Gewerkschaft oder irgend einer anderen Genossenschaft ehedem einverleibt war, und also aus diesem Grunde vielleicht die betreffenden Werkzeuge oder Zeichen einer solchen in das Wappen aufgenommen habe. — So halte ich die angeblichen Stechlanzen (nach Andern auch: Zeltnägel) der Saurzapfen in Bayern eher für alte Werkzeuge zur Salzfertigung, da meines Wissens dieses Geschlecht vereinst den Salzgewerken einverleibt war (Tafel XXV, 2). — Uebrigens wurden „Turnierlanzen", wie solche z. B. die Herren von Dörnberg als Helmkleinod führen, von vorneherein schon ganz anders dargestellt. — Auch viele westphälische Geschlechter, welche der westphälischen Salzgewerkschaft zu Werle etwa einmal angehört haben mögen, führen heutzutage noch eines oder mehrere von jenen Werkzeugen, wie man sie im „gemeinschaftlichen Wappen derer adelichen Erbsälzeren zu Werle im Herzogthume Westphalen", (das man im alten Siebmacher: Supplement III, pag. 21, und auf unserer Tafel: XLIV, Nro. 13 sieht), von Silber in Schwarz, den goldenen Reichsapfel in der Mitte, 2. 1. gestellt, bemerken kann. — So die Herren von Zellon, genannt Brandis, die Herren von Mellin zu Uselen, die Herren von Schüler, die Herren von Bendikt u. v. A.[1]) —

Alle wirklichen Handwerkszeichen und Marken, von denen ich weiter unten Mehreres vorbringen werde, gehören demnach ebenfalls hieher. —

d) Einen Hauptanhaltspunkt bildet bisweilen auch der Name einer Familie, einer Stadt oder eines Landes. — Namen-Wappen, sogenannte „redende" oder „sprechende", wurden freilich in frühester Zeit schon und wie heutzutage gewöhnlich, oft sehr „matt" gegeben, allein hie und da dürfte dennoch ein kleiner Anhaltspunkt zur richtigen Erkenntniß einer zweifelhaften Figur in ihnen liegen. —

Nur so z. B. läßt sich die sonst jedenfalls sehr zweifelhafte Wappenfigur der Stempel in Westphalen etwa für einen wirklichen Stempel erklären,[2]) die der Riegler für einen Riegel u. s. f. —

Nur sind hiebei zwei Umstände wohl zu bedenken, erstens: daß viele Geräthschaften zu alter Zeit ganz anders benannt wurden, wie heute, und zweitens: daß, durch Sprachverschiedenheit, Provinzialismen und Dialekte die betreffende Figur in einer gewissen Gegend ein Namenwappen bilden konnte, in einer andern hingegen wieder nicht. — Ein Beispiel zu ersterem Umstande liegt im Wappen der fränkischen

1) Alter Siebmacher, Supplement IV, tab. 1 u. 3 2c. —

2) Ibid. Westphälische. Pars I, 188. —

Familie Sturmfeder, welche zwei mit den Rücken gegeneinandergekehrte Sturmärte (Sturmfedern) im Schilde führt (Tafel II., 6). — Diese Sturmärte nemlich wurden damals häufig „Sturmfedern“ genannt, eine Bezeichnung, deren zweite Hälfte sich nur mehr im Worte „Saufeder“, was einen Schweinsspieß bedeutet, bis heute noch erhalten hat. — Alte Zeughausinventare u. dgl. belehren uns von der Richtigkeit dieser Benennungen. — Wer jedoch mit derlei niemals sich befaßte, wird im Sturmfederischen Wappen sicherlich kein „sprechendes“ vermuthet haben.[1] —

Möglicherweise steht hier das Wort „Feder“ in einiger Beziehung mit dem unter den Werkleuten noch jetzt üblichen Ausdrucke „Federzeug“, ein besonders geschmeidiger und harter Stahl, woraus durchgehends derartige scharfe Instrumente, Waffen und Werkzeuge, geschmiedet werden. —

Auch bei den Wappen der Hörl von Wattersdorf, derer von Hörmann, sowie der Guren von Gurnhaag und sehr vieler Anderer, spielen die betreffenden Wappen-Bilder (hier nemlich, bei den erstgenannten beiden der Widder, bei den letzteren hingegen das weiße Stutenpferd) ausschließlich nur durch ihre mittelalterlichen Benennungen auf die Geschlechtsnamen an. —

Als ein Beispiel zum zweiten Umstande mag das Wappen der Rungen oder Rongen von Schildau gelten, eines Geschlechtes, als dessen Stammsitz das Schloß Schildau bei Hirschberg im schlesischen Riesengebirge bezeichnet wird. — Wie es bei Dorst heißt[2], führen sie: „in Roth zwei silberne Wagenrungen mit sammten Querholze und Schloßnagel ꝛc.“

Da jedoch in Süddeutschland, wie z. B. nach unserm bayerischen Volksdialekte, jene „Wagenrungen“ nur unter dem Namen: „Wagen-Kipfe“ bekannt sind, so dürfte sicherlich den meisten Südländern die „redende“ Eigenschaft dieses Wappens gänzlich entgangen sein. —

Den gleichen Fall aber, nur in verkehrter Weise, hat man auch ebenso bei den auf süddeutschen Provinzialismen beruhenden Namenwappen, die dann für den Norden zumeist unverständlich sind. — So nenne ich von unzähligen Anderen beispielsweise nur: die Segesen (Sensen) im Wappen der schweizerischen Segesser, die

---

1) Im Gegensatze zu den Streitbeilen der Sturmfeder scheint die „Barten“ der bayerischen Partenecker, Gamer, Gamersberger, Hilgertshauser und Waffenhauser (Tafel XLIV, von Nro 16 bis Nro. 20) eine Art oder ein Beil mehr zum Wirthschaftsgebrauche bedeutet zu haben; obwohl vielleicht das Wort „Hellparte“ damit verwandt sein dürfte, weil die Hellparte ursprünglich eben auch nichts anderes war, als eine Art oder ein Beil an einem sehr langen Stiele. -

2) J. G. v. Dorst, allgemein. Wappenbch. I. Bd Nr. 110 pag. 143 u. 144. —

Kumpfen oder Kümpfl (hölzerne Behälter des Mäher-Schleifsteines) der alten Geschlechter: Kumpf und Kumpfmihl, das sogenannte Fischlägl derer von Läglberg u. s. w. —

Aus diesem Umstande zunächst nun erhellt die Wichtigkeit des folgenden Anhaltspunktes zur Erforschung von Ursprung und Wesen einer heraldischen Figur, nemlich:

e) der gegenseitige Ideenaustausch aller Heraldiker und heraldischen Forscher in den verschiedenen Landstrichen und Gegenden, da an manchen Orten, und beziehungsweise in deren Wappen, gewisse Geräthschaften sehr häufig vorkommen, in vielen andern dagegen wieder gar nicht, oder hier so, und dort anders genannt werden. —

f) Auch der aufmerksame Vergleich der heraldischen Darstellungsweisen eines an und für sich unklaren Wappenbildes, zu den verschiedenen Perioden und an verschiedenen Orten, dürfte ebenfalls sehr oft die erfreulichsten Resultate liefern. —

g) Als letzte Quelle dann endlich, wenn aus der Zeit der reinen Urheraldik durchaus kein Originalbeweis mehr vorliegen sollte, oder ein solcher gar nicht ausfindig gemacht werden kann, mögen allenfalls erst Wappenbriefe und Adels-Diplome, aber auch dann nur mit der größten Vorsicht, zu Hilfe genommen und benützt werden. — Da sie nemlich größtentheils aus einer Zeit stammen, wo man die „praktische“, wahre Heraldik längst aus den Augen verloren hatte, können sie auch nur im äußersten Nothfalle als rathgebend beigezogen werden. —

Es versteht sich wohl von selbst, daß sämmtliche hier aufgeführten Anhaltspunkte nicht blos zum Zwecke der Erforschung von Wesen und Ursprung, d. h. der richtigen Erkenntniß einzelner heraldischer Figuren als solche gelten, sondern ebenso auch als sehr wichtige Anhaltspunkte der gesammten Wappenwissenschaft überhaupt betrachtet werden müssen. —

Nicht selten aber bilden ebenso in umgekehrter Weise: Heraldik, Wappen und Wappenfiguren die wesentlichsten Anhaltspunkte zur Erforschung von: Ursprung, Herkommen, Entstehung u. dgl. irgend eines Namens, eines Geschlechtes, einer Stadt [1]) 2c. 2c., und wir sehen daraus sicher am deutlichsten, daß in historicis,

---

1) So hat z. B. der Zusammenhang des alten Wappens der Stadt München mit dem Namen und Ursprung derselben sicherlich doch weitaus mehr Wahrscheinlichkeit für sich, als die anderen, bei den Haaren herbeigezogenen Deduktionen des Herrn Lipowsky vom „griechischen“: μονεγια oder des Herrn Dr. J. H. Wolf vom „lateinischen“ municipium. — Auf Kosten aller Natürlichkeit hochgelehrte Hypothesen auskramen wollen, gränzt denn doch nahezu an's Lächerliche. — Nach derartigen Aufstellungen aber kann es auch nicht mehr befremden, wenn irgend ein frisch Ueberstudirter etwa gar einmal das deutsche „Stiefelknecht“ u. dgl. aus dem „Sanskrit“ oder „Arabischen“ ableiten wird — (Lipowsky's Urgeschichten Münchens Para I, pag. 11 — 13, Anmerkung 1 und Vorrede

d. h. bei Geschichte und deren Hilfswissenschaften, eines dem andern zur Stütze dient, eines zum andern in einer gegenseitigen Beziehung steht und eines das andere gewissermaßen ergänzt, kurz, daß alle Theile zu einem großen Ganzen leicht sich zusammenfügen, wenn man nur den richtigen Vortheil erfaßt hat, sie, wie das Räderwerk einer vielleistenden Maschine, geschickt ineinandergreifen zu lassen. — Diese gegenseitige Wechselwirkung liefert ferners dann jedenfalls den besten Beweis: daß von den historischen Hilfswissenschaften eine so nothwendig, wie die andere, keine entbehrlich, deßhalb aber auch keine höher oder geringer zu schätzen, oder wohl gar der wissenschaftliche Werth irgend einer derselben ganz zu mißkennen ist. — Kurzsichtige Historiker nur wollen das nicht einsehen, Thoren bestreiten. —

So viel von der Wichtigkeit einer genauen Untersuchung des Ursprunges und Wesens einer heraldischen Figur, und beziehungsweise der hiezu vor Allem unbedingt nothwendigen Erkenntniß der letzteren. —

Leider werden, nach wie vor, demohngeachtet noch genug zweifelhafte oder unklare Wappenfiguren, als gar nicht, oder doch wenigstens sehr schwer zu lösende Probleme übrig bleiben, die sich füglich dann zu heraldischen Preisfragen eignen dürften. — So sind gleich nebenstehende Wappenfiguren, wie sie z. B. die von Ramun in Sachsen oder die von Bredow in der Mark führen, und die bald für Handrammen, bald für Steigbäume, für Gondelschnäbel u. dgl. ausgegeben sowie auch im Blasoniren also angesprochen wurden, bisher noch ebensowenig, wie das in dieser Hinsicht schon vorne aufgeführte uralte Wappenschild der Stadt Basel, mit Sicherheit bestimmt und befriedigend erklärt worden. [1]) — Derartige heraldische Figuren aber gibt es noch in Unzahl! —

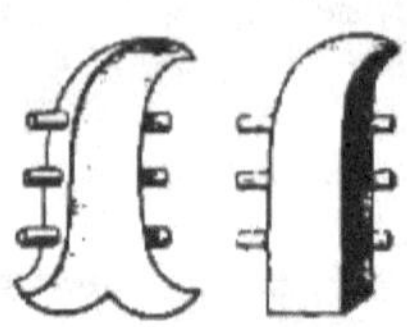

Ich komme nunmehr zum zweiten, keineswegs minder wichtigen Punkte; — es ist dieß

ad 2) die ausdrucksvolle typische Charakteristik der heraldisch-ornamentalen Darstellungsweise und deren Entwicklungsgang, Veränderungen und Fortbildung im Zeitenlaufe. — Eine der wesentlichsten und hervorragendsten Eigenthümlichkeiten der

zum zweiten Theil. — Dr. Jos. H. Wolf Ortsgeschichte von München, 1838 pag. 7 bis 13.) — Dagegen verweise ich in Betreff obiger Sache auf Herrn D. T. v. Hefners „Originalbilder aus der Vorzeit Münchens“ I. „das Münchner-Kindl“ pag. 3, 4 et seq., wo jene Herren zwar etwas derb, immerhin aber nach Verdienst zurechtgewiesen werden. —

1) Alter Siebmacher, Pars 1, pag. 167, 174 u. 222.

Heraldik besteht nemlich darin, daß erstens die wenigsten Figuren in ihrer natürlichen Form und Gestalt, d. h. wie sie in Wirklichkeit aussehen, auch in den Wappen dargestellt werden, — und zweitens: daß alle Wappenbilder, mit vielleicht alleiniger Ausnahme der Heroldsfiguren, sowie die sämmtlichen übrigen (bereits abgehandelten äußeren) Attribute der Heraldik, mit jedem Jahrhunderte, mit jedem Dezennium, kurz mit jeder neuen Architekturform oder neuen ornamentalen Geschmacksrichtung, entsprechend auch jedesmal ihre heraldische Gestalt veränderten, da der jeweilig herrschenden Architekturform, und beziehungsweise eigentlich dem ornamentalen Style einer gewissen Periode durchweg auch die heraldische Stylisirung genau angepaßt wurde. — Die heraldische Blüthezeit lehrt uns demnach, daß der Grundsatz, betreffend die eigenthümliche heraldisch-ornamentale Darstellungsweise, von vorneherein unbedingt festgehalten werden müsse, da diese wichtige Sache mit dem eigentlichen Wesen der wahren Heraldik innigst zusammenhängt. — Der Löwe, der Adler, die Lilie, die Rose u. s. w. wurden zu keiner Zeit in der Wappenkunst genau so dargestellt, wie sie in der Natur aussehen, und ein Baum z. B. gleicht in seiner heraldischen Abbildung niemals dem natürlichen. — Dieser Umstand aber ist so charakteristisch für unsere Wissenschaft, daß man in dem Glauben groß irren würde: durch möglichst naturgetreue Darstellung von Thieren, Pflanzen u. dgl. in der Heraldik etwas verbessern zu können. — Würde aber trotzdem eine derartige Aenderung vorgenommen und mit Consequenz durchgeführt, so müßte zugleich auch das ganze innere Wesen der Heroldskunst zerstört werden. — Vorzugsweise dem Mittelalter nemlich war es eigenthümlich, Thiere, Pflanzen, sowie überhaupt alle Gegenstände aus der Natur oder aus dem gewöhnlichen Leben, bei Abbildungen mehr oder minder in jenem gewissen ornamentalen, streng stylisirten Charakter darzustellen, welcher immer den Grundtypus der jeweilig herrschenden Architekturform unverkennbar an sich trug, und der gerade in den Wappenbildern am ausgeprägtesten erschien. —

Durch krasse Unwissenheit mancher Heraldiker der Neuzeit aber, sowie durch totale Sachunkenntniß bei den Heroldenämtern, wurde dieser eigentliche Lebensnerv einer echten Heraldik von jeher auf das gröblichste verletzt. — Deßhalb spricht man ja eben von der „heraldischen“ Darstellungsweise dieser oder jener Figur, im Gegensatze zur naturgetreuen Abbildung derselben, welch letztere in der Heraldik wohl in den wenigsten Fällen, nach meiner unmaßgeblichsten Ansicht aber, sogar niemals zulässig erscheint. — Ich gehe hiebei so weit, zu behaupten: es sei ein heraldisches Mißverständniß von natürlichen und heraldischen Lilien, Rosen, Wolken u. dgl. zu reden, oder halte vielmehr natürliche Lilien, Rosen u. s. f. für durchaus unheraldisch und nur in neuerer und neuester Zeit durch ganz falsche Auffassung entstanden, da die echte, alte Heroldskunst ausschließend nur heraldische Lilien, heraldische Rosen und heraldische Wolken kannte. — So sind z. B. auf sämmtlichen mittelalterlichen Originalien die Fürstenbergischen Wolken nur als „heraldische" zu sehen, indessen man heutzutage im genannten Wappen fälschlich immer „natürliche" anwendet. —

Weiter unten, im nächstfolgenden Abschnitte XI., wo ich unter Anderem auch von den heraldischen „Wolken" spezieller reden will, werde ich bei dieser Gelegenheit auf die Fürstlich von Fürstenbergischen Wolken wiederholt zurückkommen, und beziehungsweise dort dann über deren muthmaßliche Entstehung gleichfalls Einiges vorbringen. —

Die Ornamentik des christlichen Mittelalters ist, so zu sagen, die eigentliche Mutter der wahren Heraldik. — Ihre Züge sind deßhalb auch der Tochter unverkennbar aufgeprägt. — Dieses ändern wollen nun hieße demnach gleichsam das heiligste und erste Naturgesetz umstoßen. — Wer also die ganze Natur der Heraldik auf solche Weise verläugnet, hat bereits ihr inneres Wesen über den Haufen geworfen. — Die größte Einfältigkeit jedoch liegt sicherlich in der Ansicht Jener, und ihrer sind leider nicht wenige, die da in der Einbildung leben, die heraldischen Darstellungen seien blos darum so gemacht worden, weil man im Mittelalter nicht anders zeichnen konnte. — Solche können nicht leichter von der Verrücktheit ihrer Idee überzeugt werden, als wenn man sie auf vollkommen gleichzeitige, oder unmittelbar nebeneinander befindliche Abbildungen eines Gegenstandes, eines Thieres, einer Pflanze u. s. w. in und außer der Heraldik aufmerksam macht. — Ich verweise hier auf alle mittelalterlichen Darstellungen eines heraldischen oder außerheraldischen Löwen, einer heraldischen oder außerheraldischen Rose, eines heraldischen oder außerheraldischen Adlers, des heraldischen oder außerheraldischen Hermelins u. s. f., lauter Dinge, die man sehr häufig ganz gleichzeitig und oft sogar unmittelbar nebeneinander, jedesmal aber durchaus verschieden aufgefaßt und wiedergegeben findet. —

Heraldische Bäume z. B. wurden gewiß niemals so abgebildet, wie die natürlichen aussehen; denn nur jene stelsen, wie ringsum zugeschoren sich präsentirenden Formen, oder die mit ganz vereinzelnten Laubpartbieen gezierten Blätter-Kronen bilden die echt heraldischen Darstellungsweisen eines Baumes. — Von ersterer Gattung sehen wir auf Tafel XXVI 4 einen „heraldischen" Tannenbaum mit seinen (verhältnißmäßig immerhin sehr groß dargestellten) Fruchtzapfen. — Er ist dem Siegel eines gewissen N. Hausperger circa d. a. 1450 entnommen. — Auf derselben Tafel Nr. 5 eine mittelalterlich-heraldische Abbildung des Wappens der bekannten Schweizerfamilie v. Tschudi. — Auf Tafel IL 9 hingegen hat man den heraldischen Lindenbaum der bayerischen Stadt Lindau am Bodensee, aus einem Originalsiegel des XIV. Jahrhunderts. —

Die heraldische Birke wurde dann meistens, zu ihrer ohnehin ganz eigenthümlichen Charakteristik, überdieß auch noch mit Silber tingirt, wodurch man sie wahrscheinlich der natürlichen möglichst nähern wollte, ohne deßhalb, durch ein vollkommen naturgetreues Aehnlichmachen, deren heraldisch-typische Form zu umgehen. — So z. B im Wappen der Nürnberger-Patrizier Pirkheimer, das wir auf derselben Tafel II., unter Nro. 4 haben.[1] —

Leider werden heutzutage diese originellen, echt heraldischen Darstellungsweisen des Mittelalters entweder gar nicht mehr verstanden, oder doch unsinnig aufgefaßt und ohne alle Liebe wiedergegeben — Namentlich aber war gerade die typisch-ornamentale Behandlung aller Pflanzen und Pflanzentheile von jeher schon in der Heroldskunst, so zu sagen, heimisch. — Ein besonders originelles Beispiel hiefür ist wohl das höchst eigenthümliche Namenwappen der Patrizierfamilie: Würsing oder Wirsing. — „Würsing" oder „Wirsching" nemlich setzt der südliche Provinzialism des Volkes für eine Art von Weißkohl. — Nun hat aber gewiß das Wappenbild des besagten Geschlechtes keineswegs eine Aehnlichkeit mit dem botanischen Kohlkopfe, obwohl mit Sicherheit angenommen werden muß, man habe, um ein Namenwappen zu bekommen, einen solchen durch jene Figur heraldisch wenigstens andeuten wollen. — Zur Versinnlichung des betreffenden Wirsing-Wappens, und beziehungsweise der darin enthaltenen typischen Wappenfigur, habe ich nachstehend eine gerade in meinem Besitze sich befindende ältere Originalholzmatrize jenseits in den Text eindrucken lassen. — Wie man sieht, ist es ein Allianceeappen, dessen weibliche Seite eine geborene des Patrizier-Geschlechtes Wirsing repräsentirte. —

Dieses Würsingische Wappen nun ist weiters zugleich auch ein interessanter Beleg für das, was ich oben schon über Namenwappen, die sich auf Provinzialismen basiren, gesagt, und dort bereits mit den Beispielen von den Wappenbildern der Rungen oder Rongen von Schildau in Schlesien, der Segesser in der Schweiz, der Kumpfen und Kumpfmühl, der Läglberg u. A. näher erörtert habe. — Auch Herr Michelsen und Gesinnungsgenossen, die eine ursprünglich pflanzlich-ornamentale Bedeutung des sächsischen Rautenkränzleins durchaus nicht zugestehen wollen, können aus diesem merkwürdigen Falle vielleicht ebenfalls eines Besseren belehrt und in der Folge dann auf andere Ansichten geführt werden; — denn hier hat jedenfalls der heraldische Kohl mit dem natürlichen ebenso wenig, oder doch gewiß nicht mehr Aehnlichkeit, als dort

[1] Alter Siebmacher. Pars II. pag. 168.

die heraldische Raute mit der botanischen, oder wo anders die heraldische Lilie mit der wirklichen. —

Endlich gab es noch einige gewisse Eigenthümlichkeiten der heraldischen Darstellungsweise, wie z. B. unter vielem Anderem etwa der sonderbare Umstand: daß alle heraldischen Pferde und Pferdsköpfe mit ungewöhnlich langen Ohren, somit weit eher Eseln und Maulthieren oder Esel- und Maulthierköpfen ähnlich in Schilden und auf den Helmen erschienen, — so daß man sie zur besseren Zeit in der That durchgehends also finden wird. —

Begreiflicherweise aber blieb sich jene heraldisch-typische Stylisirung zu den verschiedenen Perioden des Mittelalters keineswegs immer gleich, d. h. sie nahm, den Veränderungen der Architekturformen, und beziehungsweise der jeweiligen Ornamentik, jederzeit vollkommen entsprechend, von Periode zu Periode, gleichfalls einen ganz andern Charakter an. — Das will nun soviel bedeuten als: die heraldische Ornamentik richtete sich, sowohl in ihren sämmtlichen Theilen, als auch in allen Epochen, stets unbedingt nach der gerade im Allgemeinen herrschenden architektonischen Ornamentik. — Wir kommen somit zum zweiten, von mir oben ad 2 berührten Punkte, — der gewiß ebenso beachtenswerth ist, als der vorhergehende, schon weil er, mit jenem nahe verwandt, nicht leicht übersehen werden kann. — Diese veränderte Darstellungsweise der vielerlei Wappenbilder zu den verschiedenen Zeitperioden gewährt das höchste Interesse, und man erkennt vorzüglich aus diesem Umstande den innigsten Zusammenhang der Heraldik mit dem mittelalterlichen Kunstleben. — Besonders hiedurch nemlich kann der feste Satz begründet werden: daß die Heraldik keineswegs blos als eine Wissenschaft, sondern immerdar auch als eine Kunst zu betrachten ist. — Die besagten Formveränderungen im Zeitenlaufe nun gelten nicht etwa blos von den „künstlichen" Figuren allein, als da sind: Kriegswaffen und Geräthschaften aller Art, von denen ohnehin sich denken läßt, daß sie durch allmählige Verbesserungen u. dgl., von Zeit zu Zeit, bedeutend sich verändert, und eine andere Gestalt angenommen haben, (indem sie nach anderer Art und in neuerer Form verfertigt wurden) — nein, es gilt dieser Grundsatz ebenso auch selbst von allen „natürlichen" Figuren, die doch gewiß in der ewig jungen Mutter Natur, d. h. bei ihrem wirklichen Vorkommen, niemals und nirgends sich veränderten. — Trotzdem, sage ich also, ist nicht zu verkennen, daß in der Heraldik z. B. der Löwe oder Adler des XIII. und XIV. Jahrhunderts ganz anders aussehen, als etwa ein Löwe oder Adler des XV. und XVI. Jahrhunderts. — Diese Einwirkungen übrigens des jeweiligen ornamentalen Styles auf alles das, was überhaupt in typisch-ornamentaler Weise dargestellt zu werden pflegte, sind eigentlich sehr natürlich, und es erklären und begründen sich daher auch jene heraldischen Formveränderungen, so zu sagen, von selbst. —

So fand ich z. B. auf einem Siegel des Grafen Ulrich zu Helfenstein, vom Jahre 1511, sogar das Ohr des Elephanten ganz in der Manier der gleichzeitigen Platten-Harnischtheile, nemlich in demselben Geschmacke, wie diese, mit sogenannten Pfeifen, fächerartig kannellirt, — seinen Rüssel hingegen, nach der damals bekanntlich sehr beliebten Strick-Wulsten-Manier, aufgedreht und gewunden.[1]) — Sowohl in früherer, als auch in späterer Zeit wurde der heraldische Elephant wieder ganz anders gegeben. — Man vergleiche hiezu den Kleinod-Elephanten, und dessen fächerförmig gerieften Floßenkamm auf Tafel LI, 4. — In noch viel älteren heraldischen Abbildungen, wie z. B. in der Züricher-Wappenrolle oder im Conzilbuche

1) Sphragistische Sammlung des Herrn Dr. O. T. v. Hefner in München. —

von Konstanz trifft man den Helfensteinischen Elephanten sogar mit den förmlichen Klauenfüßen eines Ziegenbockes! — Also aber war es durchweg bei allen natürlichen, ganz besonders jedoch bei den meisten „künstlichen" Figuren. —

Vorzugsweise dieser Umstand nun hat die meisten Irrthümer und unrichtigen Auffassungen, die gröbsten Mißverständnisse, falsche Anschauungsweisen, kurz die meisten Thorheiten und Fehler hervorgerufen, insbesondere aber zu einer Zeit, in der man das Studium mittelalterlicher Kunst so sehr vernachlässigte, daß die größten Gelehrten und historische Forscher auch nicht einmal die leiseste Spur von Kenntniß mittelalterlicher Originale aufweisen konnten, ja, in dieser Hinsicht so unwissend waren, daß z. B. in den Monumentis boicis[1]) (XI. Band, Monumenta Nideraltacensia) die beiden Schwerter am Grabsteine der zwei bayerischen Herzoge Berchthold und Heinrich, im ehemaligen Kloster Niederaltaich, damals für „türkische Roßschweife" ausgegeben wurden. — Wie sehr aber dieser Mangel gerade bei Beurtheilung mancher heraldischer Attribute und Wappenbilder, oft am merklichsten, sich fühlbar machte, haben wir nicht allein aus den bisher aufgeführten Beispielen zur Genüge ersehen, sondern können uns hievon noch täglich in allen heraldischen Werken hinreichend überzeugen. — In Betreff der heraldisch-ornamentalen Darstellungsweise, sowie bezüglich ihrer Fortbildung im Zeitenlaufe, finden wir mehreres hieher Gehöriges auch noch auf den Tafeln. —

Vor Allem sieht man auf Tafel XXXV, 1, einen altfranzösischen Originalschild aus dem XII. Jahrhunderte[2]), an dem wir die erste Entwicklung der heraldischen Thiergestalten aus den rein ornamental-phantastischen Formen, noch kaum merklich, wahrnehmen können; denn hier haben wir es noch mit der entschieden phantastischen, d. h. mit der ausschließend ornamentalen, keineswegs aber schon mit der eigentlichen, heraldischen Schildbemalung zu thun. — Noch ferners bemerken wir an diesem Schilde die augenfällige Uebereinstimmung mit jener frühheraldischen Tapete auf Tafel XXXII, 1, wo die Thierornamente gleichfalls noch keine heraldische Selbstständigkeit und Bedeutung haben, allerdings aber bereits die Keime einer solchen in sich tragen. — Schild und Tapete sind so ziemlich aus einer Zeit, oder haben doch wenigstens ganz gleichen Charakter, in Bezug auf Zeichnung und Stylisirung der im Uebrigen noch durchaus phantastisch behandelten Thierornamente. — Dieser Schild und jene Tapete versinnlichen uns daher so ziemlich am besten das eigentliche Hervortreten der frühheraldischen Formen aus den ursprünglich phantastisch-orna-

1) Monum. boica. — Nideraltacensia. Pars XI, Tab. I, pag. 7. —

2) Düsseldorfer Kostümbuch tab. 3. —

mentalen, d. h. sie beweisen uns den eigentlichen Zusammenhang der Heraldik mit der christlich-mittelalterlichen Ornamentik, sowie beziehungsweise der heraldisch-ornamentalen mit der früheren willkührlich- und phantastisch-ornamentalen Schildbemalung. —

Der allmählige Uebergang vom blos ornamentalen, noch antik-römischen, zum echt heraldischen Adler bahnt sich demohngeachtet schon im frühesten Mittelalter an, mithin lange vor dem Entstehen der eigentlichen Heraldik, wovon man auf den unzähligen Originalien aller Art, sowie beziehungsweise auf Abbildungen von solchen, oder wo überhaupt Adler vorkommen, mehrfach sich überzeugen kann. — Der gleiche oder ähnliche Fall aber ist es auch beim ornamentalen und heraldischen Löwen. —

Auch in der ersten Abtheilung von J. H. v. Hefner-Alteneck's Trachtenwerk, in C. Heideloff's Ornamentik des Mittelalters u. a. v. a. O. wird man bei aufmerksamer Beobachtung diese frühzeitigen Uebergangsformen auf betreffenden Originalien (auf Miniaturen, Skulpturen, Geweben, Teppichen, Tapeten- und Gewand-Fragmenten ꝛc.) vor dem XII. Jahrhundert deutlich wahrnehmen, was vielleicht die weitere Thatsache begründen dürfte: daß außerheraldische, ornamentale Thiere und Pflanzen damals in den späteren heraldischen, — wie umgekehrt späterhin dann die heraldischen in den früheren ornamentalen Formen gegeben wurden. —

Auf Tafel IV, 5 zeigt sich uns, auf einem Schilde aus dem Ende des XII. Jahrhunderts, ein bereits wirklich heraldischer Löwe, an dem man bei aufmerksamer Beobachtung und beim Vergleiche mit späteren Darstellungen des heraldischen Löwen die nicht uninteressante Bemerkung machen kann: daß man zur Zeit der heraldischen Urkeime diese Thiere allerdings noch nach der Natur bilden wollte, weil sich in jener Periode der frühesten Spuren der Heraldik, bei heraldischer Darstellungsweise, in der That noch weitaus mehr Aehnlichkeit mit den gleichzeitigen außerheraldischen Abbildungen der nemlichen Thiere findet, als späterhin. — Der Adler hingegen erinnert, in allen seinen heraldischen Darstellungen bis zum XIV. Jahrhundert, lebhaft an die antiken Umrisse des römischen. — Sowohl in Bezug auf seine etwas kurze, gedrungene Gestalt, als auch in Bezug auf seinen ziemlich dicken Kopf und die eigenthümliche Behandlungsweise seines Gefieders, tritt jene unverkennbare Aehnlichkeit noch auffallender hervor. — Am Schilde z. B. des Herzogs Heinrich von Schlesien (des Minnesängers), † 1290, auf seinem Grabmale in der hl. Kreuzkirche zu Breslau, sieht man einen solchen Adler, der noch in allen seinen Theilen den antiken (römischen) Typus unverkennbar an sich trägt. (Tafel IL, 15.) —

Weitere frühheraldische Originalformen des Löwen haben wir auch auf den

19*

zwei bereits ausführlich besprochenen Schilden, und zwar des Conrad von Thüringen, † 1241,[1]) und des Landgrafen Heinrich von Hessen, † 1298,[2]) beide in der Elisabethenkirche zu Marburg (Tafel V, 1 und 2). — Eine andere heraldische Löwengestalt, ebenfalls aus dem XIII. Jahrhundert, hat man ferners auf Tafel XLIII, 1, am Originalschilde des Grafen Diether III. von Katzenelnbogen, † 1276, nach seinem ursprünglich in der nunmehr zerstörten Klosterkirche der hl. Klara zu Mainz, gegenwärtig aber im Museum zu Wiesbaden befindlichen Grabdenkmale.[3]) —

Auf derselben Tafel XLIII, 2 endlich sehen wir den böhmischen Löwen, wie er auf den ältesten Originalsiegeln dieses Landes, seiner Städte, Dynastien und Beherrscher vorkommt. — Namentlich aber bemerkt man ihn solchergestalt am Insiegel der bekannten goldenen Bulle Kaiser Karls IV., d. a. 1356, die im Reichsarchive zu Frankfurt a. M. aufbewahrt wird, in den ältesten Siegeln von Pilsen, der böhmischen Hauptstadt Prag u. a. v. a. O. — Als charakteristische und vorzüglich bemerkenswerthe Eigenthümlichkeit dieses Löwen erscheint der höchst originell stylisirte Doppelschweif desselben. — Hiebei mache ich jedoch vor Allem darauf aufmerksam, daß besagter Doppelschweif hier in einer Art gegeben ist, die durchaus keinen Zweifel über eine absichtliche derartige Darstellungsweise aufkommen läßt, wodurch sich wohl auch zugleich am besten die bisherige Ansicht einiger Heraldiker widerlegen dürfte, die da in der irrigen Meinung waren: es könnten nur falschverstandene ornamentale Haarbüschel, schlechte Zeichnungen der Wappenmaler u. dgl., etwa erst in späterer Zeit, die doppelschweifigen Löwen veranlaßt und geschaffen haben. — Wenngleich nun zwar gerade der böhmische Löwe von jeher schon gewöhnlich also (doppelt geschwänzt) erscheint, so läßt sich dagegen wieder aus unzähligen anderen Originalien mit Sicherheit die vollkommene Willkühr im praktischen Gebrauche ein- oder doppelschweifiger Löwen nachweisen. — Ueberall aber und zu jeder Zeit waren die Doppelschweife des Löwen nichtsdestoweniger eine, wie man sieht, von den vermeintlich mißverstandenen, zottigen Haarbüscheln wesentlich verschiedene, heraldisch-ornamentale Darstellungsweise. —

Der gleiche Fall ist es mit der Kopfwendung heraldischer Löwen, was übrigens schon aus vielen Originalien verschiedener Geschlechter erhellt, so daß jene erst später hervorgesuchten Kunstausdrücke, wie: „leopardirter Löwe", oder: „gelöwter Leopard",

---

1) J. H. v. Hefner-Alteneck Trachtenwerk I. Abthlg. tab. 79 u. 80. —

2) Ibid. I. Abthlg. tab. 81 u. 82. —

3) Ibid. I. Abthlg. tab. 88. —

als echte Produkte der „papiernen Heraldik", begreiflicherweise von selbst wegfallen. — Wer daher einen Löwen führt, mag ihn nach ganz freiem Belieben vorwärts oder seitwärts schauen lassen, ohne deßhalb des Wappens Wesenheit angetastet zu haben. — Die Originalwappenschilde des obigen Dyther III., Grafen von Katzenelnbogen, † 1276,[1]) noch eines andern Grafen dieses Geschlechtes, aus dem XIII. Jahrhundert,[2]) ferners des Grafen Ernst von Gleichen, † 1264,[3]) sowie des Römischen Königs Günther von Schwarzburg, † 1349,[4]) u. v. A. (auf deren gleichzeitigen Grabdenkmälern) bestätigen meine Behauptung, da die Löwen dort überall nach vorne schauen, während bei späteren Wappen der Häuser Katzenelnbogen, Gleichen und Schwarzburg hierin eine häufige Abwechslung eintrat.[5]) —

Auch vom heraldischen Adler haben wir auf den Tafeln noch mehrere, höchst interessanten Originalien entnommene Musterexemplare. — So ist auf Tafel XLIII, Nro. 3 der Originalschild des Markgrafen Otto von Brandenburg zu sehen, wie er sich auf einem noch sehr wohl erhaltenem Siegel (Sigillum pedestre) desselben darstellt, dessen vollständige Umschrift folgendermaßen lautet: Sigillum Marchionis Ottonis in Brandeburhc. —

In fast gleicher Form zeigt uns den heraldischen Adler das, an einer Regensburger Urkunde vom Jahre 1207 hängende Siegelfragment des Pfalzgrafen Otto von Wittelsbach.[6]) — Jenseits nachstehend sieht man dasselbe möglichst vollständig und getreu in Holzschnitt. — Auf Tafel XLIII, 4 hingegen haben wir den Schild des bekannten Bamberger-Ritters nach dem ältesten Originalsiegel der genannten Stadt.[7]) — Ferners sehen wir auf Tafel LX, unter Nro. 13 einen kleinen Adler-Dreieckschild aus dem XIV. Jahrhundert, nach einem Bronzeblättchen, welches auf der Burg Tannenberg im Hessen-Darmstädtischen ausgegraben wurde, und das von mir am geeigneten Orte noch näher beschrieben werden soll.[8]) —

Tafel XXX, 2 ist der Reichsschild mit dem damals noch einköpfigen Reichs-Adler, wie er sich auf dem gemeinschaftlichen Grabsteine der Kaiserin Anna († 1281),

---

1) J. H. v. Hefner-Alteneck Trachtenwerk I. Abthlg. tab. 68. —

2) ibid. I. Abthlg. tab. 27. —

3) ibid. I. Abthlg. tab. 65. —

4) ibid. II. Abthlg. tab. 27. —

5) Alter Siebmacher. —

6) Königl. Reichsarchiv zu München. —

7) Sphragistische Sammlung des Herrn Dr. O. T. v. Hefner in München. —

8) Die Burg Tannenberg und ihre Ausgrabungen. Tafel VIII. D. Text pag. 90. —

Gemahlin des deutschen Kaisers Rudolph I., und ihres jüngsten Sohnes Karl, im Dome zu Basel befindet.[1] — Tafel VI, 2 endlich weist uns den Schild Kaiser Ludwig des Bayers († 1347), nach seiner angeblichen (lebensgroßen) Statue, am ehemaligen, durch die französische Regierung im Jahre 1812 zerstörten Kaufhause in Mainz.[2] — Nur hat man sich jetzt die halbmondförmige Silberspange auf der Brust des Adlers wegzudenken, da sie früher nur beispielshalber hinzugefügt werden mußte. —

Auch der am großen Originalschilde Nro. 3 auf Tafel XXXVI befindliche Adler ist, als hiehergehörig, sehr interessant, und wurde ersterer einem altdeutschen Gemälde im Museum zu Ulm entnommen, wo er vom heiligen Wenzeslaus, den jenes Bild vorstellt, getragen wird. — Auf der Rückseite des besagten Gemäldes steht: „1385 Reinhart von Milhausen burger zu Prag stiffter der Kapelln." — Als besonders merkwürdig und für uns von höchstem Interesse muß dieser Adler schon deßhalb bezeichnet werden, weil sein frei von der Schildesfläche abstehender Kopf die von mir, im IV. Abschnitte: „vom Schild", mehrfach angeregte plastische „Stückung" der Schilde und Schildesfiguren außer allen Zweifel setzt, und jedenfalls das augenfälligste Beweismittel für meine dortigen Aufstellungen abgeben dürfte — Auf dem Banner jenes

1) J. H. v. Hefner-Alteneck's Trachtenwerk I. Abthlg. tab. 67. —

2) Ibid. II. Abthlg. tab 15. —

heiligen Wenzeslaus, mithin am gleichen Orte, sieht man den Adler des Schildes in nebenstehender, gewiß nicht minder origineller Zeichnung wiederholt.[1] — An noch vielen anderen, und zwar mitunter sehr schönen heraldischen Adler- und Löwenformen aber hatten alle verschiedenen Glanzperioden des gesammten christlichen Mittelalters einen solchen Reichthum und eine solche Mannigfaltigkeit der Darstellungsweise, daß man hierüber eigene Kunstwerke herausgeben könnte, indem ein Jahrhundert das andere darin übertreffen, und jedes wieder in seiner eigenthümlichen Art, durch besonders charakteristische Stylisirung der heraldischen Löwen und Adler, mit Auszeichnung sich hervorthun wollte. —

Es dürfte wohl schwer sein zu entscheiden, ob Löwe oder Adler früher vorkommen, oder welches von beiden Thieren in der christlich-mittelalterlichen Ornamentik (und späterhin dann in der wirklichen Heraldik) eine größere Rolle spielt. — Zweifelsohne jedoch sind es diese Beiden, welche entschieden als die ältesten, und unbestreitbar auch als die weitaus verbreitetsten und häufigsten Thiergestalten in derartiger Anwendung gefunden werden. — Bemerkenswerth dabei ist nur, daß die Adler viel später „gekrönt" vorkommen als die Löwen, da letztere bei ihrem ersten heraldischen Auftreten, nicht selten schon also anzutreffen sind. —

Sogenannte „Scheine" um die Köpfe ornamentaler und heraldischer Adler finden wir jedoch bereits in der urheraldischen Periode. — So z. B. auf dem Ueberreste eines kaiserlichen Mantels aus dem XI. Jahrhundert, der in der Sakristei der Kathedrale zu Metz aufbewahrt wird und, einer alten Tradition zufolge, von Carl dem Großen beim Absingen der Vesper in der dortigen Kirche getragen worden sein soll. — Professor J. H. v. Hefner-Alteneck, der uns dieses, für die Entstehung des heraldisch-ornamentalen Grundtypus eines Adlers überhaupt, höchst interessante Fragment, in einer sehr genauen Copie, vor Augen stellt, spricht im dazugehörigen Texte unter Anderm auch die Vermuthung aus: daß der fragliche Mantel, aller Wahrscheinlichkeit nach, orientalischer Arbeit sei, — was ich meinerseits jedoch nicht sicher behaupten möchte.[2] —

Beim heraldischen Löwen sowohl als beim Adler sieht man die Haar- und

1) C. Heideloff, die kunst des mittelalters in Schwaben. Stuttgart. Ebner und Seubert. III. Lieferung, Tafel XI, Mühlhausen am Neckar, Text von pag. 35 — 40. —

2) J. H. v. Hefner-Altenecks Trachtenwerk I. Abthlg. Tab. 22 Text, von pag. 29—31. —

Federpartheien bald stärker, bald schwächer markirt, immer aber dem jeweiligen ornamentalen Style, ihrem Charakter nach, vollkommen entsprechend. — Alle Nuançen hierin, von Dezennium zu Dezennium, durchzugehen, würde reichlichen Stoff zu einer eigenen kunsttechnisch-heraldischen Abhandlung liefern. — Auf den Tafeln bemerkt man noch mehrere heraldische Adler- und Löwenformen, die ich größtentheils nach entsprechenden Originalien der verschiedenen Perioden kopirte, weil ich es für unseren speziellen Zweck am ersprießlichsten hielt, nur möglichst gute und echte Muster von solchen zu veranschaulichen. — Weiter jedoch über dieses Feld mich auszubreiten, halte ich weder den Platz dazu hier für geeignet, noch überhaupt im Interesse der Sache.

Zu noch besserem Verständnisse gegenwärtigen Abschnittes stellte ich dagegen die Tafel XXX vor Augen, auf der die zwei Hauptperioden der heraldischen Blüthezeit des christlichen Mittelalters, nemlich: die sogenannte byzantinische oder romanische und die sogenannte gothische oder altdeutsche Kunstperiode, durch Löwen- und Adlermodelle, nach Originalien aus den genannten Zeiten, bestmöglichst vertreten sind. — In der besseren Renaissancezeit, d. h. ohngefähr bis zu den letzten Dezennien des XVI. Jahrhunderts, hielt man sich zwar bei der Darstellung der äußeren heraldischen Attribute (nemlich des Helmes, der Decken, Prachtstücke u. s. w.) keineswegs mehr an die nächstvorhergehende gothische Kunstrichtung, allein die typisch-ornamentale Behandlung der inneren heraldischen Bestandtheile (der Figuren und figürlichen Beizeichen) weicht so wenig von der heraldischen Darstellungsweise der letztgenannten Periode ab, daß ich es für ganz unnöthig und durchaus überflüßig hielt für die Renaissancezeit eigene Muster hier vorzulegen. — Während da, wo die äußerlichen Bestandtheile eines Wappens in Betracht kommen, nemlich bei Abbildungen von vollständigen Wappen, wie z. B. auf Tafel XXXIII, a und b., die allerdings charakteristische Renaissancezeit für sich strengstens gesondert vertreten sein mußte. —

Dafür wollte ich aber auf der vorliegenden Tafel XXX auch der so überaus geschmackvollen neueren und neuesten heraldischen Kunstrichtung die gebührende Rechnung tragen, und habe eigens zu diesem Zwecke den Löwen und Adler auch in ihrer „modernen Façon“ hingestellt, nicht so fast als Muster zur Nachahmung, sondern vielmehr als warnende Beispiele zur Abschreckung, und damit man vergleichsweise nebenbei den richtigsten Ueberblick der alt- und neuheraldischen Kunstrichtung, sowie ihrer Leistungen sich verschaffen könne! —

Nicht selten sogar trifft man „bayerische Löwen“ oder „königlich preußische Adler“ solchergestalt, und es ist deßhalb hier keineswegs blos etwa von einer Carrikatur, sondern vielmehr von einer leider nur zu traurigen Wahrheit die Rede. — Ein Commentar dazu dürfte wohl überflüßig sein, sowie es mir unnöthig erscheint, noch zu bemerken:

daß auch der antike, römische Legionsadler des Napoleonischen Kaiserreiches, auf den ich späterhin ohnedieß wiederholt zurückkommen werde, durchaus nicht in die Categorie der „heraldischen" Atler gerechnet werden darf. — Alles „Antike", alles „natürlich Dargestellte" und alles „Moderne" sollte für immer strengstens ausgeschlossen bleiben. —

Mag es nemlich in einzelnen Fällen auch angehen, die äußeren Attribute eines Wappens „modern" oder im „neueren Style" zu geben, so muß nichtsdestoweniger jede Modernisirung, und beziehungsweise namentlich auch jede naturgetreue Darstellungsweise der inneren Bestandtheile (der Figuren oder figürlichen Beizeichen) eines solchen, als dem ganzen Wesen der Heroldskunst zuwiderlaufend, jederzeit absolut verworfen, und deßhalb auch überall sorgfältigst vermieden werden. — Nur in ihrer „mittelalterlichen" Form hat die Heraldik wahre Lebensfähigkeit, nur die mittelalterliche Kunst und ihre Ornamentik sind der Boden auf dem sie gedeihen kann, weßhalb auch alle Bestandtheile und Attribute derselben noch jezt ausschließend nur im Style irgend einer Periode des Mittelalters gegeben werden sollen. — Als der hervorragendste Unsinn aber muß jedenfalls die neuerliche Manie bezeichnet werden: sogar den heraldischen Doppeladler in der künstlerischen Behandlungsweise eines „natürlichen" Adlers zu geben. —

Die k. k. österreichische Bureaukratie, Wechselbanken, Assekuranzen, Feuer- und Hagelversicherungs-Gesellschaften, sowie viele andere dergleichen hochlöbliche „merkantilische" Institute oder „bureaukratische" Anstalten, haben, allem Anscheine nach, zuerst diesen äußerst liebenswürdigen Gebrauch eingeführt, worin seitdem ein förmlicher Wetteifer rege erhalten wird, so daß der altehrwürdige, echtheraldische Doppelaar nach und nach allmählig zu verschwinden droht, oder vielmehr der wahre Begriff eines solchen ganz und gar verloren geht. — Dank sei es dann der leidigen Bureau- und Krämerheraldik, die miteinander vereiniget zweifelsohne das schauerlichste heraldische Conglomerat zur Welt bringen halfen. —

Ueber den Doppeladler im Allgemeinen, und vielmehr zunächst über den des heiligen Römischen Reiches, sind schon so viele eigene Abhandlungen geschrieben worden, daß hier füglich davon Umgang genommen werden kann, umsomehr jedoch, als jenes ausgebreitete Thema, bei gehöriger Aufmerksamkeit, fleißiger Behandlung und nur einigermassen gründlich-systematischer Durchführung, wirklich blos für eigene Abhandlungen und größere, eigentlich heraldische Lehrbücher sich eignet, oder etwa auch die Aufgabe eines allgemeinen Codex der gesammten Wappenwissenschaft sein dürfte. — Ueberdieß haben wir vom Doppel-Adler aller Zeit-Perioden so ausgezeichnete, aber auch so ungemein zahlreich noch vorhandene Original-Muster aller Orten im ehemaligen deutschen Reiche zu bewundern, daß es sich kaum der Mühe lohnt, hier noch eigens darauf zu verweisen. — Die meisten der vielen wohlerhaltenen Exemplare desselben aber schaffen uns die sichere Ueberzeugung, daß der Doppeladler des heiligen Römischen Reichs vorzugsweise, wie es scheint, zu jenen heraldischen Figuren gehört habe, auf deren originelle Behandlung heraldische Künstler und Techniker von jeher schon ihr Augenmerk mit besonderer Liebe richteten, d. h. zu deren charakteristischster Darstellung sie ihre reichste Phantasie und den größten Fleiß in Anwendung brachten. —

Wohl zunächst nur deßhalb findet man nemlich, nicht allein für jeden einzelnen Kaiser, sondern fast auf jedem Siegel ein und desselben Kaisers, den doppelten Reichs-Adler, wie früher den einfachen, mit oft wesentlichen Verschiedenheiten anders gegeben. — Anbelangend endlich das Alter des doppelten Reichsadlers speziell, so wird durchschnittlich angenommen: daß Kaiser Sigismund zuerst eines solchen sich bedient habe,[1]) — die doppelten Adler überhaupt aber kamen sogar schon zu Ende des XIII. Jahrhunderts in Gebrauch, was aus Originalsiegeln mit Bestimmtheit nachgewiesen werden kann. — Demnach fallen aber auch jene weithergeholten Hypothesen von der muthmaßlichen Entstehung, vom Ursprunge und von der Bedeutung des Römisch-deutschen Reichsadlers, als völlig grundlos, von selbst weg. — Mit Umgehung aller bisher lautgewordenen, mitunter sehr unerquicklichen Deduktionen, stellt sich deßhalb meine persönliche Ansicht dahin: daß eben nur wieder die so überaus originelle heraldische Ornamentik, in Verbindung mit phantastischer Behandlungsweise, ursprünglich und zuerst, (und zwar ohne irgend einen anderen Beweg-

1) Auf dem nicht uninteressanten Siegel der Augsburger-Judenschaft (Judengemeinde von Augsburg) kommt indessen höchst merkwürdigerweise ein Doppeladler bereits im Jahre 1282 zum Vorschein, zwischen oder vielmehr ober dessen beiden Köpfen der echt mittelalterliche Judenhut, genau in der Form des auf Tafel II, unter Nro. 1 sichtbaren, schwebend sich befindet. — (Im königl. Staatsarchiv zu München.) —

grund) jenes heraldisch-typische Monstrum geschaffen, d. h. für den einköpfigen Adler hie und da einen zweiköpfigen gesetzt habe. —

Schlüßlich bemerke ich noch: daß man späterhin sogar dreiköpfige heraldische Adler erfand. — Ritter Conrad von Grünenberg nemlich zeigt uns, bei seiner Zusammenstellung der Wappenschilde und Kleinodien des heiligen Römischen Reiches, den ein-, zwei- und zu allem Ueberfluße auch noch einen dreiköpfigen Adler, unmittelbar nebeneinander, wie aus nachstehendem Holzschnitte ersichtlich ist. —

Darunter steht im Originale die naive Bemerkung: „Je wissen welcher kayser das Reich mit ainem oder mer königreich meret das der sein wappen also fuern mag ob er wil den Adler mit dreyn haubtn." — Ferners liest man dort ober dem zweiköpfigen Adler: „Römisch kayser", ober dem einköpfigen hingegen steht: „Römisch könig" geschrieben. — Hoffentlich jedoch brauche ich hier nicht beizusetzen, daß alle derartigen heraldischen Spielereien blos als die Erfindungen müßiger Köpfe in den späteren Zeiten (und zwar, wie man sieht, schon vom XV. Jahrhundert angefangen) zu betrachten sind, keineswegs aber solchen Dingen mehr Werth beigelegt werden darf. — Wie die bekannten Wappen der „drei guten Christen, Juden und Heiden", also gehört auch jener Schild mit sammt seinem dreiköpfigen Reichsadler zu den fabelhaften heraldischen Hirngespinnsten; denn nirgends und zu keiner Zeit wird man ein derartiges Gebilde wirklich in praktischer Anwendung finden. —

So viel vom ein-, zwei- und mehrköpfigen Adler. —

Als einfache „Handwerksvortel", d. h. als praktische Kunstgriffe zu Nutz und Frommen der heraldischen Techniker, als da sind: der Wappenmaler, der Siegelstecher, der Steinmetzen u. dgl., mögen schlüßlich ein paar geometrische Construktionsweisen für die besten Hauptformen des heraldischen Löwen und des einfachen Adlers hiernachstehend ein Plätzchen finden. — So einfältig, ja so lächerlich vielleicht sogar das Ding Manchem vorkommen dürfte, so liegt dennoch eine gewisse Praxis darin. —

Sieht daher auch diese Sache auf den ersten Blick einem schlechten Witze ähnlicher, denn einer ernstlichen Manipulation, und erinnert sie in dieser Hinsicht einigermaßen sogar an die bekannte geometrische Constructionsweise einer „traurigen“ und „fidelen Sau“ in den fliegenden Blättern,[1]) so finden trotzdem in jenen paar einfältigen Strichen nicht ganz sattelfeste heraldische Bildner allerdings sehr wesentliche Anhaltspunkte zu den besten Originalformen des heraldischen Löwen und Adlers aus der mittelalterlichen Blüthezeit der Heroldskunst. — Von vorneherein muß ich jedoch bitten: sowohl jede minutiöse Aengstlichkeit bei Seite zu lassen, als auch eine etwa mathematische Genauigkeit nicht zu verlangen, da es genug Adler- und Löwenoriginale aus den betreffenden Perioden geben wird, in welche jene constructiven Skelette nicht hineinpassen, und die demohngeachtet zu den ausgezeichnetsten Exemplaren gehören können — Es handelt sich hier auch gar nicht darum, eine Normalconstruction für alle Löwen und Adler, die je vorkamen, aufzustellen, oder etwa förmliche Universalmodelle für sie ausfindig zu machen, sondern vielmehr nur die einfachsten Mittel an die Hand zu geben, wie man auf geschickte und leichte Manier in jede beliebige Schildesform den byzantinischen, den gothischen und den Renaissance-Löwen (oder Adler) so recht echtheraldisch hineinconstruiren kann. — Beim Löwen gebe ich drei Skelette, vom Adler hingegen nur zwei, da bei letzterem in den früheren Jahrhunderten die Unterschiede so unerheblich sind, daß jedenfalls keine eigene Constructionsweise erforderlich ist. —

Es folgen nunmehr zuerst die drei Skelette des heraldischen Löwen:

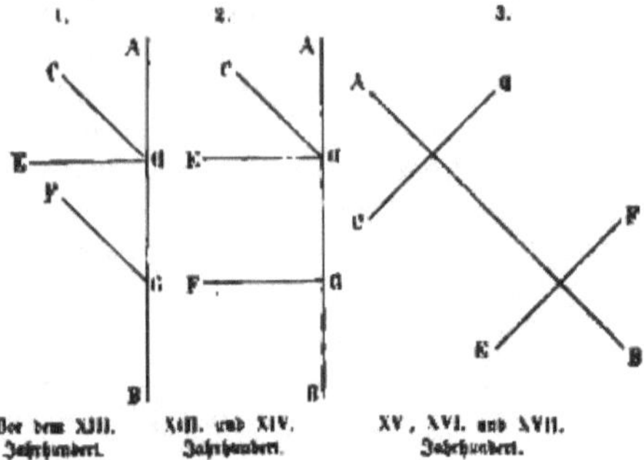

Vor dem XIII. Jahrhundert. | XIII. und XIV. Jahrhundert. | XV., XVI. und XVII. Jahrhundert.

Beim Skelette Fig. 1, das man allenfalls mit dem Löwen Nro 5 auf Tafel IV vergleichen kann, muß die Horizontale E D mit der Senkrechten A B einen

1) Fliegende Blätter Nro. 503, Pars XXI, pag. 180. —

rechten Winkel bilden, der durch C D wieder gleichheitlich getheilt wird. — F G aber muß dann mit der Winkeltheilungslinie C D parallel gezogen werden. — A B ist die Länge des Leibes, bei A der Kopf, bei B der linke Hinterfuß des Löwen. — C D ist der rechte, E D der linke Vorderfuß; F G aber der rechte Hinterfuß. — (So bis zum Beginne des XIV. Jahrhunderts) —

Fig. 2 gehört zum obersten Löwen Nro. 1 auf Tafel XXX. — Diese Construktionsweise unterscheidet sich von der vorigen nur dadurch, daß der rechte Hinterfuß F G mit dem linken Vorderfuße E D (statt wie dort mit dem rechten C D) parallel läuft, folglich auf A B ebenfalls senkrecht stehen muß. —

Der einzige Unterschied nemlich zwischen der jüngstvergangenen und dieser Periode bestand hauptsächlich nur darin, daß man dort den heraldischen Löwen noch mehr steif gestreckt, und also folgerecht auch mit etwas höher aufgezogenem rechten Hinterfuße darstellte. — Uebrigens wurde er auch viel weniger langhaarig und bei weitem nicht so zottig abgebildet, wie späterhin dann. —

Bei Fig. 3 endlich, der Constructionsweise des altdeutschen oder gothischen, sowie des Renaissance-Löwen, wird die schräge Hauptlinie A B von den Parallelen C D und E F rechtwinklig durchschnitten, so daß nach D der stark zurückgezogene Kopf, nach A der rechte, nach C der linke Vorderfuß, nach E der rechte, nach B der linke Hinterfuß, gegen F aber der Schweif des Löwen ohngefähr zu stehen kommen soll, wie man auch aus dem Vergleiche mit dem zweiten Löwen unter Nro. 3 auf Tafel XXX leicht ersehen kann. —

Nachstehend folgen weiters die zwei Constructionsweisen der heraldischen Adler:

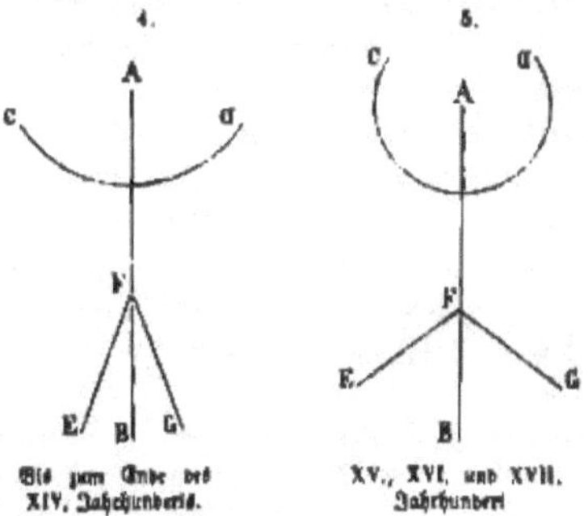

Bis zum Ende des XIV. Jahrhunderts.

XV., XVI. und XVII. Jahrhundert

Bei Fig. 4 bildet C D ein Kreissegment, das die Spannweite der ausgebreiteten Flügel angibt, A B ist der Leib des Adlers, so daß nach A der Kopf, nach B die Schweifspitze zu stehen kömmt. — E F G, die steif abstehenden Waffen nemlich, bilden in diesem Zeitraume bei F einen spitzen Winkel. — Das Original zu diesem Skelette befindet sich auf Tafel XXX, unter Nro. 2. —

Bei Fig. 5, der Construktionsweise des sogenannten gothischen oder altdeutschen Adlers endlich, beschreibt C D (die Spannweite der ausgebreiteten Flügel) mehr als einen Halbkreis, und E F G, die sehr stark ausgespreizten Waffen, bilden daher dann in dieser Periode bei F einen stumpfen Winkel. — Das entsprechende Original dazu sieht man gleichfalls auf Tafel XXX, unter Nro. 4. —

Selbstverständlich haben manche Figuren im Verlaufe der Zeiten mehr, andere hingegen wieder weniger ihre heraldische Form verändert. — Ebenso war aber auch diese Veränderung nach Zeitenfolge bei den Kleinodfiguren, für ein und denselben Gegenstand, oft wieder ganz anders, als bei den Schildesfiguren. — Die heraldische Darstellungsweise der ersteren nemlich weicht nicht selten von der Stylisirung der nämlichen Figuren, wenn sie im Schilde selbst erscheinen, durch auffallende Verschiedenheit wesentlich ab. — So kommt z. B. die so eigenthümliche, einer ausgeschnittenen Tartsche, oder auch den Umrissen einer Maler-Palette nicht unähnliche Form der heraldischen Kleinod-Flügel, wie man sie das ganze XV. Jahrhundert hindurch neben wieder ganz anders stylisirten so ungemein häufig antrifft, im Schilde selbst gewiß niemals vor. — (Man vergleiche z. B. Nro. 5 auf Tafel LI.) —

Am Kleinod hingegen sehen wir jene Flügelform überall, so z. B. in der Konstanzer Wappenrolle [1]) der Zirkelgesellschaft „zur Katze" daselbst durchweg; ja sogar der alte Siebmacher noch, nach fast zwei Jahrhunderten, hat sich, wie es scheint, auf einigen Platten hierin ausschließend an die älteren Originale gehalten, weßhalb man dort ebenfalls (namentlich im dritten und fünften Bande, bei den Tyroler- und Schweizergeschlechtern) derartige Kleinodflügel zahlreich finden kann. — Ueberdieß sind sie in diesem Falle zumeist ohne alle plastische Behandlung, wodurch sie weit eher also gestalteten, vollkommen flachen Schirmbrettern oder Lederscheiben, denn wirklichen Flügeln gleichen. — Zuerst wurde diese Flügelform wohl nur durch die, schon mit dem XV. Jahrhundert neu auftauchenden, komplizirteren Wappen bedingt, weil auf der größeren, in der Regel zierlos glatten Fläche derselben nicht etwa blos einfache Schildesfiguren, sondern, wie auf wirklichen Schirmbrettern,

---

1) Diese Wappenrolle trägt zwar die Jahreszahl 1547, der guten Stylisirung der Wappen nach aber möchte ich ihre erste Anlage jedenfalls noch ins XV. Jahrhundert setzen, wobei dann vielleicht die später eingetragenen Wappen eben nach den alten Formen genau kopirt worden sein konnten; — obwohl in der Schreibekunst, wie im Handwerke, die besseren Formen ebenfalls durchschnittlich sich länger hielten, denn im gewöhnlichen Leben. —

selbst ganze Wappen sehr bequem wiederholt werden konnten. — Den äußeren Umrissen nach wurde aber trotzdem eine annähernde Flügelgestalt doch immerhin noch in so weit beibehalten, daß der heraldische Flug einigermaßen damit angedeutet war, oder wenigstens die Idee eines solchen nicht ganz verloren ging. —

Obgleich nun bei den „künstlichen" Figuren leichtbegreiflicherweise solche Formveränderungen viel schneller, ja, sehr oft in erstaunlich kurzen Zeiträumen vor sich gingen, und dieser ungewöhnlich rasche Entwicklungsgang manchmal schon in den kleinsten Zeitabschnitten sehr bemerkbar ist, wie z. B. bei der Harfe des Ulrich Landschaden (Vaters), † 1369,[1]) und des Hennel Landschaden (Sohnes), † 1377,[2]) auf ihren Grabdenkmalen in der Kirche zu Neckarsteinach bei Heidelberg, — so finden wir dagegen wieder viele „künstliche" Figuren, deren Gestalt und Umrisse von der ältesten Zeit an, ja oft sogar schon seit Menschengedenken, bis auf uns sich vollkommen erhalten haben. —

Zu diesen gehören unter Andern beispielsweise: die Schaf- und Tuch-Scheeren[3]) der Eisenhofer und Haldenberg, die Sensen der Segesser, der Gradnegg und Jörger, die Angeln der Achdorfer und Angelloch, die Kumpfe oder sogenannten Kümpfl (Behälter für den Schleifstein beim Mähen) der Kumpfen und der Kumpfmühl, die Rechen der Neuhauser und der Rechenberg, die Schmiedzangen von Mödling, der Zänger zum Zangstein und der Ambranger, die Sicheln der Streitberg und der Pfreymt, die Ruder der Roishausen und Iberg, die Fischlägel der Wohenstein, Püttrich und Läglberg, die Weinhauen der Heugel und der Kreut, die Wintermesser der Dietrichstein, die Pflugschaaren der Mosheim und Grumeicher, die Faßleiter der Horneck von Weinheim, die Egge der Eytenharter und der Eglinger, der Eimer der Emerberg, das Schabeisen (ein Gerberwerkzeug) der Schaben, der Brunnen der Schönbrunn, die dreizinkigen Gabeln der Hopfgarten und der von der Gabel, die zweizinkigen der Ramsdorfer und Gäbelhofer, die Mühlsteine der Mühlstein, der Bernstein, der Reichenbach, der Weitenmühl, der Jalowöker u. v. A., die Mühlräder der Müller, Müllinen und Klenke, die Dreschflegel der Ungeraten, der Reißzirkel der Petzlinger, die Kirchenfahnen der Montfort, Tübingen, Asberg, Werdenberg, Tetnang, Feldkirch &c., die Hämmer der Stein von Altenstein, die Siebe der Adelmann von Adelmannsfelden und derer von Otting, die Fischreusen der Hofer von Lobenstein und der Seuter von Lötzen, der Ambos der Gundersdorfer, die

1) J. H. v. Hefner-Alteneck Trachtenwerk II. Abthlg. tab. 53 —
2) Ibid. II. Abthlg. tab. 55. —
3) Die Burg Tannenberg und ihre Ausgrabungen Tafel VIII, O.

Pflug-, Karren- und Wagenräder der Günther von Enberg, der Berlichingen u. v. A., die Feuerstahle der Schurfen und der Schinfeisen, die Würfel der Doppler und der Spielberger etc. etc., sowie noch unzählige andere, mitunter die unbedeutendsten Haus- und Wirthschaftsgeräthe. —

Heutzutage noch sind sie nemlich, wie man sie auf den ältesten Siegeln und Grabsteinen jener Geschlechter, ja, einige derselben sogar schon im grauesten Alterthume vorfindet, — also sämmtlich künstliche Figuren, die im Zeitraume von mindestens 600 Jahren ihre Form, bis auf den heutigen Tag, nicht im Geringsten veränderten. —

Daraus sieht man zugleich, wie umgekehrt aus der Heraldik nebenbei sogar Vieles über Entstehung und Fortbildung mancher technischen oder Hausgeräthschaften erlernt werden kann, und welches Licht bisweilen diese Wissenschaft, vorausgesetzt, daß stets nur Originalstudium zur Basis genommen wird, beziehungsweise auch auf mittelalterliche Sitten und Gebräuche (Culturgeschichte) wirft. —

Da man in gegenwärtiger Zeit ein Wappen in jedem beliebigen Zeitstyle geben kann und darf, so braucht man selbstverständlicherweise auch niemals eine Rücksicht darauf zu nehmen: ob eine bestimmte heraldische Figur etwa in der Form des XIII., XIV., XV. oder XVI. Jahrhunderts dargestellt erscheint, und es ändert solches deßhalb niemals die Wesenheit eines Wappens — Die geäußerten Besorgnisse jenes Edelmannes waren daher ganz unbegründet, der, von mir bedeutet: daß die ältesten Originale seines Geschlechtes bereits solche Schlüssel enthielten, (wobei ich ihm einen altdeutschen [gothischen] vorzeigte,) — alsbald seinen „modernen" Hausschlüssel herauszog und mir denselben vorweisend, verbesserte: „eigentlich solche Schlüssel enthält mein Wappen". — Höchst wahrscheinlich hatte eben dieser Cavalier in seinen modernen Siegeln oder vielleicht in den neueren und neuesten Abbildungen seines Wappens niemals andere Schlüsselformen gesehen. — Gerade im Gegentheile aber ist, wie ich oben schon bemerkte, ausschließend nur die moderne Darstellungsweise einer heraldischen Figur zu verwerfen. —

Wenn ich zwar dort auch blos von den natürlichen Figuren allein sprach, so gilt dieß leichtbegreiflicherweise umsomehr hier von den künstlichen. — Im nächsten Theile werde ich ohnehin wiederholt darauf zurückkommen. — Bei meinem obigen Satze hat es daher sein richtiges Verbleiben: daß wer z. B. überhaupt Schlüssel führt, von nachstehenden Formen, aus verschiedener Zeit, eine beliebige sich auswählen kann, mit alleiniger Ausnahme der letzten (modernen). — Jedoch müssen dann selbstverständlich die äußeren heraldischen Attribute mit den inneren (Figuren und figürlichen Beizeichen), in Bezug auf Zeit, Form und Stylisirung, auf das strengste heraldisch harmoniren. —

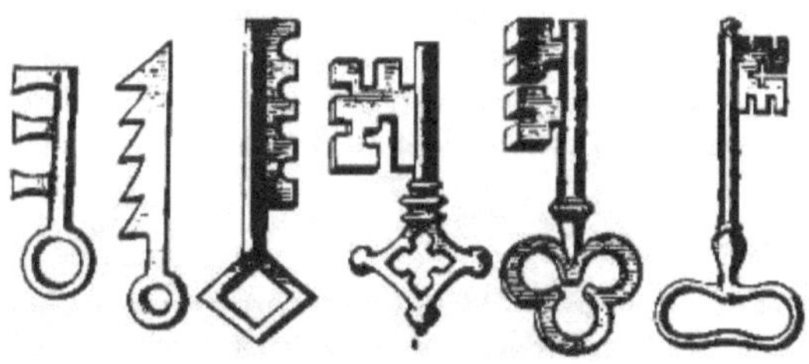

Wirkliche Aenderungen der Wesenheit einer Wappenfigur, gleichviel ob die alte oder neue Zeit zuerst solche vorgenommen, sind dagegen geradezu als unstatthaft zu bezeichnen. — Wenn daher die Judmänner von Affeking, Aernbach und Rorenfels, vielleicht schon im XV. Jahrhundert, ihre Judenhüte in hohe ritterliche Stulphüte (Chaperons) verwandelten (Tafel IL, 8), so war dieß eigentlich heraldisch ebenso unzulässig, als die Umwandlung der Neidhartischen Kesselhüte (Tafel XXVII, 6) in „orientalische Mützen“, oder die Verwandlung der Stadt Landshuterischen Eisenhüte (Tafel XXVII, 8) in förmliche Turnierhelme (Rost- oder Spangenhelme), sowie etwa ferners die Umwandlung der Rochowischen Rochen (Schachthürme) auf Tafel LX, 5, in heraldische Lilien (Tafel LX, 6), oder endlich die Veränderung der Kugeln im Wappen des Tirolergeschlechtes Pallans in Rosen, — erst zu neuerer und neuester Zeit. — Zudem wurden bei allen Erstgenannten die vorher entschieden „sprechenden“ Wappen auf solche Art ohne weiters beseitiget, d. h. durch jenen sachwidrigen Austausch der heraldischen Hauptbilder hat man natürlicherweise sogar von ihrer Namenwappen bildenden Eigenschaft gänzlich Umgang genommen, und durchaus mit Unrecht also auch diesen wesentlichen Punkt außer Augen gelassen. —

Von den Judmännern siegelt am St. Georgentag des Jahres 1304 Alprecht der Judmann eine Urkunde (tabulae venditionis im Kloster Polling) mit einem Siegel, dessen Umschrift lautet: S. Albti. Judmäti. marascal. de Struppen (Siegel Albrecht des Judmannes, Marschalls von Struppen).[1] — (Man sehe die genaue Copie dieses Siegels unter Nro. 17 auf Tafel LX.) — Dort sind noch ganz deutlich die echten mittelalterlichen Judenhütlein zu sehen, wie sie in jener Zeit von diesem Volke gewöhnlich getragen wurden, und wie sie seiner Zeit auch das berühmte, alte Kölner-Ritter-

1) Monumenta boica. Pars X. monum. Pollingana Nro. XXXVI. pag. 67 et 68. Tab IV. —

20

Geschlecht der Juden, Jüdden oder Judel von Silber in Roth (2. 1 gestellt) im Schilde führten.[1]) — In J. H. v. Hefner-Alteneck's Trachtenwerk, wo man überhaupt für derlei Dinge das meiste und verläßigste Originalmaterial, sowie die interessantesten Aufschlüsse findet, haben wir solche „Judenhütlein" aus verschiedenen Perioden, wovon ich nachstehend nur vier Exemplare in Holzschnitt geben will. —

Die ersteren beiden, dem XIII. Jahrhundert angehörig, sind aus den Miniatur-Gemälden eines jüdischen Machsor (Gebet- und Gesetzbuch) auf der Universitäts-Bibliothek zu Leipzig. —

Bezüglich der Judenhütlein im Allgemeinen sagt dort v. Hefner-Alteneck: „Schon von der frühesten Zeit an werden in Kunstwerken die Juden durch den, hier dreimal erscheinenden Judenhut bezeichnet; er wird immer als gelb beschrieben, doch sieht man ihn öfter wie hier auch weiß."[2]) —

Die anderen zwei sind nach einer colorirten Federzeichnung in der handschriftlichen Chronik Ulrichs von Richental (Reichenthal) auf dem Rathhause zu Constanz (Conzilbuch von Constanz d. a. 1417) genau copirt. — Auch da sagt v. Hefner-Alteneck: „Mehrere von ihnen tragen gelbe Judenhüte, welche schon in den ältesten Abbildungen des Mittelalters erscheinen."[3]) — Auch der Wappenschild Nro. 1 auf Tafel II. enthält ebenfalls in Gold einen schwarzen Judenhut. —

Er ist aus einem Originalglasgemälde des XIII. Jahrhunderts entnommen, auf dem er dreimal vollkommen gleichförmig sich wiederholt, und das sich in dem Rittersaale zu Erbach befindet.[4]) —

Drei Krieger nämlich, Wächter am hl. Grabe vorstellend, tragen dort jeder einen dreieckigen Reiterschild mit diesem schwarzen Judenhut in Gelb. — J. H. v. Hefner-Alteneck nennt ihn im Texte einfach nur einen „schwarzen Hut", und glaubt „wohl das Wappen des Stifters dieses Gemäldes" vor sich zu haben. — Ich dagegen bezeichne ihn geradezu als einen „Judenhut", und zwar erstens weil ihn schon seine prägnante Form unzweifelhaft als einen solchen kennzeichnet, und dann zweitens auch, weil er sicherlich hier nur als ein Symbol der jüdischen Wächter des hl. Grabes, keineswegs aber als eigentliches Wappenbild irgend eines Geschlechtes, figurirt. —

1) A. Fahnes Cölnische Geschlechter, pag. 182. —
2) J. H. v. Hefner-Alteneck's Trachtenwerk. I. Abtheilung Tab. 86, Text pag. 114.
3) Ibidem II. Abtheilung Tab. 23, Text pag. 30. —
4) Ibid. I. Abthlg. Tab. 84, Text pag. 108 und 109.

Wir haben somit hier wieder den ganz gleichen Fall, wie oben bei jenem „besporten Fuß" auf den Schilden der beiden Schachreiter. — Ueberdieß trifft man auch auf jenem schon vorne einmal erwähnten Originalsiegel der Augsburger-Judenschaft (Judengemeinde zu Augsburg) vom Jahre 1292, den dort oberhalb der beiden Köpfe eines Doppeladlers freischwebenden, echtmittelalterlichen Judenhut, allen seinen Umrissen nach, der so überaus charakteristischen Normalform unseres, durch das ganze XIII. Jahrhundert stereotypen Judenhut-Exemplares (unter Nro. 1 auf Tafel II.) auf das genaueste nachgebildet. — Um nun wieder zum betreffenden Gegenstande selbst zu kommen, so ist es in der That höchst auffallend: schon vom XV. Jahrhundert an, in den Judmannischen Originalen fast ausschließend nur mehr hohe ritterliche Stulphütlein, also eigentlich ganz andere, dem genannten Geschlechte nicht zuständige, fremde Wappenfiguren anzutreffen, wie wir sie z. B. im Judmannwappen auf Tafel II., unter Nro. 8 sehen. —

Mochten ihnen vielleicht späterhin eigentliche „Judenhütlein" anstößig erscheinen, oder mag diese Umwandlung durch irgend ein besonderes Ereigniß, etwa absichtlich, hervorgerufen worden sein, oder endlich hat vielleicht irgend ein Mißverständniß zu dieser willkührlichen und durchaus sachwidrigen Veränderung der Wesenheit ihrer Wappenfiguren zunächst Veranlassung gegeben, — wir können es heutzutage nicht mehr entscheiden, umsoweniger aber, weil die Judmänner schon sehr frühzeitig ausgestorben sind. —

Kurz und gut, es genügt uns zu wissen, daß späterhin jene Judenhütlein überall verschwanden und den ritterlichen Stulphütlein Platz machten, so daß letztere, als Judmannisches Wappen, sogar in den gevierteten Schild der Löffelholz von Colberg übergingen, die sie auch bis auf den heutigen Tag noch führen. --

Nicht allein bei den Judmännern aber, sondern überhaupt bereits im frühen Mittelalter schon, wurden Judenhüte in Wappen sehr gerne durch ritterliche, oft aber auch durch Eisenhüte ersetzt, oder vielmehr beziehungsweise dann die letzteren beiden für erstere eingeschmuggelt. — Durch solch beliebigen oder absichtlichen Austausch entstanden zweifelsohne zuerst die sachwidrigen Verwechslungen der Judenhüte oder sogenannten „Schebbes" mit ritterlichen und Eisenhüten, so z. B. bei den uralten Juden von Bruckberg in Bayern [1]) bei den Streithagen genannt: Judenkopf in Cöln und am

1) In der That sieht man auch auf allen älteren Originalien der Juden v. Bruckberg in Bayern, so unter Andern z. B. auf einem Grabsteine aus dem XV. Jahrhundert, in der Vorhalle der Pfarrkirche zu Bruckberg selbst, sowie noch a. v. a. O. ausschließend den echten, oben durchgängig mit einem Knopfe versehenen, mittelalterlichen „Judenhut", indessen dieser

Niederrheine, bei obigen Jüdden oder Judaeis, sowie bei den Hardenradt und Schützen in Cöln, bei den Wanthoff ebenda und bei v. A., wo meistens sogar überdieß noch offenbare Namenwappen zu Grunde lagen. — Auch bei denen von Rochow in der Mark haben wir einen gleichen, oder doch wenigstens ganz ähnlichen Fall, indem das uralte, aus drei, 2 1 gestellten Schachthürmen oder Rochen (Roc) von Schwarz in Silber bestehende, also entschiedene Namenwappen dieses Geschlechtes (Tafel LX, Nro. 5), wahrscheinlich erst zu neuerer und neuester Zeit, in der Art verändert wurde, daß aus jenen, auf den Namen anspielenden Rochen, sicherlich zuerst nur durch Unkenntniß, drei schwarze Lilien gemacht wurden.[1]) (Man vergleiche Nro. 6 auf der nämlichen Tafel LX.) — Ebenso, nur schon im XVI. Jahrhundert, geschah es bei den schweizerischen Hochenbalken und bei den späteren Earlen von Hohenbalken. (Man vergleiche die beiden Nro. 7 und 8 auf derselben Tafel LX.) —

Eine noch andere, von unserer deutschen Originalform der heraldischen Schachthürme oder Rochen, (die allerdings einige Aehnlichkeit mit der heraldischen Lilie hat,) etwas weniges abweichende, altenglische Normalform derselben hat man auch im Wappen Nr. 12 auf Tafel XXXI. — John Bossewell, dem dieses Wappen entnommen ist (Pars I, pag. 82), blasonirt es dort, wie folgt:

„The fielde Argent, a Cheveron between III rockes Ermins. — This is a plaier (player) in the game of the cestes (chess), and is called by that name.“ —

Weiters aber fügt er erzählend bei: „Das Schach habe vier Thürme, wie jedes Castell, zum Schutze des Königs, der Königin und des Volkes, und Wilhelm der Eroberer habe dieses Spiel so leidenschaftlich gespielt, daß er ganze Lordschaften verlor, was man in Lincolnshire und an anderen Orten urkundlich finden könne, u. s. w. — Beim Wappen des edlen Lords: Sir William Cecill, Barons of Brough(† ley (Pars II. pag. 106 und 107) nennt der nemliche Autor die heraldischen Schachthürme oder Rochen: „three towers“ und rühmt zugleich dort überhaupt das hohe Alter und die schon sehr frühzeitig hervorragende Beliebtheit dieser Wappenfiguren in Altengland. — Claude Menestrier, der sie auf Seite 49 sub Lit. R in nebenstehen-

bei späteren Darstellungen des genannten Wappens in der Regel dann bereits durch seine unvermeidliche, sogenannte „heidnische“, oder durch eine nach hinten mit einem Zipfel überhängende sogenannte „orientalische Mütze“ ersetzt, und vielmehr wohl ganz verdrängt wurde. —

1) Auch bei der französischen Familie Rocquette bilden die drei, von Roth in Silber 2. 1. gestellten Rochen oder Schachthürme ebenfalls ein entschiedenes Namenwappen, wie denn überhaupt noch in den Wappen vieler französischer, englischer, spanischer, portugiesischer und anderer Geschlechter —

der Form gibt und dort, wie sonst überall, Roc heißt, schreibt darüber Folgendes: „*Roc* est le fer morné d'une lance de Tournoi, ou recourbé à la maniere des extrémités des croix ancrées. — On l'apelle aussi Roc d'Echiquier, parceque les Tours des Echecs, que les Espagnols nommeat *Roque*, ont la même forme.“ —

Als Beispiele zitiert er am gleichen Orte die Roquesens in Arragonien, welche drei Schachthürme von Gold in Roth, 2. 1. gestellt, führen, und die Revnegom in Brabant mit ihren drei, gleichfalls güldenen Rochen in Blau. — Da er ebenfalls auch vom „stumpfen Eisen“ einer Turnierlanze spricht, so bin ich der Ansicht: er habe vermuthlich das Eisen der sogenannten „Krönlinge“ damit bezeichnen wollen. — Seine durchaus irrige Meinung aber in diesem Punkte bestätigt höchstens wieder, was ich oben schon einmal irgendwo vorbrachte, daß nemlich eine gewisse Periode besonders darin sich gefiel: aus allen dem gewöhnlichen Leben entnommenen heraldischen Figuren, wohl oder übel, Kriegs- und Turniergeräthe zu machen, oder doch wenigstens solche herausfinden zu wollen. — Eine Thatsache hingegen ist, daß diese sogenannten Schach-Rochen, wie so manche andere Figuren auch, (und zwar aus mir unerklärlichen Gründen) von jeher schon in der ganzen westlichen Heraldik ungleich häufiger vorkamen, denn bei uns. — Weßhalb denn auch die wenigen in deutschen Wappen erscheinenden Rochen oder Schachthürme von den deutschen Heraldikern gewöhnlich mißverstanden, und irrigerweise dann zumeist in Lilien, mit denen sie allerdings noch die meiste Aehnlichkeit haben, verwandelt wurden. — Wie aber Herr Samuel Wilhelm Oetter in seinen „Wappenbelustigungen“ aus dem Rochen der Augsburger Patrizier Sulzer sogar ein „Stück Sulz“ herauskünstelte, habe ich schon vorne bereits erwähnt. — Eben so unsinnig jedoch ist auch die Idee: von einem „doppelten h“, oder gar von einem „Sturmbocke“ zu faseln! —

Hieher gehören deßhalb nicht nur die absichtlichen Figurenveränderungen, sondern namentlich auch alle jene, von mir schon so oft gerügten Mißverständnisse aus Unwissenheit oder leidiger Unkenntniß mittelalterlicher Originale, also auch jene vorerwähnte Umwandlung der Besserer'schen Schenkenscheuer in zwei aufeinandergestellte Rondeln, der Sauerzapfischen Hacken in Turnierlanzen, der Reuchinger'schen Gugel in einen Römerpanzer u. s. f. —

Schlüßlich meiner Erläuterungen über die charakteristisch-ornamentale Form der Wappenbilder und deren Veränderungen im Zeitenlaufe, sowie über ihre Fortbildung und Entwicklung in den verschiedenen Kunstperioden. — mache ich hier noch auf die Tafel XXXIII a und b ganz besonders aufmerksam, woselbst nemlich das Freiherrlich von Leoprechtingische Wappen, auch mit allen äußerlichen Bestandtheilen eines solchen, durch alle Hauptteilabschnitte, und beziehungsweise in deren heraldischen Stylen, der Reihenfolge nach gegeben ist. — Eine eigene Erklärung beizufügen, erscheint jedoch um so überflüßiger, weil einestheils in allen Theilen meines gegenwärtigen Werkes ohnehin schon die passendsten Erörterungen zu jenen Tafeln vorkommen, — was jeden weiteren Commentar dazu unnöthig macht, — anderntheils aber auch Näheres hiezu in der schlüßlich meinem Werke angehängten „übersichtlichen Erklärung der Tafeln" zu lesen ist. —

Ueberdieß sind bei jedem Wappen die betreffenden Jahreszahlen annäherungsweise angegeben, wozu ich jedoch ausdrücklich bemerke, daß man weder um ein Dezennium hin oder her allzu engherzig sein, noch sich diese Formveränderungen ohne allmählige Uebergänge, d. h. ganz schroff abgeschnitten, denken darf. — Zum vorletzten Wappen, nach „modernstem Schnitte", (Tafel XXXIII b. 9) muß ich eigens beifügen: daß ich es blos, um auch die neueste Heroldskunst nach Gebühr vertreten zu lassen, hiehersetzte, meines Wissens aber keineswegs gegenwärtig ein Leoprechting existirt, der eines so schlechten Geschmackes sich rühmen könnte. — Im Gegentheile sogar beweist das letzte Wappen (Tafel XXXIII) b. 10), welches dem allerneuesten Originalsiegel des Herrn Baron Carl von Leoprechting in München entnommen ist, nicht allein den geläuterten Geschmack des besagten Cavaliers, sondern gewiß auch die erfreuliche Morgenröthe einer allmählig wieder auftauchenden besseren Kunstrichtung. —

ad 3) Aus allem Vorhergesagten erhellt, daß es eine strenge, feststehende Regel sein muß: bei Wahl und Darstellung von Wappenbildern ausschließend nur beim Mittelalter zu bleiben, d. h. in die Wappen nur solche Figuren, und zwar auch nur in solcher Form, in solcher Art und Weise aufzunehmen, wie sie im Mittelalter vorkamen. — Der Grund hiefür liegt auf platter Hand; denn selbstverständlich sollen und können zu einer Wissenschaft oder Kunst, deren ganze Wesenheit, deren Ursprung, Entwicklung und Fortbildung, sowie höchste Blüthe nur in die Zeit des Mittelalters fällt, entsprechend auch nur wieder mittelalterliche Gegenstände gewählt werden, wenn sie mit allem Andern in Einklang stehen, namentlich aber mit den echt-mittelalterlichen, äußeren heraldischen Attributen (mit Schild, Helm, Kleinod, Decken) durchaus harmoniren sollen. —

Innerhalb der hier gezogenen Grenze jedoch mag man dann Alles in der Heraldik benützen, da es Nichts gibt, was auf Schild und Helm nicht angewendet werden dürfte, nemlich nur immer vorausgesetzt: daß der betreffende Gegenstand solchergestalt und in gleicher Darstellungsweise bereits auch schon im Mittelalter heraldisch existirte. — Wie daher die profansten, so wurden auch von jeher schon, mitunter sogar die heiligsten Gegenstände von der Heroldskunst, vollkommen rücksichtslos, als Schildes- oder Kleinodfiguren, adoptirt. — Das ersehen wir z. B. aus dem Wappen derer von Brodreis auf Kulz und Riegelsreuth in Bayern,[1] (auf Tafel LX unter Nro. 4), deren „güldene Monstranze mit dem hochwürdigsten Gut" allerdings zwar erst aus späterer Zeit stammt, nichtsdestoweniger aber für meine eben aufgestellte Behauptung ein immerhin ausreichender Beweis sein dürfte. — Noch merkwürdiger vielleicht in dieser Hinsicht ist das uralte Muttergotteskleinod des längst abgestorbenen bayerischen Geschlechtes „von Rohr", (auf Tafel LI, unter Nro. 3)[2]) weil es zugleich den entschiedensten Beweis liefert, daß auch schon in der frühmittelalterlichen Heroldskunst, der zweifelsohne jenes Rohrische Kleinod angehört, Alles ohne Ausnahme, von Gott selbst sogar angefangen, bis zum leibhaftigen Gottseibeiuns,[3] zu Wappenfiguren, und beziehungsweise dann auch zu Helmzierden, fast gleichbeliebte Anwendung fand. — Jenen aber, die da glauben: man habe die Ceremonie des „Kleinodabhauens" jederzeit ausschließend nur an den wirklichen Geschlechtskleinoden vorgenommen, mag die Rohrische Helmzierde sicherlich die beste Wiederlegung sein, da, bei der bekannten Pietät des Mittelalters, hier gewiß nicht das eigentliche Hauskleinod benützt, sondern zu vorbesagtem Zwecke selbes eben höchst wahrscheinlich durch ein sogenanntes, heraldisch ganz und gar bedeutungsloses „Schimpf-Kleinod" ersetzt wurde. —

Antike Wappenbilder hingegen, wie z. B. Merkurstäbe, Janusköpfe, Medusenhäupter, Glücksgöttinnen, Jupiters Donnerkeile, der römische Legionsadler der Napoleoniden, sowie die meisten mythologischen Figuren, als: Centauren, Pegasus u. dgl., taugen nach den oben dargelegten heraldischen Hauptgrundsätzen ebensowenig, wie etwa: Pistolen, Kanonen, Tabakspfeifen oder Tschakkos, und wenn erstere vorzüglich zur Zeit des Zopfregimentes und im Welschlande, — letztere aber besonders zur neuesten Zeit in Rußland und Preußen beliebt waren, so muß man derlei Dinge höchstens als die krankhaften Auswüchse jener Periode und dieser Länder bezeichnen. — Als schicklich und heraldisch zulässig können sie aber schon deßhalb niemals betrachtet werden, weil sie, wie gesagt, zu den äußeren Bestandtheilen eines Wappens, nemlich zu Schild, Helm, Kleinod und Decken, nicht im entferntesten hinpassen, da diese letzteren ausschließend nur dem christlichen Mittelalter angehören. —

1) J. A. Tyroffs Wappenbuch des gesammten bayerischen Adels. Band IV. pag. 93. —

2) Alter Siebmacher. Pars I. pag. 96. —

3) Man vergleiche hiezu eigens die Kleinod-Tafel LIX. —

Sogar unter den natürlichen Figuren gibt es wieder viele, die nicht so recht altwappenmäßig sind. — Dem wahren Heraldiker liegt so etwas schon im Gefühl, allein die neueren Herolde fanden durchaus nichts Anstößiges darin: Bienen, Nachtveilchen, Vergißmeinnicht, ja sogar verschiedene Mücken und Fliegen in ihren genialen Machwerken figuriren zu lassen; aus deren Winzigkeit schon sicherlich am besten auch die heraldische Winzigkeit ihrer Erzeuger hervorgeht. —

Die meisten mythologischen Thiere, wie: der Pegasus, der Cerberus, der Phönix, die Hydra u. dgl. sind absolut zu verwerfen, obwohl der Greif z. B. und die Harpye von der christlich-mittelalterlichen Heraldik allerdings zwar adoptirt, aber auch redlich nur in ihrem Sinne ausgebeutet wurden. —

Wenn daher je einmal die Alten etwas Zeitwidriges oder Antikes in ihre Wappenschilde aufnahmen, so wurde es wenigstens ganz in heraldischer Form und Manier, mit einem Worte: durchaus nach heraldischem Geschmacke gegeben. — Das beurkunden nicht allein jene heraldischen Greife und Harpyen, sondern das beurkundet z. B. auch der Augsburger „Pinienzapfen" (der sogenannte „Stadtpyr", die Fichten-, Fohren- oder Zirbelnuß) in allen seinen mittelalterlichen Darstellungsweisen. — Jene Zirbelnuß hat nemlich auf solchen in der Regel ein originelles, echt altdeutsch profilirtes Füßchen (Postament), wodurch allerdings das antike „korinthische Capitäl" gewiß am schicklichsten ersetzt wurde, — ohne zugleich die Wesenheit der Hauptfigur verändert zu haben. — (Man sehe Tafel II, unter Nro. 12.) — In diesem oder ähnlichem Sinne aber wurde im Mittelalter alles „Antike" aufgefaßt und vollkommen umgewandelt wiedergegeben, wodurch nicht allein das Unpassende sorgfältigst vermieden und umgangen, sondern überall auch die heraldischen Attribute möglichst leicht in künstlerischen Einklang gebracht werden konnten.[1] —

---

1) In einem Augsburger Taschenbuche vom Jahre 1830, enthaltend die „topographisch-statistische Beschreibung der Stadt und ihrer Merkwürdigkeiten mit Beziehung auf die ältern geschichtlichen Ereignisse rc. rc.", steht auf Seite 8 und 9 über das betreffende Stadtwappen Folgendes:

„Als ein ächtes Kolonienzeichen der römischen Augusta ist die Fohren- oder Zirbelnuß welche zum Stadtwappen, in der Volkssprache früher Stadt-Pyr genannt, dient, auf uns gekommen. Der Ausdruck Pyr stammt aus dem Griechischen, und bedeutet eine Fichtennuß.

Als im Jahre 1487 die Ruinen eines alten römischen Wachthurmes an der Stelle, auf welcher die St. Ulrichskirche steht, abgebrochen wurden, fanden die Arbeiter 12 Fuß unter der Erde eine kolossale, in Stein ausgehauene Fichtennuß mit einem korinthischen Kapital und einem Kopfe in der Mitte der Verzierung; später wurde diese Fichten-Frucht in das Stadtwappen aufgenommen. Lange Zeit stand dieser antike Fund auf der früher sogenannten Kaisers-, jetzt Maximiliansstraße nicht weit von der St. Ulrichskirche auf einer steinernen Säule, bis in unsern Tagen dieser schöne Platz von jedem Bauwerk,

Hieher gehört unter Andern auch die höchst merkwürdige germanistische Heraldisirung der welschen Dogenmütze am Wappen des Dogen von Venedig in

---

durch welches seine Breite unterbrochen ward, geräumt wurde. Gegenwärtig bereichert diese ächte Reliquie aus der Römerzeit, welche bei der Wegnahme von seinem frühern Standpunkte in zwei Hälften zerfiel, das Antiquarium romanum."

Dagegen nun liest man in einem Aufsatze, betitelt: „Das Maximilians-Museum in Augsburg", veröffentlicht im „Abendblatte zur Neuen Münchener Zeitung", Jahrgang 1856 Nr. 57, das mir soeben vorliegt, und verfaßt durch Herrn Dr. R. Marggraff in München, Professor an der kgl. Akademie der bildenden Künste daselbst, unter Anderem über den fraglichen Augsburger „Stadt-Pyr" Folgendes:

„Hier im Antiquarium ist es auch, wo mehrere zum Theil riesige, in Stein gearbeitete Exemplare jenes Fichten- oder Pinienapfels aufgestellt sind, der Augsburgs Stadtwappen bildet und als solches bereits zu mancherlei gelehrten und ungelehrten Diskussionen und Vermuthungen Anlaß gegeben hat. Der Augsburger hält etwas auf seinen „Pyr" und meint vielleicht, die Römer hätten ihn der „glanzvollen" Colonialstadt des zweiten Rhätiens gleich bei ihrem Entstehen als eigenthümliche Bezeichnung aus dem Grunde verliehen, weil die Umgegend reich an Fichtenbäumen oder an Föhren war. Daß Letzteres der Fall gewesen, soll nicht bestritten werden. Zunächst ist jedoch wohl zu erwägen, daß wir hier nicht die mehr walzenförmige, lange Frucht der deutschen Fichte oder die spitz-ovale, stumpfbeschuppte der deutschen Föhre, sondern den in kräftiger Eiform gebildeten Zapfen der südlichen Pinie oder allenfalls des nur in den Alpen, nicht in der Ebene vorkommenden Zirbelbaumes vor uns haben. Ein charakteristisches Symbol der schwellenden, unerschöpflichen Fülle des Naturlebens ist diese Frucht die Pinienuß (nux pinea), wie aus gleichem Grunde der Lingam und Eier, dem oberweltlich schaffenden Götterwesen des Dionysos-Bacchus, zugleich aber auch wegen der in ihr verschlossenen, reiche Keime künftigen Lebens in sich bergenden Samenkörner in schön bezeichnender Weise der unterweltlichen Thätigkeit dieses Gottes geweiht und heilig, und wie sie den Tyrsusstab der Bacchanten und Bacchantinnen sinnbildlich schmückt, so auch in gleicher Art die stillen Gräber der Verstorbenen. Den Pinienapfel, auf diese Weise zumal bei den Römern zu einem beliebten Grabessymbol geworden, sehen wir daher häufig theils gerundet als Verzierung säulenartiger Inschriften-Altäre, theils im Relief an Sarkophagen und Aschenkisten erscheinen. Wenn man demnach im Jahre 1467 beim Abbruch der Ueberbleibsel eines römischen Wachthurmes und beim Einsturz des daneben gestandenen alten Kirchthurms von St. Ulrich, also da, wohin man gewöhnlich das römische Capitol verlegt, den größten der bisher bekannten steinernen und im Antiquarium aufbewahrten Pinien-Apfel fand, so wäre es voreilig zu schließen, daß dieses Bildwerk hier als ursprüngliches Coloniezeichen der Stadt zur Verzierung des Capitols oder als Grenzzeichen der Stadtmarkung in der Nähe des Wachtthurmes gestanden habe. Im Gegentheil liegt nach obigem die Vermuthung nahe, daß es das Grabmal eines Römers schmückte und zwar als Aufsatz einer korinthischen Säule, wie die noch daran befindlichen Reste eines derartigen Capitäls beweisen. Die gleiche Bestimmung als Gräberzierde müssen wir aber dem Pinienapfel überall beimessen, wo und wie oft er auch sonst noch unter römischen Funden, sei es auf Augsburg'schem Gebiete, sei es in Salzburg oder anderwärts, vorkommt, und es hat daher auch keinen Sinn, wiewohl es bequem sein mag, eine allgemein angenommene Benennung zur Bezeichnung räthselhafter Symbole zu gebrauchen,

des Ritters Conrad von Grünenberg Wappenbuche. — Wie eigenthümlich sie nemlich dort stylisirt ist, kann Jeder ermessen, der die Originalform der alten Dogenmütze genau kennt. — Auf Tafel XXIII, unter Nro. 9 sieht man jene Grünenbergische Dogenmütze, wie wir sie daselbst als Helmkleinod des Venetianischen Dogen finden. —

Noch ein drittes derartiges, und gewiß nicht minder merkwürdiges Beispiel hat man endlich auch an der so ungemein charakteristischen Germanisirung, oder beziehungsweise vielmehr Heraldisirung des alten Savoyischen Kleinods am Helme Nro. 3 auf Tafel XXII. — Dort sehen wir nemlich einen echtheraldischen „halbhervorbrechenden", oder besser gesagt, einen sogenannten „wachsenden" Löwen zwischen zwei ebensogut heraldischen Flügeln, da doch als Savoyisches Kleinod sonst überall der „Venetia-

---

„wenn die aus den Bürgelstein'schen Ausgrabungen herrührenden und gegenwärtig in den „Vereinigten Sammlungen zu München aufbewahrten steinernen Pinienäpfel im Katalog „dieser Sammlungen (Nr I. S. 7) mit dem beigefügten Zweifel, ob Artischoke, ob „Zirbelnuß, ohne weiteres als Coloniezeichen des römischen Augsburg erklärt sind. Möglich „übrigens, daß Augsburg den „Pyr" zu seinem Stadtwappen späterhin erhielt oder sich „wählte, weil sich im Umfange oder in der Nähe der Stadt vorzüglich viele mit diesem „Symbol verzierte römische Grabsteine vorfanden.

„Auch auf der Töpfer- und Gräberstätte bei Westheim im Schmutterthal wurde vor wenigen „Jahren ein aus Thon gebrannter „Tannzapfen" in halberhabener Arbeit von besonderer „Schönheit und guter Zeichnung gefunden, ob im Jahre 1851 oder 1852, vermag ich „nicht anzugeben, da ich diese Bemerkung dem kombinirten Jahresbericht des historischen „Vereins für Schwaben und Neuburg für 1851 und 1852 S. 8 entlehne, hieraus aber „das Jahr des Fundes mit Bestimmtheit nicht zu entnehmen ist, weil es nirgends namhaft gemacht ist, eine Auslassung, die sich leider auch in mehreren anderen Aufsätzen der „Vereinsschriften findet." So weit Herr Professor R. Marggraff. —

Das Urtheil nun über diese obigen beiden, von jeher schon schroff sich gegenüber gestandenen Ansichten dem sehr verehrlichen Leser selbst anheimstellend, kann ich für meine Person nur dahin mich aussprechen, daß nach meinem unmaßgeblichsten Dafürhalten die historische Wahrheit, sowie die vernünftigste Natürlichkeit jedenfalls auf des Herrn Professor Marggraff Seite steht, umsomehr als bei dem so ungemein häufigen Gebrauche derartiger Pinienzapfen in der antiken Ornamentik, die Behauptung: es sei dieß dereinst „Coloniezeichen" gewesen, niemals sich historisch stichhaltig begründen läßt. — Bekanntlich finden wir ja sogar noch heutzutage solche Pinienzapfen überall „ornamental" angewendet. — Das auffallend häufige Auffinden derartiger Exemplare gerade in Augsburg und Umgebung aber mag sicherlich auf einem Zufalle beruhen; hier maßgebend sein kann es jedoch sowohl aus obigen Gründen nicht, als auch weil dann konsequenterweise: irgendwo häufiger aufgefundener Schlüssel, Lanzen oder Pfeilspitzen u. dgl. ebensogut, und gewiß mit gleichem Rechte, etwa für ehemalige „Coloniezeichen" der betreffenden Gegend ihres Fundortes gelten könnten. — Hätten sich schon die älteren Augsburger die Sache nur in diesem Sinne erklärt, sie würden sicherlich Alles mit anderen Augen betrachtet, und folgerecht dann auch jene am „Capitol" aufgefundene kolossale Zirbelnuß niemals für das römische „Coloniezeichen" gehalten haben. --

nische beflügelte Löwenkopf des hl. Evangelisten Markus", und zwar immer in ausschließend antiker Stilisirung angetroffen wird.[1]) — Da nun unser Original, wie wir es auf Tafel XXII, unter Nro. 3 bemerken, jener schon vorne einmal erwähnten kostbaren Reliefgedenktafel in der hl. Kreuz- oder Stiftskirche zu Stuttgart,[2]) also einer entschieden deutschen Arbeit entnommen ist, so unterliegt es wohl keinem Zweifel, daß nur eine beliebige Licenz des deutschen Künstlers, dem die antike Form und Zusammenstellung, sowie jene durchgehends welsche Auffassung und Behandlungsweise des Savoyischen Kleinods im Ganzen nicht entsprechen mochte, die besagte Helmzierde in vorliegender, allerdings mehr heraldischer Weise modifizirt und umgewandelt habe. —

Jede derartige Heraldisirung, Germanisirung und jede ähnliche solche Manier aber, wodurch antike oder fremdländische Formen und Gegenstände, nur der Heraldik zu Liebe, in passender Weise ganz oder theilweise umgewandelt, verändert oder anders stilisirt werden, möchte ich die „Uebersetzung" in unsere heimische Heraldik nennen, — eine allerdings sehr auffallende Erscheinung, die leider nur in den besseren heraldischen Zeiten des Mittelalters vorkam, und mit der oben weitläufig auseinandergesetzten heraldisch-typischen Stylisirung aller Wappenbilder überhaupt, von jeher schon, innig zusammenhing. — Mehr oder minder bemerkt man daher diesen Einfluß an allen äußerlichen und inneren Attributen des gesammten Wappenwesens, und der gänzliche Mangel desselben heutzutage kann weder gut geheißen, noch viel weniger aber, als der Heroldskunst zu Nutz und Frommen, gepriesen werden. —

Beim altitalienischen, namentlich aber beim römischen Adel trifft man dagegen antike und mythologische Wappenbilder in Menge, was höchst wahrscheinlich von dem klassischen Boden herrührt, auf dem sich jene Heraldik entwickelte. —

Auch die vielen Türken und Panduren, sowie die bluttriefenden Köpfe und Gliedmaßen derselben, welche zu der Zeit, wo man mit diesen Herren „viel Politik und Geschichte machte", mit ihnen fast täglich sich herumbalgen mußte und in lebhaftem Verkehre damit stund, ganz oder theilweise in die Wappen gesetzt, besonders beliebte heraldische Figuren waren, — kann ich keineswegs als eine schöne Errungenschaft preisen, da die Wahl von orientalischen oder außereuropäischen Waffen und Geräthschaften zu Wappenfiguren niemals eine glückliche genannt werden darf, — wohl zum Theil mit ein Hauptgrund, weßhalb die russischen Wappen gar so wenig gelobt zu werden verdienen. —

---

1) Cibrario, Cavalieri Luigi, Sigilli de' principi di Savoia; Torino 1834. —

2) C. Heideloffs Ornamentik des Mittelalters, III. Band, 16. Heft; Tafel II. — Man sehe auch die meinem gegenwärtigen Werke als Anhang beigefügte „Uebersichtliche Erklärung der Tafeln." —

Daß alle Gattungen Namen, Namenszüge, Chiffren u. dgl., sowie die mit Strahlen oder Laubkränzen umgebenen Anfangsbuchstaben mit Zahlen, in heraldicis durchaus zu mißbilligen sind, so groß auch die Gnade ist, die man von gewisser Seite damit zu erweisen glaubt, — habe ich oben bereits in Erinnerung gebracht. — Dasselbe gilt auch von allen sogenannten „militärischen Trophäen“, wie überhaupt von „modernen“ Standes- oder Berufsemblemen, lauter Dinge, die sammt und sonders nichts taugen. — Schließlich kann ich mich hier nicht enthalten darauf aufmerksam zu machen, daß man sich wohl hüten muß, echtmittelalterliche Wappenfiguren zeitgemäß verbessern oder verschönern zu wollen, eine Warnung, die um so beachtenswerther erscheint, weil ein also mißverstandener, vermeintlicher Fortschritt, nach allen oben weitläufig dargelegten heraldischen Grundsätzen, vielmehr der entschiedenste Rückschritt sein würde. — Dieses alberne Verfahren müßte mit seinen Konsequenzen auf die weitesten Abwege führen. —

So gut man nemlich dann z. B. das Segelschiff in einen Schraubendampfer, den Wagen in ein Lokomotiv verwandeln könnte, ebenso ließe sich auch aus der Armbrust oder aus dem Bogen, etwa ein Spitzkugelgeschoß nach neuestem Zündnadel-Systeme machen. —

Das Außerachtlassen dieser und ähnlicher Grundprinzipien also, sowie namentlich der häufige Verstoß gegen derartige Regeln von Seite der hochlöblichen Heroldenämter, hat uns viele recht niedliche und angenehme Exempelchen geliefert, wie z. B. das Wappen einer gewissen preußischen Familie, worin sich eine vollständige Kürassieruniform nach neuestem Ordonanzschnitte befindet, darunter aber zwei über's Kreuz gelegte Pistolen, wie derlei Dinge an den Schaufenstern von Schneider- und Schwertfegerläden gewöhnlich ausgestellt zu werden pflegen. —

Solche leidige Muster nun sind leider in der „modernen“ Heraldik bereits längst zu Hause, und die Beispiele von ähnlichen Wappen schon so zahlreich, daß man sich mehr und mehr an ihren Anblick gewöhnt hat, ja, in gewissen Regionen, sogar einen besonderen Gefallen daran zu finden scheint. — Das heraldische Gefühl des wahren Heraldikers jedoch wird sich von allen diesen bald lächerlichen, bald süßlichen Produkten der neueren und neuesten Livree-heraldischen Periode mit gerechtem Eckel abwenden. — Selbst bei streng mittelalterlichen Figuren sollte man wieder die Darstellungsweise der heraldischen Blüthezeit zum Muster nehmen, deren originelle und besonders charakteristische Formen mitunter sogar auf die unbedeutendsten Geräthschaften des Hauses und der Wirthschaft sich erstreckten. — Hält man sich hiebei an die ausgezeichneten Vorbilder der besten mittelalterlichen Grabsteine, Wappenrollen und Originalsiegel, dann kann es niemals weit gefehlt sein. —

ad 4) Bezüglich der Anwendung der Wappenfiguren in der Heraldik selbst kommen vor Allem drei wesentliche Punkte in Betracht. — Nemlich:

a) ob eine Figur ganz, oder nur theilweise erscheint; —

b) die Art und Weise ihrer Stellung im Schild, und

c) die dereinstige wirkliche Befestigung der heraldischen Figuren auf den Originalschilden. —

Die beiden ersteren Punkte werden durch althergebrachte heraldische Normen geregelt, deren Anwendung, Benennung und nähere Bezeichnung nur die Sache eines heraldischen Lehrbuches sein kann. —

Bezüglich des Punktes a jedoch muß ich bemerken, daß es eine Eigenthümlichkeit der frühheraldischen Periode sein mochte, bisweilen den Theil für's Ganze oder, manchmal auch wohl umgekehrt, das Ganze für den Theil irgend einer Wappenfigur in den Schild zu setzen. — In die spätere diplomatische Heraldik zwar ist diese Lizenz (und das gewiß auch mit vollem Rechte) allerdings nicht übergegangen, weil derartige, übertriebene Freiheiten, die Heroldskunst denn doch am Ende ungenau machen müßten, oder wenigstens, auf heraldische Abwege führend, schlüßlich vielleicht sogar die nächste Veranlassung heilloser Verwirrungen sein würden. —

Daß übrigens dereinst (in einigen seltenen Fällen) doch wirklich jene auffallende Manier zur Anwendung kam, beweist uns unter Andern z. B. das Münchener-Stadtwappen, welches in seinem ältesten Siegel, sowie auch auf sämmtlichen älteren städtischen Münzgeprägen nur den Mönchskopf allein, erst späterhin dann dessen ganze Figur enthält. — Man sehe die Tafeln XXXV, Nro 6 und XXXVI, Nro. 6, 7, 8 und 9.[1]) —

---

1) Ich kann mich einer unmaßgeblichsten Bemerkung über das Münchener Stadtwappen bei dieser Gelegenheit nicht enthalten. — Der bekannte Münchener „Mönch“, im Volksmunde (höchst wahrscheinlich wegen seiner originellen Darstellungsweise vom XV. bis ins XVIII. Jahrhundert) schlechthin auch wohl das „Münchner-Kindl“ genannt, steht nämlich heutzutage sonderbar genug auf einem „blauen“ Felde (Tafel XXXVI, 9.) — Abgesehen nun davon, daß hiedurch ein ganz sachwidriges Räthselwappen künstlich fabrizirt wurde, so kann ich ferners auch durchaus nicht begreifen, mit welchem Rechte, und wie denn überhaupt die blaue Farbe so auf einmal in's Münchener Stadtwappen gekommen sein soll, oder was man mit solcher Änderung eigentlich bezwecken wollte. — Da mir der mißverstandene, durch Alter und Abtragen „bläulichgrau“ gewordene Silbergrund früherer Stadtwappen hiefür keine genügende Entschuldigung zu sein scheint, so stelle ich an die hochweisen Heroldskünstler, welche etwa jene vermeintliche Verbesserung zuerst in Vorschlag brachten, nur die ganz bescheidene Anfrage: wodurch sie wohl die fragliche blaue Schildfarbe des Münchener-Stadtwappens historisch begründen können oder womit vielmehr dieselbe sich nur einigermaßen rechtfertigen läßt? — Bekanntlich waren aber die Münchener Stadtfarben in ältester Zeit: Schwarz und Silber,

Auch das Wappen derer von Ems oder Hohenems finde ich in älterer Zeit mit dem Kopfe des Ziegenbockes allein, während doch auf allen späteren Wap-

---

und es findet sich damals allerorten auch der schwarzbekleidete Wappen-Mönch gleichfalls ausschließend nur in Silber. — (Tafel XXXV, 6 u. XXXVI, 6.) — Viel später dann erst, und zwar bis auf den heutigen Tag noch, erscheinen als Stadtfarben durchweg: Schwarz und Gold, während trotzdem bis zum laufenden Jahrhundert noch immer der alte Silbergrund des Feldes beibehalten wurde. — Wollte man nun durchaus etwas ändern, oder sollte eine thatsächliche Verbesserung eintreten, so wäre die einfache Umwandlung des Silberfeldes in Gold (Tafel XXXVI, 7) das einzig Passende und nunmehr heraldisch Richtige gewesen, weil hiedurch zugleich das Stadtwappen mit den betreffenden Stadtfarben wieder in Einklang gebracht worden wäre, eine derartige Uebereinstimmung aber, als echt heraldisch, jederzeit auch unbedingt wünschenswerth erscheint. — So jedoch wurde statt dessen, mit Umgehung einer altheraldischen Hauptregel, jenes heraldische Monstrum geschaffen.
Selbst der auf einem von Silber und Blau geweckten Felde, d. h. im bayerischen Weckenschilde stehende Mönch (Tafel XXXVI, 8) würde sich noch viel besser ausgenommen haben und, als für Bayerns Metropole allerdings bedeutungsvoll, sicherlich auch heraldischer gewesen sein. — In der That sieht man in neuester Zeit bisweilen das Münchener-Stadt-Wappen entweder im güldenen Felde, oder auch auf letztere Manier gegeben, nicht selten in praktischer Anwendung. — Leider fehlt aber bis heute noch, sowohl dem „güldenen", als auch dem „bayerischen" Weckenfelde jede „amtliche" Anerkennung. — Bei vollkommener Gleichgiltigkeit und Unwissenheit der städtischen Behörden einerseits, sowie bei der bekannten Kurzsichtigkeit und Thatenlosigkeit der Heroldenämter in solchen Dingen andererseits, kann so etwas zwar weniger befremden und es wird daher die amtliche Verbesserung hierin vielleicht noch lange auf sich warten lassen, wenn nicht, aller Wahrscheinlichkeit nach, auf entsprechende Aenderung ganz vergebens zu hoffen sein dürfte.

Ueberdieß haben künstlerischer Unverstand, schlechte Auffassung, leidige Neuerungssucht oder, was noch weit schlimmer wäre, hie und da vielleicht sogar böser Wille aus unserm lustig und sorglos, mit wohlgenährtem Pausbackengesicht, aus freundlichen Aeuglein in die Welt hineinlugendem Stadtmönchlein in neuester Zeit bisweilen einen hagern, ascetischen Fanatiker oder einen abgehärmten, unheimlichen Finsterling gemacht. — Hiebei wurden nicht allein dessen altheraldische Darstellungsweisen zu den verschiedensten Perioden, sondern namentlich auch sein so prägnanter Urtypus ganz außer Acht gelassen, der, gewissermaßen als ein Abklatsch des Münchener Volkscharakters, gerade deßhalb den alten Freund uns so werth machte. — In derartigen neueren Abbildungen findet man dann zumeist keinen Zug mehr von jenem „Münchener-Kindl", wie es noch heutzutage herabschaut von der alten Uhr im kleinen Rathhaussaale oder vom Karlsthore auf das nunmehr großstädtische Leben und Treiben unter ihm, zu seiner Freude aber täglich sich überzeugen mag, daß trotzdem seine gutmüthigen, heitern Münchener noch dasselbe wohlgemuthete Völklein sind, wie vor 600 Jahren, und wie an so manchem heißen Tage der bayerischen Geschichte, an dem sie jederzeit mit mannhafter Tapferkeit zu ihren angestammten Herren standen, ja nicht selten sogar ihre treue Anhänglichkeit zum bayerischen Fürstenhause mit Blut besiegelten. — In Schimpf und Ernst jedoch, bei Lust und Trauer, in herben Mißgeschicken und stürmischen rauhen Zeiten, wie bei lachendem, wolkenlosen Himmel waren: festes Gottvertrauen, nimmer wankender Gleichmuth und ungetrübter Humor die stets treu bewährten Begleiter. —

Mögen daher jene „Münchener-Kindln" recht lange noch auf Glück, Segen, Wohl-

pen dieses berühmten und dereinst weitverzweigten Hauses jener Ziegenbock in seiner ganzen Figur erscheint.[1]) —

Dieses Verfahren hat gewissermaßen wieder einige Aehnlichkeit mit dem gleichen, schon vorne beim „Kleinode" erwähnten Gebrauche: auch die Kleinodfiguren nach freiem Belieben, bald in ganzer Figur, bald halb wachsend oder endlich auch nur deren Kopf allein am Helme anzubringen. — Mit solchen charakteristischen Abnormitäten der älteren Heroldskunst hängt dann weiter auch noch die so ungemein häufige willkührliche Vermehrung und Verminderung gleichartiger Wappenfiguren unmittelbar zusammen, ein leidiges Vorkommen früherer Zeiten, das ein sicheres Erkennen wirklicher heraldischer Beizeichen, in Deutschland wenigstens, oft sehr erschwert, ja nicht selten sogar unmöglich macht. — Weiter unten im XII Abschnitte, der von den Beizeichen und Brüchen speziell handelt, werde ich in dieser Hinsicht noch Mehreres hierüber vorbringen. —

Bei den Franzosen, und in vielen Fällen auch bei den Deutschen, pflegt man die heraldische Stellung der Wappenfiguren im Schilde zumeist nach den stereotypen Urformen der Heroldsfiguren zu blasoniren (anzusprechen). — So sagt man z. B.

---

stand und Gedeihen unseres alten München und seiner Bewohner herabschauen, wie sie es dereinst von den Bannern und Sturmfähnlein der Väter auf ihre Siege gethan! —

Die ursprüngliche Verwandlung von der schwarz und weißen Stadtfarben in des heiligen Römischen Reiches Farben: Schwarz und Gelb, war zweifelsohne die Folge einer besonderen kaiserlichen Begnadigung, wie denn auch der sogenannte „rothe Schwenkel" am uralten Münchener-Stadtbanner, das wir nach einer gleichzeitigen Originaldarstellung genauest kopirt auf Tafel XXXV unter Nr. 6 in getreuer Abbildung sehen, nur durch die unverbrüchlich treue Anhänglichkeit der Münchener Bürger an ihr angestammtes Herrscherhaus, und nach urkundlich aufgefundenen Beweisstücken, zunächst wohl auch, durch ihre in der Schlacht bei Gammelsdorf am 9 November des Jahres 1313 bewiesene mannhafte Tapferkeit, mit Blut erworben wurde. —

Herr Dr. O. T. v. Hefner in seinen „Originalbildern aus der Vorzeit Münchens" stellt uns in einem eigenen Abschnitte (l. pag. 3 et sequ.) eine Reihe aufeinanderfolgender Darstellungsweisen des Münchener-Stadt-Mönches, nach den betreffenden Original-Stadtsiegeln der verschiedenen Zeitperioden (jedoch mit alleiniger Ausnahme jenes ältesten Mönchs-Kopfes) recht anschaulich vor Augen, so daß dieser Cyklus, namentlich aber die dort zugleich gegebene, nicht uninteressante Geschichte des Münchener Stadtwappens überhaupt, mit Recht als das Beste bezeichnet werden muß, was eigentlich bisher über diesen Gegenstand veröffentlicht wurde. — Deshalb wollte ich nicht versäumen, schließlich gegenwärtigen Themas, auch auf jene gediegene Abhandlung hier noch besonders aufmerksam zu machen. —

1) Historische Relation oder eygendtliche Beschreibung der Landtschafft underhalb St. Lucis Steyg und dem Schallberg beyderseits Rheins biß an den Bodensee u. s. f. sub nomine: Embs und „von Embs das alt, von Embs das new;" — pag. 32, 33 et seq. —

„im Haupt“, „im Fuß“, „im Andreaskreuz“, „pfahlweise“, — en chef, en sautoir, en pal, en bande, en barre etc. stehen u. s. w. —

Eine der gewöhnlichsten Stellungen der heraldischen Figuren ist die nach unten zu an Breite abnehmende, wie etwa die 4, 3, 2, 1 oder 3, 2, 1 und 2, 1 gestellten Wappenbilder. — Wie schon einmal bemerkt, rührt, wohl in den meisten Fällen, diese so ungemein häufige Ordnung hauptsächlich nur von der Dreieckform der ältesten Original-Schilde her, allein wir haben auch zahlreiche Beispiele, wo die nämlichen Wappen, welche in frühester Zeit auf jenen Original-Dreieckschilden die Figuren „gesäet“, (d. h. am Rande auslaufend und ungezählt) hatten, späterhin dann, bezüglich ihrer Figuren, in die gezählte Stellung 4, 3, 2, 1, — 3, 2, 1 u. dgl. übergingen. — Dieß geschah nemlich ganz einfach (auf unwillkührliche Weise) von selbst, und zwar durch die Umänderung jener alten Dreieckformen der Schilde in die neuere, unten runde Gestalt, während dagegen bei den Wappenbildern selbst noch immer die ältere, dreieckige Form ihrer Stellung belassen wurde. — Bestreuung oder Ueberfüllung dürfte demnach wohl zu den ältesten heraldischen Stellungen aller kleineren Wappenfiguren gehören. —

Nichtsdestoweniger aber kam auch zugleich die obige, nach unten zu an Zahl und Breite abnehmende Stellung heraldischer Bilder, schon auf frühheraldischen Schilden, in überaus häufige Anwendung, und zwar also, daß nemlich die Wappenfiguren dann keineswegs mehr ungezählt waren, oder etwa gar unregelmäßig am Schildesrande verliefen. — Ein ebenso schönes als interessantes Beispiel hiefür hat man an dem großen, prachtvollen Originalschilde des: Gottfridus pulcher Coenomanensis comes, † 1150, dessen gelungene Copie wir auf Tafel XXXV unter Nro. 3 sehen.[1] —

Die Alten machten zwar nicht viel Aufhebens bei blos bildlichen Wappen-Darstellungen: Thiere beliebig rechts oder links aufspringen zu lassen, allein auf den wirklichen Originalschilden muß die erstere Stellung entschieden als die gewöhnliche

---

1) Dieser gewaltige Schild nun, nach abwärts zu allmählig schmäler werdend, und unten sogar in eine förmliche Spitze auslaufend, ist ein besonders schönes Exemplar aus der urheraldischen Periode und seiner Form nach noch altnormännisch — Er hat ohngefähr Mannshöhe, so daß er der stattlichen Figur des Grafen fast bis an die Schultern reicht. — Dessen starke Wölbung nach der Richtung der Breite beträgt nahezu einen Halbzirkel, so daß der ihn tragende Mann hinter seinem Schilde, wie in einer Nische, bequemen Schutz fand, ja, in gebückter Stellung, sogar beinahe ganz darin sich bergen konnte. — Nicht so fast zur reicheren Ausschmückung aber, als vielmehr zur passendsten Verstärkung des an und für sich schon mächtigen Heerschildes, mochten wohl auch noch das Randbeschläge, die zierlichen Kreuzspangen und namentlich der, wie es scheint, hier mit besonderer Sorgfalt zierlich und äußerst kunstvoll gearbeitete, vielleicht auch mit edlem Gesteine besetzte Buckel (Nabel) gedient haben. — Uebrigens hing der Schild an einer breiten Borde (Schildfessel) um Hals und Schultern. —

bezeichnet, letztere dagegen sorgfältigst vermieden werden, und zwar keineswegs blos deßhalb, weil eine *linke* Wendung etwa uneheliche Geburt, eine andere Linie oder dgl. zur Zeit der praktischen Heraldik andeutete, sondern lediglich aus dem ganz einfachen Grunde: weil dann, beim *wirklichen Gebrauche* des Schildes oder der Tartsche (am *linken* Arme nemlich) das Thier „*nach hinten hinaus*" gesprungen wäre — Auf Reiter-Siegeln oder monumentalen Darstellungen und wo sonst noch überhaupt der Mann seinen Schild selbst trägt, wird man die Sache nicht leicht anders antreffen; — sollten sich aber dennoch solche Abbildungen finden, dann gibt dieß um so weniger einen Ausschlag, als wir nur zu gut wissen, wie wenig genau es die Alten bei derartigen Dingen nahmen, so daß: Waffen in der *linken* Hand, die Daumen am *äußeren* Theile derselben, ja sogar *verkehrte* menschliche Ohren, wie wir sie z. B. auf den Wandgemälden am Runglsteine bei Botzen sehen, sowie viele ähnliche Vorkommen, damals durchaus nichts Seltenes waren. — Allerdings etwas ganz Anderes dagegen ist es bei der blos *bildlichen* Heraldik, wo die Wendung eines Thieres nicht nur als vollkommen willkührlich und gleichgültig angenommen, sondern eigentlich sogar immer nach des Schildes Lage gerichtet werden muß. — Deßhalb ist auch jede, für alle Fälle feststehende diplomatische Bestimmung hierüber ein großer Mißgriff — Alles Obige gilt natürlich auch vom rechten und linken Schrägbalken. — Nur unwissende Aengstlichkeit, heraldische Verzopfung oder heroldenamtliche Wichtigthuerei erfanden hiezu allerlei tolles Zeugs und legten entweder in mehr oder minder unwesentliche Dinge eine Bedeutung, die sie niemals hatten; oder was noch weit schlimmer war, machten späterhin grundlos eine „diplomatische Fixirung" geltend. —

In allen häufigeren oder gewöhnlicheren heraldischen Vorkommnissen sahen demnach die Heraldiker von Haarbeutel und Zopf immer gleich eine *feststehende Regel*, und waren darin so ängstlich, daß sie an gar keine Ausnahmen mehr denken mochten. — So z. B., weil bei heraldischen Thieren die beiden *inneren* Füße gewöhnlich vorgreifen, wurde daraus gleich eine feste Regel geschaffen, gemäß der selbst jetzt noch viele Heraldiker an Ausnahmen nicht glauben können. — So gut aber eine solche am Schilde des Ritters Walther von Klingen, also schon im XIII. Jahrhundert, sich vorfindet, also dürften allerdings auch anderswo noch mehrere vorgekommen sein. —

Auf Tafel XXIX, unter Nro. 12 nun ist dieser Klingen'sche Original-Löwe für ein anderes Wappen und zwar absichtlich etwas modifizirt, von mir als Schildesfigur benützt worden, blos damit man sich auch diese, in der That ziemlich abnorme Stellung der Hinterfüße eines Wappenthieres bestmöglichst versinnlichen könne. — Man sehe übrigens auch J. H. v. Hefner-Alteneck's Trachtenwerk I. Abthlg., tab. 16. —

Die liegende und sitzende Stellung bei heraldischen Thieren wurde zu alter Zeit, im Schilde wenigstens, höchst selten angewendet, ja beim Löwen ist es sogar schon eine Ausnahme, wenn er ruhig stehend sich zeigt, und dürften wir immerhin derartige Wappen, durchschnittlich genommen, ziemlich wenige aufzuweisen haben. —

Auf gevierteten Schilden, in den Feldern 1 und 4, oder 2 und 3, Thiere *gegeneinander* aufspringen zu lassen, läuft den Regeln der echten, alten Heroldskunst schnurstracks entgegen, und schreibt sich solcher ganz sach- und zweckwidrige Gebrauch erst aus den Zeiten der „papiernen" Heraldik her. — Eine feste diplomatische Bestimmung hierüber ist auch da wieder um so widersinniger, weil bei Neigung des Schildes nach rechts oder links auch *beide* Wappenthiere *unbedingt* nach der Neigungsseite sich zu wenden haben. —

Daß auf Bannern, sowie auf Sturm- und Rennfähnlein, durch eine althergebrachte heraldische Regel, die jedesmalige Wendung nach der Stange, und zwar nicht etwa blos bei natürlichen oder phantastischen Thieren, sondern auch bei allen schräglaufenden Heroldsfiguren, als da sind: Balken, Rauten, Wecken, Schindeln u. dgl. von jeher schon bedingt war, habe ich oben bereits irgendwo einmal vorgebracht, und es dürften zur Zeit der praktischen Heroldskunst Ausnahmen hievon wirklich zu den größten Seltenheiten gehören. —

Jede perspektivische Darstellungsweise von zwei Figuren zu einander ist in der Heraldik ganz unzulässig, da der Schild, als solcher, eine wirkliche Fläche bleiben, und weder Vorder- noch Hintergrund haben soll, mithin aber auch zu landschaftlichen Bildern niemals sich eignet. — Wenn wir daher in einem „modernen" Wappen, wie es leider nur zu oft so vorkommt, etwa: ein Schifflein auf einem Wasserstrome, der sich durch grüne Auen schlängelt, im Vordergrunde, — Berg und Thal, eine alte Burg und vielleicht noch zu allem Ueberfluße die auf- oder untergehende Sonne — im Hintergrunde sehen, so mag dann das Ganze eine allerdings recht niedliche „idyllische Composition" bilden, die zwar in eine heraldische Schildesform *eingerahmt* ist, nie *und nimmer* aber einen *wirklichen, heraldischen Schild* vorstellen kann. —

Schon aus diesem Grunde sind in der Regel die oft förmlich dramatischen Handlungen unserer Modeheraldik absolut zu verwerfen, da sie nicht allein die Schilde oder einzelne Felder mit Figuren häßlich überhäufen, sondern auch unbedingt perspektivisch, nach Obigem also zumeist wider allen heraldischen Usus gegeben werden müssen. —

Derartige Dinge kamen deßhalb in der heraldischen Blüthezeit niemals vor, und dürften in dieser Hinsicht von älteren Wappen, das der Stadt Danzig, sowie das der edlen Manessen von Manegg in der Schweiz gewissermaßen zu den altheraldischen Raritäten gehören. — Vielleicht die einzigen in ihrer Art, wurden sie übrigens zu ältester Zeit durchweg noch viel besser und sachgemäßer dargestellt als späterhin, was man z. B. schon aus dem Vergleiche des ebengenannten Manessischen Wappens, wie solches in der alten Züricher-Wappenrolle, mit dem nemlichen, wie es später dann im alten Siebmacher gegeben wurde, mehr als zur Genüge ersehen kann. — In genauester Abbildung nach vorbesagter Wappenrolle findet man ersteres auf Tafel LIV, unter Nro. 5; letzteres hingegen im alten Siebmacher Pars II, pag. 146. —

Eine Haupteigenthümlichkeit der Heroldskunst „besserer Tage“ lag auch in dem festen Grundsatze: jede heraldische Figur so groß und deutlich als möglich darzustellen, so daß leere Flächen nach Thunlichkeit vermieden, die Felder-Räume aber durch die Figuren, soviel wie möglich, ausgefüllt wurden. —

Schlüßlich sollte ich hier eigentlich noch der Art und Weise gedenken, wie und wodurch die Wappenfiguren in Wirklichkeit dereinst auf den Originalschilden angebracht waren; — da ich dieses Thema jedoch schon oben bei den Schilden, und beziehungsweise bei deren plastischer Verfertigung ausführlich abhandelte, so will ich mich hier nur mehr auf ganz Weniges beschränken. — Dort lernte man: Bemalung, Stückung, Leinwand- und Leder-Plastik, als die vier wesentlichsten Manieren zur Herstellung der heraldischen Bilder am Schilde kennen. [1]) — Zu allen habe ich betreffende Beispiele angeführt, welche sehr verschiedenen Perioden angehörten, woraus zugleich ersichtlich war: daß schon von den ersten Urkeimen der eigentlichen Heraldik angefangen, bis fast zum XV. Jahrhunderte, die obigen Manieren in der praktischen Heroldskunst, d. h. auf wirklichen Schilden gleichberechtigte Anwendung fanden. — Das sieht man auch aus den beiden Originalschilden auf Tafel XXXV, unter Nro. 5 und auf Tafel XXXVI, unter Nro. 3. — Ersterer ist der von mir bei Stückung der Kreuze, und beziehungsweise bei Verstärkung der Schilde durch Kettengeflecht, also schon ein paarmal zitirte Originalschild nach jenem Grabsteine aus dem Dominikaner-Frauenkloster zu Laufen am Neckar, den uns auch C. Heideloff in seiner „Ornamentik des Mittelalters“ vor Augen führt. [2]) — Da er dem XII. Jahrhundert, nach Heideloff's Angabe und Vermuthung viel-

1) Möglicherweise können vielleicht auch „wirkliche Stickerei“ oder „gewirkte Stoffe“ zur Darstellung der heraldischen Bilder auf den Originalschilden nicht selten in Anwendung gebracht worden sein, umsomehr als wenigstens nicht ganz ohne Grund die Vermuthung sehr nahe liegt: daß der so kunstreichen technischen Praxis, namentlich der weltlichen Heroldskunst, auch diese Mittel zur luxuriösen Zierung der Wappenfiguren auf den Originalschilden keineswegs fremd geblieben seien. —

2) C. Heideloff's Ornamentik des Mittelalters, XXII. Heft, III Platte, Fig. d. —

leicht sogar schon dem XI. angehört, dürfte man ihn füglich zu den ältesten „gestückten" Schilden rechnen. — Während der andere Originalschild auf Tafel XXXVI, unter Nro. 3 erst aus dem Ende des XIV. Jahrhunderts stammt. — Er befindet sich in solcher Weise auf dem schon vorne näher beschriebenen alten Gemälde mit dem Bilde des heiligen Wenzeslaus und der Jahreszahl 1385 auf der Rückseite, im Museum zu Ulm. — Nicht leicht kann man auf einem Originale die wirkliche „Stückung" so deutlich wahrnehmen, wie bei diesem höchst interessanten Schildexemplare, und er ist in dieser Hinsicht ganz besonders bemerkenswerth. — Nicht genug, daß schon der Leib des Adlers sehr stark erhaben gearbeitet sich zeigt, bildet auch noch dessen von der Schildesfläche sogar frei abstehender Kopf sicherlich den evidentesten Beweis heraldischer Stückung. — Der Goldgrund ist am Originalbilde damaszirt und der Rand des Schildes, wie es scheint, mit Metallspangen, auf denen dereinst etwa bunte Steine saßen, ringsherum beschlagen.[1]) — Am Schilde hingegen des Herzogs Heinrich IV. von Schlesien (des Minnesängers, † 1290,) auf dessen Grabdenkmale in der hl. Kreuzkirche zu Breslau[2]) ist der dort nicht minder stark erhaben dargestellte Adler höchst wahrscheinlich nur vermittelst der halbmondförmigen Brustspange festgehalten worden (Tafel II, 15), eine eigene Art, die ich ebenfalls bereits vorne, bei den Schilden, weitläufiger besprochen, und früher mit Nro. 2 auf Tafel VI erläutert habe. — Daß aber späterhin dann, d. h. vom XV. Jahrhundert angefangen, ausschließend nur mehr durch einfache „Bemalung" die heraldischen Bilder und Wappenfiguren auf den Originalschilden fixirt wurden, habe ich gleichfalls schon weiter oben im IV. Abschnitte, der vom „Schilde" speziell handelte, weitläufig auseinandergesetzt.

Eigentlich erübrigt mir somit nur mehr die Bemerkung, daß, sowohl in der älteren, praktischen, als auch in der späteren, blos bildlichen Heraldik, nirgends und zu keiner Zeit, von der Größe einer Figur auf deren heraldische Bedeutung geschlossen werden darf, d. h. die Größe, in der eine Figur am Schilde erscheint, steht niemals im Verhältnisse mit ihrem heraldischen Range. —

Wenn daher z. B. ein Löwe, als Hauptfigur, etwa um zwei Drittheile kleiner erscheint, wie ein Stern, der als Nebenfigur vielleicht viel größer dargestellt ist, so sind das eben nur durch den Raum gebotene Nothwendigkeiten, keineswegs aber können sie für heraldischen Rang und Bedeutung als entscheidend betrachtet werden.[3]) — Noch

1) Man vergleiche hiezu auch: C. Heideloff, die Kunst des Mittelalters in Schwaben. Stuttgart. Ebner und Seubert. III. Lieferung; Tafel XI, Mühlhausen am Neckar, Text von pag. 35—40. —

2) Düsseldorfer-Costümbuch, tab. 17. —

3) Dieses letztere Vorkommen nun bezeichnet die heraldisch-technische Kunstsprache (Terminologie oder Blasonirung) in einigen Fällen mit dem besonderen Ausdrucke: en abîme. —

weniger aber sind derlei Dinge maßgebend für Wesenheit und Werth eines Wappens überhaupt. —

ad 5. Die Anwendung von Wappenfiguren und heraldischen Bildern auch außer der Heraldik ist etwas, das heutzutage weder verstanden, noch gehörig gewürdiget wird. — Das eigentliche Mittelalter hingegen, ja selbst noch das XVII. Jahrhundert, hinterließ uns zahlreiche Beispiele vom außerheraldischen Gebrauche der Wappenfiguren, die nicht allein den guten Geschmack jener Zeitgenossen beurkunden, sondern vorzüglich auch ihrer erfindungsreichen Phantasie viele Ehre machen. — Ich kann mich hier unmöglich darauf einlassen, in nähere Details überzugehen, da jede weitere Ausarbeitung dieses Stoffes eigentlich nur ins Bereich der bildenden Künste oder vielmehr des höheren Handwerks gehört, indessen andeuten wollte ich wenigstens auch diesen charakteristischen Zug, der uns ganz besonders auf das so rege heraldische Wirken und Streben jener Perioden aufmerksam macht und so recht lebhaft an die „gute alte" Zeit der Heroldskunst erinnert. — Ich will auch keineswegs auf jene bilder- und farbenreichen ritterlichen Lendner oder Wappenröcke, auf jene mit Wappenfiguren zierlich ausgeschmückten Damenkleider, auf die mit solchen aufgesteppten faltenreichen Pferdedecken u. dgl. hier wiederholt zurückkommen, sondern verweise vielmehr bezüglich alles dessen auf den allgemeinen Theil, vorne im III. Abschnitte gegenwärtigen Werkes, wo ich diese Dinge größtentheils schon umständlich geschildert habe. — Allein ich kann mich nicht enthalten, an Euch bildende Künstler und Gewerken einen Aufruf ergehen zu lassen, ein rechtzeitiges Fürwort zur Wiederaufnahme jener originellen, phantasiereichen Anwendung der heraldischen Figuren und zu Gunsten der beziehungsweisen Benützung auch ihrer Formen zu allen möglichen Gegenständen und Geräthschaften des gewöhnlichen Lebens. — Sollte denn wirklich jener heraldische Sinn und Geist so ganz erstorben sein, daß nicht einmal der „spielende" Theil der Heroldskunst heutzutage mehr Anklang, oder doch nur einigermassen Verständniß fände? — Weit entfernt zu untersuchen, worin der eigentliche Grund liegt, daß in der Neuzeit der sprudelnde Quell heraldischer Phantasie für immer versiegt zu sein scheint, will ich in dieser Hinsicht blos auf die lustigen, originellen Vorbilder der Alten hinweisen. — Die Tafelaufsätze und Trinkgeschirre in Form heraldischer Figuren, die Tapeten und Windfähnlein mit Wappenbildern, die Ofenkacheln und Thonböden mit eingebrannten heraldischen Zeichen, die heraldischen Bucheinbände und Meßgewänder, sowie noch unzählige andere hieher gehörige Dinge, sollten sie, dem Kunst- und Handwerksleben leider längst entfremdet, so ganz und gar vergessen sein, daß nicht einmal in den genialeren Köpfen noch schwache Erinnerungen daran zurückgeblieben wären? — Drum, Künstler und Gewerken, macht euch darüber: dieses lange brachliegende Feld endlich frisch wieder einmal anzubauen, daß wir bald eurem bekannten Genie und kunstsinnigem Geschmacke, sowie der doch in andern Dingen so oft erprobten erfindungsreichen Phantasie der Neuzeit auch hierin würdig entsprechende Früchte bekommen. — Die Aufgabe ist gewiß ebenso schön als leicht, und wer nur guten Willen, Ausdauer und Liebe zur Sache hat, der mag es mit seinen Resultaten vielleicht sogar den Alten, — wenn auch nicht gerade bevor, — so doch immerhin möglichst gleichthun. —

Wie originell benützte z. B. am oft erwähnten Grabsteine des Ritters Hartmann von Kroneberg († 1372) der alte Künstler das Kronebergische Krönlein als einen schicklichen Ausgangs- und Befestigungspunkt der Schwertkette am Lendner. (Man sehe Tafel I., unter Nro. 1.) — Wie schön sind die mittelalterlich-heraldischen Ofenkacheln, besonders in der besseren Kunstperiode? — Wie „lustig" macht sich nicht zu Urach das federbesteckte Jägerhörnlein als Wetterhahn? — Auch der vorerwähnte, mit Seeblättern überpreßte Gumppenbergische Codex gehört hieher, sowie die heraldischen Tapeten auf Tafel XXXII. — An einigen Rüstungsstücken auf Schloß Hohen-Aschau waren die Freibergischen Sterne in häufiger Wiederholung angebracht, namentlich auf den Ellbogenkacheln und Knieschienen. — Ja sogar die Kopfrüstung des Pferdes trug an der obersten Scheitelspitze einen solchen in beweglicher Weise als Federköcher, was, bei schnellem Ritte und eingestecktem Federbusche, ein recht lustiges Ansehen verleihen mochte. — (Auch alles Dieß theilte das erwähnte Schicksal der übrigen Sammlung.) — In Friedberg am Lech sehen wir ein mit Wappen geziertes Meßgewand, und in einigen französischen Schlössern heraldische Böden von gebrannten Thonplatten oder Ziegelsteinen, wie man ähnliche auch bei den Tannenberger-Ausgrabungen auffand. — In meinem Besitze befinden sich unter Anderem auch zwei Originalsiegelstöcke der Stadt Augsburg, aus der Mitte des XVII. Jahrhunderts, die in der Form jener bekannten Augsburger-Zirbelnuß oder Stadtpyr von Holz ausgeschnitten und mit den betreffenden Stadt- oder Wappenfarben bemalt sind. — Ueberdieß kann der ausgehöhlte Pinienzapfen, wahrscheinlich zur Aufbewahrung von Oblaten und Siegelwachs, vermittelst kleiner Thürchen oder Klappen, beiderseits geöffnet werden. — Auch Buchdeckel gibt es mit Eckbeschlägen in Form der Wappenbilder und ich selbst besitze zwei interessante Exemplare, an denen die Eckbeschläge durch acht heraldische Löwen gebildet werden. — Letztere sind aus dem XIV., die Buchdeckel aber aus dem XVI. Jahrhundert. — Vereinzelnte Bestrebungen in ähnlichem Sinne trifft man zwar auch in neuester Zeit wieder; so trinkt z. B. die Regensburger Liedertafel aus dem Doppelhumpen ihres heraldischen Stadtschlüsselpaares, die Landshuter gleichfalls aus ihrem städtischen Wappenbilde, heraldische Windfahnen mit dem deutschen Reichsadler, mit dem bayerischen Löwen oder mit dem städtischen Mönche (im Volksmunde „Münchenerkindl" genannt), sowie Pokale in heraldisch-typischer Mönchsgestalt haben auch wir Münchener, — selten aber, sowohl bezüglich der Zeichnung, als auch in Anbetracht der Ausführung, wird dabei die mittelalterliche Genialität erreicht, geschweige denn je überflügelt werden. —

Als ganz besonders bedeutungsvoll für das Ansehen der edlen Heroldskunst in jener Epoche gehören schlüßlich hieher auch noch die Beinamen nach den betreffenden Wappenfiguren, deren es vordem, sowie Spitznamen überhaupt, unzählige gab. — So hießen z. B. die Herren von Bern „zur Leiter", die Grafen von Montfort nannte man die Herren „von der rothen Fahnen", eine Linie der Augsburger Patrizier Langenmantel „vom △", einen anderen Zweig desselben Geschlechtes „vom R", die Enningen in Schwaben: „Eisenhut", wieder Andere: „von der Rosen", die Vettern: „von der Gilgen" oder „von der Lilie" u. s. w., sämmtlich also nach ihren eigenthümlichen Wappenbildern. — Noch heutzutage aber findet man diese Sitte namentlich in der Schweiz praktisch angewendet, was umsomehr auffallen muß, da jenes kleine Land eine Republik, folglich ohne Heroldenämter ist. — Trotzdem jedoch ist das Ansehen und die Popularität der edlen, alten Heroldskunst im freien Schweizerlande noch in so mancher Hinsicht ungleich größer, denn bei uns, und der schlichteste Bürger dort kann seine: Meier vom Wecken, Maier von der Rosen, Keller vom Steinbock, Wolkenkeller, Meier vom Hirzen (Hirschen), Meier vom Pfeil, Escher vom Luchs, Escher vom Glas u. s. w. — sicherlich weit besser unterscheiden und wohl auch besser über sie Auskunft geben, als es irgendwo anders vielleicht der angesehenste Herold zu thun vermöchte. — So tief also war dort das heraldische Wesen ins Volk gedrungen, daß selbst fünfhundertjähriger republikanischer Schwindel nicht im Stande war, dessen Spuren zu verwischen. —

Der älteren, nach heraldischen Figuren benannten Wirthshausschilde, Herbergs- und Schenkenzeichen wurde vorne schon einmal, im Abschnitte III, ausführlicher gedacht. — Schade nur daß heutzutage: der Löwe, der Adler, der Bär, der Hirsch, der Schwan, der wilde Mann, der Stern, der Mond, die Sonne, der Helm, der Rautenkranz, der Eisenhut u. dgl., mehr und mehr, durch die verschiedenen Hotels verdrängt werden. —

Auch bei jeder außerheraldischen Anwendung der Wappenbilder muß aber ihr streng heraldischer Typus immer gewahrt, sowie ihre charakteristisch-ornamentale Behandlungsweise durchaus festgehalten werden, da nemlich im gegentheiligen Falle das Ganze als eine Wappenfigur gar nicht mehr angenommen werden könnte. — Solches erhellt übrigens schon aus der ältesten Anwendung heraldischer Schilde und Figuren zu

Mantelhaften, Gürtelschließen, Riemenbeschlägen u. dgl. — So sehen wir z. B. auf der Tafel LX unter Nro. 13 und 14 zwei derartige Exemplare. — Nro. 13 befand sich unter den Ausgrabungen der Burg Tannenberg und Herr von Hefner-Alteneck verlautet darüber: „D ein dreieckiges Bronceschildchen, mit dem erhaben getriebenen deutschen Reichsadler. Aehnliche Schildchen, welche die großen Schilde ihrer Zeit im Kleinen darstellten, wurden im Mittelalter Jahrhunderte durch auf jede Weise als Hafte von Mänteln, bei Männern und Frauen, als Beschläge von Gürteln, Riemenwerk, Schwertscheiden ec. angebracht." [1]) — Das andere (Nro. 14 auf Tafel LX), ein in einem Vierpaße stehender Löwe, bildet die Schließe des Schwertgürtels Eduards des schwarzen Prinzen, Sohnes Eduards III., auf einem Grabmale in der Cathedrale zu Canterbury. [2]) —

Solche Nutzanwendungen heraldischer Schilde aber, sowie der verschiedensten einzelnen Wappenbilder, gab es zu alter Zeit, wie Herr v. Hefner-Alteneck oben bemerkt, in Menge, nur war überall, wie hier, die typisch-heraldische Plastik strengstens gewahrt. —

Soviel über außerheraldische Benützung der Wappenfiguren und deren Anwendung im gemeinen Leben. —

ad 6. Bezüglich des örtlichen oder nationalen Auftretens endlich der heraldischen Figuren, erscheint vorzugsweise der Umstand als bemerkenswerth: daß gewisse Wappenbilder in manchen Gegenden häufiger vorkommen, in manchen dagegen viel seltener, in andern endlich wieder gar nicht. — So sind z. B. Hufeisen und der sogenannte Brog (ein Strohdach auf vier Pfählen, Tafel XXV, 7) — in Polen und den angränzenden Landstrichen; Kesselhacken — in Thüringen, Hannover und Braunschweig; Pelzwerke und Heroldsfiguren — in Frankreich, England und am Nieder-Rheine; gestümmelte Vögel (martlet, merlettes et canettes) ebenda; antike und mythologische Figuren — im Welschlande; Henkelkörbe — in Spanien u. s. f. fast ausschließend zu Hause, oder sie zeigen sich doch wenigstens in allen anderen Ländern weit seltner. — Diese Erscheinung, nicht unähnlich den gleichlautenden Endsylben der Ortsnamen in gewissen Gegenden, erklärt sich jedoch ganz leicht, wenn man Stammeseigenthümlichkeit und Nationalcharakteristik (in Bezug auf Trachten, Waffen und Geräthschaften, sowie bezüglich der Sitten und Gebräuche) eines jeglichen Volkes oder Landes in reifliche und genaue Erwägung zieht, wobei noch überdieß berücksichtiget werden muß, daß die ganze Sache einigermaßen auch mit der heraldischen

1) Die Burg Tannenberg und ihre Ausgrabungen. Tafel VIII, lit. D, Text pag. 80. —
2) Düsseldorfer-Costümbuch, Tab. XXXVII.

Nationalcharakteristik zusammenhängt, von der ich weiter unten im XIV. Abschnitte Mehreres vorbringen werde. — Zudem ist es übrigens ganz natürlich, daß Völker mit ausgebreiteter Schafzucht — Schafscheeren und Schafzwingen, andere mit großer Jagdbarkeit — allerlei jagdbares Gethier und waidmännische Geräthe, wieder andere endlich mit vorherrschender Pferdezucht — Hufeisen oder auf Pferde und Pferdezucht Bezügliches besonders gerne in ihre Wappen aufnahmen. — Was man immer sieht und täglich vor sich hat, gewinnt man, so zu sagen: aus Gewohnheit, wie durch den häufigen Gebrauch schon lieb. —

Selbst die mythologischen und antiken Wappenbilder Italiens, sowie die bei den Franzosen vorherrschenden Heroldsfiguren lassen sich mit obigen Ursachen begründen und sehr wohl daraus erklären. — Bei den Italienern nemlich waren es, wie schon einmal bemerkt wurde, der klassische Boden ihres Vaterlandes und die werthgewordenen Eindrücke, der in ihren Denkmälern sogar noch großen Vorfahren, welche zu Rom und in ganz Italien antiken und mythologischen Figuren überwiegend den Vorzug einräumten, während in Frankreich, der eigentlichen Heimath einer kunstgerechten Heraldik, die wahren Heroldsfiguren, also jene, nur der Heraldik eigenthümlichen, von ihr selbst geschaffenen Bilder, jederzeit mit ganz besonderer Vorliebe in die Wappen adoptirt wurden. — Dagegen haben die Franzosen noch heutzutage auch sehr viele künstliche, erdichtete und natürliche Figuren, wie sie in andern Ländern nicht vorkommen und die namentlich unserer deutschen Heraldik von jeher schon fremd waren. — So z. B. das Wirkmesser oder Wirkeisen der Hufschmiede (bute), der kurze breite Krummsäbel (badelaire), — der Rammpflock oder die Handramme der Pflasterer (hie), — der sogenannte Arguskopf (tête d'Argus), die Fußangeln (chausse-trapes) u. v. A.[1] —

Alle hier oben angeführten Gründe aber sind jedenfalls glaubwürdiger und vernünftiger, als etwa die bekannte Sage vom polnischen Brog, wie ihn z. B. die Grafen von Radolin-Radolinsky aus dem Hause Leszczyc führen (Tafel XXV, 7),

1) Bezüglich der letztgenannten chausse-trapes oder Fußangeln nemlich kann ich mich unmöglich zu der Ueberzeugung bequemen, daß sie mit unseren, kaum entfernt ähnlichen, deutschen Wappenbildern, wie sie z. B. die Gräber von Herolsberg mit Sternen, oder die Stromer von Reichenbach (beides Nürnberger-Patrizier-Geschlechter) mit Lilien besetzt führen, ein und dieselbe Figur sein sollten, da einerseits die Darstellungsweise der letzteren von jener der ersteren denn doch zu sehr abweicht, andererseits aber auch die französischen chausse-trapes, meines Wissens wenigstens, an ihren Spitzen niemals mit andern Gegenständen besetzt vorkommen. — Die Rupel in Frankreich führen drei (2. 1 gestellte) Chausse-trapes von Blau in Gold, — die d'Estrapes drei ebenso gestellte von Schwarz in Silber, mit einem rothen Sparren dazwischen, also ein entschiedener Namens-Wappen

oder die verschiedenen fabelhaften Geschichten und Mährchen von Entstehung, Ursache und angeblicher Bedeutung dieser oder jener Wappenfigur. —

Ich breche hier ab, da weiter unten, im Abschnitte XIV, wo ich auch auf dieses Thema wiederholt zurückkommen werde, von nationaler Charakteristik der Heraldik im Allgemeinen ohnehin viel ausführlicher die Rede sein wird. —

Zuvor jedoch noch einige wenige Worte über:

a) erdichtete und phantastische Figuren (Chimären oder Monstra), sowie

b) über Zeichen, Marken, Monogramme und Buchstaben.

ad a. Ueber Erstere läßt sich um so weniger mehr sagen, als die oben weitläufig dargelegten allgemeinen Grundsätze sämmtlich auch auf diese Classe Wappenbilder anwendbar sind. — Bei Erschöpfung dieses Stoffes erübrigt somit nur: hier eine möglichst richtige Definition der genannten Figuren zu geben. — Am kürzesten und leichtfaßlichsten aber werden durch eine solche alle überhaupt ungewöhnlichen, oder auch die in der Natur nicht vorkommenden, lebenden und leblosen Wappenbilder als: erdichtete oder phantastische (Monstra und Chimären) bezeichnet. —

Hieher gehören also demnach zuerst alle Gattungen erdichteter oder phantastischer, d. h. in Wirklichkeit oder in der Natur nicht existirender Thiere, die verschiedenen Ab- und Unterarten mittelalterlich-heraldischer Ungeheuer, als da sind: der Greif, der Lindwurm, der Drache, die Harpye, das Meerweib u. dgl.,[1]) sowie ferners jene Wappenfiguren, die, als abnorme, ungewöhnliche Gestalten, das Gepräge einer natürlichen, künstlichen oder auch einer Heroldsfigur zugleich an sich tragen, folglich ein gemischtes Zwitterding von zwei oder gar von allen dreien bilden, und deßhalb in keine der andern Classen richtig eingetheilt werden können. — Ich sagte oben absichtlich „mittelalterlich-heraldische" Ungeheuer; denn alle „mythologischen" sind, wie schon weiter vorne bemerkt wurde, als ganz unheraldisch, aus dem Bereiche der Heroldskunst für immer zu verbannen. —

ad b. Marken, Zeichen und Monogramme dagegen, die, nach meiner unmaßgeb-

1) Ausdrücklich muß ich jedoch hier bemerken, daß der Imhoff'sche Seelöwe keineswegs hieher, sondern vielmehr zu den natürlichen Figuren gehört, da der Seelöwe in der Natur allerdings vorkommt und die Imhoff'sche Wappenfigur lediglich als die blos heraldisch-ornamentale Abbildung eines solchen zu betrachten ist. — Dieser heraldische Seelöwe hat übrigens denn doch noch immer gewiß ebenso viele, wo nicht sogar ungleich mehr Aehnlichkeit mit dem natürlichen Seelöwen, als etwa der heraldische Adler oder Löwe mit dem natürlichen. — Man dürfte dann also konsequenterweise auch die beiden Letztgenannten nicht den natürlichen Figuren beizählen. — Dagegen verweise ich bezüglich des heraldischen Panthers auf alles das, was ich weiter vorne schon in einer längeren Anmerkung über dieses erdichtete Unthier vorgebracht habe

lichsten Ansicht, eine eigene, vierte Classe der gemeinen Figuren bilden sollten, würden zunächst die Unzahl von Wappenbildern in sich fassen, welche wirklich mit Bestimmtheit theils den alten Hausmarken, theils Kaufmanns-, Handwerks- oder auch Handzeichen und Monogrammen Ursprung und Entstehung verdanken. — Alle Buchstaben und Schriftzeichen könnten dann, als ebenfalls hieher gehörig, selbstverständlich mit inbegriffen sein, wie z. B. das A der Herren von Althann oder Altenthan (Tafel XXIV, 8), — das von Schwarz, Weiß und Roth getheilte S der Mesenau in Schlesien (Tafel XXIV, 9), — die drei bekannten Böhlinischen ppp (Tafel XXIV, 10),[1] — das „lieb" der Zachareis in Bayern (Tafel XXIV, 11), — das doppelte R der Augsburger-Patrizier Langenmantel (Tafel XXIV, 12) u. s. w. — Häufig aber auch kommt man auf heraldische Figuren, von denen die betreffenden Familien selbst nicht recht wissen, was sie eigentlich vorstellen oder was man daraus machen soll. — So haben wir z. B. die Wappenbilder der Grafen von Vieregg, welche bald für Angeln mit darübergelegten Nägeln, bald für Hörner, bald für wieder etwas anderes gehalten und erklärt wurden (Tafel XXV, 1). — Ich glaube jedoch kaum zu irren, wenn ich jene fraglichen Figuren einfach als „Marken" bezeichne, da alle früheren, mehr oder minder wahrscheinlichen Deutungen derselben doch nicht so recht passen wollten. — Die Unzahl jener verschiedenartigen sogenannten Mauerhacken, Winkelmaaße, Doppelhacken, Hackenkreuze u. dgl., wenn sie nicht ganz entschieden als künstliche oder Heroldsfiguren sich kennzeichnen, oder doch das unverkennbare Gepräge von solchen an sich tragen, würden gewiß ebenfalls weit schicklicher den Zeichen, Marken und Monogrammen beigezählt. — Bekanntlich steht sogar das Alter der Monogramme und Handzeichen mit dem durchschnittlichen Alter aller andern heraldischen Figuren in gar keinem Verhältnisse, und jener Schild des Kaisers Justinianus I. mit dem Zeichen der christlichen Kaiser, (Tafel II, 1) obwohl schon vom Jahre 565,[2]) wird noch von vielen ähnlichen Exem-

---

1) Zu den drei ppp der nachmaligen Reichsfreiherren von Böhlin zu Frickenhausen und Illereichen erfand wahrscheinlich ein Volkswitz des vorigen Jahrhunderts, der auf den bürgerlichen Ursprung und die spätere Verarmung der besagten Familie anspielen sollte, nachstehende improvisirte Deutung:

Piper peperit pecuniam
Pecunia peperit pulcheriam
Pulcheria peperit paupertatem.

Jedenfalls hat aber das Volkssprüchlein in diesem Falle gelogen oder doch wenigstens ganz schlecht prognostizirt, da die Böhlin zwar am Ende des vorigen Jahrhunderts ausstarben, keineswegs jedoch verarmt, sondern vielmehr im Gegentheile: noch sehr wohl bei Gütern. —

2) J. H. v. Hefner-Alteneck's Trachtenwerk, I. Abthlg., Tab. 81.

plaren übertroffen. — Auch die wirklichen Schriftzeichen oder Buchstaben gingen, gleichfalls schon sehr frühzeitig, hie und da in die Heroldskunst über, dessen uns die vorerwähnten Wappen der Herren von Allhann oder Altenthan (Tafel XXIV, 8), der Resenau in Schlesien (Tafel XXIV, 9), der Reichsfreiherren von Böhlin (Tafel XXIV, 10), der Zachareisen in Bayern (Tafel XXIV, 11), der Augsburger-Patrizier Langenmantel (Tafel XXIV, 12), ferners der Kiatrubsky, der Romangky und der Dobritschen, sämmtlich in Schlesien, der Belloni in Venedig, der Grafen de Mascon, des spanischen Hauses Mendoza, der Freistaaten Lukka und Ragusa, der Herzoge von Infantado, der Pierori in Venedig, der Magalotti in Florenz, der Bubaloni in Rom, der Nürnberger-Patrizier Katler, der Tuschel in Bayern und unzähliger Anderer hinreichende Beweise sein dürften. — Vom heraldischen Standpunkte aus aber müssen Schriftzeichen, Buchstaben und Ziffern jedenfalls zu den wenigst schönen Wappenbildern gerechnet werden, da ihnen weder die originelle Charakteristik wirklicher heraldischer Figuren innewohnt, noch die vielerlei Abwechslungen der heraldischen Darstellungsweise auf sie angewendet werden können. — Sie entbehren somit größtentheils jene heraldisch-ornamentale Form, da auch deren interessante Veränderungen im Zeitenlaufe, zumeist spurlos daran vorübergegangen, bei ihnen fast ganz vermißt werden. — Künstler, Kaufleute und Gewerken mögen daher bei Zeichen, Marken und Buchstaben bleiben, der Adel aber und edle Geschlechter überhaupt hätten sich ihrer niemals bedienen sollen. — Die schon althergebrachte Schicklichkeit der Marken und Zeichen für Erstere dürfte übrigens um so weniger zu verwerfen sein, weil bereits in einem alten heraldischen Lehrbuche, betitelt: „Wolanständige Adelszierde, das ist, Neue Anleitung zu der sogenannten Herold- oder Wappenkunst, Ulm 1694" — von den „Zeichen oder Schilden der Handwerker, Kauffleute und Burger unterschiedlicher Städte, welchen ihre Obere erlauben dergleichen zu führen", ausdrücklich die Rede ist, und zudem auch die Steinmetz- und Kaufmannszeichen in vielen sehr alten Wappen schon zahlreich vorkommen. — Zweifelsohne ursprünglich aus den Handzeichen oder Monogrammen entstanden, bilden sie für Künstler, Handwerks- oder Kaufleute jedenfalls ganz passende Figuren. — Ihr Gebrauch würde deßhalb für alle diese Stände nicht nur weit schicklicher sein, sondern ihnen gewiß auch viel besser anstehen, als die heutzutage übliche freche Usurpation wirklicher Wappen ausgestorbener, ja mitunter sogar noch lebender Geschlechter, — selbst abgesehen vom straflosen Gebrauche der (offenen) Turnierhelme. —

Den Handwerkszeichen und Marken mögen zwar nicht gerade immer Buchstaben, Zahlen, Monogramme, sowie Schrift- oder Handzeichen zu Grunde liegen, sondern nicht selten auch dürften wirkliche Werkzeuge als Motive zu jenen, mitunter geheimnißvollen Gewerkenbildern gedient haben. —

Namentlich lassen sich gewisse Maurer-, Steinmetzen- und Zimmermannsgeräthe, sehr oft ziemlich deutlich, aus diesen unbestimmten, mystischen Formen herausfinden, manchmal aber auch dem Bergbaue entnommene Werkzeuge. — Setzwagen, allerlei Spitz- und andere Hämmer, Schlegel, Zangen, Reißzirkel, Winkelmaaße u. dgl. mag man deßhalb wohl am häufigsten darin wiedererkennen. — Ausdrücklich und wiederholt verweise ich daher, auch hier noch einmal, auf die vorne bereits ausführlicher besprochenen Gewerken-Zeichen im gemeinschaftlichen Wappen der adelichen Erbsalzer zu Werle im Herzogthume Westphalen (man sehe auf Tafel XLIV, unter Nro. 13), die überdieß von vielen, jener Genossenschaft dereinst einverleibten Geschlechtern, als Schildesneben- oder Hauptfiguren, hie und da benützt wurden.[1]) — Umgekehrt läßt sich dann wieder, von der Adoption derartiger Marken und Zeichen in die Geschlechtsschilde, auf den ehemaligen Gewerkschafts-Verband der betreffenden Familien selbst mit ziemlicher Sicherheit schließen. —

Künstler, Kaufleute und Gewerken des Mittelalters waren in dieser Hinsicht, wie in so mancher andern auch, sicherlich um vieles bescheidener; denn niemals fast trifft man bei ihnen förmliche Wappen mit Helm und Kleinod. — Vorzüglich aus diesem Grunde nun waren Marken und Zeichen bei jenen Ständen nicht allein sehr häufige, sondern auch sehr beliebte Schildesfiguren, was man schon daraus ersieht, weil so viele, in der Folge zum Adel gehörige Familien, selbst im neuen Stande noch, ihre alten Gewerkszeichen unverändert beibehielten. — Besonders trifft man in den Wappen sehr vieler Schweizer-Stadtgeschlechter noch eine Unzahl von Hausmarken oder Kaufmanns- und Gewerkenzeichen.[2]) —

Auch der berühmte Tondichter Roland de Lattre, genannt Orlando di Lasso, gebrauchte ein Zeichenwappen, wie wir solches auf Tafel LX, unter Nro 9 bemerken. — Im Balken enthält es die drei bekannten Notenzeichen: das Kreuz, das b und ein Auflösungszeichen. — Also fand ich es nemlich auf einem alten Portraite (Kupferstich) jenes großen Meisters. — Darunter stand:

Roland de Lattre. Né a Mons en 1520. Mort à Munich en 1595.[3])

---

1) Alter Siebmacher III. Supplement, tab. 21 a IV. Supplement, tab 1, 2 u. a. a. O. —

2) Kull Jakob, Wappen der löblichen Bürgerschaft in Zürich, 1844; — derselbe, Wappen der löblichen Bürgerschaft in Basel, 1841; — Wappenbuch gesammter Bürgerschaft der Stadt Bern auf das Jahr 1836. —

3) Ob nun Roland de Lattre dieses Wappen bei seinen Lebzeiten wirklich geführt oder ob ihm solches, was mir fast wahrscheinlicher vorkommt, etwa erst späterhin nur so zugeschrieben wurde, will ich, als sehr zweifelhaft, hier lieber ganz dahingestellt sein lassen, umsomehr aber, da ich für meinen Theil eher der letzteren Meinung beipflichte, weil überdieß das Ganze eine für jene Zeit sogar schon zu schlechte Composition bildet. —

Begreiflicherweise gehen bei Monogrammen, Zeichen, Handwerks- und Haus-Marken die Variationen und Abwechslungen, bezüglich ihrer Construktionsform sowohl, als auch in Bezug auf ihre typische Gestalt, bis ins Unendliche, weßhalb ich mich hier begnügen will, zu besserer Versinnlichung nachstehend nur ein paar Muster von solchen in Holzschnitt zu geben. — Sämmtlich auf Grabsteinen oder Weihbrunn-Kesseln an der Metropolitan-Dompfarrkirche zu U. L. F. in München, oder auch an der St. Petruspfarrkirche ebendaselbst sich befindend, gehören sie sehr verschiedenen Zeitperioden an, da sie aus dem XV., XVI. und XVII. Jahrhunderte stammen. —

So nichtig das ganze Ding an und für sich erscheint, so müssen dennoch auch hier wieder die einfachsten Formen und Construktionsweisen, als der älteren und besseren Zeit angehörig bezeichnet werden, während komplizirtere, verkünstelte Muster (wie oben z. B. die letzteren beiden) schon aus den neueren Zeiten sich herschreiben —

Von allen ist nur der erste Schild einigermaßen (wenigstens für uns Münchener) insoferne historisch merkwürdig, weil er das Handwerkszeichen des frommen Meisters Jorig von Haslbach enthält, des genialen Baumeisters unseres vorgenannten Liebfrauen-Domes. — Sein Grabstein, auf dem sich jener Handwerksschild zu unterst ausgehauen vorfindet, ist rechterhand im Glockenhause der besagten Kirche eingemauert und lautet dessen wohlerhaltene, vollständige Inschrift, wie folgt: „Anno dnj 1488 jar an montag nach sat michelstag starb maister jorg vō halspach (haslpach) maurer diss gotzhauß unser frawē der mit der hilff gotz vnd seiner hāt (hand) dē erstē dē mittln vnd lostn stain hat volfuert an disem pau der leit die pegrabē vnd margret sine eliche hausfrau. Dē got genadig sei" —

Die übrigen obiger Zeichen gehörten Kauf- und Handwerksleuten an oder auch wohl Künstlern, die damals noch keineswegs sich schämten, gleichfalls den Letzteren sich beizuzählen. —

Damit nun will ich den Haupttheil des Abschnittes „von den Figuren“ beschließen. —

Sowohl zu mehrerer Verständniß jedoch vieler im Laufe dieses allgemeiner gehaltenen Theiles dargelegten Grundsätze und Normen, als auch um ein recht klares Bild vom richtigen Verfahren bei kritischer Untersuchung heraldischer Figuren überhaupt am deutlichsten vor Augen zu stellen, werde ich weiters hier einen speziellen Theil dem allgemeinen folgen lassen. —

Da ich nemlich das meiste auf die heraldischen Figuren aller Categorieen Bezügliche, wenigstens oberflächlich, berührt, und bei zweifelhaften Fällen niemals eine leitende Norm anzudeuten versäumt habe, wodurch das Auffinden des rechten Weges immerhin einigermaßen ermöglicht ist, so dürfte es nunmehr auch an der Zeit sein, als einen eigenen „Anhang“ zu den „Wappenfiguren“, die längst versprochene Untersuchung und kritische Beleuchtung des Ursprunges, der Entstehung und Fortbildung der heraldischen Eisenhütlein, und beziehungsweise der Wolken, hier einzuschalten. — Weiter vorne nemlich verpflichtete ich mich schon ein paarmal, meine unmaßgeblichsten Ansichten hierüber in einer eigenen ausführlicheren Dissertation später darzulegen. — Weil mir nun überdieß hier der Platz dazu am geeignetsten erscheint, indem ich oben den allgemeinen Theil durch eine längere spezielle Abhandlung nicht unterbrechen wollte, so will ich jetzt wenigstens nicht mehr länger damit zurückhalten, umsomehr als eine derartige Dissertation ein gutes Vorbild abgeben, ja sogar als sicherer Leitfaden dienen dürfte, wie man in allen ähnlichen Fällen am schicklichsten zu Werk gehen könne. —

Wen dieser Gegenstand übrigens weniger oder gar nicht interessiren sollte, der mag das folgende Capitel getrost überschlagen, ohne deßhalb den Zusammenhang des Ganzen zu verlieren. — Ich aber nehme keinen weiteren Anstand mehr, hier als einen eigenen Abschnitt beizufügen:

XI.

Die heraldischen Wolken und Eisenhütlein. —

Daß Wolken und Eisenhütlein eine Entstehung haben, ja ursprünglich sogar eines Wesens waren, steht keineswegs zu bezweifeln, und ist solches umsoweniger mehr etwas Neues zu nennen, weil sehr viele Autoren des vorigen Jahrhunderts schon diese Thatsache nicht blos geahnt, sondern bereits auch mehrfach angeregt haben. — Nirgends jedoch findet man genauere Angaben darüber: wann und wodurch sich eine faktische Ausscheidung der Wolken und Eisenhütlein zuerst bewerkstelligte, oder wie eigentlich diese heraldischen Kunstausdrücke zuerst sich feststellten. — Aus allen Originalien (Schilden, Siegeln, Miniaturen u. dgl.) läßt sich mit Bestimmtheit nachweisen: daß bis zum Ende des XII. Jahrhunderts ein faktischer Unterschied zwischen heraldischen Wolken und heraldischen Eisenhütlein durchaus nicht bestand, d. h. daß sie bis dahin überall und jederzeit vollkommen gleichförmig dargestellt wurden, und zwar noch durchweg in der erst viel später sogenannten: Wolkenform. — Man konnte daher damals noch ebensowenig von „Wolken", als von „Eisenhütlein" sprechen, weil auch bis dorthin weder Wolken noch Eisenhütlein durch eine eigenthümliche Form oder durch besondere, charakteristische Umrisse sich auszeichneten, sohin aber faktisch nicht von einander zu unterscheiden waren. — Es bildete vielmehr jene, zaddelartig oder rundbogenförmig geschnittenen Lappen nicht unähnliche Zeichnung, einen wesentlichen Theil der rohen Ornamentik des sogenannten romanischen oder byzantinischen Styles, und wir sehen dieses Ornament, vollkommen oder blos konturirt, nicht nur in Malerei, Plastik und Architektur lange schon vor dem XIII. Jahrhundert häufigst angewendet, sondern auch zur ältesten Zeit des christlichen Mittelalters bereits vielfach in's Handwerk, und beziehungsweise also in's praktische Leben übergegangen. —

Kein Wunder daher, wenn wir schon in der frühesten Periode der ersten heraldischen Urkeime Schilde mit solchen Figuren geschmückt antreffen. – So sieht man z. B. auf Tafel IV, unter Nro. 1 einen Schild aus dem XI. Jahrhundert, der sich solchergestalt auf der Pergamentmalerei eines Evangelienbuches in der königl. Hof-Bibliothek zu Aschaffenburg befindet, wo er aus einer Gruppe schlafender Krieger genommen ist. — Herr J. H. v. Hefner-Alteneck beschreibt ihn, wie folgt: „Der (Schild) des unten Liegenden zur Rechten hat einen weißen Grund, rothe Querstreifen, auf welchen abwechselnd Reihen von blauen und grünen gerundeten Zacken stehen." —

Ferners gehört hieher auch mit vollem Rechte das älteste bekannte Original-Siegel des so berühmten, als weitverzweigten Hauses Oettingen, welches ich daher seiner ganz besonderen Merkwürdigkeit wegen, auf den Tafeln gegenwärtigen Werkes sogar zweimal, das einemal nemlich in wirklicher Schildesform, mit den betreffenden Tinkturen entworfen (auf Tafel XXVII, unter Nro. 1), das anderemal aber auf das genaueste nach dem bezeichneten Originale selbst kopirt, d. h. in seiner natürlichen und vollständigen Siegelform (auf Tafel LVII, unter Nro. 4) gegeben habe. —

Die noch ziemlich gut erhaltene Umschrift desselben lautet buchstäblich wie folgt: „† Sigillum comitis de otingen."[1]) —

1) Im königl. Reichsarchive zu München. —

Das fragliche Originalsiegel nun stammt nach Einigen sogar schon aus dem XI., nach Anderen jedoch erst aus dem XII. Jahrhundert. — Die Nürnberger Urkunde nemlich, an der das Siegel hängt, ist zwar ohne Jahreszahl und Datum, allein es soll darin ein gewisser Abt, als noch am Leben, aufgeführt sein, der spätestens im Jahre 1096 bereits mit Tod abgegangen war. — Obgleich nun hiernach eigentlich die Ansicht der Ersteren, durch die betreffende Urkunde selbst, sowie zunächst durch die in dieser letzteren vorkommenden Persönlichkeiten in der That einigermaßen scheinbar unterstützt wird, so muß ich für meinen Theil dennoch um so eher jenen beipflichten, welche das fragliche Siegel erst in das XII. Jahrhundert setzen, als ächt-heraldische Siegel überhaupt, und namentlich solche mit wahren Heroldsfiguren, selbst zu dieser Zeit, und sogar erst am Ende des letztgenannten Jahrhunderts, noch zu den außerordentlichsten Seltenheiten gehören dürften. —

Im Uebrigen spricht allerdings die altnormännische Schildesform und der Henkel am oberen Theile, vermittelst dessen der Originalstempel, höchst wahrscheinlich an einer Kette oder Schnur, vermuthlich um den Hals hängend oder vielleicht auch auf andere Weise getragen wurde, (und der im Abdrucke ebenfalls sehr deutlich zu erkennen ist,) sowie noch sehr vieles Andere, entschieden für jene früheste heraldische Kunstperiode. — Wie man bemerken kann, umläuft hier das wolkenförmige Normalornament den Schildesrand, gleich einer gewöhnlichen Einfassung, was auf sämmtlichen späteren Oettingischen Siegeln und Wappen nirgends mehr der Fall war, indem dann die Wolken und Eisenhüttlein ausschließend nur mehr reihenweise, also in ihrer regelmäßigen Form, durchgehends dort zu finden sind. — Dieses Siegel gewährt aber, wie gesagt, vorzüglich deßhalb das höchste Interesse, weil es unstreitig noch nach einem wirklichen Originalschilde von sogenannter altnormännischer, nemlich: oben runder, unten dagegen in eine Spitze auslaufender Form, gebildet wurde, mithin aber auch für uns vollkommen die Stelle eines derartigen Originales vertreten kann. —

Aus allem Obigen nun wird uns die völlige Gewißheit: daß man bis zum XIII. Jahrhundert noch bei keinem Geschlechte mit Sicherheit bestimmen kann, ob es Wolken oder Eisenhütlein führt, indem, bei vollkommen gleicher Darstellungsweise, ein hervorragendes Moment, das für eine dieser beiden Figuren mit Entschiedenheit spräche, damals noch keineswegs geboten, demnach aber auch ein wirklicher Unterschied unmöglich zu erkennen war. —

Selbst im XIII., ja bisweilen sogar im XIV. Jahrhundert, nachdem die eigentliche heroldsfigürliche Eisenhutform überall bereits lange schon vorkommt, trifft man sehr oft noch, selbst bei einem und demselben Geschlechte, bald Wolken, bald

22

Eisenhütlein, gewiß ein schlagender Beweis, daß, obwohl ihre äußern Umrisse schon wesentlich von einander abwichen, dennoch im praktischen Gebrauche beider Figuren damals noch immer kein erheblicher Unterschied gemacht wurde. — So sehen wir z. B. mit entschiedenen Wolken oder mit dem Wolkenschnitte (auf Tafel XXVII, unter Nro. 2) das Wappen aus dem Original-Siegel eines gewissen „Rüdiger Greul" mit der Umschrift: Sigilum Rudiger Gruilo, und zwar vom Jahre 1294. [1]) —

Auf derselben Tafel XXVII, unter Nro. 3 hat man das Wappen der bayerischen Geschlechter: Haslang von Haslangreit, Kemnater von Tantern und mehrerer Anderer, sowie der Cölnischen und Niederrheinischen Familien: von Walde und von Stave oder Stabe, von Heuberg und von Uthe ꝛc., wie es bis zum Beginne des XIV., und hie und da sogar noch im Verlaufe dieses und des nächstfolgenden Jahrhunderts auf Siegeln, Grabsteinen, Skulpturen, u. dgl. Originalien bisweilen abgebildet, oder häufig plastisch dargestellt sich vorfindet. [2]) —

Auch das Wappen aus einem Oettinglischen Rundsiegel vom Jahre 1339, welches die Inschrift trägt: S. Ludewici comitis de Oetingen, und das wir auf der vorhergehenden Tafel XXVI, unter Nro. 10 in seinen betreffenden Farben entworfen finden können, ist als hieher gehörig, wegen noch späterer Zeit, vorzüglich bemerkenswerth. [3]) —

Von sämmtlichen hier genannten Geschlechtern kommen aber nicht allein blos später, sondern zumeist gleichzeitig und häufig sogar auch schon viel früher Originalien vor, auf denen die prägnante heroldsfigürliche Eisenhutform bereits so deutlich erkennbar ist, daß sie mit voller Sicherheit konstatirt werden kann. — Ja bei allen, sowie bei unzähligen andern, hier namentlich nicht aufgezählten Geschlechtern haben wir die Eisenhut-Originale, den Wolkensiegeln gegenüber, sogar in entschieden überwiegend größerer Anzahl. —

So finden sich von dem überaus reichhaltigen Cyklus der Oettingischen Origi-

1) Sphragistische Sammlung des Herrn Dr. O. T. v. Hefner in München. —

2) Monumenta boica und A. Fahnes Geschichte der Kölnischen, Jülichschen und Bergischen Geschlechter a. a. v. a. O. —

3) J. G. L. Dorst, der im zweiten Bändchen seines „allgemeinen Wappenbuches", als Beilage I zu Nro. 205, dieses vorbesagte Oettingische Rundsiegel ebenfalls, und zwar dort in genauester Abbildung nach dem Originale, d. h. in natürlicher, wirklicher Siegelform wiedergibt, — schreibt dazu im betreffenden Texte, wie folgt: „Siegelbeilage. Ludwig und Friedrich Grafen von Oettingen und Landgrafen im Elsaß verkaufen an Graf Ulrich von Würtemberg Burg und Stadt Vaihingen mit allem Zubehör um 18,500 Pfund Heller; diesen Verkauf bekräftigen sie gemeinschaftlich mit diesem hier mitgetheilten Siegel am St. Johann Baptist-Abend 1339." — (J. G. L. Dorst. Pars II. pag. 132.) —

nalsiegel im kgl. Reichsarchive zu München, von der Wappen- und Siegelreihenfolge der niederrheinischen, kölnischen, jülich'schen und bergischen Edelgeschlechter, ferners im ganzen übrigen Deutschland, sowie namentlich auch in Frankreich, England, in den Niederlanden, in Spanien, Portugal, Italien 2c. 2c. eine weit größere Mehrzahl von Originalien ausschließend nur mit der wahren, echtheroldsfigürlichen Eisenhut-Normalform, — und zwar meistens schon in erster oder zweiter Hälfte des XIII. Jahrhunderts.[1]) — Bei einzelnen Geschlechtern vorzugsweise aber (wie z. B. bei den Oettingen, Pappenheim, Greul, Kirchberg, Salach u. s. w.) kam die Wolkenform, durchschnittlich genommen, weil seltener zum Vorschein, als die Eisenhutform. — Bei vielen Andern dagegen wieder umgekehrt. —

In wirklich praktischer Anwendung beider Formen jedoch (nemlich der Wolken und der Eisenhütlein) wurde trotzdem noch immer nicht strenge ausgeschieden, so daß man selbst, wie oben erwähnt wurde, bis in's XIV. Jahrhundert fast, beim nämlichen Geschlechtswappen häufig bald echte Wolken, bald echte Eisenhüllein antrifft. —

Die erste und älteste heroldsfigürliche Eisenhütlein-Grundform nun sieht man hier nebenstehend in Holzschnitt, und zwar genau so, wie man dieselbe, auf den frühesten Originalien, wo sie überhaupt vorkommt, darzustellen pflegte, und wie wir sie zumeist auch heute noch überall in den Wappen sehen können. — Möglich zwar, daß schon mit dem Ende des XII. Jahrhunderts diese eigenthümlichen, den echten, heroldsfigürlichen Eisenhut ganz besonders charakterisirenden Umrisse hie und da gebraucht wurden, sehr häufig und gewöhnlich so jedoch hat man sie schon im Anfange und weiteren Verlaufe des XIII. Jahrhunderts, wo diese echt heroldsfigürliche Urform des Eiseuhutes solchergestalt bereits in unzähligen Siegeln, auf Grabsteinen und vielen andern heraldischen Originalien fast aller Nationen erscheint. —

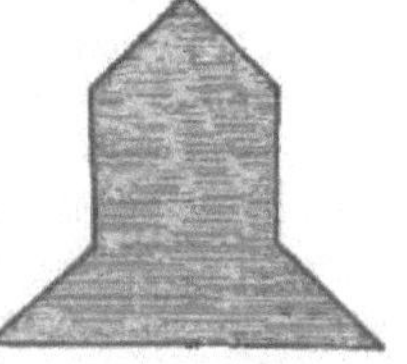

Schon in so früher Zeit also hatte man neben den Wolken, d. h. mit von

---

1) Man sehe unter Andern: Montfaucon monuments de la monarchie française, A. Fahne, Geschichte der Cölnischen, Jülich'schen und Bergischen Geschlechter, den Nederlandschen Herauld ofte Traktaat van Wapenen en politieken Adel door Thomas de Rouck, Amsterdam 1645, Tweede Deel (Konst-woorden van Herauldie) pag. 43; ferners die betreffenden Eisenhut-Tafeln gegenwärtigen Werkes, mit genauer Rücksichtnahme auf die überall und jedesmal beigefügten Jahreszahlen, sowie weiters die „übersichtliche Erklärung" dazu, endlich noch die verschiedenen gleichzeitigen Originale aller Nationen u. a. v. a. O. —

22*

diesen hinfort ganz gesonderter Darstellungsweise, die heraldischen „Eisenhütlein“ eingeführt, und zwar von jener heraldisch-typischen Normalform, wie man sie vorstehend in Holzschnitt bemerkte, und wie sie noch bis auf den heutigen Tag heroldsfigürlich am häufigsten angewendet werden. —

Wie verhält es sich aber nun mit ihrer definitiven, wirklichen Ausscheidung von den Wolken, oder wann kann vielmehr der Zeitpunkt, wo man bei praktischer Anwendung Eisenhütlein und Wolken nicht mehr nach vollkommen freier Willkühr gegenseitig sich ersetzen ließ, bestimmt, sowie die hierauf basirte wesentliche heraldische Verschiedenheit dieser letztgenannten beiden Heroldsfiguren mit voller Sicherheit nachgewiesen werden? —

Im weiteren Verlaufe des XIII. Jahrhunderts, und beziehungsweise mit dem Eintritte der sogenannten gothischen Spitzformen in's praktische Leben und in's Handwerk, erst von da an machte sich zuerst eine faktische, wirkliche Ausscheidung von Wolken und Eisenhütlein in der Heraldik bemerkbar, welche anfänglich nur darin bestand, daß von nun an auf manchen Originalen ausschließend nur mehr heraldische Wolken, auf andern hingegen von jetzt an ausschließend nur mehr die heraldischen Eisenhütlein vorkamen. —

Einige Geschlechter nemlich bedienten sich für alle Zukunft nur mehr der rundlichen wolkenartigen Zeichnung, indessen andere ebenso ausschließend fortan bei jener scharfeckigen und spitzwinkligen, mit vollkommen geraden Linien, fast geometrisch konstruirten Eisenhut-Normalgestalt verblieben, die überdieß das Eigenthümliche hatte, in allen Zusammensetzungen und bei allen Stellungen, aufrecht und verkehrt, die ganz gleichen Muster zu formiren. — Die so überaus mannigfaltigen und verschiedenartigen Dessins der Eisenhutmuster aber, (durch Stürzung, Verschiebung, Spaltung, Abwechslung der Farben u. dgl.,) sowie die damit zunächst verwandten, sogenannten „Eisenhutschnitte“, haben wir bereits vorne bei den Heroldsfiguren, im Abschnitte X, und die erläuternden Zeichnungen und Blasonirungen dazu, auf Tafel XXXIX, von Nro. 154 bis Nro. 164, näher kennen gelernt. —

In jener frühesten architektonischen Uebergangsperiode vom älteren romanischen oder sogenannten byzantinischen zum nachmaligen altdeutschen oder später sogenannten gothischen Baustyle ist demnach auch die erste faktische Ausscheidung der heraldischen Wolken und Eisenhütlein zu suchen, da die Grundformen und Umrisse beider mit den genannten Stylen ohnedieß im unmittelbaren Zusammenhange stehen. —

Zudem haben wir zahlreiche Beweise, daß die erste Umwandlung überall vollkommen willkührlich vorgenommen wurde, so daß also die Geschlechtswappen mit Wolken und jene mit Eisenhütlein ursprünglich gewiß rein nur durch zufällige Laune oder individuellen Geschmack, demnach mit einem Worte, nur durch freies Belieben für alle Zukunft sich von einander absonderten, und hinfort dann getrennt, schroff sich ausschieden. — Ein vorzüglicher Beleg aber dafür: daß diese Absonderung und Ausscheidung keineswegs mit einem Male oder plötzlich, sondern vielmehr nur *allmählich, nach und nach* auf obige Weise vor sich gegangen sei, — liegt schon einigermaßen in jenen unzähligen, *ganz gleichzeitigen* Siegeln und Wappen-Darstellungen *ein und desselben* Geschlechtes, auf denen allen man theils noch rundliche, *wolkenartige* Figuren, theils schon *vollkommen ausgebildete, heraldische Eisenhüte* antreffen kann. —

Vorzugsweise nenne ich hier wieder die altheraldischen Originalien (Siegel oder Grabsteine), sowie die alten Wappen-Abbildungen der Geschlechter: Greul, Kirchberg, Salach, Oettingen, Pappenheim, Marschallen von Biberbach, der Blomberg, der Hiesfeld, der Haslanger von Haslangreit, der Kemnater von Tandern, der Cölnischen und Niederrheinischen Geschlechter: von Walde, von Stave oder Stabe, von Heuberg, von Uthe und einer Menge Anderer. — Namentlich mache ich aber auf die zuletztgenannten aufmerksam, deren Wappen man, fast sogar noch bis in's XV. Jahrhundert, hie und da wie auf Tafel XXVII, unter Nro. 3, gewöhnlich aber wie auf Tafel XXXIX. unter Nro. 163 abgebildet, oder auch plastisch dargestellt findet, da doch jederzeit und aller Orten, die „Spaltung mit dem *Eisenhutschnitt*" übereinstimmend als ihr Stammwappen bezeichnet wird.[1]) — Nachdem aber nun gewissermaßen schon im Laufe des XIII. Jahrhunderts auch in der Kunsttechnik und im Handwerke der Spitzbogenstyl bereits überall feste Wurzeln gefaßt hatte, (was immerhin etwas länger herging, da das Handwerk in der Regel den älteren Formen viel später entsagte,) nachdem also auch die runden, krummlinigen Formen allmählig ganz verschwunden waren und größtentheils den eckigen, geradlinigen Platz gemacht hatten, von dort an blieben einige Geschlechter für immer entschieden bei den *Wolken*, die Andern aber behielten ebenso entschieden die *Eisenhütlein*, als ihre ausschließenden Schildes- und Wappenfiguren. — Nur so weit zurück also reicht höchst wahrscheinlich auch der Unterschied jener *Benennungen*, denn es dürfte schwer halten nachzuweisen: daß vordem schon die Kunstausdrücke: *Wolken* und *Eisenhütlein* in der Heraldik existirten. — Hatte man nun aber einmal diese beiden charakteristischen Bezeichnungen, so folgte weiter dann auch sehr bald auf leicht begreifliche Weise: daß, vermittelst der von mir oben näher berührten „Sym-

1) Alter Siebmacher, Monumenta boica, A. Fahne's Geschichte der Cölnischen, Jülichschen und Bergischen Geschlechter u. a. v. a. O. —

bolik der Heroldsfiguren", mit Belassung zwar ihrer altheraldischen Form, die Wolken für natürliche, die Eisenhütlein aber für wirkliche Eisenhüte erklärt, und fortan als solche betrachtet wurden. — Bei Letzteren ging das um so eher, weil sie wie die Rauten, Schindeln, Kugeln, kurz wie viele andere Heroldsfiguren auch, sehr oft ganz einzeln stehend, nemlich gleichfalls als freie, selbstständige oder doch nicht am Schildesrande auslaufende Figuren vorkamen. — Zudem wurden ohngefähr um dieselbe Zeit (im XIV. Jahrhundert) die wirklichen Eisenhüte von Tag zu Tag häufiger, und kamen gerade damals als ritterlich-kriegerische Kopfbedeckung in sehr beliebten Gebrauch. —

Nach deren äußeren Umrissen und Formen nun im Anfange nur benannt, wurden einzeln stehende heraldische Eisenhütlein späterhin unbedingt darnach gemodelt, d. h. man verwandelte, gemäß der ofterwähnten heraldischen Symbolik, in allen jenen Fällen, wo es nur einigermaßen anging, die ursprüngliche Heroldsfigur in eine gemeine, und beziehungsweise hier zunächst in eine künstliche. — Wie überhaupt der heraldischen Symbolik, so leisteten dann auch dieser Auffassung alle plastischen Darstellungen einen nicht unwesentlichen Vorschub, so daß, wenigstens in deutschen Wappen, wo ohnehin nur derartige symbolische Bestrebungen, sowie eine solche Anschauungsweise sich geltend machten, — jedenfalls weitaus mehr wirkliche, als heroldsfigürliche Eisenhütlein angetroffen werden. —

Wie sehr frühzeitig aber schon diese wesentlichen Resultate der heraldischen Symbolik (namentlich gerade in Bezug auf unsern vorliegenden Fall) in Deutschland zu finden sind, sehen wir z. B. unter Anderm aus einem Schweppermannischen Wappen, das über der Kirchenthüre zu Hagenhausen, wo die Pfarrei und ein Benefizium durch die Schweppermanne gestiftet worden, von außen in Stein gehauen ist. — Dort sind nemlich die heraldischen Eisenhütlein der Schweppermanne auf eine Art und Weise in wirkliche Eisenhüte verwandelt, welche nicht die mindesten Zweifel aufkommen läßt, ob es solche sein sollen oder nicht. — Herr David Popp, Domkapitular in Eichstädt, in seiner Denkschrift zur fünften Säkularfeier des 28. Septembers 1322, betitelt: „Seyfried Schweppermann, und das Geschlecht der Schweppermanne;" Sulzbach, 1822; — zeigt uns auf Tab. I, unter fig. 3 dieses obige Schweppermannische Wappen, wie ich nur den Schild desselben allein auf Tafel XXVII, unter Nro. 5, in den betreffenden Farben entworfen, möglichst genau wiedergegeben habe. — Zu einem älteren Schweppermannischen Dreiecksiegel, das wir in jenem Werkchen auf Tab. I, unter fig. 2, in gegenwärtiger Abhandlung aber auf Tafel XXVII, unter Nro. 4 sehen, heißt es dort: „II. Ein Sigill vom Jahre 1306 mit der Umschrift: Sig. Chunradi Swepbermani, stellt in einem Querkreuze kleine Eisenhütlein vor. — So findet sich das Wappen auch in Helmr. Jak. Fuggers österreichischem Ehrenspiegel." [1]) —

Bei dem ersteren, ober der Pfarrkirchenthüre zu Hagenhausen in Stein gehauenen Schweppermannischen Wappen aber, liest man hingegen dazu die ausdrückliche Bemerkung: „daß es dem ebenbeschriebenen völlig ähnlich ist, nur mit dem Unterschiede, daß die darin angebrachten Hütlein mehr ausgebildet — oben spitzig und unten mit einem breiten Umschlage versehen sind." [2]) —

Den ganz gleichen Fall haben wir ferners bei den zwei Geschlechtern Störren und Hunnen- oder Hünweiler, beide im Elsäßischen, von denen die ersteren einen silbernen mit drei blauen Eisenhütlein belegten Schrägbalken in Roth (Tafel XLIV, unter Nro. 9 und 11), die letzteren einen solchen mit drei rothen Eisenhütlein belegt in Blau führen. — (Tafel XLIV, unter Nro. 10 und 12.)

Zweifelsohne ursprünglich eines Stammes waren bei ihnen jene Farbenverwechslung, sowie die etwas verschiedenen Helmkleinode sicherlich nur heraldische Beizeichen. [3]) — Gewöhnlich nun findet man bei diesen beiden Geschlechtern die Eisenhütlein in ihrer wahren, echtheroldsfigürlichen Gestalt, so z. B. im alten Siebmacher [4]) u. a. a. O. (man vergleiche Tafel XLIV, unter Nro. 9 und 10); — während in meinem alten Wappenbuch-Manuskripte aus dem XV. Jahrhundert u. a. v. a. O. wirkliche Stulp- und Eisenhütlein dafür gesetzt sind. (Tafel XLIV, unter Nro. 11 und 12.) [5]) — Die hier angeführten Beispiele aber von den Wappen der

---

1) David Popp, Seyfried Schweppermann und das Geschlecht der Schweppermanne, Sulzbach 1822, Seite 12 und 13 sub Nr. II. — Spiegel der Ehren des Erzhauses Oesterreich, pag. 291. —

2) Ibid. sub Nr. II. pag. 13. —

3) Auf der Tafel XLVIII, unter Nro. 1 sieht man das Kleinod von Hunnenweiler oder Hünweiler, auf derselben Tafel, unter Nro. 3 dagegen die Helmzierde der Störren. — Man wird auch dort unschwer bemerken, daß eigentlich nur in der Geschlechtsverschiedenheit der beiden Kleinodrümpfe die wesentlichste Abwechslung lag. — Auch die Hanabeller im Hessischen, deren Wappen ich, wie es von einem im Jahre 1585 verstorbenen Mitgliede dieser Familie geführt wurde, irgendwo fand, scheinen, wenigstens nach der völligen Gleichheit ihres Schildes und Kleinods, mit jenem der Hunnenweiler oder Hünweiler im Elsaß, sowie der Störren ebendaselbst zu urtheilen, mit diesen letzteren beiden ursprünglich ein Geschlecht gewesen zu sein. —

4) Alter Siebmacher Pars II, pag. 131. —

5) Auch meine eigenen Vorfahren (sowie ich selbst noch heutzutage) bedienten sich von jeher schon, nach vollkommen freier Willkühr, bald der echtheroldsfigürlichen, bald wirklicher Eisenhütlein mit oder auch ohne Stulp! — Man vergleiche z. B. auf Tafel XLIV, Nro. 4 und LXI, Nro. 1.

Geschlechter Schweppermann, Störren und Hunnen- oder Hünweiler dürften gewiß die sichersten Beweise sein, daß also schon im XIV. und XV. Jahrhundert, vermöge der so interessanten heraldischen Symbolik, jene Idee von wirklichen Stulp- und Eisenhütlein, wenigstens bei uns in Deutschland, bereits überall feste Wurzeln geschlagen, und für die wahren, heroldsfigürlichen das so eigenthümliche Bestreben: aus Heroldsfiguren gemeine, und hier beziehungsweise künstliche zu machen, in den meisten Fällen jene wirklichen Stulp- oder Eisenhütlein substituirt hatte. — Weiters haben wir auch in unsern Beispielen sehr gewichtige Beweismittel dafür: daß der heraldische Kunstausdruck: Eisenhütlein damals (im XIV. und XV. Jahrhundert) ebenfalls schon lange, als technische Benennung für jene uralten Heroldsfiguren, in die heraldische Terminologie adoptirt sein mußte, so zwar, daß dann später in Wiguleus Hunds bayerischem Stammbuche: bei den Grafen von Kirchberg, ferners bei den Marschällen von Biberbach und Pappenheim, sowie in den daselbst zitirten noch älteren Urkunden über das Wappen dieses zuletztgenannten Geschlechtes u. a. v. a. O. jene Bezeichnung keineswegs mehr neu, sondern bereits uralt und schon längst allgemein angenommen war. [1] —

Wem jedoch vielleicht die Chaperonform der obigen aufgestülpten und fast kegelförmig gestalteten Eisenhütlein ganz besonders auffallen sollte, dem diene zur Nachricht: daß man zu jeder Zeit des Mittelalters Eisenhüte fast in allen Formen gewöhnlicher Hüte antrifft, da es von jeher ein vorzüglich beliebter Gebrauch der mittelalterlichen Waffenschmiede- und Treibekunst war, die kriegerischen Eisenkleidungen den gewöhnlichen möglichst genau nachzubilden. — Ich erinnere hiebei nur an die sogenannten Bauschen-Rüstungen einer viel späteren Zeit, die ja auch mit erstaunlichem Fleiße und größter Kunstfertigkeit, oft bis in's kleinste Detail und auf das

1) Das Wappen der alten Grafen von Kirchberg z. B. wird von Dr. Wiguleus Hund in seinem bayerischen Stammenbuche (Pars I, pag 100) folgendermaßen blasonirt:

„Diser Grauen Wappen, oben der dritt theil oder vierdt theil deß Schildts roth, der ander theil weiß, darinn sechs blawer altfränckischer Eisenhüt, drey nebeneinander, darnach zwen, letstlich einer, (Tafel XXVII, 9), auff dem Helm ein hocher, rechter zugespitzter Hut, mit eim grossen weissen Stulp, darinn die sechs Eisenhüt, wie im Schildt, zu obrist ein Pfawen Schwantz in einer Kron. (Tafel XLVII, 2)“ —

In der im gleichen Werke (Pars II, pag. 172—174) wörtlich abgedruckten Pappenheimischen Urkunde aber, d. d. 20. Juni 1574, und betitelt: „Copy Vertrags zwischen der Marschalcken von Pappenhaim, das Erbampt vnd Wappen betreffend durch den Churfürsten zu Sachsen abgehandelt vnd bestätt,“ kommen die „Pappenhaimische Eysenhüt“ gleichfalls ausdrücklich vor, und werden dann etwas weiter unten solche auch „die auffeinandergesetzten Eysenhüt“ genannt. —

genaueste, der damaligen Bauschentracht nachgebildet waren.[1]) — Uebrigens sehen wir einen ganz gleichen, oder doch wenigstens sehr ähnlichen Eisenhut, in Wirklichkeit getragen von einem der zwei Söldner aus dem XIV. Jahrhundert, welche uns Herr v. Hefner-Alteneck in der II. Abtheilung seines Trachtenwerkes auf Tafel 34 zeigt, und die sich auf einem geschnitzten und bemalten hölzernen Altarbilde, das in der St. Michaelskirche zu Schwäbisch-Hall aufbewahrt wurde, befinden. — (Man sieht diesen Eisenhut unter Nro. 4 auf der Tafel XLI.) —

J. H. v. Hefner-Alteneck bemerkt dazu: „die Figur zur Linken des Beschauers trägt den Eisenhut, wie er schon auf Tafel 6 der I. Abtheilung dargestellt wurde.“[2]) —

Wenn wir aber nun in dem genannten Werke an der bezeichneten Stelle nachschlagen, so finden wir in der That zwei Männer in der ritterlichen Tracht aus der Mitte des XIII. Jahrhunderts, gezeichnet von K. Ballenberger, nach einem Tempera-Altargemälde im Kloster Heilsbronn, wo sie als Wächter des heiligen Grabes angewendet sind, und von denen der Eine sich auf seinen eisernen Hut stützt, der Andere aber einen aufgestülpten, d. h. mit einem breiten Umschlage versehenen Eisenhut am Kopfe trägt. — Auf das genaueste kopirt sieht man auch diese beiden Eisenhüte auf der nämlichen Tafel XLI unter Nro. 2 und 3. —

Darunter steht: „Ritterliche Tracht um 1260.“[3]) — Ein beinahe gleicher aufgeschlagener Eisenhut befand sich mehrmals wiederholt auf fortlaufenden, sogenannten „Kreuzwegbildern“ aus dem XIV. Jahrhundert; die früherhin im Besitze des nunmehr verlebten Kunsthändlers v. Montmorillon in München waren. —

Wohlbegreiflicherweise hat man sich in Deutschland, nachdem dort einmal der Begriff und die Idee von wirklichen Eisenhüten in der Heraldik aufgenommen und fortan auch festgehalten wurde, beim einzelnen oder selbstständigen Vorkommen dieser Figuren, keineswegs mehr ausschließend an ein und dieselbe bestimmte Form irgend eines wirklichen Eisenhutes gehalten, sondern man hat vielmehr die einzelnen oder heraldisch selbstständigen Eisenhüte unter allen jenen, so verschiedenartigen Gestalten, wie sie in Wirklichkeit vorkamen, auch in der Heraldik benützt, und beziehungsweise dann auf den Wappen abbildlich angewendet, — während dagegen bei

---

1) So z. B. J. H. v. Hefner-Altenecks Trachtenwerk, Abtheilung III, tab. 41, Text pag. 46, 47 und 48. — Oder: Llewelyn Meyricks Waffensammlung, Platte XIX und namentlich den Text dazu auf Seite 7. —

2) J. H. v. Hefner-Altenecks Trachtenwerk II. Abthlg. tab. 34, Text pag. 52. —

3) Ibid. I. Abthlg., tab. 6, Text pag. 8. —

den am Schildesrande auslaufenden Eisenhutmustern, ganz natürlicher Weise, ausschließend nur an der charakteristisch-primären, rundlichen oder scharfeckigten Urform des eigentlichen heroldsfigürlichen Eisenhutes unbedingt festgehalten werden mußte. —

Das letztere gilt z. B. von den meisten Wappenschilden, die wir auf Tafel XXVIII sehen, mit Ausnahme von einigen, die in beliebiger Weise aufgefaßt werden können. — Allein derartige Eisenhut-Dessins, wie man sie auf der genannten Tafel XXVIII hat, gehören in Deutschland ohnehin zu den Seltenheiten, da die deutschheraldischen Eisenhutmuster in der Regel die zweifache Anschauung zulassen, so daß sie dann gewöhnlich auch auf beide Manieren, nemlich als heroldsfigürliche oder als wirkliche Eisenhüte, betrachtet und dargestellt werden können [1]) — Selbst wenn aber bisweilen bei deutschen Wappen die Eisenhütlein strenge nur nach der heraldischen Form, d. h. als ganz flache Heroldsfiguren gegeben sind, so fehlt es sogar unter solchen Umständen keineswegs an glänzenden Beweisen, daß in Deutschland zur ältesten Zeit schon der Begriff von wirklichen Eisenhüten sich festgestellt hatte. — Auf Tafel XXVII, unter Nro. 10 z. B. sieht man den Schild des Geschlechtes Salach in Bayern, worin die Eisenhütlein in vollkommen flacher, heroldsfigürlicher Gestalt vorkommen, während am gleich danebenstehenden unter Nro. 11 befindlichen Helme dieses Geschlechtes, der im Originale sogar wirklich auf jenem Schilde steht, ein freistehender, selbstständiger, kurz mit einem Worte, ein echter Eisenhut in natura und figura als körperhaftes Helm-Kleinod prangt; — ein gewiß unwiderlegbarer Beweis: daß man die im Schilde stehenden Eisenhütlein, trotz ihrer flachen, streng heroldsfigürlichen Darstellungsweise, hier ebenfalls dennoch für natürliche, wirkliche hielt, und als solche auch in der Blasonirung erklärte. — Hiebei verweise ich nochmals ausdrücklich und wiederholt auf alles oben von mir weitläufig über die „Symbolik der Heroldsfiguren" Gesagte, namentlich aber auf meine sehr ausführlich entwickelten Betrachtungen über diese höchst merkwürdige Erscheinung, sowie endlich zunächst auf die dort vorgebrachten Erläuterungen bezüglich der körperhaften Kleinode aus ursprünglichen, wahren Heroldsfiguren. [2]) —

---

1) In der That ist Nro. 4, das Wappen der Herren Kronberg „vom Strumpfe" wirklich das einzige deutsche auf der Tafel XXVIII. —

2) Auch auf Kleinodeskörpern kommen die wirklichen Eisenhüte vor, wie bei den Streithagen, genannt Judendorf, am Niederrheine, bei den Gibern im Elsaß (Tafel XLVIII, 3), bei denen von Rochow im Märkischen, in einigen von Wendischen Originalien (Tafel XLVIII, 2) u. s. w. Obwohl beim letztgenannten Geschlechte der mit einem Pfauenstänglein (Pfauenspiegel oder Pfauenzagel) besteckte Eisenhut allein, als die gewöhnliche Helmzierde angenommen

Fassen wir nunmehr alles: den Ursprung, die Entstehung und Fortbildung der heraldischen Eisenhütlein Betreffende hier noch einmal kurz zusammen, so ergibt sich die Thatsache: daß sie sich ohngefähr mit dem Beginne des XIII. Jahrhunderts aus den heraldischen Wolken entwickeln, oder vielmehr, daß sich jener unbestimmte und bis dahin auch unbenannte, ornamentale Rundbogenschnitt ohngefähr um die besagte Zeit in Wolken und Eisenhütlein, nach und nach, allmählig bestimmter ausscheidet und Letztere dann, vorzugsweise nur in Deutschland, gemäß heraldischer Symbolik, als natürliche oder wirkliche Eisenhüte angenommen und betrachtet wurden, ja, noch heutzutage in den meisten Fällen für solche ausgegeben werden müssen. — Ueberziehen sie jedoch, als ein regelmäßiges, zusammenhängendes Dessin, ein ganzes Feld oder etwa auch eine einzelne heraldische Figur, und zwar also, daß sie am Rande vielfach unregelmäßig auslaufen, dann müssen sie unbedingt als ein heraldischer Schnitt betrachtet, oder für Sektionen und Theilungen erklärt, mithin aber, als entschiedene Heroldsfiguren, auch ausschließend nur in ihrer streng heroldsfigürlichen Normalform dargestellt und gezeichnet werden.[1]) — Allerdings gibt es auch noch

werden muß. — (Siehe Tafel XLVIII, 6.) — Ja sogar im Schilde frisch werden von Köpfen, Brustbildern oder Rümpfen bisweilen Eisenhüte getragen. — So z. B. gleichfalls auf einigen älteren von Wendtischen Originalen, bei denen von Lochow in der Mark, ferners auf dem schon einmal erwähnten Hoflacher-Wandgemälde (auf Tafel XLVI, unter Nro. 8) u. a. m. a. O. —

1) Doch wurden auch die vollkommen flachen, d. h. die eigentlichen „heroldsfigürlichen" Eisenhüte von jeher schon bald so, bald anders in ihren äußerlichen Umrissen dargestellt, so daß zwar die Grundform des wahren heroldsfigürlichen Eisenhütleins (siehe den Holzschnitt auf S. 339) durchweg immer als die normale, und entschieden auch als die weitaus älteste angenommen werden muß, nichtsdestoweniger aber die damit gleichzeitig oder späterhin zu den verschiedenen Perioden nebenbei bisweilen vorkommenden Abweichungen derselben noch außerdem ohngefähr auf nachstehende Gestalten sich zurückführen lassen, von denen jedoch

keineswegs alle die so charakteristische Eigenschaft der obigen ältesten Grundform theilen: in allen Stellungen, aufrechtstehend und gestürzt, immer wieder die ganz gleichförmigen Muster zu bilden. — Die wenigsten davon formiren nemlich in ihrer Zusammensetzung, nach allen Seiten hin, so regelmäßige Dessins, wie jene älteste Normalform der heroldsfigürlichen Eisenhütlein. — Ueberdieß kann man in des Ritters Conrad von Grünenberg Wappenbuche, in meinem eigenen alten Wappenbuch-Manuskripte, in noch viel älteren Werken und Miniaturen, auf Siegeln und Grabsteinen, in Holzschnitten, Wappenrollen und Glas-

sehr viele Fälle, in denen beiderlei Anschauungsweisen anwendbar sind, und beide gleich passend erscheinen, d. h. wo nemlich die wirklichen, natürlichen Eisenhüte ebenso gut zulässig sind, als wie die blos heroldsfigürlichen. — Bei solcher Sachlage kann und darf man dann, nach vollkommen freier Willkühr, auch beide Gattungen gebrauchen. — Die Alten aber, welche immer zur Richtschnur genommen werden sollten, zogen, wenigstens zur heraldischen Blüthezeit (und vorzüglich bei uns in Deutschland), in zweifelhaften Fällen, wie wir aus den besseren Originalien ersehen können, gemäß heraldischer Symbolik schon, die erstere Auffassung, d. h. die Anwendung von wirklichen Eisenhüten zumeist den flachen, heroldsfigürlichen vor. — Aus denselben Originalien aber können wir auch mit gutem Gewissen die feste Regel aufstellen: daß, wer immer einzelne, nemlich freistehende, selbstständige Eisenhüte führt, durchaus an keine bestimmte Form derselben gebunden ist, vorausgesetzt natürlich immer, daß man sich nur solcher Gestalten bedient, unter denen dereinst wirkliche Eisenhüte existirten. — Alle Originale der besseren Zeit belehren uns über das ganz freie Belieben in diesem Punkte, indem man die selbstständigen Eisenhütlein schon deßhalb vollkommen willkührlich so oder anders machen kann, weil der Eisenhut ein Eisenhut bleibt, ob er hoch oder niedrig, breit- oder schmalkrämpig, spitzig oder rund, mit oder ohne Aufschlag, umgestülpt oder nicht also vorkommt, und weil solche Dinge überhaupt niemals der Wesenheit irgend eines Wappens zu nahe treten. —

Zu noch besserem Verständnisse dieser Sache habe ich eigens die beiden Tafeln XLI und XLII eingeschaltet, auf denen wir einige der hervorragendsten Original-Formen echt mittelalterlicher Eisenhüte aus verschiedenster Zeit kennen lernen. — Unter Nro. 1 nun sieht man dort einen Eisenhut, von welcher Gestalt zwei vollkommen gleichförmige Exemplare von schlafenden Wächtern des hl. Grabes, (Sculpturen in der St. Moritzkapelle im Dome zu Constanz,) getragen werden. — J. H. v. Hefner-Alteneck setzt deren ritterliche Tracht ohngefähr zwischen die Jahre 1218—1220.[1] —

Nro. 2, 3 und 4 habe ich bereits oben in nähere Erwähnung gebracht und brauche deßhalb hier nur zu wiederholen, daß die ersteren beiden (Nro. 2 und 3), nach Herrn v. Hefner-Alteneck, zur ritterlichen Tracht um 1260 gehören, während Nro. 4, nach dessen Angabe, der Kriegstracht aus der zweiten Hälfte des XIV. Jahr-

---

malereien, auf sämmtlichen Eisenhut-Tafeln vorliegenden Werkes, sowie auf unzähligen anderen Originalien, kurz überall in der altheraldischen Praxis, meine obigen Angaben, bezüglich der Abwechslung und Verschiedenheit in der Darstellungsweise auch der rein heroldsfigürlichen Eisenhütlein, auf das glänzendste bestätigt finden. —

1) J. H. v. Hefner-Altenecks Trachtenwerk I. Abthlg., tab. 5, Text pag. 7 u. 8. —

hunderts entnommen ist.[1]) — Nikolaus Ketelhot, Bischof zu Verden, bediente sich dreier, 2. 1 gestellter, und genau wie Nro. 2 gestalteter Kesselhüte (Eisenhüte) auf seinem Insiegel vom Jahre 1318; — während Fridericus Ketelhot (Kesselhut) miles, im Jahre 1302 eine Urkunde mit dem Wappen und alsogeformten Eisenhüten siegelt, wie wir auf Tafel XXVII, unter Nro. 6 sehen. — Ein Eisenhut-Exemplar hingegen aus dem Wappen des obigen Erstgenannten versinnlicht uns auch der nebenstehende Holzschnitt. —

Nro. 5. Ein großer Eisenhut mit Augenschlitz, der als Rennhut benützt, in zwei völlig gleichen Exemplaren, auf einer Original-Malerei aus dem Ende des XIV. Jahrhunderts vorkommt. — Die fragliche Malerei, ein Scharfrennen vorstellend, ist auf einer dicken ledernen Pferds-Bruststartsche angebracht, welche gegenwärtig im Besitze des Herrn Magnus Seyter, Privatiers in Augsburg, sich befindet. —

Nro. 6. Dieser dem vorigen beinahe ganz ähnliche Eisenhut befand sich seiner Zeit in der von Peuker'schen Sammlung zu Brüssel, welche im Monate August des Jahres 1854 daselbst öffentlich versteigert wurde. — Im Catalogue illustré d'armes anciennes, Européennes et Orientales etc. etc., Bruxelles 1854, sehen wir ihn auf Pl. II, unter fig. 18 und im erklärenden Texte dazu steht auf Seite 10, unter Nro. 60: „Salade allemande, de la première moitié du XVe siècle, sans visière.“ — Vom vorhergehenden unterscheidet er sich nur durch seinen ganz runden Kopf. — Ein durchaus gleicher hingegen befindet sich auf einem alten Votivgemälde in der sogenannten Besserer-Kapelle im Münster zu Ulm. — Das fragliche Bild trägt die Jahreszahl 1499. —

Nro. 7 und 8. Zwei völlig übereinstimmende Formen, nur daß die etwas weitere gewöhnlich mit einem Augenschlitze, die kleinere dagegen in der Regel ohne einen solchen vorkommt. — Diese Gestalt ist namentlich im XV. Jahrhundert häufig und sieht man dieselbe nicht allein auf unzähligen Reliefen, Gemälden und Holzschnitten jener Periode, sondern vielfach auch in heraldischer Anwendung, wie z. B. im Wappen der niederbayerischen Stadt Landshut, das wir auf Tafel XXVII, unter Nro. 8 haben. — Die vier stumpfen Kanten, welche, nach den vier Seiten des

---

1) J. H. v. Hefner-Alteneck's Trachtenwerk I. Abthlg., tab. 6, Text pag. 8 und II. Abthlg., tab. 34, Text pag. 52. —

Hutes regelmäßig sich vertheilend, erst an dessen Krämpenrande auslaufen, so daß sie dann diesen letzteren zumeist vierspitzig erscheinen lassen, waren für diese Gattung Eisenhüte, so zu sagen, charakteristisch, weil dadurch auch der ganze Hut mehr viereckigt, denn rund, in seiner Hauptansicht sich gestaltete. — Jedenfalls aber gab es diese oder eine ähnliche Form bereits am Ende des XIV. Jahrhunderts, da auf den schon einmal zitirten Teppichen des Herrn Baron Carl von Mayenfisch in Sigmaringen, ein derartiger vierkantig ausgetriebener Eisenhut deutlich zu erkennen ist, jene Teppiche aber unzweifelhaft der genannten Periode angehören. —

Auch ziemlich spät kommen sie in solcher Weise noch vor; denn ich sah einen wie Nro. 9 gestalteten, zwar etwas rundlicheren, immerhin aber noch vierkantigen Eisenhut mit zwei kurzen Augenschlitzen (Löchern oder Spalten), und zwar auf einem kleinen Reliefchen, den Kindermord in Bethlehem vorstellend, das, nach Monogramm und Behandlungsweise, für eine Jugendarbeit Albrecht Dürers zu halten sein dürfte. —

Zweifelsohne ist auch die plastische Urform des heraldischen Eisenhutes,[1] namentlich bemerkenswerth durch jene geradlinige, steilkantige Gestalt (wie z. B. auf Tafel XXVII, 11; XLVI, 6 u. 7; IIL, 6 u. s. f.), unmittelbar aus der vorhergehenden Gattung gebildet, wenn anders nicht derartige, ganz große Eisenhüte, zum Gebrauche nach Art der auf den Schultern aufsitzenden Topf- oder Stechhelme, in Wirklichkeit existirt haben. — Letzteres aber nun ist um so eher glaubwürdig, weil auch, in des Ritters Conrad von Grünenberg Wappenbuche z. B., in der That ein solcher, auf den Schultern aufsitzender Eisenhut sich vorfindet (Tafel XLI, 10), der jedenfalls nach einem wirklich vorhandenem Originale gezeichnet wurde, da man auf Wappen damals überhaupt noch keine blos idealen Helme gebrauchte, wie man leider heutzulage nicht selten zu thun pflegt. —

Sehr häufig kommen die heraldischen Eisenhüte nach den Umrissen eines solch' hohen Original-Exemplares gebildet vor, jedoch ist dann niemals eine Oeffnung oder irgend ein anderer Gesichtsausschnitt sichtbar, weßhalb entweder die Visierklappe stets

---

1) Im alten Siebmacher kann man z. B. die Eisenhüte der Stadt Landshut, sowie des schwäbischen Geschlechtes Enningen, genannt: Eisenhut, in solcher Weise gegeben finden. — Pars I, pag. 220 u. Pars II, pag. 83. —

Als eine besondere Bemerkung muß ich hier noch beifügen, daß bei vielen solchen steilkantigen Eisenhüten, wie z. B. gleich bei den dort, Z. 1. gestellten, von Wendischen (auf Tafel XLVI, unter Nro. 8) die, durch den nach vorne stehenden Grat des Eisenhutes, künstlich gebildete Spaltung in zweierlei Farben (hier, wie gewöhnlich von Silber und Blau), ursprünglich jedenfalls nur durch die späterhin dann mißverstandenen aufgesetzten Lichter einerseits, sowie durch die ebenso mißverstandene Schattirung des eisenfarbigen oder blauen Hutes andrerseits, entstanden sein mag. —

als geschlossen, oder vielleicht auch etwa vorhandene schmale Augenschlitzen, in der ohnehin sehr verkleinerten heraldischen Zeichnung, als ganz weggelassen anzunehmen sind. — Unser Grünenbergisches Prachtexemplar hier hat aber nicht allein ein sehr wohl sichtbares, aufgeschlagenes Visier, sondern es erscheint noch überdieß mit einer sogenannten Sendel- oder Zindelbinde (Helmlöhr, Brünlöhr) geschmackvoll versehen, sowie mit weitabfliegenden malerischen Decken und (an seinem Hintertheile) mit einer kolossalen Schwungfeder auf das zierlichste ausgeschmückt. —

Weiters auf der Tafel XLI, unter Nro. 11 bemerken wir ganz den gleichen, auf den Schultern aufsitzenden, topfhelmartigen Eisenhut, ebenfalls vollkommen rund, nach oben zu sich etwas erweiternd und mit rundlichem Boden, wie der vorige Grünenbergische, nur mit dem einzigen Unterschiede, daß er keine bewegliche, zum Oeffnen eingerichtete Visierklappe hat, sondern vielmehr nur in vorbeschriebener Weise mit einem einfachen Augenschlitze (Spalte oder Loch, als Ocularium) versehen ist. — Einen dritten hohen Eisenhut von dieser topfartigen, auf den Schultern ruhenden Gattung endlich hat man auch am Wappen unter Nro. 5 auf Tafel XLIII, wie dasselbe von einem Schwäbisch-Haller Patrizier aus dem alten Geschlechte derer von Michelfeld daselbst, ohngefähr um 1400, geführt wurde, der aller Wahrscheinlichkeit nach seines Namens und Stammes der Letzte gewesen sein mag. — Helmdecke und Kleinod, hier ausnahmsweise auf einem wirklichen Eisenhute vorkommend, sind deßhalb, namentlich aber letzteres, als ganz besonders merkwürdig hervorzuheben. — Auch dieses Exemplar gleicht den beiden vorhergehenden auf ein Haar, nur daß die dort völlig runde Form hier durch eine kantige, der oben dort rundliche Boden hier durch einen spitzig zulaufenden ersetzt wird. — Beide Formen aber, solchergestalt jedenfalls im XIV. Jahrhunderte bereits vorkommend, haben von allen wirklichen Eisenhüten, schon wegen ihrer vorzüglichen Höhe, mit den heroldsfigürlichen fast noch die meiste Aehnlichkeit. —

Unter Nro. 12 auf derselben Tafel sehen wir einen sehr interessanten Original-Eisenhut mit breitem Rande, der sich im Besitze des Herrn Professors J. H. v. Hefner-Alteneck, Conservators der königl. vereinigten Sammlungen in München, befindet. — Herr v. H.-A. setzt ihn in das XV. Jahrhundert, dem er zweifelsohne auch angehört. — Er beschreibt ihn in der II. Abtheilung seines Trachtenwerkes selbst folgendermaßen: „Oben in der Mitte sieht man den Eisenhut von vorne. Er ist auf merkwürdige Weise aus einem einzigen Stück Eisen getrieben. Oben läuft von vorne nach hinten im Halbkreis bergartig eine Schneide, so daß die Hiebe auf die leichteste Art abgleiten müssen. Er wiegt 4½ Pfund; um diesen Hut wurde häufig die Sendelbinde, aus zweierlei Farben bestehend, getragen, was ein reiches Ansehen gab. Wenn man den Umriß des Eisenhutes in der Stellung, wie hier, betrachtet, so bleibt kein Zweifel übrig, daß die sogenannten heraldischen Eisenhüte, welche jetzt noch in den Wappen erscheinen, von dieser Form hergeleitet sind. Man sehe z. B. das Wappen der Grafen von Pappenheim und der Grafen von Kronenberg.[1]) —

Nro 13 wird von einem, mit einer großen Armbrust bewehrten, bayerischen Herzoge getragen und ist der kolorirten Federzeichnung des Geschlechtsbuches der Herzoge von Bayern, das auf der königl. Hof- und Staatsbibliothek zu München aufbewahrt wird, entnommen. — Er erscheint, wie man sieht, mehr konisch abgedacht, vollkommen rund und hat einen Augenschlitz. — Ueberdieß ist er an seinen vier Seiten, oberhalb des Okulariums (der Augenspalte), wie man ebenfalls deutlich bemerken kann, mit kleinen Bandschleifen, Mäschchen und Knöpfen geziert, die vermuthlich zugleich den Zweck hatten, dessen Befestigung am Kopfe zu vermitteln. — Eine Bestimmung derselben, das Futter im Innern des Eisenhutes festzuhalten, dürfte jedoch noch mehr Wahrscheinlichkeit für sich haben. — Herr v. Hefner-Alteneck bezeichnet die zweite Hälfte des XV. Jahrhunderts als die Periode, der jene kolorirten Federzeichnungen, mithin also auch unser gegenwärtig vorliegendes Eisenhut-Exemplar, ihre Entstehung verdanken.[2]) —

Nro. 14 zeigt uns, seinen Hauptumrissen nach, einen dem Vorigen vollkommen gleichgeformten Eisenhut, nur daß er ohne Augenschlitz, und mit einer malerisch geschlungenen Sendelbinde (Zindelbinde, Helmlöhr, Brünlöhr) geschmückt ist. — Mit dieser Zierde versehene Eisenhüte finden sich sehr häufig, weßhalb ich ein derartiges Exemplar hier ebenfalls vorbringen wollte. — Aus dem allgemeinen Geschmacke für Drapirungen überhaupt unmittelbar hervorgegangen und mit den eigentlichen Helmdecken zunächst verwandt, trifft man jene so originelle Ausschmückung der Eisenhüte, wenigstens zur besseren Zeit, in fast allen Ländern. — Unser gegenwärtig vorliegendes Muster aber ist einer gediegenen F. Hoffstadt'schen Originalzeichnung entnommen. —

Nro. 15. Hier hat man die eigentliche Urform eines echten heraldischen Eisenhutes. — Er ist vollkommen rund und seine äußeren Umrisse bilden auf das genaueste den heraldischen Eisenhutschnitt. — Also kamen wirkliche Eisenhüte schon im XIV., und das ganze XV. Jahrhundert hindurch vor. — Originalien desselben werden vielleicht äußerst wenige existiren, da die echten Eisenhüte überhaupt in den Sammlungen zu den größten Seltenheiten gehören; allein im Kloster Neustift unweit

---

1) J. H. v. Hefner-Altenecks Trachtenwerk, II. Abthlg., tab. 82 u. 83, Text pag. 111 bis 114. —

2) J. H. v. Hefner-Altenecks Trachtenwerk, II. Abthlg., tab. 161, Text pag. 209 u. 210. —

Beiren soll ein Eisenhut solcher Gestalt vorhanden sein, — und noch ein paar ähnliche sollen sich in Privathänden befinden. —

Dagegen trifft man in deutschen und französischen Originalabbildungen so viele Exemplare dieser Gattung, daß ihre dereinstige wirkliche Existenz jedenfalls außer allem Zweifel steht. — Der höchst wahrscheinliche Grund aber, weßhalb gerade die Eisenhüte, welche doch auf allen mittelalterlichen Abbildungen so überaus häufig sind, heutzutage in Sammlungen fast gar nicht mehr vorkommen, dürfte wohl hauptsächlich in ihrer bedeutenderen Schwere zu suchen sein, welche sie in der vielgepriesenen „guten alten“ Zeit vor den meisten andern Waffen- und Rüstungsstücken, die etwa nicht so gewichtig waren, auf die Hämmer wandern ließ. —

Gegenwärtige Form erscheint auch nicht selten an der obersten Spitze mit einer Feder geschmückt im wirklichen Gebrauche. — So z. B. in dem bekannten, französischen Trachten- und Kostümwerke von Alexander de Vigne. —

Wir sehen einen solchen auf der nächstfolgenden Tafel XLII unter Nro. 16. — Er ist dem vorigen beinahe vollkommen gleich, an seiner obersten Spitze mit einer einzelnen Feder geziert und nur im Ganzen merklich höher gestellt, so daß auch seine Krämpe etwas mehr Abdachung hat. —

Mit Hahnen-, Straußen- und Pfauenfedern (Pfauenspiegeln oder Pfauenzageln) an ihrer obersten Spitze also versehene Eisenhüte bemerkt man auch auf der Kleinod-Tafel XLVIII, unter Nro. 2, 3 und 6. —

Nro. 17 weist uns einen geschichtlich merkwürdigen Eisenhut. — Wir sehen nemlich in diesem interessanten Exemplare eine möglichst getreue Copie des Eisenhutes, den der bekannte Reformator Ulrich Zwingli in jenem für ihn und seine Anhänger so verhängnißvollen Treffen bei Kappel, am 12. Oktober des Jahres 1531, getragen haben soll, und auf dessen einer Seite der tödtliche Streich des Mordinstrumentes, troß der mächtigen Eisendicke dieses Hutes, allerdings die unzweideutigsten Spuren seiner Wucht zurückließ. — Dieser historisch berühmte Eisenhut nun wurde vordem nebst der Streitart jenes kampflustigen Reformators, die zugleich mit einem Laufe versehen, und zum Schießen eingerichtet war, im reichhaltigen Zeughause zu Luzern, unter einem eigenen Glasschranke aufbewahrt, woselbst ich noch im Jahre 1843 die erwünschte Gelegenheit fand, beide Stücke zu zeichnen. — Allein nach dem Sonderbundskriege wurden von den „siegreichen“ Zürichern diese zwei für sie allerdings besonders bedeutungsvollen Trophäen ohne viele Umstände weggenommen und ohneweiters in ihre Stadt übertragen, wo sie seitdem auch verblieben sind. — Wie man bemerken kann, ist dieser Eisenhut von runder Form, mit einem ganz schwachen, kaum erkennbaren Grat, der von vorne nach hinten zu über seinen Scheitel läuft. — Die Krämpe hat am vorderen Theile desselben eine etwas geringere Breite, als hinten, und er ist in Bezug auf diesen letzteren Punkt wieder den viel älteren Eisenhüten des XIV. Jahrhunderts einigermaßen ähnlich, aus deren längerem Hintertheile späterhin dann (im XV. Jahrhundert) allmählig jener langgeschweifte Schnabel sich entwickelte, der für den nachmaligen Salade, so zu sagen, ein charakteristisches Merkmal bildet. —

Nro. 18. Man sieht hier einen solchen Eisenhut, aus dem Ende des XIV. Jahrhunderts, an welchem bereits der Keim des Salade in obenerwähnter Beziehung nicht mehr zu verkennen ist. — Die zwei Schachreiter, von welchen ich früher schon einmal ausführlicher gesprochen, und deren Schilde ich in Holzschnitt gegeben habe, tragen beide alsogeformte Eisenhüte. —

In älterer Zeit, wo noch die allseitige Ausschweifung am unteren Rande der Salade ringsherum ziemlich gleichmäßig war, so daß der für diese Helmform gewissermaßen charakteristische Schnabel am Hintertheile, kaum bemerkbar entstanden, noch nicht sonderlich auffällt, wird deßhalb auch eine scharfe Grenze zwischen Salade und Eisenhut bisweilen sehr schwer zu bestimmen sein. — Selbst ziemlich später aber kommen immerhin noch sehr viele zweifelhafte Exemplare zum Vorscheine. —

So ist z. B. der erste von den vorstehenden Holzschnitten der saladeartige Eisenhut, oder vielmehr der eisenhutartige Salade des Herzogs Wilhelm von Sachsen und Meissen (vom Jahre 1419)[1], — der zweite hingegen, nur zum Vergleiche hiehergesetzt, ist *ein wahrer, echter Eisenhut*, wie er von einem deutschen Bogenschützen zu Ende des XV. Jahrhunderts getragen wurde.[2] — Beide sind mit einer Spalte (Augen-

1) Düsseldorfer Costümbuch. — Tafel 44, b. —

2) Ibid. Tafel 2, c. —

schilzen) versehen, der erstere sogar noch überdieß mit einem Krönlein. — Obwohl sich nun Ersterer eigentlich bereits ganz entschieden zum Salade hinneigt, da ihn schon seine Zeichnung am Vordertheile mit Entschiedenheit als einen solchen charakterisirt, während im vergleichenden Dagegenhalte der andere, durch und durch, das unverkennbare Gepräge eines wirklichen Eisenhutes an sich trägt, — so ist doch auch beim Ersteren, namentlich aber auf den ersten Blick, die große Aehnlichkeit desselben mit einem „wirklichen Eisenhute" keineswegs zu bestreiten. —

Ganz besonders hat er vom Letzteren: die beinahe zirkelrunde, weite Form am unteren Rande, indessen die Salade in der Regel mehr länglich und schmal erscheinen. — Diese ziert übrigens gewöhnlich auch ein nach ihrer ganzen Länge über den Scheitel hinlaufender, zumeist sehr stark erhabener Grat, der unserm Exemplare ebenfalls gänzlich fehlt. — Vorzugsweise aber ist seine hohe, fast konisch zugespitzte Form durchaus eisenhutartig, wie er denn überhaupt offenbar ungleich mehr von einem solchen an sich hat, als die meisten andern Salade in der Regel. — Soviel über Mischlinge (Zwitter) vom Eisenhut und Salade. —

Nro. 19. Ein Eisenhut mit rundem Kopfe und mit einer ungewöhnlich breiten, beinahe horizontal abstehenden, d. h. sehr wenig abgedachten Krämpe. — In Nürnberg und unweit München befinden sich derartige Exemplare, wie sie schon zu ältester Zeit vorkamen, im Privatbesitze, da jedoch diese Form kein besonderes charakteristisches Merkmal irgend einer gewissen Zeit an sich trägt, und solchergestalt eigentlich in allen Perioden Eisenhüte existirten, so läßt sich mit Bestimmtheit hierüber auch keine nähere Angabe machen. —

Nro. 20. Ein ähnlicher Eisenhut, ebenfalls mit rundem Kopfe, jedoch mit viel schmälerer Krämpe und mit einem schwachen Grat über seinen Scheitel, befindet sich auf einem sogenannten Stationsbilde: den Fußfall Christi vorstellend, (Wandgemälde) in der Kirche zu PipING an der Würm nächst München. — Derselbe Herzog Sigismund von Bayern, welcher die Metropolitan-Dompfarrkirche zu U. L. Frau in München erbaute, war auch der Gründer jenes Kirchleins, weßhalb sonach der fragliche Eisenhut ohngefähr an's Ende des XV. Jahrhunderts zu setzen sein dürfte. [1]) —

---

[1]) Innerhalb der einen Seitenthüre jenes dem heiligen Wolfgang geweihten Kirchleins ließ man nemlich die folgende, in altdeutschen Reimsprüchen verfaßte, leider aber (im Jahre 1848) mit schlechtestem Verständnisse restaurirte Inschrift:

„Der durchleuchtig hochgenannt
Sigmund Herzog zu Bayernlandt
Var zu pfalenzgraf bey Rhein
Sein stifft und hilffe grosz thut sein

23*

Nro. 21. Die genaue Abbildung eines Eisenhutes, der sich auf einem großen Altarbilde, die Kreuzigung Christi vorstellend, in der Metropolitan-Dompfarrkirche zu U. L. Frau in München vorfindet. —

Er wird von einem um Christi Oberkleid würfelnden Kriegsknechte getragen und gehört, da jenes Bild noch aus der älteren Frauenkirche herstammen soll, möglicherweise vielleicht sogar in die erste Hälfte des XV. Jahrhunderts. —

Ein durchaus gleiches Exemplar aber, vermuthlich aus derselben Zeit, wird von einem bayerischen Herzoge in der Hand getragen, der sich gleichfalls unter den kolorirten Federzeichnungen jenes schon weiter oben, bei Nro. 13 auf der vorigen Tafel, erwähnten Geschlechtsbuches der Herzoge von Bayern befindet, das gegenwärtig auf der kgl. Hof- und Staatsbibliothek zu München aufbewahrt wird. 1) —

Nro. 22. Ein ziemlich niederer Eisenhut, von oben flacher Form. — Von solcher Gestalt sehen wir zwei Exemplare auf einem, ebenfalls die Kreuzigung Christi vorstellenden Gemälde in der Bildergallerie zu Augsburg. — Ein sehr ähnlicher aber befindet sich auf einer Votivtafel in der von mir schon öfters genannten Besserer-Kapelle im Dome zu Ulm. —

Bei Letzterem liest man die Jahrezahl 1475, während das vorbesagte Gemälde sicherlich höchstens der ersten Hälfte des XVI. Jahrhunderts angehört. — Der Eisenhut in der Bessererkapelle ist ganz vergoldet, wie denn überhaupt sehr wahrscheinlicher Weise: bemalte, versilberte, vergoldete und mit Stoff oder Tuch überzogene Eisenhüte in Wirklichkeit manchmal vorkamen, da ja Helme und andere Rüstungstheile auch in jener Periode häufig also ausgeschmückt angetroffen werden. —

Zu dissem gotshauß sankt Wolfgang
Gott zu lob Er pawet nit lang
Zu Jarezit vom Grund aus sund
Den ersten stain mit seiner Hand
Leget zu Unsres Herrn Jaren
Do der vierzehenhundert warrn
Acht und sybentzig auch geacht
Vor pfingsten am erichtag vollbracht
Den Anfang mit vleiß forwar
Darnach im achtzigisten Jar
Am suntag vor der hymelfart
Maria der Junkfrawen zart
Den tempel zue gottes ern
Weyhen ließ do durch den hern
Und milten fürsten hochgeporen
Got abwend seinen ewigen zorn. —

g. 1480. rest. 1848. Amen." —

1) J. H. v. Hefner-Alteneck's Trachtenwerk II. Abthlg, Tab. 161, Text pag. 209 u. 210. —

Nro. 23. Ein Eisenhut mit seinen sichtbaren Schnallriemen, wie er in den alten Wappen der Spiegel im Braunschweigischen vorkommt.[1] — Sehr oft wurden die Eisenhüte mittelst solcher Schnallriemen unterm Kinn befestiget, gewöhnlicher aber waren die bekannten gewundenen, oder vielmehr übereinandergeschlungenen Kordeln und Schnüre, wie man sie auf Tafel XXVII, unter Nro. 6—8 u. a. v. a. Orten bemerken kann. —

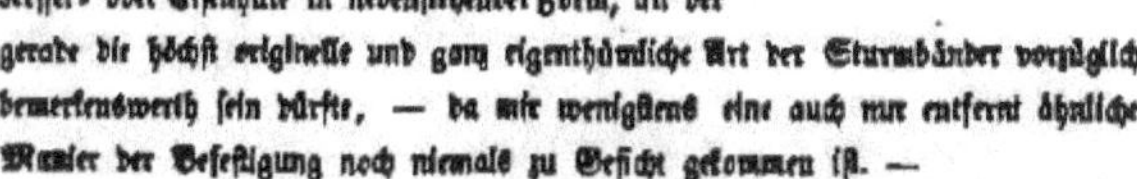

In jenem Originalsiegel des Nikolaus von Ketelhot, Bischofs zu Verden, vom Jahre 1318, hingegen erscheinen die bekannten drei Ketelhodischen Kessel- oder Eisenhüte in nebenstehender Form, an der gerade die höchst originelle und ganz eigenthümliche Art der Sturmbänder vorzüglich bemerkenswerth sein dürfte, — da mir wenigstens eine auch nur entfernt ähnliche Manier der Befestigung noch niemals zu Gesicht gekommen ist. —

Nro. 24. Ein Eisenhut, einem altdeutschen Holz-Relief entnommen, das die Auferstehung Christi vorstellt, und woselbst er von einem der Wächter des hl. Grabes getragen wird. — Die obere Erweiterung des Kopfes, wie hier und an mehreren andern bisher angeführten Eisenhüten auf unsern Tafeln, ist besonders häufig, und es verläugnet sich keineswegs die so überaus beliebte Nachahmung gerade dieser Form auch bei den heraldischen Eisenhüten. — Namentlich wurden im XV. Jahrhunderte die heroldsfigürlichen Eisenhüte fast ausschließend in solcher Gestalt gegeben. (Man sehe und vergleiche auch Tafel XXVII, unter Nro. 9 und Tafel XLIV, unter Nro. 4 und Nro. 7 ꝛc.) — Also geformt trifft man z. B. die heraldischen Eisenhütlein an den Grabsteinen der Herren von Greul in Moosburg, am Wappen der Marschälle von Pappenheim im Conrad von Grünenberg und auf den meisten Wappendarstellungen und Abbildungen, aus dem XV. Jahrhundert, zu Pappenheim selbst. —

Nro. 25. Ein sehr hoher Eisenhut auf einem Perlmutter-Reliefchen aus dem XV. Jahrhundert, das sich im Besitze des Herrn Magnus Soyter in Augsburg befindet. —

Derartige hohe Eisenhüte waren in Wirklichkeit keineswegs etwas Seltenes, und es entsprechen solche eigentlich der wahren heroldsfigürlichen Eisenhutform durchschnittlich weit mehr als die niedern Exemplare. —

Nro. 26. Dieser Eisenhut mit rundem Kopfe und etwas stark abgedachter

---

1) Alter Siebmacher Pars I. pag. 179. —

Krämpe befindet sich auf den Wandgemälden aus Tristan und Isolde am sogenannten Runglsteine bei Botzen. —

Beda Weber schreibt unter Andern von diesem Schlosse: „Es wurde in neuerer Zeit sehr bekannt durch die hier vorfindigen altdeutschen Gemälde, welche auf dem Söller Darstellungen des Heldenbuches, im ersten Saale die Geschichte von Tristan und Isolde, und im zweiten die Tafelrunde enthalten." —

„Die Veste soll gegen das Jahr 1237 von den Herren von Wangen erbaut worden sein. Ein Jahrhundert später finden wir die Edlen Vintler im Besitze derselben, von denen Nikolaus Vintler, der mächtigste und reichste seines Geschlechtes, als der wahrscheinliche Stifter dieser Schildereien erscheint, gegen das Jahr 1400. Maximilian I, dem diese Veste später zugefallen war, ließ dieselben auffrischen, wie er selbst in seinem Tagebuche angibt." [1]) —

Jener Eisenhut aber ist eigentlich nur durch seine Befestigungsweise vorzüglich bemerkenswerth, welche zwar originell, keineswegs aber praktisch genannt zu werden verdient, da ein einziger Schwertstreich mit Leichtigkeit die Bande lösen konnte, welche ihn am Kopfe festhielten. — Einen durchaus gleichgeformten Eisenhut, nur nicht auf solche Manier unterm Kinn festgehalten, trägt auf Abbildungen auch Robertus I. Frisius. — Dafür jedoch erscheint er mit einer kleinen Feder geschmückt. — Jene originelle Befestigungsweise aber trifft man um 1400 auch an sehr vielen gewöhnlichen Hüten, so z. B. bei einem deutschen Edelmanne aus dem Gefolge eines Fürsten im Düsseldorfer-Kostümbuche (Tafel III, a) u. a. m. a. O. —

Nro. 27. Ein enorm schwerer Eisenhut aus der v. Peuker'schen Sammlung in Brüssel, den ich nach eingesehener Zeichnung für mich dort ersteigern ließ, und der sich gegenwärtig noch in meinem Besitze befindet. — Im Catalogue illustré d'armes anciennes Européennes et Orientales, Bruxelles 1854, wo er Pl. II, sub Nro. 34 aufgeführt ist, heißt es über ihn, auf Seite 10 unter Nro. 70, wörtlich wie folgt: „Un pot en tête, du XVe siècle, extrêmement lourd, ayant servi probablement pour punition, comme cela se pratiquait souvent à cette époque." — Aus zwei Stücken geschmiedet, wiegt er volle 18 bayerische Pfund. — Wennschon ich nun der ganzen Geschichte, d. h. dem Hute selbst, in Bezug auf Echtheit, sehr wenig Zutrauen schenken kann, so muß ich aber umsomehr noch eine derartige Nutzanwendung der Eisenhüte überhaupt, als ganz unwahrscheinlich, in gerechten Zweifel ziehen. — Ich enthalte mich deßhalb jeder weiteren Erklärung, indem ich das Urtheil über den

1) Beda Weber, Handbuch für Reisende in Tirol. In einem Bande. Nach dem größeren Werke: „Das Land Tirol", vielfach verbessert und berichtigt. Zweite Auflage. Innsbruck, 1853. — Auf Seite 360 und 361. —

fraglichen Eisenhut und seinen angeblichen Zweck Jedermann selbst anheimstelle.[1]) — Wohl auf keinen Fall aber gehört er dem XV. Jahrhundert an; denn in Nro. 28 sehen wir einen Eisenhut, der eine ganz ähnliche Grundform hat, und dessen breite, nach vorne und hinten zu etwas ausgeschweifte Krämpe bereits den Uebergang vom Eisenhut zum sogenannten Morion oder Jagdhelm anbahnt. — Er befindet sich solchergestalt im Wappen eines gewissen Theodorus Sturm, an der Außenseite der St. Peterspfarrkirche zu München, und scheint allerdings, trotz sehr später Zeit, noch nach einem gleichzeitigen Originale gearbeitet zu sein. — Charakteristisch an ihm ist der nach den antiken Geschmacksformen seiner Zeit ziemlich barok ausgeschnittene Krämpenrand und seine dabei dennoch unverkennbare Aehnlichkeit mit den viel älteren Eisenhutformen. — Jedenfalls aber sehen wir in ihm einen der letzten wirklichen und eigentlichen Eisenhüte; — denn, wie gesagt, vermittelt er bereits die entschiedene Uebergangsperiode. —

Der Grabstein selbst trägt die Inschrift: „Adi. 1585 den 29 tag May ist in Gott verschiden Teodorus Sturm, dem Gott gnad.“ —

Wahrscheinlich wollte man hier auch mit dem Sturmhut auf den Namen: Sturm anspielen, da für alle Eisenhüte diese Bezeichnung in der That schon zu sehr alter Zeit angewendet wurde. — Bisweilen gebrauchte man auch den Ausdruck: Kesselhut, und zwar ebenfalls sehr frühzeitig schon, wofür das redende Wappen derer von Keitelhot (Kesselhut) ein hinreichender Beweis sein dürfte. — Der gewöhnliche Namen aber und eine Benennung, welche durch alle Zeiten und in allen Ländern vorkommt, ist der selbst heutzutage noch am meisten verständliche und auch ganz bezeichnende Ausdruck: Eisenhut, Ysinhuet, Ysenhut, wie man wohl in den älteren Perioden zumeist geschrieben findet. —

Wenngleich nun, und zwar schon in früheren Jahrhunderten, nicht selten für den

---

1) Die hier gebrauchte französische Benennung jedoch: pot-en-tête, oder wo anders bisweilen wohl auch: pot-helmet, für einen eigentlichen Eisenhut, findet sich übrigens sehr häufig auf sämmtliche Eisenhüte der späteren Perioden, und namentlich auf die zu Cromwells Zeiten angewendet, von denen allen man die verschiedenartigsten und mannigfaltigsten Musterexemplare, in genauester Abbildung und mit der jedesmal dazugehörigen näheren Beschreibung, in sehr vielen Waffen-Trachten- und Kostümwerken u. a. v. a. O. finden kann. — So unter Anderem z. B. in Guido de la Tour de Londres etc. par J. Hewitt (cinquième édition), — Description des Gravures, 1 (Frontispice) Casques: unter fig. 12; — oder ferners in Llewelyn Meyricks Waffen-Sammlung zu Goodrich-Court in Herefordshire, von Gustav Fincke in Berlin, 1836, auf Platte XXXIX (Text auf Seite 12) unter fig. 1, 8 und 9; sowie im gleichen Werke auch auf Platte LXXIV (Text auf Seite 18) unter fig. 10 und 11, u. a. m. a. O. —

Helm, und insbesondere für den Salade, hie und da die Bezeichnung „Eisenhuet", und ebenso umgekehrt für einen Eisenhut bisweilen die Bezeichnung „Helm" gesetzt wurde, so liegen uns dennoch die überzeugendsten Beweise vor, daß schon zu ältester Zeit beide Gattungen sehr wohl unterschieden, und allenfalls auch zu verschiedenen Zwecken angewendet wurden. —

Einen gewiß augenfälligen Beleg hiefür hat man unter Andern im bekannten „Schachzabelbuche", einem alten Manuskripte mit kolorirten Federzeichnungen, das auf der königl. Bibliothek zu Stuttgart aufbewahrt wird und mit Reimsprüchen von Conrad von Ammenhusen dichterisch bearbeitet ist. — Auf einem der ersten Blätter dieses höchst interessanten Buches nun findet man einen Ritter in voller Rüstung und es wird diese Abbildung durch folgende Stelle im genannten Manuskripte begleitet:

„Sit ich von den alten han
Geseit so will ich heben an
Von der geschöpfte des ritters sagen
Ein ritter soll tragen
Ein panzen harnest und waz darzu sol
Gehören das gezimt eim ritter wol
Das sag ich ob ir wellen losen
Halsperg schossen ysenhut
Buchblech oder knüweling genannt
Sy wissen wol den es ist bekannt
Was notturft ist an die bein
Noch anders me das ich mein
Ein koller ein beckenhuben darzu
Ein helm zwen ysen hentzschu
Sol er an sinen henden han
Er sol den schilt nüt hinder ime lan
Ein sper in seiner linken hant
Als wie dis buch det bekannt
Zu seiner linken siten ein schwert
Ein blatten wer es zuwissen gert
Zwen Sporen ein redl ysin
Der wisse es soll mit mesin
Im sein roß verdecken sol
Dos soll sin gelerет wol
Daß es sin willen tu
Het er ein waffenkleit dar zu
Un het do by eins mannes muͤt
Do ist er zu einem ritter gut." [1])

---

1) Man sehe auch J. H. von Hefner-Altenecks Trachtenwerk, Abthlg. II, Tab. 80 und den betreffenden Text dazu von Seite 109 bis 111. —

Der Wortlaut also jener betreffenden Verse mag meine obige Behauptung auf das unzweideutigste bestätigen; denn man sieht aus den bezeichneten Stellen, daß ein wesentlicher Unterschied, wenigstens schon im XV. Jahrhundert (aus dieser Zeit stammt nemlich das vorerwähnte Schachzabelbuch), zwischen Helm, Beckenhaube und Eisenhut allerdings bereits bestanden habe. — Wegen der hie und da üblichen Benennung: „Sturmhut" aber möchte ich fast auf die Vermuthung kommen: daß die Eisenhüte vorzugsweise bei Berennung von Vesten u. dgl. Anwendung fanden, während der Helm mehr im freien Felde gebraucht wurde. — Die durchschnittliche Normalform vieler Eisenhüte spricht überdieß einigermaßen für eine derartige Annahme. — Auch der Umstand: daß des Herrn Professors J. H. v. Hefner-Alteneck gothische Rüstung zwei Kopfbedeckungen, nemlich den unter Nro. 12 aufgeführten Eisenhut und einen Salade zur Abwechslung hat, macht meine unmaßgeblichste Vermuthung noch um Vieles glaubwürdiger.[1]) —

Uebrigens findet man die Eisenhüte von Rittern und Knechten, von Bürgern, reisigen Leuten und Söldnern, durch alle Perioden des eigentlichen Mittelalters, und ebenso in allen Situationen getragen, so daß sich hierüber eine ganz sichere Behauptung mit Bestimmtheit um so weniger aufstellen läßt. — Zudem wurden sie nicht allein von allen streitbaren Männern jedes Alters und Standes, sondern auch zur vollen Kriegstracht, zur halben Rüstung, ja manchmal sogar zum gewöhnlichen Hausgewande getragen. —

Zu älterer Zeit (im XIII. und XIV. Jahrhundert) trifft man häufig neben Halsbrünne und Beckenhaube (Bassinet), d. h. beziehungsweise über oder auf derselben noch einen breit- oder schmalkrämpigen, hohen oder niederen Eisenhut. — In der frühern Periode scheint dieß sogar die ausschließende Art gewesen zu sein, wie man Eisenhüte überhaupt zu tragen pflegte.[2]) — Während späterhin dann eine Tuch- oder Filz-Gugel (Kapuze), eine eiserne Barthaube oder wohl auch sehr oft gar Nichts dazu genommen wurde. —

Herr Dr. A. von Eye, ehemaliger Vorstand der Kunst- und Alterthums-Sammlung am Germanischen Museum zu Nürnberg, spricht sich hierüber ebenfalls in ganz ähnlichem Sinne aus. — Er bringt nemlich in seinem Werke, betitelt: „Kunst und Leben der Vorzeit, Nürnberg 1855" auf einer der Helmtafeln auch den hier nachstehend in Holzschnitt genau wiedergegebenen „Eisenhut", welcher von ihm dort ganz richtig ein „Sturmhut" genannt wird, während es im betreffenden

1) J. H. v. Hefner-Alteneck's Trachtenwerk II. Abthlg. tab. 82 u. 83, Text pag. 111—114. —

2) Ibid. I. Abthlg. Tab. 5 u. 6; II. Abthlg. Tab. 34 u. a. v. a. O. —

Texte dann unter Anderem wörtlich heißt: „Man ließ aber auch bei leichterer Bewaffnung wohl ganz die Barthaube weg und hüllte Kinn und Hals in einen leichteren Stoff, wie Zeug oder Leder. — Dasselbe geschah gewöhnlich auch beim Tragen einer andern Kopfbedeckung, des sogenannten Sturmhutes, bei dem jedoch auch erstere sich angewandt findet.“ 1) — Weil nun Dr. von Eye diesen Eisenhut oder Sturmhut, wie er ihn nicht ohne guten Grund nennt, kurzweg unter den Helmen des XV. und XVI. Jahrhunderts aufführt, deßhalb darf man aber noch keineswegs glauben, es wäre diese Eisenhutform etwa nicht schon auch weit früher im wirklichen Gebrauche vorgekommen. — Nicht allein mehrere von mir auf den Tafeln in Abbildung, und mit den entsprechenden Erläuterungen dazu im Texte gegebene, sehr ähnliche Exemplare, sondern vorzugsweise auch alle aufmerksamen Vergleichungen mit den Originalien ältester Zeit, können uns wohl hinreichend vom absoluten Gegentheile überzeugen, da nemlich durchschnittlich gerade unter dieser vorliegenden Gestalt die frühesten Eisenhüte überhaupt am häufigsten gefunden werden. —

Die weitere Ausschmückung mancher Eisenhüte mit sogenannten Sendelbinden in den betreffenden Wappenfarben, die an ihrer obersten Spitze, am hinteren Theile oder auch wohl an der Seite aufgesteckten Federn u. dgl., sind längst bekannte Dinge, welche ich überdieß schon alle, größtentheils weiter vorne, im Texte erwähnt, oder auf den betreffenden Tafeln auch abbildlich gegeben habe. — Von hohen und mächtigen Dynasten getragen trifft man die Eisenhüte hie und da sogar mit einem Krönlein, mit Goldspangen und bunten Steinen verziert, — bisweilen auch zierlich cannelirt. So z. B. der mit vier Straußenfedern, Kronenreif und reicher Cannelirung geschmückte Eisenhut auf einer Abbildung Eduardi III. regis Franc. —

Doch von Alledem können wir uns ja auf unzähligen Originalien zur Genüge selbst überzeugen. —

Die letzten wirklichen Eisenhüte sind eigentlich die sogenannten Eisen- oder Blechhauben des XVII. Jahrhunderts. — Wenn dieß auch Manchem etwas sonderbar klingen dürfte, so finden sich in der That unter den bezeichneten Eisenhauben immerhin noch gewisse Formen, welche lebhaft an die älteren Eisenhüte erinnern.

---

1) Dr. A. von Eye, Kunst und Leben der Vorzeit, Nürnberg 1856; — die Helme des 15ten und 16ten Jahrhunderts. (Fortsetzung.) Tafel, Fig. 7. —

Obgleich sie nemlich nicht mehr „Eisenhüte“ genannt wurden, so hatten sie dennoch bisweilen auffallende Aehnlichkeit mit solchen. — Namentlich sind es die bekannten, so überaus häufig vorkommenden zwei Formen, welche wir unter Nro. 29 und Nro. 30 sehen, und die ganz irrthümlich manchmal auch mit der Benennung „Pickelhauben“ näher bezeichnet werden. — Ist ihr Rand (die Krämpe) nicht gar zu schmal, dann sind sie faktisch als die letzten Eisenhütlein zu betrachten, oder können doch wenigstens gewiß mit vollem Rechte noch also genannt werden. —

Daß man aber zu älterer Zeit, wie eigentlich heutzutage noch, im dichterischen und prosaischen Sprachgebrauche sehr oft den Theil fürs Ganze, also hie und da auch den „ritterlichen“ Eisenhut als Bezeichnung eines streitbaren oder edelgebornen Mannes setzte, beweisen uns nachfolgende Verse aus Ottokar von Horneck's österreichischer Reim-Chronik, wo es an einer Stelle, in der sich der edle Verfasser über gewisse Aebte beklagt, die ihre Klosterbauknechte in Wehr und Waffen, gleich Frei- oder Edelgeborenen, einherstolziren lassen, unter Anderm wörtlich heißt:

„Wel daz si sein verwassen
Die do machent Eisen-Chappen,
Aus solchen ackher-Trappen
Die do gehöret zu dem Pflueg.“ —

Schlüßlich bemerke ich noch, daß das hohe Alter und, ich möchte fast sagen, die allgemeine Popularität der Bezeichnung: „Eisenhut“ (Ysinhuet, Ysenhuet ꝛc.) nicht allein aus dem ziemlich häufigen Vorkommen dieses Wortes als Geschlechts-Namen, schon zur frühesten Zeit des Mittelalters, erhellt, sondern sogar auch aus den mehrfach angeregten und erweislich uralten Gasthofschilden „zum Eisenhut“, wie z. B. in Augsburg, gewissermaßen hervorgeht. —

Es gibt zwar noch eine Menge anderer Ab- und Unterarten des wirklichen Eisenhutes, welche alle jedoch mehr oder minder auf Eins herauskommen, d. h. die eben nur wieder die unerheblichen Variationen eines oder des andern von mir in den Tafeln bereits aufgeführten Exemplares bilden. — Sämmtliche Gattungen und Formen der wirklichen Eisenhüte aber, mit allen ihren Veränderungen und Modificationen, hier aufzuzählen, wäre nicht allein überflüßig und zweckwidrig, sondern auch völlig Danaidenarbeit, da die Anzahl der Eisenhüte mit und ohne Augenschlitzen, sowie jener, die auf den Schultern aufsaßen, und nach Art der Stech- oder Turnierhelme topfartig über den Kopf gestülpt wurden, in summa summarum sich auf „Legion“ entziffern dürfte. —

Ich will es daher hiebei bewenden lassen und nur schlüßlich noch darauf aufmerksam machen: daß sonderbarer Weise, wie man sehen konnte, auch bei den wirklichen echten Eisenhüten, wie oben bei den heraldischen, durchschnittlich die runden den eckigen Formen vorausgehen. —

Soviel von den wirklichen, echten Eisenhüten. —

Nach dieser längeren Unterbrechung kehre ich nunmehr zur Sache selbst zurück. —

Ueber die heraldischen Wolken und den Wolkenschnitt, welche, ohngefähr vom Ende des XIII. Jahrhunderts angefangen, eigene Heroldsfiguren für sich bildeten, bleibt um so weniger mehr zu sagen übrig, weil ihre einfache und uralte Normalform (wie auf Tafel XXVI, unter Nro. 9, 11 und 12; oder auf Tafel XXXIX, unter Nro. 152) allen Heraldikern längst bekannt ist, die doppelten oder krausen Wolken aber (wie auf Tafel XXVI, unter Nro. 8, oder auf Tafel XXXIX, unter Nro. 151) nur durch „künstlerische Verschönerung", nachdem sich bereits der Begriff von „natürlichen" Wolken konsolidirt hatte, erst späterhin entstanden sein mögen. — In den sogenannten halben Wolken oder Wolkenstreifen aber (auf Tafel XXXIX, unter Nro. 153), wie sie z. B. von den Grafen von Rortenburg, von den Gaugrafen, welche Begräbnisse im ehemaligen bayerischen Kloster Reitenhaslach hatten, von den Hiesfelden und Blomberg am Niederrheine, von den Grafen von Spitzenberg, von den Schowenstein in der Schweiz, von den Pfungen ebenda und in Tyrol, von den Blumeneck im sogenannten Walgaue, sowie von vielen andern Geschlechtern geführt wurden, ist noch deutlich die ursprüngliche innige Stammverwandtschaft mit den ältesten heraldischen Eisenhütlein zu erkennen. — Schlüßlich zu den Wolken muß ich noch bemerken: daß es in der echten Urheraldik zu keiner Zeit natürliche Wolken gegeben hat, sondern solche eben nur mit den halben Wolkenstreifen, mit den einfachen und doppelten oder krausen Wolken (Wolkenschnitten) dargestellt wurden. — Ja, sogar auf landschaftlichen Originalien (in Holzschnitten u. dgl.) findet man die wirklichen Wolken weit öfters den heraldischen, als den natürlichen nachgebildet. —

Daß man übrigens trotzdem mit den heraldischen Wolken, schon zur frühesten Zeit der ersten heraldischen Urkeime, zumeist dennoch auf die natürlichen Wolken Bezug nahm, wird einigermaßen schon durch den sehr bemerkenswerthen Umstand außer allen Zweifel gesetzt: daß die einfachen und doppelten heraldischen Wolken wirklich von jeher in den Wappen solcher Geschlechter am häufigsten gefunden werden, deren Stammhäuser auf hohen, steilen Felsen oder auch wohl auf schwer zugänglichen Bergen, also in der That fast buchstäblich den Wolken nahe gelegen waren. — So z. B. bei den uralten Grafen von Wolkenstein in Tyrol, welche geschichtlich nur der überaus hohen Lage ihres festen Bergschlosses den Namen sowohl,

bleiben eigentlich nur zwei Hauptansichten übrig, die sich bereits seit Jahrhunderten schon schroff einander gegenüberstanden. — Das sind nemlich: die französische und die deutsche. — Ersterer folgen sämmtliche Westvölker und selbst einige deutsche Autoren, indessen die deutsche Heraldik in diesem Punkte zwar vereinzelnt, nichtsdestoweniger aber eben deßhalb selbstständig dasteht. —

---

chen Gebrauche, genauest abbildlich aber auf unserer vorliegenden Tafel LXIV, unter Nro. 9 finden kann. — Bei denen von Bütikon, — im alten Siebmacher unter den „Schweyzerischen", Pars II, pag. 150; auf unserer Tafel LXIV, unter Nro. 10, — sowie bei denen von Bülligkhen, — im alten Siebmacher unter den „Reynlendischen", Pars II, pag 103; auf unserer Tafel LXIV, unter Nro. 12, — haben wir die vorbesagten heraldischen „Römergläser" von noch weit ausgeprägterer Form vor uns, indem sie dort beim ersteren Geschlechte in goldener (wohl weingelber) Tinktur, beim letzteren hingegen in der, für alle „Römergläser" gewissermaßen bis auf den heutigen Tag sogar noch charakteristischen grünen Farbe erscheinen. —

Bei den sämmtlichen anderen, heraldisch vorkommenden Gläser-Gattungen herrscht jedoch von jeher schon so wenig Uebereinstimmung mit den heraldischen Eisenhütlein aller Formen und Zeiten, daß dadurch allein schon jeder etwaigen Verwechslung dieser beiden Figuren hinreichend vorgebeugt war, und ein ähnlicher Irrthum ohnehin zur Unmöglichkeit wurde. —

Entweder sind es dann nemlich gewöhnliche „Schoppengläser", wie z. B. bei denen von Doneck oder Donedh in Bayern (im alten Siebmacher Pars I, pag. 88; auf unserer Tafel LXIV, unter Nro. 6) und in einigen Wappen-Abbildungen der Freiherren von Gutenburg am Schwarzwald (im alten Siebmacher Pars II, pag. 34; auf unserer Tafel LXIV, unter Nro. 9), — oder wir finden große, gleichfalls Römerartige Glasschalen, wie etwa im redenden Wappen der Nürnberger-Patrizierfamilie Glasnapf (im alten Siebmacher Pars II, pag. 160; auf unserer Tafel LXIV, unter Nro. 11), oder man trifft sogenannte „schwäbische Stutzengläser" mit Warzen, wie bei den Aschern vom Glas in der Schweiz (im alten Siebmacher Pars I, pag. 199; auf unserer Tafel LXIV, unter Nro. 4) und bei denen von Schencking im Westphälischen (im alten Siebmacher Pars I, pag. 191; auf unserer Tafel LXIV, unter Nro. 5), — oder endlich auch hat man Stengel- und Kelchgläser vor sich, nemlich sogenannte Venetianer-Gläser, wie sie z. B. im Wappen derer von Hienwhrel in Bayern vorkommen, das wir in J. A. Tyroffs Wappenbuch des gesammten bayerischen Adels Pars VI, Tab. 15, auf unserer Tafel LXIV dagegen unter Nro. 8 bemerken können. —

Man ersieht übrigens hieraus wieder, daß, wie oben schon bei den Schlüsseln und bei den Eisenhütlein, so auch hier bei den Gläsern, durchschnittlich ebenfalls der allgemeine Grundsatz Geltung hatte: sie in allen, bei Trinkgläsern überhaupt vorkommenden Gestalten und Formen, und zwar nach vollkommen freier Willkühr, auch heraldisch anzuwenden, gemäß der ganz richtigen Ansicht: daß ein Trinkglas, wie oben der Schlüssel oder Eisenhut, unter allen Verhältnissen ein solches bleibt, also die blos beliebige Form-Abwechslung sowohl hierin, als folgerecht dann besonders auch in der allgemeinen Wesenheit irgend eines Wappens durchaus nichts zu ändern vermag. — Blau, Silber (Weiß), Grün oder Gold (Gelb) aber erscheinen die sogenannten „Römer" und fast alle andern Gläser blos deßhalb am häufigsten in heraldischer Anwendung, weil sowie bei

Die Franzosen erklären nemlich diese Figuren für den natürlichen Behwammenpelz und benennen sie auch darnach (vair, contre-vair, vairé, contre-vairé); die Deutschen dagegen halten sie für keinen Pelz, sondern hießen sie von jeher schon: „Eisenhütlein". —

---

den Eisenhütlein, das bekannte Blau und Weiß (Silber), deren natürlicher Eisenfarbe am meisten entsprachen, geradeso auch das natürliche Glas bei jenen den vorgenannten heraldischen Tinkturen jederzeit am nächsten kommende Farbentinur hatte. —

Eine Verwechslung dagegen der heraldischen Eisenhütlein mit „Glocken", „Schellen" oder sogenannten „Cymbeln" muß ich geradezu als einen auf platter Hand liegenden Unsinn bezeichnen. — Ich weiß daher wahrlich nicht, welches heraldische Kraftgenie auf den tollen Einfall kommen konnte z. B. die fünf schwarzen Eisenhütlein der uralten bayerischen Herren und Grafen von Phalay oder Balley, wie sie wohl auch bisweilen sich geschrieben finden (im alten Siebmacher unter den „Grauen", Pars II, pag. 10; auf unserer Tafel LXIV, unter Nro. 1), an der Außenseite eines Kirchleins zu Bernried, am Würm- oder sogenannten Starnbergersee in Oberbayern, — (ja noch dazu mit ganz falscher Farbenangabe), — ohneweiters in „fünf gelbe oder güldene Glocken" zu verwandeln. — Angenommen nun selbst, wie es hier aber durchaus nicht der Fall ist, daß einem solchen Irrthume irgend eine ganz besonders auffallende oder doch wenigstens sehr täuschende Formähnlichkeit zu Grunde läge, so würde dennoch die blaue Farbe allein schon (nemlich als gewöhnliche Tinktur der heraldischen Eisenhütlein) bei „Glocken", „Schellen" oder sogenannten „Cymbeln" nie und nimmer zu rechtfertigen sein, noch viel weniger aber sich genügend erklären lassen, — und es kann demnach ein derartiger Mißgriff weder vertheidigt, noch je beschönigt werden. —

Die Krone aller heraldischen Mißverständnisse gebührt jedoch sicherlich der verkehrten Meinung Jener, die da bei kritischer Beurtheilung der „heraldischen" Eisenhütlein stets die „botanischen", nemlich das aconitum napellus, die sogenannten blauen „Sturmhütlein", im Auge haben, oder auch etwa gar die bekannten „blauen Glockenblumen", wie sie bei uns überall im Walde, auf Wiesen und Feldern, im Frühlinge und zur Sommerszeit, in großer Menge wachsen. — Recht ergötzlich ist es daher z. B. im „Ehrenhold" von Wilhelm von Chezy, Stuttgart 1848, (im I. Abschnitte, §. 2, auf Seite 23), unter Anderem wörtlich geschrieben zu lesen, wie folgt: „Das andere Rauchwerk besteht in Vaires, und wird im Deutschen durch einen seinem Aussehen angepaßten (!?) Pflanzennamen bezeichnet: Eisenhütlein, gewöhnlich in aufrechtstehenden weißen und gestürzten blauen Glocken erscheinend, u. s. w. u. s. w." —

So weit können „Heraldiker" kommen, die kein Vorstudium mittelalterlicher Originalien sich vor Allem zu eigen gemacht haben! —

Ich aber weiß nur soviel, daß der Schreiber obiger Zeilen sicherlich ein ebenso schlechter „Botaniker", wie „Heraldiker" sein mußte, um nur blos der Aehnlichkeit „heraldischer" mit „botanischen" Eisenhütlein wegen, jenen Pflanzennamen zur kunsttechnischen Bezeichnung der Ersteren richtig gewählt, oder „gut angepaßt" zu finden. — Die albernen Aufstellungen endlich von „blauen Bergen", „Keilen" (cuneus), „Schilderhäuschen" (aediculae in quibus excubiae aguntur), „Zuckerhüten" u. dgl. sind denn doch gar zu unsinnig, als daß ich überhaupt nur ein einziges Wort weiter darüber verlieren möchte. —

Nur durch die genaueste kritische Untersuchung aber der heraldischen Figuren wird, wie man hier wieder in Erfahrung zu bringen eine gewiß günstige Gelegenheit hatte, in allen zweifelhaften Fällen, Verirrungen und Fehlern am leichtesten vorgebeugt werden können. —

Daß man mich jedoch in wissenschaftlichen Dingen niemals der Naivität beschuldigen könne, d. h. damit Niemand der Meinung sei: ich pflichte blos weil ich ein Deutscher bin der deutschen Ansicht bei, aus diesem Grunde will ich vor Allem der französischen Anschauungsweise gerecht werden und dann erst auf die deutsche Behauptung übergehen, welche in den meisten Punkten ohnehin die beste Widerlegung der ersteren sein dürfte. — Ich werde daher zuerst alle Wahrscheinlichkeiten, welche etwa die französische Erklärung für sich haben könnte, der Reihenfolge nach hieher setzen. —

a) Ein Hauptanhaltspunkt, den die französische Behauptung: daß unsere heraldischen Eisenhütlein jederzeit unbedingt den natürlichen Behwammenpelz bedeuten sollen oder daß sie doch wenigstens aus ihm entstanden seien, — vorzugsweise für sich auffinden dürfte, ist die hervorragende, allerdings nicht zu läugnende Thatsache: daß schon in der frühesten Periode, und beziehungsweise durch alle Zeiten des christlichen Mittelalters, der natürliche Behwammenpelz wirklich auch außerheraldisch zumeist genau so abgebildet wurde, wie man die ältesten, noch wolkenförmigen Eisenhütlein auf Originalien darzustellen pflegte. —

In der That ist nemlich nicht zu bestreiten: daß diese auffallende Gleichförmigkeit bei Darstellung des natürlichen Behwammenpelzes (auch außer der Heraldik) und der frühesten heraldischen Eisenhütlein in den meisten Fällen zutrifft. —

So sehen wir z. B. in der Herrad von Landsperg (hortus deliciarum, — Manuskript aus dem XII. Jahrhundert) öfters Decken, Mantelfutter u. dgl. in der Form wie auf der Tafel XLVI, unter Nro. 9. — Auch das Futter, welches Gottfridus pulcher Coenomanensis, comes, † 1150, in seinem weitfaltigen Obergewande trägt, stimmt, soweit als sichtbar, vollkommen mit diesem Dessin überein.[1] — Während in den Pergament-Malereien einer Handschrift, die den Commentar Gregor des Großen zum hohen Liede enthält (auf der Universitätsbibliothek zu Leipzig), weiß und blaues Pelzfutter in der bei Nro. 10 auf der Tafel XLVI sichtbaren Darstellungsweise vorkommt. — Auch Herr v. Hefner-Alteneck bemerkt ausdrücklich dazu: „das Pelzfutter darin ist weiß und blau", oder an einer andern Stelle: „mit weiß und blau geschupptem Pelzwerk gefüttert". — Das genannte Manuskript setzt er ins

1) Auch im Originalsiegel (sigillum pedestre) einer gewissen Gräfin Katharina von Spanheim oder vielmehr Sponheim, das im königl. Staatsarchive zu München an einer „En sante Fabianes vnde Sebastianes dage" ausgestellten Urkunde des Jahres 1314 hängt, zeigt sich das umgeschlagene Futter des weiten Mantels der vorbesagten Gräfin gleichfalls auf das genaueste nach der auf unserer Tafel XLVI, unter Nro. 9 in Farben entworfenen Zeichnung gegeben, sowie solchergestalt überhaupt noch a. v. a. O. —

XI. Jahrhundert.[1]) — Also aber findet man das ganze Mittelalter hindurch, ja sehr spät sogar noch, viele außerheraldische natürliche Pelzmuster abgebildet, welche alle mit den vorliegenden Zeichnungen mehr oder minder übereinstimmen. — Durchweg jedoch kamen sie ausschließend nur in weiß und blauer Farbe vor. —

b) Ein zweiter Grund, den die französische Ansicht vielleicht für sich beanspruchen kann, ist die schon oben beim „Schilde" ausführlicher besprochene, so ungemein beliebte Anwendung von natürlichen Pelzen aller Art zur bekannten mosaikartigen „Stückung" der Schilde.[2]) —

---

1) J. H. v. Hefner-Alteneck's Trachtenwerk, I. Abthlg., Tafel 90, Text pag. 120. —

2) Gleich von vorneherein nämlich muß ich hier ausdrücklich bemerken, daß man wohl niemals ganz in Abrede stellen kann: ob nicht trotzdem vielleicht (und dann zwar vermuthlich sogar gerade zur ältesten Zeit der ersten heraldischen Uebung?) hie und da einzelne, namentlich aber französische, englische, spanische, portugiesische, welsche und niederrheinische Schildträger jenes rundlich oder zaddelartig gestaltete, lappenförmige Universal-Ornament, d. h. beziehungsweise jene späterhin dann sogenannten Wolkenschnitte, und also auch die nachmaligen heraldischen Eisenhütlein-Muster, (vorausgesetzt natürlich immer, daß sie in den betreffenden Wappen von ausschließend blau und weißer Farbe waren), etwa aus besonderer Laune, aus persönlichem Geschmacke, aus einer gewissen Vorliebe für heraldischen Luxus, oder endlich auch aus irgend einem andern Beweggrunde, — vermittelst der mehrerwähnten mosaikartigen „Schild-Stückung", — bisweilen dennoch durch den natürlichen, wirklichen Fehwammenpelz auf ihren Original-Heerschilden gegeben haben. —

Eine solche Vorstellung gewinnt noch um so mehr an Leben, weil wirklich die gewöhnliche, außerheraldische Darstellungsweise des natürlichen Fehwammenpelzes oft die auffallendste Aehnlichkeit mit der ältesten heraldischen Darstellungsweise der sogenannten halben Wolkenschnitte oder späteren Eisenhütlein-Muster hatte. — Damit nun zwar soll jedoch keineswegs gesagt sein, daß diese letzteren, so oft sie mit Blau und Weiß (Silber) tingirt erscheinen, jederzeit und überall, gerade das wirkliche, natürliche Fehwammenfell bedeuten, oder wohl gar dasselbe durchweg unbedingt vorstellen sollten. —

Die obige Annahme dagegen hat aber eine allerdings um so größere Wahrscheinlichkeit für sich, als einerseits in der ganzen westlichen Heraldik die allgemeinen Benennungen: vair et contre-vair ou vairé et contre-vairé, als heraldisch-kunsttechnische Bezeichnungen für die fraglichen Wappenfiguren, bereits seit unfürdenklichen Zeiten schon, überall vollkommen gleichförmig eingeführt sind, andererseits aber auch in allen Ländern, (mit alleiniger Ausnahme von Deutschland), die ausschließend blau und weißen (silbernen) Eisenhütlein-Muster (gleichfalls von jeher schon) wirklich weitaus die überwiegend zahlreichsten waren. — Auch der bekanntlich oft nur zu weit ausgedehnte heraldische Pelz-Luxus jener westlichen Nationen, sowie deren besondere Vorliebe für Rauchwerke im Allgemeinen unterstützte, ebenfalls zu allen Zeiten, eine derartige Anschauungsweise auf das nachdrücklichste. — Noch ein weiterer, sehr wesentlicher Wahrscheinlichkeitsgrund zu Gunsten der Annahme des sogenannten Fehwammenpelzes liegt ferners in dem allerdings ziemlich bedeutungsvollen Umstande: daß gerade zur ältesten Zeit, und beziehungsweise vielmehr auf den frühesten, damals noch sehr großen heraldischen Original-Heerschilden, weder irgend eine bestimmte

c) Drittens ferners dürfte der Einwurf: es ließen sich die in der Heraldik vorkommenden Eisenhütlein-Muster keineswegs auch alle mit dem natürlichen Behwammenpelze darstellen, — von den Franzosen um so weniger angenommen werden, weil sie mit vollem Rechte darauf erwiedern können: daß die älteste Urheraldik, wo man nemlich überhaupt noch Schilde mit wirklichen, natürlichen Pelzen mosaikartig zu stücken pflegte, jedenfalls auch jene complizirten Muster von verschobenen, gespaltenen und durchschnittenen Eisenhütlein ꝛc. noch nicht gekannt habe. —

d) Viertens sollte man in der That glauben, nicht ganz ohne triftigen Grund die Behauptung aufstellen zu können: daß die Franzosen alle jene Wappen-Figuren, die bei ihnen wirklich jederzeit weitaus häufiger vorkamen, als bei uns in Deutschland, sicherlich auch richtiger zu beurtheilen vermochten, d. h. daß sie zuverläßiger deren Ursprung und eigentliches Wesen erklären, sowie besseren Aufschluß über sie geben konnten. — Wie denn dagegen ebenso im umgekehrten Falle, nemlich bei Wappenbildern, die entweder ausschließend nur, oder doch wenigstens weit zahlreicher in der deutschen Heroldskunst zu Hause waren, — wie etwa z. B. bei den bereits öfters erwähnten „durchschlagenen Seeblättern“, welche die Franzosen bekanntlich als: bouterolles (Ortbänder der Degenscheide oder Einschnitte eines Schlüsselbartes) blasoniren, — mit vollem Rechte auch ein Irrthum von Seite der Letzteren viel eher zu entschuldigen sein dürfte. —

Ein fünfter Punkt e endlich, zu Gunsten der Annahme des natürlichen Behwammenpelzes, widerlegt sich, so zu sagen, von selbst, weßhalb ich ihn hier vorzubringen eigentlich ganz unterlassen sollte. — Es kommen nemlich in älterer und ältester Zeit bisweilen Wappen mit vollkommen figurenleeren, weißen oder auch wohl silbernen Feldern vor, wie z. B. das angeblich älteste Wappen der uralten Grafen von Kirchberg, Stifter des ehemaligen Klosters Mallersdorf in Bayern (siehe auf der Tafel XLVI, unter Nro. 1), während später dann „Eisenhütlein“ jene früher

---

Reihenzahl der einzelnen Schwammerndessins in nähere Betracht kam, noch deßhalb also auch auf die natürliche, unter allen Verhältnissen selbstverständlich sich stets gleichbleibende Größe derselben gehörige Rücksicht genommen zu werden brauchte. — Schließlich endlich erschienen übrigens bei den mehrbesagten Westvölkern (sowie im Welschlande überhaupt) selbst noch die späteren heraldischen Eisenhütlein wirklich weitaus zahlreicher in ausschließend heroldsfigürlichen, nemlich am Schildesrande auslaufenden Mustern, bei welchen zumeist dann eine genaue Reihenzählung ohnehin umgangen werden konnte, — während dagegen ein Vorkommen derselben, das auch der Idee von wirklichen, eigentlichen Eisenhütlein einigen Raum gibt, durchschnittlich genommen, in allen jenen Ländern weit seltener zu finden sein dürfte. — (Man vergleiche hier wieder die Tafel XXVIII, und sehe auch die betreffende „übersichtliche Erklärung“ dazu.) —

24*

ganz leeren Felderräume ausfüllen, so zwar, daß man glauben könnte: blos aus Luxus wäre auf den Originalschilden das ursprünglich einfachere Weiß oder Silber späterhin dann mit dem mehr bunten natürlichen Belzpelze ersetzt worden. — Dieser durchaus irrigen Ansicht aber widerstreiten fast sämmtliche Beizeichen-Wappen der mit jenem alten Hause zunächst verwandten Geschlechter, wie z. B der Lovan, der Greul, der Salach, der Marschalken von Pappenheim, der Taufkirchen, der Neuberger zu Neufarn und Salach, der Aytinger, der Winkhofer, der Marschalken von Bopfingen, von Biberbach u. v. A., von denen Allen die meisten entschieden wirkliche Eisenhüte führten, indem solche entweder einzeln aus dem vorbesagten Gräflich von Kirchbergischen Wappen herausgenommen waren, oder sogar als körperhafte Helmkleinode (wie etwa von denen von Salach auf der Tafel XXVII, unter Nro. 11) getragen wurden, oder endlich auch, indem sie, durch ihr Vorkommen, ihre Stellung und Form, durch plastische Zeichnung u dgl., als: wirkliche echte Eisenhüte, schon auf den ersten Blick sich herausstellen. —

Man vergleiche hiezu namentlich die Tafeln XXVII und XLVI nebst der betreffenden „übersichtlichen Erklärung“ derselben. — Ebenso sehe man ferners die Monumenta boica, und zwar zunächst die Monumenta Mallerstorfensia, Pars XV, tabul. insignium Mallerstorfensium I et seq. —

Zudem haben wir ja an unzähligen Wappen überaus häufig den ganz gleichen Fall, auch mit verschiedenen andern Figuren, d. h. nemlich: auch viele andere Figuren erscheinen sehr oft erst späterhin auf einem Felde, das ursprünglich und in ältester Zeit vollkommen leer war. —

Die vier ersten, unter a, b, c und d aufgeführten Punkte hingegen, nebst der Ueberlieferung einer sonst in ihren meisten Theilen gediegenen, altfranzösischen Heraldik, dürften daher so ziemlich die Hauptmomente sein, welche die Anschauungs- oder Auffassungsweise der Westvölker bezüglich der heraldischen Eisenhütlein für sich haben mag. —

Dagegen nun aber erwidere ich nicht blos mit den hervorragendsten Originalbeweisen allein, sondern auch mit den praktischen Gründen, welche die deutsche Ansicht in dieser Sache von jeher schon voraus hatte, ja noch heutzutage entschieden voraus haben muß. —

a) Als ersten Beweis, der schon vom praktischen Standpunkte aus hauptsächlich gegen die Annahme jenes Pelzwerkes spricht, nenne ich vor Allem: die verschiedenen Zahlen-, und in Folge dessen auch die verschiedenen Größenverhältnisse der Eisenhütlein bei ihrem heraldischen Vorkommen, während selbstverständlich und sehr wohl begreiflicher Weise die natürlichen Behwammenpelzmuster immer ein und dieselbe Größe haben, also auch auf einem gegebenen Raume (im vorliegenden Falle nemlich auf dem Schilde) ihre Reihenzahl sich weder vermehren, noch vermindern läßt.[1]) —

b) Dem ersteren vorhin angeführten Punkte: dieser Pelz sei nemlich auch außer der Heraldik zumeist nach Art der ältesten heraldischen Wolken und Eisenhütlein dargestellt worden, kann man aus Originalbeweisen als wohlbegründeten Einwurf entgegenhalten: daß er ebenso oft auch ganz anders, und zwar den heraldischen Wolken oder Eisenhütlein durchaus unähnlich sich vorfindet, weßhalb jene Gleichförmigkeit der Zeichnung auf außerheraldischen Abbildungen eigentlich viel eher das Werk eines bloßen Zufalls, denn die Folge irgend einer Absichtlichkeit zu sein scheint. —

Auf unserer Tafel XLVI von Nro. 11 bis Nro. 15 z. B. bemerken wir fünferlei verschiedene Arten, wie man ebenfalls jenen blau und weißen Natur-Pelz außer der Heraldik vordem häufig darstellte. — Keine derselben hat aber eine auch nur entfernte Aehnlichkeit mit der ältesten heraldischen Wolken- oder Eisenhütleinform, so daß von einer Uebereinstimmung um so weniger die Rede sein kann, weil den betreffenden Zeichnungen nicht einmal die Idee einer solchen zu Grunde liegt. — Nro. 11 und 12 auf der Tafel XLVI sind überdieß aus dem nemlichen Manuskripte (Commentar Gregor des Großen zum hohen Liede, angeblich aus dem XI. Jahrhundert), welches ich oben anführte, und das sich auf der Universitätsbibliothek zu Leipzig befindet, ja sogar noch dazu unmittelbar neben jenen Pelzmustern angewendet.[2]) — Nro. 13 auf derselben Tafel XLVI ist aus den Darstellungen in einem Pergament-Manuskripte auf der königl. Staatsbibliothek zu München genommen, das ich schon einmal zitirt habe, und dessen Inhalt das Heldengedicht „Tristan" von Gottfried von Straßburg und Ulrich von Thüringen bildet. — Herr J. H.

---

1) So erscheint z. B. unter Andern auch die sogenannte Napoleonische Toque auf vielen französischen Wappen des alten Kaiserreiches sehr oft mit einem Besatze von einer oder gar von mehreren Reihen heraldischer Eisenhütlein zierlich ausgeschmückt, welch' letztere in diesem Falle wohl eine natürliche Behwammenpelz-Verbrämung vorstellen sollten. — Nun müßte aber in Wirklichkeit jener Besatz von wahrhaft enormer Breite sein, wenngleich nur eine einzige, geschweige denn gar erst zwei oder mehrere Reihen natürlicher Behdessins die riesige Pelzverbrämung jener Toquen bilden würden; — aus welchem ganz bezeichnenden Umstande schon das augenfällige Mißverhältniß der natürlichen Behwammen-Dessins mit den heraldischen Eisenhütlein gewiß mehr als zur Genüge hervorgeht, und woraus folgerecht dann auch die handgreifliche Unhaltbarkeit der außerheraldischen Idee (von Benützung des natürlichen Behwammenfelles zur wirklich praktischen Anwendung in der Heraldik überhaupt), hinreichend erhellen dürfte. —

2) J. H. v. Hefner-Alteneck's Trachtenwerk, I. Abthlg., tab. 89, D und 90, Text pag. 119 und 120. —

v. Hefner-Alteneck setzt die fragliche Handschrift ins XIII. Jahrhundert. — Der rothe Mantel einer Dame ist dort mit diesem weiß und blauen Pelze gefüttert.[1]) — Nro. 14 auf Tafel XLVI sehen wir im Cibrario als Mantelfutter der Agnese di Fossigni, Moglie di Pietro conte di Savoia (d. a. 1263). — Im Texte heißt es daselbst ausdrücklich: „con manto foderato di vaj“.[2]) — Nro. 15 endlich auf unserer Tafel XLVI stellt im nämlichen Werke einen Mantelaufschlag vor, und zwar der Sibilla di Baugé Moglie d'Amedeo conte di Savoia (d. a. 1289). — Im betreffenden Texte steht wörtlich zu lesen: „che le assicura sulle spalle il largo manto foderato di vai“.[3]) —

Man sieht also, daß in der Darstellungsweise des natürlichen Behwammen-Pelzes auf Abbildungen u. dgl. keineswegs eine regelmäßige Uebereinstimmung, gewiß noch viel weniger aber eine absichtliche Gleichförmigkeit herrschte. — Weil jedoch selbst außerdem jene rohen und unbestimmten Conturen allein, für Entstehung oder Fortbildung einer heraldischen Figur überhaupt, niemals maßgebend sein können, drum kann auch soviel wie Nichts aus derlei Dingen gefolgert werden. — Zudem müßten dann die heraldischen Wolken ebenfalls von jenem

Pelze herkommen, da, wie wir gehört haben, zur Zeit der frühesten Urheraldik ein wesentlicher Unterschied zwischen Wolken und Eisenhütlein faktisch nicht bestand, und überdieß, wie aus dem nebenstehenden Holzschnitte deutlich ersichtlich ist, das ganze Mittelalter hindurch sehr häufig natürliche Pelzmuster auf das genaueste mit den echten heraldischen Wolkenschnitten übereinstimmend abbildlich gegeben wurden — Ebensogut aber könnten dann etwa auch: heraldische Schuppen, gekerbte oder gezinnte Balken, Schindeln u. dergl. ihren Ursprung vom natürlichen Behwammen-Pelze herleiten, oder doch wenigstens darnach benannt worden sein, da ihre heraldische Normalform mit den verschiedenen älteren (außerheraldischen) Darstellungsweisen jenes Pelzes, von denen ich soeben zuletzt einige besonders hervorragende gezeigt habe, allerdings so ziemlich übereinkommt. — Ja, für die meisten Heroldsfiguren ließen sich auf solche Weise vielleicht die entsprechenden natürlichen Pelzdessins ausfindig machen, von denen sie allenfalls herstammen könnten. — Man lernt daraus, wie

1) J. H. v. Hefner-Alteneck's Trachtenwerk, I. Abthlg., tab. 84, Text pag. 137. —

2) Sigilli de' principi di Savoia dal Cavaliere Luigi Cibrario, Torino 1834. — Tav. V, fig. 19, pag. 106. —

3) Ibid. Tav. X, fig. 48, pag. 132. —

gesuchte Hypothesen oder bei den Haaren herbeigezogene Schlußfolgerungen immer weiter von der Wahrheit ins „Blaue" abführen und am Ende dann sogar auf labyrinthartige Irrwege verleiten, aus welchen sich wieder zurechtzufinden, ins Bereich der Unmöglichkeiten gehören dürfte. —

Schlüßlich muß ich übrigens hier noch ausdrücklich bemerken, daß weder unter der wahren Gestalt und in der echten Zeichnung der eigentlichen heroldsfigürlichen, noch viel weniger aber der wirklichen Eisenhütlein, heraldische oder außerheraldische Rauchwerke, sowie Pelzmuster überhaupt, zu irgend einer Zeit je vorkamen. —

c) Wenngleich, wie ich oben bemerkte, der Einwurf von heraldischer Unmöglichkeit des natürlichen Behwammenpelzes: wegen zu vielerlei Abwechslung der zusammengesetzten Eisenhütleinmuster, als ein stichhaltiger durchaus nicht betrachtet werden kann, weil zu ältester Zeit auch: verschobene, durchschnittene und gespaltene Eisenhütlein in der That noch nicht existirten, so würde trotzdem heutzutage, wo wir denn doch einmal alle diese Variationen in der Heroldskunst als längst heimathberechtiget besitzen, eine halsstarrige Annahme von natürlichem Behwammenpelz an förmlichen Unsinn gränzen, welchen übrigens auf den ersten Blick Jeder einsehen muß, der nur ein einziges Mal den natürlichen, wirklichen Behwammenpelz zu Gesicht bekommen oder wenigstens über dessen Verarbeitung den Kürschner befragt hat. — Nur insoferne also mag nemlich jener Einwurf als vollkommen begründet erscheinen. (Man vergleiche hiezu auch auf Tafel XXXIX von Nro. 154 bis Nro. 164.) —

d) Noch unpraktischer aber müßte sich bei der Annahme von natürlichem Behwammenpelze die Blasonirung herausstellen, da ich in der That nicht wüßte, wie ein einzeln stehendes Eisenhütlein zu blasoniren wäre, umsoweniger aber, weil mir das französische: pièce de vair denn doch ein für allemal nicht zusagen will, und dieser Ausdruck auf keinen Fall hiezu gut gewählt erscheint. — Nebenbei bemerkt, ist auch gerade dieses so häufige, einzelne und selbstständige Vorkommen der Eisenhütlein gewissermaßen sogar ein besonders hervorragendes Moment: daß niemals ein derartiges Rauchwerk angenommen werden kann oder darf. —

e) Wie die einzelnen, freistehenden Eisenhütlein, ebensowenig sprechen sicher auch die älteren, noch rundlichen und die späterhin dann mit geraden Strichen eckig gezogenen, sogenannten Eisenhut-Schnitte zu Gunsten einer Annahme von natürlichem Behwammenpelz, da es einen Behschnitt in der Heraldik gewiß ebensowenig je geben konnte, als z. B. ein Hermelinschnitt je existirt hat. — Die totale Unschicklichkeit aber der Benennungen: Pfähle, Pallisaden, zugespitzte Balken oder Zinnen u. dgl. für alle solche „Eisenhut-Schnitte" habe ich bereits, bei den Heroldsfiguren, vorne schon einmal gerügt; ein Tadel, der sich übrigens durch die jedem Kinde, sicherlich gleich am ersten Blick, auffallende außergewöhnliche Formgleichheit der Umrisse, sowie durch die beziehungsweise nächste Verwandtschaft jener Schnitte mit den echten heroldsfigürlichen Eisenhüten, auf das nachdrücklichste rechtfertigen läßt. —

Man vergleiche hiezu namentlich die beiden Figuren Nro. 163 und 164 auf unserer Tafel XXXIX, und lese meine näheren Erläuterungen dazu im betreffenden Texte, — nemlich im Abschnitte X, der von den Wappenfiguren handelt, und dort wieder zunächst bei den sogenannten Heroldsfiguren, gleichfalls unter den Nro. 163 und 164. —

f) Ueberhaupt ist die Aehnlichkeit der wahren heroldsfigürlichen Eisenhutmuster mit dem natürlichen Wehfelle sehr gering, und es gehört in der That eine große Einbildungskraft, ja manchmal eine wahrhaft dichterische Phantasie dazu, in jenen ganz unregelmäßigen, bisweilen sehr langgezogenen und gewöhnlich äußerst schmalen Wehdessins die heraldischen Eisenhütlein wiedererkennen zu wollen. —

g) Ein weiterer Gegenbeweis liegt in der sogenannten gemeinen Kürsch (Rauchwerk, Kleinspalt, Grauwerk, Kleingrau), (auf Tafel IX, unter Nro. 12, auf der heraldisch rechten Seite) worunter jedenfalls weit öfters der eigentliche Wehwammenpelz gemeint und verstanden war, weil man in und außer der Heraldik, das ganze Mittelalter hindurch, so ungemein häufig die Benennungen: Wehempelz, wehwamblein-Kürsen u. dgl. dafür gebraucht findet. — So heißt es z. B. im Originalwappenbriefe der Stadt Bregenz am Bodensee, ertheilt vom Erzherzoge Ferdinand I., als Landesherrn, d. d. Innsbruck den 24. Februar des Jahres 1529, unter Anderem wörtlich wie folgt: „Geben in (ihnen) in krafft dieß briefs Also daz Sy vnd Ire nachkommen nun hiefür den Schildt des Wappen Bregentz, so weilannd die herrn von Bregentz gefuert haben. — Welcher Schildt wie ein Fechwamblein Kürschen geformiert vnd darinen vom grundt in der mitte hinauf biß in das Obertail desselben Schildts ein weisse Straßen ist nacheinander übersich stehendt drew (3) schwartze hermlein-Schwentzlein.“ — (Auf unserer Tafel II. nun, unter Nro. 3, sieht man das vorbeschriebene Wappen von Bregenz.) — Auch im Genzilbuche von Constanz wird öfters von den mit „vehem“ verbrämten Hauben und Gewändern gesprochen. —

Ueberdieß hatte schon die heraldische Darstellungsweise der gemeinen Kürsch (Rauchwerk, Grauwerk, Kleingrau oder Kleinspalt), zu allen Zeiten und auch an allen Orten, durchschnittlich doch gewiß weitaus mehr Aehnlichkeit mit dem natürlichen Wehwammenpelze, als die heraldischen Eisenhütlein mit demselben je haben konnten. — So formiren z. B. in der Natur, um mit den Franzosen zu sprechen, seine „weißen Pleçen“ weit eher ein schuppenartiges oder geschupptes Dessin, auf welche Weise man ihn denn auch in älterer Zeit zumeist heraldisch gegeben findet, wie z. B. ebenfalls im vorbesagten Constanzer-Conzilbuche u. a. v. a. O. — Eine Verwechslung dürfte demnach als nicht ganz unwahrscheinlich anzunehmen sein. —

Auch in neuester Zeit wurde das natürliche Behdefflin hie und da an Damen-Shwals, an Ueberwürfen u. dgl. künstlich und gewiß sehr täuschend imitirt. — Weil aber diese Imitation wirklich gut genannt zu werden verdient, vermuthlich nur deßhalb ist die Aehnlichkeit jenes Musters mit den heraldischen Eisenhütlein so gering, daß man, profan gesprochen, zwischen einer Mücke und einem Elephanten noch weit eher eine solche herausfinden könnte. —

b) Die Ungewißheit aber und die Uneinigkeit sämmtlicher heraldischen, und namentlich gerade der französischen Autoren über die eigentliche Naturgeschichte des fraglichen Thierchens (varus oder varux sagen die Meisten), von dem jener Pelz angeblich herstammen soll, d. h. die großen Zweifel und Unklarheiten, welche darüber herrschen: ob dasselbe am Nordpole oder unterm Aequator, im höchsten Norden oder in Afrika zu Hause sei, beweisen uns nicht so fast: daß vorzügliche Heraldiker mitunter sehr schlechte Zoologen sein können, als vielmehr auch: daß die ganze Geschichte, an und für sich schon, keine richtige, feste Basis hat.[1]) —

---

1) Nach des Professors Oken „allgemeiner Naturgeschichte für alle Stände", Stuttgart 1833, — (siebenten Bandes zweite Abtheilung oder Thierreich, vierten Bandes zweite Abtheilung: Säugthiere 1.) — liefern die verschiedenen Gattungen der sogenannten Eichhörnchen (sciurus, σκίουρος), — er führt nämlich dort, von Seite 769 bis Seite 778, nicht weniger als deren zehnerlei an, — das unter dem Namen „Schwammen" allgemein bekannte und also auch im Handel vorkommende bunte Pelz- oder Rauchwerk, welches heutzutage einen nicht unwesentlichen Theil der winterlichen Damen-Toilette bildet, und somit in gegenwärtiger Zeit (wenigstens bei uns zu Lande) eigentlich nur mehr von zarten Frauen- und schönen Mädchen getragen wird. — Zunächst aber nun stammt der Schwammenpelz vom gemeinen Baum-Eichhörnchen (Sciurus vulgaris), über welches und die Eichhörnchen im Allgemeinen dort wörtlich geschrieben zu lesen steht, wie folgt:

„4. G. Die Eichhörnchen (Sciurus), Ecureuil; Scojattolo; Ardilla; Squirrel, sind schlanke, zierliche Thierchen, mit einem aufgerichteten, buschigen Schwanz und meist einem Pinsel an den großen Ohren; vorn 4, hinten 5 Zehen, mit krummen, spitzigen Klauen; die untern Schneidzähne zusammengedrückt, 4 Backenzähne mit Schmelz und Höckern, oft ein kleiner Lückenzahn.

Ein zahlreiches Geschlecht, welches sich in der ganzen Welt ausgebreitet hat, hurtig auf Bäume klettert, von einem zum andern springt, Samenkerne und Nüsse frißt, oft Wintervorrath anlegt, ohne eigentlich Winterschlaf zu halten und in hohlen Bäumen seine Jungen heckt, selten in Gängen unter der Erde.

Man kann sie in Baum-, Erd- und fliegende Eichhörnchen eintheilen:

a. Baum-Eichhörnchen

haben spitzige Ohren mit einem Haarpinsel und meist einen zweizeiligen Schwanz.

i) Daß die ältesten deutsch-heraldischen Autoren, wie z. B. G. Ph. Harsdörfer in seinen Gesprächspielen (Pars III, pag. 153—170) ebenfalls der französischen Ansicht folgen und die fraglichen Figuren zwar „Eisenhütlein" nennen, meistens aber dennoch

---

f) Das gemeine (Sciurus vulgaris) ist 9 Zoll lang, der Schwanz 10; Färbung braunroth, unten weiß; des Winters werden sie graulich.

Sie finden sich in ganz Europa und dem gemäßigten Asien, vorzüglich in Laub-, jedoch auch in Nadelwäldern, von deren Samen, besonders Kernen und Nüssen sie leben. Es sind sehr artige, muntere Thierchen, denen man mit Vergnügen zusieht, wenn sie wie Katzen hurtig die Bäume hinaufklettern und von einem zum andern, bisweilen hoch herunter auf den Boden springen, eine Strecke fortlaufen und blitzschnell wieder an einem andern Baum hinaufklettern. Auch gezähmt sind sie sehr kurzweilige Thiere, doch beißen sie gern und es ist ihnen nicht völlig zu trauen. Man legt sie gewöhnlich an Kettchen oder stellt sie in großen Käfigen vors Fenster. In beiden Fällen sind sie in unaufhörlicher Bewegung. Sie fressen alle Arten von Kernen und Nüssen, Bucheln, Eicheln, Fichtensamen aus den Zapfen, Kernen aus den Aepfeln und Birnen, Backwerk u. dergl., indem sie auf den Hinterbeinen sitzen, den Schwanz auf den Rücken geschlagen. Während des Nagens sehen sie sich immer mit ihren großen, lebhaften Augen um, machen allerlei Sätze hin und her, putzen den Mund und den Schwanz und nähern überhaupt durch ihr Betragen an die Affen. Man kann sie 8 Jahre lang erhalten und es ist nur zu bedauern, daß man sie nicht kann frei herumlaufen lassen, weil sie alles zernagen. Haben sie nichts zu nagen, so laufen die Zähne oft 1 Zoll lang neben einander vorbei, daß sie nichts mehr fressen können.

Sie sammeln Wintervorrath in Baumhöhlen, worunter sich selbst Blätterschwämme befinden. Sie machen ein ganz geschlossenes Nest aus Reisig und Moos in Astwinkel, bisweilen 2—3, oder machen sich auch ein Aelsternest zurecht, paaren sich im März, werfen nach 4 Wochen 3—7 blinde Junge, können aber 8 ernähren. Sie saugen 4 Wochen und dann klettern sie schon herum. Bisweilen werden sie von den Eltern weit fortgetragen, wenn diese dieselben nicht sicher glauben. Gegen den Herbst sind sie fast ausgewachsen. Manchmal gibt es schwarze und rothe in einem Nest. Haben die Alten viel Nahrung, so hecken sie auch wohl zum zweitenmal. Des Winters halten sie sich zwar in ihren Nestern, schlafen aber nicht anhaltend, sondern gehen heraus, um Nahrung zu suchen oder aus ihrem Versteck Vorrath zu holen. Bleibt aber die Erde lang mit Schnee bedeckt, so geht es ihnen manchmal sehr schlimm und sie sterben Hungers oder erfrieren. Im kalten Norden, Norwegen, Lappland und Sibirien, wandern sie dann in die Ebenen und sollen dabei sogar über Flüsse schwimmen. Gegen den Winter werden sie allmählich grau, besonders im höhern Norden, und diese Bälge mit den Rücken kommen sodann unter dem Namen Grauwerk, die Bäuche unter dem der Vehwammen in den Handel, wo sie theuer bezahlt werden. Am meisten werden nach China verkauft, 10 Stück für 1 fl. Man macht daraus Verbrämungen, Aufschläge, Müffe, Krägen u. dgl. Man fängt sie mit Schlingen, Fallen und Flinten. Sie werden auch gegessen, was aber bei uns kaum geschieht. Geßner 865. Fig. Ridingers jagdbare Thiere T. 20. Buffon VII. 253. T. 32. Pallas, Glires 371. Zoogr. 183. 375. Schreber IV. 757. T. 212."

Von den übrigen in Okens allgemeiner Naturgeschichte aufgeführten Ab- und Unterarten der Eichhörnchen, von denen meisten er sagt: „daß ihre Felle bunt aussehende Klei-

zu den „Pelzwerken“ setzen, beweist sehr wenig oder vielmehr gar nichts; denn erstens schrieben die deutsch-heraldischen Autoren von den weit älteren Franzosen ab (man vergleiche hiezu auch den Abschnitt I., der über die ältere heraldische Literatur und Autorschaft

---

der geben“, oder „daß ihr Pelzwerk vorzüglich unter dem Namen Petit-gris (Kleingrau, Grauwerk) nach Europa gebracht wird ꝛc.“ kann man im bezeichneten Werke selbst das Nähere, ausführlich und weitläufig, nachlesen. — Nachträglich jedoch will ich hier nur dazu bemerken, daß fast sämmtliche Gattungen der Eichhörnchen weiße Bäuche (Wammen) haben, wodurch dann eben bei künstlicher Zusammensetzung mit den in der Regel viel dunkler gefärbten Rückentheilen dieser Thiere jene mehr oder minder bunten Pelzdessins gebildet werden. — Die besagten Rückenfelle nun aber trifft man keineswegs bei allen Gattungen der Eichhörnchen von ausschließend graulich blauer oder röthlich brauner Farbe, sondern sie wechseln vielmehr durch die mannigfaltigsten Nuancen und Schattirungen wesentlich von einander ab, — so zwar daß selbe, je nachdem sie aus einer bestimmten Gegend herstammen, oder zu einer gewissen Jahreszeit abgezogen und gesammelt wurden, bald mehr ins Dunkle, ja fast Schwärzliche, bald mehr ins Röthliche, bald wieder mehr ins Grauliche, bald mehr ins Bräunliche oder endlich wohl gar auch ins schmutzig Blaßgelbliche spielen. — Fast alle hier genannten Farbentöne, und diese wieder in allen ihren so verschiedenartigen Abstufungen und Untermischungen, werden deßhalb häufigst dabei gefunden, aus welchem Umstande man schon ersehen mag, wie wenig zu einer genau bestimmten heraldischen Tinkturen-Angabe jene natürlichen Rauch- oder Pelzwerke sich eignen, da weder Farbe noch Benennung bei irgend einem derselben für alle Fälle mit Sicherheit konstatirt, oder vielmehr jederzeit ganz richtig ermittelt werden kann und zu allem Ueberflusse die erstere auch noch sogar in den verschiedenen Jahreszeiten abwechselt. — Daß aber demnach unter allen Verhältnissen in der praktischen Heroldskunst, d. h. nemlich bei wirklicher Anwendung der obigen natürlichen Thierfelle, überall nur die „heraldisch-kunsttechnisch“ sogenannte gemeine Kürsch (das Petit-gris, Kleingrau, Kleinspalt, Schwamblein Kürsen, das eigentliche gemeine Grau- oder Rauchwerk) — und zwar von jeher schon — gemeint und verstanden war, dürfte, durch alle obenangeführten Gründe schon, mehr und mehr an Wahrscheinlichkeit gewinnen. — Schlüßlich endlich noch bezugnehmend auf die vielen fabelhaften Geschichten, welche man sich auch von der angeblichen Verpflanzung des natürlichen Schwammenpelzes in die Heroldskunst erzählt: „es habe nemlich ein gewisser Herr von Coucy durch seinen mit solchem Rauchwerke verbrämten Mantel, in einer Schlacht mit den Heiden, die bereits fliehenden Heerschaaren wieder zum Stehen gebracht und zum Gedächtniß an jenen glorreich errungenen Sieg dann zuerst das natürliche bunte Schwammenfell für sein Geschlecht als heraldische Schilddekoration bleibend adoptirt“, oder: „die verfolgten Sarazenen hätten ihre mit Schwammenpelz gefütterten rothen Mäntel auf der eiligen Flucht verloren und hätten dieselben in großer Menge die ganze Wahlstatt bedeckend zurückgelassen, von wo sie dann als willkommene und sehr hochgeschätzte Trophäen den siegestrunkenen Christen in die Hände gefallen wären, welche von nun an ihre mächtigen Heerschilde auf die verschiedenste Weise damit ausschmückten u. dgl. m.“, — so glaube ich mit vollkommener Beruhigung die sichere Ueberzeugung aussprechen zu dürfen: daß eben allen derartigen Histörchen, sammt und sonders, kein Haar breit mehr Glauben beizumessen sei, als etwa jenen unzähligen, auf ganz ähnliche Weise erfundenen Geschichten vom angeblichen Ursprunge oder von der muthmaßlichen Entstehung und Bedeutung noch so vieler anderer zweifelhaften Wappen-

handelt) und gefielen sich dann, wie es scheint, besonders darin, ohne eigene Selbstständigkeit, Jenen in Allem unbedingt beizupflichten;[1]) — zweitens aber geben uns sämmtliche deutsche Originaldarstellungen, sowie alle mittelalterlichen Abbildungen, ja das ganze heraldische Vorkommen der betreffenden Figuren zur höchsten Blüthezeit der wahren, praktischen Heroldskunst, sicherlich ungleich mehr Beweismittel an die Hand, als jene bereits mit heraldischem Zopfe geschwängerten und reichlich damit illustrirten Werke. — Ich bezeichne hier keineswegs etwa blos die spezifisch *deutschen* Originale (Siegel, Grabsteine u. dgl.) der Kronberg, der Oettingen, der Salach, der Greul, der Kirchberg, der Pappenheim, der Schweppermann, der Lowan, der uralten bayerischen Grafen und Herren von Phalay oder Valley, sowie noch unzähliger Anderer, sondern ich verweise sogar auf die *französischen* und *niederrheinischen* Ori-

Figuren. — Derartige Fabeln können überhaupt nur von „ganz naiven" Heraldikern im Ernste nacherzählt, — aber auch nur von solchen wieder geglaubt werden. — Auf diese von mir soeben zuletzt vorgebrachten Mährchen nun aber gründet sich wohl auch noch der weitere Aberglaube: daß nemlich, nach den Beobachtungen der meisten Heraldiker, die heraldischen Eisenhütlein am häufigsten in der Zusammenstellung mit der *rothen* Feldfarbe angetroffen würden, was seinen einfachen Grund nach ihrer Erklärung dann darin finden soll, weil auch der natürliche Fehwammenpelz zumeist und hauptsächlich nur scharlachene oder rothe Prachtgewänder und Mäntel als Futter oder Verbrämung geziert habe; — ein alberner Aberglaube, der sich unmittelbar an die vorigen fabelhaften Histörchen knüpft, oder doch wenigstens ganz innig damit zusammenhängt! — Kann nun manchmal allerdings eine derartige Anwendung des natürlichen Fehwammenpelzes, und zwar schon in den frühesten Zeiten des christlichen Mittelalters, also sogar längst vor Entstehung der eigentlichen Heraldik, durchaus nicht geläugnet, noch viel weniger aber in Abrede gestellt werden, daß auch die echten heraldischen Eisenhütlein wirklich in der That weitaus am häufigsten in der Zusammensetzung mit Roth vorkommen, so muß ich demohngeachtet dennoch gegen die obenangezeigte Ursache feierlichsten Protest einlegen. — Der wahre Beweggrund hiefür liegt aber vielmehr wohl ausschließend nur in der *geschmackvollsten Zusammenstellung* der heraldischen Tinkturen überhaupt, gemäß der zu Blau und Silbre (Weiß), — als den gewöhnlichen zwei Tinkturen der echten heraldischen Eisenhütlein, — nichts so gut stand und auch nichts so beliebt war, wie das grellstehende und weithinleuchtende Roth. — Eine aufmerksamere und mehr gründliche Beobachtung wird daher nicht etwa blos immer gerade beim Vorkommen der heraldischen Eisenhütlein, sondern auch sonst außerdem ebenso oft diese drei Tinkturen in der Heroldskunst überall vereinigt angewendet finden. — Nicht minder grundlos endlich ist wohl sicherlich auch die Behauptung, welche einige „heraldische" (keineswegs jedoch die „naturhistorischen") Autoren aufstellen: daß nemlich der vielbesprochene Fehwammenpelz in der gelinden Wärme einen angenehmen Geruch verbreiten soll! —

1) Man sieht eben auch hierin wieder die große Schwäche unserer deutschen Heraldiker, die ohne alle Einsicht und Empfänglichkeit für das viele Gute der altfranzösischen Heraldik, gewiß immer nur deren schwächste Seiten ausfindig machten, um sie getreulich nachzubeten oder für uns zu adoptiren. —

ginalien selbst und nenne von sehr vielen echtmittelalterlichen unter Andern beispielsweise nur das Originalsiegel des Ritters Herrmann von Dorne vom Jahre 1261 mit seinen „fünf absteigenden Eisenhütlein", wie A. Fahne beim Geschlechte Dorne (Pars II, pag. 216) blasonirt (auf unserer Tafel XLVI, unter Nro. 5); — ferners ein ebensolches eines gewissen Gellis von dem Wyer (Weiher), der damit im Jahre 1394 eine Urkunde siegelte (am gleichen Orte; beim Geschlechte: Wyer, Pars II, pag. 236); — dann das Allianҫe-Wappen von Thibaut de Bar und seiner Gemahlin Jeanne de Tocy, vom Jahre 1270, im Nederlandtschen Herauld [1]) (auf unserer Tafel XXXV, unter Nro. 7); — ferners die uralten Chatillon'schen Originalsiegel; [2]) — den Grabstein der: Blanche de Coucy, femme d'Hugo Comte de Braine († 1395) in der Abtei St. Yved zu Braine, [3]) oder jene französische Dame im Gefolge der Königin, aus dem älteren französischen Costüm-Werke von Beaunier und Bourgeois, (auf unserer Tafel L, unter Nro. 2), welche letzteren beiden Frauen ihre und ihrer Gatten Wappenfiguren auf den Kleidern tragen, u. s. w. u. s. w. — Namentlich aber hat A. Fahne in seinem schönen Werke, betitelt: Geschichte der Cölnischen, Jülichischen und Bergischen Geschlechter, sehr viele und auch besonders interessante hiehergehörige Original-Beispiele aufzuweisen. — Man wird dort durchgehends finden, daß die vorkommenden „Eisenhüte", in Bezug auf Form, Gestalt, Ansehen, Größe, und namentlich aber in Hinsicht der scharfen, geometrischen Abgränzung ihrer Umrisse, genau mit den Eisenhüten am Lendner des Ritters Hartmann von Kroneberg († 1372) übereinstimmen, d. h. durch Aufsteppung, Lederpreßung u. dgl., niemals aber und nirgends mit einem „natürlichen Pelze" dargestellt waren. — Vom letzteren nemlich sagt auch Herr J. H. v. Hefner-Alteneck: „Der Ritter trägt den anliegenden Lendner aus Leder, mit dem eingepreßten Wappenzeichen, den heraldischen Eisenhüten"; — „die mit den Spitzen aufwärtsstehenden Eisenhüte sind blau auf silbernem Grund" [4]) u. s. w. — (Auf unserer Tafel L sehe und vergleiche man hiezu unter Nro. 1.) —

Weil aber in dieser praktischen Anwendung von Wappenfiguren, zur höchsten Glanzperiode des heraldischen Luxus, eine vorzügliche Beweiskraft liegt, und im gegebenen Falle namentlich aus den heraldischen Lendnern, aus Pracht- und Wappen-

---

1) Im Nederlandtschen Herauld ofte Traktaet van Wapenen en volltycken Adel door Thomas de Rouck, Amsterdam 1645, Tweede Deel, pag. 43 (Konst-woorden van Herauldie). —

2) Samuel Wilhelm Oetters Wappenbelustigungen. — Erläuterungen über das Wappen des heiligen Römischen Reichs, pag. 9 u. 10. —

3) Montfaucon, Monuments de la monarchie françaisе, Pars III, tab. 35, pag. 192. —

4) J. H. v. Hefner-Altenecks Trachtenwerk, II Abthlg., tab. 85, Text pag. 115 u. 116. —

Röcken, aus heraldischen Gewändern, Damenkleidern, Tapeten, Pferdsdecken u. dergl. bis zur Evidenz sich nachweisen läßt, daß die heraldischen Eisenhütlein nie und nimmer ein natürlicher Pelz waren, noch je von einem solchen herkamen, indem man sonst denselben auch dort sicher überall in natura angewendet hätte, — hauptsächlich aus diesem Grunde habe ich eigens die Tafel L beigefügt, wo man aus gediegenen Originalien die praktische Anwendung der heraldischen Eisenhütlein auf einem Lendner, auf einem Damenkleide und auf einer Pferdsdecke so recht deutlich ersehen kann. —

Die beiden ersteren nun, auf der vorliegenden Tafel L, unter Nro. 1 und Nro. 2 abbildlich aufgeführten Muster-Exemplare habe ich soeben vorne schon näher beschrieben, und mag man außerdem auch noch die „übersichtliche Erklärung der Tafeln" dazu im betreffenden Theile aufmerksam nachlesen. —

Nro. 3 endlich aber auf unserer Tafel L befindet sich dagegen auf einem Chastillon'schen Original-Reitersiegel aus dem XIV. Jahrhunderte, dessen Umschrift lautet, wie folgt: S. Hugonis de Castellione Comitis Blesē.is et dñi de Auesnis. — Herr Samuel Wilhelm Oetter in seinen Wappenbelustigungen[1]) zeigt uns noch ein sehr ähnliches, ebenfalls Chastillon'sches Reitersiegel, mit der Umschrift: S. Johan de Chasteillon chr. Sires de Dampierre. — Da es jedoch mit dem unsrigen fast gleich ist, oder doch nur sehr wenig davon sich unterscheidet, so unterließ ich es, hier dasselbe in Abbildung zu geben, sondern begnüge mich mit der einfachen Bemerkung, daß die echten heraldischen Eisenhütlein dort, wie hier, gleichfalls: am Schilde, auf der Pferdsdecke und auf den Achselschildchen (aisles ou aislettes) zahlreich angebracht sind. — Wie auf der gegenwärtigen Tafel L aber an einem Lendner, auf einem Damenkleide und an einer Pferdsdecke, also haben wir auf der Tafel XLVII die wahren altheraldischen Eisenhütlein in vielfacher Anwendung auf den verschiedenen stereotypen Hilfskleinoden oder Kleinodsfiguren, bezüglich deren näherer Bezeichnung ich jedoch auf die „übersichtliche Erklärung der Tafeln" verweisen muß. — Ueberall aber und durchweg auf Originalien kommen ausschließend nur die entschiedenen, echten Eisenhütlein zum Vorschein, — welche als scharfgeschnittene, streng-geometrische Heroldsfiguren auch nicht die mindesten Zweifel über ihr wahres Wesen obwalten lassen. —

k) Einige endlich glauben die Eisenhütlein blos deßhalb den Pelzwerken beizählen zu müssen, weil sie hie und da die Funktionen einer heraldischen Tinktur haben, d. h. wie diese letzteren, bisweilen Felder oder Figuren gleichmäßig überziehen. —

---

1) Erläuterung über das Wappen des heiligen Römischen Reichs pag. 9 u. 10. —

Für Diese mag alles das gelten, was ich von Jenen sagte, die Rauten, Wecken u. dgl. zu den heraldischen Tinkturen setzen. — Ich habe auch zum Zwecke besserer Versinnlichung ihres augenscheinlichen großen Irrthumes eigens die Tafel XXIX beigegeben, wo wir: Pfähle, Balken, rechte und linke Schrägbalken, Rauten, Gegen-Rauten, Wecken, Gitter, Schach und Spitzen, bald eine Figur, bald ein Feld tinkturenartig, nemlich ganz gleichförmig überziehen sehen, ohne daß deßhalb den genannten Heroldsfiguren ihre vollkommen selbstständige, echt figürliche Bedeutung nur im entferntesten abgesprochen werden dürfte, noch vielweniger aber dieselben etwa gar aus diesem Grunde unbedingt zu den Tinkturen gerechnet werden können. — Das Wappen derer von Poppelaw in Schlesien,[1]) welches ich auf der Tafel IL, unter Nro. 7, blos aus Räumlichkeitsrücksichten, gesondert unterbringen mußte, gehört ebenfalls hieher, und sollte deßhalb eigentlich auch auf der vorbesagten Tafel XXIX stehen. —

l) Noch einmal bezugnehmend auf diese letztere Art des heraldischen Vorkommens der Eisenhütlein bin ich so weit entfernt in jenem Umstande einen nur annähernd triftigen Grund für die Annahme des natürlichen Behwammenpelzes zu erblicken, daß ich vielmehr im Gegentheile gerade hierin einen **Hauptgegenbeweis** zu finden glaube; — denn die tinkturenartig, bald ein Feld, bald Figuren überziehenden Eisenhütlein-Muster auf der bezeichneten Tafel (XXVIII, unter Nro. 1 – 12) können sicherlich am allerwenigsten mit natürlichem Behwammenpelze gegeben worden sein, weil sich dann eben ihre Reihen auf einem verhältnißmäßig sehr klein zugemessenem Raume viel zu oft wiederholen müssen, was im gebotenen Falle, nemlich mit dem sehr langgestreckten natürlichen Behpelzdessin, unmöglich gut realisirt werden könnte. —

Dagegen sind die Eisenhütlein bei einem derartigen Vorkommen, wie wir an der Mehrzahl der Schilde auf unserer vorerwähnten Tafel XXVIII bemerken, als entschiedene Heroldsfiguren (heraldische Schnittformen, Theilungen, Sektionen) zu betrachten, mit den Rauten, Wecken, Schach, Spindeln, Wolken, Gittern u. dgl. auf eine Stufe zu stellen, und ohne weiters in die bezeichnete Categorie einzureihen. —

m) Weil aber in der Regel: „das Beste zuletzt kommt", wie man im gewöhnlichen Leben zu sagen pflegt, so habe auch ich den hervorragendsten Gegenbeweis zum „Dessert" aufbehalten, — einen Beweis, der in die allerfrüheste Zeit der ersten heraldischen Urkeime zurückgeht, was aus den ältesten Originalien mit Sicherheit nachgewiesen werden kann. — Es sind dieß aber vorzüglich zwei Dinge, auf welche ich hier vor Allem aufmerksam mache, und zwar erstens: die **Art und Weise**, in der zur frühesten Zeit die heroldsfigürlichen Eisenhütlein oft schon vorkommen, und

---

1) Alter Siebmacher, Pars II, pag. 52. —

zweitens: die verschiedenen Farben in denen sie erscheinen. — Bezugnehmend auf die Art und Weise ihres heraldischen Vorkommens, so konnten nebst den einzeln stehenden Eisenhüten und neben den schon öfters erwähnten, sogenannten Eisenhut-Schnitten, auch noch den Schildesrand in gewisser Form umlaufende, auf einen Sparren gestellte, oder auch etwa beiderseits an Balken gesetzte Eisenhütlein unmöglich je mit natürlichem Behpelze gegeben werden. —

Namentlich sind es jedoch die mehrerwähnten sogenannten „Eisenhut-Schnitte“, auf die ich hier vorzugsweise und wiederholt aufmerksam machen muß, da aus ihnen am leichtesten ersichtlich werden dürfte, daß nie und nimmer ein natürlicher Pelz, sondern vielmehr nur ein frei aus sich selbst entwickelter, heraldisch-ornamentaler Schnitt die erste Grundidee zu den heroldsfigürlichen Eisenhütlein geliefert haben könne. — Diese schon in der ältesten Zeit vorkommenden Eisenhut-Schnitte nun, welchen mit den eigentlichen Eisenhütlein unverkennbar ein und dasselbe geometrisch-konstruktive Motiv zu Grunde liegt, ja denen sogar durchaus der nämliche heraldisch-ornamentale Charakter innewohnt, hätten deßhalb längst schon auf die so naheliegende Wahrheit führen sollen. —

In Anbetracht der Farben aber, so gab es gewiß niemals ein natürliches Behwammenfell von: schwarz und goldener, blau und goldener, hochroth und weißer, hochroth und goldener, oder gar von weiß und grüner Farbe; während, gerade in frühester Zeit und an den ältesten Originalien, derartige Beispiele keineswegs seltener sind, als die ausschließend weiß und blauen Muster. — So z. B. auf dem höchst interessanten Originalschilde unter Nro. 1, auf unserer Tafel IV, aus der schon erwähnten Pergamentmalerei jenes Evangelienbuches auf der kgl. Hofbibliothek zu Aschaffenburg, woselbst bereits (also schon im XI. Jahrhundert) grüne gerundete Zacken am weißen Grunde mit den blauen reihenweise abwechseln.[1]) — Auch die schwarzen Eisenhütlein auf Gold (Gelb) der uralten Grafen und Herren von Phalay oder Balley in Bayern (auf unserer Tafel LXIV, unter Nro. 1), ferners die rothen Hunnen- oder Hünweilerischen im Elsäßischen (auf unserer Tafel XLIV, unter Nro. 10 und 12), oder die mit „Roth und Gold“ tingirten Oettingischen Eisenhütlein ältester Zeit (auf unseren Tafeln XXVI unter Nro. 10, XXVII unter Nro. 1, XLIII unter Nro. 8 und Tafel LVII unter Nro. 4) gehören hieher, sowie noch unzählige solche Beispiele, zumeist schon aus der frühesten heraldischen Periode. — Sicherlich aber sind dieß die unwiderlegbarsten, zuverlässigsten und auch die ältesten Anhaltspunkte: daß der natürliche Behwammenpelz nicht einmal die erste Grundidee

1) J. H. v. Hefner-Alteneck's Trachtenwerk I. Abthlg., Tafel 12, Text pag. 14–16. —

zu jenem uralten, echtheraldischen Ornamente (Heroldsfiguren) geliefert habe, sondern daß selbes vielmehr *vollkommen selbstständig* entstand und späterhin dann auf gleiche Weise sich ausbildete. — Ueberdieß wollte mir niemals so recht einleuchten: daß der reiche Farbensinn des Mittelalters, bei seiner bekannten, ausschließenden Vorliebe für die grellstechenden und weithinleuchtenden heraldischen Grundfarben, das schmutzige Weiß des natürlichen Behpelzes dem glänzenden Silber oder blendenden Kreideweiß vorgezogen, und das klare heraldische Blau mit dem fahlen Grau jenes Rauchwerkes ersetzt oder vertauscht habe. — Die normal (nemlich mit Blau und Silber oder Weiß) tingirten Eisenhütlein finden sich im Mittelalter in der That *niemals* mit Grau, aber auch nicht mit natürlicher „Eisenfarbe“, wie man sie heutzutage hie und da wohl antrifft, gegeben, sondern es wurde damals durchgehends und ausschließend nur das *klare, echtheraldische Blau* dazu verwendet. — Dieses eigentliche heraldische Blau nun wurde daher nicht etwa blos auf die „*heroldsfigürlichen*“ Eisenhütlein allein, sondern sogar auch auf alle *wirklichen*, sowie auf sämmtliche durch „symbolische“ Auffassung bereits ebenfalls in *wirkliche Eisenhüte* umgewandelten (ursprünglich heroldsfigürlichen), — jederzeit gleichförmig angewendet; — ein Umstand, dessen wahrer Grund sich nur durch die schon oben von mir, im Abschnitte IX (von den Tinkturen), gemachte Bemerkung einigermassen erklären dürfte, gemäß der nemlich, namentlich in der älteren heraldischen Blüthezeit, durchweg der feste Grundsatz sich geltend machte: daß jegliche *Naturfarbe*, — im vorliegenden Falle also die natürliche Eisenfarbe, — durch die *nächstliegende heraldische Grundfarbe*, — hier also durch: *Blau* oder *Weiß* (Silber), ersetzt wurde. — Wohl nur deßhalb erschienen schon von jeher auch selbst die *entschieden wirklichen* Eisenhüte ausschließend mit echtheraldischem Blau oder Weiß (Silber), als *schattirt* angenommen aber: sogar *mit beiden Tinkturen* gegeben, wie z. B. die von Wendtischen (auf unserer Tafel XLVI, unter Nro. 6). —

Dieß ohngefähr sind im Allgemeinen die hervorragendsten und vorzüglichsten Beweismittel zur Durchfechtung der *deutschen* Ansicht und Auffassung der Eisenhütlein, gegenüber der französischen oder westlichen Anschauungsweise jener uralten heraldischen Figuren — Könnten auch zwar noch weit mehrere beigebracht werden, so erscheinen mir dennoch schon die vorstehenden um so genügender, weil ich überhaupt der festen Ueberzeugung bin, und solche eigentlich gerade aus den ältesten französischen Originalbeweisen selbst geschöpft habe: daß die Benennungen vair et contre-vair, ou vairé et contre-vairé, welche von den Franzosen, sowie die gesammte Heroldskunst, auf alle anderen Westvölker übergingen, nur *sinnbildlich* oder *symbolisch* zu nehmen, ja schon ursprünglich sogar nur *in diesem Sinne* erfunden worden seien; mithin also heraldisch-kunsttechnische Ausdrücke, die blos symbolischer oder sinnbildlicher Natur sind, indem sie von der Terminologie der westlichen Heroldskunst rein zufällig gewählt, und erst im Zeitenlaufe dann bleibend adoptirt wurden. — Der eigentliche Sinn dieser Worte behagte ja sogar den ersten heraldischen Autoritäten jener Nationen selbst nicht; denn sonst würde sich z. B. Petra Sancta nicht dadurch aus der Schlinge ziehen wollen: daß er in der Benennung vellus petasites, d. h. bei Annahme **beider** Ansichten den geeignetsten Ausweg zu finden glaubt. — Auch der zweideutige Sinn, der in den drolligen Bezeichnungen: vellus symbolicum, nolatum, cymbalites etc. liegt, welche jener Gelehrte, wie auch der alte Dr. Spener, ebenso oft anwendet, dürfte in Bezug auf meine obige Aufstellung nicht minder bedeutungsvoll erscheinen. —

Abgesehen von Alledem aber, und **nur** in Berücksichtigung der Blasonirung, so muß ich auch hierin entschieden der deutschen Bezeichnung „**Eisenhut**“ den Vorzug einräumen, weil ungezählte, am Rande auslaufende oder komplizirte Eisenhütlein-Muster ebenso deutlich und nicht minder passend mit jenem ganz bezeichnenden Kunstworte, (d. h. nemlich unter allen Umständen und Verhältnissen vollkommen gleichförmig) blasonirt werden können, — wie die einzelnstehenden oder durchaus selbstständigen Eisenhüte. — Während im letzteren Falle die Franzosen eben wieder mit jenem fatalen „pièce de vair“ sich behelfen, oder doch auch zum „chapeau de fer“ ihre Zuflucht nehmen müssen. —

So finde ich z. B. bei Claude Menêtrier pag. 133, sub nro. 15 folgende Blasonirung: „Eisenhut en Suabe d'argent au chapeau de fer d'azur“, — (man sehe auf unserer Tafel XLVI, unter Nro. 7); — und dort zwar unter der Rubrik: figurae vulgares seu naturales. —

Wirft man überdieß noch unsere spezifisch-deutsche Tradition, und beziehungsweise die eigentliche vox populi, bezüglich der fraglichen Wappenbilder, in die Wagschale, so erscheint sicherlich auch der Umstand, daß z. B. der schlichteste Bürger oder Bauer in und um Pappenheim seine alten herrschaftlichen (nunmehr aber gräflichen) „Eisenhütlein“, nur **als solche** sehr wohl kennt, und dieselben ausschließend auch nur unter **diesem** Namen anspricht, — keineswegs ohne gewichtige Bedeutung zu Gunsten unserer deutschen Blasonirung jener uralten heraldischen Figuren. —

Schlüßlich erwähne ich übrigens noch als eine hervorragende und sehr wesentliche Thatsache, daß die wahren **heroldsfigürlichen** Eisenhütlein in der ganzen westlichen Heroldskunst (bei Franzosen, Spaniern, Portugiesen, Engländern, Italienern etc.), sowie in den unmittelbar angränzenden Nachbarländern (am Niederrheine, im Elsäßischen, in den Niederlanden etc.) schon von jeher weitaus häufiger vorkamen, als bei uns Deutschen, so zwar, daß jene Länder immerhin die eigentliche Heimath der *reinheroldsfigürlichen* Eisenhütlein zu sein scheinen. — Ja, sogar in Deutschland trifft man sie wieder in der *westlichen* Hälfte ungleich zahlreicher an, denn in der östlichen, indem sie, je weiter man von Deutschlands Westgränzen nach dem Inneren sich entfernt, in den Wappen allmählig seltener werdend, nach und nach aufhören, und zuletzt dann ganz verschwinden. —

Ist nun auch unser gegenwärtiges Thema hiermit noch keineswegs erschöpft, so erscheint es mir für hieher mehr als genügend, und es mag diese etwas ausgedehnte, für Nichtheraldiker und Dilettanten jedenfalls aber auch ziemlich langweilige Deduktion einige Entschuldigung besonders darin finden, weil ich damit zugleich die allerdings sehr nützliche Absicht verbinden wollte: eine Muster-Abhandlung zu geben, wie man in allen ähnlichen Fällen, d. h. nemlich bei Untersuchung oder kritischer Beleuchtung des Ursprunges, der Entstehung und Fortbildung unklarer oder zweideutiger heraldischer Figuren (sogenannter Zwitterfiguren) überhaupt, mit systematischer Gründlichkeit und nur auf Originalbeweise sich stützend, verfahren müsse, wenn Folgerungen und Schlüsse Anspruch auf einige Correktheit machen sollen. — Insoferne also dürfte diese spezielle Abhandlung weniger der Untersuchung oder Beleuchtung jener heraldischen Figuren allein und zunächst, als vielmehr nur den *größeren, allgemeinen Zwecken* meines Werkes gedient haben. — Gerade die „Eisenhütlein“ aber wählte ich hiezu aus zwei besonderen Gründen. — Erstens stehen sie bei den unbestimmten, heraldischen Zwitterfiguren gewiß in erster Reihe obenan, da man sie, bei Annahme eines Schnittes, einer Sektion oder Theilung, als: *Heroldsfiguren*, — bei Annahme von *wirklichen* Eisenhüten, als: *gemeine* oder beziehungsweise vielmehr *künstliche*, — und endlich; bei Annahme des natürlichen Schwammenpelzes, als: *natürliche* Figuren betrachten, oder im letzteren Falle auch wohl gar zu den *Tinkturen* rechnen kann. — Zweitens aber ist nicht zu läugnen: daß ich mir, bei mehrerem Interesse für die Eisenhütlein, (weil es nemlich die Wappenfiguren meines eigenen Geschlechtes sind), in der That auch mehr Originalmaterial über dieselben sammelte. — Da es übrigens, — zudem bei einer nur *beispielsweisen* Muster-Abhandlung, — niemals darauf ankommen wird, *was*, sondern vielmehr nur *wie* der gegebene Stoff verarbeitet, oder die vorgesetzte Aufgabe gelöst wird, so wollte ich nicht lange unschlüßig wählen und bin bei meinem Thema geblieben. —

Als die flüchtige Skizze nun einer solchen Muster-Dissertation mögen diese Zeilen gelten und deßhalb nicht ganz unberechtiget, als ein „*Anhang*“ zum Abschnitte X, der von den heraldischen Figuren im Allgemeinen handelte, hier nachträglich ein Plätzchen gefunden haben. —

Am Schluße jedoch dieser gegenwärtigen, den wirklichen und den heraldischen oder heroldsfigürlichen Eisenhütlein speziell gewidmeten Abhandlung mag uns „zu guter Letzt" noch der nebenstehende Holzschnitt einen der ältesten (heraldisch vorkommenden) wirklichen Eisenhüte abbildlich versinnlichen, wie er solchergestalt in dem Original-Dreieckssiegel eines gewissen Truchseßen von Heidegg (Dapiferi de Heidegg) in der Schweiz vorkommt, das sich bereits einer Urkunde vom Jahre 1236 schon angehängt findet.[1]) — In der vorliegenden, sehr genauen Copie nun jenes höchst interessanten Original-Dreieckssiegels dürften wir gewiß einen besonders merkwürdigen Fall, hauptsächlich in der Beziehung vor uns haben, weil dieser gegenwärtige, entschieden wirkliche (nicht heroldsfigürliche) Eisenhut, — als ein „heraldisch-vorkommender" nemlich, — zweifelsohne zu den allerfrühesten Beispielen von solchen gehört. —

Ferners sieht man hier nachstehend auch noch ein paar richtige „geometrische Construktionen" der mehrerwähnten ältesten und stereotypen Urform eines eigentlichen heraldischen, oder vielmehr des wahren heroldsfigürlichen Eisenhütleins, das, wie man bemerken kann, hier (beim ersten Modelle), aus acht rechtwinkligen und gleichschenkligen Dreiecken, vollkommen regelmäßig gebildet wurde, so daß man vermittelst desselben gewiß jederzeit die sichersten Anhaltspunkte zu den typischen Normal-Umrissen der echtheroldsfigürlichen Eisenhut-Gestalt überhaupt mit größter Leichtigkeit finden kann. — Auch die unmittelbar danebenstehende zweite, aus den beiden schräg übereinandergestellten Quadraten: A und B, sowie aus den vier

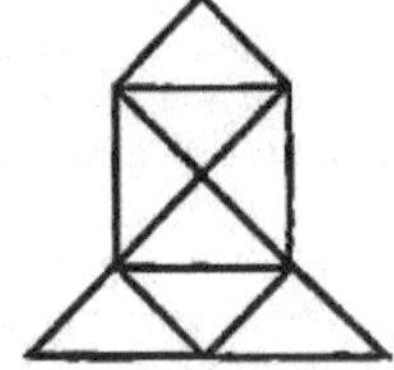

[1]) Aus der Sammlung des Herrn Dr. O. T. v. Hefner in München. —

halben solchen: C, D, E und F gebildete geometrische Construktionsweise ist als eine sehr praktische besonders empfehlenswerth, und ebenso auch, wie die vorhergehende, gleichfalls auf jede beliebige Größe der Eisenhütlein anwendbar. —

Nach dieser längeren Unterbrechung nehme ich nunmehr den Haupt-Faden meiner Abhandlung wieder auf und wende mich vorerst zu den sogenannten heraldischen Beizeichen oder Brüchen (brisures). —

XII.

Die Beizeichen oder Brüche.

Unter Beizeichen und Brüchen (brisures) versteht man in der Heraldik jene besonderen Unterscheidungsmomente auf sonst (in ihrer übrigen Wesenheit) vollkommen gleichen Wappen, welche die verschiedenen jüngeren Nebenzweige eines Hauptstammes, die sogenannten Cadetlinien oder auch die Bastarde eines Geschlechtes, kunstgerecht kennzeichnen. — Ein Wappen ohne alle Beizeichen betrachtete die altfranzösische Heroldskunst als vollkommene und bezeichnete sie deßhalb auch eigens mit den ehrenvollen Namen: armes pleines ou plaines — volle, makellose oder ebene, glatte, reine Wappen. — Bei den Deutschen und Welschen dagegen wurden die Beizeichen in regelloser Willkühr angewendet, indessen Engländer und Franzosen die Beizeichen-Theorie, in sorgfältigster Weise, von jeher schon einer eigenen systematischen Ordnung unterstellt hatten, so daß namentlich bei den Letzteren, sogar heutzutage noch, die Beizeichen-Schema einen bedeutungsvollen Abschnitt ihrer heraldischen Nationalcharakteristik ausmachen und, so zu sagen, einen charakteristischen Zug ihrer besonders frühzeitigen heraldischen Vollkommenheit bilden. — Der Hauptgrund hiefür ist wohl in der streng durchgeführten Majoratsverfassung des Adels bei den beiden zuletztgenannten Nationen zu suchen, die eben in Deutschland niemals in so organischer Gliederung zur Geltung kam. — Bei der bekannten Frivolität der Franzosen war es zudem etwas Gewöhnliches, das Niemanden auffallen darf, wenn Bastarde und ihre Linien das vollständige väterliche Wappen führten, ja überdieß ganz ungenirt sich: „Bastarde von so und so“ schrieben. — Das bereits erwähnte Originalsiegel jenes burgundischen Bastards trägt daher auch die Umschrift: Anthoine bastart de bourgoingne conte de la roche. — Es ist dieß übrigens eine, in Frankreich und den Welschländern, fast bis auf den heutigen Tag noch, viel zu bekannte Sitte, als daß sie hier erst einer besonderen Erwähnung bedürfte. — Ja, nicht selten sogar waren solchen Bastard-

Linien gewisse Prätensions- und Successionsrechte bisweilen eingeräumt. — Um so nöthiger also erschien es demnach den officiers d'armes schon sehr frühzeitig die heraldischen Beizeichen oder Brüche (brisures) einzuführen, damit nicht etwa im Laufe der Zeiten heillose Verwirrungen bezüglich der Erbfolge Platz greifen, oder vielleicht gar Prätensionen der Bastarde auf rechtmäßige Succession sich einschleichen könnten. —

Nicht blos wegen Verhütung von derartigen Mißbräuchen allein aber gehören die Beizeichen und Brüche hier zum Wesentlichen der Heroldskunst, sondern weil sie auch (gleichfalls schon in der ältesten und besten Zeit derselben) eine nicht unbedeutende Rolle spielten. —

Daß zu den Beizeichen im weiter ausgedehnten Sinne auch alle Rang-, Würde-, Standes- oder Amts-Zeichen u. dgl. gehören, insoferne sie nemlich im Schilde selbst figürlich erscheinen, habe ich vorne bereits irgendwo in Erwähnung gebracht und dort unter Andern mit den beiden Schenkenbechern im Limburgischen Wappenschilde, auf unserer Tafel VII, unter Nro. 12, beispielsweise näher erläutert. — Weil aber hier nur von den wirklichen eigentlichen Beizeichen, von den Brüchen (brisures) im engeren Sinne, die Rede sein soll, deßhalb gedenke ich mich auch bei jener außerordentlichen Gattung von Beizeichen nicht länger aufzuhalten, — noch weniger jedoch kann ich mich darauf einlassen: deren so überaus verschiedenartiges Vorkommen, mitunter sogar schon zu ältester Zeit, hier wiederholt in nähern Betracht zu ziehen. —

Die eigentlichen heraldischen Beizeichen nun lassen sich auf zwölferlei Weise bewerkstelligen, d. h. wir haben zwölferlei Gattungen derselben. — Nemlich:

1) Die Veränderung des Helm-Kleinods. —
2) Die Veränderung der Tinkturen. —
3) Die Veränderungen der Figuren. —
4) Die Stümmelung einer Figur. —
5) Die Hinweglassung einer Figur. —
6) Die Hinzufügung einer Figur (zunächst nemlich: der eigentlichen figürlichen Beizeichen). —
7) Die Vermehrung der Figuren. —
8) Die Verminderung der Figuren. —
9) Die veränderte Stellung der Figuren. —
10) Die Hinzufügung eines fremden Helmes (Kleinods). —
11) Die Hinzufügung eines fremden Schildes. —

12) Die Hinzufügung eines fremden ganzen Wappens mit Schild und Helm (Kleinod). —

ad 1. Die Veränderung der Helmkleinode bildet mit eines der beliebtesten Beizeichen der Deutschen. — Bei Ihnen nemlich war es vorzugsweise, wo die Theorie der Kleinode den höchsten Grad der Vollkommenheit erreicht hatte; kein Wunder daher, wenn es in Deutschland auch am gebräuchlichsten war, zur Bezeichnung verschiedener Geschlechter oder Linien eines Hauptstammes, jener so mannigfaltigen Helmzierden sich zu bedienen. — Der Schild aber blieb dann unverändert und ohne Beizeichen, weßhalb sich letzteres auch nur auf den Helm allein erstreckte. — Wurde dieser also, wie es so häufig geschah, in den Siegeln, auf Grabsteinen u. dgl. ganz weggelassen, dann war es natürlicherweise dem geschicktesten Herolde nicht möglich ein Beizeichen zu erkennen. — Ueberdieß wissen wir bereits, und ich verweise hier ausdrücklich auf alles oben im Abschnitte VI vom „Kleinod" Gesagte, wie wenig genau die Alten es überhaupt bei den Helmzierden nahmen. — Das Alles nun aber zusammen genommen, dürfte uns sicherlich den besten Begriff davon beibringen, was man von solchen Beizeichen zu halten habe, d. h. wie unzuverläßig dieselben seien. — Wenn daher der alte Ehrenhold Johann Holandt in seinen Reimen von den Altenburgern und von den Gäßln zu Gäßlberg unter Anderem schrieb:

„Von Gaßlberg die Gäßl allt
Altenburger dieselben
Die zwai geschlecht mit einem Helben
Und auch ein schilt von recht,
Wann sie seindt ain geschlecht." 1)

so ist das allerdings historisch richtig, allein in der Nutzanwendung, in der wirklichen Praxis der Heroldskunst, dürfte sich die Verläßigkeit dieser Art Beizeichen immerhin mehr oder minder auf Null reduzirt haben. — Zur Unterscheidung veränderte man zwar auch in Frankreich die Helmzierden, das beweist jene Eule als Helm-Kleinod am Siegel des Bastarden von Burgund und so manches andere Beispiel, allein solches geschah dann nur so nebenbei, d. h. zugleich mit der Anwendung des eigentlichen figürlichen Beizeichens im Schilde selbst. —

In Deutschland hingegen gehörte von jeher die Abänderung nur des Kleinodes allein zu den häufigsten Unterscheidungsarten der verschiedenen Linien oder Abzweigungen eines Geschlechtes. —

Wir haben eine Unzahl von Beispielen, weßhalb es sich gar nicht der Mühe lohnt mit spezieller Anführung derselben Zeit zu verlieren. — Die beiden elsäßischen

---

1) Joh. Martin Einzingers von Einzing bayer. Adelshistorie Pars II, pag. 11. —

Geschlechter von Mühlheim und von Zorn jedoch, welche ich aus dem gleichen Grunde schon oben im Abschnitte VI, beim „Kleinode" erwähnte, mögen in dieser Hinsicht die meisten Variationen aufweisen, da das erstere für seine verschiedenen Seitenlinien und Nebenzweige 25, das letztere sogar 34 Kleinodabwechslungen hatte. —

Zu den ältesten Gattungen der Beizeichen aber kann die Aenderung der Helmzierde aus dem einfachen Grunde nicht gerechnet werden, weil bekanntlich die Stabilität der Kleinode überhaupt erst mit dem XIV. Jahrhunderte konstatirt werden kann, vorher also auch die bedeutungsvolle Kleinodveränderung von der willkührlichen ohne Bedeutung, mit Sicherheit unmöglich zu unterscheiden ist. — Ein weiterer Mangel dieser Art von Beizeichen, wie auch aller folgenden Gattungen, (mit alleiniger Ausnahme der unter Nro. 6 aufgeführten eigentlichen, figürlichen Beizeichen,) liegt vorzüglich darin, daß vielleicht nach so und so viel Jahrhunderten der wirkliche Hauptstamm mit Bestimmtheit möglicherweise gar nicht mehr erkannt werden dürfte, indem in späterer Zeit sehr leicht der Fall eintreten könnte: daß eine beliebige Linie für den Hauptstamm, letzterer aber für eine Nebenlinie gehalten wird. — Ein derartiger Mißgriff kann wenigstens durch solche heraldische Beizeichen weder verhindert, noch aufgedeckt werden. —

Muß z. B. das verschiedenartig vorkommende Helmkleinod der nunmehr längst abgestorbenen Herren von Pienzenau in Bayern, das bald, wie nebenstehend, als ein Flügel, bald, wie auf unserer Tafel LIV, unter Nro. 7, als ein männlicher Rumpf, ja manchmal sogar noch anders gefunden wird, überhaupt für ein „Beizeichen" erklärt und gehalten werden, oder beruhen jene Verschiedenheiten rein nur auf einer willkührlich freien Abwechslung der Helmzierden? — Angenommen nun ferners, daß wir ein solches vor uns hätten, so frage ich weiter: welches war dann wohl dereinst das Kleinod des eigentlichen Hauptstammes, welches das Beizeichenkleinod der Seitenlinie? — Dr. Wiguleus Hund in seinem bayerischen Stammenbuche sagt zwar: „die von Wernaw, Bombaß (Hohenheim genannt: Bombaßt) vnd Bitenried zu Schwaben, drey alte Turniergeschlecht, haben den Schildt gefürt, wie Pienzenaw, aber andere Helmcleinot." [1]) — Bei keinem aber dieser von Hund hier aufgeführten Pienzenauerischen Zweiggeschlechter finde ich den Flügel, da er blos auf einigen Pienzenauer-Originalen vorkommt. — War das nun vielleicht eine weitere Seitenlinie, ein weiteres stammverwandtes eigenes Geschlecht, oder nicht? — und wer steht uns überhaupt gut dafür, ob oder warum von den obigen Geschlechtern gerade die bayerischen Pienzenauer dereinst der Hauptstamm waren, da, im Gegentheile, wegen Vorkommens mehrerer Zweige dieses Stammes in Schwaben, weit eher dieses Land für die Wiege des Hauptstammes zu halten sein dürfte? — umsomehr als uns auch Wiguleus Hund allein noch kein genügender Gewährsmann dafür sein kann: daß gerade Jene den Hauptstamm bildeten. — Also sämmtlich Fragen, die heutzutage nur mit außerordentlichen Schwierigkeiten, aller Wahrscheinlichkeit nach aber für unsere Generation mit Sicherheit wohl gar nicht mehr zu beantworten sein dürften. —

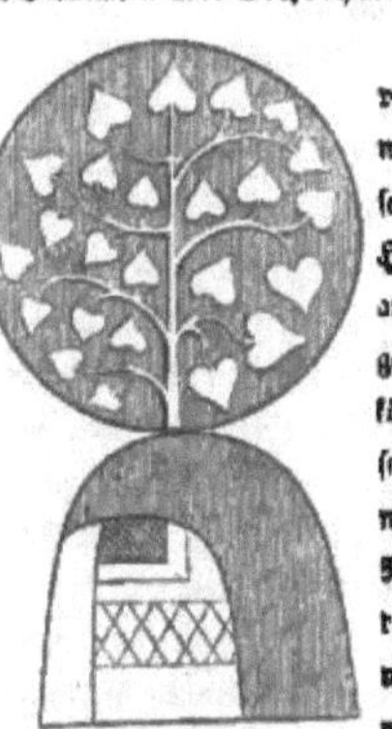

Ein andersmal wieder trifft man bisweilen ganz vereinzelnt dastehende, abnorme Kleinodfiguren mit wesentlicher Verschiedenheit, oder doch wenigstens mit sehr erheblichen Abweichungen von der gewöhnlichen Helmzierde irgend eines Hauses, ohne daß deßhalb ein auch nur entfernt triftiger historischer, oder vielmehr genealogischer Grund dafür ausfindig gemacht werden könnte. — So zeigt uns z. B. der nebenstehende Holzschnitt die genaue Copie des bayerischen Kleinodhelmes, wie er solchergestalt in der uralten Züricher-Wappen-Rolle aufgeführt ist. — Diese Schirmbrettartige, für das Haus Bayern durchaus abnorme Helmzierde aber, wie sie hier erscheint, habe ich sonst außerdem noch nirgends also gefunden, und es dürfte deren Vorkommen, gerade in jener frühzeitigen Wappenrolle vielmehr auf einer Unkenntniß der eigentlichen altbayerischen Helmzierde, denn auf einer Absichtlichkeit beruhen, — eine Behauptung, die sich noch überdieß durch sehr viele ähnliche Irrthümer in dem besagten Originale genügend rechtfertigen läßt. [2]) —

---

1) Dr. Wiguleus Hunds bayerisches Stammenbuch Pars II, pag. 223 et seq. —

2) Das Schirmbrett oder die Scheibe, sowie die Helmdecke sind in dem bezeichneten, mit Farben entworfenen Originale: mit Roth, das blätterreiche Bäumchen hingegen auf dem ersteren: mit Silber (Weiß) tingirt. — Der Stechhelm (heaume, helmet) selbst ist vergoldet (Gelb). —

Wie bei unsern hier vorliegenden Beispielen aber, also ist es überall, und man wird deßhalb auch durch alle derartigen Beizeichen gewiß in den wenigsten Fällen: eine durchaus und allseitig genügende, kurz mit einem Worte, eine vollkommen befriedigende Auskunft — über Ursprung, Herkommen, Abstammung, und namentlich über die verschiedenen jüngeren Verzweigungen eines Geschlechtes — zu bekommen in den Stand gesetzt sein. —

ad 2. Wenn auch gerade nicht alle, so doch die meisten Nachtheile der vorigen Gattung theilt: die Veränderung der Tinkturen. — Gleichfalls fast ausschließend nur den Deutschen eigenthümlich, hat sie gegenüber der letzteren Art doch wenigstens den Vortheil, daß hier der Schild selbst das Beizeichen enthält. — Zudem bilden die Veränderungen der Tinkturen mit den zunächst folgenden Veränderungen der Figuren die ältesten in der deutschen Heraldik üblichen Beizeichen. —

Veränderung der Tinkturen kommt jedoch weitaus am häufigsten vor, so zwar, daß in Deutschland beim Auftreten mehrerer sonst gleichförmigen Wappen (nur mit veränderten Tinkturen) im Umkreise einer bestimmten Gegend, jedesmal mit beinahe authentischer Gewißheit deren gemeinschaftliche Abstammung angenommen werden darf. — Aus diesem Grunde scheinen z. B. die schwäbischen Herren von Pflummern, von Stein zum Rechtenstein, die Herren von Gangler und von Stadion ursprünglich eines Stammes gewesen zu sein. — Sie alle führen nemlich die drei übereinandergestellten Wolfsangeln, nur mit Abwechslung der Tinkturen. — Diese Veränderung aber ist höchst wahrscheinlich: Beizeichen. — Den gleichen Fall haben wir an den bekannten, dereinst ebenso reichen als berühmten Geschlechtern: Montfort,[1] Fahnenberg, Tübingen, Werdenberg, Herrenberg, Tettnang, Feldkirch und Asberg. — Auch hier führten alle die alte Kirchenfahne, nur in verschiedenen Tinkturen. — Von den fünf bayerischen Turnier-Geschlechtern: Camer, Camerberg, Hilgertshausen, Parteneck und Mäffenhausen ist die Sache, durch die Ehrenhold Holandtischen Reime schon, ohnehin längst bekannt. — Dort heißt es nemlich von ihnen:

„Die fünff geschlächt zusamen warten,
Dann sy füren all die Partien,
Allain die Farb hat unterschaidt,
Vnnd yede Partten sonder klaidt,

1) Der letzte Sprößling dieses ehemals so mächtigen als weitverzweigten und reichbegüterten Hauses ist zu Ende des vorigen, oder im Anfange des gegenwärtigen Jahrhunderts, zu Lindau selbst oder in dessen nächster Umgebung, in größter Dürftigkeit, ja, fast im buchstäblichen Sinne des Wortes, als ein Bettler verstorben. —

Ist doch von alter ain namen
Von Parleneghh an alles schauen." [1]) —

Das hohe Alter des heraldischen Gebrauches der Tinkturenveränderung, als ein genealogisch unterscheidendes Beizeichen in Deutschland, erhellt übrigens auch aus den wasserburgischen und bayerischen Rauten, wovon erstere weiß und blau, letztere hingegen weiß und roth sind, ein Faktum, dem zweifelsohne die Idee eines Beizeichens zu Grunde liegen dürfte. — (Man vergleiche hiezu wieder den bereits zitirten Gräflich Wasserburgischen Originalschild vom Jahre 1202 auf der Tafel IL, unter Nro. 13). —

ad 3. Etwas seltener als die beiden vorhergehenden findet man: die Veränderung der Schildesfiguren selbst. — Es gibt viele Heraldiker, welche dieser Art Beizeichen gar keine Giltigkeit als solcher zugestehen wollen, ja ich selbst muß mich ihnen wenigstens insoferne anschließen, als eine derartige Manipulation eigentlich schon von vorne herein dem Sinn und Zwecke eines heraldischen Beizeichens geradezu widerspricht. — So sagt z. B. Johann Martin Einzinger von Einzing hierüber:

„Nämlich, der helm kann verändert werden: aber nicht der schild, das ist, die farbe und stellung der figur im schilde kann zwar verändert werden: nicht aber das zeichen und wesentliche stuck des schildes, ohne welchen das zeichen aufhört ein kennzeichen zu sein." — u. s. w. [2]) —

Da ich jedoch, wie überall, so auch hier wieder, vorzugsweise nur das Originale, Historische der Heraldik im Auge behalten wollte, und es sich hiebei keineswegs um eine Normalaufstellung für die Praxis der Heroldskunst in der Gegenwart, sondern vielmehr nur um ein möglichst getreues Bild ihrer, in allen andern Dingen besseren Vergangenheit handeln soll, so mußte ich, wohl oder übel, diese freilich etwas abnorme Gattung der heraldischen Beizeichen denn doch ebenfalls anerkennen. — In Deutschland nemlich wandte man, wie es scheint, schon zu ältester Zeit die Veränderungen der Wappenfiguren selbst an, und zwar allerdings als Unterscheidungsmerkmale verschiedener Abzweigungen ein und desselben Hauptstammes. — So führten die Marschälle von Pappenheim die Eisenhütlein (auf Tafel XLIV, unter Nro. 7), die Marschälle von Oberdorf — gezinnte Balken (auf Tafel XLIV, unter Nro. 8), die schwäbischen Freiberger — Kugeln (auf Tafel XXVI, unter Nro. 3), die bayerischen von Hohenaschau — Sterne (auf Tafel XLIV, unter Nro. 15), die Herren von Mallersdorf — Rosen (auf Tafel XLVI, unter Nro. 2), die Grafen von Kirchberg,

---

1) J. M. M. Einzingers von Einzing bayerische Adelshistorie Pars I, pag. 338 und Pars II, pag. 11 u. 12. —

2) Ibid. Pars II, pag. 11. —

die Greul, die Lovan, die Taufkirchen und die Marschalken von Bopfingen hingegen — Eisenhütlein (auf Tafel XXVII, unter Nro. 9). — Die ersteren aber, sowie die letztgenannten Geschlechter waren sämmtlich eines gemeinschaftlichen Ursprunges. — Sogar in neuerer Zeit noch brachte man hie und da diese Manier der heraldischen Beizeichen in Anwendung. — Die Familien Berniano, von Spitzel, meine eigene u. m. A. bestätigen diese Behauptung. — Auf unserer Tafel XLIV, z. B. unter Nro. 3, sieht man die fünf schrägen Schindeln oder auch die nebeneinandergelegten rothen Rauten im rechten Zwerch- oder Schrägbalken von Silber, wie sie von der Tyrolischen Linie meines Geschlechtes geführt wurden, auf derselben Tafel, unter Nro. 4 dagegen haben wir die fünf blauen Eisenhütlein der Bayerischen, welcher ich selbst angehöre. —

Bei kritischer Beurtheilung aber aller derartigen Beizeichen, mag man sich wohl hüten, weder die willkührlichen, noch die unwesentlichen Figurenveränderungen mit den wirklich unterscheidenden auf eine Stufe zu stellen. — So würde man z. B. sehr irren: die Gumppenbergischen Seeblätter (auf Tafel XXV, unter Nro. 4) gegenüber den alten Seeburgischen (auf Tafel XLVI, unter Nro. 16) für Beizeichen zu halten, blos weil sie niederwärts gekehrt und im Dreipaße durchschlagen, letztere dagegen aufwärts stehend und nicht durchschlagen sind; da hier die Veränderung keineswegs eine wesentliche, wohl aber, wie ich oben schon nachgewiesen habe, eine vollkommen willkührliche ist, und überdieß Seeblätter, ob aufwärts oder abwärts gekehrt, ob durchschlagen oder nicht, deßhalb eben doch immer wieder „Seeblätter" bleiben. — Ueberdieß finde ich noch dazu in einigen älteren Originalien sogar auch die Gumppenbergischen durchschlagenen Seeblätter mit den Spitzen nach aufwärts gestellt. — So z. B. gleich in meinem mehrerwähnten alten Wappenbuch-Manuskripte aus dem Ende des XV. oder Anfange des XVI. Jahrhunderts, und zwar dort auf Tafel 21 sub nomine: „vom Gumpenberg". — Der gleiche Fall nun aber ist es auch bei Veränderung der bayerischen Wecken in Rauten oder Spindeln, — was nemlich, aus denselben Gründen, ebenfalls nicht als Unterscheidungs- oder Beizeichen gelten kann. —

ad 4. Beizeichen durch Stümmelung einer Figur kamen vor Zeiten in Frankreich, England, in den Niederlanden und am Niederrheine sehr häufig in Anwendung, ja sie dürften vielleicht wohl sogar die nächste Veranlassung zur Entstehung jener, in der ganzen westlichen Heraldik so überaus beliebten Enten-, Amsel- oder auch Schwalbenartigen gestümmelten Vögel, der sogenannten canettes, martlets und merlettes, geworden sein. — Heutzutage jedoch, wie überhaupt zu neuerer und neuester Zeit, wurde die Stümmelung heraldischer Figuren, als ein förmliches Beizeichen, nirgends mehr gebraucht und nur einige gestümmelte Thiere, namentlich aber jene stereotypen martlets, merlettes und canettes sind als die wenigen Uebererste ihrer ehemaligen Anwendung zu betrachten. — Nach Einigen nun bestand der wesentlichste Unterschied zwischen canettes und merlettes oder martlets blos darin, daß erstere an Schnabelspitze, Schweif und Vorfüßen nur gestümmelt, die letzteren hingegen ganz ohne Schnabel und Füße dargestellt wurden. — Gewöhnlich sind es Enten, bisweilen aber auch Schwalben oder Amseln, von welchen noch eine im englischen Beizeichen-Schema, das wir als Holzschnitt im Texte weiter unten finden werden, sich erhalten hat, — dort aber einfach ein idealer oder fabelhafter, nur der Heraldik eigenthümlicher, gestümmelter Vogel genannt wird. — In einigen anderen Werken dagegen werden die canettes als Enten, die martlets oder merlettes als Amseln oder Schwalben bezeichnet. —

Es dürfte in der That, nach der wirklichen Bedeutung jener Namen schon, immerhin das Richtigste sein, wenn man die canettes durchweg in Entengestalt, die merlettes oder martlets aber immer in Amsel- oder Schwalbengestalt sich vorstellt, und wenn man noch überdieß von jeder dieser beiden Hauptgattungen wieder zweierlei Unterarten, nemlich: ganzgestümmelte und halbgestümmelte, ohngefähr in nebenstehender Weise, unterscheidet. —

Die deutsche (westphälische) Familie: von der Aa oder Aaa, sowie die französische: de Crecy z. B. führen unter Andern Beide auch eine ins rechte Obereck des Schildes gestellte martlet, nur mit dem kleinen Unterschiede, daß die der ersteren gewöhnlich ganz gestümmelt erscheint, indessen dagegen die der letzteren in der Regel nur halbgestümmelt abgebildet wird. — Bei denen von Crecy bezeichnet sie Petra Sancta (pag. 431) mit: merula nigella, während er die canettes an anderen Orten: anates (Enten) nennt, oder dieselben wohl auch schlechthin blos als: aves (Vögel) anspricht. —

Manche Heraldiker unterscheiden diese, im Ganzen genommen doch wesentlich verschiedenen Gattungen gestümmelter heraldischer Vögel wenig oder gar nicht von einander. — Die fabelhaften Geschichten und Mährchen jedoch, welche Einige von ihrer Entstehung erzählen, sowie die mystische Bedeutung, die ihnen bisweilen in der Heraldik beigelegt wird, sind sammt und sonders zwar durchaus unbegründet, allein höchst merkwürdigerweise, — man sollte es kaum glauben, — finden wir ganz ähnliche gestümmelte Enten (canettes) bereits am eingesetzten Mantelstücke (Oberkleide) des

Kaisers Justinian I. († 565), auf jenen mehrerwähnten großen Mosaikbilde in der Kirche St. Vitale zu Ravenna, — in ornamentaler Anwendung.[1]) —

Hieraus ersieht man zunächst wieder, wie tief begründet die Entstehung so mancher heraldischer Figuren schon in der frühesten Ornamentik des christlichen Mittelalters ist, und wie weit zurück beziehungsweise der eigentliche Ursprung einiger derselben gesucht werden muß. —

ad 5. Auch die Weglassung einer oder mehrerer Figuren theilt alle Mängel der vorgenannten Unterscheidungsmanieren oder Beizeichen, da Einer, der das vollständige Wappen des Hauptstammes zuvor nicht zu Gesicht bekommen hat, folgerecht auch die fehlenden Figuren der Nebenzweige niemals vermissen wird. — Sämmtlich nicht sicher und prägnant genug, setzen sie nemlich die unbedingte Nothwendigkeit schon voraus, daß man das Wappen des Hauptstammes (ohne Beizeichen) bereits kenne, weil es sonst ins Bereich der Unmöglichkeit gehört, die Beizeichen in den Wappen der Neben- oder Bastardlinien als solche zu erkennen. —

ad 6. Die Hinzufügung einer Figur kann eigentlich auf zweierlei Weise geschehen, und zwar:

a) durch Einsetzung beliebiger heraldischer Figuren, als etwa: kleiner Ringe, Sterne, Monde, Lilien, der mehrbesagten canettes, martlets oder merlettes u. s. w.; — oder auch

b) durch die Einsetzung der eigentlichen figürlichen, d. h. der wirklichen Beizeichen, nemlich: des Turnierkragens, des rechten oder linken Fadens, des rechten oder linken Einbruches. —

Da dieß allein die wahren, die echt altheraldischen Beizeichen sind, so will ich erst weiter unten Mehreres von ihnen vorbringen, hier aber einstweilen fortfahren. —

ad 7, 8 und 9. Vermehrung, Verminderung und veränderte Stellung der Figuren, wie sie alle hauptsächlich nur von der modernen Heraldik als Beizeichen sanktionirt wurden, mögen vielleicht in alter Zeit schon, ebenso gut wie heutzutage, hie und da wohl vorgekommen sein, es läßt sich jedoch dann niemals ihre Eigenschaft als Beizeichen mit völliger Sicherheit konstatiren, vorzüglich aber nur deßhalb nicht, weil, wie ich oben schon bei den Figuren in Erwähnung brachte, Vermehrung, Verminderung und veränderte Stellung vordem größtentheils zum willkührlichen Theile der Heraldik gehörten. — Die veränderte Stellung zunächst, mit der, namentlich in neuester Zeit, gar so gerne der Begriff eines heraldischen Beizeichens verbunden wird, mag wohl in den meisten Fällen dadurch entstanden sein, daß

---

1) J. H. v. Hefner-Alteneck's Trachtenwerk, I. Abthlg., tab. 91, A, Text pag. 121—123. —

in alten Wappenbüchern u. a. v. a. O., bei mehreren, oft unmittelbar nebeneinanderstehenden Wappen eines Geschlechtes, — zumeist blos der Abwechslung oder etwa auch einer besseren Ansicht wegen, — die Wappenthiere u. dgl. bald nach rechts, bald nach links, bald nach vorne gewendet sich zeigen, — wozu dann erst späterhin die ganz irrige Ansicht sich geltend machte, es hätte hier die veränderte Stellung wirklich die Bedeutung eines Beizeichens gehabt. — Noch mehr jedoch wurde dieser Irrthum durch den Umstand unterstützt, daß in der That oft ganz zufällig den gemeinschaftlichen Geschlechtsnamen verschiedene Prädikate beigesetzt waren. — Wir wissen aber, oder vielmehr sollten wenigstens wissen, daß es in der alten „bildlichen“ Heroldskunst vollkommen gleichgültig war: ob man ein Thier nach rechts oder nach links aufspringen ließ, ob eine Figur nach seitwärts oder nach vorwärts gestellt wurde. — Als eine Sache reiner Willkühr und völlig freien Beliebens wurde deßhalb die Stellung der Figuren, wenigstens in der bildlichen Heraldik, blos nach Räumlichkeits-Bedürfniß, oder in manchen Fällen auch wohl nach künstlerischer Nothwendigkeit verändert —, so daß also dieselbe niemals zugleich als ein heraldisches Beizeichen dienen konnte. —

Ebenso wurde der sogenannte Zwerch- oder Schrägbalken ausschließend nur nach den jeweiligen örtlichen Rücksichten als ein „rechter“ oder „linker“ gebraucht. — Unzählige Beispiele von Wappen, und zwar nicht blos ein und desselben Geschlechtes, sondern sogar ein und derselben Person beweisen uns bis zur Evidenz, daß er hundertmal so und anders erscheint, ohne daß je die Bezeichnung einer anderen Linie damit verbunden gewesen wäre. — Gerade so aber verhielt es sich mit der Vermehrung und mit der Verminderung der Figuren, wobei ich nur ganz einfach an die französischen Lilien, an die Kugeln der Freiberger, derer von Bentheim, von Bülow, von Mühlberg u. A., an die Eisenhütlein der Oettingen oder Pappenheim u. s. w. zu erinnern brauche. —

Nur die Verzopfung der Wappenkunde legte solchen Dingen eine Wichtigkeit bei, die sie nicht hatten, oder fixirte vorher Unbeschränktes. — Um auch dem Zopfe der neueren und neuesten heraldischen Periode nemlich gebührend Rechnung zu tragen, mußten diese drei Arten der Beizeichen von mir hiehergesetzt werden. —

ad 10, 11 und 12. Aehnliches Bewandtniß hat es mit der Hinzufügung eines fremden Helmes (Kleinods), eines fremden Schildes oder auch gleich eines fremden ganzen Wappens. —

Derartige Zusammenstellungen wurden zwar bisher nirgends zu den heraldischen Beizeichen gerechnet, allein es wird doch Niemand bestreiten wollen, daß weitaus öfters hierin eine wirkliche Unterscheidung verschiedener Linien liegen kann, als etwa z. B. in den vorigen Gattungen von Beizeichen. — Die einfachen und zusammengesetzten Wappen der alten Familien: Bart, Welser, Imhof, Furtenbach, Freiberg, Schleich, Thüngen, Ligsalz, Heideck und Heitegger, Werdmüller u. v. A. lassen doch gewiß die verschiedenen Zweige dieser Geschlechter auch heraldisch genau unterscheiden? — Folglich liegt blos in jener Zusammenstellung der Begriff des Beizeichens. — Weitentfernt jedoch, diese Manier als ein solches gutheißen zu wollen, billige ich sie fast noch weniger als die vorhergehenden, nur darf ihr deßhalb, in praxi wenigstens, die Anerkennung nicht versagt werden; — gleichviel ob von der Hinzufügung eines oder mehrerer Helme, eines oder mehrerer Felder, oder auch gleich eines ganzen Wappens die Rede ist. —

Das Alles aber sind eigentlich vielmehr Unterscheidungs-, denn wirkliche „Beizeichen", was man so recht darunter versteht. — Ja sogar als solche dürften sie nicht immer gelten können, da die ungebundene Willkühr der mittelalterlichen Heroldskunst einer uniformsmäßigen Genauigkeit so manchen Possen spielte, weil sich die erstere keineswegs in so engherzigen Formen bewegte, wie die spätere „diplomatische" Heraldik, und bei jener der künstlerischen Phantasie und dem persönlichen Geschmacke ein oft nur zu freier Spielraum gelassen war. — In Deutschland freilich bediente man sich aller oben angeführten Manieren. — Am seltensten jedoch kam dort Nro. 6, nemlich die Hinzufügung einer Figur, und beziehungsweise der eigentlichen figürlichen Beizeichen, in Anwendung, da doch gerade die wirklichen figürlichen Beizeichen in jeder Hinsicht als echt-altheraldisch und mit Entschiedenheit als weitaus am zweckmäßigsten bezeichnet werden müssen. — Mit gutem Gewissen kann man deßhalb auch die Beizeichentheorie so ziemlich für die schwächste Seite unserer deutschen Heraldik erklären, während Franzosen und Engländer jener Sache von jeher schon ihre volle Aufmerksamkeit schenkten und daher auch, schon kurz nach dem Entstehen der Heraldik, in diesem Punkte viel weiter voraus waren. — Besonders aber bei den Franzosen finden sich die unter Nro. 6 aufgeführten figürlichen Beizeichen, die einzig und allein ihrem Zwecke vollkommen entsprechen und ebenso gut heraldisch, als durchaus praktisch zu nennen sind. — Wiewohl selbst hiebei wieder, der größtmöglichen Deutlichkeit halber, nur jene dreierlei Figuren Anwendung finden sollen, die ursprünglich ausschließend als Beizeichen gebraucht zu werden pflegten, ja, die auch heute noch nur in dieser Bedeutung auf Wappenschilden vorkommen sollten, weil dieß, nach Allem zu schließen, in der That ursprünglich auch ihre einzige Bestimmung gewesen zu sein scheint. —

Im gegentheiligen Falle nemlich, d. h. bei Benützung auch anderer Figuren, wie etwa: der Einfassungen, des Schildeshauptes, der verschiedenen kleinen Ringe,

Sterne, Rosen, Vögel, Lilien, Monde u. dgl. können wieder ebenso leicht Mißverständnisse hervorgerufen, und Zweifel veranlaßt werden, da alle derartigen Figuren viel öfters als gewöhnliche Schildesfiguren oder wirkliche Wappenbilder, denn als eigentliche Beizeichen in der Heroldskunst erscheinen. —

Diese drei wahren figürlichen Beizeichen nun aber heißen:

1) Der Turnierkragen (lambel ou lambelin).

2) Der Faden (barre ou contre-bande).

3) Der Einbruch (baton peri). —

Ursprung und Entstehung der beiden ersteren reicht bis in die früheste Periode der geregelten Heroldskunst zurück. — Wir finden sie jedoch, wie gesagt, vorzugsweise nur bei Franzosen, Engländern und bei allen jenen westlichen Völkern im Gebrauche, wo auch auf das Majoratswesen ein ungleich größerer Werth gelegt wurde, als in Deutschland. — In den Niederlanden und am Niederrheine trifft man sie nicht viel seltener, was zweifelsohne von der französischen Nachbarschaft herkommen mag. —

Wenn ich hier nochmals ausdrücklich wiederhole, warum ihnen der Vorzug vor allen andern, mehr oder minder nicht so passenden, ja mitunter sogar ganz unzweckmäßigen Arten der heraldischen Beizeichen, allezeit unbedingt eingeräumt werden muß, so geschieht es nur, weil ich im Interesse unserer Wissenschaft alles besonders Empfehlenswerthe kräftigst hervorheben will. — Ihre wesentlichsten Vortheile aber sind:

1) Ihre praktische Form, wodurch sie sich zur Anwendung auf jedem beliebigen Wappen sehr geschickt eignen. —

2) Ihre prägnante Deutlichkeit, die bei weitem nicht so leicht einem Irrthume oder Zweifel Raum geben dürfte. —

3) Ihr echt-heraldisches Ansehen, das keine Verzopfung oder heraldisch-unschöne Verkünstelung aufkommen läßt. — Endlich:

4) Ihre ausschließende Bestimmung als Beizeichen, so daß sie ursprünglich niemals, und selbst jetzt noch sehr selten — (ja, höchst wahrscheinlich auch dann nur durch allmählig eingeschlichenes Mißverständniß) — als wirkliche, stabile Wappenfiguren erscheinen. —

Nach Erledigung des allgemeineren Theiles gehe ich nunmehr zum speziellen über. —

ad 1. Der Turnierkragen (lambel ou lambelin), — (auf unsern Tafeln VI, unter Nro. 9; VII, unter Nro. 7; XXIV, unter Nro. 2 und 3; XXXII, unter Nro. 2; IL, unter Nro. 2 und 5); — unrichtigerweise wohl auch: Brücke, Steg, Bank, Rechen u. dgl. genannt, ist allem Anscheine nach wirklich das gewesen, woher sein Name stammt. — Ein kleiner Beweis hiefür dürfte vielleicht in dem Wappen der alten Familie von Fleming liegen, wo er in runder, wirklich kragenförmiger Gestalt erscheint, und dort „diplomatisch“ ein „Turnier-Ring“ genannt wird. — Freilich könnte man die fragliche Figur möglicherweise auch für ein Mühlwerkstück oder so etwas dergleichen halten, wie z. B. die sehr ähnliche Schildesfigur der Herren von Müllenheim am Rheinstrome, deren Namen schon zugleich auch die Wesenheit ihrer Wappenfigur außer allen Zweifel setzt. (Alter Siebmacher Pars V, pag. 130.) —

Das eigenthümliche Vorkommen des Turnierkragens übrigens, auf Wappenröcken, Lendnern und Pferdsdecken, rechtfertiget gleichfalls einigermaßen die Bezeichnung „Kragen“, da er auf den ersteren meistens zunächst am Halse: in Schulterhöhe, und dann gewöhnlich nach seiner ganzen Länge zwischen letzteren beiden sich ausbreitend, erscheint. — Auf den Pferdsdecken hingegen sieht man ihn ebenfalls in der Regel hoch am Halse des Thieres, entweder beiderseits, oder auch nicht selten wirklich kragenförmig ringsherumlaufend angebracht. — In solcher Weise zeigt er sich nemlich in Frankreich, England und Italien, wovon uns die Denkmäler und Prachtwerke dieser Nationen hinreichend überzeugen können, aus denen, wenn man Alles zusammenfaßt, deutlich erhellt: es sei der Turnierkragen wirklich ein kragenförmig geschnittenes Stück Tuch oder Stoff mit einzelnen abhangenden Lappen gewesen, das zu tragen die Nachgebornen und deren Linien, um der nähern heraldischen Bezeichnung willen, angewiesen, und, je nach Umständen sogar, gewissermaßen verpflichtet waren. —

Mag es nun sein, daß jene eigenthümliche Stellung, oder vielmehr die Art und Weise seines Vorkommens zur ältesten Zeit, den Namen „Turnierkragen“, zuerst und ursprünglich nur sinnbildlich, veranlaßte, oder liegt etwa der Sache ein ganz anderes Motiv zu Grunde, — ich will diese Frage hier nicht entscheiden, nur soviel aber wenigstens ist gewiß, daß er gewöhnlich „aufgesteppt“ oder auch „in Leder gepreßt“, die Lendner, Wappenröcke, Pferdsdecken u. dgl. häufigst schmückte. —

Zudem habe ich auch sehr viele und die besten Originale ältester, mittlerer und späterer Zeit aufmerksam miteinander verglichen, um über das eigentliche Wesen des Turnierkragens der Wahrheit möglichst nahe zu kommen, da er immerhin ein sehr interessantes Problem der Heroldskunst bildet und ich keineswegs hierin des Herrn Baron von Biedenfelds Ansicht theilen kann, der da irgendwo meint: „es wäre nicht der Mühe werth zu untersuchen, welche von diesen Benennungen (des Turnier-Kragens nemlich) die richtige sei.“ [1]) — Durch alle jene kritischen Untersuchungen aber über sein Vorkommen, seine Gestalt und Anwendung, sowie über dessen heraldische

---

1) Ferd. Freiherrn von Biedenfelds Heraldik pag. 48. —

Darstellungsweise in frühester Periode und seine Abbildungen in neuerer Zeit hat sich meine Vorstellung eines in dieser Form ausgeschnittenen Stück Zeuges mehr und mehr konsolidirt. — Uebrigens ist das uralte, der französisch-heraldischen Terminologie entnommene Wort „lambel" zweifelsohne unmittelbar stammverwandt mit „lambeau", was eigentlich soviel als: einen Tuchlappen, ein Filztuch u. dgl. bedeutet, — sicherlich ein weiterer, nicht ungewichtiger Umstand, der ebenfalls von vorneherein schon auf die Bedeutung und das wahre Wesen des heraldischen Turnierkragens zunächst hinführen konnte. — Gewöhnlich steht der Turnierkragen im *Schildeshaupt*, weit seltener im *Mittel* des Schildes. — Einige wollen ihn sogar bisweilen „schräg übergelegt" angetroffen haben. — Die Anzahl seiner, immer nach unten stehenden Lätze ist sehr verschieden, ursprünglich jedoch, wie es scheint, vollkommen willkührlich gewesen. — Höchst selten aber wird wohl die Zahl sieben dabei überschritten worden sein. — Da er nun in ältester Zeit hauptsächlich nur im Schildeshaupte vorkam, und also auf Lendnern, Wappenröcken und Pferdsdecken seine gewöhnliche Stellung ebenfalls nur zu oberst am Halse war, so mag dann von dieser Stellung genommen, (wie schon vorne einmal bemerkt wurde), vielleicht auch der Name Turnier-*Kragen* nur symbolisch oder bildlich gewesen sein. —

Vorzugsweise des Turnierkragens aber bediente man sich: um Cadetlinien und jüngere Nebenzweige eines Geschlechtes vom Majoratsstamme heraldisch zu unterscheiden, nach dessen Abgang er von der succedirenden Linie jedesmal weggelassen wurde. — Man findet auch, daß manchmal ein also zum Majorat gelangter jüngerer Nebenzweig, selbst noch nach Aussterben *aller übrigen* Linien, das Beizeichen behalten hat, und solches sodann, in eine stabile Hauptfigur verwandelt, ein wirkliches Wappenbild wurde. — Als ein Beispiel hiezu wird gewöhnlich der Gräflich von Leiningen'sche Turnierkragen zitirt. — In den westlichen Ländern, seiner eigentlichen Heimath, wurde, wenigstens meines Wissens, der Turnierkragen niemals in eine wirkliche Schildesfigur umgewandelt, allein in den Niederlanden, am Niederrheine und in Deutschland, wohin er von dort aus nur verpflanzt war, geschah dieß keineswegs blos beim Wappen der Leiningen, wie Viele glauben, sondern wir haben weit mehrere stabile, wirklich schildesfigürliche Turnierkragen, die nicht mehr im entferntesten Beizeichen sind, oder die Bedeutung eines solchen haben. — Zunächst kam dieß wohl daher, weil vielleicht der Sprößling irgend eines Geschlechtes französisch-heraldische Sitten und Gebräuche im Westen einmal näher kennen gelernt, und heimgekommen dann, auf den Schilden seines Hauses in Anwendung gebracht hatte, — seine Nachkommen aber den richtigen Gebrauch solcher Beizeichen entweder ganz vergaßen oder doch nicht weiter darauf Bedacht nahmen, wodurch denn nach Absterben des Hauptstammes die Beizeichen der succedirenden jüngeren Zweige etwa auf solche Art an ihrer Stelle belassen, oder vielmehr zu erblichen, eigentlichen Schildesfiguren erhoben worden sein konnten. —

So einfach die Form des Turnierkragens an und für sich erscheint, so bemerkt man doch auch an ihm die allmählige Entwicklung und Fortbildung im Zeitenlaufe, ja, seine heraldische Darstellungsweise zu den verschiedenen Perioden bietet für denkende Forscher immerhin einiges Interesse. —

Außer den betreffenden französischen und englischen Werken enthält jedenfalls das höchst interessante Buch: Sigilli de' principi di Savoia dal Cavaliere Luigi Cibrario. Torino 1834; — die schönsten und mannigfaltigsten Beispiele des Turnierkragens selbst sowohl, als ganz besonders seiner so überaus verschiedenartigen Anwendung. — Dort ist er nemlich nicht allein auf Siegeln, Schilden und in Wappen, sondern auch auf Lendnern und Pferdedecken in allen möglichen Formen und Stellungen anzutreffen. — Dort ist es aber auch, wo wir ihn besonders oft hoch am Halse auf den Wappenkleidern der Ritter und um die Hälse der Pferde gelegt, d. h. beziehungsweise auf die heraldischen Decken derselben „ausgeteppt" finden können. — Auch in so manchen altfranzösischen und altenglischen Originalien (Siegeln, Miniaturen, Grabsteinen u. dgl.) haben wir die originellsten Muster desselben. — Unter letzteren steht in Bezug auf großen Maßstab sowohl, als auch in Hinsicht seines dort besonders deutlichen Vorkommens das Grabmal des berühmten „schwarzen Prinzen" Eduard, Sohnes Eduard III., in der Cathedrale zu Canterbury jedenfalls obenan.[1]) — Das Hervorragende an jenem Turnierkragen liegt auch darin, daß er sich am Helmkleinode (dem englischen Löwen) in höchst origineller Weise wiederholt, indem er um den Hals des Löwen gelegt erscheint (auf Tafel III., unter Nro. 9). — Ist nun aber die Wiederholung des Turnierkragens am Kleinode ohnehin schon außer Deutschland als etwas ganz Abnormes zu betrachten, so wird die Sache im gegebenen Falle um so bedeutungsvoller, weil durch sie meine obige Vermuthung von kragenartiger Anwendung an Wahrscheinlichkeit gewinnt. —

Da der Gebrauch des Turnierkragens im Schilde allein genügt, namentlich wenn eine Veränderung der Helmzierde damit verbunden wird, so erscheint eigentlich jede Wiederholung desselben am Helme als überflüßig. — Allein die Deutschen liebten es, selbst die figürlichen Beizeichen auch im Kleinode anzubringen, weßhalb wir bei uns mehrere solche Beispiele haben. — So z. B. bei den Thalheim in Schwaben, in alten Kefernburgischen Siegeln, auf einigen Wappenabbildungen der Nortgassen in der Schweiz, bei denen von Kotzeler am Nieder-Rheine u. s. w. —

1) Düsseldorfer-Costümbuch Tafel XXXVII. —

Bestätiget sich aber der Sächsische Rautenkranz als ein figürliches Beizeichen, was keineswegs ganz zu verwerfen sein dürfte[1]), so bildet auch er ein hieher gehöriges Beispiel, da er sich ebenfalls zu ältester Zeit schon am Helmkleinode wiederholte (auf Tafel IIL, unter Nro. 8).[2]) — Wenngleich nun der Turnierkragen immer und überall „frei schwebend" im Schilde vorkommen, und mithin jede heroldsfigürliche Darstellungsweise desselben selbstverständlich auch strenge ausgeschlossen sein sollte, so trifft man ihn nichtsdestoweniger schon zur ältesten Zeit sehr häufig am Schildesrande auslaufend. — So z. B. am Dampierrischen Wappen auf der Tafel IL, unter Nro. 5,[3]) auf vielen Savoyischen im Cibrario, fast an den meisten altfranzösischen[4]) und auf sehr zahlreichen anderen Originalien. — Ja, in gewissen Gegenden scheint ein derartiger Gebrauch sogar beliebter gewesen zu sein. — Bisweilen läuft der horizontale Haupttheil desselben beiderseits etwas über die Lätze hinaus und schließt sich mit einer runden knopf- oder kugelartigen Verdickung. — So z. B. am Savoyischen Wappen unter Nro. 2 auf derselben Tafel IL, im Cibrario und an sehr vielen anderen Orten. — In ältester und alter Zeit sind die Lätze sehr lang, schmal und geradlinig (auf den Tafeln VI Nro. 9, VII Nro. 7, XXIV Nro. 2, XXXII Nro. 2, IL Nro. 5 und namentlich auf Tafel IL unter Nro. 2), später hingegen machte man sie nach unten zu allmählig breiter auslaufend und kürzte sie dafür etwas weniges ab (auf Tafel XXIV, unter Nro. 3), so daß sie allerdings die Gestalt hölzerner Brücken- oder Stegjoche annahmen, wodurch dann höchst wahrscheinlich jene irrige Benennung

---

1) Nach meinem unmaßgeblichsten Dafürhalten erhellt übrigens schon aus seiner f a d e n a r t i g e n Darstellungsweise, wie man sie gerade auf den ältesten Originalien durchweg wahrnehmen kann, dessen entschiedenste Beizeichen-Bedeutung. —

2) Das seltenste Beispiel in dieser Art haben wir wohl an dem Wappen derer von Ansfeldheim am Rheinstrome, — (welche, wenigstens aus ersterem zu schließen, vielleicht Bastarde der alten Pfalzgrafen bei Rhein gewesen sein mögen,) — das wir im alten Siebmacher unter den „Reynlendischen", Pars II, pag. 103, auf unserer Tafel LXIII dagegen unter Nro. 6 in den geeigneten Farben entworfen finden können, und woselbst man sogar den Bastardfaden, oder beziehungsweise vielmehr das in der heraldischen Terminologie unter dem Kunstausdrucke „linker Einbruch" bekannte kleine Beizeichen am Helm-Kleinode, — und zwar noch dazu figürlich, d. h. nemlich selbstständig-körperhaft, — sich wiederholen sieht. —

3) Aus einem Originalsiegel (des XIV. Jahrhunderts) eines gewissen Guido von Dampierre, mit der Umschrift: S. Guidonis de Dampetra. — (Samuel Wilhelm Oetters Wappenbelustigungen, über das Wappen des heiligen Römischen Reichs, pag. 10). —

4) So z. B. unter Andern auch schon auf einem höchst interessanten Originale mit der Beischrift: Philippus Bononiae, Comes, filius Philippi Augusti et Agnetis de Merania, natus 1200, obiit in ludicro equestripugna Corbeiae: 1233. —

entstanden sein mag. — Zahlreiche Anwendungen der Turnierkrägen finden wir auch im Claude Menêtrier, Marc Vulson de la Colombiere und in allen andern französisch-heraldischen Werken, bei den Wappenschilden der nachgeborenen Prinzen vom Geblüt des königlichen Hauses, sowie ferners in den englischen Wappenwerken, wie z. B. von John Bossewell, Lodges Peerage u. A., wo wir überdies nicht selten den Turnierkragen noch mit allerlei anderen Figuren belegt, verziert und besteckt sehen können. —

Letztere nannte man dann gewöhnlich „sousbrisures", weil es zumeist wirkliche Beizeichen der Beizeichen waren, indem vermittelst derselben sogar wieder alle weiteren Abzweigungen eines Nebenstammes, die jüngeren Seitenlinien der Seitenlinien, genau kenntlich gemacht werden konnten. —

Die Tinktur des Turnierkragens richtet sich leichtbegreiflich jedesmal nach den Tinkturen des Schildes, über den er gelegt wird, und beziehungsweise jener Wappenfiguren, die er dabei durchschneidet, — d. h. man soll nur eine solche hiezu wählen, die möglichst von diesen letzteren beiden absticht. —

Auch die Alten nahmen nur abstechende Tinkturen. — Nicht nur daß zu alter Zeit der Turnierkragen überhaupt mehr in Farbe, denn in Metall vorkommt, scheint es sogar eine beliebte heraldische Sitte gewesen zu sein, den allgemeinen festen Grundsatz: „Farbe nicht auf Farbe, Metall nicht auf Metall", bei den Beizeichen außer Wirksamkeit treten zu lassen, und es ist um so glaubwürdiger, daß man ihn geflissentlich fallen ließ, weil gar so überwiegend viel mehr gegen jene Regel verstoßende, als normal tingirte Turnierkrägen in den Wappen gefunden werden. — Uebrigens erscheint der Turnierkragen sehr oft auch in *zwei* Tinkturen zugleich, nemlich von Farbe *und* Metall. —

ad b) *Der rechte und der linke Schrägfaden*, letzterer besser auch wohl *Bastardfaden* genannt (barre, contre-bande — auf Tafel XXIV, unter Nro. 4) leisteten in der Heroldskunst von jeher schon gleiche oder doch wenigstens ganz ähnliche Dienste, wie die Turnierkragen; sie sind aber auch ebenso altwappenmäßig, d. h. nicht minder heraldisch als jene. — „*Schrägrechts*" angewendet bezeichnet der Faden eine Nebenlinie oder den jüngeren Ast einer Familie, als „*linker*" Zwerchfaden aber ist er *ausschließend nur für Bastarde und ihre Linien* bestimmt. — Nicht allein die ältesten Originale schon, sondern auch die uralthergebrachte Benennung „de côté gauche" für Bastard-Linien überhaupt bestätigen diesen Satz. —

Vorzüglich aus dem Bastardfaden also können wir uns die Gewißheit verschaffen, was man in der ältesten Urheraldik bereits einen „*rechten*", was einen „*linken*" Schrägbalken genannt habe. — Es wird uns daraus aber auch sicher am leichtesten klar werden, daß des Herrn Dr. J. H. v. Hefners Aufstellung in diesem Punkte ganz irrig und falsch sei, wenn er nemlich in seinem allgemeinen Wappen-Buche den wirklichen rechten Schrägbalken durchweg als „linken", den linken hingegen überall als „rechten" blasonirt. —

Rechter sowohl als linker Schrägfaden (Bastardfaden) kamen in der altfranzösischen Heraldik wohl weitaus am häufigsten in Anwendung und haben wir vom letzteren ein schönes Beispiel auch auf dem bereits wiederholt erwähnten Originalsiegel des: Antholne bastart de bourgoingne conte de la roche." — Späterhin jedoch verschwinden Schräg- und Bastardfaden aus der Heraldik ganz und gar und machen zwei ganz ähnlichen, ebenfalls figürlichen Beizeichen Platz, die mit ihnen zunächst verwandt waren, ja sogar unmittelbar aus ihnen gebildet wurden. — Das sind aber:

ad c) der sogenannte rechte und der linke Einbruch (bâton peri — auf Tafel XXIV, unter Nro. 5, Tafel XXXV, unter Nro. 8 und Tafel LXIII, unter Nro. 6). — Durch Abledigung von Schräg- oder Bastardfaden nemlich, sowie beziehungsweise durch dessen vollständigste Kürzung bis auf ein ganz kleines Stück entsteht jenes kleine, schindelförmig gestaltete, figürliche Beizeichen, das, je nachdem es durch Stümmelung des rechten oder des linken Schrägfadens sich bildete, auch der rechte oder linke Einbruch genannt wird. — In jeder Beziehung vertritt er durchaus die Stelle des vorbesprochenen figürlichen Beizeichens, und man wendet ihn, in Anbetracht seiner schrägrechten oder schräglinken Stellung, auch im gleichen Sinne an, d. h. der rechte Einbruch gehört für die ehelich nachgeborenen Sprößlinge und ihre Linien, während der linke Einbruch zur Bezeichnung unrechtmäßiger Zweige, nemlich der Bastarde und ihrer Nachkommen dient. — Die Herzstelle des Schildes ist ausschließend der Platz, wo er nach heraldischer Regel hingehört. —

Solange man Schräg- und Bastardfaden in der Heroldskunst gebrauchte, existirte begreiflicherweise der „Einbruch" noch nicht, weßhalb ihn die älteste Zeit auch nicht kannte. — Doch trifft man etwas späterhin dann, mitunter sogar in Deutschland schon, hie und da den Bastardfaden nicht mehr, wie früher, stets am Schildesrande auslaufend, sondern damals bereits (zwar noch ziemlich nahe am letzteren) „abgekürzt", so daß er wirklich einen schräg in den Schild gelegten „abgeledigten" oder „schwebenden" Stock bildet. — Die ältesten Einbrüche alle erscheinen demnach durchweg noch von beträchtlicher Länge. —

Einen solchen fand ich z. B. unter Andern auch in einem alten Büchlein, am Wappen eines gewissen Bastarden von Ems oder Hohenems, das dort als Holzschnitt in den Text eingedruckt war, wie man denn den Schild desselben auch auf unserer Tafel XXXV, unter Nro 8 bemerken kann. — Unmittelbar daneben stand die gewiß ziemlich naive Bemerkung zu lesen: „Nächst darbey ligt ein anderer Sitz, der Bodelberg genandt, welchen Hauptman Marx Embser, so ein lediger deß Geschlechts von Embs war, deren etwan vil waren(!!), vnd sich in Kriegsdiensten wol gebrauchen haben lassen, dann vil Hauptleuth aus ihnen worden, auffgebawen, der zeit aber sampt zugehörigem Weingarten, Gütter vnnd anderm, Wolffgang Jonassen Verwaltern der Herrschafft Neunburg gehörig"[1]) — Der weiter vorne schon in einer Anmerkung bereits erwähnte „linke Einbruch" der Herren von Anselsheim am Rheinstrome, — so etwa Bastarde der alten Pfalzgrafen bei Rhein waren, — (im alten Siebmacher, Pars II, pag. 103, unter den „Reynlendischen") den wir abbildlich auch auf unserer Tafel LXIII unter Nro. 6 haben, — ist, wie man bemerken kann, ebenfalls von gleicher, oder wenigstens dem vorigen doch sehr ähnlicher Form, Breite und Länge. — Allem Anscheine nach wurden nemlich erst im weiteren Verlaufe der Zeiten die „Einbrüche" mehr und mehr abgekürzt, bis sie nach und nach allmählig auf das ganz kleine Stückchen reduzirt waren, wie man sie durchschnittlich zur neueren und neuesten Zeit, ja bis auf den heutigen Tag noch überall anwendete. — Man vergleiche auch auf der Tafel XXIV, unter Nro. 5 das Wappen eines Bastarden von Frankreich mit dem auf das kürzeste Stück gestümmelten „linken Einbruche". —

Die rechten und linken „Faden" dagegen sind heutzutage ganz beseitiget, indessen gegenwärtig der rechte oder linke Einbruch allein und ausschließend an ihrer Stelle die nämlichen Zwecke erfüllt. — Vom Standpunkte diplomatischer Genauigkeit aus, sowie in Anbetracht der vielen praktischen Eigenschaften des „Einbruches" muß dieser Tausch auf das entschiedenste gebilligt, ja, als ein thatsächlicher Fortschritt betrachtet werden. — Der „Einbruch" ist nicht allein viel bezeichnender und in jeder Hinsicht prägnanter wie Schräg- und Bastardfäden, weil er als gewöhnliche heraldische Figur niemals vorkömmt, sondern verbindet zugleich damit auch noch den wesentlichen Vortheil, daß er die Wappenbilder keineswegs auf so störende Weise durchschneidet, wie jene. —

Freilich jedoch mag zur ersten Einführung des Einbruches der kleine Hintergedanke: daß das offizielle Bastardzeichen nicht gar zu augenfällig sei, allerdings auch redlich das Seinige mit beigetragen haben. — Bei den legitimen und wilden

1) Hystorische Relation oder eygendliche Beschreibung der Landtschafft underhalb St. Lucis Staig vnd den Schallberg u. s. w. pag. 42, sub nomine: Embser. —

Prinzen Frankreichs kann man den rechten und linken Einbruch in den meisten französischen Wappenbüchern zahlreich angewendet finden, während in Deutschland nur sehr wenige Beispiele desselben angetroffen werden. — Unter letzteren ist der linke Einbruch der Grafen von Holnstein aus Bayern noch so ziemlich einer der bekanntesten. —

Man darf deßhalb aber ja nicht glauben: als hätten wir in Deutschland vielleicht weniger „wilde" Dynastieen, allein es wurde zumeist vorgezogen, solchen Sprößlingen andere Namen, z. B. etwa die ausgestorbener Geschlechter, und dann zugleich auch deren vollständige Wappen (nemlich ohne irgend ein Beizeichen) beizulegen. —

Mit der Tingirung verhält es sich beim Schräg- und Bastardfaden, sowie beim Einbruche, genau so, wie beim Turnierkragen, d. h. man ließ sie vom Schilde und dessen Figuren jederzeit möglichst abstechen. — Auch bei ihnen wurde der Grundsatz: „Farbe nicht auf Farbe, Metall nicht auf Metall" gewöhnlich umgangen, sowie auch sie bisweilen in zwei Tinkturen zugleich, d. h. mit Farbe und Metall tingirt, erscheinen. — Daß übrigens hie und da schon zur ältesten Zeit diesem Widerspruche bei Tingirung von dergleichen abnormen heraldischen Nebenfiguren vielleicht eine gewisse Absichtlichkeit zu Grunde gelegen habe, läßt der Schild Ludwig des Frommen, auf unserer Tafel XXXVI, unter Nro. 1,[1]) um so sicherer vermuthen, weil dort das kleine Kreuz am blauen Schildesgrunde doch gewiß ebensogut mit Metall (Silber oder Gold) tingirt werden konnte. —

Wie der Turnierkragen so kamen auch der rechte und der linke Einbruch sehr oft mit allerlei kleineren Nebenfigürlein belegt vor, die dann zumeist überdieß gleichfalls Beizeichenbedeutung hatten, und in Folge dessen wirkliche sogenannte „sousbrisures" oder „Beizeichen zum Beizeichen" waren. —

Nur die hier zuletzt abgehandelten und weiter vorne unter Nro. 6 begriffenen figürlichen dreierlei Gattungen sind als die wirklichen heraldischen Beizeichen zu betrachten, weßhalb man gut thun wird, bei Benöthigung eines Beizeichens, ausschließend nur jener drei, nemlich: des Turnierkragens, des Schräg- und Bastardfadens oder auch des Einbruches sich zu bedienen. — Wer mit diesen Beizeichen echt heraldisch verfahren und ihre Anwendung sachgemäß und geschickt bewerkstelligen will, der mag sich nur unbedingt an die guten Muster der altfranzösischen Heraldik halten. — Die Franzosen gebrauchten zwar noch ein viertes und fünftes figürliches Beizeichen, deren ich bisher mit keinem Worte gedachte,

---

1) Auf die nähern Beschreibung dieses in jeder Hinsicht höchst interessanten Originalschildes, welche ich vorne schon irgendwo, in einer längeren Anmerkung nach C. Heideloff, ausführlich gegeben habe, mache ich zugleich hier wiederholt aufmerksam. —

allein da dieselben ebenfalls in die Categorie jener gehören, die, wie oben die Ringe, Sterne, Monde u. dgl., sehr häufig auch als gewöhnliche Schildesfiguren vorkommen, und deßhalb zum vorliegenden Zwecke keineswegs empfehlenswerth erscheinen, so unterließ ich es hier sie aufzuführen. — Wir haben schon bei den Heroldsfiguren die Bekanntschaft dieser beiden Beizeichen gemacht; denn weil öfters kommen: die „Einfassung" und das „Schildeshaupt" nur in dieser Eigenschaft allein vor. — Auch das sogenannte rechte und linke Freiviertel (im Französischen: franc-canton ou franc-quartier), sowie noch einige andere wahre Heroldsfiguren mußten bisweilen hiezu aushelfen. — Durch noch weitere Hinzufügung dann des Kerb-, Spitzen- oder Zinnenschnittes u. s. f. wurden in der westlichen Heroldskunst oft drei-, vier- und mehrerlei Beizeichen daraus gemacht. — Wie gesagt, theilen aber die derartigen Beizeichen alle insgesammt nicht die Vortheile von Turnierkragen, Faden und Einbruch, da sie ebensogut eine gewöhnliche heraldische Figur sein können; — und obwohl die altfranzösische, und späterhin nach ihren Vorbildern auch die niederrheinische und westdeutsche Heroldskunst des Schildhauptes, der sogenannten Freiviertel, sowie aller Arten platter und façonirter Einfassungen als Beizeichen sehr gerne und auch besonders häufig sich bedienten. — In noch viel umfassenderer Weise hingegen gestaltete sich in England eine förmlich organische Gliederung der Beizeichen, wovon uns die dort noch giltigen systematischen Beizeichen-Schemas am besten überzeugen können. —

Das neuere englische Werkchen, mit dem Titel: Fredk. Knights, Crests of the Nobility et Gentry of the United Kingdom of Great Britain and Ireland. — London, ohne Jahreszahl, — enthält ein solches Beizeichen-Schema unter der Aufschrift: Distinctions of houses und zwar für: first, second, third, fourth, fifth, sixth house etc., wobei mehrere jüngere Nebenzweige einer beliebigen nachgeborenen oder jüngeren Seitenlinie, — durch Zusammensetzung und wiederholtes Aufeinanderlegen der verschiedenen Beizeichen, in einer heraldisch genau geregelten Ordnung, — mit näherer Bestimmtheit, wieder eigens bezeichnet werden können. —

Wir haben somit hier die eigentlichen, sousbrisures, Doppel- oder After-Beizeichen, vor uns, wovon ich bereits mehrfach Erwähnung machte. —

Nebenstehender Holzschnitt aber mag das vorbesagte englische allgemeine Beizeichenschema klar versinnlichen. —

Wie man sieht steht auch hier der Turnierkragen (lambel ou lambelin) in erster Reihe vorndran, dann erst folgen der Halbmond, das Sporenrad (mullet) oder der Stern, der gestümmelte Vogel (merlette ou martlet), der Ring (annelet et ornelle), die Lilie, die Rose, das Kreuz u. s. w. —

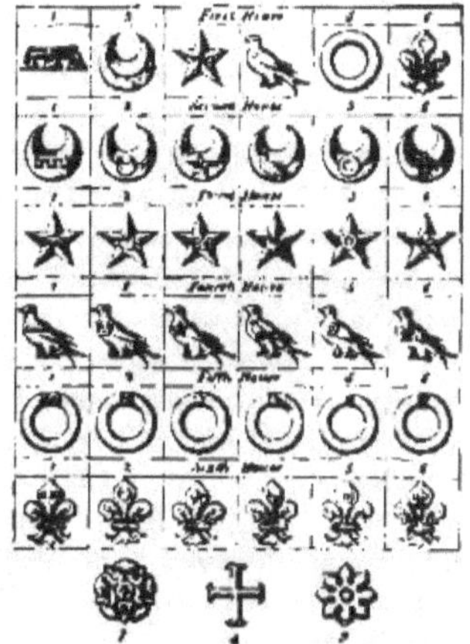

Während nun in Frankreich und in England, wie wir bemerken konnten, die ganze Beizeichentheorie einer strenge geregelten Ordnung mit systematischer Genauigkeit, schon vom allerersten Anfange an, unterstellt wurde, also hat man in Italien den gegentheiligen Fall. — Dort herrschte nemlich in diesem Punkte nicht allein regellose Willkühr und eine förmliche Beizeichenwuth, sondern wir treffen auch ein wirres Chaos fast aller Manieren der Beizeichen überhaupt, wie ich sie vorne schon der Reihe nach sämmtlich aufgezählt habe, so daß von einem Zurechtfinden darin keine Rede mehr sein kann. — Zu allem Ueberfluße noch existiren, wie es scheint, sehr wenige Geschlechter, die nicht zehn bis zwanzigerlei verschiedene Linien (Branchen), und folglich auch ebenso vielerlei Wappenvariationen haben. — In dem kleinen venetianischen Wappenbüchlein, betitelt:

„Blasone Veneto o Gentilizie insegne delle famiglie patrizie;
etc. — 1706“ —

hat man auf jeder Seite die schönsten Muster dieser welschen Beizeichen-Manie. —

Wir sehen daselbst z. B. unter Andern (Coronelli pl. 58, 59 et 60) auch 21 Wappenschilde der Familie Malatesta, in denen die Beizeichen durch Hinzufügung, Weglassung, Veränderung u. s. w. gegeben, die aber trotzdem alle miteinander nicht im Stande sind, uns ein auch nur entfernt klares Bild des Abstammungs- oder Verwandtschaftsgrades jener verschiedenen Geschlechtsverzweigungen beizubringen, noch vielweniger aber, selbst den geschicktesten Heraldiker, über ihren *ursprünglichen* genealogischen Zusammenhang aufzuklären vermögen. — Sie bilden somit eigentlich in dieser Beziehung ein würdiges Seitenstück, bezüglich des Schildes nemlich, zu den deutschen Kleinod-Beizeichen der Geschlechter von Zorn und von Mühlheim im Elsaß, d. h. ihre Variationen in den *Schilden* gleichen auf ein Haar den Abwechslungen der letzteren in den *Kleinoden*, schon weil bei beiden auf systematische Genauigkeit und deutliche Klarheit nicht die mindeste Rücksicht genommen ist. —

Da diese Sache indessen, schon durch ihre besondere Eigenthümlichkeit, immerhin von einigem Interesse sein dürfte, und um ferners wenigstens jene vielerlei Arten der welschen Beizeichen möglichst anschaulich zu machen, habe ich sämmtliche vorgenannte 21 Malatesta-Wappen eigens auch abbildlich gegeben, und zwar in der Art, daß wir 20 davon auf unserer Tafel VI. von Nro. 1 bis Nro. 20, das 21ste aber, blos Räumlichkeitshalber davon abgesondert, auf der Tafel LX, unter Nro. 12 bemerken können. —

Uebrigens hatte man auch in Deutschland jederzeit genug sehr ähnliche Beispiele, und zwar sowohl schon im *früheren* Mittelalter, als auch sogar noch zur *späteren* Zeit, so daß wir viele weitverzweigte Sippschaften finden können, aus deren Wappenvariationen klar hervorgeht, man habe auch bei uns nicht selten *fast alle* Gattungen der verschiedenen Beizeichen bei einem einzigen Geschlechte und seinen bald näher, bald entfernter stammverwandten Abzweigungen in Anwendung gebracht. — Von ersteren, d. h. von frühmittelalterlichen Beispielen ist eines der umfassendsten die höchst originelle Wappenabwechslung bei den Geschlechtern: Alt-Kirchberg (auf Tafel XLVI, unter Nro. 1), Kirchberg (auf Tafel XXVII, unter Nro. 9), Mallersdorf (auf Tafel XLVI, unter Nro. 2), Winkhofer oder Ynkhofer (auf Tafel XLVI, unter Nro. 3), Neuberger zu Neufarn und Salach (auf Tafel XLVI, unter Nro. 4), Salach (auf Tafel XXVII, unter Nro. 10), Greul von Greulsberg und Neuberg (auf Tafel XXVII, unter Nro. 9), Marschalk von Pappenheim (auf (Tafel XLIV, unter Nro. 7), Marschalk von Oberndorf (auf Tafel XLIV, unter Nro. 8), Marschalk von Bopfingen (auf Tafel XXVII, unter Nro. 9), Eckhers von Bopfingen (auf Tafel XLVII, unter Nro. 1), Taufkirchen (auf Tafel XXVII, unter Nro. 9), Marschalk von Biberbach (auf Tafel XLIV, unter Nro. 7), Lovan (auf Tafel XXVII, unter Nro. 9), Truchseß von Küllenthal (auf Tafel XLIV, unter Nro. 8), Schilling zu Güsdorf und Stammen (auf Tafel XXVII, unter Nro. 9) u. s. w. — Sämmtlich in einem gewissen verwandtschaftlichen Zusammenhange stehend, bildeten sie zweifelsohne ursprünglich nur ein *einziges* Geschlecht und waren sohin vor Alters *eines* Namens, *eines* Stammes und Wappens. —

Möglicherweise gehörten sogar auch noch die Schwäbisch-Haller-Patrizierfamilien: Mangold und Sidingen, genannt: Eisenhut (auf Tafel XXVII, unter Nro. 7), sowie etwa ferners die schwäbischen Herren von Enningen, ebenfalls genannt: Eisenhut (auf unserer Tafel XLVI, unter Nro. 7), in den obigen Cyklus, da Ayting oder Eiting öfters im Zusammenhange mit vielen dieser Geschlechter, und dann zwar meistens als wirklich stammverwandt, genannt wird, die Schreibart aber zu jener Zeit bekanntlich noch nicht in Betracht gezogen werden darf. — Zudem waren mehrere von obigen Geschlechtern gleichfalls in Schwaben landgesessen, und spielt hier wie dort der heraldische Eisenhut im Wappen eine Hauptrolle. — Dem sei nun aber, wie es will, soviel bleibt doch immerhin gewiß, daß wir hier deutsche Beizeichen im ausgedehntesten Sinne, d. h. in ihrer größten Ausdehnung, vor uns haben, weil nicht allein: Veränderung der Tinkturen, — Veränderung der Figuren, — veränderte Stellung der Figuren, — Vermehrung der Figuren, — Verminderung derselben u. s. f. in buntester Abwechslung dabei Anwendung fanden, sondern größtentheils auch noch überdieß die gewöhnlichen Kleinodveränderungen damit verbunden waren. — So ist z. B. unter Nro. 11 auf Tafel XXVII das Kleinod von Salach und Enningen oder Sidingen, beide genannt: Eisenhut; unter Nro. 1 auf Tafel XLVII das Kleinod der Eckhers von Bopfingen; unter Nro. 2 auf derselben Tafel XLVII die Helmzierde der Grafen von Kirchberg und der Herren von Greul zu Greulsberg und Neuberg; unter Nro. 6 ebenfalls auf der nämlichen Tafel XLVII das Helmkleinod von Lovan, sowie derer von Schilling zu Güstorf und Stammen; auf der Tafel LI unter Nro. 5 der Kleinodhelm des Schwäbisch-Haller-Patrizier-Geschlechtes Mangold; unter Nro. 7 auf Tafel XXIII das Kleinod von Taufkirchen u. s. w. u. s. w. — Ja sogar die Hinzufügung eines Helmes, die Hinzufügung eines Feldes, sowie die Hinzufügung eines vollständigen fremden Wappens unterschied wieder einzelne Abzweigungen jener Geschlechter von einander, wie z. B. bei Nebenästen der Lovan, bei verschiedenen Linien der Marschälle von Biberbach und Pappenheim u. m. A. — Wer jedoch über diese so weitverzweigten und ausgebreiteten Geschlechter, die ursprünglich sämmtlich eines Stammes, eines Namens und vielleicht auch eines Wappens gewesen sein mögen, sowie über ihre Geschichte und deren Denkmäler, etwa Mehreres nachzulesen wünscht, der findet mehr oder minder ausführlichere Nachrichten davon, unter Andern in des Dr. Wiguleus Hund's bayerischen Stammenbuche, in den Monumentis boicis vol. XV, und zwar zunächst: Monumenta Mallerstorfensia, — da sehr viele der obigen Geschlechter im bayerischen Kloster Mallerstorf ihre eigenen Stiftungen und Erbbegräbnisse hatten, — sowie in den dazugehörigen Wappentafeln, ferners in der Sammlung historischer Schriften und Urkunden von M. Freiherrn von Freiberg, Stuttgart und Tübingen 1830 (III), in A. Fahnes Geschichte der Kölnischen, Jülich'schen und Bergischen Geschlechter (pag. 388) u. a. v. a. O. — Mit alleiniger Ausnahme der früheren Marschallen und nunmehrigen Grafen von Pappenheim sind meines Wissens gegenwärtig Alle abgestorben, oder Einige derselben vielleicht auch heutzutage in bürgerlicher Dunkelheit verborgen. —

Von derartigen Beispielen neuerer Zeit hingegen bieten namentlich die Wappenveränderungen der alten Mayer von Mayerfels (auf Tafel XLIV, unter Nro. 1) und meines eigenen, von ihnen unmittelbar abstammenden Geschlechtes, sowie der verschiedenen Linien meiner Familie (auf Tafel XLIV, unter Nro. 2, 3 und 4); dann ferners noch die Wappen der möglicherweise vielleicht gleichfalls mit Ersteren, und folglich dann auch wieder mit meinem Geschlechte stammverwandten Meier von Hüningen zu Basel in der Schweiz (auf Tafel XLIV, unter Nro. 5), sowie der edlen Herren von Mayr oder Mayer zu Starzhausen in Bayern (auf Tafel XLIV, unter Nro. 6), — eine gewiß nicht minder interessante Uebersicht der großen Mannigfaltigkeit und Abwechslung bei Anwendung von Beizeichen oder Wappenunterscheidungen, hie und da sogar auch in Deutschland. —

Deßhalb nun wollte ich keineswegs unterlassen: diese für unser gegenwärtiges Thema allerdings sehr merkwürdigen Beweisstücke, im Texte sowohl, als auch, zu noch besserem Verständnisse, abbildlich auf den Tafeln, mit kurzer Erläuterung hier ebenfalls vorzuführen. —

Erstlich sieht man daher, auf Tafel XLIV, unter Nro. 1, die Wappenbilder (des zweiten und dritten Feldes) der alten Mayer von Mayerfels, oder auch wohl: Mayr von Mayenfels, einer, wie ich vermuthe, ohngefähr gegen Mitte oder doch gewiß schon zu Ende des XVII. Jahrhunderts in ihrem Hauptstamme erloschenen Familie, deren dreierlei verschiedene Wappen der alte Siebmacher im vierten Theile seines großen Nürnberger-Wappenbuches, und dort zwar auf der Tafel 123, unter der Aufschrift: Geadelte, uns vor Augen gestellt hat. —

Nro. 2 auf derselben Tafel XLIV zeigt die Wappenbilder (gleichfalls des zweiten und dritten Feldes) meines eigenen Geschlechtes, und zwar nach den ältesten noch vorhandenen, gegenwärtig in meinem Besitze befindlichen Originalsiegeln unserer Familie, welche von den vorgenannten alten Mayern von Mayerfels, oder Mayrn von Mayenfels, unmittelbar herkommt, Namen und Wappen davon ableitet, ja nach Allem zu schließen, mit ihnen ursprünglich eines Stammes gewesen sein mag. —

Unter Nro. 3 auf der nämlichen Tafel XLIV hat man ferners das Wappen (zweites und drittes Feld) meines Geschlechtes, wie solches ohngefähr von Mitte des Jahres 1676 angefangen, fortan ausschließend in Gebrauch kam, und wie es späterhin dann aber nur mehr von der sogenannten: Tyroler- oder ältesten Linie unserer Familie solchergestalt geführt wurde. —

Auf derselben Tafel XLIV, unter Nro. 4 endlich sehen wir das noch bis auf den heutigen Tag, und wie man am Holzschnitte des Titelblattes zum vorliegenden Werke u. a. a. O. bemerken kann, auch von mir selbst überall und jederzeit gebrauchte gegenwärtige Wappen (zweites und drittes Feld) der beiden jüngeren, oder sogenannten bayerischen Linien meines Geschlechtes. —

Nro. 5 auf Tafel XLIV hingegen weist uns den vollständigen Wappenschild der Meier von Hüningen zu Basel in der Schweiz, sowie auf derselben Tafel (XLIV) Nro. 6 den gleichfalls vollständigen Wappenschild der edlen Herren von Mayr oder Mayer zu Starzhausen in Bayern, zweier Geschlechter, deren auffallende Wappenähnlichkeit unter sich selbst sowohl, als auch vorzugsweise mit dem zweiten und dritten Felde des gevierteten Wappens der alten Mayer von Mayerfels (oder Mayr von Mayenfels), sowie mit den älteren, gleichfalls gevierteten, unsrigen Wappen, einigermassen zur durchaus nicht unwahrscheinlichen Annahme: der ehmaligen allgemeinen Stammverwandtschaft, oder etwa eines früheren gegenseitigen Zusammenhanges sämmtlicher hier vorerwähnten Geschlechter berechtiget. —

Die letzteren beiden, nemlich die Meier von Hüningen und die Herren von Mayr oder Mayer zu Starzhausen, führen übrigens von dem Geschlechtskleinode der alten Mayer von Mayerfels ganz und gar abweichende Helmzierden, während dagegen meine eigene Familie, durch alle Zeiten und in allen ihren Linien, auch hierin mit den Mayern von Mayerfels völlig übereinkam, d. h. mit denselben jederzeit das Helmkleinod „im Wesentlichen" vollkommen gleichförmig, ja, so zu sagen, gewissermaßen sogar gemeinschaftlich hatte; — ein gewichtiger Umstand, der ebenso, wie auch schon unser gevierteтes Wappen, bei den beiden erstgenannten immerhin auf einen etwas entfernteren, bei meinem Geschlechte hingegen jedenfalls auf einen ungleich näheren verwandtschaftlichen oder genealogischen Zusammenhang mit den alten Mayern von Mayerfels schließen läßt.[1] — Wohl weit weniger zu bedeuten hätte bei den Herren von Mayern zu Starzhausen (auf Tafel XLIV, unter Nro. 6)

---

1) Die betreffenden Kleinodabwechslungen nemlich, wie sie zu den Wappen-Schilden aller hier obengenannten Geschlechter gehören, sehe und vergleiche man auf unserer Tafel LXII von Nro. 1 bis Nro. 8; — sowie namentlich auch die unmittelbar dazu gehörige nähere Bezeichnung derselben in der dem vorliegenden Werke angehängten „übersichtlichen Erklärung der Tafeln" aufmerksam nachgelesen werden mag. —

die „blaue" Farbe des Zwerch- oder Schrägbalkens, da doch derselbe nach Allem entschieden mit Silber (Weiß) tingirt sein sollte. —

Dieses hier also doppelt abnorme Räthselwappen hat nemlich offenbar ursprünglich nur ein leidiges Mißverständniß veranlaßt, eine Behauptung von meiner Seite, die um so sicherer sich bestätigen, und um so gewisser als wohlbegründet angenommen werden dürfte, weil ich schon vorne irgendwo, am jezigen Münchener-Stadtwappen, den ganz gleichen Fall nachgewiesen habe, indem auch dort, aus Irrthum oder Unverstand, das frühere weiße (Silber) Feld ganz sachwidrig in ein blaues umgewandelt wurde, (auf Tafel XXXVI) und überhaupt in den meisten Fällen **jedes** sogenannte **Räthsel-Wappenbildende** „Blau" oder „Roth" wohl nur durch Mißverständniß des, etwa durch Alter oder Abtragen, „bläulichgrau" und „rothgelb" gewordenen Silber-, oder Goldgrundes, auf eine ähnliche Weise wie hier, entstanden sein mag. —

Wer nun aber über alle die vorgenannten Geschlechter, sowie über deren Genealogie und ihre Wappen nähere Nachrichten sich verschaffen, oder Mehreres davon nachlesen will, den verweise ich auf: Joh. Chr. von Hellbachs allgemeines Adelslexikon, Ilmenau 1825, auf Carl Heinrich Ritter von Langs bayerisches Adelsbuch, München 1815, auf J. A. Tyroffs Wappenbuch, auf den alten Siebmacher, Pars IV, pag. 123, sowie auf Dr. O. T. v. Hefners neueste Ausgabe desselben, und namentlich auf die im lezteren Werke beigefügten, besonders schäzenswerthen Texte, Blasonirungen und genealogischen Notizen, ferners auf Jakob Kulls Wappenbuch der löblichen Bürgerschaft der Stadt Basel, 1841, (pag. 22) und viele andere Werke. — Hier jedoch wurde davon blos oberflächlich Erwähnung gemacht, da aller dieser Geschlechter überhaupt nur insoferne gedacht werden sollte, als aus deren verschiedenen Wappenmodifikationen das Vorkommen jener mehrfach angeregten vielerlei Gattungen der Beizeichen, — (als Unterscheidungsmerkmale bei einem einzigen Geschlechte nemlich), — auch in Deutschland, und selbst noch zur **späteren** Zeit, mit Bestimmtheit nachgewiesen werden kann. —

Hier, wie beim vorigen bedeutend älteren Beispiele nemlich, hatten wir wiederholt die Gelegenheit: Veränderung der Tinkturen, — Veränderung der Figuren, — veränderte Stellung der Figuren, — Verminderung der Figuren, — Vermehrung derselben, — Veränderung der Kleinode, — nebst der Hinzufügung eines Feldes kennen zu lernen, weßhalb das Ganze ein für unsern speziellen Zweck vollkommen entsprechendes Beweisstück bildete, aus dem zugleich die volle Richtigkeit meiner ursprünglichen Aufstellung hervorgeht. —

Wenngleich ich nun die Anwendung von Beizeichen in so weit ausgedehntem Maßstabe und dabei dennoch in eigentlich so zweckwidriger Weise durchaus nicht gutheißen, ebensowenig aber überhaupt eine Bezeichnung rechtmäßiger jüngerer Linien empfehlenswerth halten kann, so muß die Verbreitung einer strengegeregelten Beizeichentheorie auch nach Deutschland demohngeachtet jederzeit auf das entschiedenste gebilliget werden, — vorausgesetzt jedoch immer, daß man sich auf die Bezeichnung ausschließend nur der Bastarde und ihrer Linien, sowie auf den Gebrauch blos der mehrbesagten drei figürlichen Beizeichen (des Turnierkragens, der Faden und Einbrüche) allein beschränkt. — Um so angemessener aber erscheint dieses, weil nachgerade auch bei uns Deutschen viele Bastarde die väterlichen Wappen zu führen sich anmaßen, wozu schon Herr Samuel Wilhelm Oetter, in seiner Abhandlung über die Cronebergischen Wappen, (bei Erwähnung unehelicher Cronebergischer Sprößlinge,) die Bemerkung machte: daß im Mittelalter bereits auch in Deutschland dieser Gebrauch allgemein gewesen sei. — Zudem, wenn je einmal, durch Adoption u. dgl., eine Bastardlinie wirklich zur rechtmäßigen Succession gelangen sollte, was meines Erachtens immerhin noch viel besser wäre, als einen Mannsstamm ganz erlöschen zu lassen, dann könnten ja auch jene Beizeichen leicht wieder hinweggelassen, oder beliebig beibehalten werden. —

Mit diesen unmaßgeblichsten Vorschlägen den gegenwärtigen Abschnitt beschließend, komme ich nunmehr zu einem der wichtigsten Punkte der wissenschaftlichen, und namentlich der „diplomatischen“ Heroldskunst. — Das aber ist:

XIII.

Die Blasonirung.

Den Ausdruck „blasoniren“ finden wir bei Gelegenheit bereits in der Limburger Chronik, und es steht mit Sicherheit zu vermuthen, daß er sogar lange vorher schon im Gebrauche war. — In der echtmittelalterlichen Schreibart liest man durchweg „plasniren“ und „Plasnirung“, während es im Französischen „blasonner“, blason“ oder eigentlich „blasonnement“ heißt, und im Altenglischen mit „to blazon“ bezeichnet wurde. —

Weit entfernt nun sprachliche Forschungen über Entstehung und Ursprung dieses Wortes anstellen zu wollen, bin ich vielmehr der Ansicht, daß es unserem Zwecke ungleich besser entsprechen dürfte: blos dessen gegenwärtigen Sinn und seine jetzige Bedeutung gründlich zu erfassen. — Eine kurze Definition hiezu kann genügen. —

Blasoniren ist eigentlich: die Uebersetzung der heraldischen Bildersprache, d. h. vermittelst Blasonirung werden in Farben entworfene, oder auch wohl mit Farben blos entworfen gedachte Wappen in solcher Art und Weise beschrieben, daß jeder sachkundige Heraldiker, nach dieser Beschreibung allein schon, in den Stand gesetzt sein muß, das betreffende Wappen wirklich ohne allen Anstand, auf das genaueste

27

auch abbildlich wiedergeben zu können. — Aus der Blasonirung eines beliebigen Wappens kann man daher, auf den ersten Blick, mit Leichtigkeit den Heraldiker erkennen, und man wird sofort zugleich finden, ob kunstgerechte Wissenschaftlichkeit, oder etwa blos ledtiger, unter Mittelmäßigkeit stehender Dilettantismus dem Betrieb der Sache zu Grunde liegt. —

Wenn ich aber diesen Punkt als einen der wichtigsten bezeichnete, so motivirt sich diese meine Behauptung ohnehin schon durch die *reine Unmöglichkeit* einer diplomatischen, echtwissenschaftlichen Heraldik: bei mangelhafter Blasonirung. — Aus der ersten und älteren Zeit der Heroldskunst haben wir eigentlich gar keine Muster von Blasonirung überkommen, müssen uns deßhalb auch jeder kritischen Beurtheilung jener frühesten heraldischen Periode, bezüglich dieses Punktes wenigstens, entschlagen. — Wir haben also hier denselben Fall, welcher schon oben bei der Heroldskunst im Allgemeinen, auch von der *Literatur* derselben besonders hervorgehoben wurde, daß nemlich die eigentliche heraldische Blasonirung erst zu der Zeit anfängt, wo es bereits mit unserer Wissenschaft abwärts ging, oder wo doch wenigstens deren höchste Blüthezeit längst vorüber war. — Dieser Umstand aber ist hier nicht weniger mit derselben Aufmerksamkeit zu berücksichtigen, wie dort das erste Auftreten heraldischer Literatur: *erst* beim Beginn des heraldischen Verfalles; denn er ist nicht minder maßgebend hier für eine durchweg schlechte Blasonirung, wie es das letztere dort für ein von Grund aus falsches Verständniß der gesammten Heroldskunst war. — Vor dieser Zeit weisen uns die ältesten Schilderungen von Wappen weniger eine förmliche, kunstgerechte Blasonirung, als vielmehr gewöhnlich etwa nur dichterische Beschreibungen von Schild und Helm (Kleinod); wie z. B. im Turnei von Nantes. — Auch Peter von Suchenwirt in seinem, bei einer anderen Gelegenheit schon einmal von mir zitirten Lob- und Trauergedichte auf den Burggrafen Albrecht von Nürnberg, gibt die Beschreibung des kurfürstlich Brandenburgischen Wappens ganz in ähnlicher Manier.[1]) — Der altheraldische Kunstausdruck „plasnirt" kommt jedoch gleichwohl in den dortigen Reimen ebenfalls schon vor. — Jene Verse aber lauten wörtlich wie folgt:

Wär ich der rechten chunst berait
Daz ich der wappen visament
Plasnirte, dy uns hat geplent
Der tod mit rüben glaste
Di ane rue und raste
Man dicke sach vor seiner prust
In schimphf, in ernst, auf manger tyust.

---

1) Primisser, Wien 1827, pag. 23, V. 209—232. —

Der schilt der was quartiret rain
Mit den pesten varben tzwayn
Dy von den sechsen chomen sein.
Tzway quartir klar von perlen rain
Dy ander tzway nach tzobel var.
Ir edlen nemt des helmes war,
Des der tod uns hat beraubt;
Von golde reich ein praken haubt
Sach man dar ob erscheinen,
Tzway oren von rubeinen.
Sein tzungen recht also gestalt,
Als man verwahen in dem walt
Den praken sicht nach edler art
Mit suchen wildes hirtzen vart.
Sein tzung für slingen unde lehen
Von lauf und haitzer sunne brehen.
Also der werd gewappnet was.

Solche poetische Ergüße lieferten dann gewöhnlich Blasonirungen, die, mitunter in schreckenerregenden Knittel-Versen geschrieben, zu ihrer ohnehin weitläufigen Schwulstigkeit nicht selten auch noch allerlei mystische, rein aus der Luft gegriffene Bedeutungen für diese und jene heraldische Figur oder Farbe erfanden, so daß also, wie es scheint, schon damals derartige Gespenster in den Köpfen der Heraldiker ihren unseligen und unheimlichen Spuck trieben. — Ueberdieß kann man bei sämmtlichen dichterischen Wappenbeschreibungen, zur ältesten Zeit schon, die namentlich für Deutschland sehr charakteristische Bemerkung machen, daß die Helmkleinode durchweg mit ganz besonderer Liebe, sohin auch im Blasoniren ausführlicher bedacht waren, — ja gegenüber den Schildbeschreibungen oft sogar wesentlich bevorzugt erscheinen; — ein Sachverhalt, dessen wahrer Grund zweifelsohne nur darin zu suchen sein dürfte, weil auch in Wirklichkeit auf die plastische Darstellung der so allgemein beliebten Kleinode ungleich mehr Luxus verwendet wurde. — Das ersehen wir z. B. hier aus der Schilderung jenes „von Golde reichen Brackenhauptes" mit seinen „zwei Ohren von Rubinen", — das sahen wir aber auch vorne schon, wo ich am geeigneten Orte (nemlich im VI. Abschnitte, der vom Kleinode zunächst handelte) bereits Erwähnungen im ähnlichen Sinne gemacht, und dort dieselben zugleich mit den betreffenden Beispielen aus dem Turnei von Nantes näher erörtert habe. —

Die nicht viel spätere Zeit dagegen lieferte uns dann schon jene, wohl in jeder Hinsicht prosaischen Muster-Blasonirungen, wie ich oben eine, aus dem Schwarzburgischen Fürstenbriefe, zitirte. —

Man kann daher mit ziemlicher Sicherheit annehmen, daß seit dem Bestehen

27*

der „diplomatischen" Blasonirung überhaupt, bis auf den heutigen Tag, im Ganzen genommen, wenig oder gar nichts verändert worden sei. — Daß dieser alte schwulstige Schlendrian wirklich unverändert so fortgemacht wurde, kann man sich auch außerdem täglich und stündlich überzeugen; denn wir lesen in Wappenbriefen und Adelsdiplomen, nach wie vor, von einem: „frei offenen, blau angeloffenen, inwendig roth gefütterten, vorwärts gekehrten, goldgekrönten, adelichen Turniershelme", oder von einem „schwarzen, mit einer goldenen Krone versehenen, zum Grimme gestellten und nach rechts gewendeten Löwen, mit roth ausgeschlagener Zunge und doppelt über sich geworfenem Schwanze, sich bezeigend in einem gelben oder goldfarbenen Felde". — An den ellenlangen Satzconstruktionen jener älteren Blasonirungen förmlich zu ersticken, würde demnach keineswegs ins Bereich der Unmöglichkeit gehören. —

Früherhin und an anderen Orten wurde die Sache wieder zu summarisch genommen, denn die lakonischen Blasonirungen des alten Siebmacher, der z. B. von einem rothen „Ding" in Weiß spricht, oder ein Feld als gelb „das darin ist" aber als blau blasonirt, können doch sicherlich ebensowenig für gut erklärt, als wohl gar etwa zur Nachahmung empfohlen werden. — Gewiß mit Recht ist daher die heraldische Wissenschaft dem Herrn Dr. O. T. v. Hefner, wenigstens in diesem Punkte, zu vielem Danke verpflichtet, weil er mit so großem Geschicke in seinem allgemeinen Wappenbuche, hierin endlich einmal die Bahn gebrochen, eine neue, auf vernunft- und sachgemäße Grundsätze basirte Blasonirung eingeführt, und dieselbe endgültig festgestellt hat. — Mit einziger Ausnahme des groben Verstoßes: bezüglich der Verwechslung von schrägrechts und schräglinks, mag die v. Hefner'sche Blasonirung deßhalb immerhin zum Muster genommen werden. — Die allgemeinen Prinzipien und Hauptzüge aber, nach denen überhaupt blasonirt werden soll, lassen sich ohngefähr in nachfolgende Grundregeln zusammenfassen:

1) Die Blasonirung muß mit möglichster Kürze die größte Deutlichkeit verbinden. — Eines auf des Andern Kosten taugt so wenig, wie jede Einseitigkeit überhaupt. —

So ist z. B. die französische Blasonirung höchst wahrscheinlich zwar die kürzeste, welche man finden kann, allein unter dieser Kürze leidet nicht selten die Deutlichkeit, wodurch sie ihren Werth größtentheils wieder einbüßt. —

Contre-fascé, contre-bandé und contre-barré bezeichnen freilich (um doch wenigstens ein Beispiel hier anzuführen) auf die kürzeste Manier alle jene Heroldsfiguren, oder beziehungsweise Sektionen, die man auf unsrer Tafel XL, von Nro. 187 bis Nro. 207 (inclusive) abbildlich vor sich hat, — allein diese Kunstausdrücke sind in ihrer oberflächlichen Weise so summarisch genommen, daß damit keineswegs näher angegeben ist, ob jene Gegenstreifen: durch Spaltung, Theilung, Schrägtheilung, durch Viertheilung oder Schrägviertheilung entstanden sind, was doch jedesmal, wie man auf der besagten Tafel bemerken kann, die Sache wesentlich verändert. —

Viele neuere deutsche Autoren hingegen blasoniren zwar mit einer Deutlichkeit, die weder einen einzigen Zoll Schildesrand, noch die Anzahl und Farbe von Haupt- und Barthaar auf das gewissenhafteste anzugeben vergißt, dafür aber braucht man zur Beschreibung des einfachsten Wappens 3 bis 4 Seiten lange Schilderungen. —

2) Unmittelbar aus dem vorigen Punkte geht deßhalb weiters hervor: daß man keine Sache von Wichtigkeit vergessen soll, während auf ganz gleichgültige, vollkommen willkührliche, oder wohl auch auf selbstverständliche Dinge ein Schwall von Worten verschwendet wird. —

Ob Hörner und Flüge: offen oder geschlossen, Thiere: nach rechts oder nach links hin gewendet, männliche Rümpfe: glatzköpfig, bartig oder nicht sind, — bleibt sich völlig gleich, da dieß Alles mehr oder minder unwesentliche Dinge sind, während z. B. die Stellung *gezählter* Figuren allerdings genau bezeichnet werden muß. —

Alles gewissermaßen *heraldisch Selbstverständliche und Regelrechte* wäre demnach ebenfalls zu übergehen, und beziehungsweise nur bei Abweichungen davon Erwähnung zu thun. — Man könnte zu dem Zwecke die Blasonirung wesentlich erleichtern, wenn vielleicht gewisse Stellungen als die *heraldisch-normalen* angenommen würden, weßhalb sie dann auch nicht mehr eigens blasonirt zu werden brauchten. — So könnte etwa als die heraldisch normale Stellung von 10 Ballen füglich die Stellung im Dreiecke (4, 3, 2, 1) gelten, bei 9 die Stellung 3, 3, 3, bei 5 die Stellung im Andreaskreuze (en sautoir: 2, 1, 2), bei 6 wieder die Stellung im Dreiecke, und zwar 3, 2, 1, ebenso bei 3 die Stellung 2, 1 u. s. f., während davon abweichende, schrägrechte, schräglinke, pfahlweise Stellungen u. dgl., sowie Ueberfäung, Bestreuung und andere abnorme Vorkommen, jederzeit besonders gemeldet werden müßten. — Auf gleiche Weise kann auch bei gewissen Thieren diese oder jene Stellung als die *heraldisch-natürliche* angenommen, und deßhalb deren nähere Bezeichnung im Blasoniren mit gutem Gewissen umgangen werden. —

So sind z. B. der sogenannte „zum Grimm gestellte“ Löwe, der sogenannte „aufspringende“ Hirsch und der sogenannte „mit ausgebreiteten Flügeln und ausgespreizten Waffen zum Fluge geschickte“ Adler entschieden als *heraldisch-normal* dargestellt zu betrachten, weßhalb auch jene zumeist nur „diplomatisch“ beigesetzten Phrasen als vollkommen überflüßig erscheinen. —

3) Möglichst viele fachgemäße Kunstwörter und zweckdienliche heraldische Kunstausdrücke werden vor Allem unbedingt erfordert. — Sie bilden vorzugsweise

eines der nothwendigsten Bedürfnisse der guten, d. h. einer kurzen und dennoch zugleich deutlichen Blasonirung. —

Hauptsächlich in der glücklichen Wahl nemlich solcher bündigen und bezeichnenden Kunstworte, — namentlich also in der heraldischen Terminologie, — lagen und liegen noch heutzutage die überwiegenden Vortheile der französischen Blasonirung. — Mit einem einfachen Ausdrucke, ja mit einem einzigen Worte erledigen die Franzosen einen ganzen Satz, in welchem dann noch, sogar nicht selten, mehrere Momente auf die geschickteste Weise zusammengezogen sind. — Kein Wunder daher, wenn sich die gesammte westliche Heraldik, bezüglich der Blasonirung, ausschließend an die französische Terminologie hielt, und diese, so zu sagen, schon von jeher einen Mittelpunkt für alle übrigen bildete, — indessen die deutsche Heroldskunst in dieser Hinsicht zwar selbstständig und originell, nichtsdestoweniger aber ganz vereinzelt dasteht. — In der Voraussetzung, daß man, abgesehen von allem nationalen Eigendünkel, stets das Gute annimmt, woher es auch kommen mag, kann ich eine Nachahmung der Franzosen, in diesem Punkte wenigstens, nicht genug empfehlen. — So bezeichnet z. B. die französisch-heraldische Terminologie den rechten Schrägbalken kurz und bündig mit: bande, den linken dagegen mit: barre oder contre-bande. — Ließe sich jedoch das im Deutschen nicht ebensogut geben, wenn ersterer etwa durch „Band", letzterer durch „Straße", der Querbalken aber einfach durch „Balken" bezeichnet würde? —

Es soll dieß blos ein unmaßgeblichster Vorschlag von meiner Seite sein, der überall gleichförmig einmal eingeführt, sowie auch „diplomatisch" festgestellt und sanktionirt, für die heraldische Blasonirung durchaus praktisch wäre, und beziehungsweise für den wissenschaftlichen Betrieb der Heraldik im Allgemeinen von unberechenbarem Nutzen seyn müßte. —

Kämen nemlich derartige Vereinfachungen der Blasonirung, durch konsequentes Aufsuchen kurzgefaßter Kunstausdrücke, auch in Deutschland endlich einmal gleichförmig zur Geltung, so würde die deutsche Blasonirung die Vortheile der französischen nicht allein theilen, sondern dieselben, in manch anderer Hinsicht, nach Umständen sogar weit übertreffen. —

4) Endlich muß die Blasonirung in einer bestimmten Ordnung vorgenommen werden, damit nicht, wie man so zu sagen pflegt, das hinterste nach vornehin zu stehen kommt. — Es ist demnach die Theilung vor der Figur, die Figur vor der Tinktur, die rechte vor der linken Seite, des Schildes Obertheil vor dessen unterer Hälfte, das Schildeshaupt vor dem Fuß u. s. f. anzusprechen. —

Begreiflicherweise werden auch die inneren heraldischen Attribute, als die wesentlicheren, jederzeit vor den äußeren, und alle wieder nach der genau bestimmten Rangordnung ihrer heraldischen Wichtigkeit unter sich blasonirt, so daß der Schild vor dem Helm mit Kleinod und Decken, der Helm vor den Schildhaltern u. s. w. beschrieben werden muß. —

Als ein ganz verläßiges Kennzeichen jedoch und als den untrüglichen Probierstein einer besonders guten Blasonirung erwähne ich hier schlüßlich noch: die Möglichkeit für jeden sachkundigen Heraldiker, blos nach der Blasonirung allein, und ohne weitere Anhaltspunkte, jedes beliebige Wappen vollkommen richtig und fehlerfrei in Farben entwerfen zu können. —

Nach den hier aufgestellten Hauptgrundsätzen einer richtigen und guten, zugleich aber auch einer kurzen und bündigen Blasonirung, würde es also vollständig genügen, wenn ich statt der zwei oben beispielsweise angeführten Phrasen ganz einfach blasonire: „auf dem Schilde ein Turniers-Helm", oder wenn ich sage: „ein gekrönter Löwe, von Schwarz in Gold". —

Alles Andere ist Ueberfluß und das alte Sprüchlein: superflua nocent bewährt sich ganz besonders auch bei der heraldischen Blasonirung. — Wenn ich daher sage „Turniershelm", so versteht sich von selbst, daß er offen ist, weil ich ihn andernfalls zum Unterschiede als einen „Stechhelm" bezeichnen würde. — Wenn er aber offen ist, so geht daraus ferners von selbst hervor, daß es ein sogenannter „adelicher" Helm sei. — Die übrige nähere Beschreibung, als: „frei offen", — „blau angeloffen", — „inwendig roth gefüttert" und „vorwärts gekehrt", gehört sammt und sonders ins Bereich der nichtigen Anhängsel, da es sich hier um lauter ganz willkührliche, oder doch vollkommen gleichgültige Dinge handelt, und manche davon, wie z. B. die Wendung eines einzelnen Helmes, sogar niemals diplomatisch festgestellt werden können, da dieß letztere, wie auch die Wendung der Thiere im Schilde selbst, ausschließend und unbedingt nur nach örtlichen Rücksichten, — bei Anwendung des vollständigen Wappens, — sich zu richten hat. —

Auf eine ganz ähnliche Weise verhält es sich bei meinem zweiten Beispiele; denn da ich, als regelmäßige Normal-Stellung des heraldischen Löwen, die sogenannte Stellung „zum Grimme" ohnehin voraussetze, d. h. da ich die Stellung eines heraldischen Löwen nur dann näher bezeichne, wenn sie von jener abweicht, so fällt hier folgerecht die Blasonirung als: „zum Grimme gestellt" gleich von vorneherein weg. — Ein „schreitender", „sitzender", „stehender" oder „liegender" Löwe dagegen müßte als solcher angesprochen werden. — „Nach rechts gewendet" ist nicht nur überflüßig, sondern, aus den obenangeführten Gründen, eigentlich sogar durchaus unzuläßig. — Die nähere Erklärung: daß die Krönung von Gold und die Zunge roth ausgeschlagen sel, betrachte ich ebenfalls als heraldische Normal-Darstellungsweisen, weßhalb man sie als regelmäßig voraussetzt, und mithin auch im Blasoniren nicht weiter zu erwähnen braucht, während es dagegen allerdings bemerkt werden müßte, wenn die Krönung etwa von Silber, von Perlen, oder auch roth wäre, wie z. B. beim Pfälzischen Löwen, oder vielleicht blau, wie bei dem von Katzenelnbogen. — Wenn die Zunge gar nicht sichtbar, also nicht ausgeschlagen, oder auch nicht roth sein sollte, dann muß solches gleichfalls eigens gemeldet werden. —

Wenngleich ich nun zwar in Betreff der Bezeichnung einer (vertikalen) Längentheilung des Schildes durch „gespalten", (weil man auch das Holz von oben herab nach der Länge spaltet,) und einer (horizontalen) Breitentheilung desselben durch „getheilt", mit Herrn Dr. O. T. v Hefner vollkommen übereinstimme, da diese der Natur der Sache viel besser entsprechenden Blasonirungen jederzeit für entschieden richtiger zu halten sind, so kann ich dagegen, aus Gründen, die ich bereits öfters schon näher erörterte, die v. Hefner'schen Ansichten über den rechten und linken Schrägbalken nie und nimmer gutheißen, noch weniger aber seine Blasonirungen dazu als die richtigen anerkennen. —

Immer wieder jedoch muß ich darauf zurückkommen: daß die wesentlichsten Hauptvortheile einer tadellosen Blasonirung nicht nur blos zum Theile, sondern im Gegentheil fast ausschließend in einer passend gewählten, möglichst bündigen Terminologie der Heraldik, — nemlich in der eigentlichen heraldisch-technischen Kunst-Sprache — allein liegen. — Nur durch eine solche können viele nothwendige Worte auf möglichst wenige reduzirt, oder auch überflüßige ganz vermieden werden, — indem wir thatsächlich nur durch sie in den Stand gesetzt sind: aus zwei oder mehreren Worten eines zu machen, ja oft sogar ganze Sätze in einen einzigen Ausdruck zu fassen. —

Wenn gewisse Heroldsfiguren: verkleinert, vermindert, verdorben, verjüngt, verloren, verringert oder auch wohl vermehrt vorkommen, dann sollte man namentlich eine derartige Abkürzung im Blasoniren eintreten lassen, da uns gerade in einem solchen Falle die Anwendung von geeigneten heraldisch-technischen Kunstausdrücken die ersprießlichsten Dienste leisten wird. — Setzt man demnach, dieser heraldischen Grundregel zufolge, z. B. statt „verkleinerter Pfahl" etwa: Stock, Stab oder Ruthe; statt „verschmälerter Schräg- oder Zwerchbalken": Stecken, Nestel, Faden oder Strich; statt „schmaler Balken" etwa: Leiste, Binde u. s. f.; — spricht man ferners bei erheblicher Verringerung den „Sparren" mit: Stütze, — das „Schildeshaupt" mit: Gipfel, — die „Schildeseinfassung" mit: Schnur an u. s. w., — so wird man gewiß jederzeit eine höchst wünschenswerthe Reduktion der Blasonirung bezwecken, eine oft so unvermeidliche, als unerquickliche Weitschweifigkeit vermeiden, ja, nach Umständen, sogar viele heraldische Mißverständnisse beseitiget haben. — Ebenso ist es, wenn wir für manche eigenthümliche zusammengesetzte Heroldsfiguren die passenden Verkürzungen in der Blasonirung durch heraldisch-technische Kunstworte ausfindig zu machen suchen. —

Die hier vorstehenden beiden Holzschnitte z. B. versinnlichen uns zwei wahre Heroldsfiguren oder sogenannte Ehrenstücke, welche durch die einfachen Ausdrücke: „Gegensparren“ oder „gegengesparrt“, — „gestürzte Gegensparren“ oder auch „verkehrte Gegensparrung“ — von Schwarz und Silber (Weiß) — jedenfalls weit kürzer, demohngeachtet aber dabei nicht minder deutlich blasonirt werden können, wie anderenfalls etwa mit: „im Sparrenschnitte getheilt von Schwarz und Silber (Weiß), mit verwechselten Tinkturen.“ — In gleicher Art mag man „stromförmig und wellenweise gezogene Balken in verwechselten Tinkturen“ kurzweg etwa mit: Gegenströme oder Gegenflüße, — wenn dieselben aber sehr schmal erscheinen, wohl auch mit: Gegenbäche blasoniren u. s. w. u. s. w. — Dagegen habe ich weiter vorne bereits (aus dort zugleich mitangeführten Beweggründen) die den französisch-heraldischen Kunstausdrücken: contre-fascé, contre-bandé et contre-barré entsprechenden deutsch-heraldischen Kunstworte: „Gegenbalken“, „Gegenstreifen“ u. dgl. absolut verworfen, — und nur aus der einfachen Ursache, weil sie allerdings eine zwar kurze, leider aber keine genügend bezeichnende Blasonirung für die, auf unserer Tafel XL, von Nro. 187 bis Nro. 207 (inclusive), aufgeführten komplizirteren Heroldsfiguren bilden. —

Die gründliche Verbesserung der Blasonirung, namentlich jedoch die Weglassung alles Unwesentlichen, alles Ueberflüßigen oder Willkührlichen aus derselben, wird unserer ängstlichen, an derartige Dinge jetzt längst schon gewöhnten Mode-Heraldik sehr hart ankommen, und es dürfte deßhalb heutzutage dem echtheraldischen Gefühle überhaupt, sowie den altheraldischen Grundsätzen mit Allem, was dazu gehört, bei

„modernen“ Edelleuten, Heraldikern und Heroldenämtern, nur äußerst schwierig Eingang verschafft werden; — denn jede Gewohnheit ist süß und auch an das Schlechteste kann man sich gewöhnen, ja, nach Umständen, dasselbe sogar liebgewinnen. — Exempla trahunt! — Lange vielleicht kann es daher noch dauern, bis alle diese, seit drei Jahrhunderten beinahe, nun schon festeingewurzelten Vorurtheile wieder ausgetilgt und abgestreift werden; namentlich aber zu einer Zeit, in der man so wenig mehr wirkliches Verständniß der edlen alten Heroldskunst antrifft. — Als ein direkter Ausfluß und vielmehr wesentlicher Theil des christlich-mittelalterlichen Kunstlebens, sowie zunächst der Ornamentik desselben in ihrer Anwendung auf die ritterlichen Schutzwaffen (Schild und Helm), wurde die Heraldik ja ohnedieß bisher nirgends anerkannt, weil man germanistische Wissenschaften überhaupt nicht gehörig auszubeuten verstand, und vordem der Werth historischer, oder zunächst eigentlich speziell-kunstgeschichtlicher Hilfswissenschaften, im Durchschnitte genommen, wenig oder gar nicht geschätzt wurde. — Ja selbst die meisten sogenannten „Heraldiker“ sind gewöhnlich in die „diplomatische“ und „papierene“ Heraldik des vorigen Jahrhunderts so vertieft und förmlich darin eingewickelt, daß sie auch nicht einmal einen einzigen Blick auf die bessere Vergangenheit unserer Wissenschaft zurückzuwerfen sich getrauen, wodurch sie doch die allein wahre Anschauungsweise derselben sich verschaffen, die einzig richtige Beurtheilung dafür sich zu eigen machen könnten. — Größtentheils nemlich befangen in den verrosteten Vorurtheilen einer zopfigen Bücherheraldik haben solche Heraldiker jenen richtigen Standpunkt, von dem aus allein die Heroldskunst aufgefaßt, gelehrt und betriebenwerden sollte, längst aus den Augen verloren. — Jede Purifikation von Zopf- und Modeanhängseln, sowie beziehungsweise eine Zurückführung derselben auf ihren einfachen Urzustand, — was die einzigen wahren und wirklichen Verbesserungen der Heraldik wären, — werden bei ihnen deßhalb selten einen Anklang finden, noch viel weniger aber bei Leuten, die da glauben: durch Vereinfachung würde die Schönheit ihrer Wappen gefährdet, man nehme etwas von ihrer Vollkommenheit durch etwaiges Weglassen jener bewußten Rang-Krönlein unter den Helmen, oder es leide gar die „diplomatische“ Genauigkeit Schaden bei der geringsten Veränderung einer Schildesform. — „Aller Anfang ist schwer“ und „Wer nichts wagt, kann auch nichts gewinnen“; — in Anbetracht dieser beiden alten Sprüchlein habe ich es wirklich gewagt und thatsächlich den Anfang machen wollen mit Kürzung des heraldischen Zopfes und Ausjätung des heraldischen Unkrautes, damit die gute Frucht desto besser gedeihen und fortkommen möge; — obgleich mir darob so mancher grämliche „Mode-Heraldiker“ scheele Blicke zuwerfen wird. — Daß aber meine Absicht hiebei gewiß stets die beste war, mag man vorzugsweise daraus erkennen, weil ich stets auch nur auf die Originalien der höchsten Blüthezeit der Heroldskunst verwies, ausschliessend auf deren Glanzperiode mich berief, und nur von dorther meine Beispiele zitirte. —

Eine weitere höchst interessante Erscheinung, auf welche der gelehrte Forscher am Gebiete der Heraldik zunächst stößt, ist die nationale Eigenthümlichkeit derselben. — Ich heiße diese merkwürdige Erscheinung kurzweg:

XIV.

Die National-Charakteristik der Heroldskunst.

Wenn ich auch oben im Abschnitte III, wie billig, die Franzosen als die Ersten bezeichnete, welche die Heraldik in eigene Regeln gefaßt, mithin eigentlich zuerst kunstgerecht betrieben haben, so brachte ich dagegen weiter vorne ebendort ausdrücklich in Erwähnung: daß die heraldischen Urkeime bei allen Völkern des Abendlandes so ziemlich gleichzeitig sich entfalteten. —

Bei jener neu in Aufnahme gekommenen heraldischen Schildbemalung nun, war und ist noch heutzutage als besonders bemerkenswerth hervorzuheben, daß sie gemäß ihrer successiven Entwicklung im weiteren Verlaufe der Zeiten, bei Deutschen, Franzosen, Engländern, Spaniern, Italienern u. s. f., überall wieder eigens für sich in einer besonderen nationalen Charakteristik sich ausgebildet hat. — Ja sogar bis auf den heutigen Tag noch hat sich diese Nationalcharakteristik gewissermassen bei jeglichem Volke rein erhalten. — Einen gleichen oder doch wenigstens sehr ähnlichen Fall haben wir z. B. auch am sogenannten gothischen Baustyle. — In seinen Grundformen und Hauptprinzipien aller Orten vollkommen übereinstimmend, gerade so, wie die Heraldik, ziemlich gleichzeitig bei allen christlichen Völkern des Abendlandes eingeführt, verbreitete er sich ebenfalls, wie diese, über die ganze damals civilisirte Welt, indem er bei jeder Nation einen anderen Charakter annahm, oder eigentlich nur mehrere Ab- und Unterarten seines ursprünglich deutschen Grund-Typus bildete. — Die Westminster-Abtei in London, die Cathedrale in Burgos, die Notre-Dame-Kirche zu Paris, die Dome zu Rouen, Dijon, Bordeaux, Tours, Nantes, zu Rheims und Mailand, sowie beziehungsweise ein aufmerksamer Vergleich ihrer Architekturformen und Ornamentik mit dem Detail-Charakter der gleichzeitigen spezifisch-deutschen Bauwerke dieses Styles zu Cöln, Straßburg, Ulm, Freiburg, Regensburg u. a. v. a. O. liefern uns sicher hiefür die augenfälligsten Beweise. —

Also aber war und ist es, eigentlich sogar heute noch, auch bei der Heraldik. — In jedem Lande, bei jeder Nation hat sie einen ganz eigenthümlichen Charakter, während dagegen ihre allgemeinen Hauptgrundzüge aller Orten und jederzeit übereinkamen. — Ja sogar die Art und Weise der Blasonirung, sowie die heraldische Terminologie (Kunstwörter und Kunstausdrücke) haben wenigstens die westlichen Völker miteinander gemeinschaftlich; — ein wiederholter Beweis dafür, daß die ganze Heroldskunst überall so ziemlich gleichzeitig entstanden ist, mithin nicht etwa dem oder jenem Lande die Ehre der Erfindung allein zukommt; — eine Streitfrage, worüber vordem viel Papier umsonst verschrieben, und doch nichts Sicheres ermittelt wurde. — Im ganzen Verlaufe meines vorliegenden Werkes habe ich zwar ohnedieß niemals versäumt, bei den betreffenden Stellen jedesmal auch einigermaßen auf die nationale Charakteristik hinzuweisen; es wurde sohin diese Sache eigentlich schon mehrfach von mir angeregt, allein das Ganze bildet einen viel zu interessanten Gegenstand, als daß er nicht einer zusammenhängenden Darstellung, in einem eigenen Abschnitte, gewürdiget, und dabei näher besprochen werden sollte. — Diese heraldische Nationalcharakteristik nun aber lernt uns vorzugsweise das eigentliche Vaterland der „gesammten Wappenwissenschaft“ kennen, so daß der geübte Heraldiker, auf den ersten Blick in die heraldischen Werke der verschiedenen Nationen, die mehr oder minder wissenschaftliche und sachgemäße Auffassungsweise genau wahrnehmen, die höhere, älter begründete, oder modernere Entwicklungsstufe und Ausbildung der Heroldskunst in diesem oder jenem Lande mit Leichtigkeit unterscheiden, ja sogar mit Sicherheit beurtheilen kann. — Trotz der fortwährenden argen Mißhandlungen nemlich von Seite berufener und unberufener Heraldiker, sowie von Seite des heraldischen Dilettantismus und der hochlöblichen Heroldenämter, steht dennoch, sogar heutzutage noch, unsere Wissenschaft: in Frankreich, England, Deutschland, Italien, Spanien, Portugal, kurz in den bereits im Mittelalter schon civilisirten Ländern Europas, auf einer weitaus höheren Stufe der Vollkommenheit, als etwa z. B. im großen Reussen-Reiche oder in den slavischen Landen. —

Ein triftiger Grund hiefür dürfte wohl unschwer aufzufinden sein. — Weil nemlich eben jene westlichen Länder, in Cultur und Civilisation ohnehin weit voraus, sämmtlich die Wiege und eigentliche Heimath der Heraldik waren, deßhalb brauchten sie also nur fortzubauen auf deren guten alten Prinzipien, um auch die Conservatoren derselben zu werden, — indessen diese (nemlich Russen, Slaven u. s. f.) entbehrend eines „civilisirten“ Mittelalters überhaupt, folgerecht für christlich-mittelalterliche Kunst und Wissenschaft, somit aber auch für die Heraldik, unmöglich die rechte Basis haben, oder sichere Anhaltspunkte dazu finden konnten. —

Mag darum, wie gesagt, auch noch soviel durch „Modeheraldiker“ und „moderne“ Heroldenämter am alten Baue gerüttelt, mag auch dessen Façade größtentheils zerstört, und seine Ornamentik verstümmelt worden sein, — die Fundamente wurden nicht erschüttert, sie sind noch gesund und der große Haupteindruck des Ganzen ist, wenigstens bei den ersteren Nationen, doch noch so ziemlich derselbe geblieben. — Wir sehen demnach in der Heraldik Frankreichs, Englands, Deutschlands, Spaniens, Italiens u. s. w. das vollkommene Bild eines zwar schlecht restaurirten, nichtsdestoweniger aber immerhin noch ganz guten alten Meisterwerkes, während dagegen die Heraldik der Slaven und Russen ꝛc. ꝛc. der schülerhaften, unverstandenen oder völlig mißlungenen Copie eines solchen gleicht. —

Zu Letzteren nemlich ist die Heroldskunst, und beziehungsweise die ersten Spuren und Begriffe derselben, eben erst durch die Civilisation, also zu einer Zeit gelangt, in der dieselbe auch bei Franzosen, Engländern, Deutschen u. s. w. bereits auf entlegene Abwege gerathen war. — Russen und Slaven haben mithin vom Westen wohl die bereits verdorbene und verstümmelte Heraldik, keineswegs aber diese Wissenschaft in ihrer Vollkommenheit und Blüthe überkommen. — Zudem wurde sie dann noch überall nach der eigenthümlichen Auffassungsweise dieser Nationen durchaus umgewandelt und verarbeitet, nach dem bei ihnen gerade herrschenden Volksgeschmacke ausgebeutet und zugestutzt, kurz den jeweiligen Landessitten unbedingt angepaßt. — Daher bildete z. B. vorzugsweise die Russische Heraldik von jeher schon ein durch und durch modern-militärisches Machwerk. — Wie man nemlich zu allen Zeiten die Heraldik nach jeweiliger Geschmacksrichtung und Mode (also nach der Zeit) beliebig verändert und umgemodelt hat, also wurde sie auch allerwärts dem Nationalcharakter und den Volks-Eigenthümlichkeiten möglichst angepaßt, (folglich auch eine Veränderung nach dem Orte) — weßhalb uns alle Wappen dieser oder jener Nation jedesmal auch das unverkennbare Gepräge derselben aufweisen. — Nur deßhalb sehen wir bei den Franzosen, die jedenfalls dasjenige Volk sind, welches die Heraldik zuerst in feste Regeln ordnete und die ersten heraldischen Lehrbücher schrieb, sowie bei Engländern, Italienern, Spaniern und Portugiesen, die Alle diese Wissenschaft und beziehungsweise deren Theorie und Praxis, sowie die ganze technische Terminologie derselben, zunächst nur den Franzosen verdanken, — überall den gleichen heraldischen Grundcharakter, den nemlichen luxuriösen Aufwand, bei Allen die gleiche Prachtliebe und Prunksucht. — Nicht blos in ihren Wappen aber, sondern auch außerdem waren diese Eigenschaften bei den genannten Völkern stets charakteristisch, wie im vergleichenden Dagegenhalte für den schlichten Deutschen: Bescheidenheit und schmucklose Einfachheit durchweg bezeichnend sind, weßhalb sie auch seine Wappen von jeher charakterisirten. — Ebenso liegt jene schon einmal berührte Vorliebe für manche Tinkturen und jene Bevorzugung gewisser Wappenfiguren in einigen Gegenden, mehr oder minder fast ausschließend in der heraldischen National-Charakteristik. — Zweifelsohne nur hieraus erklärt sich z. B. auch die Vorliebe der Franzosen und Welschen für Blau und Gold, während die Deutschen durchschnittlich Schwarz und Roth, schon von altersher bei heraldischer Anwendung zu begünstigen scheinen. — Soll ich mit klaren Umrissen aber die Sache in möglichster Kürze hier näher zusammenfassen, so finden wir:

Die französische Heraldik überaus reich an Heroldsfiguren, Pelzwerken und heraldischen Prachtstücken. — Helme, Kleinodien und Decken in älterer Zeit häufiger, in neuerer dagegen wenig angewendet, die letzteren zumeist mehrfarbig oder mit den Wappenbildern gestickt. — Uebersäete und bestreute Felder waren von jeher bei den Franzosen besonders beliebt. — In späterer Zeit führte man die Spangen- oder Bügelzahl der heraldischen Helme nach den Rangstufen des Adels, die Helme selbst aber zumeist ohne Kleinod. — Selbstverständlich kann hier nur von der guten, von der altfranzösischen „legitimen" Heraldik die Rede sein, da ich späterhin auch noch die verschiedenen neufranzösischen heraldischen Machwerke: der Republikaner, Bonapartisten und Constitutionellen, oberflächlich berühren, und insoferne noch einmal auf die französische Heraldik zurückkommen werde. — Diese mehrerlei, wesentlich von einander verschiedenen Charakterzüge aber stehen mit den vielen politischen Umwälzungen jenes Landes im unmittelbaren Zusammenhange, da mit dem beziehungsweisen Wechsel im Regimente und mit der jeweilig herrschenden Gewalt dort jedesmal auch die Heraldik offiziell eine andere Physionomie annehmen mußte, oder doch gewaltsam wieder ganz anders kostümirt wurde. —

Die spanische, portugiesische und italienische Heraldik folgen in den meisten Punkten der altfranzösischen Mutterschule, nur daß bei den beiden ersteren: sogenannte „gestückte Einfaßungen" und jene bekannten Henkelkörbe, bei Allen aber die Schildhalter viel häufiger vorkommen. — Zur italienischen Heraldik ist noch besonders bemerkenswerth ihre entschiedene Vorliebe für antike und mythologische Wappenfiguren, sowie die beliebte Bildung aller ihrer Attribute nach derartigen Mustern. — Den Grund für diese Erscheinung habe ich bereits weiter vorne auseinandergesetzt. — Auch scheint in Italien statt der Helmdecken bisweilen reicher Federschmuck angewendet worden zu sein; denn Petra Sancta, wie schon einmal erwähnt wurde, zeigt uns in seinem Werke: Tesserae gentilitiae etc.[1]) dieses seltene Beispiel. —

Die niederländische und niederrheinische Heraldik ist gleichfalls mit der französischen zunächst stammverwandt; denn besäete, bestreute und gegitterte Felder, Rauten, Wecken und Schindeln, die bekannten halb und ganz gestümmelten Vögel

---

1) Petra sancta Tesserae gentilitiae pag. 416. —

(canettes, martlets et merlettes), sowie mitunter auch Pelz-, Rauch- und Federwerke spielen hier, wie dort, in den Wappen eine Hauptrolle. — Nur in Bezug auf die Anwendung und den Gebrauch des Helmes mit seinem Kleinode neigt man sich in den Niederlanden und am Niederrheine entschieden auf die deutsche Seite. — Im Ganzen genommen ist daher eine Annäherung an beide Nachbarländer unverkennbar. —

Die englische Heraldik, obgleich nach Wesen und Charakter in manchen Beziehungen etwas mehr selbstständig dastehend, als die vorgenannten, hat doch ebenfalls die meisten französischen Kunstwörter und heraldisch-technischen Ausdrücke angenommen, sohin die französisch-heraldische Terminologie größtentheils beibehalten. — Sie nähert sich deßhalb der genannten Schule so ziemlich bis auf einige wenigen, allerdings höchst sonderbaren, und nur der englischen Heraldik ganz speziell eigenthümlichen Punkte. — Vor Allem gehört die englische Theorie der Kleinode Crests) hieher. — In England wurden nemlich schon in alter Zeit die Kleinode sehr oft für sich allein, statt des vollständigen ganzen Wappens, angewendet. — In neuerer und neuester Zeit aber gewinnt nicht nur dort, sondern leider auch anderwärts diese so unschöne, als sach- und vernunftwidrige Sitte von Tag zu Tag mehr Boden. — Ja es gibt sogar englische Wappenbücher, in denen nur die Kleinode (crests) für sich ganz allein aufgeführt sind. — Ein solches ist z. B. das bereits obengenannte Werkchen: Fredk. Knights Crests etc., worin außer den Kleinoden (crests) des englischen und irländischen Adels blos die weiter vorne besagten: Distinctions of houses, eine Kupfertafel voll: Crowns, Orders, Coronets etc. (worunter sogar eine „Civic cap“ sich befindet), nebst einer Tabelle mit den Helmets, — darunter zwei „Roman“ und zwei „Antique“, — keineswegs aber eigentliche, vollständige Wappen enthalten sind. — Das Widerliche an der Sache wird jedoch besonders durch den eigenthümlichen Umstand vermehrt, daß trotzdem die Engländer höchst selten einen heraldischen Helm führen, indem nemlich die Kleinode (crests) fast ausschließend mit, oder vielmehr auf ihren Wulsten (Zindel-Binden) erscheinen, und solchergestalt dann gewöhnlich, hoch ober den Wappenschilden, „frei in der Luft schweben“. —

Eine Sitte, die mir umsoweniger gefallen kann, weil sie nicht allein als unheraldisch, als natur- und sachwidrig, sondern auch als durchaus sinnlos bezeichnet werden muß. — Noch alberner aber ist es: diese grundschlechte englische Manier vom deutschen Adel, der seine nationale Charakteristik ohnedieß überall, also konsequenter Weise auch in der Heraldik verläugnet, in neuester Zeit mit besonderer Vorliebe imitiren zu sehen. —

Auf der Tafel XXXIII, b, nun, unter Nro. 9, wollte ich deßhalb jene Verunstaltung echt deutscher Schilde und Kleinode möglichst anschaulich machen; denn wenn auch dem Gesammteindrucke eine gewisse Eleganz immerhin nicht ganz abzusprechen sein dürfte, so muß doch jedem nur einigermaßen umsichtigen Heraldiker das Unschickliche eines derartigen Arrangementes, namentlich aber in Anbetracht echtdeutscher Kleinodsfiguren, wie etwa hier z. B. der Hörner, schon auf den ersten Blick sogleich auffallen. —

In Bezug auf entschieden unpassende Wahl der Kleinode aber zeichnet sich die „moderne" englische Heraldik ebenfalls vor der ganzen übrigen Welt aus; denn wenn schon unsere deutschen „fliegenden" und „schwebenden" Helmzierden, als heroldenamtliche Kunststücklein, zu den heraldischen Unmöglichkeiten gehören, was muß man da nicht erst zu den „modern-englischen" sagen? — Die niedlichsten Beispiele enthält zweifelsohne wieder obiges Werkchen: Fredk. Knights Crests etc. — Dort sieht man, beiläufig gesagt, unter Andern — (nemlich wohlverstanden: als heraldisches Kleinod) — auf der Tafel 21, Crest 5: das stürmisch aufgeregte Meer, ein entmastetes Schiff gewaltig hin und herschleudernd; —

auf der Tafel 18, crest 9: den Erdglobus mit seinen Meridianen u. s. w., — „frei schwebend in Wolken"; —

auf der Tafel 16, crest 11: die auf- oder untergehende Sonne; —

auf derselben Tafel, crest 12: zwei Arme hoch emporhaltend — eine „Perrücke"! —

Auf der Tafel 15, crest 7 und 9 sind wieder Schiffe auf offener See, wobei, wie bereits bemerkt wurde, nur zu verwundern ist, daß den edlen Lords das Meer-Wasser nicht buchstäblich und direkte in den Mund läuft. —

Auf der Tafel 21, crest 8: ein mit Schild und Schwert bewehrter Bergschotte, hinter einem Haufen Mauertrümmer und Kanonen unwirsch herumfuchtelnd. —

Auf derselben Tafel, crest 11: eine nach dem neuesten Modejournal gekleidete Dame; — dagegen auf der Tafel 27, crest 9: die Medizäische Venus im Naturzustand. —

Auf derselben Tafel, crest 7: zwischen Schilfgeröhricht ein soloblasender Triton. —

Auf der Tafel 11, crest 7: eine Heuschrecke, Grille oder so etwas dergleichen. —

Auf derselben Tafel, crest 9: eine frei in der Luft fliegende Taube. —

So aber geht es fort und fort, d. h. modern aufgezäumte und englisch gesattelte Raçepferde, theatralisch costümirte Bergschotten und mythologische Figuren wechseln dort mit „stehenden" Hühnerhunden, mit geharnischten Rittern oder allerlei auf überseeischen Handel und Schifffahrt bezüglichen Emblemen, in buntester Reihenfolge ab. — Das Alles nemlich finden wir in England unzählige Mal als Kleinod (crest). —

Demohngeachtet dagegen kann man sämmtlichen heraldischen und genealogischen Werken Englands jenen gewissen Anstrich von Eleganz nicht absprechen, der diesem Inselvolke, so zu sagen, zur zweiten Natur geworden ist, und deßhalb auch alle literarischen und Kunstprodukte desselben charakterisirt. — Daß daher diese Nation im heraldischen Fache ebenfalls etwas Gediegenes leisten könnte, sehen wir z. B. unter Andern schon aus dem kleinen Werkchen über die altenglische Heroldskunst von Herrn Montagu; London 1840, worin die Heraldik in ganz anderer Auffassung, ja mit einem Verständnisse gegeben ist, dessen sich die meisten deutschen Autoren, namentlich was die wenigen aber sehr guten Abbildungen betrifft, wahrlich nicht schämen dürften. — Dieses vorzügliche Werkchen, sowie beziehungsweise die (streng typische, trotzdem aber spezifisch-englische) Wappenstylisirung, wie sie sich dort findet, steht nemlich im direktesten Gegensatze zu jenem gewöhnlichen, modern-englischen Wappenstyle, dessen jämmerliche, um jeden Preis „naturgetreu" sein sollende Produkte wir unter Andern z. B. in Fredk. Knights beiden Werkchen, ihrem ganzen Umfange nach, genau kennen lernen. [1]) — Man würde deßhalb sehr irren, ohne nähere Prüfung, gleich der ganzen englisch-heraldischen Stylisirung im Allgemeinen, das voreilige Urtheil mit einem Worte sprechen zu wollen, da wir es in England durchweg mit zwei ganz verschiedenen Kunstrichtungen der Heraldik, welche gerade die auffallendsten Contraste zu einander bilden, zu thun haben, und dort ebenso, wie anderwärts, den guten typisch-ornamentalen Wappenstyl, strenge abgesondert stehend vom „modernen", beobachten können. — Schade nur, daß, wenigstens bis jetzt noch, der letztere, — jene verschrobene Etiquetten-Heraldik des „industriellen" John Bull, — die Oberhand behielt, — obwohl der erstere, gerade durch seine vorbesagte ornamental-typische Behandlungsweise, den echten Grundcharakter der besten heraldischen Zeiten des Mittelalters unverkennbar nachzuahmen sich bestrebt! — Den „Creastes" (crests-Kleinoden) hat übrigens schon John Bossewell einen eigenen Band seines Werkes gewidmet, was also jedenfalls die heutige Vorliebe der englischen Heraldiker für dieses Thema einigermaßen entschuldigen dürfte, und überhaupt auf einen weit früheren Ursprung obiger Liebhaberei schließen läßt. — Vermuthlich blos deßhalb hat sich auch

---

1) Die vollständigen Titel dieser zwei, auch in der „Literatur" meines Werkes schon aufgeführten Kupferhefte (ohne Text) lauten wörtlich wie folgt:

Knight's Fredk., Crests of the Nobility et Gentry of the United Kingdom of the Great Britain and Ireland; London, ohne Jahreszahl; — und

Knights Fredk. Heraldic Illustrations of Supporters, Shields, Ornaments, Brackets, Cyphers etc. — Designed for the use of Herald Painters, and Engravers; London und gleichfalls ohne Jahreszahl. —

das alte „crest fallen", und beziehungsweise in der sprichwörtlichen Anwendung das bekannte „His is crest fallen", — (als sprachgebräuchlich im gemeinen Leben,) — in England am längsten, ja noch bis auf den heutigen Tag erhalten; — ein Sprichwort, das übrigens zweifelsohne wirklich aus jener frühen Zeit herstammt, in der noch das mehrerwähnte „Abhauen" der plastischen Helmzierden oder Kleinode, — (als eigentlicher Endzweck eines jeden Turnieres mit stumpfen Schwertern oder hölzernen Schimpfkolben,) — die gewöhnliche komische Schlußscene aller derartigen ritterlichen Kampf-, zunächst aber mit eine Haupt-Ceremonie der sogenannten Schimpf-Spiele bildete. — Die englisch-heraldische Pelzmanie endlich, welche bis ins Fabelhafte geht, habe ich bereits weiter vorne schon, im Abschnitte IX, der von den Tinkturen speziell handelte, weitläufig in Erinnerung gebracht. —

Auch das neuere englische Werk: Lodges Peerage etc. gewährt uns nicht unbedeutende Einsicht in die nationale Charakteristik der drei vereinigten Königreiche. — So können wir z. B. in diesem alphabetisch geordneten Buche namentlich die höchst sonderbaren Zusammenstellungen der Schildhalter, und die bei den Engländern besonders beliebten Anspielungen auf ihre nationale Seeherrschaft, auf ihren Welthandel und dessen maritime Größe fast mit jeder neuen Seite kennen lernen. — Darum kann man auch in der neuenglischen Heraldik: Matrosen, Indier, Neptune, Tritonen Meernixen, Seesoldaten und Neger so häufig als: Schildhalter; — Schiffe, Anker, Hafen-Castelle, Leuchtthürme, Schiffsschnäbel, Wraks und Boote aber als: Wappen-Figuren wahrnehmen. —

Hingegen sind die bei John Bossewell aufgeführten zehnerlei heraldischen Pelzwerke aus der neuenglischen Heroldskunst bis auf ein paar, wie es scheint, verbannt worden, wenigstens finden sie sich in Lodges Peerage theils gar nicht mehr, theils nur hie und da, in normaler Form. —

Ganz verschwunden aber sind die heraldischen Helme, während wir dafür in Lodges Peerage, und zwar im Capitel: Historical view of the Peerage, eine förmliche Kronen- und Mützenskala vor uns haben, nemlich: Prince of Wales coronet, Princess Royals coronet, Dukes, Marquises, Earls, Viscounts, Barons etc. etc. coronet. — Man will sich ferners in England kein Wappen als vollständig denken, wenn nicht zwei Schildhalter daneben stehen. — Auch ohne Wahlspruch oder Devise kann man sich keine rechte Vorstellung von der Vollkommenheit eines solchen machen. — Das Interessanteste dabei sind dann die nicht selten ungemein drolligen Zusammenstellungen der Ersteren. — So haben z. B. die Earls of Abingdon (Creations: 1572 und 1682) einen Mönch und einen wilden Mann; — die Earls of Caledon (Creations: 1789, 1797 und 1800) rechts eine Wassernixe, links einen

Elephanten; — die Earls of Amherst (Creations: 1768 und 1826) zwei Galeeren-Sträflinge u. s. w. — Wir treffen da einerseits Seeleute, anderseits Bergschotten, — rechterhand den Reiter, linkerhand sein gesatteltes Pferd, — hier Soldaten von der Goldstream-Garde, dort Matrosen u. dgl. — sehr oft aber auch beiderseits die gleichen Schildhalter.[1]) — In Devisen, Wappen- und Sinnsprüchen hingegen excelliren die Engländer, wie die Franzosen, und das: „Hony soit qui mal y pense;“[2]) der Ersteren hat gewissermaßen sogar historische Berühmtheit erlangt. — Gewöhnlich jedoch sind bei ihnen solche Losungsworte u. dgl. in der lateinischen, weit seltener in der eigenen Muttersprache gegeben. — Hieher gehört auch noch, als ein bei englischen Wappen besonders charakteristisches Merkmal: der Gebrauch von breiten Schnallriemen, welche rings um den Schild gelegt denselben gleichsam einrahmen, und die zumeist mit einer zierlich' geschlungenen Schleife endigen. — Auf ihnen wurden dann in der Regel jene Devisen, Losungsworte, Sinn- oder Wappensprüche vermittelst Stickerei angebracht; — eine schon ziemlich alte englisch-heraldische Sitte, die sich gleichfalls im John Bossewell bereits findet, heutzutage aber in England überall zur Anwendung kommt. — Dort gehört demnach so etwas zur nationalen Charakteristik, indessen die Nachahmungen jenes Gebrauches in der deutschen Heraldik geradezu als eine fade Aefferei bezeichnet werden müssen. — Als eine ferners hervorragende Eigenschaft der neuenglischen Heraldik ist noch besonders ins Auge zu fassen: daß alle gemeinen Figuren (die natürlichen und künstlichen nemlich) in möglichst naturgetreuer Gestalt und Form gegeben werden, was, wie schon öfters bemerkt wurde, nicht nur von vorneherein ganz unheraldisch ist, sondern auch gerade der neuenglischen Heraldik vorzugsweise jenen „Zwirn-Etiquetteartigen“, eigenthümlichen Anstrich verleiht. —

Wie gesagt, sind die Helme aus der neuenglischen Heraldik ganz verschwunden, dagegen aber, Dank sei es dem guten Geschmacke John Bulls, schweben nunmehr Kronen und Mützen hoch über ihren Schilden, wieder etwas höher hängen die unvermeidlichen Sendelbinden oder Wülste frei in der Luft, ganz hoch endlich ober diesen letzteren erst fliegen die Kleinode selbst — im „unermeßlichen Raume“. — Man sieht: die Zusammenstellung eines modern-englischen Wappens ist jedenfalls originell, — und dennoch scheint die deutsche Aristokratie ihren besonderen Gefallen daran zu finden! —

1) Das Schauerlichste in dieser Art enthält wieder das mehrerwähnte Werkchen: Fredk. Knights' Heraldic Illustrations of Supporters, Shields, Ornaments etc. etc., welches daher in jeder Beziehung ein durchaus würdiges Seitenstück zu desselben Fredk. Knights' vorbesprochenen Crests etc. bildet. —

2) Eigentlich die Devise des Hosenbandordens. —

28*

Wirklich komisch macht sich in Lodges Peerage unterm Titel: The Reigning House of Saxe-Coburg-Gotha die totale Anglisirung des echt- und gutdeutschen Herzoglich Sachsen-Coburgischen Hauswappens, und beziehungsweise namentlich des Helmkleinodes (für Prinz Albert, den königlichen Gemahl). — Diese offizielle Verunstaltung kommt dem sachkundigen Heraldiker vor (man möge mir den Vergleich zu gut halten), als ob Engländer „Deutsch" mühsam radebrechen, dadurch aber verworrenes Kauderwelsch hervorbringen würden. —

Von der heraldischen Nationalcharakteristik des „Westen" haben wir nunmehr hier so ziemlich eine oberflächliche Uebersicht erhalten, und ich füge nur bei, daß sehr Vieles, ja das Meiste, die genannten Länder in der Heraldik miteinander gemeinschaftlich haben. — So sind z. B. alle figürlichen Beizeichen und insbesondere: der Turnierkragen, die halb und ganz gestümmelten Vögel (martlets, merlettes und canettes), die Pelzwerke u. dgl. bei ihnen an der Tagesordnung; ebenso haben Alle die gleiche Vorliebe für Schildhalter, Losungsworte, Devisen, Sinn- und Wappensprüche, für buntes Farbenspiel und wesenlose Nebenattribute, kurz für die Ueberladung mit heraldischen Prachtstücken. —

Vereinzelnt hingegen, dafür aber mit originaler Selbstständigkeit stand und steht noch heutzutage, den vielen Unbilden seitens Heraldiker und Herolde zu Trotz, unsere vaterländische, deutsche Heraldik da. — Bei ihr hat sich die sachgemäße Auffassung, das Verständniß und die richtige Anschauungsweise der mittelalterlich-praktischen, der „lebendigen" Heraldik verhältnißmäßig doch noch am längsten erhalten, und, vergleichsweise mit den andern Ländern, auch in praxi entschieden am besten conservirt. — Verhältnißmäßig wurde nemlich dennoch nur der kleinste Theil deutscher Wappen durch fremde Einflüße oder einheimische Heroldenämter verdorben. — Durchschnittlich werden Helm und Kleinod noch jetzt bei den Deutschen höher gehalten, als bei den übrigen Nationen, ja selbst regierende Herren verschmähen es nicht (und das gewiß mit Recht) die angestammten und ererbten Helme mit ihren Kleinoden den Kronen vorzuziehen. — Besäete und bestreute Schilde, gestückte Einfaßungen, sowie überdieß alle möglichen sogenannten heraldischen Neben- und Prachtstücke, die bei englischen, französischen, italienischen, spanischen und portugiesischen Wappen, so zu sagen, stereotyp geworden, — sind in Deutschland Seltenheiten, oder doch nur hie und da, beim höchsten Adel, im Gebrauche. —

Dagegen ist Deutschland die eigentliche Heimath jener so charakteristischen „Symbolik der Heroldsfiguren", und hängt diese Erscheinung mit der deutsch-heraldischen Vorliebe für die „künstlichen" Wappenfiguren überhaupt unmittelbar zusammen. — Während nemlich in der ganzen „westlichen" Heraldik: Heroldsfiguren und natürliche entschieden überwiegend sind, behaupten bei uns Deutschen in jeder Hinsicht die „künstlichen" Wappenbilder den Vorrang. —

Die deutsche Blasonirung und beziehungsweise die heraldisch-technische Terminologie, — Kunstausdrücke und Kunstwörter, — haben sich ebenfalls schon frühzeitig unabhängig gemacht und stehen demnach auch jetzt noch größtentheils isolirt. — Leider haben die Deutschen aber auch so manches Gute fremdländischer Heroldskunst nicht angenommen. —

So hat z. B. die figürliche Beizeichentheorie: vom Turnierkragen, vom Schrägfaden und Einbruche, in Deutschland niemals so recht Eingang gefunden, wodurch unserer heimathlichen Heraldik wesentliche Vortheile entgingen, umsomehr als die eigene, ganz unvollkommene Beizeichentheorie diesen Mangel zu keiner Zeit ersetzte, sondern im Gegentheile denselben noch fühlbarer machte. — Ebenso ist es zum Theil auch mit den Losungsworten, Devisen, Wappen- und Sinnsprüchen, die gleichfalls zu den vaterländisch-heraldischen Raritäten gehören. — Eine Ausnahme hievon machen jedoch jene deutschen Länder, welche entweder an fremde Völker gränzen, oder auch mit ihnen in gewissen dynastischen Beziehungen stehen, wobei dann vielleicht überdieß noch ein politischer oder anderer Zusammenhang stattfindet. — In solchen Fällen wird man immerhin den unverkennbaren Einfluß des befreundeten oder Nachbarstaates, wie überhaupt auf Sitten und Gebräuche, so auch auf die Heraldik des betreffenden Volkes jederzeit deutlich wahrnehmen können. —

Man sieht eben auch hier wieder: wie die Heroldskunst mit den nationalen Eigenthümlichkeiten eines gewissen Landes gerade so gleichmäßigen Schritt hielt, wie oben mit der Sittengeschichte einer bestimmten Zeit.[1] —

---

1) Schließlich meiner Bemerkungen über die deutsche Heraldik im Allgemeinen, kann ich nicht umhin einige wenigen Worte auch über die „schweizerische" Heraldik speziell hier beizufügen. — Ich weiß zwar sehr wohl, daß die meisten meiner Leser hierüber sich höchlichst verwundern werden, da namentlich im Norden Deutschlands von Manchen an die Existenz einer spezifischen Schweizer-Heraldik überhaupt kaum geglaubt werden dürfte; allein wer sich, wie ich selbst, die Sache ein paar Jahre näher beschaut, und nur einigermaßen den aufmerksamen Beobachter gemacht hat, wird sicherlich eines Bessern belehrt, ja sogar, zur vollständigen Ueberzeugung vom Gegentheile gekommen, und auf die Ansicht hingeführt worden sein: daß gerade dort das gesammte Wappenwesen viel reiner von allen späteren, mehr oder minder wesenlosen Anhängseln, sowie von allen schlechten und unsauberen Elementen sich erhalten habe, denn bei uns. — Schon vorne habe ich nemlich bei einer Gelegenheit irgendwo die Ausbildung des heraldischen Lebens in der Schweiz noch heutzutage gerühmt, und dabei die Bemerkung gemacht: daß über fünfhundertjährige politische Wirren weder die allgemeine Popularität der Heroldskunst zu vernichten, noch die Keime derselben ganz zu ersticken im Stande waren. — Einzünftungen, sogenannte Bürger-Rodeln, Wappenrollen, Geschlechter-Häuser in allen größeren Städten, so z. B. zum „Rüden" in Zürich, zum „Distelzwang" in Bern u. s. f. vereinigen dort noch jetzt die „guten" Namen in einer corporativen

In der Niederländischen und Niederrheinischen Heraldik z. B. bemerken wir jenes Gemisch der französischen und deutschen, das sich jedenfalls besser fühlen und sehen, denn mit Worten beschreiben läßt. — Ein gewisses Hin- und Herneigen, ein Schwanken zwischen deutscher und französischer Heroldskunst ist unver-

---

Weise, wie man an vielen anderen Orten, wo alle derartigen Dinge bereits längst unter der zermalmenden Wucht des Rades der Zeit zerschmettert wurden, auch nicht den leisesten Begriff mehr sich davon machen kann, — wie man aber am allerwenigsten solches bei uns in Deutschland sich träumen läßt. — Auch stehen dort, man muß es nach Wahrheit bekennen, die einheimischen edlen, mitunter sogar hochberühmten Schweizer-Namen, jene großen Namen aus den älteren Tagen der Eidsgenossen beim eigenen Volke noch gegenwärtig, (aus einer gewissen Pietät schon,) in ungleich höherem Ansehen, als unzählige ähnliche bei uns. —

Die ehrenvolle Bezeichnung „Junker" wird in der ganzen Schweiz noch jetzt jedem Edelmanne zu Theil, sowie selbst gewisse, durch moralisches Uebergewicht ihrer altehrwürdigen, aus der Schweizergeschichte volksthümlich gewordenen Namen bedingte Vorrechte — Keinem versagt werden. — Freilich begnügt sich dort die angesehenste Bürgerstochter mit dem schlichten Ehrentitel „Jungfrau" und prätendirt, selbst in den glänzendsten Verhältnissen, keineswegs eine ihr nicht gebührende Ansprache, so daß sogar des Landes reichste Erbinnen, wenn nicht vom Adel, kurzweg mit „Jungfer" angeredet werden, während im Gegentheile bei uns jeder „dienstbare Geist", der einige Worte französisch gelernt hat, überall „Fräulein" genannt, und auch als ein solches honorirt werden will, — ja, in Wien bekanntlich das Prädikat „von" nicht allein Schustern und Schneidern zu Theil wird, sondern sogar vor „Taufnamen" gesetzt vorkommt. — Dafür halten aber auch die bürgerlichen Geschlechter in der Schweiz nicht weniger, denn bei uns der Adel, auf ihr gutes altes Herkommen, auf ihre der Geschichte des Vaterlandes zumeist ebenfalls nicht fremden Namen, auf ihre von den Altvordern ererbten Schilde und Kleinodien. — Deß sind gleichfalls alle jene älteren und neueren sogenannten Bürger-Rodeln, die Verzeichnisse und Wappenbücher der Stadtbürger und aller verbürgerten oder eingezünfteten Geschlechter, jene weltberühmten uralten Wappen-Rollen, sowie noch vieles Andere hinreichende Zeugen. — Ueberdieß hatte die Heraldik jener kleinen Republik noch außerdem den ganz besonderen Vortheil für sich, daß dort die Wappen wenigstens weder durch Herolde und Heroldsämter, noch durch ihre genialen sogenannten „Verbesserungen und Vermehrungen" verdorben wurden, mithin größtentheils in ihrer ursprünglichen, originalen Styleinheit bis auf den heutigen Tag sich erhalten haben. — Endlich waren die mehrerwähnten Geschlechter-Corporationen, Einzünftungen u. dgl., als eine natürliche Quintessenz des gesammten Conservatismus, sicherlich eine bessere Schutzmauer und ein festerer Damm gegen alle von Zeit zu Zeit wiederkehrenden, ja oft in bedenklichster Weise sich mehrenden Uebergriffe des bekannten Radikalismus, als unsere kostspieligen Bajonetten-Schaaren. — Wer aber die Verhältnisse dort genauer kennt, wird sich aus jenem nothgedrungenen Zusammenhalten der Geschlechter, in dem zugleich die verläßigste Garantie für ihr thatsächliches Fortbestehen und Gedeihen liegen dürfte, die fragliche Sache leicht erklären, — da vermuthlich mit allen hier ausführlich besprochenen Dingen, wie gewöhnlich, auch die dortigen heraldischen Zustände unmittelbar und innig zusammenhängen. —

Zu guter Letzt muß ich noch bemerken, daß die Heraldik der französischen Schweiz begreiflicherweise durchweg nach den Mustern der französischen, die der deutschen Schweiz

kennbar, weßhalb dort: Pelzwerke, Stümmlungen, [1]) Beizeichen, besäete und bestreute Felder u. dgl. gewöhnlich mit deutscher Einfachheit gepaart sind, besonders aber mit der deutschen Vorliebe für Helm und Kleinod friedlich sich vereinen. — Der Gesammteindruck niederländischer oder niederrheinischer Wappen macht übrigens dem geübten Kenner die Sache noch leichter begreiflich. [2]) — Im Königreiche Hannover, welches mit England in dynastischen Beziehungen steht, spielen die Schildhalter eine so bedeutende Rolle, wie bei jenem Inselvolke selbst, nur daß nach deutscher Sitte Helme und Kleinode belassen wurden. [3]) — Der ganze östliche Theil des Königreiches Preußen dagegen weist uns in vielen seiner Wappen eine ausgedehnte, unverkennbare Russifizirung, wohl umsomehr, weil der Adel jener Provinzen große Sympathieen für den Nordischen Coloß hegt und nur zu gerne mit dem Nachbarstaate liebäugelt. — Alle neuertheilten preußischen Wappen sind demnach ganz ungenießbar, während die Wappen der älteren Geschlechter, zumeist auf heroldsamtlichem Wege, durch sogenannte „Vermehrungen und Verbesserungen", von Grund aus verdorben wurden. [4]) — Demohngeachtet ist es eigentlich sonderbar, daß in Deutschland gerade beim preußischen Adel vorzugsweise die schlechte Heraldik zu Hause ist, da doch eben dieser preußische Adel (namentlich aber der ostpreußische) entschieden als der einzige bezeichnet werden muß, der, nicht etwa blos in Deutschland, sondern vielleicht auf der ganzen civilisirten Welt, noch allein das wahre Gefühl seines Standes in sich trägt, der nie und nimmer erlahmt für sein gutes Recht zu streiten, der, mit einem Worte, bei jeder Gelegenheit corporativ zusammensteht wie ein Mann. — Keine Halbheit in seinen Handlungen, sondern überall der leitende Grundgedanke: „Was man ist, muß man recht sein". — Nicht so anderwärts. — Der Adel, zufrieden seine wesen- und machtlose Schattenexistenz mühsam fortzuschleppen, ist in seiner saft- und kraftlosen Uneinigkeit viel zu träge, um auch nur den Versuch zu wagen, größtentheils durch eigene Schuld verlorene Dinge wieder anzustreben, oder viel zu

hingegen durchweg nach denen der deutschen Heroldskunst sich ausbildete, sowie auch die der Elsäßischen Provinz, als eines gleichfalls spezifisch und ursprünglich deutschen Landes, von jeher schon, ebenso unbedingt nach der letzteren sich richtete. —

1) Man vergleiche z. B. das Wappen der niederländischen und niederrheinischen Grafen von Belen mit seinen drei rothen gestümmelten Enten in Gold; auf unserer Tafel XXV, unter Nro. 8. —

2) Thomas de Rouck, Nederlandtschen Herauld (Amsterdam: 1645) und alter Siebmacher: Niederrheinische Geschlechter. —

3) Dr. H. Grote Geschlechts- und Wappenbuch des Königreichs Hannover und des Herzogthums Braunschweig. Hannover, 1852. —

4) J. G. Bagmihl Pommersches Wappenbuch. Stettin 1843. —

kurzsichtig, um endlich wieder einmal eine feste corporative Einigung zu erzielen, und nur in einer solchen die sicherste Schutzmauer seines zukünftigen Unterganges zu erblicken, — geschweige denn, je wieder eine politische Stellung im Staate einnehmen zu wollen. — Sein gänzlicher Verfall dürfte deshalb dereinst die so unvermeidliche als wohlverdiente Strafe sein; denn wer sich selbst aufgibt und an sich selbst verzweifelt, ist von vorneherein schon verloren. — Alle Achtung daher vor dem vielgeschmähetem und allseitig anfeindetem preußischen „Junkerthume"; — Ehre wem Ehre gebührt! — Um nach dieser kurzen Unterbrechung wieder zur Sache selbst, und beziehungsweise zur nationalen Charakteristik der Russischen Heraldik zu gelangen, so habe ich bereits oben schon den Grund angegeben, warum die heraldischen Zustände im Russischen Kaiserreiche auf tiefster Stufe sich befinden. — Eiserner Despotismus, unbedingte Militärherrschaft und leidiges Kamaschenregiment, Elemente wie sie dort in allen Branchen mächtig gebieten, sind gewiß den Künsten und Wissenschaften überhaupt höchst ungünstige Umstände. —

Dennoch dürfte es leicht sein nachzuweisen, daß deren Stempel in Rußland allen Dingen, ohne Unterschied, aufgeprägt ist, d. h. es wird ohne viel Federlesens daselbst Alles nach jenen „Normal-Schablonen" uniformartig zugeschnitten. — Deßhalb also sehen wir in Rußland, im buchstäblichsten Sinne des Wortes: die Heraldik der Knute und des Korporalstockes in optima forma. — Ohne modern-militärische Abzeichen und Uniforms-Embleme existirt beinahe kein einziges Wappen des höheren Adels im ganzen Reussen-Reiche. — Kosaken, Kanonen, Bomben, Granaten, Mauer-Breichen, Gewehre, Pistolen, Fahnen, Säbel und Degen, Tscherkessen, Tartaren und Türken, Tschakkos, Pallasche, Kugelpyramiden, ja sogar lorbeerbekränzte Knuten und unmittelbar daneben des Czaaren Namenszug in Brillantfeuer, sind in der Russischen Heraldik ganz gewöhnliche Dinge und dort, so zu sagen, längst heimathberechtiget. —

In dieser Hinsicht sind die Russischen Wappen gewissermaßen sogar denkwürdig, weil man so etwas nicht alle Tage zu sehen bekommt und ihre Zusammenstellungen bisweilen wirklich klassisch genannt zu werden verdienen. [1]) — So haben z. B. die Grafen von der Pahlen rechts einen geharnischten Ritter, links einen donischen Kosaken als Schildhalter. — Die Fürsten von Sasäkin: im Schilde einen Vogel, sitzend auf — einer Kanone. — Ebenso die Tatischtscheff von Rurik abstammend, Nachkommen der Fürsten von Smolensk. — Dasselbe die Serapkin. — Die Grafen von Rostopschin: einerseits einen Ritter, anderseits dessen Pferd als Schildhalter; im Schilde selbst: flammende Herzen, ein Hase, ein Hund und mitten darunter, aus

1) Allgemeines Wappenbuch des Russischen Kaiserreiches. —

natürlichen Wolken, ein militärischer Arm, der den türkischen Halbmond attaquirt. — Die Grafen von Kamensky: einen Soldaten aus Friedrich des Großen Zeit. Ueber natürliches Wasser eine Pontonbrücke mit theilweiser Zerstörung. — Man sieht also: eine förmliche Kriegs-Episode! — Die Grafen von Araktschejeff: Kanonen und die Kugeln dazu überall. Als Schildhalter, rechts: ein Infanterist mit Gewehr bei Fuß, links: derselbe mit entblößtem Seitengewehre „in Paradestellung!" — Die Fürsten von Lopuchin: Mars und Justitia als Schildhalter. — Die Fürsten von Jizlanoff: ein Römischer Ritter reitet auf einer Fahnenstange spazieren, nebenan ein Füllhorn mit Blumen und Gemüse. — Die Grafen von Paskewitsch-Eriwansky, Fürsten von Warschau: als Schildhalter ein Tscherkesse und anderseits wieder der unvermeidliche Infanterist mit Gewehr bei Fuß. Im Schilde selbst unter Anderem eine türkische Mauerbresche. — Die Grafen von Platoff: Gardekosaken als Schildhalter. Im Schilde: Fahnen, Kanonen, ja sogar Knuten. Auf dem einen Helme: horribile dictu, ein leibhaftiger Tschako als Kleinod (Tafel XXIII, unter Nro. 5), am andern: zwei gekreuzte Ordonanzsäbel mit Porte-épée! (Tafel XXIII, unter Nro. 6.) — Fast in sämmtlichen russischen Wappen kommt der Russische Doppelaar, bald mit dem St. Georgsschilde, bald mit dem strahlenumkränzten Namenszug des Czaaren belegt, als Hauptfigur vor. — Nicht nur Halbmonde, Roßschweife und allerlei orientalische Waffen, sondern auch die Köpfe und Gliedmassen von Türken und Tscherkessen, werden von der russischen Heraldik fleißig ausgenützt, und hätte im jüngst verflossenen Kriege den Russen das Glück nur einigermaßen gelächelt, wir würden zweifelsohne bereits Franzosenköpfe und englische Cadaver-Fragmente in ihren Wappen-Schilden anstaunen. — Die Grafen von Konownizyn z. B. führen nebst einem Schiffe auf offener See eine feindliche Strandbatterie; — ebensogut werden wir aber vielleicht in nächster Zeit einmal die traurigen Ueberreste Sebastopols, die Ruinen von Bomarsund, die Mauern von Kars sammt der türkischen Besatzung oder etwa gar den wohlbekannten „einen" Todten in irgend einem russischen Wappen zu bewundern bekommen. —

Die ganze übrige slavische, und überhaupt die östliche Heraldik taugt nicht viel mehr als die russische; denn obgleich Wappen und Wappenwesen in Polen und Ungarn etwas älter und mehr einheimisch sind, als gerade in Rußland, so hat in allen diesen Ländern, wo jeder fünfte Mensch ein Edelmann ist, dennoch die Heraldik weder eine Vergangenheit und Geschichte, noch einen regelrechten Betrieb je gehabt, was schon daraus erhellt, daß nicht selten dreißig bis vierzig Familien ein und dasselbe Wappen zusammen gemeinschaftlich führen. —

Ein würdiges Seitenstück zur Russischen bildet die neufranzösische oder Napoleonische Heraldik. — Dieses Machwerk weiter auszumalen, hieße rein die Zeit todtschlagen; denn das Ganze beschränkte sich blos auf den Ruin der guten altfranzösischen Heraldik. — Für eine gewisse neue Aristokratie wurden nemlich auch eine neue Heroldskunst und neue Wappen geschaffen, die ein merkwürdiges Gemisch der heraldischen Ueberreste altfranzösischen Königthumes, — französisch-republikanischer Erinnerungen, — militärisch-bureaukratischen Uniformwesens und jener verunglückten und unglückseligen Nachahmungen Römischen Cäsarenthumes, wie eine bunte Harlekins-Jacke, zur Schau tragen. —

Die trockenen Worte: „Voilà la héraldique à l'uniforme inventée par Napoleon"! — von der Hand eines tüchtigen deutschen Heraldikers auf das mir eben vorliegende Napoleonisch-heraldische Schema als Randbemerkung geschrieben, sind für diese Sache bezeichnend genug. — Wer sich jedoch für jenes mißlungene Produkt mehr interessiren sollte, oder mit den Princes Grands-Dignitaires, mit den Comtes-Senateurs u. dgl. durchaus nähere Bekanntschaft machen will, der findet alle diese Geschichten viel ausführlicher in Felix Joseph Lipowskys Grund-Linien der theoretisch und praktischen Heraldik (München 1816) und in dem daselbst zitirten französischen Werkchen über Napoleonische Heroldskunst.[1]) —

Ich meinestheils jedoch hege die feste Ueberzeugung, daß weder der usurpirte, antik-römische Legionsadler, noch die Napoleonisch-heraldischen Bienenschwärme, — weder die konstitutionellen Gesetztafeln der Orleanisten, noch der republikanisch-gallische Hahn — je im Stande sein werden, den „legitimen" Glanz der altehrwürdigen und angestammten „Lilien" Frankreichs zu verdunkeln. — Sie allein haben ja ein historisches Recht, indessen jenen Attributen, sammt und sonders, auch in der Heraldik die „legitime" Basis fehlt, weßhalb sie die Lilien niemals ersetzen, noch viel weniger aber jemals vergessen machen können. — Auch die bekannte Trikolore wird niemals den geschichtlichen Nimbus der „Oriflamme" trüben, so wenig es die ominöse Jakobiner-Mütze zu thun vermochte. — Waren ja nicht einmal die blutbesudelten Fasces der Republik scharf genug: jene großen Erinnerungen für immer zu durchschneiden. —

Wie sehr man sich übrigens heutzutage, namentlich aber unter der gegenwärtigen Regierung, in Frankreich um Heraldik überhaupt bekümmert, und beziehungsweise mit heraldischen Dingen befaßt, beweisen uns unter Andern schon die Preis-Medaillen oder Ehrenmünzen der jüngsten Welt-Industrie-Ausstellung zu Paris, auf denen allen das Wappen des Königreichs Bayern durchgehends in einer Ge-

1) Felix Joseph Lipowskys Grund-Linien der theoretisch und praktischen Heraldik, (München 1816) §. 86, pag. 77; — und Armorial général de l'Empire français etc. —

stalt erscheint, wie solches wohl zu des höchstseligen Königs Max Joseph I., (Großvaters des jetztregierenden Königs Maximilian II.) Zeiten im Gebrauche war, seitdem aber längst (schon unter des Königs Ludwig I. Regierung) wesentliche Veränderungen erlitten hat, so daß die gegenwärtige Gestaltung desselben bis nach Paris in der That noch nicht gedrungen zu sein scheint. —

Daß ein Volk, wie die Amerikaner, d. h. ein Volk mit sehr viel Zukunft und wenig Vergangenheit, keine eigentliche Heraldik haben kann, versteht sich natürlicherweise wohl von selbst. — Dennoch haben schwache Spuren einer solchen bereits auch jene fernen Staaten „überm Meere“ erreicht. — Mehr und mehr werden sich diese ausprägen und je nach Umständen vielleicht sogar fixiren. — Erst dann jedoch können sie eine gewisse Stabilität erlangen, sobald sich eine Art Aristokratie gebildet hat, was umsoweniger ausbleiben dürfte, je mehr das materielle Uebergewicht den Einen über den Andern erhebt, d. h. je höher durch Geldmacht Einer über den Andern sich zu schwingen versteht. —

Gegenwärtig schon sehen wir Amerika einigermaßen in der Phase dieses Bildungsganges begriffen, so daß, über kurz oder lang, möglicherweise aus der bisherigen Geldaristokratie, nach und nach, eine wirklich erbliche Geschlechter-Aristokratie, und folgerecht dann auch aus den beliebigen Wappen, die sich jetzt schon jeder „schwere“ Yankee aus Imitation auf seinen Kutschenschlag malen läßt, dereinst vielleicht wirklich erbliche Geschlechtswappen werden können. — Zwei kleine Pröbchen von echt-amerikanischer Yankee-Heraldik mögen übrigens hier ein bescheidenes Plätzchen finden. —

Ein Graveur von M., Auswanderer, verdankte seine glänzenden Umstände in der neuen Welt rein nur dem glücklichen Zufalle, der ihn ein beliebiges Wappenbuch aus Europa mitnehmen ließ, woraus er von früh bis spät nicht genug Wappen von den Vollblut-Yankees sich auswählen lassen, und dann auf ihre Kutschen malen konnte. —

Ein altenglischer Hoch-Tory, der beim Präsidenten der vereinigten Staaten von Nord-Amerika mit großem Gepränge zu einer Audienz vorgefahren war, wurde einige Tage später in nicht geringes Staunen versetzt, als er sein eigenes Geschlechts-Wappen an so und so viel amerikanischen Kutschenschlägen mit den grellsten Farben angemalt erblickte und dem hierüber bescheiden Anfragenden die allerdings zwar sehr schmeichelhafte, nichtsdestoweniger aber auch etwas überraschende Auskunft wurde: „wie er bemerken könne, habe sich das Wappen seines Hauses den Beifall sämmtlicher „fashionablen Yankees“ erworben.“ —

Wie sich aber eine Amerikanische Heraldik vielleicht einmal in Zukunft gestalten, oder wie sich dann eine solche dereinst etwa ausnehmen dürfte, das bildet eine zweite Frage, die jedoch um so leichter zu beantworten ist, wenn man in Erwägung zieht, wie viele und welch' verschiedenartige nationale Elemente ihr Contingent zur Bevölkerung Amerikas schon geliefert haben, ja noch täglich liefern, und wenn man ferners bedenkt: daß dem Amerikaner: H a n d e l, I n d u s t r i e und A c k e r b a u ausschließend nur jene Dinge sind, die er kennt und begreift, in und mit denen er lebt, was darüber hinaus geht aber, bisher wenigstens, für ihn Null war, ins Reich des Fabelhaften gehörte, oder als unbekannte Größe g a r n i c h t existirte, — d. h. nemlich, wenn man weiß, daß Alles, was ich bereits oben schon, bei Schilderung der neueren und neuesten Zeitverhältnisse, von Materialismus und Egoismus gesagt habe, zunächst wohl gerade am meisten auf Amerika und die Amerikaner sich anwenden läßt. — Die gegenwärtigen schwachen Spuren von Heraldik aber tragen so ziemlich das Gepräge des altenglischen Mutterlandes. — Von welcher Art, und beziehungsweise in welchem Zustande diese Spuren sind, mag man jedoch größtentheils schon aus: Phelps's Travellers' guide through the United States, New-York 1849, ersehen, wo die Karte von Nordamerika mit den Wappen der einzelnen Staaten rahmenförmig umgeben ist, — wenn anders die Bezeichnungen „Wappen“ und „Heraldik“ hier noch angewendet werden wollen. — Einige derselben können zwar allenfalls noch für Wappen gelten, da sie wenigstens annäherungsweise „heraldisch“ geordnet sind und wirklichen Wappen entfernt ähnlich sehen. —

Vor Allen gehört hieher das bekannte „Sternenbanner“ aller vereinigten Staaten von Nordamerika selbst, ferners die Wappen von Rhode Island, Connecticut, New-York, New Jersey, Pennsylvania, Delaware, Mississippi, Tennessee, Illinois, Missouri, Arkansas, Michigan und Texas. — Die Anderen hingegen sind weit eher auf Handel, Industrie, Ackerbau, Jagd oder Fischfang bezügliche „Tableaux“ oder „merkantilische Etiquetten“, — denn W a p p e n zu nennen. — Nirgends eine Spur von Heraldik. — So hat z. B. Kentucky zwei in einem modernen Bibliothekzimmer sich die Hände reichende schwarzbefrackte Herren; Indiana: einen durch unabsehbare Wiesengründe rennenden Büffel, — im Vordergrunde: einen Ansiedler, Baumstöcke ausrodend; Alabama: die Landkarte von Alabama; Virginia: die allegorische Republik, Kronen und Ketten zertretend u. s. w. u. s. w. — Alle übrigen haben ähnliche, landwirthschaftliche oder allegorische Genrebildchen. — Darauf ohngefähr beschränkt sich die g e g e n w ä r t i g e hoffnungsvolle Heraldik Amerikas. — Das wenig „Heraldische“ daran aber mag vielleicht auch von den späteren Einwanderern herrühren. —

Wie wir daher in Rußland die Attribute des militärischen Despotismus und der unumschränkten Soldatenwirthschaft sahen, also beschränkt sich die Amerikanische Heraldik zumeist auf die Embleme des industriellen Materialismus, jenes nur zu bekannten Yankee-Egoismus im amerikanischen Leben und Treiben, welche zunächst dann in allegorischen Darstellungen der Republik, in den figürlichen Tableaux von Schifffahrt, Handel, Industrie, Ackerbau, Jagd, Viehzucht u. dgl. bestehen, oder auch unter den Gestalten von Bauern, Matrosen, Jägern, Farmern, Fischern, Pflanzern u. s. f., die dort gewöhnlich als Schildhalter fungiren, uns vor Augen geführt werden. —

Bis hieher über die nationale Charakteristik der Heroldskunst, ein Thema, das bei scharfer Beobachtung allerdings noch viel weitläufiger sich ausführen ließe. — Hier jedoch sollte desselben nur insoferne gedacht werden, als durch jene eigenthümliche Nationalcharakteristik der Heraldik das Wesen dieser Wissenschaft zunächst berührt wurde, und die ganz verschiedene Auffassung und Ausübung derselben, hier ebensowohl in Bezug auf den Ort, als oben in Bezug auf die Zeit, so recht anschaulich gemacht werden konnte. — Noch viel mehr der betreffenden Beweise dazu aber mag man sich unschwer aus den heraldischen Werken der verschiedenen Nationen selbst erholen. —

XV.

Mittel zur Verbesserung der Heroldskunst und der heraldischen Zustände.

Schluß.

Soll ich nun hier am Schluße meines Werkes die Mittel angeben, wie die Heraldik auf wissenschaftlicher Höhe zu erhalten sei, oder wodurch man ihr diese Stellung auch für alle Zukunft sichern könne, so verweise ich vorerst auf alle in diesem Werke ohnehin größtentheils schon ausgesprochenen Gedanken. — Ich berufe mich hiebei wiederholt auf die umfassenden Grundsätze der wahren, echten Heroldskunst, die begreiflicherweise, wie bereits oben schon einmal bemerkt wurde, besonders zu jener Zeit in ihrer höchsten Blüthe, und als vollkommen ausgebildet sich darstellt, wo sie ein wirkliches Bedürfniß war. — Da die heraldische Glanzperiode aber, welche uns die besagte Wissenschaft auf dem Gipfel ihrer Vollendung zeigt, ausschließend nur die Zeit der „lebendigen" oder „praktischen" Heraldik umfaßt, so muß als erste Bedingniß zur Besserung der Heroldskunst von vorneherein der unbedingte Grundsatz festgehalten werden: daß Alles, was sich nicht vernunft- und sachgemäß in die praktische oder lebendige Heraldik übersetzen, d. h. beziehungsweise darauf zurückführen läßt, ein für allemal heraldisch unzuläßig sei. — Diese Annahme dürfte sich umsomehr bewahrheiten, weil gerade die „moderne" Heraldik meine Behauptung vielmehr rechtfertiget, denn Lügen straft. — Mag man daher sagen, was man will, so hatte doch gewiß auch die edle Heroldskunst, von jeher schon ihre eigene Aesthetik, ebenso gut wie alle andern Wissenschaften und Künste. — Man könnte hier zwar noch Langes und Breites, sowohl vom wissenschaftlichen Nutzen, als namentlich auch vom künstlerischen Werthe der Heraldik vorbringen, allein da nur mit Blindheit geschlagene Künstler oder ganz einseitig gebildete Gelehrte deren Wichtigkeit, ja in vielen Fällen ihre sogar unumgängliche Nothwendigkeit verkennen, außerdem aber alle tüchtigen Forscher gewiß auch auf dieses Fach mit Aufmerksamkeit ihr Augenmerk richten werden, so unterlasse ich jede überflüßige Anpreisung. — Selbst lernen lernen, selbst prüfen und fleißig benützen, dann erst nach geschöpfter eigener Ueberzeugung urtheilen, — das wird der beste Rath sein, den ich voreiligen Absprechern zurufen und ertheilen kann. —

Verharren aber auch dann noch Einige, aus eigensinnigem Vorurtheile, aus Widerspruchsgeist oder angeborener Kurzsichtigkeit, hartnäckig in ihrer Geringschätzung des wissenschaftlichen Werthes der Heraldik, so mögen sich solche zuvor ein wenig am Gebiete der Spezialgeschichte, der Sphragistik, Numismatik u. a. a. O. umsehen, dann wollen wir nach einiger Zeit wieder anfragen, wie sie ohne Heraldik zurecht gekommen sind. —

Endlich erscheint es mir angemessen und keineswegs ohne wesentlichen Nutzen, einige der wirksamsten materiellen Mittel zur Hebung der gesammten Wappen-Wissenschaft — im Allgemeinen hier anzugeben. —

Nach meinem unmaßgeblichsten Dafürhalten nun sind es vorzugsweise folgende, von denen einige unbedingt nothwendig, die andern hingegen — wenigstens sehr ersprießlich zur Erreichung des obengenannten Zweckes sein dürften. —

1) Als unbedingt nothwendig nenne ich erstlich: die Ausbeutung und fleißigste Benützung der allgemeinen Kenntnisse mittelalterlicher Trachten, Waffen und Geräthschaften, und zwar nicht blos, wie bisher, nur für Kunst allein, sondern auch für Wissenschaft, namentlich aber für das historische Fach, — mithin zunächst für Heraldik. — Heutzutage wird dieses Mittel um so wirksamer sein, weil uns nunmehr gründliche Erfahrungen über die wahre Kunst-Technik des Mittelalters in den Stand setzen: Vieles aufzuklären, oder doch ganz anders zu beurtheilen, was noch vor ein paar Dezennien unlösliche Räthsel zu sein schienen. — Vor Allem muß daher auch jeder angehende Heraldiker die genaue Kenntniß der Kunsttechnik, der Waffen, der Costüme und Geräthschaften des christlichen Mittelalters, — wo möglich durch gründliches Originalstudium, — unbedingt sich eigen zu machen suchen. —

2) Wenn es daher vorzüglich im Interesse unserer Wissenschaft liegt, daß alle

Heraldiker entschiedene Germanisten seien, und umgekehrt, die Germanisten mehr speziell auf Heraldik sich verlegen sollten, so ist ebenso nicht minder wichtig: daß Sphragistik oder Siegelkunde das Vorstudium der gesammten Wappenwissenschaft bilde, d. h. wenn ich vorhin soeben behauptete: es sei die Sphragistik ohne Heraldik eine Unmöglichkeit, so ist auch im umgekehrten Falle kein Heraldiker denkbar ohne Siegel-Kunde. —

3) Die Gründung und sachgemäße Anlage gemeinnützlicher Siegelkabinette, von Seite der betreffenden Regierungen sowohl, als besonders auch von Seite der einzelnen historischen Spezial- und Filialvereine, erscheint deßhalb nicht etwa blos wünschenswerth, sondern zu unserem Zwecke gleichfalls als eine dringend gebotene Nothwendigkeit. —

4) Die bestmöglichste Unterstützung solcher Leute, die sich mit dem Abgießen, Abformen oder Photographiren der Siegel befaßen, gehört demnach ebenfalls hieher, da eine geeignete Vervielfältigung der Letzteren um so nöthiger ist, weil man unmöglich überall die Originalien selbst haben kann, namentlich die erstere Manipulation aber diese zumeist vollkommen ersetzt. — Muß man sich hingegen blos auf gewöhnliche Siegel-Abbildungen beschränken, so ist die Sache schon um vieles schlechter, da bei solchen die Genauigkeit lediglich vom Verständnisse des Zeichners abhängt, weßhalb uns auf diese Art wohl in den seltensten Fällen ganz sicher verläßige Copieen zu Handen gestellt werden dürften. — Nur im alleräußersten Nothfalle daher, oder bei bekannter Gewissenhaftigkeit des Zeichners, rathe ich, auf die Genauigkeit solcher Siegel-Abbildungen unbedingt sich zu verlassen. — Photographie und Abguß aber sind im gut gelungenen Zustande jederzeit empfehlenswerth. — Erstere dürfte jedoch für Grabsteine und größere, — letztere dagegen für Siegel und kleinere Gegenstände einigermaßen vorzuziehen sein. —

Namentlich müssen die Abgüße in Metall, wie sie Herr Maximilian Albert Röckl, königl. Kassier der Akademie der bildenden Künste zu München[1]) liefert, (in jeder Hinsicht) allen andern vorgezogen werden. —

1) Leider ist zu beklagen, daß durch die dermalige Stellung dieses Mannes das auf unmittelbare Veranlassung Sr. Majestät des gegenwärtig regierenden Königs Maximilian II. von Bayern rühmlichst begonnene Siegelkabinet wieder unterbrochen wurde, statt mit Energie fortgesetzt zu werden. — Es wäre daher sehr zu wünschen, daß diesem thätigen und unternehmenden Manne nicht allein jene Unterstützung zu Theil würde, wie sie der Wichtigkeit der Sache entspricht, sondern daß ihm auch eine Stellung angewiesen wäre, welche ihn in den Stand setzte: seine bisher von Andern noch unerreichte Metallgußerfindung diesem schönen Zwecke ausschließend widmen zu können. — Dieß erscheint aber umso-

Selbstverständlich müßte sich übrigens die angeregte Unterstützung auch auf alle Jene erstrecken, die sich mit ähnlicher Gemeinnützigmachung von heraldischen Grabsteinen u. dgl. befaßen. —

5) Durch und durch wissenschaftlich gebildet also, und mit wohlverdauten, gründlichen germanistischen Kenntnissen vollkommen ausgerüstet, — fernerѕ in der sicheren Voraussetzung, daß man einen gewandten, tüchtigen Forscher in allgemeiner und Spezial-Geschichte vor sich habe, — stelle ich mir den vollendeten „Heraldiker" vor; d. h. ein „wissenschaftlicher", wahrer Heraldiker muß die Aneignung aller jener Dinge als eine **unumgängliche Vorbedingniß** betrachten, wenn er für einen solchen gelten will. —

6) Daß aber nur strenge geprüfte, wissenschaftlich gebildete Heraldiker Anspruch auf die Stelle eines „**Heroldes**" haben sollten, wäre eigentlich eine, an und für sich schon, so natürliche Sache, daß es fast lächerlich erscheint, erst noch darüber reden zu müssen. —

7) Ferners könnten, wenn auch nicht gerade eigene Lehrstühle für Heraldik bestünden, so doch wenigstens einzelne Collegien von Seite jener Professoren gelesen werden, in deren Fach die Wappenkunde vorzugsweise einschlägt. —

8) Die Gründung eigener heraldischer Sektionen seitens der historischen Vereine, sowie dann die Aufgabe heraldischer Preisfragen von Seite der ersteren würden auch sicherlich sehr aufmunternd wirken, ja vielleicht sogar den allgemeinen Sinn

mehr als eine dringend gebotene Nothwendigkeit, da einerseits das bereits begonnene Siegelkabinet sicherlich den schlagendsten Beweis für die Wichtigkeit der Sache an und für sich bietet, anderseits aber auch die bayerischen Archive noch so reichhaltige und seltene Schätze enthalten, wie sie nicht leicht ein anderes Land aufzuweisen haben dürfte. — Wer hierüber sich nähere Ueberzeugung verschaffen will, wird solche unschwer in Carl Heinrich Ritter von Lang's Regesten u. a. v. a. O. finden. —

Ich glaube auf die Röckl'schen Siegelabgüsse um so mehr aufmerksam machen zu müssen, da dieselben, wie bereits erwähnt wurde, in Bezug auf Genauigkeit und Reinheit des Gusses bisher nicht nur unerreicht blieben, sondern überdieß noch den besonderen wesentlichen, und Manchem vielleicht kaum glaublichen Vortheil bieten: daß bei ihnen Vieles als sichtbar erscheint, was auf den Originalen selbst oft unter keinerlei Bedingung gesehen werden kann. — Ich glaube aber auch die Vorzüglichkeit jener mehrbesagten Abgüsse mit dem Umstande zuschreiben zu dürfen, daß der Verfertiger zugleich jene wissenschaftliche Bildung besitzt, welche nothwendig ist, um die Wichtigkeit der Siegelkunde, nach allen ihren Richtungen hin, genügend erfassen zu können. — Abgesehen endlich von der Geschicklichkeit des Herrn Röckl im Zusammensetzen sogar gebrochener Original-Siegel, so wurde dagegen der Reinigung der Originale vom Archivmoder, sowie noch sehr vieler ähnlicher anderer Nebenvortheile seiner Methode, mit keinem einzigen Worte hier rühmend gedacht. —

und Geschmack für diese ebenso nützliche, als unterhaltende Wissenschaft wiedererwecken, oder vielmehr denselben auf's Neue beleben.[1]) —

9) Damit allein jedoch wäre es bei weitem noch nicht abgethan. — Wir dürfen nemlich keineswegs jene Klasse von Leuten, in deren Hände hauptsächlich die bildliche Ueberlieferung der Heraldik gelegt ist, ganz außer Acht lassen, oder dieselbe gar vergessen. — So geringfügig vielleicht Manchem dieser Umstand erscheinen, und so sehr ein derartiger Passus in einer dem Anscheine nach „rein wissenschaftlichen" Sache befremden dürfte, so muß ich dennoch hier ausdrücklich und wiederholt ins Gedächtniß zurückrufen: daß die Heraldik mit gleichem Rechte zu den Künsten, wie zu den Wissenschaften gehört, — weßhalb kein einsichtsvoller Heraldiker über diesen Punkt leicht hinweggehen wird, da er im Gegentheile wohl wissen kann, daß gerade durch Maler, Steinmetzen, Siegelstecher u. dgl. zweifelsohne die meisten heraldischen Irrthümer ursprünglich veranlaßt, die gröbsten Mißverständnisse zuerst hervorgerufen, und in nächster Folge dann auch weiter fortgepflanzt wurden. — Man soll daher diesen Leuten die größte Aufmerksamkeit widmen, durch die besten Originalmuster, Vorlagen u. dgl. sie unterstützen, kurz ihnen mit Rath und That an die Hand gehen. — Man soll auf sie das unablässige Augenmerk richten, ihnen jederzeit bestmöglichst unter die Arme greifen, und beziehungsweise ihre Leistungen durch die strengste Controle überwachen. — .

10) Zu dem Zwecke könnten z. B. eigene heraldische Zeichner und Maler sich heranbilden, aus deren Mitte dann wieder, nach genauer Prüfung ihrer Arbeiten, die Besten zu den heroldenamtlichen Wappenmalern ausgewählt werden müßten. —

11) Behufs dessen sollten ferners, neben einer heraldisch-plastischen Schule (Bossirschule), eigene Vorlagen und Musterblätter für die obengenannten Zwecke etwa in der Art erscheinen, daß z. B. ein und dasselbe Wappen nach den besten Originalien aller Zeiten, (vielleicht vom XIII. Jahrhunderte angefangen bis auf die neueste Zeit), im byzantinischen oder romanischen, im altdeutschen oder gothischen, im Renaissance-, Zopf-, sowie selbst auch in den verschiedenen modernen Stylen entworfen, in einem solchen Musterhefte zu finden wäre, damit wenigstens künftighin die Wappen auf

---

1) Leider fand ein, von Seite des Herrn Dr. O. T. v. Hefner aus München, im verflossenen Jahre, beim allgemeinen Congresse deutscher Alterthums- und Geschichtsforscher zu Ulm, ganz in diesem Sinne gestellter Antrag, vermuthlich nur wegen Verspätung, nicht mehr die gehörige Berücksichtigung und Unterstützung, weßhalb er bis zu seiner weiteren Berathung, bei nächster Zusammenkunft in Hildesheim, ad acta gelegt werden mußte. — Hoffentlich aber darf man sich dort oder späterhin vielleicht der sicheren Erwartung seiner allseitigen Würdigung hingeben. —

Bau- und Denkmälern jedes beliebigen Styles in künstlerisch- streng harmonirender Weise angebracht werden könnten. — Man sehe und vergleiche beispielshalber hiezu auch die beiden Tafeln XXXIII, a und b, nebst der betreffenden „übersichtlichen Erklärung" dazu. —

Solche heraldische Musterblätter könnten vielleicht auch, je nach Zeitenfolge geordnet, nur die interessantesten Originale der bessern Jahrhunderte, mit Einschluß der heraldischen Glanzperiode, (etwa bis zum Ende des XVI. Jahrhunderts), Lieferungsweise uns vorführen. — Die heraldischen Attribute dürften dort, je nach Umständen, sogar auch einzeln gegeben, und die gleichartigen immer zusammengestellt sein, was, namentlich zum Vergleiche der heraldischen Darstellungsweisen mancher Wappen-Figuren und gewisser heraldischer Bilder zu den verschiedenen Zeiten, sicher von höchstem Interesse wäre, ja selbst kunstgeschichtlich von nicht unwesentlichem Nutzen sein würde. —

Auch der geniale, für unsere Wissenschaft leider zu früh verstorbene J. G. L. Dorst arbeitete in seiner letzten Zeit mehr nach dieser Richtung hin. — Die Herausgabe von des edlen Ritters Conrad von Grünenberg Wappenbuch sollte den Reigen eröffnen, der Tod des Herausgebers aber, welch letzterer von allen neueren und neuesten Heraldikern unzweifelhaft noch am meisten Sinn und Geschmack für echt heraldische Zeichnung und Darstellungsweise im Leibe hatte, verhinderte dessen Vollendung. —

J. G. L. Dorst war mithin eigentlich der Erste, der dem besseren heraldischen Gefühle wieder freien Eingang verschaffen, der hierin zuerst die Bahn brechen, der zugleich aber auch wieder damit anfangen wollte: Heraldik vorzüglich vom Standpunkte der veredelnden Kunst aus aufzufassen. — Bezüglich des von ihm ganz neu begründeten, sehr eigenthümlichen Wappenstyles nun verweise ich jedoch auf die in der „übersichtlichen Erklärung der Tafeln", d. h. zunächst bei Gelegenheit meiner Erläuterungen zu den Tafeln XXXIII a und b, unter Anderem vorgebrachten Bemerkungen hierüber, sowie namentlich auch auf den gegenwärtig allgemein vorherrschenden modern-heroldenamtlichen Wappenstyl, der uns jenen eigenthümlichen J. G. L. Dorstischen wohl am besten versinnlichen kann. —

Herr Dr. O. T. v. Hefner, Autor des allgemeinen Wappenbuches, besitzt für seine Person, wenigstens meines Wissens, ebenfalls sehr viel heraldisches Gefühl und heraldischen Formensinn; dennoch aber entsprechen die ausgeführten Tafeln seines Werkes keineswegs den zumeist persönlich angegebenen Vorbildern, so zwar daß ich oft, wenn ich nicht selbst wüßte, wie Herr Dr. O. T. v. Hefner zeichnet, unmöglich den Schöpfer seiner heraldischen Entwürfe und den Autor jenes Werkes für ein und dieselbe Person halten könnte. — Man sieht nemlich hieraus eben wieder, wie beim künstlerischen Theile heraldischer Werke fast Alles lediglich nur am rechten Eingehen des rein technischen Arbeiters auf den wahren Geist der Sache gelegen ist. — Da aber auch J. G. L. Dorst in der Vorrede zu einem Bändchen seines allgemeinen Wappenbuches sich über ähnliches Mißgeschick beklagt, und beziehungsweise dessen Originalzeichnungen das Schicksal der Dr. O. T. v. Hefner'schen hatten, so wird man aus diesen beiden Umständen gewiß die volle Ueberzeugung gewonnen haben: daß, bei äußeren Ausstattungen überhaupt, doch zuletzt immer Alles auf die Fassungsgabe und das Talent jener scheinbar nur mechanisch mitwirkenden Leute ankömmt. —

Wie übrigens aller Orten, so gibt und gab es auch im heraldischen Fache schon von jeher gewisse Leute, welche selbst zwar ungemein viel Sinn und Geschmack, kurz jederzeit ein richtiges und warmes Gefühl für die Sache hatten, die aber demohngeachtet weder etwas von sich geben, noch weniger aber selbst etwas schaffen konnten. — Als Sammler interessanter Originale werden sich nun zwar solche Männer um Wissenschaft und Kunst überall und jederzeit gewiß die größten Verdienste erwerben können, während dagegen ihre eigenen Produkte, als zumeist mißlungene Machwerke, stets besser im Dunkeln verblieben. —

Beispielsweise nenne ich hier nur C. Heideloff, einen Mann, der als Herausgeber vieler von ihm selbst mit größtem Fleiße und staunenswerther Liebe gesammelten Originale, um Gemeinnützlichkeit sicherlich die größten Verdienste sich erwarb, der trotzdem aber mit seinen eigenen Entwürfen merkwürdigerweise immer so unglücklich war, daß man oft kaum glauben kann: jener eifrige Sammler, der, schon durch seine geschickte Auswahl der geschmackvollsten Originale, durchgehends nur den „feinen Kenner" beurkundete, und jener Erzeuger so mancher verunglückten architektonischen und ornamentalen Mißgeburt — seien wirklich ein- und dieselbe Persönlichkeit. — So aber auch in der Heroldskunst!

Aus Alledem nun aber wird man wohl am besten die Wichtigkeit geeigneter Musterblätter, schon zur Erweckung eines reinen Formensinnes, eines geläuterten Geschmackes und eines echt heraldischen Gefühles, vor Allem als höchst nothwendig anerkennen müssen. —

Begreiflicherweise jedoch würden schlechtverstandene, etwa nicht nach Originalen entworfen, oder auch nicht mit gewissenhaftester Genauigkeit kopirte derartige Vorlagen die Sache weit eher zu verschlimmern, denn besser zu machen im Stande sein[1]. —

---

1) Wie sehr dagegen Handwerk durch Kunst veredelt werden kann, ja, durch Fleiß, Talent, eigenthümliche Originalität und scharfe Auffassungsgabe, bisweilen sogar ganz in diese

12) Der gegenseitige Ideenaustausch aller tüchtigen Heraldiker der verschiedenen Gegenden, Länder und Nationen wurde schon vorne einmal von mir als einer der wichtigsten, und jedenfalls auch als einer der wirksamsten und ersprießlichsten Punkte zu Nutz und Frommen der gesammten Wappenwissenschaft bezeichnet. — Eine hauptsächliche Stütze aber fände ein solcher zunächst wohl nur in einer heraldischen Zeitschrift. —

Kleinere Abhandlungen über Ursprung, Entstehung und Fortbildung dieser oder jener heraldischen Figur, Entwicklung heraldischer Streitfragen u. dgl. könnten vielleicht dann deren Inhalt bilden. — Ihre Spalten dürften jedoch ausschließend nur der Heraldik und den mit ihr unmittelbar zusammenhängenden historischen Hülfswissenschaften geöffnet sein. — Heraldische Spielereien, wie man sie hie und da in der illustrirten Zeitung u. a. a. O. findet, müßten natürlich ebenfalls wegbleiben. — Kein Thema dagegen, das auf jenen gegenseitigen heraldischen Ideenaustausch Bezug hätte, sollte ausgeschlossen sein, umsomehr als ein solcher unserer Wissenschaft sicherlich den wesentlichsten Vorschub leisten würde. —

13) Zunächst ausgehen aber würde diese Zeitschrift — (als ein eigentliches heraldisches Centralorgan nemlich) — etwa von einem alle Nationalitäten umfassenden allgemeinen heraldischen Centralvereine, der bei seinen alljährlichen Zusammenkünften (mit selbstverständlicher Abwechslung des Versammlungsortes): heraldische Preisfragen entscheiden, neue solche aufwerfen, heraldische Dinge näher besprechen, heraldische Nova ausfindig machen u. dgl. m. verhandeln sollte. —

14) Schließlich könnte nur ein allgemeiner heraldischer Codex, bezüglich der vielen zweifelhaften oder auch national abweichenden Dinge in der Heraldik, für alle Zukunft eine sichere Norm angeben, wodurch zugleich ein allgemeines heraldisches Grundgesetz endgiltig festgestellt, und damit so manche heraldische Streitfrage für immer geschlichtet wäre. — Ferners müßte ein solcher nicht nur die heraldische Terminologie aller Völker umfassen, sondern auch die sprachlichen Verschiedenheiten der Blasonirung wohl berücksichtigen, ein vollständiges Glossarium sämmtlicher Blasonirungen enthalten, und diese letzteren nach bester Möglichkeit zu regeln suchen. —

übergehen vermag, beweisen uns unter Andern z. B. die ausgezeichneten Arbeiten des Herrn Thomas Birnböck, Graveurs in München, dessen den mittelalterlichen alter Prieoden auf ein Haar nachgebildeten Siegel mit solchem Verständnisse gegeben, mit solcher Liebe ausgeführt sind, daß mancher derselben schwer, einige wohl gar nicht von den echten Originalien zu unterscheiden sein dürften. — Dieser Mann hat eben die Grenze, welche die Kunst vom Handwerke scheidet längst hinter sich, — das Empirische und rein Mechanische der Sache längst überschritten. —

Dieses allgemeine heraldisch-technische Lexikon dürfte dann freilich nicht blos auf die französische, englische, spanische portugiesische, italienische und deutsch-heraldische Terminologie allein sich beschränken, sondern es müßte sich allerdings weiter erstrecken, und namentlich auch auf die lateinisch-heraldische Kunstsprache dabei gebührend Rücksicht genommen sein. — Obgleich nemlich die letztere in ihrer Anwendung auf die christlich-mittelalterliche Heroldskunst eigentlich durchaus unpassend erscheint, so sind dennoch sehr viele, und mitunter sogar sehr gediegene ältere heraldische Quellenwerke, entweder ganz, oder doch größtentheils in dieser Sprache abgefaßt, weßhalb also in dieser Beziehung, wohl oder übel, eben auch die lateinisch-heraldischen Kunstwörter anerkannt, und gewissermaßen sogar sanktionirt werden müssen; — umsomehr aber, weil anderenfalls gerade die älteste heraldische Literatur zum großen Theile für uns völlig unverständlich geschrieben wäre, mithin fast ganz verloren ginge. —

Begreiflicherweise sollte aber ein derartig ausgedehntes Normalwerk dann auch von mehreren Heraldikern, die wo möglich verschiedenen Gegenden und Ländern angehören, deren spezielle heraldische Nationalcharakteristik nemlich sie wieder zu vertreten hätten — (also wohl am geeignetsten zunächst durch jenen vorbesprochenen allgemeinen heraldischen Centralverein), — abgefaßt sein. —

15) Endlich würden geeignete Musterhefte und Vorlagen mit künstlerischen Entwürfen auch zur außerheraldischen Anwendung einiger hervorragenden, oder besonders häufig vorkommenden Wappenfiguren (als etwa zu heraldischen Pokalen, Windfahnen, Tafelaufsätzen, zu allerlei Schmuckgegenständen, Stickereien u. dgl., ferners zur geschmackvollsten heraldischen Ornamentirung von Waffen, Geräthschaften und Meubeln) — als etwas ganz besonders Gemeinnützliches — von allen kunstliebenden Gewerken sicherlich auf das freudigste begrüßt, überall dankbarst aufgenommen, und gewiß dann auch sehr fleißig ausgebeutet werden. —

Dieß ohngefähr sind die Mittel, welche nebst genauer Beobachtung der von mir im vorliegenden Werke bereits östers schon aufgestellten heraldischen Hauptprinzipien, und der dabei zugleich überall näher angedeuteten allgemeinen Grundzüge, gewiß eine echt wissenschaftliche Regeneration der Heroldskunst viel eher bezwecken werden, — und die also, im Ganzen genommen, heutzutage weitaus wirksamer sein würden, als zu jener Zeit, wo man zu sehr im verzopften Romanismus versumpft war, um damals dieselben mit nur einigem Erfolge anwenden zu können. —

Ich bin am Ziele angelangt, d. h. meine Aufgabe, so weit ich sie mir selbst gestellt habe, erscheint nunmehr, ein gerundetes Ganze bildend, als gelöst. — Wohl hätte sich über Vieles ungleich mehr sagen lassen, allein weiter auf Details einzugehen, hielt ich nicht nur für ungeeignet, sondern sogar unserm Zwecke weniger entsprechend, als die gegenwärtige Abhandlung, welche überdieß den wesentlichen Vortheil bieten dürfte: auch dem Laien in der Sache, durch mehr allgemein übersichtliche Behandlung des Stoffes, einige heraldische Grundbegriffe auf eine leichtverständliche Weise beizubringen, oder auch die heraldischen Anfangsgründe und oberflächlichen Kenntnisse eines Dilettanten unschwer auf die rechte Bahn zu lenken. —

Niemals jedoch habe ich dabei meinen Hauptzweck aus den Augen verloren, dessen Endziel: sachgemäße Anschauungsweise, richtige Auffassung und ein echt wissenschaftlicher Betrieb der Heraldik sein sollte. — Ich wollte ferners mit dieser Abhandlung als der Erste die Bahn gebrochen, und namentlich durch das Hereinziehen jener christlich-mittelalterlichen Kunsttechnik und der Originale christlich-mittelalterlicher Trachten, Waffen und Geräthschaften, — (soweit sie nemlich überhaupt auf Heraldik angewendet werden können, oder darauf Bezug haben), — vorzugsweise den Standpunkt bezeichnet haben, von dem aus der Heroldskunst der ihr gebührende Platz unter den historischen Hilfswissenschaften wieder angewiesen, und auch für alle Zukunft gesichert werden kann. — Zu diesem Zwecke sollte daher mit den gegenwärtigen Blättern nicht nur eine getreue Schilderung der heraldischen Autorschaft und der Herolden-Aemter, nebst ihren jeweiligen Zeitverhältnissen, lebhaft vor Augen gestellt, sondern auch die passendsten Mittel angedeutet werden, wie die Lage der Heraldik, namentlich durch künstlerisch-wissenschaftliche Gemeinnützlichmachung, sowie durch sachgemäßes Verständniß derselben, auch in der Neuzeit noch möglichst verbessert werden könne. — Stets von der festen Ueberzeugung ausgehend, daß eine Sache nur zu der Zeit ihre höchste Vollkommenheit erreiche, wann und wo sie noch ein wirkliches Bedürfniß war, dann jedoch in demselben Maaße wieder abgenommen habe, versuchte ich am gleichen Orte zu zeigen, wie eine durchgreifende Regeneration der Heraldik nur dann möglich sei, wenn dieselbe von allen späteren, mehr oder minder nichtigen Anhängseln durch eine gründliche Purifikation befreit, und derselben (durch Zurückführung auf ihre ursprünglich charakteristische Einfachheit) auch für alle Zukunft künstlerische Bedeutung und wissenschaftlicher Werth gesichert werden könne. — Echt künstlerischer und echt wissenschaftlicher Betrieb aber zu einem würdigen Ganzen vereiniget, dürften wohl die nächste Veranlassung sein: der edlen Heroldskunst jene gebührende Stellung und auch eine gewisse populäre Werthschätzung wieder einzuräumen, wie sie ihr ehedem in so glänzender

Weise und in so reichlichem Maaße zu Theil wurden. — Die Nachsicht aber der gelehrten Leser, bei Beurtheilung dieser meiner Arbeit, darf ich wohl um so eher in Anspruch nehmen, weil die meisten derselben nur zu gut wissen werden, daß nicht selten die scheinbar unbedeutendste Abhandlung verhältnißmäßig mehr Mühe und Fleiß erfordert, insoferne sie im wirklichen Interesse einer Wissenschaft mit Eifer durchgeführt wird, als ein oft ungleich größeres Werk. — Man sollte dieß gerade bei einer „heraldischen“ um so mehr würdigen, weil große Seltenheit der älteren, zumeist wenigstens künstlerisch gediegenen Werke einerseits, sowie schülerhafte Mangelhaftigkeit der neueren Literatur dieser Wissenschaft anderseits — ein derartiges Unternehmen sehr erschweren. — Weil nun zudem die meisten früheren Werke über Heraldik, entbehrend jedes originalen Gedankens, oft ausschließend nur als Glossarien der Blasonirung, größtentheils von einander abgeschrieben wurden, so wollte ich dagegen viel lieber eine mehr selbstständige Arbeit liefern, welche sich hauptsächlich nur auf Originalbeweise stützt, und die durch eigene Erfahrungen in der Sache begründet ist, als die schon längst bekannten heraldischen Hypothesen jener Autoren wiederholt an's Tageslicht ziehen. —

Wie schon im „Vorworte“ bemerkt wurde bietet uns auch, meines Wissens, noch keine einzige bis jetzt erschienene heraldische Abhandlung eine förmliche Uebersicht der geschichtlichen Entwicklung der Heroldskunst, unter beständiger Hinweisung auf ihre Autorschaft, Literatur und die jeweiligen Heroldenämter durch alle Zeiten, sowie namentlich auch auf die nationale Charakteristik dieser Wissenschaft; — noch weniger aber werden wohl in irgend einer solchen die materiellen Mittel zur Verbesserung der heraldischen Zustände überhaupt gehörig berücksichtiget, oder derartige Dinge näher angegeben. — Da nun, vor der Hand wenigstens, der Sache endlich einmal das allein richtige Verständniß zu Grunde gelegt ist, so dürfte späterhin vielleicht das Ganze die geeignetste Basis für ein größeres derartiges Werk (etwa für ein sehr ausführliches heraldisches Lehrbuch oder auch für jenen vorbesagten allgemeinen heraldischen Codex) bilden. — Ja es hängt gewissermaßen nur von der Aufnahme dieser Zeilen ab, ob ein solches, das „Wissenschaftliche“ der Heraldik aller Zeiten und Nationen umfassendes Elaborat,. sowie die oben angeregten heraldischen Vorlagen und Musterblätter, welche als Gegenstück zu ersterem das „Künstlerische“ der Heraldik aller Zeiten und Länder umfassen würden, von mir aus demnächst schon nachfolgen werden. —

Ich glaube aber auch dann mir schmeicheln zu dürfen, diese Aufgabe um so glücklicher lösen zu können, weil vieljährige Vertrautheit mit dem praktischen Kunstleben des Mittelalters, mich so Manches kennen lehrte, was den früheren Autoren der

Heraldik entweder ganz fremd geblieben ist, oder doch wenigstens, als zu unwichtig erscheinend, von ihnen gar nicht beachtet wurde; — obwohl gerade derlei Dinge gewöhnlich den Schlüßel zu vielen bisher noch ungelösten Problemen der Heroldskunst an die Hand geben. — Man hatte im Laufe dieser Abhandlung gewiß auch nicht selten Gelegenheit, die interessante Beobachtung zu machen, daß ausschließend im Kunstleben des christlichen Mittelalters: Ursprung, Entstehung, Fortbildung, Anwendung und weitere Entwicklung, ja zumeist sogar die Benennung der heraldischen Attribute zu suchen war, und daß die mittelalterlich-praktische Kunsttechnik, gerade in der heraldischen Blüthezeit und Glanzperiode, auf jene letzteren besonders den größten Einfluß ausgeübt habe. — Ich selbst sogar, (zwar schon von meiner frühesten Jugend an mit besonderer Vorliebe auf Heraldica mich verlegend,) gelangte dennoch erst dann zur wahren Anschauungsweise und zum richtigen Verständnisse derselben, nachdem ich mehr und mehr in's Studium mittelalterlicher Waffen, Geräthschaften und Costüme mich vertieft hatte. — Den meisten Vorschub jedoch hiebei leisteten mir zweifelsohne sowohl die ausgezeichneten Werke, als auch namentlich der persönliche Umgang mit Herrn Professor J. H. von Hefner-Alteneck, Conservator der königl. vereinigten Sammlungen in München, dessen wahrhaft riesige Leistungen auf diesem echt germanistischen Gebiete jedenfalls europäischen Ruf sich erworben haben dürften. —

Herr von Hefner-Alteneck würde deßhalb aber auch mit seinen Vorkenntnissen christlich-mittelalterlichen Kunstlebens, — (wenn er sich nur einmal ernstlich darauf verlegen wollte,) — sicherlich ein weitaus größerer Heraldiker sein können, als alle die ältern und neueren Autoren dieser Wissenschaft miteinander, trotz ihres sogenannten „klassischen" Vorstudiums. —

Indem mir nun vorzüglich diese hier weitläufig und zu wiederholten Malen ausgesprochenen Grundgedanken bei Abfassung meines ganzen Werkes leitend und maßgebend waren, schließe ich mit der vollen und sicheren Ueberzeugung: Ursprung, Entstehung, spätere Fortbildung und Anwendung der gesammten Wappenwissenschaft, mithin aber auch **„Wesen und Begriff der wissenschaftlichen Heraldik"**, durch konsequente Deduktion derselben h a u p t s ä c h l i c h aus der praktischen Kunsttechnik des christlichen Mittelalters, und unter beständiger Hinweisung auf die betreffenden Originale, richtig erfaßt, und folgerecht entwickelt zu haben. —

Uebersichtliche Erklärung der Tafeln,

mit einigen den Text des vorliegenden Werkes ergänzenden kürzeren Notizen.

Tafel I. Schilde.

1) Schild eines Kriegers der Leibwache im Gefolge des Kaisers Justinian I. († 565), nach einem großen Mosaikbilde in der Kirche S. Vitale zu Ravenna. —

2) Schild des Longobarden-Königs Loduicus (aus dem IX. Jahrhundert), nach der Handschrift der Leges Longobardorum im Kloster St. Trinita de la Cava im Fürstenthume Salerno. —

3) Schild eines Kriegers, nach dem Initialen eines Evangelienbuches aus dem XI. Jahrhundert, auf der Bibliothek zu Metz. —

4) Schild des Longobarden-Königs Rachis, aus dem IX. Jahrhundert und nach der bei Nro. 2 auf dieser Tafel angeführten Handschrift der Leges Longobardorum im Kloster St. Trinita de la Cava im Fürstenthume Salerno. —

5) Schild aus einer gegenwärtig in der Kirche S. Calisto zu Rom, früherhin aber in der dortigen Paulskirche aufbewahrten Bibel-Handschrift des IX. Jahrhunderts. —

6) Schild Karls des Kahlen († 877), gleichfalls aus der vorgenannten Bibel-Handschrift in der Kirche S. Calisto zu Rom. —

Tafel II. Schilde.

1) Schild des Kaisers Justinian I. († 565), nach dem auf der vorigen Tafel unter Nro. 1 aufgeführten großen Mosaikbilde in der Kirche S. Vitale zu Ravenna. —

2) und 4) Schilde aus einem Psalterium des X. Jahrhunderts, das sich auf der kgl. Bibliothek zu Stuttgart befindet. —

3) Schild aus einem Evangelienbuche, das vom Kaiser Otto III. († 1002) dem Dome zu Aachen geschenkt wurde, gegenwärtig aber im Besitze des Herrn Canonikus von Orsbach sich befindet. —

5) Schild eines Kriegers aus dem XI. Jahrhundert, nach dem Fragmente einer Pergamentmalerei im Besitze des Herrn Professors J. H. von Hefner-Alteneck, Conservators der kgl. vereinigten Sammlungen in München. —

6) Schild des Helden Roland, nach dessen Statue am Dome zu Verona (aus dem XI. oder XII. Jahrhundert). —

Tafel III. Schilde.

1) Schild Oliviers, nach dessen Statue am Dome zu Verona (gleichfalls aus dem XI. oder XII. Jahrhundert). —

2) Schild eines Wächters am heiligen Grabe, nach der Pergamentmalerei eines Gebetbuches aus dem Ende des XII. oder Anfange des XIII. Jahrhunderts, auf der Universitätsbibliothek zu Leipzig. —

NB. Dieser höchst interessante Schild, der jedenfalls noch dem Ende des XII. Jahrhunderts angehört, beweist uns überdieß zunächst das hohe Alter der heraldischen Flügel im Allgemeinen, und beziehungsweise dann auch der Flügel-Kleinode; — sowie merkwürdigerweise, in dieser frühesten heraldischen Periode schon (nemlich im XII. Jahrhundert), wie man hier ferners sehen kann: der heraldische Flügel nach seinen äußeren Umrissen bereits in einer Gestalt erscheint, wie wir heraldische Flügelformen viel später (nemlich im XV. und XVI. Jahrhundert), ja selbst bis auf den heutigen Tag, noch häufig antreffen können. — Man vergleiche hiezu auch unsere Tafeln, auf denen Flügel-Kleinode zu finden sind, Originalschilde, Kleinode und Wappen mit Flügeln, sogar nach dem XV. Jahrhundert noch (so z. B. die schönen Originalschilde aus dem XV. Jahrhundert am Schloße Ambras in Tyrol, auf denen ebenfalls sehr ähnliche Flügel vorkommen), ferners die meisten Flügel und Flügel-Kleinode namentlich des XV. Jahrhunderts u. dgl. m. —

3), 4) und 5) Sogenannte normännische Schilde, nach französischen Originalien aus dem XI. Jahrhundert. — Nro. 3 ist der Schild des Helias Coenomanensis comes, aus dem XI. Jahrhundert. —

Tafel IV. Schilde.

1) Schild aus dem XI. Jahrhundert, dem Pergamentgemälde eines in der kgl. Hofbibliothek zu Aschaffenburg aufbewahrten Evangelienbuches entnommen. —

2) Schild eines Kriegers aus dem Ende des XI. Jahrhunderts, nach dem Fragmente einer Pergamentmalerei im Besitze des Herrn Professors Jak. Heinrich von Hefner-Alteneck, Conservators der kgl. vereinigten Sammlungen in München. —

3) Normännischer Schild aus dem XI. Jahrhundert, nach der Federzeichnung eines Evangelienbuches aus der genannten Zeit. —

4) Schild aus dem XI. Jahrhundert, nach dem Fragmente einer Pergament-Malerei im Besitze des Herrn Professors und Conservators J. H. von Hefner-Alteneck in München. —

5) Schild nach einem flandrischen Originale aus dem XII. Jahrhundert. —

Tafel V. Original-Dreieckschilde.

1) Original-Schild des Conrad von Thüringen († 1241) in der St. Elisabethenkirche zu Marburg. —

2) Original-Schild des Landgrafen Heinrich von Hessen († 1298), gleichfalls in der St. Elisabethenkirche zu Marburg. —

Tafel VI. Dreieckschilde.

1) Der Burggrafen von Nürnberg. —

2) Des Herzogthums Schlesien. —

3) Der Herren Zyganer und von Karwinsky. —

4) Der Herren von Bern am Rheinstrome. —

5) Aus John Bossewells Heraldik. —

6) de Coatlogon. —

7) de Moy (mit verwechselten Tinkturen). —

8) Der Grafschaft Mark. —

9) Altfranzösische legitime Seitenlinie. —

10) Der Herren von Eyb oder de Plessis (mit verwechselten Tinkturen). —

11) de Monti. —

12) Der Herren von Zetliß. —

Tafel VII. Wappenschilde.

1) de Goulaine. —

2) Der Stadt Paris (altes Wappen). —

3) Der Herren von Zweibrücken in Bayern. —

4) Der Herren von Proff und von Menden. —

5) Allianz-Wappen der Anna Fröschl, Ehefrau des Münchener-Patriziers Balthasar Pötlschner von Riederscheim, nach ihrem mit dem Gatten gemeinschaftlichen Grabdenkmale vom Jahre 1505, im Glockenhause der St. Peterspfarrkirche zu München. —

6) Vereinigung der drei Wappen von Chastillon, Dampierre und Rollaincourt oder Rolencourt, am Siegel der Marie von Rollaincourt, mit der Umschrift: S. Marie de Rollaincourt Dame de Dampierre. — Des Gegensiegels Umschrift lautet: S. Demoiselle Marie de Rollaincourt. — Beide Siegel sind aus dem XIV. Jahrhundert. —

7) de Dampierre. —

8) de Chastillon. —

9) de Rollaincourt ou Rolencourt. —

10) Des Königreiches Griechenland Wappenschild. —

11) Wappen-Vereinigung von Bayern und Oettingen, am Originalsiegel des Grafen Ludwig von Oettingen, Hauptmannes in Oberbayern, vom Jahre 1416. — Die Umschrift des Siegels lautet: S. Ludovici comitis de otingen. — (Im kgl. Reichsarchive zu München.) —

12) Das Wappen Walthers des Schenken von Limburg, mit den Insignien des Schenken-Amtes im Schilde selbst, nach dessen Originalsiegel vom Jahre 1255. — (Aus der sphragistischen Sammlung des Herrn Dr. O. T. von Hefner in München.) —

T a f e l VIII. Tartschen.

1) Tartsche eines Grafen von Orlamünde ohngefähr aus der Mitte des XIV. Jahrhunderts, nach einem inschriftlosen Grabsteine im Cisterzienser-Nonnenkloster zu Himmelkron im bayerischen Kreise Oberfranken. —

2) Tartsche aus dem XIV. Jahrhundert, nach einer geschnitzten Hautrelief-Figur im Dome zu Bamberg —

3) Tartsche aus dem XIV. Jahrhundert, auf der Klinge eines Original-Schwertes, das sich in den kgl. vereinigten Sammlungen zu München befindet. —

4) Tartsche des Peters von Stettenberg, Vaters († 1428), und dessen Sohnes, gleichen Namens († 1441), nach ihren gleichzeitigen Grabdenkmälern in der Abtei-Kirche zu Brombach. — Beide Grabsteine sind von grauem Sandstein gearbeitet, und lautet Peters von Stettenberg, des Vaters Inschrift, wie folgt:

„Anno domini 1428 in die Sancti Marci evangelistae obiit strenuus vir dominus Petrus de Stettinberg miles, cujus anima requiescat in pace. Amen.“ —

Peters von Stettenberg, des Sohnes Inschrift heißt:

„Anno domini 1441. 11 calendas aprilis obiit Petrus de Stettinberg filius Petri de Stettinberg, militis de Gamburg, cujus anima requiescat in sancta pace. Amen.“ —

5) Tartsche aus der ersten Hälfte des XV. Jahrhunderts, nach einer alten Handzeichnung (Entwurf zu einem Hochgrabdenkmale eines ritterlichen Ehepaares aus dem altadelichen Hause Tyrel in Frankreich) im königl. Kupferstich-Cabinet zu Dresden. — (Man vergleiche zum Wappen auf dieser Tartsche auch den Wappenlendner des Thomas Beauchamp, Herzogs von Werwick, auf seinem und seiner Gemahlin

Catharina gemeinschaftlichem Grabdenkmale vom Jahre 1370, — (im Düsseldorfer-Kostümbuche tab. LXIV, a und b), — der die völlig gleichen Wappenbilder trägt, so daß irgend ein Geschlechtszusammenhang, als sehr naheliegend, zu vermuthen steht. —

6) Tartsche des heiligen Ritters Georg, nach einem altdeutschen Reliefbildchen dieses Patrones aus der zweiten Hälfte des XV. Jahrhunderts, (unweit der sogenannten Georgenschwaige, zunächst bei München). —

Tafel IX. Heraldische Tinkturen.

1) Roth (gueules). —

2) Blau (azur). —

3) Schwarz (sable). —

4) Grün (sinople). —

5) Purpur (pourpre). —

6) Silber oder Weiß (argent). —

7) Gold oder Gelb (or). —

8) Die sogenannte Schattenfarbe (ombre), — hier im Wappen der niederländischen Barone de Trazegnies. —

9) Die natürliche oder Naturfarbe (naturel), — hier zunächst auch die menschliche Fleisch- oder Leibfarbe (carnation), nemlich im Wappen des uralten Münchener-Patriziergeschlechtes der Herren von Barth in Bayern. —

10) Die Aschfarbe (cendré), und zwar in der oberen Hälfte a) bei denen von Osterhausen in Thüringen, und in der unteren Hälfte b) bei denen von Aschau oder Hohenaschau in Bayern. —

11) Rechte Hälfte a) Hermelin (hermines). —

Linke Hälfte b) Gegen-Hermelin (contre-hermines). —

Die Schwänzchen (Sprenkeln oder Flecken), des Hermelins sowohl, als auch des Gegen-Hermelins, werden von den Franzosen: mouchetures genannt. —

12) Rechte Hälfte a) gemeines Pelzwerk, gemeine Kürsch, vehwamblein Kürsen, Grauwerk, Kleingrau, Rauchwerk, Kleinspalt (fourrures, doublures, panne). —

Linke Hälfte b) der heraldische Damast oder die Damaszirung (damasquiné, paillé). — Noch andere heraldische Damaszirungen oder Damaste, sowohl aus weit früherer, als auch aus viel späterer Zeit, sieht man ferners noch auf den Tafeln XXXIII, a und b, sowie als Holzschnitte im Texte des Abschnittes IX, der von den „heraldischen Tinkturen" speziell handelt. —

Tafel X. Baffinets; Kessel- oder Beckenhauben und Helme.

Von 1) bis 6) Baffinets, Kessel- oder Beckenhauben mit und ohne Rasen-

Spange (Nasal), von der frühesten Zeit des christlichen Mittelalters angefangen bis ins XIV. Jahrhundert. —

7) und 8) Bassinets, Kessel- oder Beckenhauben mit ihren Halsbrünnen, vom Beginne des XIV. Jahrhunderts bis zum Anfange des XV. —

9) und 10) Sogenannte Salade oder Helme des XV. Jahrhunderts, und zwar Nro. 9 ohne, und Nro. 10 mit beweglicher Visirklappe. —

11) Ein sogenannter Mailänder-Helm, d. h. ein kannelirter oder gestreifter Helm aus dem XVI. Jahrhundert. —

12) Die sogenannten Burgundischen Helmformen (bourguinons ou bourguinots) des XVI. Jahrhunderts. — NB. Noch später dann im XVII. Jahrhundert gehen letztere, durch einige unerhebliche Modifikationen, endlich vollkommen in die sogenannte spanische Helmform über. — Nebenstehender Holzschnitt z. B. veranschaulicht uns am besten einen solchen, zur sogenannten „spanischen" Helmform des XVI. und XVII. Jahrhunderts völlig ausgebildeten Bourguinon oder Bourguinot, — woraus man zugleich ersehen kann, daß zwischen dieser letzteren und der Helmform unter Nro. 12 auf unserer Tafel X sehr wenig oder doch kein sonderlich erheblicher Unterschied besteht. —

Tafel XI. Topf-, Turnier-, Rost- und Spangen-Helme.

1) Ein oben noch flacher Topfhelm aus dem Anfange des XIII. Jahrhunderts, nach der Pergamentmalerei eines Gebetbuches aus der besagten Zeit, auf der Universitätsbibliothek zu Leipzig. — (Man vergleiche hiezu auch den Schild unter Nro. 2 auf unserer Tafel III.) —

2) Ein oben noch flacher Topfhelm, nach einer Skulptur in der St. Moritz-Kapelle im Dome zu Konstanz (ohngefähr zwischen die Jahre 1218—1220 fallend.) —

3) Ein gleichfalls oben noch flacher Topfhelm aus dem XIII. Jahrhundert, nach einer der 15 Miniaturen des Pergament-Manuskriptes auf der kgl. Staats-Bibliothek zu München, dessen Inhalt das Heldengedicht „Tristan" von Gottfried von Straßburg und Ulrich von Thüringen bildet. —

4) und 5) Vordere und linke Seiten-Ansicht eines auf den Schultern aufsitzenden, größeren Topfhelmes, der bei den Ausgrabungen auf der alten Burg Tannenberg

an der sogenannten Bergstraße unter vielem Anderen mitaufgefunden wurde. — Dieses höchst interessante Originalexemplar befindet sich gegenwärtig noch im Besitze Sr. kgl. Hoheit des Großherzogs von Hessen-Darmstadt. — (Aus dem XIV. Jahrhundert). —

6) Ein dem vorigen fast gleicher, ebenfalls bis auf die Schultern reichender, großer Topfhelm, welcher dereinst einem gewissen Richard Pembridge († 1375), über dessen Grabdenkmale in der Cathedrale zu Hereford er früherhin aufgehängt war, angehört haben soll, der sich nunmehr aber in der großen Waffensammlung des Llewelyn Meyrick zu Goodrich-Court in Herefordshire befindet. —

7) Rosthelm aus dem XV. Jahrhundert, nach einem altdeutschen Gemälde, die Gefangennehmung Christi am Oelberge vorstellend, gegenwärtig im Besitze des Kunsthändlers J. O. Entres in München. —

8) Ein zum Oeffnen eingerichteter Original-Rosthelm aus dem Ende des XV. Jahrhunderts, angeblich von einem Herrn von Essendorf herstammend, welcher, einer unverbürgten Sage zufolge, in jenem Hause zu Biberach in Schwaben gestorben sein soll, an dem sich der gegenwärtige Turnier- oder Rosthelm ober der Hausthüre eingemauert vorfand. — Dieses höchst interessante Exemplar nun befindet sich gegenwärtig im Besitze des Privatiers Herrn Magnus Soyter in Augsburg, der dasselbe zu allgemeiner Besichtigung im dortigen Kunst- und Alterthums-Museum aufgestellt hat. —

9) Spangenhelm nach Jak. Heinr. von Hefner-Altenecks „Burg Tannenberg und ihre Ausgrabungen" (Bl. XI. Fig. 34), angeblich ohngefähr vom Jahre 1540. —

Tafel XII. Turnier-, Rost- und Stechhelme.

1), 2) und 3) Vordere, hintere und rechte Seiten-Ansicht eines bemalten Turnier- oder Rosthelmes, aus der zweiten Hälfte des XV. Jahrhunderts, nach dem sehr merkwürdigen Originale im Besitze des kgl. preußischen Kammerherrn Baron Carl von Mayenfisch in Sigmaringen. —

4) Ein Stechhelm, nach einem Originale zum ausschließend heraldisch-dekorativen Gebrauche, vermuthlich aus dem Ende des XVII. Jahrhunderts stammend, und früherhin im Besitze des Herrn Christian Winter, Vergolders in München. — (Die für diese ziemlich späte Zeit noch immerhin äußerst niedliche Arbeit am Helmkrönlein ist hier vorzüglich bemerkenswerth.) —

5) und 6) Vordere und linke Seiten-Ansicht eines sehr zierlichen Original-Stechhelmes aus der ersten Hälfte des XVI. Jahrhunderts, der früherhin im Besitze des kgl. bayerischen Hauptmannes Müller in Bamberg sich befand. —

7), 8) und 9) Vordere, hintere und linke Seiten-Ansicht eines besonders schönen Original-Stechhelmes, aus dem Ende des XV. Jahrhunderts; — früherhin im Besitze des hochberühmten Meisters Ludwig von Schwanthaler in München, nunmehr aber Eigenthum des Herrn Grafen Franz von Pocci, kgl. bayerischen Kämmerers und Hofmusik-Intendanten ebendaselbst. —

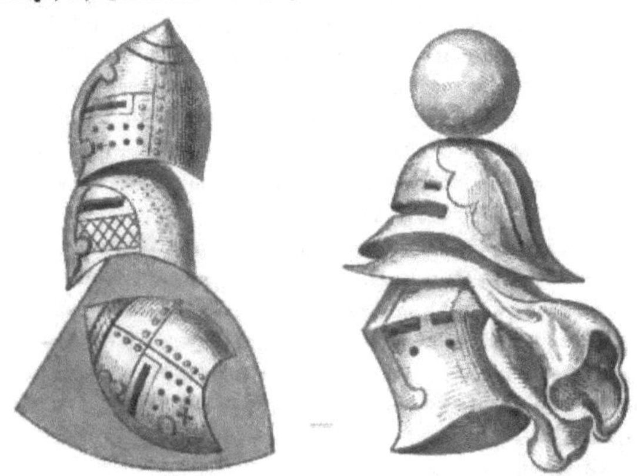

Schließlich der heraldischen und der sogenannten Kleinodhelme sieht man hier vorstehend noch (im zweiten Holzschnitte) die genaue Copie des so merkwürdigen Kleinodhelmes der alten Schweizerfamilie von Huyndwyl, oder vielmehr von Hünwyl, wie er solchergestalt in der von mir mehrfach angeregten, höchst interessanten und auch besonders reichhaltigen Konstanzer-Wappenrolle der ehemaligen Geschlechterstuben-Gesellschaft „zur Katze“ genannt daselbst, die mit der Jahreszahl 1547 versehen ist, (und zwar dort unter dem Namen von Huyndwyl) sich vorfindet. — Ein gewöhnlicher Salade, hier als Kleinod auf einem heraldischen Stechhelme, mithin eigentlich „Helm auf Helm“ erscheinend, macht sich in der That sonderbar genug! —

Der erste Holzschnitt dagegen, an dem wir denselben Fall vor uns haben, gehört sogar einer noch viel früheren Zeit an, indem das Original desselben solchergestalt in der mehrerwähnten uralten Züricher-Wappenrolle, und dort zwar unter dem Namen von Helmshoven, sich vorfindet. — Man bemerkt hier nemlich den echten, altheraldischen Topfhelm (Stechhelm, heaume, helmet) des XIII. und XIV. Jahrhunderts, als Kleinod auf einem fast ganz gleichen solchen, — und zwar noch dazu in besonders charakteristisch-minutiöser Auffassung. —

Tafel XIII. Oben flache Topfhelme und Ordens-Wappen-Schilde. —

1) und 2) Bemalte, oben noch flache Topfhelme aus dem XIII. Jahrhundert, nach der Malerei einer Pergament-Handschrift, welche sich auf der Stadtbibliothek zu Leipzig befindet und die Geschichte Alexanders des Großen behandelt. —

3), 4), 5) und 6) Auf ähnliche Weise, wie die vorhergehenden, bemalte und oben gleichfalls noch flache Topfhelme, nach dem unter Nro. 3 auf unserer Tafel XI bereits näher bezeichnetem Originale aus dem XIII. Jahrhundert. —

Von 7) bis 12) Sechserlei verschiedene, echtheraldische Vereinigungen des alten Teutsch-Ordenskreuzes mit dem Gräflich von Waldbott-Bassenheimischen Wappen. —

NB. Ganz den gleichen Fall hat man bei allen echtheraldischen Wappen-Vereinigungen überhaupt, und es ist dann wirklich völlig gleichgültig: auf welche z. B. von diesen hier vorliegenden sechserlei Manieren die Vereinigung zweier Wappen bewerkstelliget wurde. — Man kann nemlich, nach den Regeln der alten Heroldskunst, zwei oder auch wohl mehrere Felder vollkommen beliebig, so oder anders zusammenstellen, ohne deßhalb eine heraldisch-wesentliche Aenderung der doch scheinbar auf sehr verschiedene Weise zusammengesetzten Wappen befürchten zu müssen. —

So z. B. bediene ich mich selbst sehr oft, statt meines der Regel nach „gevierteten" Wappens, eines auf die niederrheinisch-heraldische Manier, d. h. eines am Wege eines sogenannten „Freiviertels" zusammengestellten Wappens, wie man unter Andern am illustrirten Titelblatte des vorliegenden Werkes und auf der Tafel LXI unter Nro. 1 bemerken kann, und zwar ohne deßhalb mein Wappen nur im geringsten verändert zu haben, oder etwa gar dessen Wesenheit zu nahe getreten zu sein. — Also aber könnte ich die Vereinigung der beiden Felder auch noch durch „Spaltung", „Theilung", „Haupt", „Mittelschild" u. s. f., — nemlich ganz so wie hier auf unserer Tafel XIII, von Nro. 7 bis Nro. 12, — bewerkstelligen, mein Wappen würde trotzdem — (selbstverständlich bei unveränderten Schildesfiguren und vorausgesetzt, daß kein fremdes Wappenbild hinzukömmt oder ein solches beliebig ausgelassen wird) — dennoch stets das gleiche bleiben. —

Tafel XIV. Verschiedene gewöhnliche und Hörner-Kleinode.

1) Kleinodhelm des Christoph von Biberstein, nach dessen Insiegel vom Jahre 1551 mit der Umschrift: S. Kristof von Biberstein. —

2) Kleinodhelm nach Friedrich Hoffstadts gothischem A. B. C. (Helm-Tafel XXX), aus dem Ende des XIV. oder Anfange des XV. Jahrhunderts. —

30

3) Kleinodhelm ebendaher, wie der vorhergehende, jedoch entschieden aus dem XV. Jahrhundert stammend. —

4) Kleinodhelm des Friedrich von Truhendingen, nach einem Siegel desselben vom Jahre 1320, mit der Umschrift: S. Friderici de Truhendingen. —

5) Kleinodhelm des Caspar von Gersdorf, nach dessen Siegel vom Jahre 1502, mit der Umschrift: S. caspar gersdorff. —

6) Kleinodhelm des Sir Edmund de Thorpe, nach seinem und seiner Gemahlin gemeinschaftlichen Grabdenkmale in Norfolk vom Jahre 1417. — (Aus dem sogenannten Düsseldorfer-Kostümbuche, und zwar dort auf tab. XXX.) —

7) Kleinodhelm des Otto von Aufseß, nach seinem Siegel vom Jahre 1309, mit der Umschrift: S. Ottonis de Aufsezze. —

8) Kleinodhelm des Grafen Friedrich von Truhendingen, nach einem Siegel desselben aus dem Ende des XIII. Jahrhunderts und mit der nach J. G. L. Dorst in hier nachfolgender Weise ergänzten Umschrift: S. Frider[ic]i dei gratia comitis de Truhend[inge]. —

9) Kleinodhelm des Otto von Aufseß, nach dessen Insiegel vom Jahre 1327, mit der Inschrift: S. Ottonis de Aufsezze. —

Tafel XV. Hörner-Kleinode.

1) Kleinodhelm des Kaisers Ludwig IV., des Bayers, († 1347), nach dessen angeblicher Statue am ehemaligen, nunmehr zerstörten Kaufhause in Mainz. —

2) Kleinodhelm nach einem viel späteren Grabdenkmale (aus dem XIV. Jahrhundert) für Ludwig IV. Landgrafen von Thüringen und Hessen, genannt „der Eiserne", welcher vom Jahre 1149 bis zum Jahre 1172 regierte und im Kloster Reinhardsbrunn begraben wurde. — Die Inschrift heißt: A. d. MCLXXIIII ydus octobs obiit Lodewicus Thuringorum secundus lantgravius filius Ludewici primi principalis comitis.

3) Kleinodhelm des Conrad von Bickenbach († 1354), nach dessen Grabstein in der Klosterkirche zu Himmelthal, unweit Klingenberg. —

Des Steines Inschrift, soweit als leserlich, lautet: Anno domini MCCCLIIII obiit dominus Cunrad ab Bikenbach. —

4) Kleinodhelm des Bernhard von Rasmünster († 1383), nach seinem Grabmale aus rothem Sandstein im Münster zu Basel. —

5) Kleinodhelm Heinrichs des Schenken von Erbach († 1387), nach seinem Grabdenkmale von rothem Sandstein in der Kirche zu Michelstadt im Odenwalde. — Dessen Inschrift, soweit als leserlich, lautet: Anno domini millesimo trecentesimo

octogesimo septimo obiit nobilis dominus Heinricus pincerna (Schenk) de Erpach . . . . . —

6) Kleinodhelm des Johannes von Linden (vom Jahre 1394), nach seinem und seiner Gemahlin Guda von Bellersheim in Sandstein gehauenem und bemalten Monumente in der Kloster-Ruine zu Arnsburg bei Gießen. — Dieses gemeinschaftlichen Grabdenkmales Inschrift besagt: Iste sarcofagus est Johannis de Linden militis et Gude uxoris ejus legitime de Boldersheym (späterhin dann Bellersheim) fundatorum hujus altaris et capelle consecratorum anno domini MCCCXCIIII, XI kalendas octobris. —

7) Kleinodhelm nach C. Heideloffs „Ornamentik des Mittelalters“, und einem freiherrlich von Alten-Preising-Wollenzachischem Wappen im Domkreuzgange zu Regensburg entnommen. — (Aus dem XV. Jahrhundert.) —

8) Kleinodhelm eines gewissen Erhardi Ratdolt, nach einem Holzschnitte aus dem XV. Jahrhundert. —

9) Kleinodhelm eines gewissen Joachum Rotmund, nach dem Deckel oder Schieber zu einem Porträte desselben, mit der Jahreszahl 1514. — Im Besitze des Herrn H. Gran zu Darmstadt. —

Tafel XVI. Flügel-Kleinode.

1) und 2) Kleinodhelme aus dem XIV. Jahrhundert, nach den Verzierungen an einem Originaldolche aus der verbesagten Zeit, der sich im Archive der Stadt Coesfeld in Westphalen befindet und nach Einigen dem berüchtigten Freibeuter Cort (Conrad) Kamphues, nach Andern aber, mit mehr Wahrscheinlichkeit, einem Freiherren von Graes angehört haben soll, welcher damit einen Bürgermeister von Coesfeld ermordete. —

3) Kleinodhelm der Herren von Schöneck aus dem XIV. Jahrhundert, nach Originalabbildungen aus der bezeichneten Periode in der St. Leonhardskirche zu Basel. —

4) Kleinodhelm der Herren von Späth, nach ihren Grabmälern im Kloster Denkendorf bei Eßlingen. — (Ohngefähr aus der Zeit zwischen den Jahren 1350 bis 1390). —

5) Kleinodhelm (Salade) des Herzogs Ludwig von Bayern († 1449), nach einer Federzeichnung des Fechtbuches von Paulus Kal, Manuskript in der kgl. Bibliothek zu München. —

6) Kleinodhelm des Doktors Ulrich Aresinger, nach dessen schönem Grabsteine im Glockenhause der St. Peterspfarrkirche zu München. —

Unten liest man: den stain hat gehauen maister Erasm grasser. 1482. —

30 *

7) Kleinodhelm des Nürnberger-Patriziers Sebald Schreier, Rathsherren und Kirchenmeisters zu St. Sebald und Letzten seines edlen Geschlechtes, nach dem Pergamentgemälde auf der Stiftungs-Urkunde für die hl. Kreuzkirche zu Gmünd und auf der Urkunde: die Stiftung einer Kapelle und eines Altares für St. Sebald zu Schwäbisch-Gmünd in Würtemberg betreffend. — (Ohngefähr um die Zeit vom Jahre 1500 bis zum Jahre 1503.) —

8) Kleinodhelm nach einer alten Federzeichnung in der Sammlung des sogenannten Städelschen Institutes zu Frankfurt am Main, ein Turnier vorstellend. — Vom Jahre 1471. —

9) Kleinodhelm aus der ersten Hälfte des XVI. Jahrhunderts, nach einem Glasgemälde, das sich früherhin in der Sammlung des nunmehr verlebten Freiherren von Mergenbaum auf Nilkheim bei Aschaffenburg befand. —

NB. Anbelangend das überaus hohe Alter der heraldischen Flügelkleinode, welche sämmtlich als unstreitig bis in die früheste Periode der ersten heraldischen Urkeime hinaufreichend, vor Allen bezeichnet werden müssen, verweise ich übrigens unter Andern auch auf die ebenfalls hieher bezügliche Anmerkung, oben beim Flügel-Schilde aus dem Ende des XII. oder Anfange des XIII. Jahrhunderts, unter Nro. 2 auf unserer Tafel III. —

Genug der Kleinode aber gab es zu allen Zeiten, die zwischen „Schirmbrett“ und „Flügel“, so zu sagen, die Mitte hielten. — Zu diesen gehören unter vielen anderen, mitunter schon sehr frühzeitig vorkommenden, ganz besonders einige in der uralten Züricher Wappenrolle befindliche, und namentlich die ältesten bekannten plastischen Helmzierden überhaupt, wie wir sie auf unzähligen Originalsiegeln bereits im XIII. Jahrhunderte schon häufig wahrnehmen können. — Von Pergament, gesteifter Leinwand, Leder, Blech oder auch wohl von einem beliebigen andern, gerade dazu geeignetem Stoffe manschettenartig gefältelt, in schwungfederreicher Flügelform zumeist phantastisch ausgeschnitten, und überdieß gewöhnlich noch mit Kugeln, Federballen, Eicheln u. dgl. an seinen einzelnen Spitzen zierlich besteckt, — bildete dieses, jedesmal kammartig auf die Topfhelme gesetzte, schirmbrettartige und eigentlich ganz unbestimmte Zwitter-Kleinod: eine der ältesten, ersten, und allem Anscheine nach auch eine der beliebtesten plastischen Helmzierden der frühesten Urheraldik, namentlich aber im ganzen Verlaufe des XIII. Jahrhunderts, während es schon im XIV. nur mehr höchst selten, späterhin dann aber solchergestalt gar nicht mehr zum Vorscheine kam. —

Der erste nun von den beiden hier nachstehenden Holzschnitten mag uns diese mehrbesagte älteste und erste plastische Helmzierde möglichst deutlich versinnlichen, indessen dagegen der zweite, nemlich ein wirkliches, kamm- oder flossenartiges Schirmbrett, das gleichfalls schon aus dem XIII. Jahrhundert stammt und zweifelsohne mit der soeben ausführlicher besprochenen Gattung der Kleinode zunächst verwandt war, — hier eigentlich nur zum Vergleiche dienen soll. —

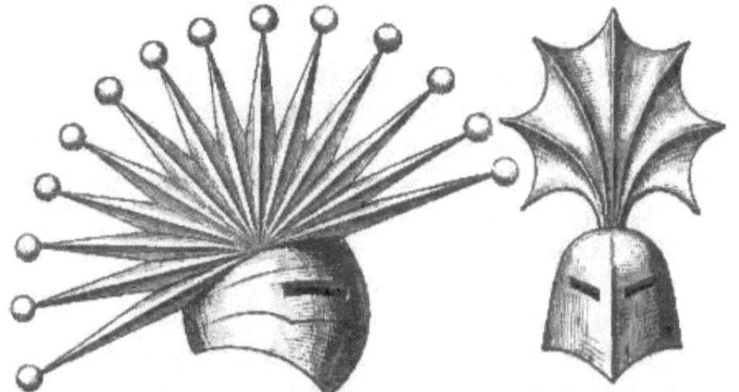

Jedenfalls aber scheinen übrigens alle derartigen flossen- oder kammförmigen Kleinode in praxi, sowohl auf ganz gleiche, oder doch wenigstens sehr ähnliche Manier, als auch aus dem nemlichen Materiale angefertiget worden zu sein, wie etwa jene bekannten, in der Regel ebenso gefältelten Flossenkämme vieler altheraldischen Kleinodthiere. —

(Man vergleiche hiezu diese letztere, echt heraldisch-dekorative Ausschmückung auch auf der Kleinodtafel XX unter Nro. 9, ferners auf der Tafel LI unter Nro. 4, auf der Tafel LXIII unter Nro. 5 u. a. v. a. O. —

Eine andere, vorzüglich in ältester Zeit angewendete plastische Bildung wahrer heraldischer Flügelkleinode dagegen war: die reihenweise Fassung natürlicher, wirklicher Schwungfedern in Holzleisten. —

Diese ungemein originelle Darstellungsweise altheraldischer Flügelkleinode trifft man übrigens schon am Anfange des XIII. Jahrhunderts, und es dürfte dieselbe jedenfalls zu den praktischsten schon deßhalb gehört haben, weil trotz der Benützung natürlicher, wirklicher Schwungfedern zur Bildung eines derartigen künstlichen heraldischen Fluges, dennoch jene mehr oder minder breiten Holzleisten (in welche nemlich die ersteren reihenweise eingeleimt waren) sehr leicht und bequem mit den betreffenden Schildesfiguren, oder auch wohl mit anderen Wappenbildern und heraldischen Nebenfiguren bemalt, zierlich besteckt oder plastisch belegt werden konnten. —

Tafel XVII. Hut-Kleinode.

1) Kleinodhelm des Grafen Otto von Botenlauben († 1244), nach seinem Grabsteine in der Kirche von Frauenrode unweit Kissingen. —

2) Kleinodhelm der altbayerischen Herren von Mässenhausen, auf ihren Grabsteinen aus dem XIV. Jahrhundert im Dome zu Freising. (Nach Friedrich Hoffstadts gothischem A. B. C. — Helmtafel XXX). —

3) und 4) Kleinodhelme aus dem XIV. Jahrhundert und gleichfalls nach Friedrich Hoffstadts gothischem A. B. C. (Helm-Tafel XXX). —

5) Kleinodhelm des Grafen Rudolph von Thierstein († 1318), Pfalzgrafen des Hochstiftes Basel, nach dessen unbemalten Grabdenkmale aus rothem Sandstein in der Gruft des Domes ebendaselbst. —

6) Kleinodhelm aus dem XIV. Jahrhundert, nach einer Zeichnung in Prof. Jak. Heinr. von Hefner-Alteneck's „Burg Tannenberg und ihre Ausgrabungen", und zwar dort auf: Pl. XI unter Fig. 13. —

7) Kleinodhelm nach demselben Originale und aus derselben Zeit (vom Jahre 1471), wie der Kleinodhelm Nro. 8 auf der vorhergehenden Tafel XVI. —

8) Kleinodhelm der ausgestorbenen fränkischen Familie: von Haberkorn, nach dem Grabdenkmale eines Edlen dieses Geschlechtes, das sich gegenwärtig in der jetzt zu einem Magazin verwendeten Deutschordenskirche in Würzburg befindet, wohin es aus der nunmehr niedergerissenen Johanniterkirche daselbst versetzt wurde. — Die Inschrift weist nur mehr die Worte: Anno Domini 1421. —

9) Kleinodhelm des Ritters Hüglin von Schöneck († 1374), nach seinem gleichzeitigen Grabdenkmale von rothem Sandstein in der St. Leonhardskirche zu Basel. —

Tafel XVIII. Menschliche Rumpf-Kleinode.

1) Kleinodhelm des Heinrich von Sauwensheim (Seinsheim), † 1360, nach seinem früherhin übermalt gewesenem Grabmale von grauem Sandstein im Kreuzgange des Domes zu Würzburg. — Die Umschrift, soweit dieselbe noch gelesen werden kann, lautet, wie folgt: anno d. n. 1360 — febr. in die agathe virginis — martiris — heinrich von Sauwensheim heis ich. — NB. Der Kopf dieses Rumpfkleinodes, welcher im Originale selbst dereinst freiabstehend gearbeitet war, und deßhalb vermuthlich schon in alter Zeit weggeschlagen wurde, findet sich auf unserer Tafel nach ähnlichen gleichzeitigen Motiven bestmöglichst ergänzt. —

2) Kleinodhelm des Conrad von Sauwensheim (Seinsheim), † 1369, nach seinem Grabmonumente von grauem Sandsteine in der St. Johanniskirche zu Schwein-

furt. — Die Inschrift desselben, so viel davon noch zu lesen ist, lautet folgendermassen: Anno domini MCCCLXIX feria quarta post octavam s. pasche obiit conradus de sauwensheim miles hic sepultus. —

3) Kleinodheim des Ulrich Landschaden († 1369), nach dessen steinernem Grabdenkmale in der Kirche zu Neckarsteinach bei Heidelberg. — Dessen Inschrift lautet: 1369 in die Sancti Michael obiit Ulricus Landschaden miles. —

4) Kleinodheim des Berthold Rucker († 1377), nach seinem Grabmale von Sandstein, welches sich in der Hauptkirche zu Schweinfurt befindet. — Die Inschrift desselben heißt: Anno domini 1377 in crastino beati Matthei apostoli obiit Bertholdus Ruker scultetus (Schultheiß) in Swinfurt, cujus anima requiescat in pace, amen. —

5) Kleinodheim des Hennel Landschaden († 1377), Sohnes des unter Nro. 3 auf der gegenwärtigen Tafel aufgeführten Ulrich Landschaden, nach seinem und seiner Gemahlin, einer Geborenen von Sickingen, gemeinschaftlichen Grabsteine, der ebenfalls in der vorgenannten Kirche zu Neckarsteinach bei Heidelberg, und zwar unmittelbar neben jenem seines Vaters Ulrich sich befindet. —

6) Kleinodheim des Weikhart Frosch († 1378), nach dem in Stein gehauenem und bemalten Grabdenkmale desselben in der St. Katharinenkirche zu Frankfurt am Main. —

7) Kleinodheim der Herren von Späth, nach ihren Grabsteinen im Kloster Denkendorf bei Eßlingen. — (Ohngefähr aus der Zeit zwischen den Jahren 1380 und 1390). —

8) Kleinodheim des Ludwig von Hutten († 1414), nach seinem Grabmonumente im Kreuzgange des nunmehr aufgehobenen Frauenklosters Himmelspforten bei Würzburg. — Die Inschrift lautet: Anno domini 1414 am grünen Donnerstag zur Nacht starb Ludwig von Hutten. —

9) Kleinodheim des Martin von Seinsheim († 1434) von der ausgestorbenen Linie Koppenwind, nach seinem Grabsteine in der Marienkapelle zu Würzburg. — Dessen Inschrift, so weit als leserlich, lautet wie folgt: anno domini 1434 starb der ernfeste Martin von Sausheim Stifter dieses Altars, dem Gott genade, amen. —

Tafel XIX. Menschliche Rumpf-Kleinode.

1) von Barthischer Kleinodhelm, nach einem Grabsteine dieser uralten Münchener-Patrizierfamilie aus der ersten Hälfte des XVI. Jahrhunderts, im Glockenhause der St. Peterspfarrkirche zu München. — Dieses Monumentes Inschrift besagt: Anno domini MCCCLXII obijt circumspectus vir Heinricus Barbs (Bart) altera post Michaelis. —

NB. Viele kurzsichtige Historiker nun, (wohl nur irregeleitet durch diese Inschrift und aus bekannter Unkenntniß der mittelalterlichen Stylisirung, sowie aus Mangel jeglichen Original-Studiums) haben späterhin diesen Stein, — man sollte es freilich kaum glauben, — ebenfalls ins XIV. Jahrhundert gesetzt, obgleich er bereits die entschiedensten Spuren — und die unverkennbaren Motive der Renaissance-Zeit aufweist — demnach also höchstens dem Anfange des XVI. Jahrhunderts angehören kann. —

2) Kleinodhelm eines Wallers zu Wildthurn, nach einem sehr schönen Grabsteine in der Kirche zu Reichersdorf bei Landau an der Isar, aus der zweiten Hälfte des XV. Jahrhunderts (vom Jahre 1465). —

3) Kleinodhelm nach demselben Originale und aus derselben Zeit (vom Jahre 1471), wie die Kleinodhelme Nro. 8 auf Tafel XVI und Nro. 7 auf Tafel XVII. —

4) Kleinodhelm des Nürnberger-Patriziergeschlechtes von Dill, nach einem in Eichenholz geschnitzten Alliançe-Wappen der genannten Familie und des Geschlechtes derer von Imhof, mit der Jahreszahl: 1481. —

Nach C. Heideloffs „Ornamentik des Mittelalters" und im Besitze des Architekten Hermann Keim in Nürnberg. —

5) Kleinodhelm einer altfranzösischen Familie aus dem Anfange des XVI. Jahrhunderts, wie er sich auf dem äußerst zierlich gearbeitetem und durchbrochen in Eichenholz geschnittenem Flügelthürchen eines Schrankes der oben besagten Periode befindet, das ehedem im Besitze des leider zu frühe verlebten Friedrich Hoffstadt, Verfassers des gothischen A. B. C. Buches, war. —

6) Kleinodhelm der Nürnberger-Patrizierfamilie von Tucher, aus der ersten Hälfte des XVI. Jahrhunderts, nach einem colorirten Holzschnitte im Besitze des Herrn von Radowitz, ein Alliançe-Wappen der beiden Nürnberger-Geschlechter Scheurl und Tucher vorstellend, mit der Inschrift: Hic Scheurlina simul Tucherinaque signa refulgent que doctor gemini Scheurle parentis habes. —

7) Kleinodhelm des jugendlich verstorbenen Münchener-Patriziers Eustachius Ligsalz von Farchen († 1576), nach dessen Grabdenkmale an der Metropolitan-Dompfarrkirche zu U. L. F. in München. — Die Inschrift dazu besagt: Eustachio Ligsalz in Farchen nobili Patricio Monacensi ultimo superstiti filio, quem non sine magno dolore suorum, quibus praeclaram spem nominis excitaverat anno salutis MDLXXVI suae V̊ aetatis XXII die XVI cal. Dece. mors immatura ad coelites sustulit. Parentes moesti hoc monumentum posuere. —

8) Kleinodhelm des alten Münchener-Geschlechtes der Hundertpfund aus dem Ende des XV. Jahrhunderts und nach einem Grabsteine dieser Familie in einer Seiten-Kapelle der Metropolitan-Dompfarrkirche zu U. L. F. in München. —

9) Kleinodhelm nach einem gemalten Fenster aus dem XV. Jahrhundert am sogenannten Ronsberge in Salzburg. —

Tafel XX. Verschiedene, gewöhnliche Kleinode.

1) Kleinodhelm mit der Urachischen, und beziehungsweise Würtembergischen Helmzierde, nach einem inschriftlosen Grabsteine des Hauses Würtemberg in der Kirche zu Beutelspach im Amte Schorndorf. —

NB. Da das fragliche Denkmal nach Allem unstreitig dem XIV., höchstens jedoch dem Ende des XIII. Jahrhunderts angehört, so kann ich wahrhaftig nicht begreifen, wie C. Heideloff, der auf jeder Seite seiner „Ornamentik des Mittelalters" den unfehlbaren Kenner affektirt, so weit sich verirren konnte: das X. oder wohl gar das IX. Jahrhundert als die Zeit dieses, und vielmehr eines heraldischen Grabsteines überhaupt anzugeben! — (Man vergleiche hiezu „C. Heideloffs Ornamentik des Mittelalters", III. Band, XVIII. Heft, Platte 3, Fig. a, Text pag. 44, 45 et seq.) —

2) Kleinodhelm des Ritters Walther von Klingen aus dem Ende des XIII. Jahrhunderts, nach einem Facsimile des Manessischen Codex, auf der ehemals kgl. Bibliothek zu Paris. —

3) Kleinodhelm des Günthers von Schwarzburg († 1349), Römischen Königs, nach seinem bemalten Grabdenkmale im Dome zu Frankfurt am Main. —

4) Kleinodhelm des Rudolph von Sachsenhausen († 1370), nach dessen Grabmale im Dome zu Frankfurt am Main. — Die vollständige Inschrift desselben aber lautet, wie folgt: Anno domini MCCCLXX primo sabbato post beati Jacobi apostoli obiit dominus Rudolfus miles de Sachsenhausen, cujus anima requiescat in pace, amen. —

5) Kleinodhelm des Ritters Hartmann von Kroneberg († 1372), nach seinem Grabsteine in der alten Kapelle des Schlosses Kroneberg am Taunusgebirg. — Des Steines vollständige Umschrift lautet: Anno domini 1372 octavo calendas octobr̄s obiit dominus Hartmann de Kroneberg senior, cujus anima requiescat in pace. —

6) Original-Kleinodhelm aus der zweiten Hälfte des XIV. Jahrhunderts, mit einer angeblich Hohenlohischen Original-Helmzierde, in der Herrgottskirche zu Kreglingen an der Tauber. —

7) Kleinodhelm auf der Klinge eines Schwertes aus der Mitte des XIV. Jahrhunderts, das in den kgl. vereinigten Sammlungen zu München aufbewahrt wird. — (Man vergleiche die Tartsche dazu auf der Tafel VIII, unter Nro. 3.) —

8) Kleinodhelm eines Grafen von Orlamünde, nach dem inschriftlosen Grabsteine eines solchen aus der Mitte des XIV. Jahrhunderts; — in dem vormaligen Cisterzienser-Nonnenkloster zu Himmelkron im bayerischen Kreise Oberfranken. — (Man vergleiche die Tartsche dazu auf unserer Tafel VIII, unter Nro. 1.) —

9) Kleinodhelm aus dem Ende des XIV. oder Anfange des XV. Jahrhunderts, nach Friedrich Hoffstadts gothischem A. B. C. (Helm-Tafel XXX.) —

Tafel XXI. Verschiedene gewöhnliche Kleinode.

1) Kleinodhelm (Salade) eines Edlen von Neuhausen in Schwaben, aus dem XV. Jahrhundert; — auf dem Flügel eines Altarschreines aus der nunmehr abgebrochenen Begräbnißkapelle der edlen Truchsessen von Neuhausen im gleichbenamten Marktflecken, unweit dem ehemaligen Kloster zum hl. Grab Denkendorf, 3 Stunden von Stuttgart. —

2) Kleinodhelm des Thomas Knebel von Katzenelnbogen, Burgmannes zu Oppenheim († 1401), nach seinem gleichzeitigen Grabdenkmale aus rothem Sandstein, im Chore der St. Katharinenkirche ebendaselbst. —

3) Kleinodhelm des Grafen Johannes von Wertheim, genannt „mit dem Barte“ († 1407), nach seinem Grabdenkmale in der Stiftskirche zu Wertheim, deren Gründer er war. — Die vollständige Inschrift lautet, wie folgt: Anno Domini 1407 in vigilia sancti Johannis baptistae obiit Johannes comes in Wertheim, cujus anima requiescat in pace. —

4), 5) und 6) Drei Kleinodhelme auf einem zweiten, gemeinschaftlichen Grabsteine für den vorgenannten Grafen Johannes von Wertheim mit seinen zwei Frauen, und zwar ebenfalls in der Stiftskirche zu Wertheim und aus der gleichen Zeit stammend, wie der vorhergehende. — Nemlich:

5) zeigt uns wiederholt den Kleinodhelm des mehrbesagten Grafen selbst; 4) ist der Kleinodhelm seiner ersten Gemahlin Margaretha, einer geborenen Gräfin von Rieneck, und endlich 6) der Kleinodhelm seiner andern Gemahlin Jutta, einer geborenen Gräfin von Teck. —

7) Kleinodhelm des Nürnberger-Patriziers Pangratz Zollner, nach der gemalten Federzeichnung eines alten Nürnberger-Turnierbuches aus der Mitte des XVI. Jahrhunderts; — im Besitze des Herrn Professors Jak. Heinr. von Hefner-Alteneck, Conservators der kgl. vereinigten Sammlungen zu München. —

8) Kleinodhelm des Nürnberger-Patriziers Sebald Geiger nach dem vorgenannten Originale. —

9) Kleinodhelm der Margaretha Kammermeister, des Heinrich Kammermeisters

Tochter und der Gemahlin des Nürnberger-Patriziers Sebald Schreier, Rathsherrn und Kirchenmeisters zu St. Sebald, geboren 1444 und gestorben am 14. Novbr. 1516. — Aus derselben Zeit und nach demselben Originale, wie der Kleinodhelm ihres Gemahles Sebald Schreier auf der Tafel XVI, unter Nro. 7. —

Tafel XXII. Verschiedene gewöhnliche Kleinode.

1) Kleinodhelm nach demselben Originale und mithin auch aus derselben Zeit (vom Jahre 1471), wie die Kleinodhelme unter Nro. 8 auf Tafel XVI, unter Nro. 7 auf Tafel XVII und unter Nro. 3 auf Tafel XIX. —

2) Kleinodhelm von Urach, und beziehungsweise des Grafen Ulrich des Vielgeliebten von Würtemberg, nach einem vorzüglich schönen Basrelief, ein Alliançe-Wappen von Würtemberg und Savoyen vorstellend, aus der heiligen Kreuz- und Stiftskirche zu Stuttgart. —

3) Kleinodhelm der schönen Prinzessin Margaretha von Savoyen, dritten Gemahlin des vorgenannten Grafen Ulrich des Vielgeliebten von Würtemberg; — aus derselben Zeit und nach demselben Originale, wie der vorhergehende Kleinodhelm. —

4) Kleinodhelm der Nürnberger-Patrizierfamilie von Scheurl, nach dem gleichen Originale und aus der gleichen Zeit, wie der Kleinodhelm unter Nro. 6 auf der Tafel XIX. —

5) Kleinodhelm der Münchener-Patrizierfamilie Katzmayr, nach einem gemeinschaftlichen Grabsteine dieses sehr alten Geschlechtes aus der ersten Hälfte des XVI. Jahrhunderts, in der St. Elisabethenkirche am hl. Geist-Spitale zu München. —

6) Kleinodhelm des Münchener-Patrizier-Geschlechtes der Altmann, aus einem gemalten Fenster der Metropolitan-Dompfarrkirche zu U. L. F. in München; — aus dem Ende des XV. Jahrhunderts. —

7) Kleinodhelm der Münchener-Patrizier Gießer, ebenfalls aus einem gemalten Fenster der Metropolitan-Dompfarrkirche zu U. L. F. in München, und gleichfalls aus dem Ende des XV. Jahrhunderts herstammend. —

8) Kleinodhelm des historisch berühmten Kanzlers Neuhauser, nach seinem Grabsteine aus dem Ende des XV. Jahrhunderts in der Metropolitan-Dompfarrkirche zu U. L. F. in München. —

9) Kleinodhelm der Münchener-Patrizierfamilie Pötschner, nach einem gemeinschaftlichen Epitaphium des Münchener-Patriziers Balthasar Pötschner von Niedersheim mit seiner Gemahlin Anna, einer geborenen Fröschl, im Glockenhause der St. Peterspfarrkirche zu München. — (Vom Jahre 1505). —

Tafel XXIII. Ungeschickte Kleinodvereinigungen, unpassende Helmzierden und Rang- oder Würden-Attribute als Kleinode.

1) Kleinodvereinigung der Geschlechter Hörl und Lerchenfeld. —

2) Kleinodvereinigung der Geschlechter Hörl und Neuwirth. —

3) Kleinodvereinigung der Geschlechter Hörl und Ligsalz. —

NB. Die vorstehenden, unter Nro. 1, 2 und 3 aufgeführten Beispiele von unschicklich zusammengestellten Kleinoden wurden schon im Texte, und zwar im Abschnitte VI, der vom „Kleinode" ausschließend handelte, von mir bereits näher besprochen, weßhalb ich hier auch nur einfach auf dorthin verweise, und mich blos auf die einzige Bemerkung beschränke: daß sie sämmtlich auf Grabsteinen an der St. Peterspfarrkirche zu München (aussen) sich befinden, und alle dem XVI. Jahrhundert angehören. —

4) Schlechte Vereinigung der drei Kleinode von Urach (Würtemberg), Mümpelgard und Teck auf einem Helme, — nach einer Medaille des Herzogs Ludwig Friederich vom Jahre 1616. —

5) und 6) Zwei moderne, kaiserl. Russische Musterkleinode, nach dem Wappen der Grafen von Platoff, und wie sie solchergestalt aus dem Wappenbuche des Russischen Kaiserreiches entnommen sind. —

NB. Daß diese beiden heraldischen Mißgeburten nur des Contrastes wegen, d. h. beispiels- und vergleichsweise hier eine Stelle fanden, brauche ich wohl nicht erst zu bemerken. —

7), 8) und 9) Drei Kleinodhelme mit heraldischen Rang- oder Würde-Attributen, und zwar der erste, unter Nro. 7, mit einer Bischofsmütze, der zweite, unter Nro. 8, mit der sogenannten kaiserlichen Hauskrone und der dritte, unter Nro. 9, mit der herzoglich Venetianischen Dogen-Mütze geziert. — Ersterer aus dem Anfange des XVI. Jahrhunderts, die letzteren beiden dagegen aus dem Ende des XV. Jahrhunderts, nemlich nach des Ritters Conrad von Grünenberg Wappenbuch vom Jahre 1483. —

Tafel XXIV. Wappenschilde.

Nemlich: 1) der Herren von Guttenberg in Franken; —

2) der alten Grafen von Zweibrücken; —

3) der Herren Beißel von Gymnich; —

4) eines Bastarden von Burgund; — entsprechender Theil aus einem sehr schönen und großen Siegel des XV. Jahrhunderts (mit der Umschrift: Antholne bastart de bourgoingne conte de la roche), dessen Originalstempel von den siegreichen Schweizern unter der Beute im Lager Karls des Kühnen von Burgund aufgefunden, und mithinweggenommen wurde. —

5) Eines Bastarden von (Alt-)Frankreich. —

NB. Sämmtliche Arten jedoch der heraldischen Beizeichen überhaupt, zunächst aber besonders die *wahren, figürlichen Beizeichen*, haben selbstverständlich nur insoferne Sinn, Bedeutung und Endzweck, als sie wirklich am *vollkommenen väterlichen Wappen des Hauptstammes* regelrecht angebracht werden, während dagegen bei Anwendung derselben auf etwa beliebig neuertheilten, oder vielleicht auch von abgestorbenen fremden Geschlechtern willkührlich hergenommenen Wappen, begreiflicherweise nach so und so viel Jahren, in diesem Falle gerade zwar leicht zu entschuldigende, nichtsdestoweniger aber doch immerhin *sehr erhebliche* Irrthümer sich einschleichen könnten, indem man nemlich dann dieselben, ganz natürlich und eigentlich auch mit vollem Rechte, weit eher für die Beizeichen jener Geschlechter halten wird, auf deren Wappen sie thatsächlich angewendet erscheinen. —

6) Der Vegler, nach einem Grabsteine im Kreuzgange des Prämonstratenser-Klosters Wiltau oder Wilten bei Innsbruck mit den drei Wappen der Vegler, rechts davon: der Zenger, links davon: der Dieperskircher. — Die darunterstehende Inschrift lautet wörtlich, wie folgt: mccccxxxiiij am liechtmeßabent ist gestorben fraw margret zengerī sigmund veglers wib.“ —

7) Der Marbanger, nach dem Grabsteine eines gewissen Ebran des Marbangers d. a. 1380, im ehemaligen Kloster Seeon am Chiemsee (Oberbayern). —

8) Der Herren von Althan oder Altenthan. —

9) Der Mesenau in Schlesien. —

10) Der Herren von Böhlin. —

11) Der Zachareis in Bayern. —

12) Der Augsburger-Patrizierfamilie Langenmantel vom R. —

Tafel XXV. Wappenschilde.

1) Der Grafen von Vieregg. —

2) Der Herren von Saurzapf in Bayern. —

3) Derer von Jagenstorf ebenda. —

4) Der Herren von Gumppenberg ebenda. —

5) Der Stadt Colmar. —

Manchmal erscheint der allerdings *sternförmig* gestaltete, eiserne Streit- oder Faustkolben (ein sogenannter Morgenstern), — als das gewöhnliche Wappenbild der alten Stadt Colmar, — auch in der Zeichnung des nachstehenden Holzschnittes, nemlich, wie man bemerken kann, mit einer vierkantigen, etwas ausgeschweiften und allem Anscheine nach für einen vermuthlich hölzernen Stiel bestimmten Eisen-

hülfe versehen. — So z. B. in dem unter der „Literatur" zu meinem hier vorliegenden Werke sub Nro. 105 aufgeführten altdeutschen Holzschnitt-Folianten vom Jahre 1545, woselbst die fragliche Wappenfigur auf der großen Sturmfahne der Stadt Colmar, geschwungen vom Bannerträger der Letzteren, ganz deutlich in solcher Gestalt zum Vorscheine kommt. — Dort steht aber unter der Aufschrift: „Volgen die gemeine Stett", und zwar sub nomine: Kolmar, wörtlich geschrieben zu lesen, wie folgt: „Das rädlein roth, das scheffi (der Schaft) schwarz in weissem feld." — Mit sogar etwas abweichender Tingirung wird demnach dort die betreffende Schildesfigur als ein „Sporn" blasonirt. —

6) Der Herren von Sedlnitzky. —

7) Der Herren von Radolin-Radolinsky aus dem Hause Leszczyc. —

8) Der Grafen von Velen in den Niederlanden. —

9) Der Grafen von Reichenbach in Schlesien. —

10) Der Grafen von Dürkheim-Montmartin. —

11) de Villeneuve }
12) de Thomassin } in Frankreich. —

Tafel XXVI. Wappenschilde.

1) Der Herren von Gundelfingen aus Schwaben, nach einem Grabsteine in der Pfarrkirche zu Oberalting bei Seefeld (Oberbayern), mit der Inschrift: Anno domj 1421 obiit her swelker (Schweller) de Gundelfingen baro in die ulalrici abbts. —

2) Der Grafen von Eyzdorf (zweites und drittes Feld). —

3) Der Herren von Freiberg aus Schwaben. —

4) Der Hausperger, nach dem Siegel eines gewissen N. Hausperger (circa d. a. 1450). —

5) Der Herren von Tschudi in der Schweiz. —

6) Der Herren von Jarsdorf in Franken —

7) Der Grafen von Tattenbach. —

8) Der Panicher in Bayern. —

NB. Wie nemlich bereits im klassischen Alterthume schon die „brandenden Wogen", (der bewegte Wellenschlag des Meeres,) durch das hier untenstehende Normal-Ornament, — wie etwa z. B. an der antiken Seefahrer-Mütze des Helden Ulysses [1]) u. a. v. a. O. — symbolisch-ornamental nachgeahmt wurden, so wurden auch auf gleiche Weise im christlichen Mittelalter die natürlichen Wolken, durch jene typisch-prägnanten Formen der verschiedenartigen sogenannten: doppelten oder krausen, einfachen und halben heraldischen Wolken, ornamental-sinnbildlich dargestellt. — Beides aber sind eben die Produkte einer symbolischen Ornamentik! —

9) Der Grafen von Wolkenstein aus Tyrol. —

10) Des Hauses Oettingen, nach dem Siegel des Grafen Ludwig von Oettingen an einer Urkunde vom St. Johann Baptist-Abend des Jahres 1339, und zwar mit der Umschrift: S. Ludewici comitis de Oetingen. —

11) Der Earl of Portarlington (Dawson-Damer) — (zweites und drittes Feld). —

12) Der Earl of Egmont (Perceval) — (viertes Feld). —

Tafel XXVII. Originalsiegel und Wappenschilde.

NB. Die hier vorliegende Tafel XXVII, von Nro. 1 bis Nro. 12 gehört zunächst zum Abschnitte XI, der von den heraldischen Wolken und Eisenhütlein speziell und ausschließend handelt. —

1) Oettingen, nach dem Originalsiegel eines Grafen dieses hohen Hauses an einer Nürnberger-Urkunde aus dem Ende des XII., oder Anfange des XIII. Jahrhunderts

---

1) So liest man z. B. in der „Welt-Gemälde-Gallerie oder Geschichte und Beschreibung aller Länder und Völker, ihrer Religionen, Sitten, Gebräuche u. s. w. — (aus dem Französischen von Dr. C. A. Mebold. Europa; erster Band: Griechenland, von Pouqueville Mitglied des Instituts, Generalkonsul in der Levante; Stuttgart, 1836)", — auf Seite 14, in einer längeren Anmerkung zu fig. 2. auf der Tafel 8, unter Andern wörtlich, wie folgt: „Nro. 2 Ulysses, nach einer marmornen (antiken) Büste des Lord Bristol. Die Seefahrermütze zeichnet ihn aus. Sie ist geschmückt mit Blumen und Laub, und geflügelten Genien, unten eine gekrümmte Einfassung, die Wogen nachahmend."

(im kgl. Reichsarchive zu München); — mit der vollkommen deutlich erhaltenen Umschrift: „† Sigillum comitis de olingen." —

2) Greul von Greulsberg und Reuperg in Bayern, nach dem Siegel eines gewissen Rüdiger Greul an einer Urkunde vom Jahre 1294; mit der noch sehr wohl leserlichen Umschrift: „† Sigilum Rudiger Grullo." —

3) Nach verschiedenen früh-mittelalterlichen Originalien der Geschlechter: Haslang von Haslangreut, Kemnater von Tandern, von Walde, von Stade oder Stabe, von Heuberg, von Uthe u. m. A. —

4) Schweppermann von Wappersdorf in Bayern, nach dem Originalsiegel des Conrad Schweppermann an einer Urkunde vom Jahre 1306, und mit der noch gut erhaltenen Umschrift: „Sig. Chunradi Swephermani." —

5) Schweppermann von Wappersdorf in Bayern, nach einem zu Hagenhausen, (wo die Pfarrei und ein Benefizium durch das edle, uralte Geschlecht der Schweppermanne gestiftet wurde,) ober der Kirchenthüre außerhalb in Stein gehauenen und gleichfalls aus dem XIV. Jahrhunderte stammenden Wappen. —

6) Ketelhodt (d. i. Kesselhut), nach dem Siegel eines gewissen Friederich von Ketelhodt, das an einer Urkunde vom Jahre 1302 hängt und die Umschrift trägt: „S. Friderici Ketelhot militis." —

7) Eidingen, genannt: Eisenhut (Schwäbisch-Haller-Patriziergeschlecht). —

8) Stadt Landshut in Niederbayern. —

NB. In neuerer und neuester Zeit trifft man das Wappen der uralten niederbayerischen Kreishauptstadt Landshut gewöhnlich: getheilt von Roth und Silber (Weiß), so daß also dann die beiden oberen Eisenhüte in das Rothe, der untere dagegen in das Silber (Weiße) zu stehen kömmt. —

Die Eisenhüte aber selbst wieder finden wir, schon von altersher, in sehr verschiedener Darstellungsweise im mehrbesagten Stadtwappen. —

So ist z. B. von den hier nachstehend in Holzschnitt bemerkbaren Grundformen der erste (oben zur rechten Hand unter Nro. 1 stehende), ein, nach Art der schon öfters beschriebenen Topf- oder Stechhelme, auf den Schultern aufsitzender, sehr großer Eisenhut, mit einer einzigen Augenspalte (Augenschlitz, Ocularium) versehen, wie wir drei ganz ähnliche Exemplare bereits auf unserer Eisenhut-Tafel XLI, unter Nro. 10 und Nro. 11, und auf der Tafel XLIII, unter Nro. 5, sowie beziehungsweise jedesmal auch im dazugehörigen Texte, näher kennen gelernt haben. — Solchergestalt aber finden sich die bekannten drei Stadt-Landshuterischen (im Wappenschilde 2. 1 gestellten) Eisenhüte unter Andern in einem gemalten Fenster am Stiegenhause des neuen Prachtbaues der ehemaligen Ingolstädter-, späteren Landshuter-

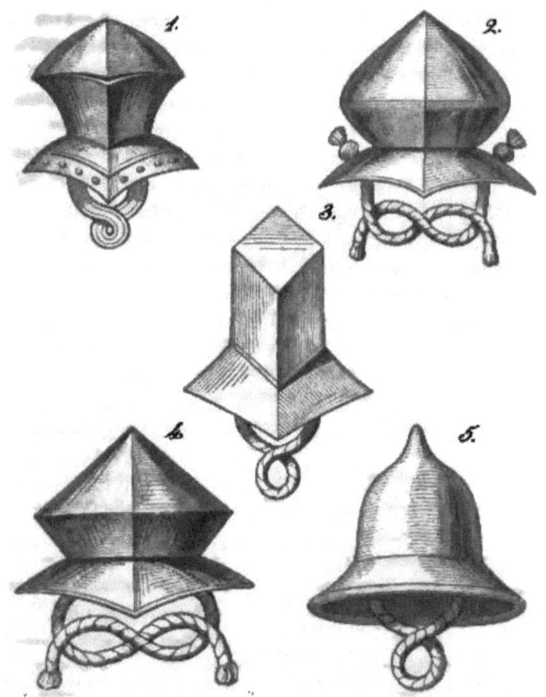

und nunmehrigen Münchener- oder Ludwigs-Maximilians-Universität, — in der zuletztgenannten Stadt. — Anstatt der gewöhnlichen Kordeln oder Schnüre bemerkt man jedoch hier einen ziemlich breiten, und zierlich um sich selbst geschlungenen rothen Riemen. — Der zweite (oben zur linken Hand unter Nro. 2 stehende) Eisenhut zeigt sich solchergestalt in sehr vielen Landshuter-Originalstadtsiegeln, und zwar bereits am Anfange des XV. Jahrhunderts schon. — Besonders bemerkenswerth erscheint hier nur die originelle Befestigung der Kordeln oder Schnüre am Eisenhute selbst, — nemlich vermittelst eigens zu dem Zwecke geschlungener Knoten, — eine Manier, wie sie sich übrigens in ganz ähnlicher Weise an unzähligen *gewöhnlichen* Hüten im Mittelalter sehr häufig also vorfindet. — Die dritte (unter Nro. 3 in der Mitte stehende) vollkommen geradlinige, mit vier steifen Kanten versehene und eigentlich echt-heraldische Eisenhut-Normalform, deren nähere Bekanntschaft wir übrigens schon auf den Tafeln XXVII unter Nro. 11, XLVI unter Nro. 6 und 7, IIL unter Nro. 6 und a. m. a. O. machen konnten, ist nach des alten Siebmachers großen Nürnberger-Wappenbuche (Pars I, pag. 220, unter der Aufschrift: Reychs-Stätte vnd andere Stätte) aus dem Stadtwappen von Landshut mit gewissenhaftester Genauigkeit kopirt. — Die vierte (unten zur rechten Hand unter Nro. 4 stehende) Eisenhutform erscheint solchergestalt gleichfalls in mehreren Stadt Landshuterischen Originalsiegeln, und ebenfalls bereits vom Eingange des XV. Jahrhunderts schon angefangen. — Den fünften (unten zur heraldisch Linken unter Nro. 5 stehenden) ganz eigenthümlichen Eisenhut endlich sehen wir auf der mächtigen Sturmfahne der Stadt Landshut, wie solche, getragen vom Banner-Träger der mehrbesagten niederbayerischen Metropole, in dem bei der „Literatur" zu meinem hier vorliegenden Werke unter Nro. 105 aufgeführten altdeutschen Holzschnitt-Codex (mit der Jahreszahl 1545) vorkommt. — Dortselbst aber steht unter der Aufschrift: „Volgen die Gemeine Stett", sub nomine: Lanßhut und Landtzhut, wörtlich geschrieben zu lesen, wie folgt: „Drei blaw hüt in weissem feld mitt rotten riemen." — Gänzlich Umgang nehmend nun von den ungemein zahlreichen, mitunter sogar höchst eigenthümlichen Eisenhutformen, wie sie sich auf den sämmtlichen Stadt Landshuterischen Originalien aus den verschiedensten Zeiten noch weiters vorfinden, wiederhole ich hier nur die bei Gelegenheit schon einmal im betreffenden Texte ausdrücklich gemachte Bemerkung: daß nemlich nur durch totales Mißverständniß, sowie durch völlig unrichtige Auffaßung, — ja sogar mit Umgehung und Nichtbeachtung des Stadt Landshuterischen offenbaren Namen-Wappens, — jene altergebrachten, echten Eisenhüte hie und da ganz beseitiget, durch wirkliche „Helme" verdrängt und beziehungsweise vielmehr damit ersetzt wurden. — In der Regel trifft man dann dafür die hier nachstehend in Holzschnitt sichtbaren drei Helm-Gattungen

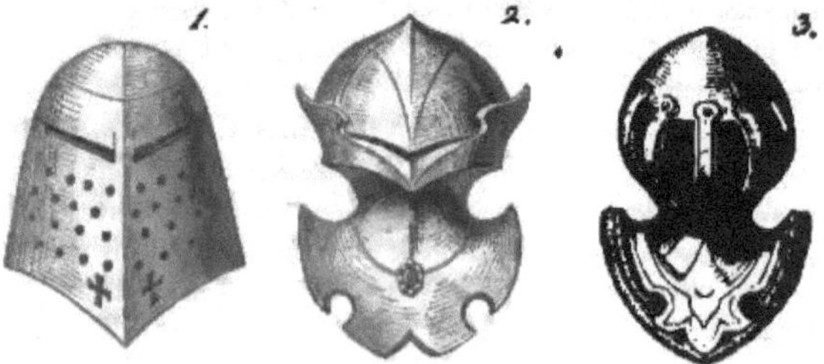

noch am öftesten. — So z. B. den ersten, einen topfartigen Stechhelm des XIV. Jahrhunderts, (den eigentlichen heaume ou helmet), in einer ziemlich verwitterten Malerei am sogenannten Münchener- oder auch Judenthore[1]) zu Landshut selbst. — Die beiden anderen Helm-Exemplare, nemlich sowohl den zweiten, einen sogenannten Stechhelm des XV. oder XVI. Jahrhunderts,[2]) als auch den dritten und letzten, einen eigentlichen Turnierhelm (einen Spangen- oder Rosthelm), — kann man auf den meisten Originalien, namentlich aber der ersten Dezennien des laufenden Jahrhunderts, für die allein richtigen Eisenhüte substituirt, ja fast allerorten statt ihrer angewendet finden. — Erst in ganz neuester Zeit ist man, wie es scheint, endlich wieder einmal zur wahren Einsicht gelangt und hat demnach auch amtlich wieder zu den Letzteren zurückgegriffen! — Selbst der große Ehren-Pokal der Landshuter-Sängerzunft wurde noch in neuester Zeit irrigerweise nach der Normalform eines Spangenhelmes (zum Schwerter- und Kolben-Turniere), — mithin nach Art des dritten oder letzten der obigen drei Holzschnitte, — angefertiget, und er bildet also ebenfalls eine entschiedene heraldische Unrichtigkeit. — Sogar unter der Gestalt von in die vordere Ansicht gestellten Mailänder-Helmen, sowie beziehungsweise auch unter der Form sogenannter spanischer Bourguinons oder Bourguinots erscheinen bisweilen die drei Stadt Landshuterischen Wappenfiguren;[3]) — obwohl diese alle noch weit weniger, ja gewiß nicht die entfernteste Aehnlichkeit mehr mit den allein richtigen und wahren heraldischen Eisenhüten haben. — So reiten z. B. in Landshut selbst am hl. Frohnleichnamsfeste, und beziehungsweise bei dem an diesem Tage daselbst stattfindenden feierlichen Umzuge (Prozessien), nach einer althergebrachten Sitte, und wohl als lebendige Repräsentanten des dortigen Stadtwappens, drei vollständig geharnischte Männer den Zug eröffnend voraus, die, statt der eigentlichen Stadt Landshuterischen Eisenhüte, gleichfalls wieder ganz fälschlich solche, noch obendrein

---

1) Im Volksmunde also genannt, weil einer unverbürgten Sage zufolge zur Zeit der Juden-Vertreibung in Landshut, diese Letzteren durch das besagte Thor hinausspedirt worden sein sollen. —

2) Nur hie und da weisen uns gewisse Stechhelmformen, — wenn sie nemlich in die vordere Ansicht hingestellt erscheinen, — eine den größeren, topfhelmartig auf den Schultern aufsitzenden Eisenhüten in etwas ziemlich täuschend ähnliche Gestalt, — ein Umstand, der, wie ich vermuthe, ursprünglich ebenfalls nicht wenig zu jener sachwidrigen Verwechslung im Landshuter Stadtwappen mitbeigetragen haben mag. —

3) Man sehe und vergleiche hiezu namentlich die beiden unter Nro. 11 und Nro. 12 auf unserer Helm-Tafel X befindlichen Helm-Exemplare, sowie auch den betreffenden Text, ferners den Holzschnitt und die dazugehörigen Bemerkungen in der gegenwärtig vorliegenden „übersichtlichen Erklärung der Tafeln". —

31*

dazu mit reichem Federschmucke überladene spanische Bourguinons oder Bourguinots als Kopfbedeckung tragen, welch' letztere denn — (allerdings zwar sehr schöne Original-Exemplare und sämmtlich aus dem XVI. Jahrhunderte stammend), — vermuthlich eigens zu dem vorbesagten Zwecke, bis auf den heutigen Tag noch im dortigen bürgerlichen Zeughause sorgfältigst verwahrt werden. —

9) Gerul von Greulsberg und Reuperg; nach einem Grabsteine dieses ausgebreiteten und weitverzweigten altbayerischen Geschlechtes, aus dem XVI. Jahrhundert, in der Dompfarrkirche zu Moosburg. —

NB. Diese besonders charakteristische heroldsfigürliche Eisenhutform, zweifelsohne den damaligen nach obenzu sich etwas erweiternden wirklichen Eisenhüten mit Absicht ziemlich genau nachgebildet, kömmt übrigens schon auf unzähligen Originalien des XV. Jahrhunderts bereits ebenso vor; — wie z. B. an den Pappenheimischen Eisenhüten in des Ritters Conrad von Grünenberg Wappenbuch, (man sehe auch auf unserer Tafel XLIV unter Nro. 7), oder an den nämlichen in C. Heideloffs Ornamentik des Mittelalters, I. Band, VI. Heft, Tafel 6 u. a. v. a. O. —

10) Derer von Salach in Bayern — Schild. —

11) Derer von Salach in Bayern — Kleinodhelm. —

12) Amelunxen am Niederrheine. —

Tafel XXVIII. Wappenschilde mit heroldsfigürlichen Eisenhütlein.

NB. Wie die vorhergehende Tafel XXVII, also ist auch die uns hier vorliegende Tafel XXVIII von Nro. 1 bis Nro. 12 gleichfalls dem Abschnitte XI, der von den heraldischen Eisenhütlein speziell und ausschließend handelt, zunächst beigegeben. —

1) De la Fayette;

2) De la Chastre;

3) Macedonia;

4) Der Herren von Kroneberg von der sogenannten Linie „vom Strumpf", nach einem gemalten Fenster in der Stadtkirche zu Kroneberg, als Wappen der Gemahlin eines Herren von Kronenberg aus dem sogenannten „Flügel-Stamme." — (Man vergleiche hiezu das Helm-Kleinod des Kronebergischen „Flügelstammes" auf unserer Tafel XLVII unter Nro. 3, und sehe auch: Samuel Wilhelm Oetters Wappenbelustigungen; Anhang zum VI. Stück: „Von den Wappen der abgestorbenen Graven von Kronenberg"; Tafel Nr. II, pag. 31; Text: §. 9, pag. 29). —

Dieses Wappen der Herren von Croneberg „vom Strumpfe" ist, wie man bemerken kann, auf der uns hier vorliegenden Tafel das einzige deutsche, während dagegen alle andern Wappenschilde sämmtlich der westlichen Heraldik angehören; — wie denn überhaupt das Verhältniß des Vorkommens der rein heroldsfigürlichen Eisenhütlein in der westlichen Heraldik zu ihrem derartigen Vorkommen bei uns Deutschen, auch in Wirklichkeit in ebensolcher Weise, — d. h. numerisch genommen, überwiegend zu Gunsten der ersteren sich herausstellt. — (Man vergleiche namentlich wieder meine deßfallsigen Bemerkungen hierüber im Abschnitte XI, der von den heraldischen Eisenhütlein speziell handelt). —

NB. Zu den schon im betreffenden Texte, — und zwar am Schluße des mehrbesagten Abschnittes XI, der von den heraldischen Eisenhütlein ausschliessend handelte, — aufgeführten beiden geometrischen Konstruktionsweisen einer typischen Grundform des echtheroldsfigürlichen, des wahren und auch ältesten Eisenhütleins, folgen hier untenstehend noch zwei weitere solche nachträglich. — Nemlich: die erstere, wie man sieht, gebildet aus sechs gleichen Quadraten und vier halben solchen, — die andere, was eigentlich dasselbe ist, bestehend aus einem Quadrate A und dessen Hälfte B, sowie aus einem großen Dreiecke C und dessen beiden Hälften D und E. — Auch vermittelst dieser beiden geometrisch-konstruktiven Modelle nemlich wird man die Urform des wahren, des echtheroldsfigürlichen und primären Eisenhütleins (in ihrem vollkommen richtigen Größen-Verhältnisse) jederzeit und ohne alle Schwierigkeit, ungemein leicht finden können. —

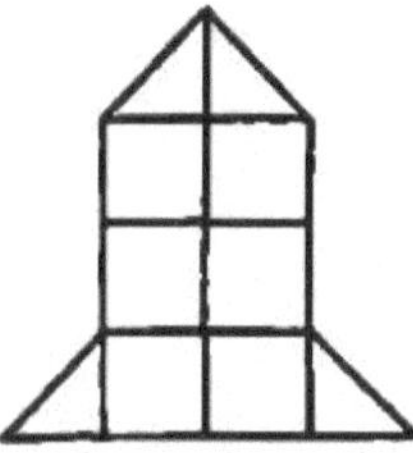

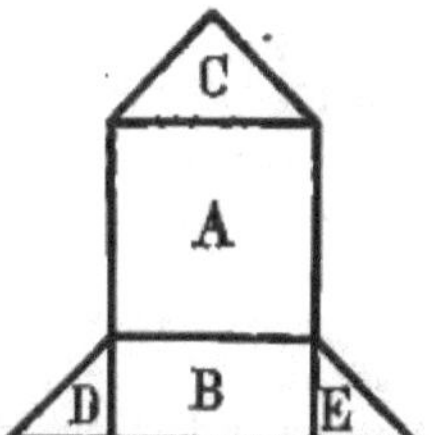

5) Moreaume;

6) Longuevalis;

7) Belleville;

8) Nach Petra Sancta; Tesserae gentilitiae; Romae 1638; pag. 277. —

9) Velasco;

10) Rochelesson;

11) Tregosd;

12) Burgiorum. — (Nach Petra Sancta, Tesserae gentilitiae; Romae 1638.) —

NB. Zum Beschluße der heraldischen und der heroldsfigürlichen Eisenhütlein folgen hier nachstehend in Holzschnitt noch vier wirkliche Eisenhut-Exemplare, und zwar aus den rühmlichst bekannten Randzeichnungen des Meisters Albrecht Dürer zum sogenannten Gebetbuche seines großen Gönners, des ritterlichen Kaisers Maximilian. — Sowie die Originalien, denen sie entnommen sind, stammen auch sie sämmtlich aus dem Jahre 1515.[1]) —

Tafel XXIX. Wappenschilde.

1) Gothland;
2) Mähren;
3) Raymund;
4) Saint-Maroou;
5) Mascon;
6) Bogen oder Hohenbogen;
7) Bubaloni;
8) Herzoge von Rochefoucaul;
9) Ardinghelli;
10) Nach Petra Sancta, Tesserae gentilitiae; Romae 1638; pag. 319. —
11) Boccapadula;
12) Homoden. —

---

1) Einen fünften Albrecht Dürer'schen Original-Eisenhut, jedoch aus einer viel frühern Zeit stammend, haben wir weiter vorne bereits auf unserer Eisenhuttafel XLI, und zwar daselbst unter Nro. 9, sowie auch im betreffenden Texte dazu näher kennen gelernt. —

Tafel XXX. Heraldische Löwen- und Adlermodelle für die drei Haupt-Perioden der Heroldskunst.

Nemlich: 1) und 2). Heraldischer Löwe und Adler des XIII. und XIV. Jahrhunderts, der sogenannten: byzantinischen oder romanischen Kunstepoche. —

3) und 4) Heraldischer Löwe und Adler des XV., XVI. und XVII. Jahrhunderts, der sogenannten: gothischen oder altdeutschen Periode, sowie auch der späteren Renaissancezeit. — Da nemlich zwischen den letztgenannten beiden Zeitabschnitten die Unterschiede in der heraldischen Darstellungsweise eines Löwen und eines Adlers ziemlich unerheblich sind, ja größtentheils nur auf einige unbedeutende Kleinigkeiten in den meisten Fällen sich reduziren dürften, so unterließ ich es hier absichtlich dieselben näher auszuscheiden. —

5) und 6) endlich weisen uns den heraldischen Löwen und Adler in ihrer modernen Erbärmlichkeit des XVIII. und XIX. Jahrhunderts, nemlich der neueren und neuesten heraldischen Kunstrichtung. —

Tafel XXXI. Englische Pelzmuster oder heraldisch-ideale Rauch-Werke dieser Nation.

Von Nro. 1 bis Nro. 10 wurden sie bereits im betreffenden Texte schon genau blasonirt und dort auch sehr ausführlich besprochen. —

NB. zu Nr. 10. In dem kleinen Werkchen, betitelt „Der Ehrenherold, eine Uebersicht des Wissenswerthesten aus der Wappenkunst von Wilhelm von Chezy; Stuttgart 1848;“ und zwar daselbst in des ersten Abschnittes §. 2, der vom „Schmelzwerke und von der Kürsch“ zunächst handelt, liest man auf der Seite 24, als erläuternden Text zu diesem uns hier vorliegenden, (auch dort auf der Tafel II, unter Nro. 15 abbildlich gegebenen,) und allerdings ziemlich altheraldischen Muster, wörtlich wie folgt: „Gezackte Eisenhütlein, Vaires coupés, zeigt der fünfzehnte Schild; Metall und Farbe kommt in häufigem Wechsel dabei vor. Gezackte Gegenspitzen, Vaires en pointe, entspricht im Schmelzwerk den oben angeführten Gegenspitzen.“ — Die fraglichen Wappenfiguren erscheinen jedoch daselbst in einer, auch auf unserer Tafel LXI, unter Nro. 6 bemerkbaren Normalform, die, wie man sieht, von der gegenwärtigen (auf der eben vorliegenden Tafel XXXI, unter Nro. 10) nur im Dessin etwas abweicht. —

11) Ist das Schildeshaupt des ersten und vierten Feldes im Wappen der englischen Barone von Willoughby de Broke (Verney) Creation. By writ 1492. —

12) Nach John Bossewell's Heraldik (Pars I, pag. 82). —

Tafel XXXII. Altheraldische Tapeten-Muster.

1) Eines der ältesten Tapeten-Dessins, aus der frühesten Zeit der ersten heraldischen Urkeime. —

2) Heraldische Tapete aus dem XIV. Jahrhundert, und altfranzösischen Ursprunges. —

Tafel XXXIII. a. und b.

Auf diesen beiden zusammengehörenden, und deßhalb nur mit einem einzigen Nro. versehenen Tafeln hat man das Wappen der edlen alten Leuprechtiger, der nunmehrigen Freiherren von Leoprechting in Bayern vor sich; — und zwar nach seinen verschiedenen Darstellungsweisen durch alle heraldischen Hauptperioden, und in den hervorragendsten und bemerkenswerthesten ornamentalen Stylen der verschiedenen Zeitalter, jedesmal dem herrschenden Geschmacke entsprechend arrangirt, so daß beispielshalber damit, wenn auch nicht alle, so doch immerhin die vorzüglicheren und ausgeprägtesten Kunst-Epochen bestmöglichst repräsentirt, und charakteristisch dadurch wiedergegeben sind. — Gerade dieses Wappen aber habe ich besonders blos aus dem Grunde hiezu gewählt, weil es meinem Zwecke insoferne am meisten entsprach, als sich durch dasselbe jene Zeitstyle am geeignetsten vertreten ließen. — Von ältester Zeit an nemlich, bis zum gänzlichen Aufhören der praktischen oder lebendigen Heraldik, sowie beziehungsweise bis zum Eintritte der nur mehr bildlichen, todten oder auch blos symbolischen Herolds-Kunst, in seiner ursprünglichen Einfachheit belassen, — wurde das Leoprechtingische Wappen erst beim allgemeinen Schlechterwerden der Formen, durch jene heroldenamtlich und diplomatisch sogenannten „Vermehrungen und Verbesserungen", nach und nach mit seinen mehreren Feldern, Schildhaltern und Helmen beglückt, oder systematisch vielmehr verderben, so zwar, daß eben dieser charakteristische Umstand wesentlich dazu beiträgt, daß das ohnehin getreue Bild des allmähligen heraldischen Rückschrittes, jenes successiven Verfalles der Heroldskunst und ihrer Verirrungen durch späteres Mißverständniß der Sache, — gerade mit diesem Wappen noch um Vieles anschaulicher gemacht werden kann. —

Auf unserer Tafel XXXIII a., nun fig. 1, 2 und 3 vertreten die sogenannte romanische oder byzantinische Kunstrichtung in der Heraldik, und zwar sehen wir unter fig. 1 das Leoprechtingische Wappen vor der Entstehung heraldischer Helme und Kleinode, nemlich zur Zeit der Heraldik des Schildes allein, oder während der Epoche der sogenannten normännischen Schildesform, — d. i. ohngefähr bis zum Ende des XII. und Anfange des XIII. Jahrhunderts. —

Fig. 2 auf derselben Tafel zeigt uns dasselbe Wappen vom Beginne des

XIII. bis beiläufig zum Anfange des XIV. Jahrhunderts, also in der heraldischen Periode der oben noch flachen, und nicht bis auf die Schultern reichenden Topfhelme, sowie der damals noch erheblich großen Dreieckschilde. —

In dieser frühesten Periode kamen förmliche Helmdecken zwar noch höchst selten zum Vorscheine, allein nur um des besseren Aussehens willen wollte ich auf unserer Tafel lieber eine der wenigen Ausnahmen jenes urheraldischen Zeitabschnittes abbildlich geben, als die Helmdecke ganz weglassen. —

Fig. 3 hingegen repräsentirt die Zeit vom Ende des XIII. bis zu den ersten Dezennien des XV. Jahrhunderts, die Epoche der kleinen Dreieckschilde und der großen, auf den Schultern aufsitzenden Topfhelme. —

Fig. 4 und fig. 5 vertreten beide die Kunstperiode des sogenannten gothischen oder altdeutschen Styles in der Heraldik, und zwar:

Fig. 4 die erste Hälfte des XV. Jahrhunderts mit einem Stechhelme, mit Helmtuch, Rennfähnlein oder Banner, und mit dem unten bereits abgerundeten Schilde; —

Fig. 5 dagegen, mit einem Spangenhelme, mit einer ausgeschnittenen Tartsche und mit der bereits ornamental behandelten, laubartigen Helmdecke, vertritt durchschnittlich genommen, die zweite Hälfte des obengenannten XV. Jahrhunderts. —

In Fig. 6 endlich auf der nämlichen Tafel (XXXIII, a) bemerkt man die sogenannte Renaissance-Periode, d. i. die Zeit von den ersten Dezennien des XVI Jahrhunderts angefangen, bis ohngefähr zum Ende des XVII. Jahrhunderts. —

Tafel XXXIII. b.

Fig. 7 auf dieser, an die vorige unmittelbar sich anschließenden Tafel weist uns den sogenannten „edlen Zopfstyl" der zweiten Hälfte des XVII., sowie der ersten des XVIII. Jahrhunderts, jenes Zopfstyles nemlich, welcher, wie man bemerken kann, noch nicht zu weit von den allerdings edlen Formen der Renaissance sich entfernt hatte, und aus dem erst späterhin dann, durch völlige Ausartung, nach und nach die barocken Formen des wirklichen, ausgebildeten „Zopfstyles" allmählig sich entwickelten. —

Zur besseren Versinnlichung aber jenes himmelweiten Unterschiedes zwischen den letztgenannten beiden Zopfstylen zeigt das nachstehende, gelungene Holzschnittchen den eigentlichen heraldischen Vollblut-Haarbeutel der zweiten Hälfte des XVIII. Jahrhunderts. — Der Mangel jedes Kleinods, das hier auf ganz besonders geschmackvolle Weise, wie man sieht, durch echttheatralischen Federschmuck bis zur Ueberladung reichlich ersetzt ist, sowie die bekanntermaßen zu dieser Zeit unvermeidliche Anhäufung

gemischt antik- und modern-kriegerischer Trophäen hinter und um den Schild, — wenn anders diese ornamentale Mißgeburt noch also genannt zu werden verdient, — bildeten für diese Periode des heraldischen Pompadour-Styles eine entschieden bezeichnende Charakteristik, während zugleich das Arrangement des Ganzen unwillkührlich an die sehr ähnlichen Titel- und Schlußvignetten, wie auch an die sentimentalen Stammblatt- und Schäfergedicht-Illustrationen des besagten Zeitabschnittes lebhaft erinnert. —

Fig. 8 ist der heraldische Styl aus dem Ende des XVIII., und zu Anfang des XIX. Jahrhunderts, in welchem theils die Nachklänge des letzterwähnten schlechten Zopfstyles, zwar einigermaßen vereinfacht, aber doch immerhin noch deutlich genug zu erkennen sind, theils auch diese, in innigster Verschmelzung mit dem damals gerade ganz neu in Aufnahme gekommenen, jetzt beliebteren glatten Tempelstyle, — jenes wunderliche Gebilde kalter Nacktheit zur Schau stellen. —

Als besonders bemerkenswerth zeigt sich hier zuerst jene unter die winzigen Helme eingeschobene kolossale Rangkrone, auf deren einzelnen Perlen die ersteren gleich verlorenen Posten befestiget zu sein scheinen. — Turnierhelme also, deren beträchtliche Größe vor Allem schon durch die Möglichkeit: sie bequem über Kopf und Schultern setzen zu können, unbedingt geboten war, kleben hier ihrer dreie (bisweilen aber noch weit mehrere) auf den einzelnen kleinen Perlen eines Krönleins, das in seiner ganzen Weite vernünftigerweise höchstens Kopfweite haben konnte!! —

Aus diesem handgreiflichen Mißverhältnisse, sollte man glauben, erhellt doch sicherlich der krasse Unsinn einer derartigen Zusammenstellung, allein trotzdem bürel, selbst bis auf den heutigen Tag noch, dieses hirn- und sinnlose Arrangement eine der beliebtesten modern-heraldischen Darstellungsweisen und die alltäglichste heroldenamtliche Composition! —

Fig. 9 repräsentirt den modern-englischen Wappenstyl des XIX. Jahrhunderts, dem zwar eine gewisse nationale Originalität, sowie sogar ein gefälliges Ansehen im Allgemeinen, nicht ganz abgesprochen werden kann, der jedoch demohngeachtet für die deutsche Heraldik nie und nimmer nachahmungswürdig erscheint. — Namentlich eignen sich, wie man auch hier schon auf den ersten Blick sehen kann, unsere spezifisch-deutschen Kleinode, — vorzüglich aber die mehrerwähnten stereotypen Urformen der sogenannten Hilfskleinode, als da sind: die Hörner und Ohren, die Flügel, die Hüte, die Rümpfe, die Schirmbretter, der Beutelstand, die Fähnlein oder Banner, die Federköcher, die Bischofsmützen und der Federschmuck, — ganz und gar nicht zur modern-englischen Anwendung „à la crest"! — Ich verwarne daher wiederholt und ernstlichst vor allen derartigen Licenzen unserer anglisirten und anglisirenden Aristokratie! — Wenn aber freilich sogar die Heroldenämter selbst (was in neuester Zeit wohl hie und da so zu geschehen pflegt) solche Kleinode ertheilen; dann bestätiget sich damit eben höchstens wieder mein Urtheil über *moderne Heraldik* und *moderne Herolde*! —

Als im direktesten Gegensatze zu dem uns hier vorliegenden modern-englischen Wappenstyle stehend, habe ich anderseits schon vorne einmal den zwar ebenfalls *modernen*, nichtsdestoweniger aber doch *typisch-ornamentalen* neuenglischen Wappenstyl rühmlichst hervorgehoben, — unter dessen eifrigsten und (wie es gegenwärtig in England den Anschein gewinnt) auch erfolgreichsten Vorkämpfern vor Allen der geniale Montagu genannt zu werden verdient. —

Fig. 10 endlich vertritt jenen modern-heraldischen Styl, der durch das Wiederauftauchen des Sinnes für gute Formen erzeugt wurde, und der bei uns in Deutschland zur neuesten Zeit ebenfalls mit Vorliebe häufig in Anwendung gebracht wird. —.

Wieder eine besondere Gattung (Ab- oder Unterart) dieses hier zuletzterwähnten Wappenstyles nenne ich zunächst den J. G. L. Dorstischen; — den Grund dafür sogleich weiter unten, woselbst ich ohnehin Mehreres hierüber vorbringen werde. —

Auf den beiden Tafeln XXXIII a und b nun ist begreiflicher Weise die Angabe der verschiedenen Stylperioden *durch Jahreszahlen* nur nach den bedeutungsvollsten Haupt-Epochen, und mithin also im Ganzen „sehr summarisch genommen" zu verstehen, indem man, bei genauer Beobachtung *aller* Nuancirungen, fast in jedem einzelnen Dezennium wieder verschiedene Stylisirungen auffinden dürfte, und aus diesem

Grunde auch von jedem einzelnen Jahrhunderte wieder **mehrerlei** Unterarten des heraldischen Styles hätten gegeben werden können. — Da es aber durchaus nicht in meinem Willen lag auf eine weitere Ausdehnung dieses, namentlich für allgemeine mittelalterliche Kunstgeschichte, höchst interessanten Themas hier näher mich einzulassen, umsomehr weil dieser Stoff, bei nur einigermaßen gründlicher Bearbeitung, — (als ein Hauptbeweisstück: daß die Heraldik mit gleichem Rechte in's Bereich **der Künste**, wie in das der Wissenschaften gehört,) — für sich allein schon ein Werk bilden könnte, so beschränkte ich mich deßhalb lediglich auf eine nur kurze Erläuterung der betreffenden Tafeln. —

Ich habe irgendwo bereits verlauten lassen: daß, wie jede Wissenschaft und Kunst, so auch die Heraldik, — die edle, alte Heroldskunst, — von jeher schon ihre eigenthümliche Aesthetik gehabt habe, ja, daß sie eine solche eigentlich bis auf den heutigen Tag noch hat. —

Nur die Zeit aber bis zum XVII. Jahrhundert kann und darf eigentlich die Richtschnur derselben bilden. — Alles Spätere ist unbedingt zu verwerfen. — Da ich jedoch im vorliegenden Werke selbst über diesen Punkt mehrmals weitläufig mich ausgesprochen habe, so kann ich Weiteres wohl füglich hier bei Seite lassen. — Nur soviel sei wiederholt gesagt: heraldische Grabsteine und Siegel, sowie ganz besonders auch die bekannten mittelalterlichen Wappenrollen (wie z. B. die uralte Züricher-Wappenrolle, die Constanzer der ehemaligen Geschlechtergenossenschaft „zur Katze" daselbst, (vom Jahre 1547,) oder die vielen altenglischen Original-Wappenrollen, (in welch' letzterem Lande sie namentlich häufig waren), ferners alle mittelalterlichen Glasmalereien, Gemälde, Skulpturen u. dgl. (mit Wappen) werden uns, insoferne sie aus der Zeit **vor** der zweiten Hälfte des XVI. Jahrhunderts stammen, jederzeit die weitaus besten, aber auch die verläßigsten heraldischen Mustervorlagen abgeben. — Ebenso empfehlenswerth sind alle mittelalterlichen Wappenbuch-Manuskripte, Handzeichnungen und Holzschnittwerke, wie etwa das mehrerwähnte des genialen Ritters Conrad von Grünenberg zu Constanz, vom Jahre 1483, der unter der Literatur zu meinem hier vorliegenden Werke sub Nro. 105 mit seinem vollständigen Titel aufgeführte Holzschnitt-Codex (mit der Jahreszahl 1545) und noch unzählige andere, diesen beiden vorgenannten sehr ähnliche Werke, in denen allen die reichste heraldische Phantasie mit echt künstlerischem Geschmacke durch kecke Behandlung zu einem würdigen und originellen Ganzen sich vereiniget, das noch nichts von jener minutiösen Aengstlichkeit durchscheinen läßt, die für die neuere und neueste heraldische Kunstrichtung leider nur zu charakteristisch wurde und die moderne Livree-Heraldik von Weitem schon so unvortheilhaft kennzeichnet. —

Die heraldische Kunstperiode der besseren und ältern Renaissancezeit findet ihre würdigste Vertretung zweifelsohne wohl im sogenannten Jost Amannischen Wappenbuche, einem leider höchst selten complet vorkommenden Holzschnittwerke aus der zweiten Hälfte des XVI. Jahrhunderts (mit der Jahreszahl 1579), dessen vollständiger näherer Titel auch in der Literatur zu meinem eben vorliegenden Werke, und dort zwar unter Nro. 3 aufgeführt ist. — Was ein sonst durchweg tüchtiger Meister, — insoferne es ihm nemlich nicht am guten Willen gebricht, oder er sich nicht etwa gar zu hoch dünkt, — auch in der bildlichen Heroldskunst zu leisten vermag, hat Jost Amann sicherlich auf das Glänzendste dargethan; — weßhalb ich so manches, seinen ausgezeichneten Holzschnitten entnommene Exemplar auch meinen Tafeln einverleibt habe. —

Von heraldischen Kunstwerken späterer Renaissance hingegen sind namentlich des alten Siebmachers beide erste Theile rühmlichst hervorzuheben und gehören solche, schon durch besondere Niedlichkeit der Auffassung sowohl, als auch durch die ungemein zierliche Behandlung der kleineren Wappen, wirklich zu den gediegensten ihrer Zeit. —

Unter der von irgend einer Seite vielleicht versprochenen „Verbesserung" des alten Siebmachers (d. h. wenigstens in Bezugnahme auf dessen zwei erste Theile) kann daher jedenfalls wohl nur die Beifügung einer kunstgerechten Blasonirung, sowie etwa allerdings sehr dankenswerther genealogischer Notizen u. dgl., — keineswegs aber eine Verbesserung der „künstlerischen Ausstattung" jenes Werkes (vom künstlerischen Standpunkte aus) gemeint und verstanden sein, da eine solche in der That sehr schwierig, wenn nicht, bei weit wenigerem Verständniß dieser Sache heutzutage, überhaupt sogar unmöglich sein dürfte. — Jenes Versprechen mag deßhalb immerhin nur ein „frommer Wunsch" bleiben! — Ganz anders dagegen verhält es sich freilich mit des alten Siebmachers später hinzugekommenen drei Theilen (Pars III, IV und V), in denen auch nicht eine Spur mehr von der früheren Genialität der Zeichnung zu erkennen ist. — Zugleich kann man daselbst die „heroldenamtlich", d. h. die „Wappen- oder Adelsbrieflich" ertheilten Wappen von den angestammten des Ur- und Turnier-Adels so recht genau ausscheiden lernen, indem die Kontraste zwischen der ästhetischen Heraldik der letzteren und der schwulstigen Ueberladung und Verzopfung der ersteren, so groß sind, daß sie selbst den Laien in unserer Wissenschaft augenfällig sein müssen. — Auch die „Oesterreichischen" zeichnen sich dort: durch schlechte Anordnung, durch ihre zumeist landschaftlichen Tableaux, sowie durch Ueberladung und Geschmacklosigkeit vor allen Andern aus. — Des alten Siebmachers sechster Theil nun (nur in der Folio-Ausgabe nemlich existirt ein solcher), sowie des gesammten Werkes Supplemente endlich, gehören bereits der neueren und neuesten Heraldik an, weßhalb ihre Wappen-Zeichnungen theils dem J. A. Tyroffischen Wappenstyle, theils auch noch dem älteren unter fig. 8 auf unserer Tafel XXXIII, b ausgeführtem Muster nachgebildet erscheinen. —

Die neueste heraldische Kunstrichtung schließlich gruppirt sich eigentlich wieder in dreierlei Unterarten der heraldischen Stylisirung, die sämmtlich zwar nicht ohne Geschmack, wovon jedoch nur eine einzige durchaus sachgemäß und unter allen Verhältnissen vernünftig genannt werden kann. —

Diese aber sind:

a) der modern-englische Wappenstyl: wie er auch von der deutschen Sportsman-Aristokratie mit besonderer Vorliebe überall angewendet wird. —

b) der J. G. L. Dorstische oder heroldenamtliche Wappenstyl, und

c) die beliebige Wahl irgend eines ganz bestimmten Zeitstyles je nach Umständen. —

ad a., d. h. bezüglich der zweierlei, von einander wesentlich verschiedenen, modern-englischen Wappenstyle, habe ich bereits an anderen Orten schon mehrmals so weitläufig mich ausgesprochen, daß jede Wiederholung hier um so unnöthiger erscheint, weil die einfache Hinweisung nach dort und auf unsere gegenwärtig vorliegende Tafel XXXIII, b, fig. 9 mehr als hinreichend genügen kann. —

ad b. Der von J. G. L. Dorst neubegründete moderne Wappenstyl, weßhalb ich ihn hier und durchweg ausschließend nur den Dorstischen nennen will, trägt aber so ganz das Gepräge der neuesten allgemeinen Kunstrichtung an sich, daß er mit nichts passender verglichen werden kann, als mit dem modernen architektonischen Style. — Wir haben demnach also auch in der neuesten Zeit wieder die gegenseitige Wechselbeziehung zwischen architektonisch-ornamentaler und heraldisch-ornamentaler Darstellungsweise, d. h. man wird die innige Verbindung (Wechselwirkung), in der diese letzteren beiden zu einander stehen, bei nur einigermaßen aufmerksamer Beobachtung, durchgehends auch heutzutage noch herausfinden können. — Sowie nemlich die neueste Architektur ein leidiges Gemisch fast aller besseren Style bildet, und vorzugsweise hierdurch der moderne Baustyl zu jenem getreuen Abklatsch der allgemeinen Blasirtheit, sowie der modernen Zerfahrenheit in allen Dingen gestempelt wird, also hat man den ganz gleichen Fall auch an dem modern-heraldischen oder von mir sogenannten Dorstischen Wappenstyle zu beobachten. — „Ein buntes Gemisch von Allem und doch nichts Rechtes" scheint nemlich heutzutage der gemeinschaftliche Wahlspruch der meisten Architekten und Heraldiker zu sein. — Am häufigsten wird dabei der sogenannte romanische oder byzantinische Styl mit dem altdeutschen oder sogenannten gothischen, noch öfters aber der letztere mit dem Renaissançe-Style vermischt, oder vielmehr planlos durcheinandergeworfen. — So in Architektur, wie in Heraldik! — Beide nemlich, Architektur wie Heraldik, geben also gewissermaßen auch in der Gegenwart wieder gelungene Bilder unserer allgemeinen, zerrissenen Zeitrichtung, die ja ebenfalls in allen Schichten der Gesellschaft selbst nicht mehr recht weiß, was sie eigentlich will, — wie, — woan, — oder woaus! —

Namentlich aber hat J. G. L. Dorst, troß seines sonst sehr umsichtigen Geschmackes, dennoch sehr vielen früheren Unsinn nicht nur beibehalten, sondern auch durch eigene häufige Anwendung desselben, manchen sogar noch eifrigst unterstüzt. — Wovon ich, um nur Eines hier speziell anzuführen, die ominöse Anwendung jener fatalen Rangkronen unter den Helmen vor allem Andern hervorhebe, — eine durchaus sachwidrige heraldische Darstellungsweise, die in J. G. L. Dorst's eigenen Wappen-Werken sowohl, als auch in allen den seinigen nachgebildeten Compositionen, vielleicht häufiger als irgendwo anders gefunden werden dürfte. —

Fast alle neueren Wappenwerke jedoch, mit wenigen Ausnahmen, namentlich die neueren Wappenmaler, Siegelstecher, Graveure u. dgl., (insbesonders aber die modernen Heroldenämter) haben sämmtlich den Dorstischen Wappenstyl, und dem Anscheine nach sogar mit großer Vorliebe adoptirt, der zwar, man kann es nicht läugnen, keineswegs ganz ohne Geschmack, leider aber ohne alle heraldische Natürlichkeit und voll von Mißbräuchen bezeichnet werden muß. — Selbst die J. A. Tyroffischen Werke, sowie viele andere wenden sich jezt unbedingt diesem Style zu und gebrauchen überall gerne die allerdings nicht ungefälligen Formen desselben. — Vom früheren Tyroffischen Style dagegen läßt sich um so weniger sagen, weil sich jener gute Mann, wie es scheint, mit der qualvollsten Aengstlichkeit ausschließend nur an die ihm gerade eingesandten Siegel-Abdrücke oder Wappenabbildungen gehalten hat, und zwar mit einer solchen Gewissenhaftigkeit, daß er auch auf kein Haar breit von diesen lezteren sich abzuweichen getraute. —

Man sieht dieß z. B. augenscheinlich unter Andern in seinem „Wappenbuche des gesammten Adels des Königreichs Baiern", und zwar beim von Klöber'schen Wappen[1]) wohl am vollkommensten bestätiget, indem er dort sogar ein offenbares Alliançe-Wappen brachte, vermuthlich blos, weil ihm (vielleicht ganz zufällig) von Seite jener Familie etwa der Siegelabdruck eines solchen eingeschickt worden war,

---

1) J. A. Tyroffs Wappenbuch des gesammten Adels des Königreichs Baiern. Pars VI, pag. 54. —

— er selbst aber nicht einmal so viel Heraldiker sich fühlte, um eine gebührende Ausscheidung der beiden Schilde selbstständig auf seine eigene Faust vorzunehmen. —

So geht auch auf eine ähnliche Weise eine „kleine Falte“ am Gewande des Freiherrlich von Lindenfels'ischen Kleinod-Rumpfes vollkommen gleichförmig durch alle neueren und neuesten Wappenbücher, und zwar mit einer übereinstimmenden Genauigkeit, welche die ängstliche Gewissenhaftigkeit der modernen Heroldskunst auf das glänzendste bewährt, die ja ohnedieß den Hauptcharakterzug der ganzen neueren Heraldik bildet, so daß durch sie selbst die kleinlichsten Heraldiker des vorigen Jahrhunderts zu Schanden gemacht, deren Produkte aber verdunkelt und oft weit in Hintergrund gestellt werden. —

ad c. Die beliebige Wahl endlich irgend eines ganz bestimmt sich aussprechenden Zeitstyles je nach Umständen, welche ehedem schon hie und da, heutzutage jedoch nachgerade ziemlich häufig in Anwendung kommt, ist zweifelsohne noch das Vernünftigste, was überhaupt sich in dieser Sache thun läßt, und was auch im vorliegenden Werke als durchaus sachgemäß von mir schon mehrmals in Anregung gebracht, sowie jederzeit als in allen Beziehungen praktisch hervorgehoben wurde. — An Bauwerken und Denkmälern romanischen oder sogenannten byzantinischen Styles — Wappen in der Stylisirung dieser Zeit; an solchen altdeutschen oder sogenannten gothischen Styles — Wappen im Geschmacke dieser Epoche; an Renaissance-, Zopf- oder modernen Monumenten endlich — Wappen strenge und auf das genaueste in den Grundformen dieser letztgenannten drei Perioden gehalten, — sind und bleiben daher durchschnittlich immer das Angemessenste und auch eigentlich das allein Richtige! — mit welch' wiederholter Anempfehlung ich deßhalb das gegenwärtige Thema beschließen und in der „übersichtlichen Erklärung der Tafeln“ unverzüglich weiterfahren will. —

Tafel XXXV. Original- und Wappenschilde, heraldisches Banner. —

1) Französischer Schild von altnormännischer Form; aus dem XII. Jahrhundert stammend und nach dem Düsseldorfer-Kostümbuche, Tab. III. —

2) Ein ähnlicher aus dem XI. Jahrhundert, gleichfalls von sogenannter normännischer Form, wie der vorhergehende und ebenfalls französischen Ursprungs. —

3) Großer Heerschild des „Gottfridus pulcher Coenomanensis comes“ († 1150). —

4) Schild eines normännischen Kriegers aus dem XII. Jahrhundert, nach dem Düsseldorfer-Kostümbuch, tab. II. b. —

5) Schild nach einem zu Laufen am Neckar in eine Gartenmauer eingemauerten und inschriftlosen Grabstein, angeblich des XI. oder XII. Jahrhunderts, der nach C. Heideloff (Ornamentik des Mittelalters, Heft XXII, Bl. 3, fig. d. Text: Pars IV, pag. 34) aus dem dortigen Dominikaner-Frauenkloster gekommen sein soll. —

6) Stadtbanner von München mit seinem sogenannten „rothen Schwenkel", aus der ersten Hälfte des XIV. Jahrhunderts. —

NB. Wäre es aber etwa nicht recht und billig, wenn bis auf den heutigen Tag noch die sämmtlichen bayerischen Landwehr-Abtheilungen durchgehends am weiß und blauen Weckengrunde — (entweder in der Mitte stehend oder vielleicht in einem sogenannten Freiviertel) — jedesmal auch ihre betreffenden Stadtwappen mit in ihren Fahnen oder Standarten führen würden; — und zwar dieß umsomehr, als sich an so viele dieser letzteren oft große historische Erinnerungen aus der Geschichte des engern Vaterlandes knüpfen. — Leider hat man sie heutzutage größtentheils beseitiget. — Ebenso wären auch für die Fahnen unserer Linien-Truppen die altehrwürdigen und spezifisch-bayerischen Wecken, — als die angestammten Wappenzeichen des Bayerlandes, der Bayerfürsten und des Bayervolkes, — gewiß weitaus schicklicher, als jene weder heraldisch noch historisch zu rechtfertigende bloße „Farben-Ständerung" von Blau und Weiß, — mit welcher in neuerer Zeit, offenbar nach fremdländischen Mustern, die erstgenannten fast durchweg ersetzt wurden! —

7) Alliançe-Wappen von Thibaut de Bar und Jenne de Tocy vom Jahre 1270; aus dem Nederlandtschen Herauld, Tweede Deel (Konst-woorden van Herauldie pag. 43). —

8) Wappenschild eines Bastarden von Ems oder Hohenems (im Jahre 1616; — aber auch schon im XVI. Jahrhunderte). —

Tafel XXXVI. Schilde und Stadtwappen von München.

1) Schild des französischen Königs Ludwig VII., des Frommen, (auch le jeune, der Jüngere oder Florus genannt) geboren im Jahre 1120, nach dem aus einem französischen Codex des XII. Jahrhunderts herausgeschnittenem Pergamentgemälde, das früherhin im Besitze des Malers Kirchner war. —

2) Schild des Robert de Vere, Herzogs zu Oxford, † 1221, nach Tab. XLIII. des sogenannten Düsseldorfer-Costümbuches. —

3) Schild nach einem altdeutschen Gemälde im Museum zu Ulm: den hl. Wenzeslaus vorstellend. —

Auf der Rückseite dieses Bildes steht geschrieben zu lesen: „1385 Reinhart von Milhausen burger zu Prag stiffter der Kapelln." —

32

4) Schild des Radulphus de Bellomonte, welcher am Ende des XII. und zu Anfange des XIII. Jahrhunderts lebte. —

5) Schild von Alt-Navarra aus dem Ende des XII. Jahrhunderts. —

6) Stadtwappen von München im XIII. Jahrhundert. —

7) Dasselbe vom XV. bis zum Ende des XVIII. Jahrhunderts. —

NB. Das Feld jedoch sollte hier von Silber (Weiß) sein. —

8) Vorschlag zu einem neueren Münchener-Stadtwappen. —

9) Das gegenwärtige Stadtwappen von München. —

NB. Die Figur des Mönchleins selbst aber ist sowohl bei Nr. 8 als auch bei Nr. 9 in seiner Zeichnung den älteren Stadtwappen aus dem XIV. Jahrhunderte getreulichst nachgebildet. —

Tafel XXXVII, XXXVIII, XXXIX und XL. Die sogenannten Herolds-Figuren oder wahren Ehrenstücke,

welche bereits im Texte (und zwar im Abschnitte X, der von den heraldischen Figuren im Allgemeinen und im Speziellen handelte) näher beschrieben wurden. —

Tafel XLI und XLII. Die wirklichen Eisenhüte,

welche ebenfalls im Texte schon weitläufig sich beschrieben finden, und zwar im Abschnitte XI, der überhaupt nur ausschließend von den Eisenhüten handelt. —

Tafel XLIII. Schilde und vollständige Wappen.

1) Schild des Grafen Dyther III von Katzenelnbogen, († 1276), nach seinem Grabmale von grauem Sandstein, früherhin in der nunmehr zerstörten Klosterkirche der hl. Klara zu Mainz, gegenwärtig aber im Museum zu Wiesbaden aufgestellt. — Dessen noch sehr wohlerhaltene Inschrift lautet, wie folgt: Anno domini millesimo ducentesimo septuagesimo sexto in octava epiphanie (ae) obiit comes Dyther de Katzenelenbogen. —

2) Schild des Königreichs Böhmen, nach einem Originalsiegel der böhmischen Metropole Prag, aus dem XIV. Jahrhundert und mit der Umschrift: „Sigillum civium Pragensium“; — dortselbst aber von der Figur des hl. Wenzeslaus, (als Schutz-Patrones des gesammten Landes Böhmen und seiner Hauptstadt Prag,) getragen. —

NB. Auch im Originalsiegel, das an der bekannten „goldenen Bulle“ hängt, die von Carl dem IV. im Jahre 1356 ertheilt wurde und gegenwärtig im Reichsarchive zu Frankfurt am Main aufbewahrt wird, — zeigt sich, (dem Beschauer zur heraldisch linken Hand,) der böhmische Löwenschild in einer, unserm hier vorliegenden Exemplare völlig gleichen Behandlungsweise. —

3) Schild des Markgrafen Otto von Brandenburg, nach dessen Originalsiegel (sigillum pedestre) mit der Umschrift: Sigillum marchionis Ottonis in Brandeburbc. —

4) Schild nach dem ältesten Siegel der Stadt Bamberg im Königreiche Bayern. —

5) Wappen eines Schwäbisch-Haller Patriziers aus dem alten Geschlechte Michelfeld, (um 1400,) der seines Namens und Stammes vermuthlich der Letzte war. —

6) Wappen derer von Ueberlingen in der Schweiz und am Bodensee. — Aus der Konstanzer-Wappenrolle der ehemaligen Geschlechtergenossenschaft genannt „zur Katze" daselbst, mit der Jahreszahl 1547. —

7) Wappen der Herren von Gerenstein in Tyrol. — (Nach dem Style der Wappenzeichnungen des Ritters Conrad von Grüneuberg in Constanz, mithin also nach den Umrissen eines Wappens vom Jahre 1483 entworfen). —

8) Wappen des erlauchten Hauses Oettingen, nach der uralten Züricher-Wappenrolle. —

Tafel XLIV. Wappenschilde.

1) Der alten Mayer von Mayerfels oder Mayr von Mayenfels; —

2) der Mayer oder Mayr in Tyrol (vor dem Jahre 1676); —

3) der Mayer oder Mayr ebendort (nach dem Jahre 1676); —

4) der Edlen und Ritter von Mayer in Tyrol und Bayern (jetziges); —

5) der Meier von Hüningen in Basel; —

6) der Edlen von Mayr oder Mayer auf Starzhausen in Bayern; —

7) der Marschalken von Biberbach und der Marschälle van Pappenheim in Schwaben; —

8) der Marschälle von Oberdorf, Obersdorf oder Oberndorf ebenda; —

9) der Störren im Elsaß, nach des alten Siebmachers Pars II pag. 131; —

10) der Hunnen- oder Hürnveller ebenda, und gleichfalls nach des alten Siebmachers Pars II pag. 131; —

11) der Störren im Elsäßischen, nach meinem alten Wappenbuch-Manuskripte aus dem Ende des XV. oder Anfange des XVI. Jahrhunderts; —

12) der Hunnen- oder Hürnveller ebendaselbst, und gleichfalls nach meinem alten Wappenbuch-Manuscripte aus dem Ende des XV., oder spätestens aus dem Anfange des XVI. Jahrhunderts. —

13) „Gemeinschaftliches Wappen derer adelichen Erbsälzeren zu Werle im Herzogthume Westphalen;" — nach des alten Siebmachers Supplement III. pag. 21. —

32*

14) Der Herren de Combles in Lothringen. —

15) Der Freiberg von Aschau oder Hohenaschau in Bayern. —

16) Der Partenecker
17) der Hilgertshauser
18) der Mäsenhauser } Sämmtlich in Bayern. —
19) der Camer und
20) der Camerberger

Tafel XLV. Beizeichen-Wappenschilde;

und zwar von Nro. 1 bis Nro. 20: Zwanzig von den einundzwanzig Beizeichen-Wappen der Venetianischen Patrizierfamilie Malatesta. —

NB. Das einundzwanzigste befindet sich, blos wegen Mangels an Raum auf der hier vorliegenden, — erst auf der später nachfolgenden Tafel LX, unter Nro. 12. —

Tafel XLVI. Wappenschilde.

1) Der alten Herren und Grafen von Kirchberg in Bayern; —

2) der Edlen von Mallersdorf ebenda;

3) der Winkhofer oder Jnkhofer ebendaselbst; —

4) der Reunberger zu Reusarn und Salach ebenda. —

5) Derer von Dorne, nach dem Originalsiegel des Ritters Herrmann von Dorne, vom Jahre 1261; — aus A. Fahnes Geschichte der Kölnischen, Jülich'schen und Bergischen Geschlechter Pars II, pag. 216. —

6) Der Herren von Wendt; —

7) der Enningen, genannt: Eisenhut, in Schwaben; —

8) aus dem bekannten Hoflacher-Wandgemälde: das betende bayerische Heer nach der Schlacht bei Alling (im Jahre 1422) vorstellend. —

Von Nro. 9 bis Nro. 15 inclusive sind sieben im Texte (nemlich im Abschnitte XI) bereits näher beschriebene außerheraldische Darstellungsweisen verschiedener Pelz- oder Rauchwerke im früheren Mittelalter, und zwar schon zur Zeit des XI., XII., und XIII. Jahrhunderts. —

16) Wappenschild der alten Herren von Seeberg; —

17) ein Gumppenbergisches Originalsiegel vom Jahre 1279; —

18) ein anderes solches vom Jahre 1281; —

19) noch ein anderes vom Jahre 1305; —

20) ein gleiches endlich vom Jahre 1316, mit der noch sehr wohl erhaltenen Umschrift: S. Heinrici de Gumpenberge. —

 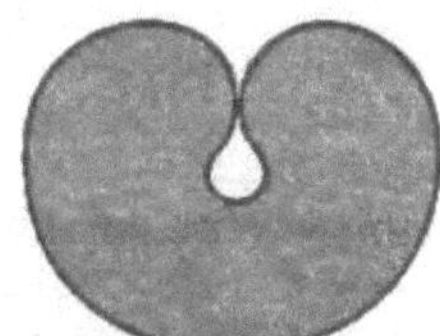

NB. Uebrigens haben mehrere Gattungen der „natürlichen“ Seeblätter eine den hier vorstehenden beiden Holzschnitten täuschend ähnliche Gestalt, unter welcher Form sie denn auch hie und da wirklich in einigen Wappen vorkommen. — So erscheinen sie z. B. solchergestalt in den Wappen derer von Orsberg oder Orsbeck am Nieder-Rheine und der nachmaligen Grafen von Kesselstadt, — welch' Letztere Schild und Kleinod der Ersteren späterhin durch eine Heirath überkommen haben sollen, — sowie noch mehrerer anderer Geschlechter. —

Wie sehr wenig aber dazu gehörte, — (gemäß der bekannten Vorliebe des Mittelalters bei heraldischer Anwendung Alles typisch zu ornamentiren), — von jenen natürlichen Seeblattformen, sogar in nächster Folge schon, auf den dreipaßförmigen fraglichen Durchschlag zu kommen, wird Jedermann leicht selbst einsehen und beurtheilen können. —

Tafel XLVII. Kleinodhelme mit heroldsfigürlichen Eisenhüten.

1) Kleinodhelm der Eckhers von Bopfingen und der Marschälle von Bopfingen in Schwaben; — im Style des XIV. Jahrhunderts entworfen. —

2) Kleinodhelm der Greul von Greulsberg und Reuperg in Bayern; — im Style beiläufig um das Jahr 1493 gehalten —

3) Kleinodhelm eines Herren von Kroneberg, († 1382) nach dem in der Schloßkirche zu Kroneberg neben dem hohen Altare stehenden Grabdenkmale desselben. — Dessen Inschrift, so weit als sie noch erhalten ist, lautet wörtlich, wie folgt:

† Anno Domini MCCCLXXXII . . . . nonas Decēbs obiit Dominus . . . de Croneberg, cujus anima requiescat in pace. — (Samuel Wilhelm Oetters Wappenbelustigungen; Anhang zum VI. Stück. — Von den Wappen der abgestorbenen Graven von Cronenberg. — Tafel Nr. III. pag. 33. Text dazu: §. 16, pag. 33). —

4) Kleinodhelm der Edlen und Ritter von Mayer in Tyrol und Bayern; — im Style ohngefähr um das Jahr 1300 gehalten. —

5) Kleinodhelm des Herzogs Johannes von Cleve, Grafen von der Mark

und Katzenelenbogen, nach einem Original-Siegel desselben mit den beiden Allianz-Wappen des Herzogthums Cleve und der Grafschaft Mark vom Jahre 1511. —

6) Kleinodhelm derer von Lovan in Bayern; — im Style beiläufig um das Jahr 1500 gehalten. —

7) Kleinodhelm derer von dem Busch, genannt: Mausterlingen am Nieder-Rheine; — im Style des XV. Jahrhunderts entworfen. —

8) Kleinodhelm der Reichsgrafen von Berlaymont; — im Style des XV. Jahrhunderts gehalten. —

9) Kleinodhelm der Herren von Hiſsfeld, gleichfalls am Nieder-Rheine; — im Style des XIV. Jahrhunderts entworfen. —

Tafel XLVIII. Kleinod-Helme.

1) Kleinodhelm der Hunnen- oder Hünweiler im Elsäßischen, und zwar im Style des XV. Jahrhunderts gehalten. —

2) Kleinodhelm derer von Lochaw und von Wendt, im Style des XV. Jahrhunderts gehalten. —

3) Kleinodhelm der Störren im Elsaß, und zwar im Style des XV. Jahrhunderts gehalten. —

4) Kleinodhelm des Heinrich Wagners, Goldschmieds zu München, nach seinem und seiner Gattin Anna, einer gebornen Kornmannin gemeinschaftlichem Grabsteine an der äußeren Nordseite der Metropolitan-Dompfarrkirche zu U. L. F. in München. — Dieses Grabsteines Inschrift lautet wörtlich, wie folgt:

Anno dn̄i 1507 Jars den . . . tag febrū: starb der Erwesst Haimrich wagner Goltschmit alhie. Aō. dn̄i. 1584 Jars den 2. tag octo: starb die Er u. tugendhaft Fraw Anna Khornmanin sein Ehliche hausfraw der 'paider selen Gott der Allmechtig genedig sein well amen. —

5) Kleinodhelm von Bayern und der Pfalz, nach einem Holzschnitte des XVI. Jahrhunderts. — (Aus dem sogenannten Jost Amann'schen Wappenbuche vom Jahre 1579). —

6) Eigentlicher Kleinodhelm derer von Wendt, und zwar im Style des XIV. Jahrhunderts gehalten. —

7) Kleinodhelm der alten Grafen von Kirchberg in Schwaben (nunmehr Fuggerisch), nach meinem Wappenbuch-Manuskripte aus dem Ende des XV. oder Anfange des XVI. Jahrhunderts. —

8) Kleinodhelm des Markgrafen Wilhelm von Meissen, nach dessen und seiner Gemahlin Elisabeth gemeinschaftlichem Grabdenkmale vom Jahre 1400. — (Düsseldorfer-Kostümbuch Tab. XLV. b.) —

9) Kleinodhelm des sogenannten schwarzen Prinzen, mit Namen: Eduard, Sohnes Eduards des III., nach seinem gleichzeitigen Grabmale in der Cathedrale zu Canterbury. — (Düsseldorfer Kostümbuch, tab. XXXVII). —

Tafel II. Wappenschilde und Originalschilde.

1) Von den Wächtern des heiligen Grabes getragenes Wappen, nach einem Glasgemälde aus dem XIII. Jahrhundert, im Rittersaale zu Erbach im Odenwalde. —

2) Beizeichen-Wappenschild der alten Grafen von Savoyen, nach Originalen im Cibrario. — (Cibrario, Cavaliere Luigi, Sigilli de' principi di Savoia. — Torino 1834). —

3) Wappenschild der alten Grafen von Bregenz und späterhin dann der nunmehr österreichischen Stadt Bregenz am Bodensee. —

4) Wappenschild der Nürnberger-Patrizierfamilie Pirkheimer, nach des alten Siebmacher's Pars II pag. 158. —

5) Beizeichen-Wappenschild von Dampierre, nach einem Originalsiegel des Guido de Dampierre mit der Umschrift: S. Guidonis de Damipetra. — (Samuel Wilhelm Otters Wappenbelustigungen, Erläuterungen über das Wappen des heiligen Römischen Reichs, pag. 10). —

6) Wappenschild der Herren von Sturmfeder am Rheinstrome und in Franken; —

7) derer von Poppelaw in Schlesien; —

8) der Judmänner von Affeling, Arnbach und Rorenfels in Bayern, nach Originalholzschnitten aus dem XV. und XVI. Jahrhundert; —

9) der nunmehr bayerischen Stadt Lindau am Bodensee; — (Der Lindenbaum ist hier nach dem ältesten Stadtsiegel von Lindau auf das genaueste copirt); —

10) der Rungen oder Rongen von Schillrau in Schlesien, nach J. G. L. Dorst's allgemeinem Wappenbuche: I. Band, Nro. 115, pag. 143 u. 144; —

11) der Teufel von Bühel oder Bichel in Bayern, nach meinem alten Wappenbuch-Manuskripte aus dem Ende des XV. oder Anfange des XVI. Jahrhunderts; —

12) der ehemaligen Reichs-Stadt Augsburg. — (Der sogenannte „Stadt-Pyr", die Zirbelnuß oder der heraldische Pinienzapfen ist hier getreulich nach den meisten noch vorhandenen Originalien des XV. Jahrhunderts stylisirt). —

13) Originalschild des Grafen Dieterich von Wasserburg, nach einem Original-Siegel desselben, das an einer Urkunde vom Jahre 1202 hängt und die Umschrift trägt: Dietricus comes de Wazzerburc. —

14) Originalschild des Herzogs Luitpold von Steyermark, nach einem Originalsiegel desselben, welches an einer Urkunde vom Jahre 1203 hängt und die Umschrift trägt: Liupoldus dei gratia dux Stirie. —

15) Originalschild des Herzogs Heinrich des IV. von Schlesien (des Minne-Sängers), † 1290, nach dessen gleichzeitigem Grabdenkmale in der heiligen Kreuzkirche zu Breslau. — (Düsseldorfer-Kostümbuch, tab. XVII). —

Tafel L. 1) Heraldischer Lendner (côte-hardie); 2) Heraldisches Damenkleid und 3) Heraldische Pferdsdecke.

1) Ritter Hartmann von Kroneberg, † 1372, nach seinem Grabsteine in der alten Kapelle des Schlosses Kroneberg am Taunusgebirge. — Dessen vollständige Inschrift lautet wörtlich wie folgt: Anno domini 1372 octavo calendas octobres obiit dominus Hartmann de Kroneberg senior, cujus anima requiescat in pace. —

2) Blanche de Couci, femme d'Hugo comte de Braine, † 1395, theils nach ihrem Grabsteine in der Abtei St. Yves zu Braine, theils auch nach einem gleichzeitigen Originale mit ihrem Portraite in ganzer Figur, — in etwas freierer Behandlung entworfen. — (Montfaucon monuments de la monarchie française: III, tab. 35, pag. 192; und in dem älteren französischen Costümwerke von Beaunier und Bourgeois). —

3) Hugo von Chastillon, nach einem Original-Reitersiegel desselben aus dem XIV. Jahrhundert und mit der Umschrift: S. Hugonis de Castellione comitis Blesēsis et dn̄i de Auesnis. — (Aus Samuel Wilhelm Oetters Wappenbelustigungen, Erläuterungen über das Wappen des heiligen Römischen Reichs, pag. 10). — Am gleichen Orte bei Oetter, auf der Seite 9, haben wir auch noch das dem gegenwärtig uns hier vorliegendem sehr ähnliche Original-Reitersiegel des Johannes von Chastillon, Herren von Dampierre, und zwar ebenfalls aus dem XIV. Jahrhunderte stammend, mit der Umschrift: S. Jehan de Chasteillon chr. Sires de Dampierre. —

NB. Bei Weitem jedoch nicht alle heraldischen Prachtgewänder (Damenkleider, Lendner, Waffenröcke, Pferdsdecken u. s. f.) zeigen sich uns zu jener heraldischen Blüthezeit jedesmal gerade mit den vollständigen Wappen geziert, oder vielleicht auch mit den einzelnen Hauptfiguren des betreffenden Wappens übersäet und bestreut, wie etwa hier unter Nro. 1 der Lendner des Ritters Hartmann von Kroneberg († 1372) — mit den Kronebergischen Eisenhüten [1]); — oder wie der ärmellose Waffen-Rock Günthers von Schwarzburg, des Römischen Königs († 14. Juni 1349), auf seinem bemalten Grabdenkmale aus rothem Sandsteine im Dome zu Frankfurt am Main [2]), — mit den gekrönten Löwen des Schwarzburgischen Hauses! — Im Gegen-

1) J. H. v. Hefner-Alteneck's Trachtenwerk: Abthlg. II, Tafel 85; Text pag. 115 u. 116. —

2) Ibid. Abthlg. II, Tafel 27; Text pag. 37, 38 u. 39. —

theile aber erscheinen sehr viele dergleichen Gewandstücke nur in den betreffenden Wappen-Farben. — So bilden z. B. für dieß letztere Vorkommen unter Andern besonders schöne Beweismittel: erstlich der Lendner des Heinrich von Saunwensheim (Seinsheim), † 1360, auf dessen früherhin übermalt gewesenem Grabmale in dem Kreuzgange des Domes zu Würzburg [1]), — nemlich in Blau und Silber, als den Seinsheimischen Wappen-Farben; — ferners: das malerische Kostüm des Ludwig von Hutten († 1414) auf seinem ehedem gleichfalls bemalt gewesenem Grabmonumente im Kreuzgange des nunmehr aufgehobenen Frauenklosters Himmelspforten bei Würzburg [2]), — nemlich in Roth und Gold, als den betreffenden Wappenfarben derer von Hutten; — weiters: der Lendner des Rudolph von Sachsenhausen († 1370) auf dessen ursprünglich ebenfalls übermalt gewesenem Epitaphium im Dome zu Frankfurt am Main [3]), — in Blau und Gold, als den betreffenden Wappenfarben von Sachsenhausen; — ebenso: der Lendner des Grafen Otto (des Jüngeren) von Orlamünde, † 1340, auf

---

1) J. H. v. Hefner-Alteneck's Trachtenwerk: Abthlg. II, Tafel 46; Text pag. 67 u. 68. —

2) Ibid. Abthlg. II, Tafel 88; Text pag. 118 u. 119. —

3) Ibid. Abthlg. II, Tafel 133; Text pag. 167, 168 u. 169. —

NB. Dieses hier zuletzt angeführte, eben so merkwürdige, als schöne Grabmal des Rudolphs von Sachsenhausen im Dome zu Frankfurt am Main bezeichnet auch Herr Professor J. H. v. Hefner-Alteneck als ein Original für uns von höchstem Interesse, — indem er dort unter Andern wörtlich sich verlauten läßt, wie folgt: „Dieser ursprünglich bemalte, jetzt übertünchte und sehr vernachlässigte Grabstein ist für die Kenntniß der ritterlichen Tracht und der Heraldik des XIV. Jahrhunderts von hoher Wichtigkeit.“ —

Etwas weiter unten (Abtheilung II, Text pag. 168 u. 169) heißt es dann ferners: „Was das Wappen des Ritters betrifft, so sehen wir dasselbe hier in seiner ursprünglichen Form und praktischen Anwendung. Es bestand aus dem Stechhelm mit Helmzierde und Helmdecke — dann aus dem Schilde mit seinem Inhalte. Es gehört zu den seltenen Erscheinungen, daß, wie hier, schon im 14ten Jahrhundert der Schild in vier Felder abgetheilt wurde, und sich in zwei derselben der Stechhelm mit seiner Helmzierde befindet. Häufig bildet der Gegenstand des Bildes im Schilde auch die Helmzierde; da dieses hier nicht der Fall ist, so hat wohl diese Zusammenstellung stattgefunden, damit auch bei Ermanglung des Stechhelms der Schild allein das vollständige Wappen zeigte. Da hier die Wappenbilder des Schildes stark erhaben sind, ist zu bemerken, daß dieses keine Freiheit des Bildhauers war, der etwa seine Sache auf andre Art nicht deutlich machen konnte, sondern daß auch in Wirklichkeit die Schildbilder nicht nur gemalt, sondern auch häufig in erhabener Arbeit, welche aus gepreßtem Leder bestand, aufgesetzt wurden. Beweise hievon geben die beiden Schilde in der I. Abtheilung Tafel 80 und 82 aus dem 13ten Jahrhundert, welche der Herausgeber in der Elisabethenkirche zu Marburg aufgefunden hat.“ — Also namentlich, wie man sieht, ein für die von mir so oft berührte „plastische Schildstückung“ höchst beachtenswerthes Original! — (Man sehe und vergleiche hiezu übrigens auch wieder die beiden Nro. 1 und 2 auf unserer Tafel V, sowie den dazu gehörigen Text.) —

seinem vordem übermalt gewesenem Grabsteine in dem Cisterzienser Nonnenkloster zu Himmelkron (im bayerischen Kreise Oberfranken [1]), — nemlich gleichfalls in Blau und Gold, als den betreffenden Wappenfarben der alten Grafen von Orlamünde; — desgleichen der Waffenrock eines Ritters aus dem Geschlechte der jetzigen Grafen von Lösch, nach einem Glasgemälde aus der zweiten Hälfte des XIV. Jahrhunderts in der Kirche zu Rothenburg an der Tauber [2]), — nemlich von Hochroth und Weiß, als den betreffenden Wappenfarben der nunmehrigen Grafen von Lösch; — endlich das Kleid der Margaretha von Fuchs, einer geborenen von Hutten († 1403), auf ihrem dereinst übermalt gewesenem Grabsteine in dem Kreuzgange des ehemaligen Frauenklosters Himmelspforten bei Würzburg [3]), — nemlich in Roth mit Knöpfchen von Gold an den Aermeln, als sowohl den betreffenden beiden Fuchsischen, wie auch den beiden Hutten'schen Wappenfarben, u. s. w. u. s. w. — Geradeso hat man aber noch unzählige ähnliche Beispiele an heraldischen Damenkleidern, Lendnern, Waffen-Röcken, Haustrachten, Prachtgewändern, Pferdedecken, Festkostümen, Tapeten und an sehr vielen anderen derartigen Originalien. —

Tafel LI. Schildhalter und Kleinodhelme.

1) Wappen der Herren von Landschaden, mit Schildhalter und nach einem Original-Holzschnitte aus dem sogenannten Jost Amann'schen Wappenbuche mit der Jahreszahl 1579. — Des fraglichen Wappens Aufschrift lautet dort: Insignia Nobilium Landschaden. —

2) Das Chur-Cölnische Wappen mit Schildhalterin, gleichfalls nach einem Originalholzschnitte aus dem bekannten Jost Amann'schen Wappenbuche vom Jahre 1579. — Dieses Wappens Aufschrift besagt: Coloniensis Episcopi Electoris insignia. —

3) Kleinodhelm derer von Rohr in Bayern, — nach dem Style ohngefähr um das Jahr 1600 arrangirt. —

4) Italienischer Kleinodhelm, nach einem Medaillon aus dem Ende des XV. oder vom Anfange des XVI. Jahrhunderts. —

5) Kleinodhelm des Schwäbisch-Haller-Patriziergeschlechtes Mangold, nach der heraldischen Stylisirung ohngefähr um das Jahr 1547 entworfen. —

Tafel LII. Porträt der Herzogin Jakobea von Bayern und fünf allegorische Schildhalterinnen.

Von Nro. 1 bis Nro. 6 stammen sämmtlich aus dem XVI. Jahrhunderte und

1) J. H. v. Hefner-Alteneck's Trachtenwerk; Abthlg. II, Tafel 140; Text pag. 185, 186 u. 187. —
2) Ibid. Abthlg. II, Tafel 37; Text pag. 55. —
3) Ibid. Abthlg. II, Tafel 93; Text pag. 123. —

sind, (höchst wahrscheinlich nach des großen Meisters Albrecht Dürer eigener Handzeichnung), in sechs sogenannte Kellheimer-Platten (Kellheimer-Stückl) en relief geschnitten. — Sie befinden sich gegenwärtig alle in den königlichen vereinigten Sammlungen zu München. — Nemlich:

1) Wappen und Schildhalterin von Sizilien. — Mit der Umschrift: Cecylia. —

2) Wappen und Schildhalterin von Mailand. — Mit der Umschrift: Meyland. —

3) Wappen und Schildhalterin von Braunschweig. — Mit der Umschrift: Brovnschweig. —

4) Wappen und Schildhalterin von Katzenelenbogen. — Mit der Umschrift: Katzenelenbogen. —

5) Wappen und Schildhalterin von Lothringen. — Mit der Umschrift: Lotring. —

6) Porträt der Herzogin Jakobea von Bayern. — Mit der Umschrift: Jacoba H. in Bairn. —

Tafel LIII. Doppel-Schildhalter.

1) Doppelschildhalter, ein jugendliches Ehepaar vorstellend, mit der Inschrift: Gentilitia Kellnerorum insignia, nach Jost Amann. — (Erstes Blatt in dessen sogenanntem Wappenbuche vom Jahre 1579). —

2) Doppelschildhalter, ebenfalls ein ritterliches Ehepaar vorstellend, unter der Aufschrift: Insignia Friderici Alberti ab Hessenburg, in Schnaitzenbach et Heywinde; — und gleichfalls aus dem sogenannten Jost Amann'schen Wappenbuche mit der Jahreszahl 1579. —

Tafel LIV. Schildhalter und vollständige Wappen.

1) Schildhalter (nemlich ein sogenannter wilder Mann), nach dem Jost Amann'schen Wappenbuche vom Jahre 1579, und daselbst mit der Aufschrift: Holtzhausiorum insignia. —

2) Schildhalter (Ritter), aus dem mehrbesagten Jost Amann'schen Wappenbuche mit der Jahreszahl 1579, und zwar dort unter der Aufschrift: Heldeniorum insignia. —

NB. Als höchst merkwürdig und ganz besonders bezeichnend für die bisweilige Befestigung der figürlichen (körperhaften) Wappenbilder an den stereotypen Urformen der Helmzierden, oder vielmehr an den plastisch gebildeten Kleinoden, — erscheint hier der durch das Ohr des Brackenrumpfes gesteckte, und eigentlich in diesem eingehäckelte Armbrust-Stral (Pfeil mit Widerhacken.) —

3) Weiblicher Schildhalter, die heilige Jungfrau Regina vorstellend, als Namenspatronin meiner geliebten Gattin, für welch' Letztere ich ein derartiges Siegel mit den beiden Allianze-Wappenschilden von Mayer und Menges in jüngster Zeit erst anfertigen ließ. —

NB. Es ist nach entsprechenden Originalien des XV. Jahrhunderts in freier Behandlung entworfen und meisterhaft ausgeführt durch Herrn Thomas Birnböck, Graveur in München, dessen geniale Compositionen und gelungen ausgeführte Arbeiten, wie man beispielsweise hier sehen kann, den alten fast gar nicht oder doch nur sehr wenig nachstehen; — weßwegen ich, blos vergleichshalber mit den mittelalterlichen Originalien, auch dieser gewiß würdigen neueren Composition hier ein bescheidenes Plätzchen gönnen wollte. —

4) Schildhalter (Stadtpatronus St. Moritz) mit dem Wappen von Ingolstadt in Bayern; — nach dem ältesten Originalsiegel der genannten Stadt. —

Dessen wohlerhaltene In- und Umschrift lautet: Sanctus Mauricius † Sigillum civium de Ingolstat.

5) Wappen der edlen Manessen von Manegg in der Schweiz, genau nach einer Originaldarstellung desselben in der uralten Züricher Wappenrolle (circa um 1300). —

6) Schildhalter von Frankreich, nach einem Porträte Carls des VII. Königs von Frankreich († 1461); — Pergamentgemälde aus dem auf der Bibliothek zu Stuttgart aufbewahrten Tagebuche des Ritters Georg von Ehingen (geboren unfern Tübingen im Jahre 1428, gest. 1508). —

Die Aufschrift jenes Porträtes lautet daselbst: „karolus von gottes genaden künig von franckrich." —

7) Wappen der edlen Pienzenauer von Wildenholzen in Bayern, im heraldischen Style der letzten Dezennien des XV. Jahrhunderts gehalten. —

Tafel LV. Menschliche (männliche und weibliche), Thier- und phantastische Schildhalter.

1) Wappenträger (ein sogenannter wilder Mann), nach einem gemeinschaftlichen Familien-Grabdenkmale der edlen, uralten Herren von Freiberg in Schwaben (aus der Mitte des XV. Jahrhunderts); — in der tyrolischen Cisterzienser-Abtei Stams. — Die vollständige und noch wohlerhaltene Umschrift des besagten Grabsteines lautet wörtlich, wie folgt: „begrebnus der edln h. fridrichs, h. heinrichs vnd h. peters von freyberg gebrüd. vnd ir vater, muter vnd auch ir gemachln. 1456." — (Man sehe und vergleiche hiezu auch: „die goldene Chronik von Hohenschwangau,

der Burg der Welfen, der Hohenstauffen und der Schwern" von Joseph Freiherrn von Hormayr-Hortenburg, München 1842. Anderte Abtheilung. IV Die Freyberge vom Eisenberge. Die Kupfertafeln: Tab. V, VI und VII, oder resp. Tab. XI, XII und XIII. „Freybergische Grabsteine in ihrer Erbgruft, in der tyrolischen Cisterzienser-Abtei Stams.") —

2) Wappenträger, nach dem Grabsteine eines gewissen Erasmus von Layming († 1406) im ehemaligen Kloster Seeon am Chiemsee in Oberbayern. —

3) Bannerträgerin (hier von Bayern), nach des Ritters Conrad von Grünenberg Original-Handzeichnungen vom Jahre 1483. —

4) Frau Magdalena, des Adolf Ebensteiers Hausfrau († 1488), als Helm- und Schildhalterin des Ebensteier-Wappens fungirend, nach einem alten Grabsteine im ehemaligen bayerischen Kloster Gars. — Die ungemein sinnige Aufschrift des fliegenden Zettels ober ihr lautet vollständig: „mich. schwecht. meyden." —

5) Wappenträger, nach dem Insiegel eines gewissen Winnemarus von Birnbaum zu Köln, vom Jahre: 1425. —

Tafel LVI. Heraldische Würden-, Rang- und Standes-Attribute.

Von Nro. 1 bis Nro. 20 übersehen wir die sämmtlichen heraldischen Würden-, Rang- und Standes-Attribute, wie wir sie oben schon im Texte selbst, und zwar im Abschnitte VIII, der von den sogenannten „heraldischen Prachtstücken" im Allgemeinen handelte, bereits näher kennen gelernt haben, und wie man sie dort sehr ausführlich beschrieben finden kann. —

Tafel LVII. Schildhalter, Kleinodhelme und Oettingen'sches Originalsiegel.

1) Kleinodhelm des Pfalzgrafen bei Rhein, Erztruchseßen des heiligen Römischen Reichs und Kurfürsten 2c. 2c., nach des Ritters Conrad von Grünenberg Original-Wappenbuchmanuskripte, mithin also spätestens vom Jahre 1483. —

2) Kleinodhelm des „kunigs von croacyen", aus des Ritters Conrad von Grünenberg Original-Wappenbuchmanuskripte, mithin also spätestens vom Jahre 1483. —

3) Kleinodhelm des Otto, Pfalzgrafen bei Rhein und Herzogs in Bayern, — nach einem Originalsiegel desselben mit der Umschrift: Secretum Ottonis ducis Bawarie, und an einer Urkunde hängend, die vom Jahre 1331 datirt ist: „an dem nechsten Sontag nach aller Heiligen Tag". — (Monumenta boica, Fürstenfeldensia, Vol. IX, Nro. LXXI, pag. 159 et 160. Sigill. Tab. I, Nro. VII.) —

4) Oettingen'sches Originalsiegel mit der Umschrift: „† Sigillum comitis de otingen", und hängend an einer undatirten Nürnberger-Urkunde im kgl. Reichsarchive zu München, welche nach Einigen angeblich schon aus dem Ende des XI., wieder nach Andern aus dem Ende des XII., aller Wahrscheinlichkeit nach jedoch erst aus dem Anfange des XIII. Jahrhunderts herstammt. —

NB. Man sehe und vergleiche dasselbe Wappensiegel, in Originalschild-Form und in seinen betreffenden Farben entworfen, auch auf unserer Tafel XXVII, unter Nro. 1. —

5) Männlicher Schildhalter, mit ausgespreizten Beinen in einem Dreipaße stehend und mit den Allianze-Wappenschilden der beiden Straubinger-Bürgergeschlechter: Spörl und Gyelse versehen; — aus dem XV. Jahrhunderte stammend und in der Stifts-Kirche zu Straubing befindlich. —

6) Männliche Doppel-Schildhalter aus dem XIV. Jahrhundert, nach dem Grabsteine des Ritters Conrad von Bickenbach († 1393) am Kirchhofe zu Röllfeld unweit Aschaffenburg. —

NB. Herr Professor J. H. von Hefner-Alteneck verlautet unter Andern über diese beiden Doppel-Schildhalter (in seinem Trachtenwerke, Abtheilung II, Tafel 57, Text pag. 82 u. 83) wörtlich wie folgt: „Ueber ihm befindet sich sein Wappenschild, welches von zwei Männern gehalten wird, deren Kleidung ebenfalls ganz nach dem Schnitte dieser Zeit ist." —

7) Eine antike, allegorische oder mythologische Schildhalterin (hier eine Minerva), nach dem oftерwähnten Jost Amann'schen Wappenbuche mit der Jahreszahl 1579, wie solche aber namentlich durch die ganze Renaissancezeit, nemlich während dem XVI. und XVII. Jahrhunderte, vorzüglich beliebt waren. —

Tafel LVIII. Flügel-Kleinode.

1) Kleinodhelm des Grafen Albert von Hals, nach dessen Siegeln von den Jahren 1289, 1296 etc. mit der Umschrift: Sigillum comitis Alberti de Halse. —

NB. Auf eine Vergleichung dieses Kleinodhelmes mit dem nemlichen auch auf den Tafeln der Monum. boic. (Vol. IV, V etc.) mache ich hier um so dringender aufmerksam, weil dadurch zugleich die ganz schlechtverstandenen Zeichnungen des letztgenannten Werkes sicherlich in's grellste Licht gestellt werden. —

2) Kleinodhelm derer von Eck, nach Eckerischen Grabsteinen im bayerischen Kloster Metten (nunmehr Benediktiner-Ordens), und zwar nach den beiden Epitaphien des Petrus de Ekke (Vitztom ze Straubing) vom Jahre 1348, und des Albertus de Ekke vom Jahre 1368. — (Monumenta Metensia Nro. II, Tab. XII. Epitaph. Nro. 2 et 3. Monumenta boica vol. XI in fine.) —

3) Kleinodhelm Peters des Eytlenharter, nach einem Originalsiegel desselben, das an einer Urkunde vom Jahre 1418 hängt. —

4) Kleinodhelm des Heinrich Neidhart, weiland Stadtschreibers zu Ulm, nach einem an der Aussenseite des Domes daselbst, oder der gemeinschaftlichen Neidhartischen Kapellen-Gruft, in Stein gehauenem Wappen. — Die noch wohlerhaltene Inschrift darunter lautet wörtlich, wie folgt: „Heinrich Nitharts wiland stattschribers hie zu ulme saelige fine und finer nachkoen begrebde. — ano. dmj. mccccxliij gemacht.“ —

5) Kleinodhelm eines gewissen Ludwig Tömlinger, nach dessen Insiegel an einer Urkunde vom Jahre 1471. —

6) Kleinodhelm am Wappen des Markgrafen von Brandenburg, Erzkämmerers des heiligen Römischen Reiches und Kurfürsten, nach des Ritters Conrad von Grünenberg Original-Wappenbuchmanuskripte, mithin also spätestens vom Jahre 1483. —

7) Kleinodhelm nach dem bekannten Wappen „mit dem Todtenkopfe“ vom Meister Albrecht Dürer; — (mit dem Monogramme des Künstlers und der Jahreszahl: 1503). —

8) Kleinodhelm nach dem sogenannten Wappen „mit dem Hahnen“, von demselben Meister und vermuthlich auch aus der nämlichen Zeit stammend, wie der unmittelbar vorhergegangene Kleinodhelm unter Nro. 7. —

9) Flügelkleinodhelm nach einem französischen Originale aus dem XVI. Jahrhundert. —

Tafel LIX. Teufel- und Ungeheuer-Kleinode.

1) Kleinodhelm der altbaverischen Herren von Frauenhofen oder Fraunhofen, nach einem Originale aus dem XV. Jahrhundert. —

2) Kleinodhelm des Alhard Frawnhover, nach einem Originale ohngefähr um das Jahr 1340. —

3) Kleinodhelm des Michael Halwachs, nach dem Originalsiegel desselben an einer Urkunde vom Jahre 1557. —

4) Kleinodhelm derer von Dinnbach, nach der alten Wappenrolle der ehemaligen Adelsgenossenschaft „zur Katze“ in Constanz, mit der Jahreszahl 1547. —

5) Kleinodhelm derer von Hof, nach demselben Originale vom Jahre 1547, wie der vorige Kleinodhelm unter Nro. 4. —

6) Kleinodhelm derer von Heßberg in Franken, nach dem alten Wappenbuch-Manuskripte aus dem Ende des XV. oder Anfange des XVI. Jahrhunderts, das sich in meinem eigenen Besitze befindet. —

7) Kleinodhelm derer von der Ker oder Keher im Fränkischen, nach demselben Originale und mithin also auch aus derselben Zeit, wie der vorhergegangene Kleinodhelm unter Nro. 6. —

8) Kleinodhelm derer von Krützlingen (Kreuzlingen), nach demselben Originale und mithin also auch aus der nämlichen Zeit (vom Jahre 1547), wie die beiden vorhergegangenen Kleinodhelme unter Nro. 4 und Nro. 5 auf der gegenwärtigen Tafel. —

9) Kleinodhelm der Specker, nach demselben Originale und mithin also auch aus derselben Zeit (vom Jahre 1547), wie die drei vorhergegangenen Kleinodhelme unter Nro. 4, Nro. 5 und Nro. 8 auf der gegenwärtigen Tafel. —

Tafel LX. Wappenschilde und Originale.

1) Wappenschild der berühmten Ulmer-Patrizierfamilie Besserer, nach einem alten in Stein gehauenen Wappen dieses Geschlechtes im Museum zu Ulm, das die Inschrift „jerg besr" trägt und mit der Jahreszahl 1427 versehen ist. —

2) Wappenschild desselben Geschlechtes, nach der ganz irrigen Ansicht späterer Zeiten. —

3) Stadtwappen von Basel in der Schweiz. —

4) Wappenschild derer von Brodreis auf Kütz und Riegelsreuth in Bayern. —

5) Wappenschild der Herren von Rochow in Preußen, und zwar in seiner ursprünglichen, alten Form, d. h. als ein sogenanntes (sprechendes oder redendes) Namen-Wappen. —

6) Wappenschild desselben Geschlechtes, nach der durchaus falschen Anschauungs-Weise der neueren und neuesten Zeit. —

7) Wappenschild der edlen Carlen und derer von Hochenballen in der Schweiz, — in seiner alten, ursprünglichen Gestalt. —

8) Wappenschild der nämlichen beiden Geschlechter, nach der völlig verkehrten Auffaßung der neueren und neuesten Heraldik. —

9) Wappenschild des berühmten Tondichters der Renaissanceperiode, des großen Meisters Roland de Lattre, genannt Orlando di Lasso, nach einem alten Porträte desselben mit der Beischrift: Roland de Lattre, Nó a Mons en 1520, Mort a Munich en 1595. —

10) Nach dem ältesten Originalsiegel der Ortschaft Pöltmes in Bayern, mit der Umschrift: S. civium in Pelems, — (und aus dem XIV. Jahrhunderte stammend). —

11) Wappenschild des Eberhard von Berg, nach dem Originalsiegel desselben, das an einer Urkunde vom Jahre 1357 hängt und folgende Umschrift trägt: S. Eberhardi de Perge. —

12) Das letzte oder einundzwanzigste Beizeichenwappen des welschen Geschlechtes Malatesta. — Nach zu dem auf unserer Tafel XLV, von Nro. 1 bis Nro. 20 stehenden Cyklus der sämmtlichen Beizeichenschilde des altvenetianischen

Patrizierhauses Malatesta gehörig, und nur wegen Platzmangel dort — hier auf dieser Tafel untergebracht. —

13) Ein dreieckiges Bronzeschildchen (vermuthlich eine Gewand- oder Mantel-Hafte aus dem XIII. oder XIV. Jahrhundert) mit dem erhaben getriebenen deutschen Reichsadler. — Wurde bei den Ausgrabungen auf der Burg Tannenberg im Hessen-Darmstädtischen gefunden. — (Man sehe und vergleiche hiezu auch des Herrn Professors Jakob Heinrich von Hefner-Alteneck: Burg Tannenberg und ihre Ausgrabungen, Frankfurt am Main, 1850; Tafel VIII, lit. D, Text pag. 90.) —

14) Schwertgürtelschließe Eduards, des sogenannten „schwarzen Prinzen", Sohnes Eduards des III., nach einem gleichzeitigen Grabdenkmale desselben in der Cathedrale zu Canterbury. —

15) Originalsiegel des in der Görlitzer-Geschichte so berühmt gewordenen Ulmanns aus oder von der Münze († zu Görlitz im Jahre 1383), das an einer Urkunde vom Jahre 1368 hängt und die Umschrift trägt: „† Ulmanni de Moneta." — (Man sehe Näheres hierüber auch in J. G. L. Dorst's allgemeinem Wappenbuche, Band II, Beigaben, Siegelbeilage, Text pag. 164 und 165.) —

16) Ein rundes Bronzeplättchen mit erhaben getriebener Lilie, (vermuthlich ein Riemen- oder Gürtelbeschläge aus dem XIV. Jahrhundert). — Bei Gelegenheit der Ausgrabungen auf Burg Tannenberg im Hessen-Darmstädtischen aufgefunden. — (Man sehe und vergleiche hiezu auch des Herrn Professors Jakob Heinrich von Hefner-Alteneck: Burg Tannenberg und ihre Ausgrabungen, Frankfurt am Main, 1850; Tafel VIII, lit. C, Text pag. 90.) —

17) Originalsiegel Albrechts des Judmannes, das an einer Urkunde des ehemaligen bayerischen Klosters Polling hängt, die vom St. Georgentage des Jahres 1304 datirt ist. — Die sehr abgekürzte Umschrift desselben lautet, wie folgt: S. Albti Judmāñi Marscaci de Struppen (d. i. Siegel Albrecht des Judmannes, Marschalks von Struppen). — (Monumenta boica, Pollingana; Vol. X, Sigill. Tab. IV. — Tabulae venditionis. Nro. XXXVI, pag. 67 et 68.) —

Tafel LXI. Fünf vollständige Wappen und ein ideales, westheraldisches Pelz- oder Rauchwerkdesslin.

1) Das vollständige Wappen der Edlen und Ritter von Mayer in Tyrol und Bayern, nach einer dekorativen Anwendung desselben, die ich entsprechenden urheraldischen Originalien aus der ersten Hälfte des XIII. Jahrhunderts auf das genaueste plastisch nachbilden ließ. — (Eigentlich im altniederrheinischen Wappenstyle gehalten.) —

2) Das vollständige Wappen der Familie Menges aus dem Pfälzischen, wie es solchergestalt, — (gleichfalls zum Zwecke einer dekorativen Anwendung, und auf das genaueste nach entsprechenden urheraltischen Originalmotiven aus der ersten Hälfte des XIII. Jahrhunderts arrangirt) — künstlerisch angefertiget wurde. —

3) Das vollständige Wappen der Forster von Wildenforst in Bayern, nach einem bemalten Grabsteine dieses uralten Turnierer-Geschlechtes, im bayerischen Benediktiner-Kloster Metten. —

NB. Ganz besonders bemerkenswerth erscheint hier der nur vorne aus Eisen, hinten dagegen aus Leder verfertigte Stechhelm, an welchem Exemplare man vorzüglich deutlich die Spangen wahrnehmen kann, welche das lederne Hintertheil mit dem eisernen Vordertheil verbinden sollten, oder die vielmehr die Bestimmung hatten, das erstere am letzteren festzuhalten. — (Man sehe und vergleiche hiezu übrigens auch die Monumenta boica. Vol. XI. Monumenta Metensia Nro. 2, Tab. XII.) —

4) Das vollständige Wappen der Feyrer oder Feurer von Pfetrach in Bayern, nach einem bemalten Epitaphium dieses alten Geschlechtes in der sogenannten Preising-Kapelle im niederbayerischen Kloster Seligenthal bei Landshut. — (Aus dem Ende des XV. Jahrhunderts.) —

5) Das vollständige Wappen des uralten Hauses Blumeneck im sogenannten Walgaue. — Nach einem Holzschnitte vom Jahre 1616, — (hier aber in Farben entworfen,) — der in dem unter Nro. 84 der „Literatur" zu meinem hier vorliegenden Werke aufgeführten alten Buche, und zwar dort mit dem dazu gehörigen Texte auf den Seiten 56, 57 et seq. sich befindet. —

NB. Dr. Johann Wolfgang Trier in seiner „Einleitung zu der Wapen-Kunst"; Leipzig 1729; — und zwar in der „Spezial-Abhandlung der Wapen-Kunst" unter Nro. 27 beim „Wapen der Fürsten zu Fürstenberg", (von Seite 400 bis 403) — schreibt unter Andern über das uns hier vorliegende Wappen derer von Blumeneck im sogenannten Walgaue, und beziehungsweise zunächst eigentlich über dessen originelle Vereinigung in Form einer Schildeseinfaßung (nemlich durch den Wolkenrand) mit dem Fürstlich von Fürstenbergischen, wörtlich also wie folgt: „Der Rand um den Haupt-Schild ist von Silber und Blau mit doppelten Wolcken getheilt. Wegen der Erbschafft des Hauses Blumeneck. — Die alten Herren von Blumeneck haben in rothem Feld drey von Silber und Blau mit doppelten Wolcken getheilte Over-Balcken geführet, (Siebmachers Wappen-Buch tom. 1, p. 193) zu welcher Zeit aber und auf welche Weise die Erbschafft dieses Hauses an das Hauß Fürstenberg gediehen, habe nicht finden können. Es ist sonsten nicht ungewöhnlich, ein Wapen mit dem anderen in einem Schildes-Rand zu vereinigen, wie unter andern an dem Königlichen Portugiessischen gesehen werden kan. Herr Spener aber hält davor, (Part. spec. p. 626), es seu dieser Rand ein blosses Beyzeichen, wodurch ehemals die zwey Linien der Grafen zu Fürstenberg, welche zu Ende des eilfften oder zu Anfang des zwölfften Seculi entstanden, von einander unterschieden worden. Und zwar habe die ältere, welche Freyburg besessen, den rothen Adler in güldnem Feld ohne Schildes-Rand, die jüngere aber, welche noch heut zu Tag blühet, mit diesem Zusatz geführet." —

6) Man sehe und vergleiche hiezu Nro. 10 auf der Tafel XXXI; — sowie auch die betreffende Anmerkung in der dazugehörigen „übersichtlichen Erklärung" aufmerksam nachgelesen werden mag. —

Tafel LXII. Mayerische Beizeichen-Kleinode.

1) Kleinodhelm der alten Mayer von Mayerfels. — (Im heraldischen Style des XVI. Jahrhunderts gehalten, und zwar nach des alten Siebmachers Pars IV, pag. 123 unter der Aufschrift: Geadelte.) — (Zum Wappenschilde unter Nro. 1 auf der Tafel XLIV gehörig.) —

2) Anderer Kleinodhelm der alten Mayer von Mayerfels. — (Im heraldischen Style des XV. Jahrhunderts gehalten, und ebenfalls nach des alten Siebmachers Pars IV, pag. 123 unter der Aufschrift: Geadelte) — (Zum Wappenschilde unter Nro. 3 auf der Tafel LXIV gehörig.) —

3) Kleinodhelm der alten Mayr von Mayenfels. — (Im heraldischen Style des XIV. Jahrhunderts entworfen, aber gleichfalls nach des alten Siebmachers Pars IV, pag. 123, unter der Aufschrift: Geadelte.) — (Ebenfalls zum Wappenschilde unter Nro. 1 auf der Tafel LXIV gehörig.) —

4) Kleinodhelm der Mayer oder Mayr aus Tyrol (vor dem Jahre 1676), und hier im Wappenstyle des XIII. Jahrhunderts gehalten. — Nach den ältesten, noch vorhandenen Originalsiegeln der gegenwärtigen Ritter und Edlen von Mayer in Bayern. — (Zum Wappenschilde unter Nro. 2 auf der Tafel XLIV gehörig.) —

5) Kleinodhelm der Mayer oder Mayr aus Tyrol (nach dem Jahre 1676), und hier im heraldischen Style des XV. Jahrhunderts entworfen. — Aus den noch vorhandenen Original-Wappenbriefen des Geschlechtes der nunmehrigen Ritter und Edlen von Mayer in Bayern entnommen. — (Zum Wappenschilde unter Nro. 3 auf derselben Tafel XLIV gehörig.) —

6) Jetziger Kleinodhelm der nunmehrigen Ritter und Edlen von Mayer aus Tyrol und in Bayern. — Hier im heraldischen Style der zweiten Hälfte des XIV. Jahrhunderts gehalten, und zum Wappenschilde unter Nro. 4 auf der nämlichen Tafel XLIV gehörig. —

7) Kleinodhelm der Meier von Hüningen in der Schweiz, nach einem kolorirten Wappenbuche der löblichen Bürgerschaft in Basel vom Jahre 1841, und zwar dort auf der Tafel 22, unter Nro. 1 befindlich. — (Zum Wappenschilde unter Nro. 5 auf unserer Tafel XLIV gehörig.) —

8) Anderer Kleinodhelm eines zweiten Geschlechtes unter dem Namen: Meier von Hüningen in der Schweiz, und gleichfalls aus dem vorgenannten kolorirten Wappenbuche der löblichen Bürgerschaft in Basel (vom Jahre 1841) genommen. — (Dort ebenfalls auf der Tafel 22, aber unter Nro. 2 stehend, und zum Wappenschilde unter Nro. 2 auf unserer Tafel LXIV gehörig.) —

NB. Die Zeichnung jedoch des uns hier vorliegenden Löwen-Kleinodes ist nach einem vorzüglichen Originalholzschnitte im sogenannten Jost Amann'schen Wappenbuche (mit der Jahreszahl 1579) auf das genaueste kopirt. — Das betreffende Wappen aber, auf dem unser fragliches Löwenkleinod dort vorkommt, trägt die Aufschrift: Jacobi Sabonij insignia. —

9) Kleinodhelm der edlen Herren von Mayr oder Mayer auf Starzhausen in Bayern, im heraldischen Style des XV. Jahrhunderts entworfen. — (Zum Wappen-Schilde unter Nro. 6 auf der Tafel XLIV gehörig.) —

Tafel LXIII. Verschiedene zusammengesetzte oder gemischte Kleinode und zwei vollständige Wappen.

1) Kleinodhelm des Herzogthums Bayern. — (Nach Originalien aus der zweiten Hälfte des XV. Jahrhunderts.) —

2) Kleinodhelm der Pfalzgrafschaft bei Rhein und des Herzogthums Bayern; — nach einem Originalsiegel aus dem XV. Jahrhunderte, dessen noch wohlerhaltene Umschrift wörtlich lautet, wie folgt: Sigillum alberchti dei gratia comitis. palatin. reni et bavarie ducis. —

3) Ein Kleinodhelm aus der uralten Züricher-Wappenrolle, den ich vorzüglich deßhalb hieher setzen wollte, weil wir an ihm den merkwürdigen Fall eines doppelten Hilfskleinodes wahrnehmen, indem nemlich ein männlicher Rumpf und der sogenannte Beutelstand, also zwei stereotype Urformen der echten und wahren heraldischen Hilfskleinode — (und zwar wirklich jedes für sich eigens wieder mit den betreffenden Schildesfiguren geschmückt) — am Helme hier zugleich erscheinen. —

4) Kleinodhelm eines gewissen Conrad Clammerstainer, Ritters († 1402). —

5) Kleinodhelm der nunmehrigen Freiherren von Zu Rhein in Bayern; — im heraldischen Style des XV. Jahrhunderts gehalten. —

6) Das vollständige Wappen derer von Anselsheim am Rheinstrome, so etwa

Bastarde der Pfalzgrafen bei Rhein gewesen sein mögen. — Im Wappenstyle des XVI. Jahrhunderts gehalten. — (Alter Siebmacher: Reynleundische Pars II, pag. 103). —

7) Das vollständige Wappen der edlen Truchseßen von Pommersfelden im Fränkischen. — Nach dem heraldischen Style des XV. Jahrhunderts, und zwar zunächst nach des Ritters Conrad von Grünenberg Original-Handzeichnungen (vom Jahre 1483) entworfen. — (Alter Siebmacher: „Frenckische" Pars I, pag. 101.) —

NB. Auch dieses letztere Wappen ist ganz besonders merkwürdig und namentlich durch seine, vermöge „heroldsfigürlicher Symbolik", am Helmkleinode „wirklich körperhaft" wiederholte Leiste (schmaler Balken) für uns von höchstem Interesse; — denn wer würde hier z. B. blos deßhalb nur den geringsten Anstand nehmen: die beiden rothen Leisten im Schilde selbst — dennoch für ächte, wahre Heroldsfiguren zu erklären?! —

Tafel LXIV. Wappenschilde.

1) Wappenschild der edlen Herren und uralten Grafen von Phalay oder auch wohl von Valloy in Bayern. — (Im alten Siebmacher unter den „Grauen" Pars II pag. 10). —

2) Wappenschild der andern Meier von Hüningen in der Schweiz; — ebenfalls aus dem schon öfters genannten und kolorirten Wappenbuche der löblichen Bürgerschaft in Basel (vom Jahre 1841) genommen, — und dort auf der Tafel 22, unter Nro. 2 zu finden. —

3) Wappenschild der andern Mayer von Mayerfels. — (Gleichfalls im alten Siebmacher unter der Aufschrift: Geadelte, Pars IV, pag. 123.) —

4) Wappenschild der Escher „vom Glas" in der Schweiz. — (Im alten Siebmacher unter den „Schweyzerischen", Pars I, pag. 199.) —

5) Wappenschild derer von Schencking im Westphälischen. — (Alter Siebmacher „Westphälische", Pars I, pag. 191.) —

6) Wappenschild der Herren von Doneck oder Doneckh in Bayern. — (Alter Siebmacher unter der Aufschrift: „Bayerische", Pars I, pag. 96.) —

7) Wappenschild der „freyen von Gutenburg am schwartzwald", nach des Ritters Conrad von Grünenberg Wappenbuche vom Jahre 1483. — (Man sehe und vergleiche hiezu auch J. G. L. Dorst's Copie desselben in Farbendruck, vom Jahre 1840, — daselbst aber auf der Tafel 190). —

8) Wappenschild derer von Hieronymi in Bayern. — (Nach J. A. Tyroff's Wappenbuch des gesammten Adels des Königreichs Baiern, Pars VI, pag. 15.) —

9) Wappenschild der obigen Herren von Gutenburg am Schwarzwalde. — (Aber nach des alten Siebmachers Pars II, pag. 34.) —

10) Wappenschild derer von Bütikon in der Schweiz. — (Alter Siebmacher „Schweyzerische", Pars II, pag. 150.) —

11) Wappenschild des Nürnberger-Patriziergeschlechtes: Glasnapf. — (Im alten Siebmacher unter der Aufschrift: Nürnbergische Erbare Geschlecht, Pars II, pag. 160.) —

12) Wappenschild derer von Bütigkhen am Rheinstrome. — (Im alten Siebmacher unter den „Reynlendischen", Pars II, pag. 103). —

Als eine passende Schlußvignette meines „heraldischen A B C Buches" folgt hier nachstehend in Holzschnitt noch die genaue Copie eines sehr schönen und auch heraldisch merkwürdigen Grabsteines aus der Pfarrkirche zu Berbling, einem Dorfe, das ohngefähr 1 Stunde vom oberbayerischen Marktflecken Aibling entfernt ist. — Ein Original, welches mir durch die Güte des Herrn Friedrich Waibler, Malers in München, erst ganz kürzlich noch mitgetheilt wurde,[1]) und das für uns namentlich deßhalb von höchstem

---

1) Würde ich mein hier vorliegendes Werk ganz in der neuesten Zeit erst geschrieben haben, so wäre mir jetzt freilich wieder eine neue Quelle gewiß auch höchst interessanter heraldischer Natur eröffnet gewesen, indem das wahrhaft großartige, — nur durch die allbekannte Vorliebe Sr. Maj. unseres jetztregierenden Königs Maximilian des II. von Bayern für Künste und Wissenschaften überhaupt, zunächst aber namentlich für die des christlichen Mittelalters — gegenwärtig in München neubegründete „Bayerische National-Museum", (früherhin „Wittelsbacher-Museum" genannt,) unter der umsichtigen Leitung seines dermaligen Vorstandes, des königl. bayer. Kämmerers und Geheimrathes C. M. Freiherrn v. Aretin, mehr und mehr an Ausdehnung gewinnt, — ja, an Wachsthum, Reichhaltigkeit und Blüthe in solchem Maaße zunimmt, daß durch dasselbe ein für Bayern, man muß es leider zugestehen, bisher sehr vernachläßigt gewesenes Fach nachgerade auf seinen Culminationspunkt gebracht zu werden verspricht! — Man darf sich daher der sicheren Erwartung hingeben: es gehe endlich einmal auch bei uns die germanistische, d. h. die spezifisch christlich-mittelalterliche Richtung im kunsthistorischen Studium einer schöneren und hoffnungsvollen Zukunft entgegen! — Hätte man freilich dieses allerdings sehr dankenswerthe Unternehmen nur um einige Jahrzehente früher, und etwa nur halb so thatkräftig wie jetzt in die Hand genommen, — wäre man ferners für die Erhaltung der vaterländischen Kunstschätze und der christlich-mittelalterlichen Originale nur halb so besorgt gewesen, wie man seiner Zeit auf die Conservirung griechischer und römischer Antiken bedacht war, — hätte man endlich vielleicht damals derartige oder ähnliche Anstalten ins Leben gerufen, wie heutzutage, — so würden nunmehr freilich ungleich weniger jener unberechenbaren Verluste an wissenschaftlichen und Kunstschätzen des christlichen Mittelalters zu beklagen sein. — Denn wie viele und welch' schätzenswerthe Originale hätten zu jener Zeit noch dem allgemeinen unvermeidlichen Untergange entzogen werden können, um noch der spätesten Nachwelt überliefert zu werden! — Doch laßt uns für jetzt vorderhand mit der Morgenröthe zufrieden sein, da sie ja sicherlich zum Lichte führt und stets die Vorbotin des anbrechenden Tages ist! —

Interesse sein kann, weil es den augenscheinlichsten Beweis dafür liefert: daß selbst in der besten Zeit der heraldischen Blüthe (im hier vorliegenden Falle nemlich in der zweiten Hälfte des XIV. Jahrhunderts schon) die Wendung von Schild und Helm sehr oft nicht übereinstimmend gemacht wurde, sondern daß solches lediglich nach dem persönlichen Geschmacke, nach der freien Phantasie und individuellen Auffassung des bildenden Künstlers, in ungebundenster Willkühr sich richtete! —

Die humoristische Anschauung, und ich möchte fast sagen: die karrikaturenmäßige Behandlung des feisten Mönchsrumpfes (als Helmkleinod) muß gewissermaßen gerade für diese Kunstperiode des christlichen Mittelalters als besonders charakteristisch bezeichnet werden. — Es finden sich übrigens, bei dem damals allgemein auftauchenden Kampfe zwischen geistlicher und weltlicher Macht, unzählige dergleichen gehäßige Karrikaturen auf den Clerus, überall in ähnlicher Weise, wie hier, — noch weit häufiger aber in architektonisch-ornamentaler Anwendung und a. v. a. O. — von muthwilligen oder launigen Künstlerhänden ausgeführt. —

Druckfehler, Berichtigungen und Zusätze.

Auf Seite 35, Zeile 2, von oben, lies heraldry statt heraldique. —

Auf Seite 396, Zeile 4 von oben, unmittelbar nach dem Schlußworte „Ursprunges" des vorhergegangenen Satzes (auf der Zeile 3) ist das Nachstehende einzuschalten; — nemlich: „Ganz Aehnliches können wir auch beobachten bei den uralten Eckern in Bayern, bei den Leuprechtingern oder Leoprechting ebendaselbst, ferners bei den Augsburger-Patrizier-Geschlechtern Langenmantel, bei den schweizerischen Eschern, sowie noch bei v. A." —

Auf Seite 470, Zeile 12, von oben, in der „übersichtlichen Erklärung der Tafeln" ist als eine nähere Bezeichnung von Nro. 6 auf der Kleinodtafel XVII (Hut-Kleinode) folgende ausgelassene Stelle in die Zeile 12, und zwar unmittelbar nach dem Worte „Kleinodhelm" einzusetzen; — nemlich: „des Ritters Johann von Falkenstein, † 1365, auf seinem Grabsteine zu Arensberg oder Arnsburg." — Auch ist demnach auf der betreffenden Kleinodtafel (XVII) selbst statt der in einigen Exemplaren dem Nro. 6 irrthümlich beigesetzten Jahreszahl 1350 nunmehr die richtigere: 1365 zu lesen. —

Auf Seite 511, Zeile 20, von oben, in der „übersichtlichen Erklärung der Tafeln" ist als eine erläuternde Bemerkung zu den drei Nro. 7, 8 und 9 auf der Kleinodtafel LVIII (Flügel-Kleinode) folgende ausgelassene Stelle (und zwar unmittelbar vor der Tafel LIX) einzusetzen; — nemlich: „Besonders interessant an den beiden unter Nro. 7 und Nro. 8 auf der gegenwärtigen Tafel (LVIII) uns vorliegenden Albrecht Dürer'schen Stechhelm-Exemplaren ist deren überaus minutiöse Behandlungsweise, welche namentlich die so originelle Befestigung der betreffenden zwei Kleinode mit ihren Helmdecken, sowie zugleich des Helmfutters im Innern, — nemlich vermittelst buntfärbiger Bandschleifen, zunächst aber durch niedlich geschlungene Knoten und zierliche Mäschchen, — hier in ungewöhnlicher Deutlichkeit erkennen läßt. — Bei den beiden Kleinodhelmen unter Nro. 7 und Nro. 9 dagegen haben wir überdieß als eine Erscheinung von außerordentlicher Seltenheit: zwei natürliche, vermuthlich mittelst Draht aufgesteifte Flügelkleinode vor uns! — Auch der Hahn, die Helmzierde auf Nro. 8, mag vielleicht ein natürlicher, etwa im ausgestopften Zustande gewesen sein!" —

Nachtrag zum Abschnitte XI.

1) Zunächst zum Abschnitte XI. gehörig zeigt uns noch der hier nachstehende Holzschnitt eine äußerst sinnreiche ornamentale Anwendung der wahren, heroldsfigürlichen Eisenhütlein; — und zwar stellt derselbe das zierlich in Holz geschnitzte Glieder- und Maßwerk vor an einer der vielen geschmackvollen Chorstuhlfüllungen

in der ehemaligen Klosterkirche (Eremiten-Augustiner-Ordens) zu Pappenheim an der Altmühl, im Königreiche Bayern. — Dieses, namentlich für die außerheraldische Anwendung von Wappenbildern und heraldischen Figuren höchst merkwürdige Original stammt übrigens aus der letzten Zeit des XV. Jahrhunderts — (jene Chorstühle tragen nemlich die Jahreszahl 1496), — und wurde mir dasselbe durch die Güte des Herrn Carl Grünwedel, Malers aus Pappenheim, (leider nur etwas zu spät) ganz jüngst erst mitgetheilt. —

2) Der hier nachstehende Holzschnitt, wie der vorhergehende, gleichfalls dem Abschnitte XI. zunächst beigegeben, weist uns einen wirklichen Eisenhut, ohngefähr aus der zweiten Hälfte des XV. Jahrhunderts, wie nemlich von solcher Gestalt einer

im nunmehrigen Augustiner-Chorherren-Kloster Neustift unweit Brixen in Tyrol sich befinden soll. — Der schwache saladeartige Grat, der über die ganze Länge seines Schedels hinläuft, sowie die drei kleinen, an der Seite eigens aufgenieteten Blechröhrchen, welche unzweifelhaft schon ursprünglich die Bestimmung hatten, etwa drei Schwungfedern von den betreffenden Wappenfarben in sich aufzunehmen, — sind für die bezeichnete Periode ganz vorzüglich charakteristisch. — Die Zeichnung dieses interessanten Originales verdanke ich der gefälligen Mittheilung des Herrn Magnus Soyter, Privatiers und Hausbesitzers in Augsburg. —

3) Der schließlich hier noch beifolgende Holzschnitt endlich versinnlicht uns durch eine zwar sehr genaue, jedoch in ziemlich verkleinertem Maaßstabe aufgenommene Copie: die zwei Köpfe des Helden „Wilhelm" und seiner geliebten „Amelie" auf ihrer „Fahrt," nebst denen ihrer beiden ritterlichen Begleiter, die wohl das

34

Reisegefolge derselben bildeten; — nach dem mehrerwähnten alten Pracht-Teppichen im Besitze des Herrn Carl Baron von Mayenfisch, kgl. preußischen Kammerherrn in Sigmaringen. — Die ganze Gruppe, wie man hier nur deren Brustbilder sehen kann, erscheint im Originale selbst beritten, — und zwar der Held Wilhelm mit seiner reizenden Amelie auf einem einzigen Pferde! — Weil man das vorbesagte, nebenbei bemerkt auch vortrefflich erhaltene Original vermuthlich noch aus dem Ende des XIV. Jahrhunderts stammt, so dürfte der darauf vorkommende echte Eisenhut des einen Begleiters unfehlbar wohl ebenfalls jener Zeit angehören. — Wie man sieht, zählt er zur Gattung der sogenannten vierkantigen, oder mit vier Graten versehenen Eisenhüte, und zwar ohne Augenschlitz (Spalte, Okularium). — Ganz in ähnlicher Weise, wie hier, wurden die Eisenhüte überhaupt sehr oft über die Bassinets, Kessel- und Beckenhauben gesetzt, oder auch wohl noch häufiger auf eigenen Tuch-, Filz-, Leder- und Panzer-Gugeln (Kapuzen) getragen. — Für die Kostüm-Lehre und Waffentracht dieses Zeitalters ist noch ferners bemerkenswerth: der Visirhelm (das Bassinet mit beweglicher Visirklappe) des zweiten Begleiters, sowie die damals vorzugsweise beliebte „Schellentracht“ des Helden Wilhelm. — Ebenso interessant, wie nicht minder bezeichnend gerade für jene Periode, erscheint das Krönlein der liebenswürdigen Amelie, welches man, bei nur einigermassen aufmerksamen Vergleiche, nach Form und Umrissen mit den gleichzeitigen heraldischen (Helm-Krönlein) vollkommen übereinstimmend finden wird. —

Erklärung des Titelblattes.

In der grossen Mittelrosette bemerkt man auf einem dem Style jener Zeit genau angepaßten, und mit einköpfigen heraldischen Adlern reichdurchwirkten Golddamast-Grunde: einen flüchtig dahersprengenden Ritter mit entfaltetem Banner oder Rennfähnlein, und im vollen heraldischen Waffenschmucke des XIV. Jahrhunderts, — als der höchsten Blüthezeit der *praktischen* Heroldskunst. — Er ist nach dem Grund-Typus der meisten sogenannten Reitersiegel jener Periode entworfen, mit den Wappenbildern meines eigenen Geschlechtes versehen und sollte gleichsam einen entsprechenden und möglichst bezeichnenden Repräsentanten der mehrbesagten *besten* heraldischen Kunstepoche abgegeben. — Unmittelbar ober ihm, und zwar in der Mitte stehend, haben wir das Wappen „des heiligen Römischen Reichs deutscher Nation" in des alten Reichs bekannten drei Farben: Schwarz, Roth und Gold. — Rechts davon das Stadtwappen von München, links davon jenes von Zürich. — Unmittelbar unter dem ersteren befindet sich der bayerische Weckenschild, — linkerhand gegenüber von diesem das Wappen der schweizerischen Eidesgenossenschaft. — Unmittelbar *unter* dem Ritter, und zwar ebenfalls in der Mitte stehend, sieht man den Wappenschild des Großherzogthums Baden. — Schrägrechts davon der rothe Löwe in Silber des sogenannten Breisgaues im Badischen. — Gerade gegenüber von dem letzteren, zur linken Hand: das Stadt-Wappen von Freiburg im Breisgaue. — Unterhalb Breisgau, im rechten Unterwinkel stehend: das dem Meister Albrecht Dürer von seinem grossen Gönner dem ritterlichen Kaiser Maximilian verliehene, und vom Erstgenannten dann auf die gesammte Künstlerzunft übergetragene sogenannte Künstlerwappen. — Zur linken Hand endlich von „Baden", und gerade gegenüber vom Letzteren, — (nemlich im linken Unterwinkel stehend) — hat man das Wappen des Herrn Friedrich Wolf, Buch- und Steindruckereibesitzers in München. — Im Schwertknopfe des Ritters zeigt sich noch ein Gesellschafts-Wappen (in einem sehr kleinen Dreieckschildchen). —

Was die *ornamentale Ausschmückung* des Titelblattes anbelangt, so gehörte dieselbe in der nächsten Umgebung des Ritters dem XIV., ober- und unterhalb desselben aber (in Uebereinstimmung mit den zehn kleineren Wappenschildformen) dem XV. Jahrhunderte an, — als nemlich wieder den beiden Hauptzeitaltern praktischer Heroldskunst. — Schlüßlich jedoch muß ich hier bemerken: daß die Reihenfolge, Anordnung und Stellung *aller* dieser Wappenschilde selbstverständlich *ohne* irgend eine Rücksicht auf *heraldische* Rangordnung, sondern lediglich in Anbetracht des *besten Zusammenpassens bezüglich der Farben* arrangirt wurde. —

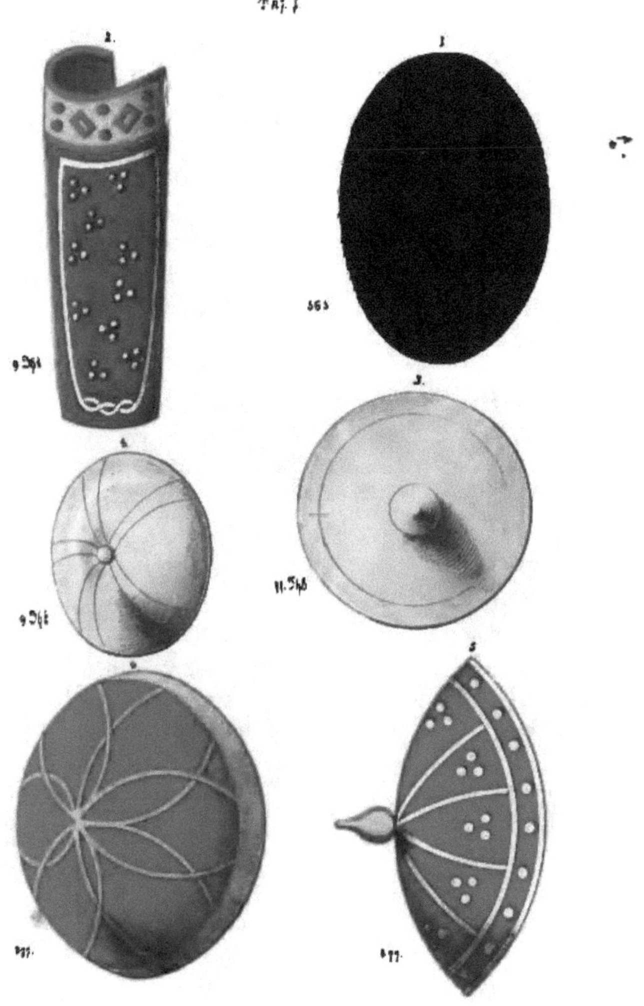

Taf. II.

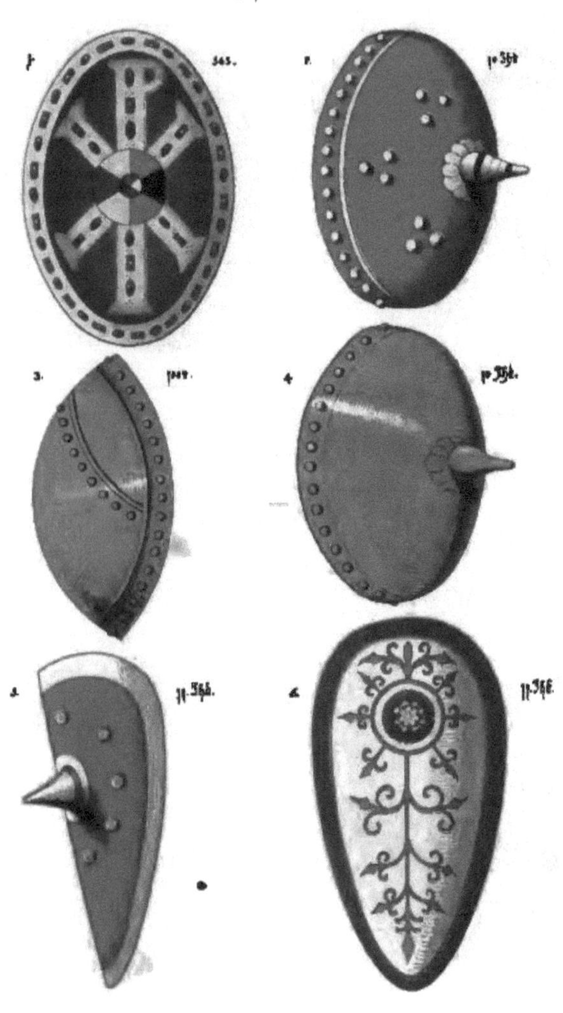

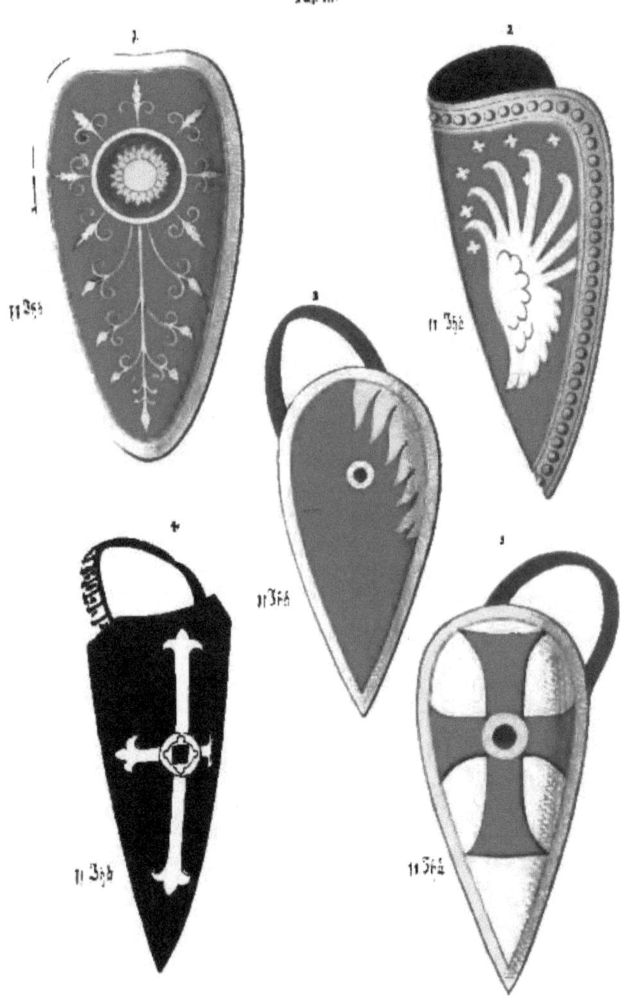

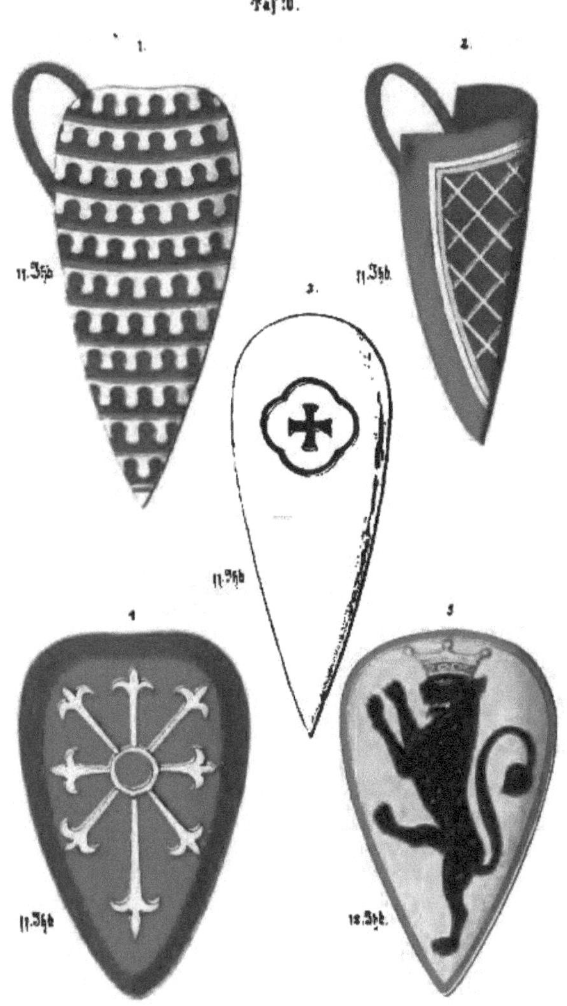
Taf IV.
1.
2.
11. Jhd
11. Jhd.
3.
11. Jhd
4
5
11. Jhd
12. Jhd.

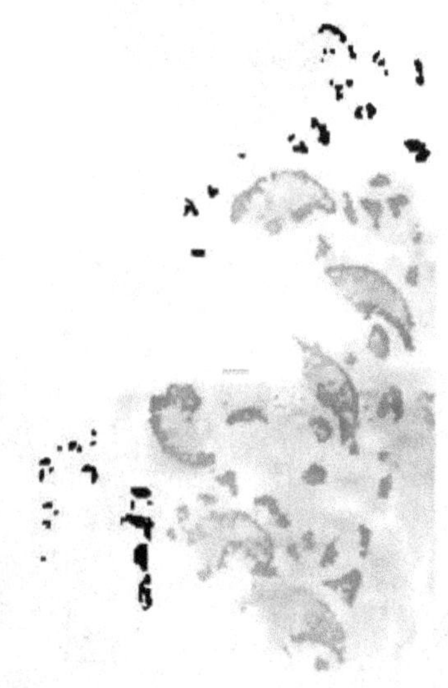

Taf. V.

Taf. III.

Taf. VII.

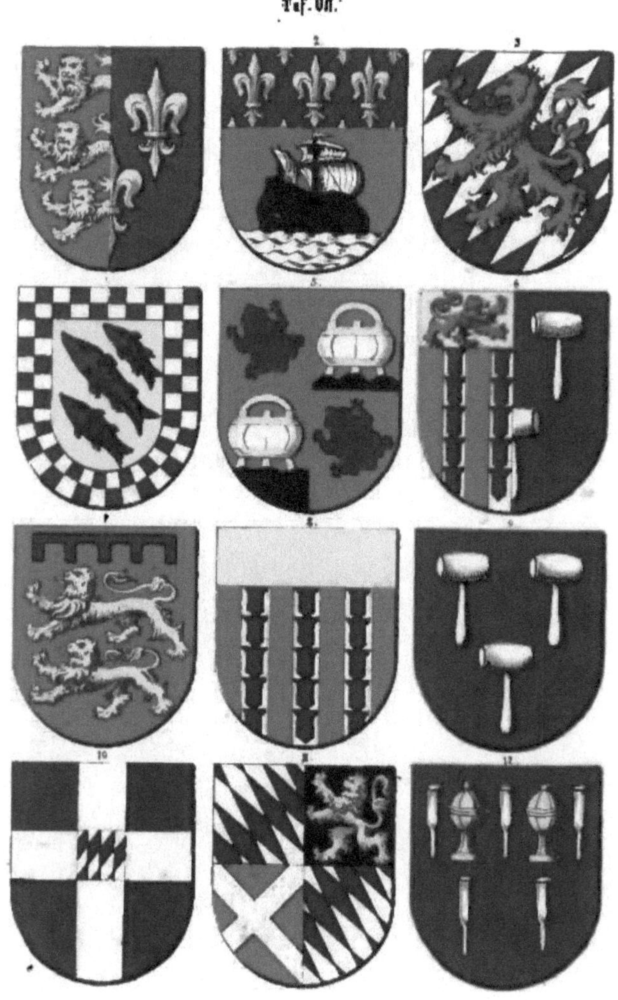

Taf. VIII.

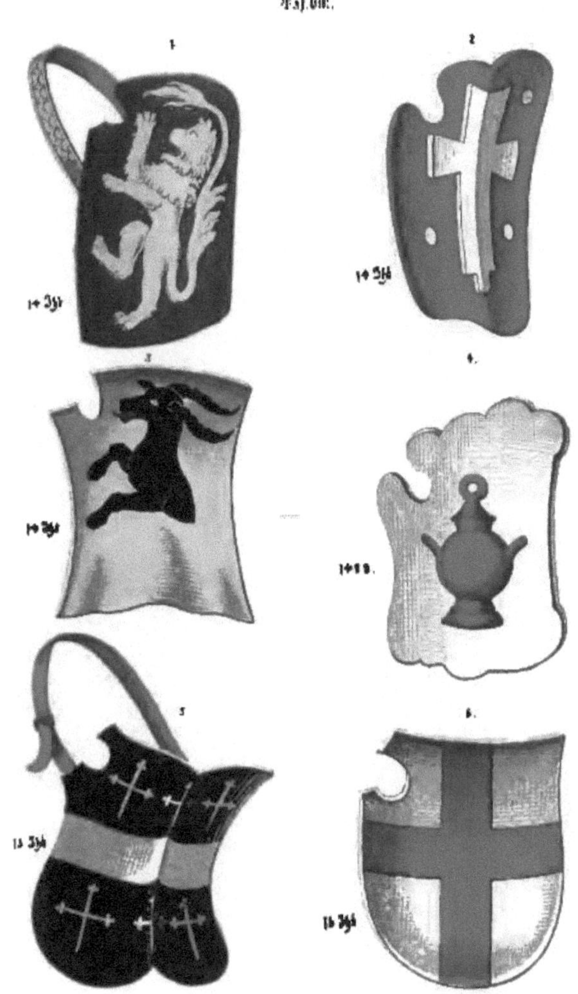

Taf. IX.

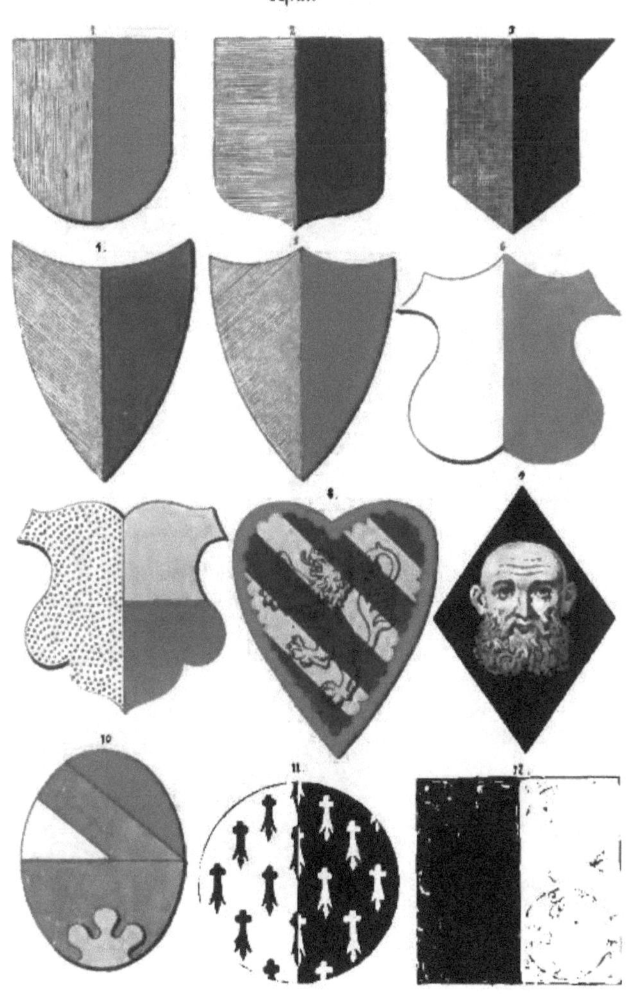

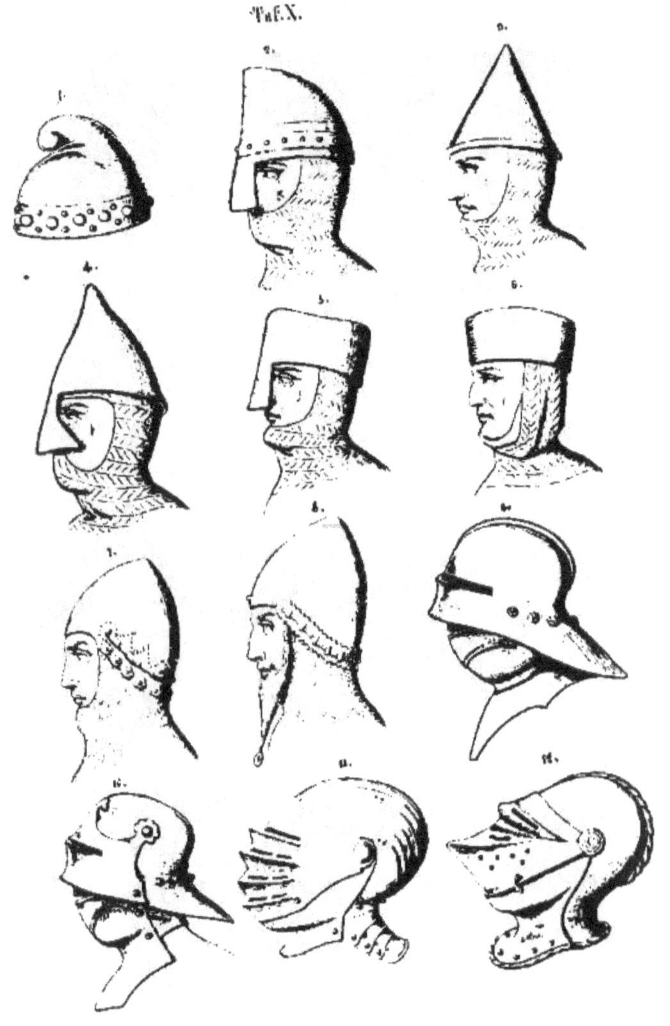
Taf. X.

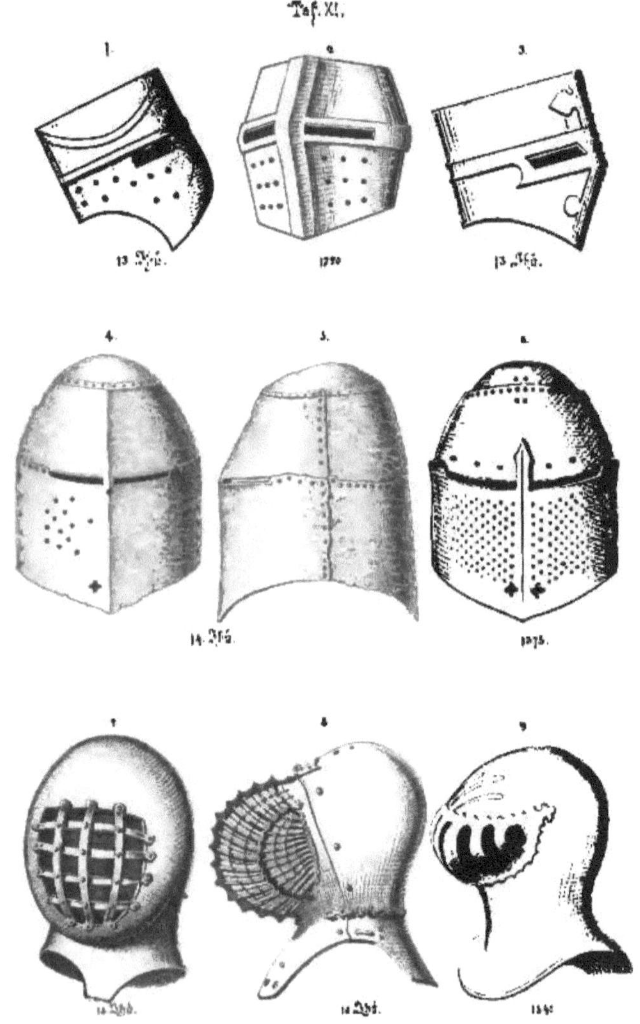
Taf. XI.
1.
2.
3.
13. Jhd.
1290
13. Jhd.
4.
5.
6.
14. Jhd.
1375.

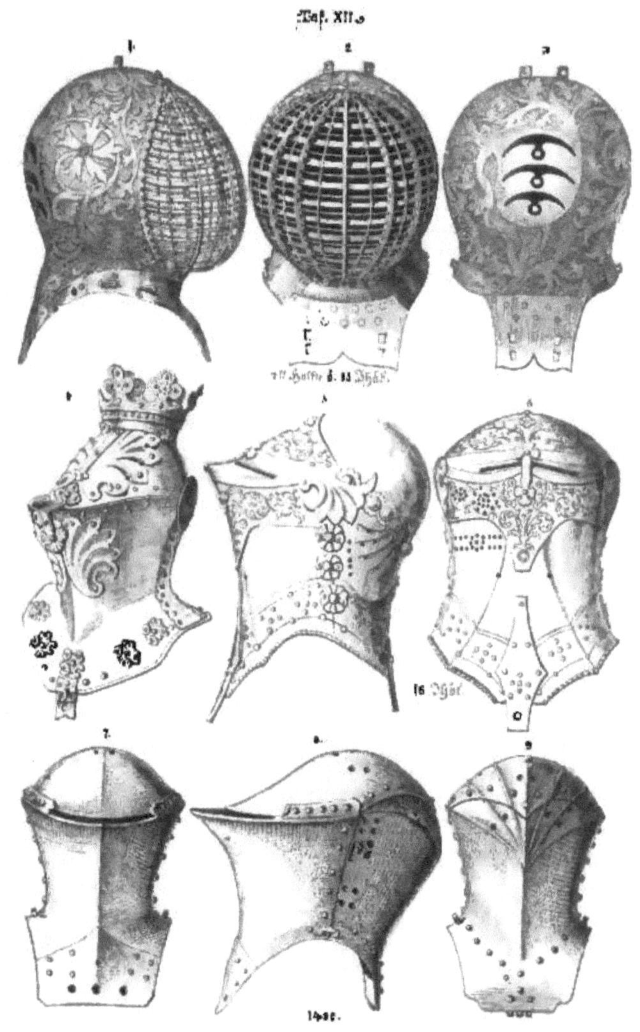

Taf. XIII.

Taf. XIV.

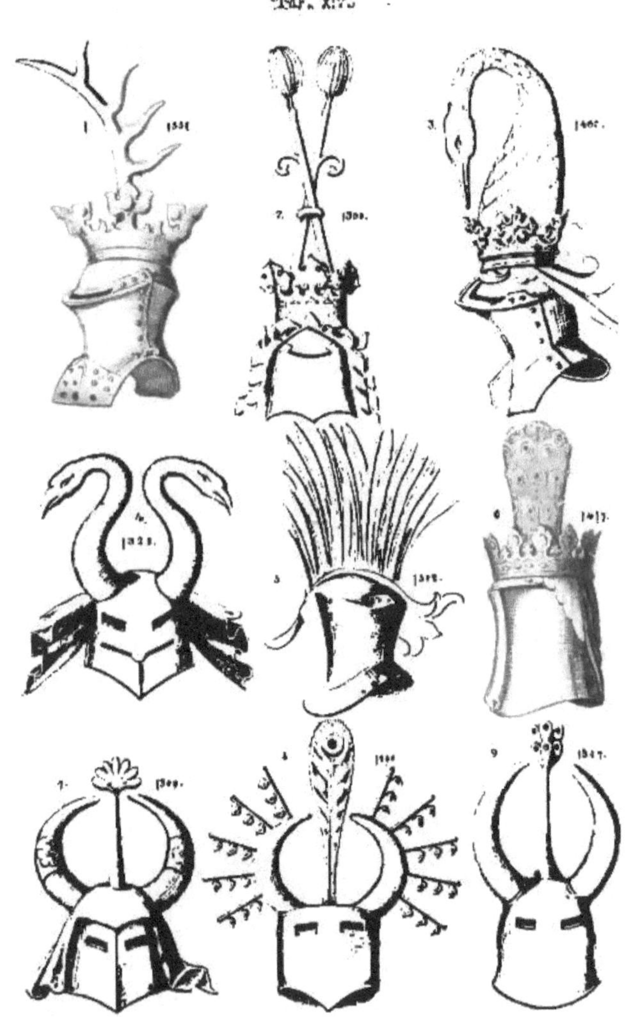

Taf XV.

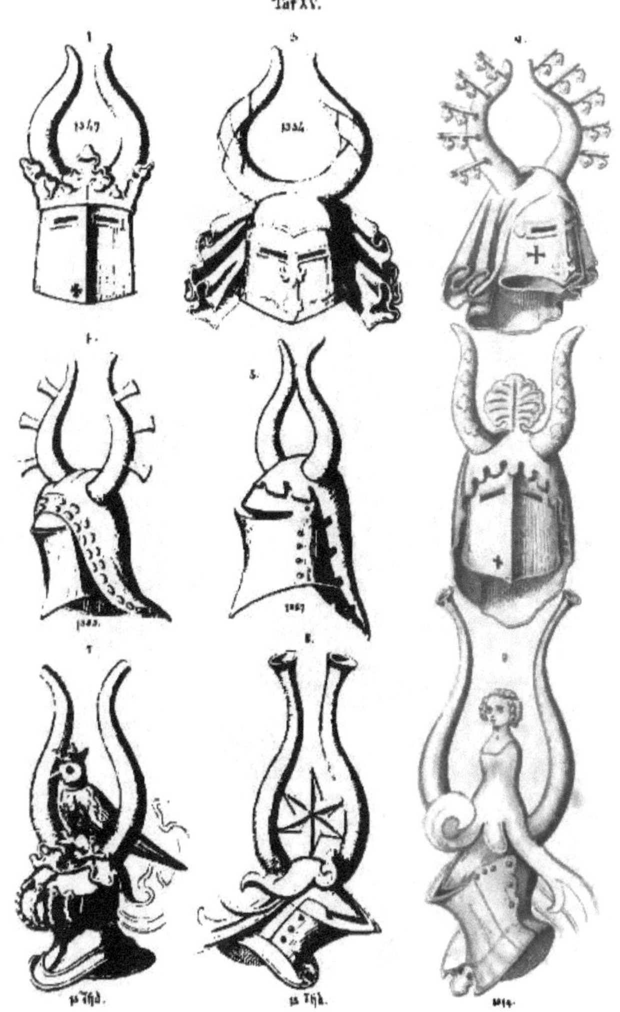

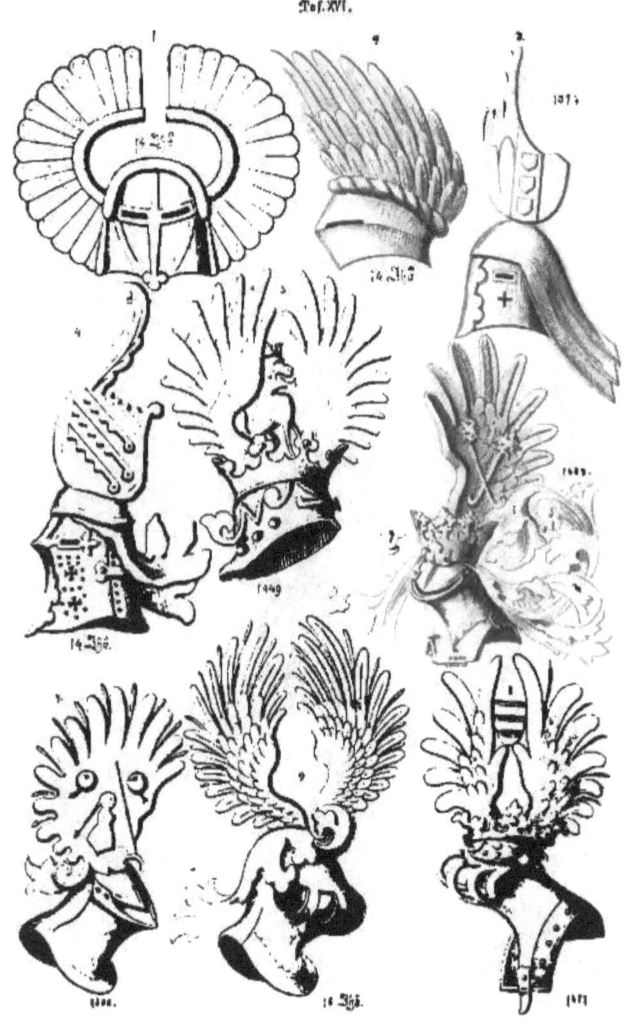
Taf. XVI.
14 Jhd.
1449
14 Jhd.
16 Jhd.

Taf. XVII.

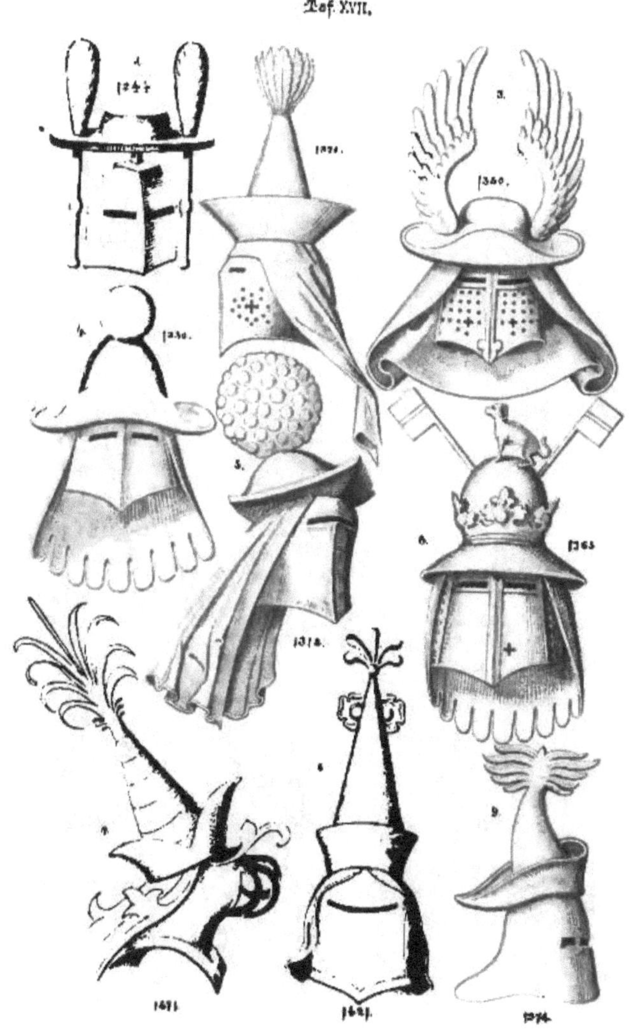

Taf. XVII.

Taf. XIX.

Taf. XX.

Taf XXI.

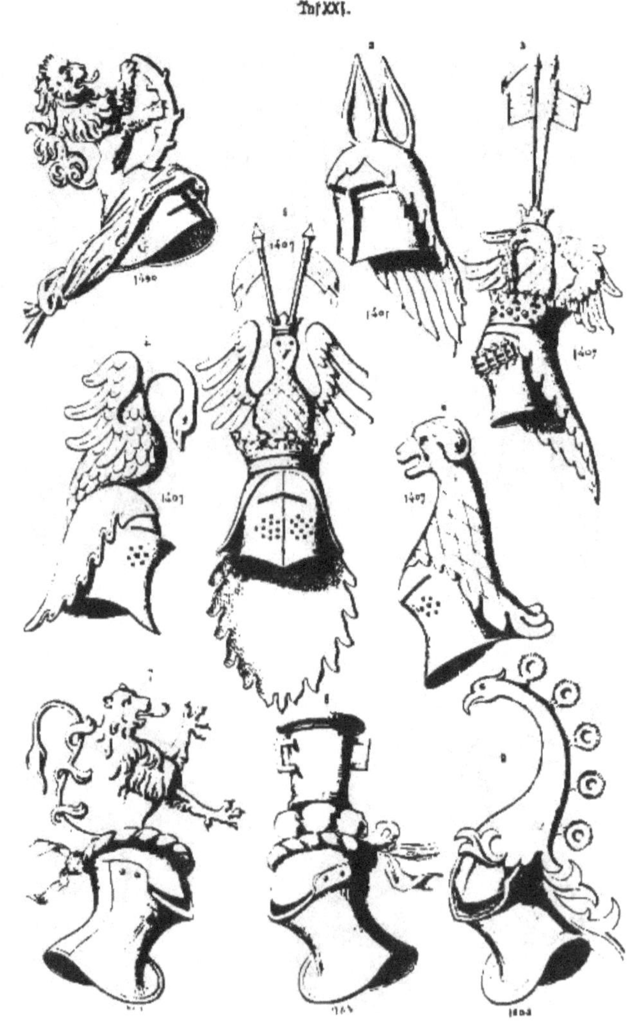

Taf. XXII.

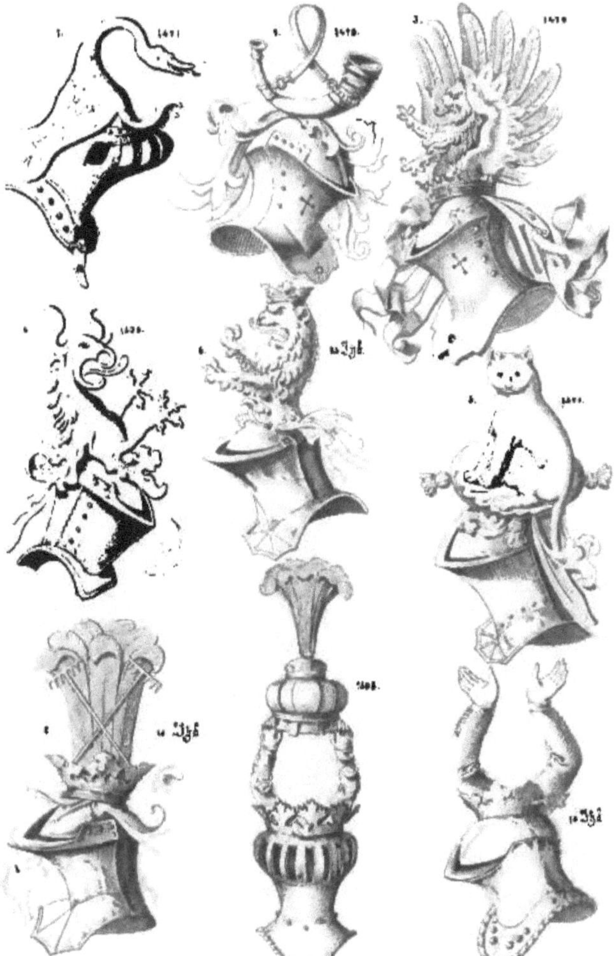

Taf. XXIII.

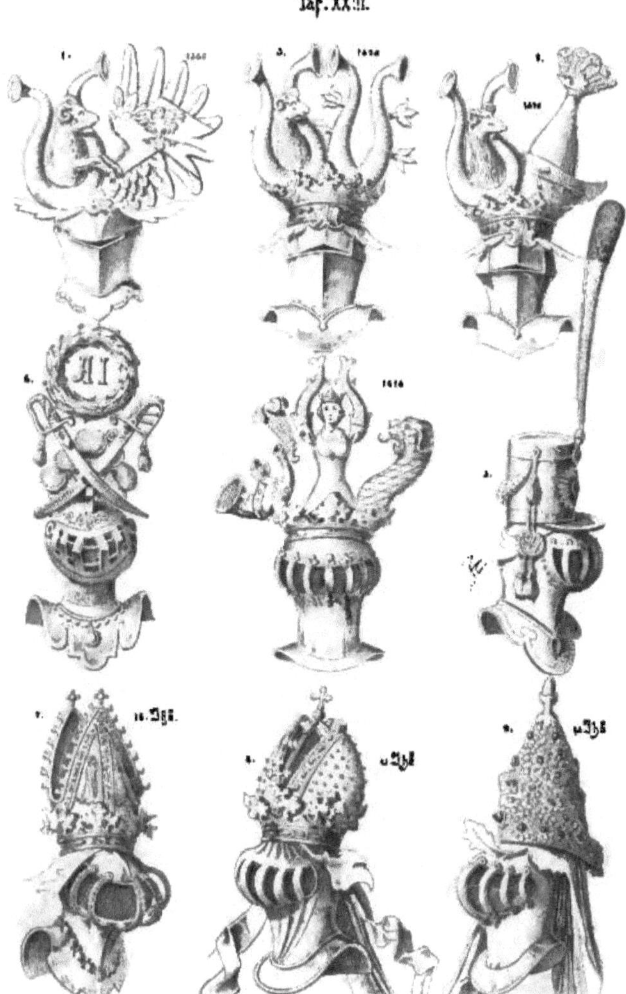

Taf. XXIV.

Taf. XXV.

Taf. XXVI.

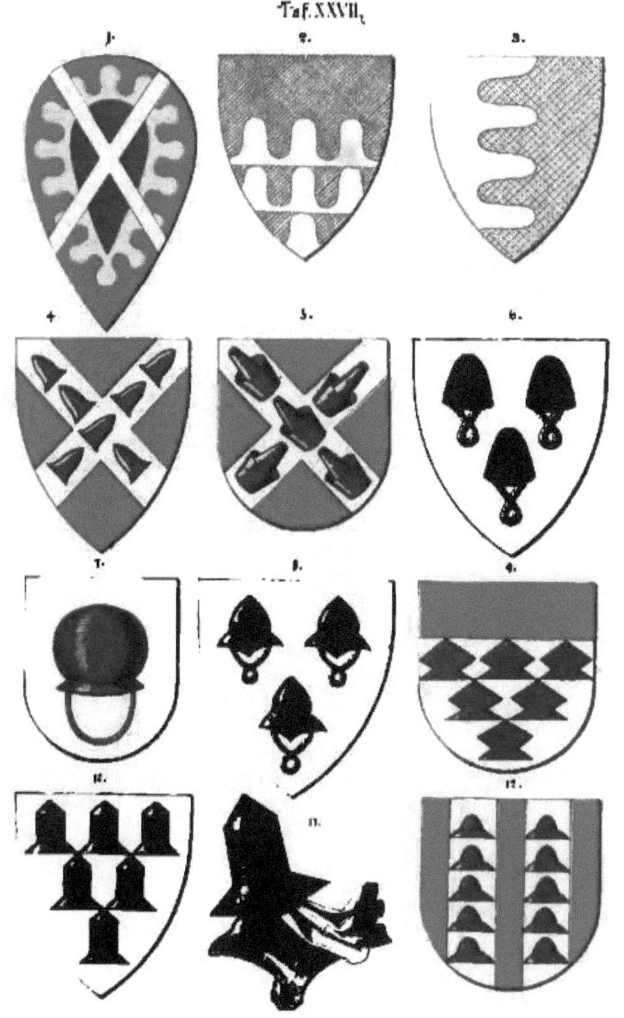
Taf. XXVII

Taf XXVIII.

Taf. XXIX.

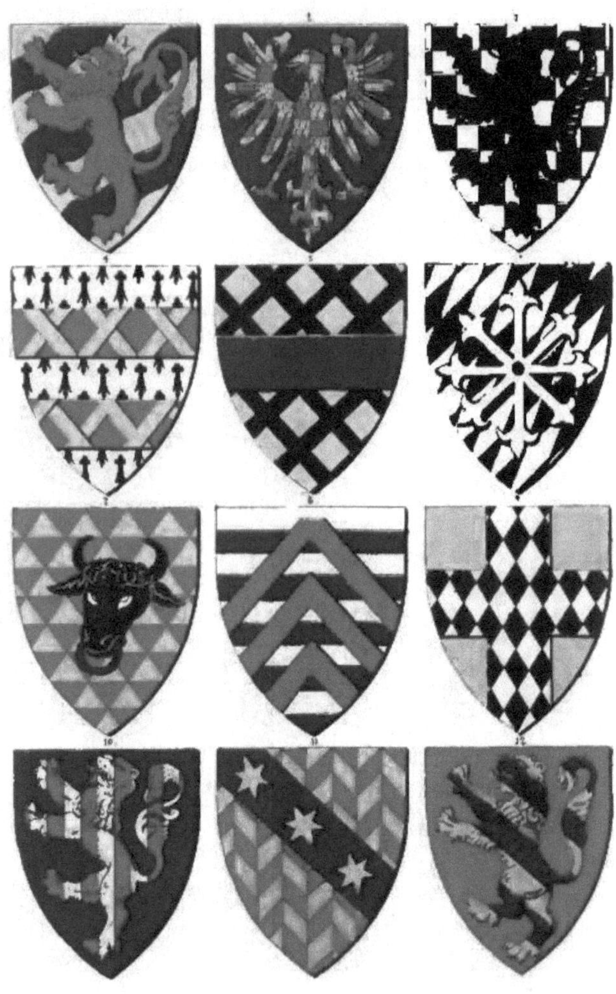

Taf. XXX.

Taf XXXI.

Taf. XXXII.

Taf. XXXIII – a.

Taf. XXXIII–b.

Taf. XXXV.

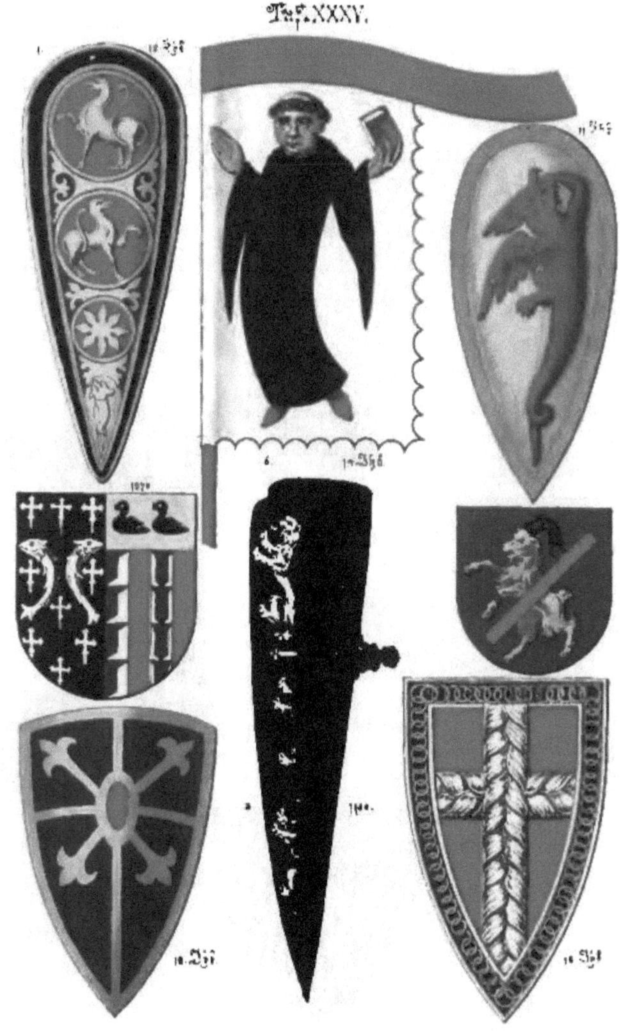

Taf. XXXVI

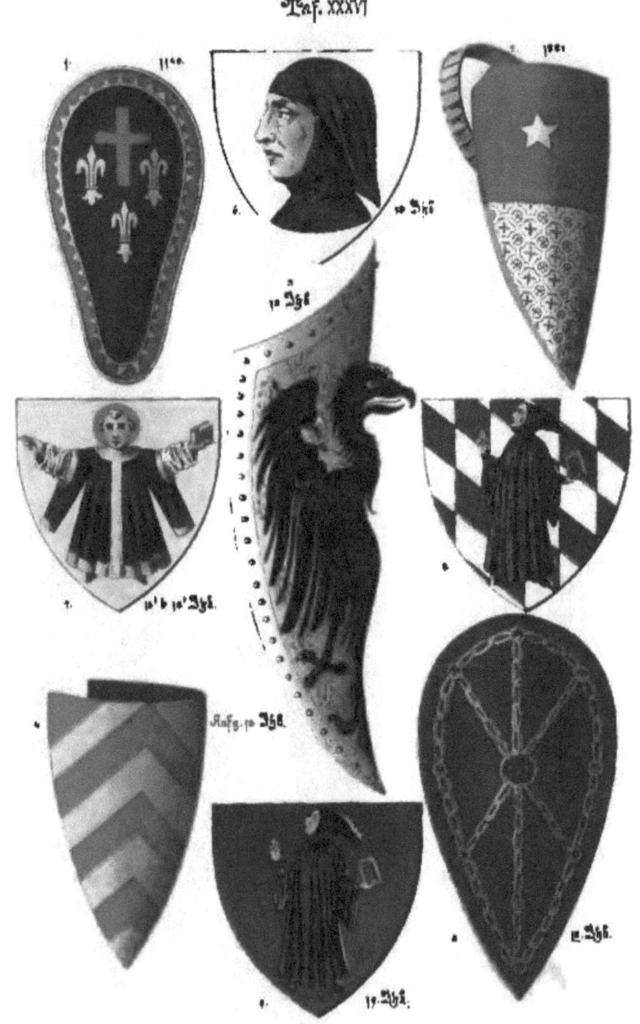

Taf. XXXVI.

Taf. XXXVII.

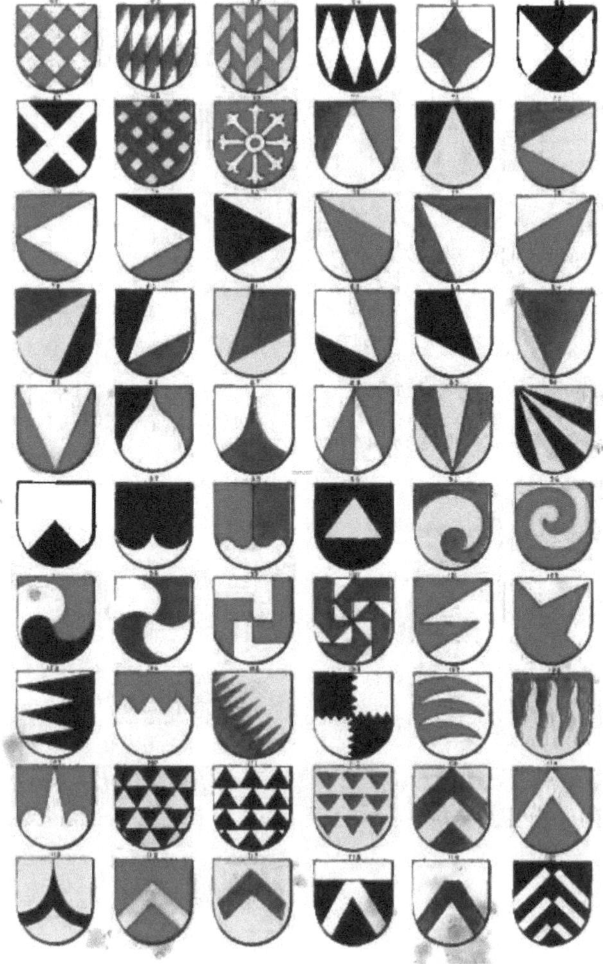

Taf. XXXIX.

Taf. XI.

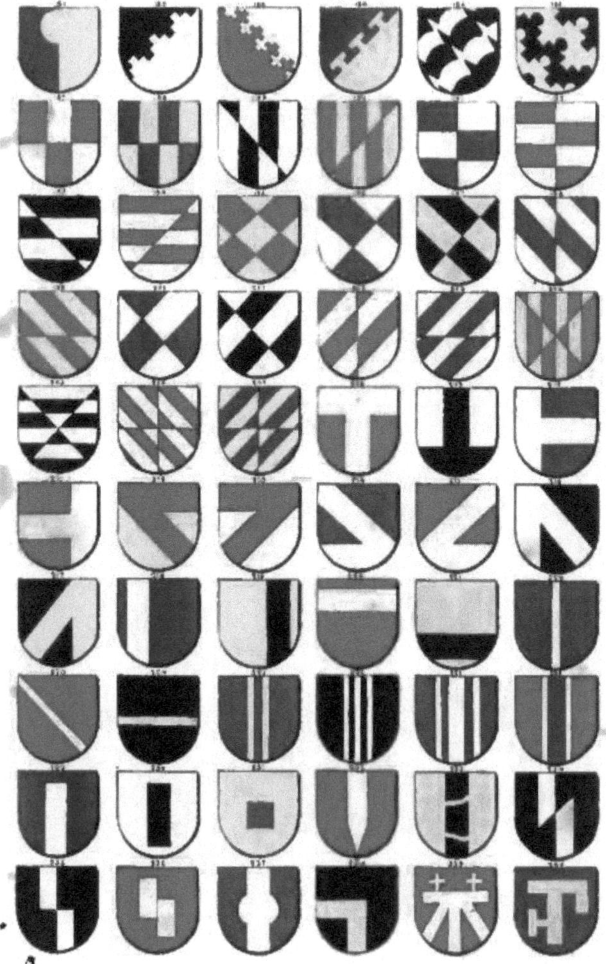

Taf. XLI.

Taf. XLI

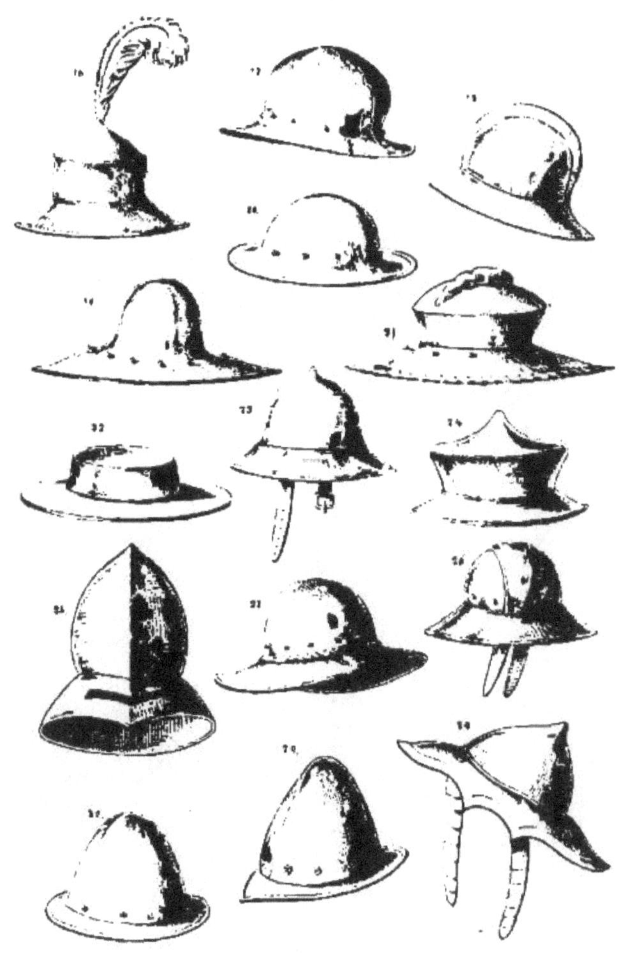

Taf. XLIII.

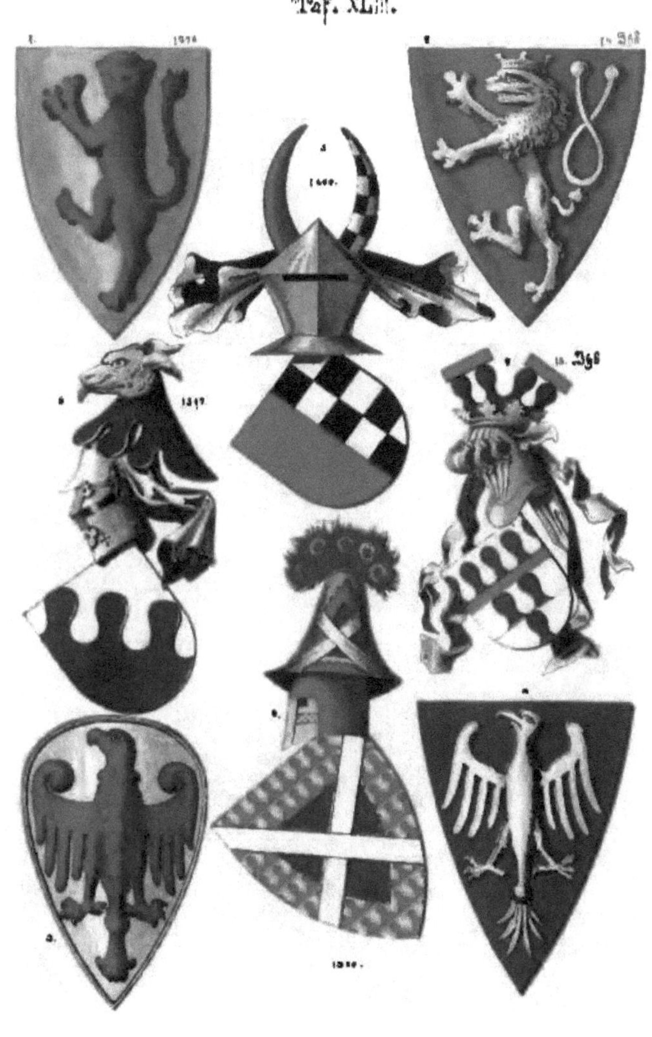

Taf. XIV.

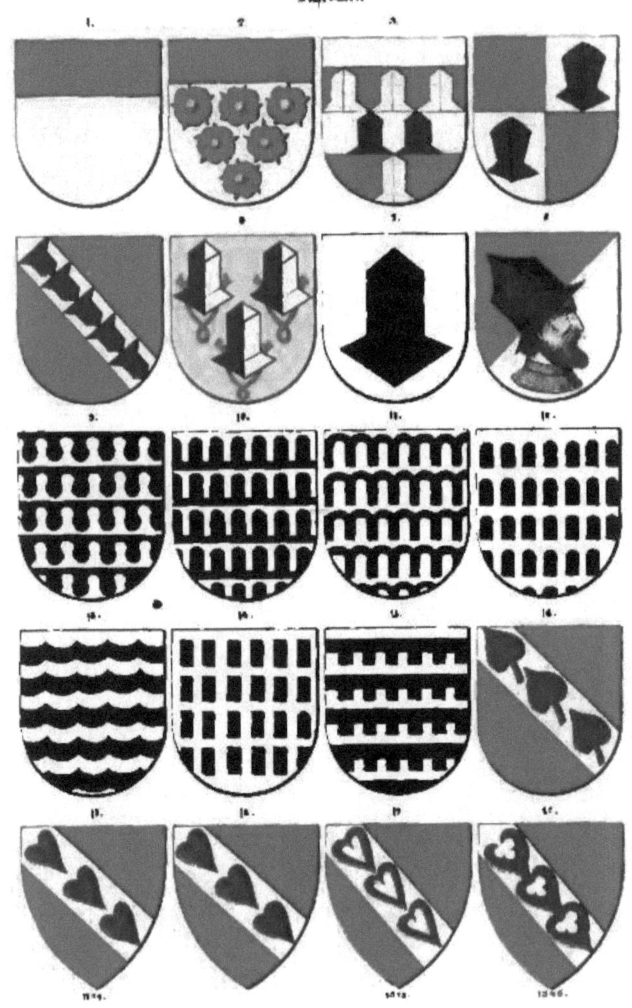

Taf. III.

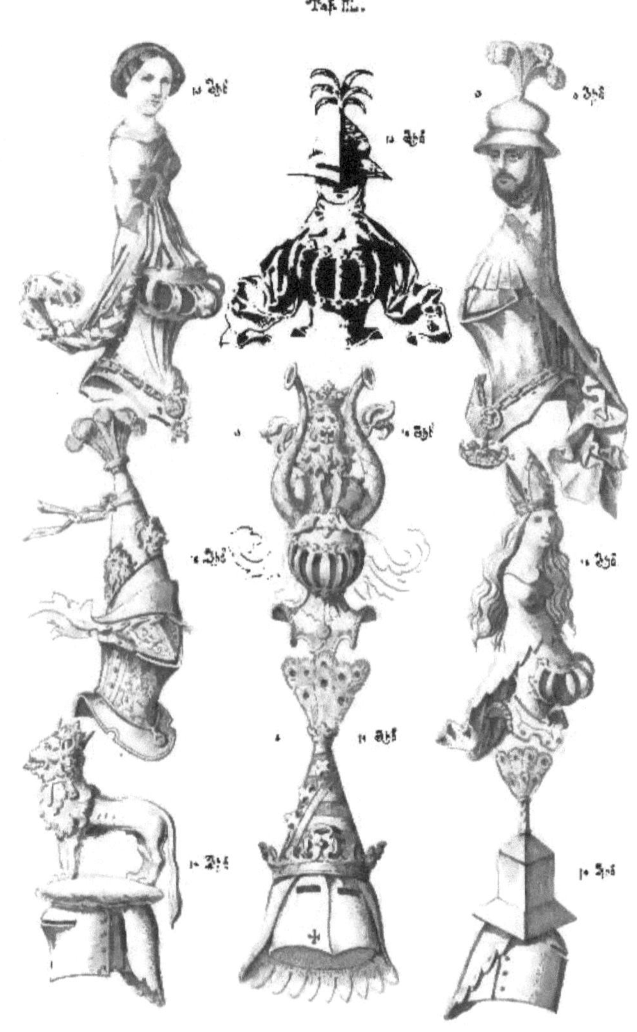

Taf. II.

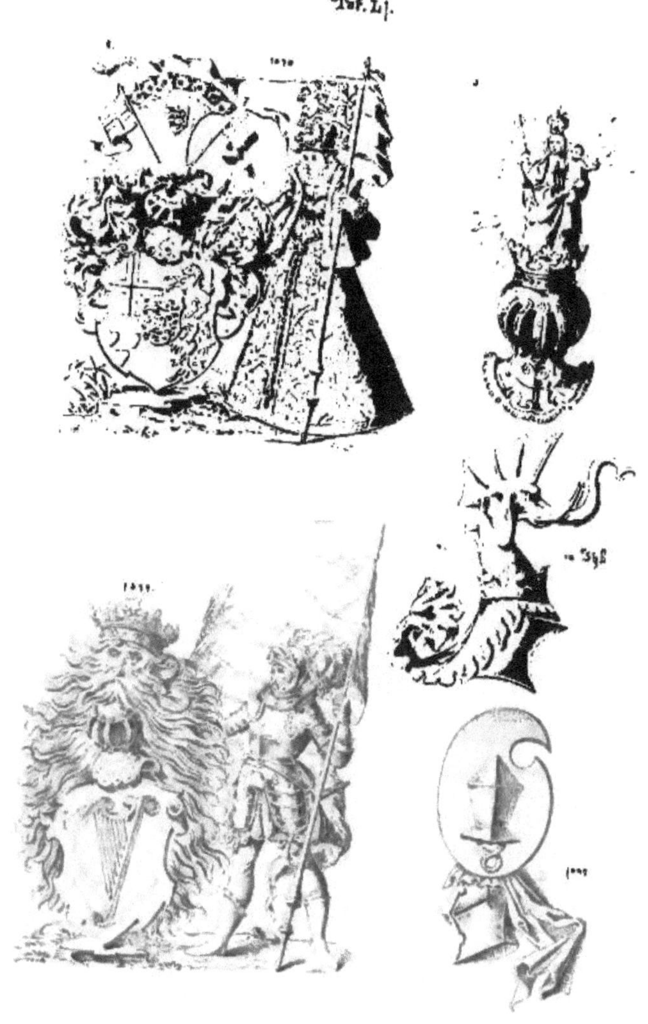

Taf. LIII.

Taf. LIV.

Taf. LI.

Taf. LVI.

Taf. LVII.

Taf. LVIII.

Taf. LIX.

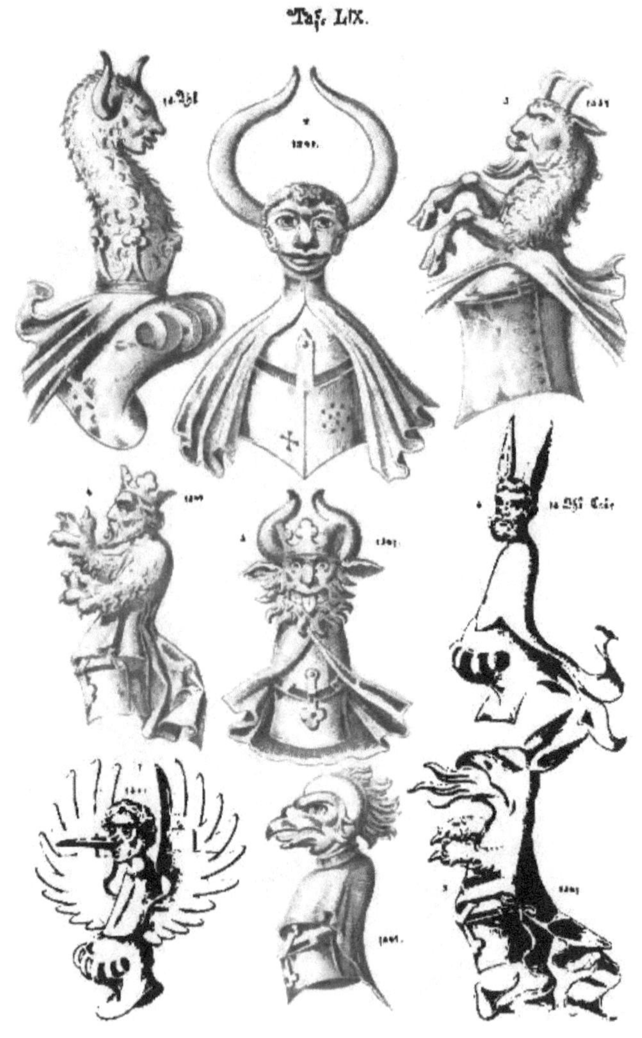

Taf. LX

Taf. LXII.

Taf. LXIII.

Taf. LXIV.

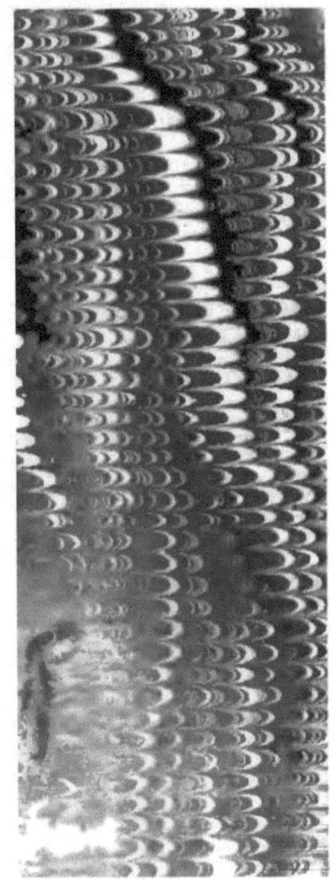

Zeitfracht Medien GmbH
Ferdinand-Jühlke-Straße 7
99095 Erfurt, Deutschland
produktsicherheit@kolibri360.de